처음부터 끝까지
철저하게 배우는
실무 중심의
스프링 프레임워크
완벽 입문서

# 스프링
# 철저
# 입문

# 스프링 철저 입문

처음부터 끝까지 철저하게 배우는
실무 중심의 스프링 프레임워크 완벽 입문서

지은이 주식회사 NTT 데이터

옮긴이 신상재, 박윤미

펴낸이 박찬규  엮은이 이대엽  표지디자인 Arowa & Arowana

펴낸곳 위키북스  전화 031-955-3658, 3659  팩스 031-955-3660
주소 경기도 파주시 문발로 115, 311호(파주출판도시, 세종출판벤처타운)

가격 45,000  페이지 904  책규격 188 x 240mm

초판 발행 2018년 03월 15일
ISBN 979-11-5839-079-2(93500)

등록번호 제406-2006-000036호  등록일자 2006년 05월 19일
홈페이지 wikibook.co.kr  전자우편 wikibook@wikibook.co.kr

Spring徹底入門
(Spring Tettei Nyumon: 4247-0)
Copyright© 2016 NTT DATA Corporation
Original Japanese edition published by SHOEISHA Co.,Ltd.
Korean translation rights arranged with SHOEISHA Co.,Ltd. through Botong Agency.
Korean translation copyright © 2018 by WIKIBOOKS

이 도서의 국립중앙도서관 출판시도서목록 CIP는
서지정보유통지원시스템 홈페이지(http://seoji.nl.go.kr)와
국가자료공동목록시스템(http://www.nl.go.kr/kolisnet)에서 이용하실 수 있습니다.
CIP제어번호 CIP2018006928

# 스프링
# 철저
# 입문

**처음부터 끝까지
철저하게 배우는
실무 중심의
스프링 프레임워크
완벽 입문서**

주식회사 NTT 데이터 지음

신상재, 박윤미 옮김

**SE**
SHOEISHA

위키북스

# 05장

웹 애플리케이션
개발

# 06장

## RESTful 웹 서비스 개발

# 07장

## 스프링 MVC 응용

# 08장

## 스프링 테스트란?

# 09장

## 스프링 시큐리티

# 10장

## 스프링 데이터 JPA

**13**장

**스프링 부트**

# 14장

## 실습

**15**장

────

**스프링 배치**

**A**장

────

**부록**

## 저자 소개

### 모토하시 켄지(기획 및 1장 담당)

주식회사 NTT 데이터 미국 법인에서 오픈 스택과 오픈 컴퓨트, 오픈 네트워킹 파운데이션 등의 IaaS에 관련된 혁신 활동을 해왔다. 특히 오픈 스택은 창립 멤버의 한 사람으로 설립 초기부터 깊이 관여해왔다. 일본에 귀국한 후에는 저자들과 함께 TERASOLUNA 프레임워크의 개발과 보급 활동을 했고, 스프링의 발전을 위해 일본 스프링 사용자 그룹과 같은 커뮤니티 활동에 주력하고 있다. 일본 스프링 사용자 그룹의 간사이기도 하다.

### 마키 토시아키(2장, 13장, 14장 담당)

주식회사 피보탈 저팬의 시니어 솔루션 아키텍트다.
NTT 데이터에서 현재의 저자들과 스프링 프레임워크의 보급 활동을 할 때 스프링과 PaaS(클라우드 파운더리)의 큰 가능성에 매력을 느껴 피보탈로 옮겼다. 현재는 스프링 부트 + 스프링 클라우드 + 피보탈 클라우드 파운더리로 클라우드 네이티브 애플리케이션을 개발하고 있으며, 기업의 소프트웨어 개발 방법을 혁신하기 위한 노력을 하고 있다. 주요 저서로는 '처음 배우는 스프링부트'(工学社)가 있으며, 트위터 계정은 @making이다.

### 시미즈 카즈키(2장, 4장, 5장, 6장, 7장, 8장, 9장, 11장 담당)

주식회사 닛신 소프트웨어에 입사한 후, 자바 기반의 시스템을 개발했고, 현재는 TERASOLUNA 서버 프레임워크의 아키텍트로 하루하루 열심히 활동 중이다. 스프링이나 마이바티스 같은 오픈소스 프로젝트의 컨트리뷰터(@kazuki43zoo)로 참여하고 있으며, 최근에는 Qiita에 스프링과 마이바티스에 관련된 글을 투고하는 일에 흠뻑 빠져있다.

### 코지마 유스스케(2장, 3장, 7장, 11장, 12장 담당)

주식회사 NTT 데이터에 입사한 이래 공공 분야의 시스템 개발에서 베테랑 아키텍트 역할을 했다. 이후 관계사 공통의 전사 프레임워크 개발에 참여한 것이 인연이 되어 이 책의 집필에 참여하게 됐다. 최근에는 엔터프라이즈 환경에서의 개발을 더욱 가볍게 하기 위한 방법과 프런트엔드 기술에 대해 공부하고 있다.

**이케야 토모유키(10장, 12장 담당)**

주식회사 NTT 데이터에 입사한 후, 스프링을 활용한 시스템을 다수 개발했고 현재는 NTT 데이터가 만든 스프링 기반의 표준 프레임워크인 TERASOLUNA 서버 프레임워크 개발 리더를 맡고 있다. 프레임워크 개발은 물론, 회사 안에서는 프로젝트의 개발 지원을, 회사 밖에서는 프레임워크를 전파하고 보급하는 일을 하고 있다. 현재 일본 스프링 사용자 그룹의 간사를 맡고 있다.

**쿠라모토 키이치(15장 담당)**

주식회사 NTT 데이터에 입사한 후 수년간 스프링을 활용한 시스템을 개발하고 금융기관의 미션 크리티컬한 시스템에 자바 프레임워크를 도입하고 지원하는 일을 했다. 최근 집필진에 합류했고, TERASOLUNA 배치 프레임워크의 리더를 맡아 보급과 확산에 주력하고 있다. 오픈소스 관련 기술의 변화를 늘 관심 있게 모니터링하고 있는 반면, 정작 아이가 성장하는 변화를 보고 깜짝깜짝 놀라곤 한다.

**카와사키 마사히로(감수 담당)**

주식회사 NTT 데이터에 입사한 후 스프링 프레임워크를 사용하지 않는 업무 시스템을 개발하고 프로젝트 관리를 했다.

현재는 TERASOLUNA 프레임워크의 클라이언트에서 서버까지 폭넓은 영역을 담당하고 있다.

최근에는 아이의 성장을 지켜보는 것과 일본 스프링 사용자 그룹의 스터디에 나가는 것에 즐거움을 느끼고 있으며, 아직은 스터디에서 듣기만 하는 참가자 입장이지만 언젠가는 발표자가 되기 위해 열심히 공부하고 있다.

### 박윤미

일본에서 활동한 엔터프라이즈 자바 개발자로, 8년간 캐논, 오릭스, 혼다 자동차 같은 기업에서 대규모 엔터프라이즈 자바 애플리케이션을, NHN Japan에서는 사내시스템 개발을 했다. 한국으로 귀국한 후에는 종합병원 전산실에서 자바 애플리케이션 개발을 담당했고, 현재는 귀여운 두 아이의 엄마로 지내고 있다.

클라우드 관련 기술서를 많이 번역하고 있는 AWS 커뮤니티 히어로 박상욱 솔루션스 아키텍트와 함께 살고 있으며, 짬짬이 그의 번역 작업을 돕고 있어 여성 개발자의 경력 단절이란 말은 그녀에게 어울리지 않는다. 최근 두 사람이 공역한 책으로 『시작하는 사람들을 위한 고진감래 C언어』(제이펍, 2016)가 있다.

### 신상재

삼성SDS의 소프트웨어 아키텍트로 2001년 EJB를 처음 접한 이후 아발론(Avalon), 스트러츠(Struts), 스프링 프레임워크에 이르기까지, 자바 애플리케이션 프레임워크를 활용해 공공, 국방, 금융, 제조 등의 다양한 시스템의 소프트웨어 아키텍처를 만들어 왔다.

화려한 반응형 레이아웃보다는 담백한 Tiles 레이아웃에 향수를 느끼고, 심플한 애노테이션보다는 진중한 XML에 애증을 느끼는 전형적인 개저씨(개발자 아저씨)다. 하루가 멀다하고 판이 뒤집어지는 개발 패러다임을 지켜보면서, 입으로는 불평하고 속으로는 그 변화를 온몸으로 즐기고 있다.

주요 번역서로는 양자컴퓨터와 인공지능 관련서가 곧 나올 예정(로드북, 2018)이며, 『그림으로 배우는 클라우드 인프라와 API의 구조』(로드북, 2017), 『TCP/IP 쉽게, 더 쉽게』(제이펍, 2016), 『네트워크 엔지니어의 교과서』(로드북, 2016), 『Xcode로 배우는 코코아 프로그래밍』(한빛미디어, 2010), 『Objective-C: 맥과 아이폰 애플리케이션 프로그래밍』(한빛미디어, 2009)이 있다.

스프링 프레임워크는 오픈소스 애플리케이션 프레임워크로, 자바 애플리케이션을 개발할 때는 사실상 표준으로 활용된다. 스프링은 스프링 프레임워크를 중심으로 다양한 스프링 관련 프로젝트들이 있는데, 이러한 프로젝트들이 모여 커다란 생태계를 형성하고 있다. 이 책은 스프링 프레임워크와 스프링 관련 프로젝트들을 활용해 자바 애플리케이션을 개발할 때 필요한 기본적이고도 실천적인 노하우를 담고 있다.

이 책을 읽는 독자 중에는 왜 NTT 데이터가 스프링 프레임워크에 대한 책을 냈는지 궁금해 하는 사람도 있을 것 같다. 우선 그 이유를 설명하자면 NTT 데이터는 이미 10여년 전부터 TERASOLUNA (http://terasoluna.org/)라는 사내 표준 프레임워크를 만들어 수많은 시스템에 적용해왔다. 특히 DI 컨테이너나 AOP 기능에 큰 매력을 느껴 스프링 프레임워크 1.x 버전부터 핵심 오픈소스 프레임워크로 활용해 왔으며, 이를 시스템에 적용하면서 수많은 노하우와 경험을 쌓았다.

2000년 무렵부터 프레임워크에 대한 필요성이 부각됐고 스트러츠나 스프링 프레임워크 같은 자바 기반의 오픈소스 프레임워크들이 만들어졌다. TERASOLUNA 프레임워크를 처음 만들었을 때는 스트럿츠1이나 스프링 프레임워크, 그리고 아이바티스(iBatis) 같은 오픈소스 프레임워크를 기반으로 했는데, 다른 오픈소스 프레임워크와의 연계 부분이나 제공되지 않는 기능들을 직접 개발해서 NTT 만의 독자적인 프레임워크로 발전시킬 수 있었다. 이렇게 만들어진 프레임워크를 이용해서 개발된 애플리케이션들은 미션 크리티컬한 시스템에서도 적용할 수 있게 됐는데 지금에 이르러서는 프레임워크 없이 개발하는 것은 상상조차 할 수 없는 정도가 됐다.

자바 기반의 오픈소스 프레임워크 중에서도 특히 스프링 프레임워크는 긴 역사를 가지고 있으면서도 기능 추가에 적극적이고 품질 개선도 지속적으로 이뤄진다. 그런 노력의 결과로 스프링 프레임워크는 전 세계에서 가장 많이 활용되는 자바 프레임워크로 자리매김했고 사실상 표준이라는 입지를 차지하게 됐다. NTT 데이터는 이러한 흐름에 따라 스프링 프레임워크를 더욱 적극적으로 채용하기로 하고, 기존의 독자적인 프레임워크를 개발하기보다는, 오픈소스를 시스템에 더욱더 적용하기 위한 개발 가이드를 제공하는 방식으로 TERASOLUNA 프레임워크의 콘셉트와 방향을 전환하게 된다. 이전의 독자적인 프레임워크를 개발할 때는 프레임워크 자체의 기능을 제공하는 데 힘을 쏟았던 반면, 이제는 프레임워크의 기능을 시스템에 어떻게 잘 적용할지에 대한 베스트 프랙티스를 제공하는 것을 목표로 하고 있다. 결국 이러한 개발 가이드를 통해 스프링 프레임워크를 시작으로 스프링 MVC나 스프링 시큐리티 등을 있는 그대로 잘 조합해서 시스템을 구축할 수 있게 됐다.

이런 상황을 감안한다면 앞으로도 스프링 프레임워크가 지속적으로 발전해서 사실상 표준의 입지를 유지하는 것이 NTT 데이터의 입장에서 아주 중요하다. 그래서 NTT 데이터는 그동안 축적된 시스템 구축 경험을 정리해서 TERASOLUNA 프레임워크의 개발 가이드로 공개하고 있는데, 이는 한 사람이라도 더 많은 사람들이 스프링 프레임워크에 관심을 가지고 애플리케이션을 개발할 때 활용해줄 것을 기대하기 때문이다. 이렇게 만들어진 개발 가이드는 2016년 6월 기준으로 하루 평균 1500명의 액티브 유저가 조회했고 2014년에 개발 가이드를 공개한 이후로 누적 페이지 뷰가 150만 건을 넘어섰다. 또한 일본 스프링 유저 그룹의 운영과 강연에도 참여하고 있는데, 이런 커뮤니티 활동을 하는 이유는 스프링 프레임워크의 지속적인 발전에 조금이라도 더 기여하고 싶기 때문이다.

그런 맥락에서 이 책은 스프링 프레임워크의 매력을 한 명이라도 더 많은 사람에게 전하고 싶다는 생각으로 완전히 새롭게 써 냈다. 이 책에는 TERASOLUNA 프레임워크의 개발 가이드에서는 사전 배경 지식으로 간주하고 설명하지 않았던 내용이나 테스트, 템플릿 엔진, 스프링 부트와 같이 개발 가이드에서 다루지 않은 내용까지 포함돼 있다. 이렇게 시스템 구축에 필요한 스프링 프레임워크의 내용을 한 권의 책으로 엮어보니 800쪽을 넘는 분량이 돼버렸다. 책을 들고 다니기 불편하다는 의견도 있을 듯한데 부디 저자들의 넘치는 열정의 결과물이라고 넓은 마음으로 이해해주면 좋겠다. 이제부터 애플리케이션을 개발하려는 사람은 물론, 스프링 프레임워크를 좀 더 깊이 배우고 싶은 사람에게도 유용한 책이 되길 빌어본다.

주식회사 NTT 데이터

저자 대표　모토하시 켄지(本橋 賢二)

이 책을 집필하기까지 많은 분들의 도움을 받았습니다. 바쁜 와중에 이 책의 리뷰를 맡아주신 일본 스프링 유저 그룹 회장 겸, Starlight&Storm의 하세가와 유이치(長谷川裕一) 님, 오오노 와타루(大野渉) 님, 토키 코헤이(土岐孝平) 님, 일본전신전화주식회사의 이와츠카 타쿠야(岩塚卓弥) 님, NTT 데이터의 오노 슈이치(小野修一) 님, 사카다 히로유키(坂田洋幸) 님, 쿠마가야 이츠오(熊谷一生) 님, 요시다 아츠야(吉田貴哉) 님 정말 감사합니다.

그리고 이 책을 집필하는 과정에서 NTT 데이터의 TERASOLUNA 프레임워크 팀 멤버로부터 많은 도움을 받았는데 이 자리를 빌려 감사 드립니다.

마지막으로 이 책을 집필할 기회를 주신 쇼에이사의 타카오카 마사시(片岡仁) 님과 이 책을 교정, 편집하고 발간되기까지 도움을 주신 많은 분들께 감사 드립니다.

김윤미

프로젝트 규모는 점점 커지고 많은 개발자가 한 프로젝트에서 여러 부분을 분담해서 개발하고 있다. 각자 자기만의 패턴과 스타일을 가지고 더욱 복잡해지는 로직과 중복된 소스로 서비스 유지보수에 필요한 분석과 같은 작업이 많은 어려움을 겪는 경우가 많아지고 있다.

그래서 프레임워크 내에서 일관된 기술을 편하게 사용할 수 있고 비즈니스 로직을 효과적으로 관리하고 구성할 수 있는 프레임워크가 프로젝트 개발에 많이 사용되고 있다. 그중에서 자바를 이용해 개발한다면 많이 사용되고 있는 프레임워크가 스프링이다.

이 책은 스프링 프레임워크의 기초적인 내용뿐만 아니라 실무에서 스프링을 사용할 때 필요한 지식과 노하우를 익힐 수 있도록 구성된 책으로 스프링으로 개발을 시작하는 개발자 또는 사용 중인 개발자에게 꼭 필요한 책이라고 생각한다.

또한 이 책은 단순한 기술 설명뿐만 아니라 설명과 함께 코드를 하나하나 만들어가며 스프링을 배워갈 수 있다는 점에서 꼭 추천하고 싶다.

스프링을 처음 접하는 독자라면 첫 장부터 읽어보는 것도 좋지만 13장에서 요즘 주목받고 있는 프레임워크인 스프링 부트와 14장에서 소개하는 실습에서 스프링에 대한 기본 사용법을 익힌 후 첫 장을 학습한다면 스프링 공부에 많은 도움이 되리라 생각한다. 그리고 현재 개발 프로젝트에 참여하고 있는 독자라면 필요한 부분만 레퍼런스처럼 찾아볼 수 있는 책이기도 하다.

그럼 스프링 프레임워크를 사용하는 분들에게 많은 도움이 되길 바라며 마지막으로 이 책을 공역할 기회를 주신 신상재 님과 위키북스 출판자 관계자분들께 감사 인사를 드린다. 나의 버팀목인 우리 가족 남편, 지민, 지유에게도 사랑한다고 전하고 싶다.

신상재

참 오래 해 먹었다. CBD가 유행하던 시절 EJB를 시작으로 엔터프라이즈 자바 시스템의 흥망성쇠를 온몸으로 체험하며, 정말 오랫동안 프레임워크로 밥을 벌어 먹었다. UML로 설계하고 CASE 툴로 코드를 뽑아내고 상용 WAS 서버에 애플리케이션을 분산 배치하던 중에, 굳이 이 복잡한 스펙을 지키면서 컴포넌트들을 분산시킬 필요가 있느냐는 반작용에서 오픈소스 애플리케이션 프레임워크가 전장에 들어서는 것을 목격하고 환호했다. 국내외 SI 시장에는 프레임워크 전쟁이 시작됐고, 프레임워크가 없는 기업은 IT 변화에 대응할 수 없어 모두 망할 것만 같은 위기감을 조성하던 때, Struts와 Spring, Seam, Seasar 같은 참으로 많은 프레임워크들이 각자의 색과 각자의 방법으로 영역을 확보했다. 그 와중에도 리치 인터넷이니, X-Form을 기반으로 한 패러다임의 변화가 마치 전염병이 돌 듯 전국에 창궐해서 IT 시장을 집어 삼킬 듯 보일 때도 있었다.

이러한 춘추전국 시대는 정부의 정규군이 주요 세력가들을 모아 대한민국 정부의 공공 IT 시스템을 개발할 때 필요한 가이드라인을 만든 후에 수습 국면에 들어갔고, 이 과정에 재야의 고수들이 국가 연금술사처럼 표준 프레임워크가 자리 잡는 데 직간접적으로 도움을 주었다. EJB 스펙 준수에 대한 강박이 사라진 이후에는 금단의 영역이라 보였던 데이터 부문에서도 변화가 생겼다. 기존에 SQL을 수천 라인 개발하던, 프로시저와 펑션이라는 필살기로 점철되고 데이터 표준화란 이름으로 데이터가 통제되던 철옹성에 서서히 금이 가더니 JPA가 입성하고 NoSQL이 빅데이터라는 기치를 걸고 자신의 세력을 찾아가는 것을 보았다.

화면 전환을 워크플로우의 흐름이라 생각하던 선입관은 기동성 있는 비동기 통신이라는 기마병에 의해 깨지기 시작했고 그간 무시됐던 웹 표준과 웹 접근성이 재조명받아 소외된 이들이 보호받았다. 그러다가 어느 순간 RESTful한 것이 무엇인가라는 의문에 답할 사이도 없이 오랫동안 침묵했던 HTML5가 화려한 귀환을 함과 동시에 자바스크립트 진영의 새로운 군주의 후원을 받으며 새로운 생태계가 만들어졌다.

이제 우리는 지금 더 이상 프레임워크를 이야기하지 않고 플랫폼을 이야기하며, 분산 컴포넌트나 SOA를 이야기하는 대신 MSA를 이야기한다. 모던하고 접근하기 쉬운 개발 언어는 자바를 시대에 뒤떨어지는 레거시로 취급받게 했고, 급기야 파이썬과 Node.js가 머신러닝과 MSA라는 유리한 고지를 차지한 오늘날, 사람들은 자바가 죽었다고 말하고 스프링 프레임워크는 대한민국 SI 프로젝트의 모든 폐단이 투영되어 원치 않는 누명을 쓰게 됐다.

하지만 우리는 알고 있다. 이 오랜 역동의 시간 동안 끈기 있게 살아 남은 것이 있다는 것을 말이다. 아주 오래 전, 난공불락일 줄 알았던 EJB와 상용 WAS라는 성곽 아래에서 스프링이라는 씨앗이 싹을 틔웠고 꽃을 피웠으며, 이후 X-Form과 플렉스가 우리 눈을 매혹하고 있을 때도 묵묵히 그 뒤엔 스프링이 줄기를 뻗치고 있었다. 최근에 이르러 모놀리딕은 IT 변화를 저해하는 주범이요, 잘못된 조직 문화의 표상이라 마녀 사냥을 당하는 와중에도 MSA라는 이름으로 스프링은 명맥을 유지하며 다시금 새로운 꽃을 피우려 하고 있다. 그렇게 스프링은 오랜 세월 온갖 풍파를 견디며 살아 남았다.

이 책은 바로 그러한 스프링을 이야기하는 책이다. 그 오랜 세월, 몇 해의 겨울을 이겨내며 만들어진 스프링의 기능 하나하나를 설명한 책이다. 내일 당장 시스템을 구축하는데 퀵 스타트로 볼 수 있는 책은 아니지만, 과연 이 기능을 쓸 일이 있겠어? 하며 그냥 넘겨버릴 내용도 있겠지만, 이 책은 아주 고집스럽게도 적정한 수위를 유지하며 스프링이라는 새싹이 가진 잠재력을 하나씩 펼쳐 보이고 있다.

혹자는 이미 스프링 5 버전이 나온 마당에 스프링 4 책이 무슨 소용인가 생각할 수도 있을 것이다. 하지만 자바 9이 나왔지만 우리의 코드는 자바 5에서 크게 나아지지 못했던 것처럼, 그간 해오던 타성에 젖어 새 기능을 찾아 쓰지 않는 우리의 게으름과 굳이 다른 대안을 시도하지 않으려는 시장의 무관심이 욕실 바닥 구석의 물때처럼 우리 곁에 여전히 존재한다. 사실 스프링의 시작부터 현재를 목격한 역자의 입장에서도 이 책의 모든 기능을 실전에서 다 써본 것은 아니다. 하물며 스프링 5에 들어간 새 기능은 언제 그 빛을 시장에서 싹을 틔울지, 새로운 품종의 개발 패러다임의 그늘에 가려질지 아직 가늠하긴 어려우며, 아직은 땅이 충분히 젖지도, 따뜻한 기운이 스며들지도 않은 것 같다.

하지만 스프링 5의 봄은 머지 않아 올 것이다. 아직 땅이 얼어 있을 때, 우리는 그간 챙기지 못했던, 잠시 다른 기술에 눈을 팔아 잊고 있었던 스프링 4를 온전한 모양 그대로 받아들여야 한다. 늘 만들어왔던 모놀리딕한 애플리케이션 패턴 말고, 있는 기능, 원재료 그 자체의 맛을 음미한 다음, 새로운 패러다임의 모양으로 요리하고 화려하게 플레이팅하는 방법을 익혀야 한자. 그리고 스프링 5의 기능을 충분히 발휘할 수 있을 때가 됐다면 응축된 힘을 유감없이 발산하자. 이번 겨울은 스프링 4를 갈무리 지을 수 있는 마지막 기회가 될 것이다. 한 해를 마무리하며 다음 학년을 준비하는 학생들처럼, 겨울 방학 동안 부족했던 것을 채워보자.

이 책은 분량이 많다. 반면 스프링 5가 싹을 틔울 때까지 남은 시간은 많지 않다. 그래서 번역 과정에서 2인 공역을 하고 통상 조판이 끝난 후에 참여하는 베타리더를 초벌 번역 단계부터 모시고 함께 책을 만들어 왔다. 적시에 스프링 4의 총정리 본을 만들기 위해 많은 이들이 참여하다 보니 전체적인 일관성에 조금 아쉬움이 있다거나 미처 걸러내지 못한 거친 표현이 있을지도 모른다. 이 부분에 대해서는 달리 변명의 여지가 없이 본인의 잘못이다. 실제로 공역 작업에 제때 참여하지 못해 많은 부분을 박윤미 님께 떠맡기듯 했고, 내 죄를 사하려고 박준수 님, 오현석 님, 이경원 님, 이석곤 님, 조인석 님을 베타리더로 끌어들였다. 노인이 해가 지도록 방망이를 깎듯, 보고 또 보고, 고치고 또 고치느라 김윤래 팀장님과 약속한 납기는 이미 한참 지나서야 겨우 마감을 했다. 위키북스와의 첫 작업이었는데 책에 대한 욕심이 이 책의 적시 시장 진입을 방해했고 여러분의 손에 늦게 쥐어졌다. 그래서 이 책을 읽는 중에 불편이 있다면 그것은 온전히 최종 원고에 손댔던 본인의 잘못이다. 만약 책 내용에 대한 문의가 있다면 언제든 보내주길 바란다. 역자임에도 불구하고 저자처럼 함께 고민하고 답을 찾을 것이다.

마지막으로 한번 더 말하지만 이 책은 스프링 5가 싹을 틔우기 전에 볼 겨울 방학의 마지막 참고서다. 이 계절이 미치지 않고서야 더 이상은 스프링 4 책이 나오지 않을 것이고, 스프링 5의 새싹이 올라오기 시작하면 새 학기가 시작될 때 우리가 의례히 그랬던 것처럼, 기분 좋은 흥분과 설렘에 어쩔 줄 몰라 우왕좌왕하게 될 것이다. 그런 봄을 온전히 있는 그대로 만끽할 수 있게끔 지금 이 겨울을 준비하자. 이 책은 그러한 의미에서 여러분의 마지막 스프링 4 책이길 바란다.

사람들은 묻는다. 동토의 땅에도 꽃은 피는가?

그리고 우리는 안다. 우리의 손에는 이미 그 씨앗이 쥐어져 있다는 것을

**박준수**

스프링 프레임워크. 너무 유명하고 이미 사용된 지도 10여 년이 넘었다. 그리고 얼마 전엔 스프링 5 버전도 릴리스됐다. 이미 시중에 스프링에 관한 책은 방대하고, 이미 널리 퍼진 상황에서 어떤 책을 봐야 스프링 전체를 파악하고 사용할 수 있을까 고민하던 차에 이 책을 접하게 됐다.

입문이라고 하기엔 내용이 너무 방대해 지레 겁 먹었는데 한 장 한 장 읽다 보니 어느새 마지막 장을 펼치고 있었다. 스프링이 제공하는 유용한 기능들에 대해 빠짐없이, 기본적인 설명뿐 아니라 깊이 있는 예제를 통해 이해하고 사용하기 쉽게 기술돼 있어 만만치 않은 분량이었음에도 스프링에 철저히 입문할 수 있었다(입덕이 된 걸지도).

입문의 수준을 넘어 스프링의 바이블이라고 할 수 있을 정도로 훌륭한 『스프링 철저 입문』 완전 강추! 책을 기술해주신 저자 쿠라모토 키이치 님과 번역해주신 박윤미, 신상재 님께 깊은 감사를 드린다.

**오현석**

스프링에 대해 공부를 안하고 흐름을 따라가지 않은 지 오래인지라 스프링 책의 베타리더를 모집한다는 광고를 보고 응모했고 베타리더로 선정될 수 있었습니다.

여러 해 동안 이뤄진 스프링의 변화를 이 책을 통해 상당 부분 따라잡을 수 있었습니다. 스프링프레임워크가 다루는 영역이 워낙 넓기 때문에 스프링 책은 가벼운 맛보기만으로 끝나기 쉬운데, 이 책은 실전에 가까운 예제를 통해 이론과 실제를 적절히 알려주는 책이라고 생각합니다. 아무쪼록 많은 분들이 이 책을 읽고 도움을 받을 수 있기를 바랍니다. 다시 한번 베타리더로 선정해 주신 신상재 님과 위키북스에 감사 드립니다.

**이경원**

책 제목 그대로 스프링 프레임워크를 철저하게 학습하기에 좋은 책입니다. 스프링의 방대한 기능을 군더더기 없이 설명하고, 실제 개발하며 필요한 기능을 학습할 수 있습니다.

입문자뿐 아니라 평소 스프링을 사용하며 구조를 이해하고 싶었던 개발자 또한 읽어보길 권합니다.

**이석곤**

제목처럼 『스프링 철저 입문』을 할 수 있게 기본 개념부터 실무 예제까지 웹 프로젝트를 수행 할 때 필요할 기술을 소개하고 있습니다. 스프링에 처음 입문한 사람이라면 다양한 컴포넌트에 관한 이해와 개념을 익힐 수 있고, 스프링 경험이 있는 숙련자라면 최신 기술 및 실무에서 다양한 시각으로 스프링 프레임워크를 사용할 수 있도록 도와주는 좋은 교재가 될 것입니다.

스프링의 MVC, 웹 애플리케이션 개발 부분을 시중의 다른 스프링 서적보다 그림과 간단한 코드로 이해하기 쉽게 자세히 설명하고 있어 스프링의 핵심 기술을 익히는 데 큰 도움이 될 것입니다. 스프링을 쉽고, 재미있고, 확실하게 배우는 데 적합한 입문서로서 『스프링 철저 입문』을 추천합니다.

**조인석**

스프링 프레임워크가 엔터프라이즈 프로젝트의 필수 프레임워크로 자리 잡은 것은 이미 오래 전 일이다. 꾸준히 발전하고 있는 스프링은 프레임워크를 떠나서 이미 플랫폼으로 접어 들고 있으며, 개발자들이 복잡해하거나 기계적으로 반복해서 작성하던 코드와 설정을 획기적으로 줄여주고 있다. 그만큼 '추상화'가 많이 되고 있다는 것이다. 하지만 이렇다 보니 스프링 프로젝트는 개수가 점점 늘어나기 시작했고 열심히 학습하지 않은 사람은 금새 뒤처지게 마련이다. 그리고 이렇게 다양한 내용을 손쉽게 학습할 수 있는 방법도 마땅치 않았다. 이런 상황에서 『스프링 철저 입문』은 그만큼 다양해진 스프링 프로젝트의 대부분을 하나의 책으로 담아내고 있으며, 그 깊이 또한 얕지 않다. '스프링'을 한다면 알아야 할 모든 것들이 하나의 책으로 묶여 있어 활용하고자 하는 어떤 방향으로도 훌륭한 입문서가 되지 않을까 싶다. 또한 번역서이기에 안고 있는 국내 상황과의 괴리는 역자들의 친절한 추가 부연 설명으로 모두 채워지고 있다. 만약 여러분이 스프링의 세계에 제대로 빠지고 싶다면 이 책을 적극적으로 추천한다.

## ▪ 대상 독자와 이 책의 특징

이 책을 손에 든 대부분의 독자라면 아마도 '스프링'이라는 단어를 한번쯤은 들어봤거나 실제로 사용해봤을 것이다. 2013년에 프로젝트가 시작된 이래 전 세계적으로 많은 사용자를 확보한 스프링 부트를 스프링 프레임워크보다 먼저 접한 사람들도 다수 있을 것 같고 아예 스프링 자체를 처음 접하는 사람도 있을지도 모르겠다.

이 책은 스프링 프레임워크를 이용해 웹 애플리케이션을 개발하고 있는(혹은 개발할) 모든 개발자를 대상으로 한다. 지금부터 스프링을 배우려는 초심자부터 스프링을 어느 수준 이상으로 사용하고 있는 베테랑까지 이 책을 읽다 보면 스프링의 기초부터 실제 시스템을 구축하는 응용 방법까지 폭넓게 익힐 수 있도록 만들어져 있다.

특히 스프링 부트를 스프링보다 먼저 접한 사람이라면 스프링 본체에 대해 기초부터 배우면서 어디까지가 스프링 프레임워크의 범위이고 어디부터가 스프링 부트의 범위인지 이해할 수 있게 되어 스프링 부트의 편리함을 다시 한번 깨닫는 기회가 될 수 있을 것이다.

이 책에는 실제 시스템을 구축할 때 고려해야 할 사항들을 포함하고 있으며, 기본 개념뿐 아니라 소스코드를 통해 설명을 이어나가는 상당히 실천적인 입문서다. 이를 위해 스프링이 기능이나 사용법을 설명할 때 비슷한 분량의 소스코드도 함께 보여줄 수 있게 노력했다.

이 책을 버스나 지하철에서 보는 것은 권장하지 않는다. 대신 집으로 귀가한 후나, 가까운 카페나 사무실에서 PC의 전원을 켠 다음 책을 읽어주길 바란다. 그리고 실제로 소스코드를 쳐보면서 스프링 프레임워크를 체험해봤으면 좋겠다.

## ▪ 이 책의 구성

이 책은 크게 스프링 프레임워크 본체에 대한 설명(1장~8장), 스프링 관련 프로젝트에 대한 설명(9장~13장), 그리고 이들을 종합적으로 엮은 실습(14장), 뒤에 추가된 내용(15장)으로 구성된다.

각 장은 다음과 같은 기준으로 분류할 수 있다.

- ▪ 스프링이 만들어진 배경과 역사(1장)
- ▪ 스프링 코어(2장)
- ▪ 데이터 접근(3장, 10장, 11장)
- ▪ 웹 애플리케이션(4장~7장, 9장, 12장)

- 테스트(8장)

- 스프링 부트(13장)

- 스프링 배치(15장)

1장에서는 스프링 프레임워크가 등장한 배경과 발전해온 역사를 설명한다. 스프링이 처음 만들어진 이유를 이해하면 스프링이 어떤 철학을 가지고 발전해온 것인지 알게 된다.

다음은 스프링 코어에 대한 이야기로, 2장 후반부에서 스프링에서 가장 중요한 DI와 AOP를 설명한다. DI와 AOP의 개념이 아직 잘 잡혀있지 않다면 이 장을 먼저 읽어보는 것도 좋을 것이다.

데이터 접근에 대해서는 3장, 10장, 11장에서 설명하고 있는데, 3장에서 스프링 JDBC를 사용하는 방법을 먼저 익힌 후, 10장과 11장에서 데이터 접근을 위한 다른 라이브러리를 연계해서 사용하는 방법을 배우게 된다.

참고로 스프링 코어와 데이터 접근 부분은 웹 애플리케이션뿐만 아니라 일반 애플리케이션에서도 응용할 수 있는 내용으로 돼 있다.

4장부터는 본격적으로 웹 애플리케이션을 개발하는 데 필요한 내용이 나오는데 우선 스프링 MVC를 설명하고 5장에서는 화면을 응답하는 웹 애플리케이션을, 6장에서는 데이터만 응답하는 웹 애플리케이션(RESTful 웹 서비스)을 개발하는 방법을 설명한다. 7장에서는 실제로 웹 애플리케이션을 개발할 때 필요한 세션 관리나 파일 업로드와 같은 응용 기술을 다룬다.

스프링 시큐리티를 활용한 인증이나 인가 기능에 대해서는 9장에서 설명하고 12장에서는 웹 애플리케이션과 연계할 템플릿 엔진으로 타임리프를 소개한다.

애플리케이션을 개발할 때 테스트는 반드시 필요한 부분으로, 8장에서는 스프링을 사용한 애플리케이션에서 단위 테스트와 통합 테스트를 할 때 어떤 모듈을 사용하면 되는지 설명한다.

13장에서는 드디어 스프링 부트가 등장하는데, 여기서는 기능 설명을 하는 것이 아니라 우선 체험부터 할 수 있게 구성돼 있다. 스프링 부트를 우선 체험한 다음 기능에 대한 설명을 하는 방법으로 전개해서 더욱더 쉽게 이해할 수 있게 구성했다.

14장에서는 이 책에서 다룬 내용을 튜토리얼 형식으로 실습해볼 수 있다. 이제까지 익힌 스프링 프레임워크의 기능을 활용해 웹 애플리케이션을 만들어보자.

15장은 뒤에 이 책이 만들어진 후, 온라인 문서로 덧붙여진 내용으로 스프링 배치에 대해 설명한다.

## ▪ 이 책을 읽는 방법

이 책은 기본적으로 1장부터 순서대로 보는 것을 전제로 만들어졌으나, 경우에 따라 다음과 같은 다른 순서로 봐도 무방하다.

- ▪ 실습을 먼저 하고 싶은 사람: 14장의 실습을 먼저 본다.

- ▪ 스프링 부트를 배우고 싶은 사람: 13장부터 시작해서 14장으로, 이후에 2장부터 본다.

- ▪ 스프링을 기초부터 알고 싶은 사람: 2장의 DI와 AOP부터 시작하되, 2장 후반부의 2.3절 '데이터 바인 딩과 형변환' 관련 부분은 DI나 AOP를 모르더라도 볼 수 있는 부분이다. 다른 장을 다 본 후에 다시 찾아봐도 무방하다.

10장의 JPA와 11장의 마이바티스는 둘 다 준비는 돼 있지만 실제로 사용하는 기술 하나만 읽어도 무방하다. 참고로 이 책의 14장 실습에서는 JPA를 채택하고 있으니 JPA를 먼저 본 다음, 마이바티스를 보는 것이 효율적일 것이다.

초반에 설명이 너무 길어졌는데 이제 본격적으로 본 내용에 들어가 보자.

스프링 프레임워크의 세계로 온 것을 환영한다!

- ▪ 예제 코드 다운로드: http://wikibook.co.kr/introducing-spring-framework/

## ▪ 옮긴이가 추가한 내용

전개 방식이 자연스럽도록 일부 내용은 원서 내용과 달리 순서를 바꾸거나 원서의 제목을 다르게 표현하기도 했다.

지면 관계상 더 상세히 설명하지 못하는 부분에 대해서는 참고 자료의 URL을 각주로 추가했다. 관련 자료를 함께 보면 같은 주제나 개념에 대해 다양한 형태로 표현한 것을 보다 보면 머릿속에서 개념을 그리는 데 도움될 것이다.

이 책이 다루는 범위나 지면의 제약상 자세한 내용을 다루지 못하므로 스프링 프레임워크 공식 매뉴얼을 함께 확인하면서 학습하면 효과적일 것이다.

### ▪ 원서의 내용과 옮긴이 및 베타리더의 의견이 다른 부분

레이어드 아키텍처를 구분하는 방법은 국내 개발 환경에서 구분하는 방법과 다소 차이가 있다. 레이어로 구분해서 변경 범위와 역할을 격리한다는 개념에 대해 집중하고 나라마다 조금씩 차이가 있는 용어의 차이나 아키텍처 구성 방법에 대해서는 너무 집착할 필요는 없다.

책의 지면 관계상 테스트 케이스에 실패 케이스는 다루고 있지 않다. 실제 현장에서 개발할 때는 성공 시나리오 외에도 실패 시나리오에 대한 테스트 케이스도 함께 겸비하는 것이 좋다.

### ▪ 소스코드

책 전반에 걸쳐 설명을 돕기 위해 소스코드 일부나 설정 파일 내용의 일부가 인용되고 있으나 이들 코드만으로는 애플리케이션을 완성하지 못한다. 코드의 형태가 어떻게 나오는지 감을 잡는 참고용으로만 이해하자.

실제로 완성된 소스코드의 형태는 4장 스프링 MVC 기본, 12장 스프링 + 타임리프, 14장 실습, 15장 스프링 배치의 소스코드이니 필요할 경우 소스코드를 참고하자.

### ▪ 기타

이 책에 사용된 예시 코드에는 편의상 System.out.println()으로 결과를 출력해서 확인하는 내용이 있다. 이 책이 스프링 프레임워크에 관심을 집중하고 있기 때문에 빠르게 결과를 확인하기에는 좋으나 실제 애플리케이션을 개발하는 상황에서 일부러 표준 출력으로 표시해야 하는 상황이 아니라면 로깅 기능으로 필요한 정보를 출력해야 한다고 유념하면서 읽어주길 바란다. 로깅과 관련해서는 4.2.1절 '프로젝트 생성'에서 다룬다.

# 1장

## 스프링 프레임워크

## 1.1. 스프링 프레임워크 개요

자바(Java) 개발자 사이에서 가장 유명한 책 중 하나인 《Expert One-on-One: J2EE Design and Development》[1]가 출간된 지 10년 이상이 지났다. 로드 존슨(Rod Johnson)이 저술한 이 책은 J2EE(Java 2 Platform, Enterprise Edition)를 이용한 애플리케이션을 쉽게 개발할 수 있게 도와주고, 개발자가 쉽게 간과할 수 있는 성능 문제에 대해서도 해법을 제시하고 있다. 현재 소프트웨어 개발 언어로 자바가 시장을 석권하게 된 것은 이 책 덕분이라고 해도 과언이 아니다.

이 책에서는 지금의 스프링 프레임워크(Spring Framework)의 전신이 되는 초기의 프레임워크를 설명했다. 로드 존슨이 이 프레임워크를 시작한 이래로 현재의 개발 리더인 유겐 할러(Jürgen Höller)와 얀 카로프(Yann Caroff)가 합류했고, 이후 스프링 프레임워크라는 이름으로 아파치 라이선스를 따르는 오픈소스 프로젝트가 됐다.

스프링 프레임워크는 2004년에 버전 1.0, 2006년에 버전 2.0, 2009년에 버전 3.0, 2013년에 버전 4.0이 발표됐다. 버전을 거듭할수록 기존의 스프링 프레임워크에 더 많은 기능이 추가됐고, 품질과 성능 또한 개선됐다. 그리고 그 과정에 스프링 프레임워크를 중심으로 다양한 스프링 프로젝트가 탄생했다. 초기의 스프링 프레임워크는 J2EE 기반의 복잡한 개발 방식에 대한 반작용으로 안티테제(antithese)[2] 역할을 했으며 실제로 개발하고 사용하기 쉬운 경량 프레임워크를 보급하는 데 큰 몫을 했다. 스프링 프레임워크는 이후 10년 이상의 긴 개발 기간을 거치면서 거대한 생태계를 만들었고 지난날 경량 프레임워크에서 시작해서 오늘날과 같은 성숙하고 지배적인 프레임워크 그룹으로 발전할 수 있었다. 이러한 상황에 대해 유겐 할러는 InfoQ와의 인터뷰에서 다음과 같이 말했다[3].

> "스프링 프레임워크를 처음 개발할 때부터 변치 않는 설계 철학은
> 여러분의 개발 환경이 오래된 인프라든 최신 인프라든 구애받지 않고
> 최신 프로그래밍 사상과 기법을 활용해서 개발할 수 있게 만드는 것이었습니다."

스프링 프레임워크는 계속된 버전 업데이트를 통해 최신 기술을 도입하고 새로운 개발 기법을 수용하면서도 기존의 오래된 기술 기반을 저버리지 않았기 때문에 10년 이상이라는 긴 역사를 거쳐 더욱 완

---

**1**    Rod Johnson, Expert One-on-One J2EE Design and Development, Wrox, 2002
　　· 한국어판: 『expert one-on-one J2EE 설계와 개발』(정보문화사, 2004)

**2**    (옮긴이) 반대 주장, 반대 의견의 의미다.

**3**    https://www.infoq.com/interviews/spring-today-past-and-future

성도 높고 성숙된 모습을 갖춰갔으며 이러한 철학이 현재의 스프링 프레임워크의 발전으로 이어졌다는 것은 의심할 여지가 없다. 이러한 장점은 다양한 제약으로 인해 어쩔 수 없이 오래된 기술 기반을 지원해야 하는 기업에 잘 맞았는데, 실제로 수많은 소프트웨어 개발 프로젝트에서 스프링 프레임워크가 채택되어 사용되고 있다. 일본의 신닛테츠미스킨솔루션스와 NTT 데이터에서는 오래전부터 시스템을 개발하는 데 스프링 프레임워크를 활용해왔고 최근에는 일본의 노무라종합연구소, 리크루트 테크놀로지, NTT, NTT컴웨어에서 스프링 프레임워크를 사내 표준 프레임워크로 채택하기에 이르렀다.[4]

이처럼 스프링 프레임워크는 가장 많이 활용되는 자바 소프트웨어이자 가장 성공한 오픈소스 소프트웨어 중 하나다. 이 책에서는 스프링 프레임워크를 중심으로 또 다른 스프링 프로젝트들을 조합하는 방식을 설명한다. 차근차근 보다 보면 스프링이 제공하는 각 기능을 이해하게 될 것이고, 간단한 구현 방법에 이르기까지 체계적으로 학습할 수 있을 것이다.

## 1.2. 스프링 프레임워크의 역사

앞 절에서 언급한 것처럼 스프링 프레임워크의 기원은 로드 존슨의 『Expert One-on-One: J2EE Design and Development』로 거슬러 올라간다. 이 책에서는 스프링 프레임워크의 모태인 'Interface 21 Framework'를 소개했는데, 이 책에 수록된 3만 줄 가량 되는 프레임워크의 소스코드가 훗날 Wrox 포럼에서 논의됐다. 이 포럼에서 유겐 할러와 얀 카로프의 제안으로 오픈소스 프로젝트로 만들기로 했고 J2EE의 겨울 뒤에 봄이 온다는 의미로 얀 카로프가 프레임워크 이름을 'Spring Framework'로 제안했다.

『Expert One-on-One: J2EE Design and Development』가 출간되고 약 1년이 지난 2004년에는 EJB(Enterprise JavaBeans)를 사용하지 않고도 견고한 J2EE 애플리케이션의 개발이 가능하다는 것을 설명한 『Expert One-on-One: J2EE Development without EJB』[5]가 출간됐는데 EJB의 대안으로 스프링 프레임워크 1.0이 소개되고 유겐 할러가 공저로 참여했다. 다시 1년 뒤인 2005년에는 『Professional Java Development with the Spring Framework』[6]가 출간됐는데 이때는 기능 면에서

---

**4** (옮긴이) 국내에서는 삼성SDS, LG CNS, SK C&C 등의 대기업과 많은 중소기업에서 스프링 프레임워크를 활용하고 있으며, 공공부문 국가정보화사업을 위한 '전자정부 표준프레임워크'도 스프링 프레임워크를 기반으로 만들어졌다.

**5** Rod Johnson with Juergen Hoeller, Expert One-on-One J2EE Development without EJB, Wrox, 2004

**6** Rod Johnson, Juergen Hoeller, Alef Arendsen, Thomas Risberg, Colin Sampaleanu, Professional Java Development with the Spring Framework, Wrox, 2005

보완된 스프링 프레임워크 1.2가 사용됐다. 스프링 프레임워크 1.x에서는 IoC(Inversion of Control) 컨테이너(DI 컨테이너), AOP(Aspect Oriented Programming), XML 기반의 빈 정의, 프레임워크 모듈 간의 결합도 약화, 트랜잭션 관리, 데이터 액세스 등이 프레임워크의 기본 기능으로 구현됐다. 이 때 당시에는 스프링 프레임워크를 스트러츠(Struts)[7], 하이버네이트(Hibernate)[8]와 조합해 사용하는 SSH(Struts, Spring Framework, Hibernate) 구성 방식이 유행했다.

2006년에는 스프링 프레임워크 2.0이 발표됐는데 이때는 웹 애플리케이션을 개발할 때 필요한 기능을 중심으로 스프링 시큐리티(Spring Security)와 스프링 웹 플로우(Spring Web Flow) 같은 스프링 프로젝트가 시작된 시기이기도 하다.[9] 2007년에는 DI(Dependency Injection)와 MVC(Model View Controller)를 애너테이션(Annotation) 방식으로 설정할 수 있는 스프링 프레임워크 2.5가 발표됐고, 시스템 연계 및 배치 처리를 위한 스프링 인티그레이션(Spring Integration)과 스프링 배치(Spring Batch) 등의 스프링 프로젝트가 시작됐다. 이 시기에 로드 존슨이 창업한 인터페이스21은 스프링소스(SpringSource)로 사명(社名)을 바꾸고 유럽에서 미국으로 거점을 옮긴다.

미국으로 거점을 옮긴 스프링소스는 벤처캐피탈의 투자를 받고, 톰캣(Tomcat)과 아파치(Apache)를 지원하는 코벌런트(Covalent), 그루비(Groovy)와 그레일즈(Grails)를 개발하는 G2One, 애플리케이션 모니터링 솔루션을 제공하는 하이페릭(Hyperic)이라는 기업을 잇달아 인수한다. 이로써 스프링소스는 자바 애플리케이션 개발을 위한 프레임워크를 제공할 뿐만 아니라 애플리케이션 서버와 시스템 인프라, 모니터링에 이르는 엔터프라이즈 환경을 위한 개발에서 운영까지의 소프트웨어 종합 솔루션을 제공하게 된다. 또한 이때부터 스프링 툴 스위트(STS: Spring Tool Suite)라고 부르는 스프링 프레임워크에 최적화된 통합 개발 환경이 제공되기 시작한다.

2009년에는 스프링 프레임워크 3.0이 발표됐는데, 이때부터 자바 기반의 설정 방식(Java-based configuration)과 DI의 자바 사양(Spec)인 JSR 330을 지원하게 된다. 또한 JPA(Java Persistence API) 2.0과 빈 검증 기능(Bean Validation) 등 Java EE 6의 사양에 대해서도 일찍부터 지원했다. 특히 스프링 프레임워크 3.0부터는 RESTful 프레임워크로 사용할 수 있도록 스프링 MVC(Spring MVC)가 크게 개선되기도 했다.

---

7   https://struts.apache.org/

8   http://hibernate.org/

9   (옮긴이) 스프링 프로젝트는 스프링 프레임워크, 스프링 시큐리티 등을 포함하는 상위 개념이다.
    https://spring.io/projects

한편 2009년에는 스프링소스가 브이엠웨어(VMware)에 인수됐는데, 이 일은 당시의 자바 개발자에게는 상당히 충격적인 사건이었다. 마침 같은 해에 오라클(Oracle)이 썬마이크로시스템즈(Sun Microsystems)를 인수하기도 한지라 자바 진영이 앞으로 어떤 방향으로 나아갈 것인지에 대해 IT 업계 전체가 크게 혼란스러워하던 해이기도 했다. 한편에서는 브이엠웨어에서 이엠씨(EMC)까지 아우르며 하드웨어에서 소프트웨어까지의 수직 통합을 이룰 것이라 전망됐지만 클라우드 파운드리(Cloud Foundry)와의 일부 제휴를 제외하고는 기존의 스프링소스의 문화를 계승해서 기존대로 개발 스타일이 이어졌다.

2013년에는 Java SE 8과 Java EE 7을 지원하는 스프링 프레임워크 4.0이 발표됐고 여기에는 웹소켓(WebSocket)과 웹 메시징을 지원하는 기능이 구현됐다. 그해 스프링 프레임워크는 브이엠웨어가 인수한 일부 소프트웨어 제품과 함께 피보탈(Pivotal)이라는 새로운 회사로 옮겨진다. 스프링 프레임워크는 분사되면서 오픈소스 활동에 더욱 집중할 수 있게 됐고 스타트업 문화 안에서 제품을 개발하고 보급하는 것을 목표로 하고 있다. 2014년에는 스프링 부트(Spring Boot)와 스프링 IO 플랫폼(Spring IO Platform) 프로젝트가 시작됐다. 그리고 2017년 현재 스프링 프레임워크는 새로운 버전인 5.0 릴리스를 앞두고 있다[10].

## 1.3. 스프링 관련 프로젝트에 관해

현재 스프링 프레임워크를 중심으로 10가지 이상의 다양한 스프링 프로젝트가 있으며[11], 이것들이 포트폴리오 형태로 어우러져 거대한 생태계를 형성하고 있다. 이번 절에서는 대표적인 스프링 라이브러리와 주요 프로젝트에 대해 간단히 살펴보자. 이후부터는 스프링 프레임워크를 비롯한 각종 스프링 프로젝트나 스프링 관련 라이브러리를 통틀어 편의상 스프링이라고 표기하겠다.

---

**10**  (옮긴이) 2017년 9월 28일에 5.0 버전이 리릴리스됐다.

**11**  (옮긴이) 이 책의 번역 시점인 2017년 5월 기준으로 인큐베이션(incubation)과 에틱(attic) 상태인 프로젝트를 제외하고 62개의 스프링 프로젝트가 운영 중이다.
       https://spring.io/docs/reference

## 1.3.1. 스프링 MVC

스프링 MVC는 웹 애플리케이션 개발을 위한 프레임워크로, 아키텍처에는 MVC 패턴을 채택하고 있다. 이와 비슷한 역할을 하는 프레임워크로는 스트럿츠[12]와 JSF(Java Server Faces)가 유명한데, 이러한 MVC 패턴을 적용한 프레임워크들은 크게 액션 기반 프레임워크와 컴포넌트 기반 프레임워크로 나눌 수 있다.

액션 기반 프레임워크는 요청에 따라 실행할 처리 행위(action)를 결정하고, 처리 결과로 HTML과 같은 응답을 반환하는 프레임워크다. 스프링 MVC나 스트럿츠가 액션 기반의 프레임워크에 해당하며, 구조가 단순해서 이해하기가 쉽고 확장성이 높다는 특징이 있다.

반면 컴포넌트 기반 프레임워크는 요청과 응답을 추상화(은폐)하고, 화면을 구성하는 컴포넌트를 기반으로 웹 애플리케이션을 개발하는 프레임워크다. JSF는 컴포넌트 기반의 프레임워크이며, 버튼이나 입력 필드 등의 화면 부품을 공통화할 수 있어 재사용하기 쉽다는 특징이 있다.

스프링 MVC는 스프링 프레임워크에 초기부터 포함되어 상당히 긴 역사를 함께한 프레임워크인데, 스프링 프레임워크 3.0에서 크게 개선됐다. 스프링 MVC는 POJO(Plain Old Java Object)[13] 형태로 구현하는 방식이나 애너테이션 기반 설정, 서블릿 API의 추상화, 스프링 DI 컨테이너와의 연계, 풍부한 확장 기능을 지원하고, 각종 서드파티 라이브러리와의 연계와 같은 다양한 특징과 함께 엔터프라이즈 시스템 개발에 필요한 기능을 갖추고 있다.

지원하는 서드파티 라이브러리로는 JSON을 다루기 위한 잭슨(Jackson), 템플릿 엔진인 아파치 타일즈(Apache Tiles)와 프리마커(FreeMarker), RSS나 Feed를 처리하기 위한 롬(Rome), 보고서를 출력하기 위한 제스퍼리포트(JasperReports), 빈 검증을 위한 하이버네이트 밸리데이터(Hibernate Validator), 날짜나 시간 정보 처리를 위한 조다타임(Joda-Time)[14] 등이 있다. 그 밖에도 템플릿 엔진 역할을 하는 타임리프(Thymeleaf) 같이 서드파티 라이브러리 자체가 스프링을 지원하는 형태도 있다.[15]

---

**12** (옮긴이) Struts는 크게 Struts 1과 Struts 2로 분류하는데, 우리나라에서는 Struts 1이 많이 활용된 후, Struts 2로 넘어가기보다는 스프링 MVC로 전환된 사례가 더 많다. Struts 1과 Struts 2의 차이는 다음 문서를 참고하자.
   https://struts.apache.org/docs/comparing-struts-1-and-2.html

**13** (옮긴이) POJO는 주로 특정한 자바 모델이나 기능, 프레임워크 등의 종속성을 가지지 않는 자바 객체를 지칭한다. 자세한 내용은 다음을 참고한다.
   https://spring.io/understanding/POJO
   https://en.wikipedia.org/wiki/Plain_Old_Java_Object

**14** (옮긴이) Java 8 버전이 나오기 전까지의 날짜나 시간 관련 기능이 충분하지 않아 많이 활용됐다.
   http://www.joda.org/joda-time/

**15** (옮긴이) 마이바티스(MyBatis)도 라이브러리가 스프링을 지원하는 형태다.

## 1.3.2. 스프링 시큐리티

스프링 시큐리티는 스프링 기반의 애플리케이션에 인증(Authentication)이나 인가(Authorization)와 같은 보안 기능을 쉽게 구현할 수 있도록 도와주는 프레임워크다. 이전에는 'The Acegi Security System for Spring'이라는 이름으로 개발됐지만 공식적인 스프링 프로젝트로 인정되어 2007년 말에 현재의 'Spring Security'로 이름이 바뀌었다.

스프링 시큐리티는 애플리케이션에 필요한 다양한 인증 방식을 지원하는데 베이직 인증(Basic) 및 다이제스트 인증(digest authentication)을 시작으로 X.509 클라이언트 인증서, LDAP(Lightweight Directory Access Protocol), Open ID 등의 인증 방식에 대한 기본 구현을 제공한다. 그 밖에도 서드파티에서 제공하는 인증 방식과 연계하거나 독자적인 인증 방식을 구현해서 조합할 수도 있다.

스프링 시큐리티에서는 웹 애플리케이션의 보안을 강화하기 위해 일반적인 인증과 인가 기능 외에도 CSRF(Cross Site Request Forgery)[16] 대응 기능이나 보안 응답 헤더 출력 기능(Security HTTP Response Headers), 세션 관리(Session Management) 같은 웹 환경에 특화된 보안 기능도 제공한다.[17] 참고로 이러한 웹 애플리케이션 보안 기능은 서블릿 필터의 메커니즘을 응용해서 구현돼 있기 때문에 원하는 기능을 넣고 빼거나 독자적인 인증 방식을 추가하는 것이 상당히 쉽고 편리하게 만들어져 있다.

## 1.3.3. 스프링 데이터

스프링 데이터(Spring Data)는 관계형 데이터베이스와 NoSQL, Key-Value 저장소 같은 다양한 데이터 저장소의 데이터에 손쉽게 접근할 수 있게 해주는 프레임워크다. 스프링 데이터는 일종의 엄브렐라 프로젝트(Umbrella Project)로서 그 안에는 다음과 같은 다양한 스프링 프로젝트로 구성돼 있다.

- **Spring Data Commons**
  스프링 데이터의 중심이 되는 프로젝트로서 데이터 접근에 필요한 공통적인 인터페이스(Repository 인터페이스)를 제공한다. 그래서 다양한 데이터 저장소를 지원하는 모듈은 모두 Spring Data Commons에서 정의한 Repository 인터페이스를 구현한다.

---

**16**   (옮긴이) CSRF에 관해서는 9장 6절 'CSRF 방지'에서 자세히 다룬다.

**17**   https://docs.spring.io/spring-security/site/docs/current/reference/htmlsingle/#web-app-security

- **Spring Data JPA**

  JPA(Java Persistence API)를 이용해 데이터에 접근하기 위한 모듈이다.

- **Spring Data MongoDB, Spring Data Redis, Spring Data Solr 등**

  그 밖에도 No SQL, In memory, 검색 엔진 등에 접근하기 위한 다양한 데이터 접근 모듈이 있다.

이처럼 스프링 데이터와 관련된 다양한 모듈은 이 책의 번역 시점인 2017년 5월에 총 14가지(상기 내용 포함)가 있고, 이것들이 모여 스프링 데이터의 릴리스 트레인(Release train)이 구성됐다. 스프링 데이터 관련 모듈은 각각 독자적인 릴리스 정책을 따르기 때문에 스프링 데이터에서는 이러한 모듈의 묶음을 릴리스 트레인으로 관리하고, 알파벳 순으로 이름을 붙인다. 이 이름은 유명한 컴퓨터 과학자 또는 소프트웨어 개발자의 이름을 따서 명명하는데, 2017년 5월 기준으로 최신 스프링 데이터 릴리스 트레인의 이름은 Kay다.[18]

## 1.3.4. 스프링 배치

스프링 배치(Spring Batch)는 배치(batch) 애플리케이션을 개발하기 위한 경량 프레임워크이며, 대량의 데이터를 처리하는 데 필요한 공통 기능을 제공한다. 예를 들어, 중단되거나 실패한 배치 처리의 재시작 기능, 처리 작업을 건너뛰는 기능, 파일이나 데이터베이스 같은 다양한 데이터 저장소와의 입출력 기능, 그리고 배치 처리에 필요한 트랜잭션이나 리소스 관리 기능과 같은 공통 기능을 제공한다. 그 밖에도 대용량이면서 고성능이 요구되는 배치 처리를 위한 최적화나 파티셔닝(partitioning) 기능도 사용할 수 있다.

스프링 배치는 원래 액센츄어(Accenture)가 개발한 배치 애플리케이션 프레임워크를 기반으로 하며, 2008년에 스프링 배치 버전 1.0이 발표됐다. 액센츄어에서 스프링 배치를 개발한 웨인 런드(Wayne Lund)와 스프링소스의 로드 존슨은 배치 애플리케이션을 위한 표준 사양인 JSR 352(Batch Applications for the Java Platform)을 만드는 데 깊이 관여했는데 이 과정에서 스프링 배치의 사양이 많이 녹아들어갔다. 단, 스프링 배치와 JSR 352[19]는 상당히 비슷한 구조로 돼 있지만 일부 차이점도 있다. 예를 들어, 스프링 배치는 JSR 352보다도 일찍 만들어졌음에도 더 많은 기능을 제공한다. 또한 스프링 배치는 버전 3부터 JSR 352를 지원하게 되면서 JSR 352의 구현체로 스프링 배치를 이용할 수 있게 됐다.

---

18  https://spring.io/blog/2017/05/09/spring-data-release-train-kay-m3-released
19  https://docs.oracle.com/javaee/7/tutorial/batch-processing002.htm

## 1.3.5. 스프링 인티그레이션

스프링 인티그레이션(Spring Integration)은 EIP(Enterprise Integration Patterns)[20]로 알려진 시스템 연계 아키텍처 패턴에 기초해서 연계 애플리케이션을 쉽게 개발할 수 있게 도와주는 프레임워크다. 스프링 인티그레이션은 시스템 간의 복잡한 연계 구조를 풀어주기 위한 단순한 모델을 제공한다. 예를 들면, 비동기식 메시지 기반의 애플리케이션 개발 방식을 지원하는데, 메시지 채널을 통해 헤더(Header)와 페이로드(Payload)로 구성된 메시지를 전송할 수 있다. 메시지를 주고받는 대상으로는 AMQP(Advanced Message Queuing Protocol), 파일, FTP/SFTP, REST/HTTP, JDBC, JPA, JMS, XML, GemFire, MongoDB, Redis, RMI, STOMP, TCP/UDP, 이메일과 같은 다양한 엔드포인트를 지원한다. 그래서 스프링 인티그레이션을 활용하면 다양한 엔드포인트 간의 메시지 교환을 프레임워크 수준에서 추상화함으로써 엔드포인트의 차이를 굳이 의식하지 않더라도 시스템을 연계할 수 있다. 비슷한 기능을 제공하는 오픈소스 소프트웨어로는 아파치 캐멀(Apache Camel)이 유명하다.

## 1.3.6. 스프링 클라우드

스프링 클라우드(Spring Cloud)는 분산 환경에서 클라우드 환경에 좀 더 최적화된 애플리케이션을 개발하기 위한 프레임워크와 툴의 모음이며, 다수의 관련 프로젝트로 구성돼 있다. 대표적인 프로젝트는 다음과 같다.[21]

- **Spring Cloud Config**
  프로파일이나 프로퍼티 같은 설정 정보를 깃(Git)[22]과 같은 외부 환경에서 관리하고 배포하는 구조를 제공한다.

- **Spring Cloud Netflix**
  Eureka, Hystrix, Zuul, Archaius 같은 넷플릭스(Netfilx)가 제공하는 다양한 오픈소스 소프트웨어를 사용하는 구조를 제공한다.

- **Spring Cloud Bus**
  분산 환경의 노드 사이를 AMQP 같은 경량 메시징 브로커에 연결하는 구조를 제공한다.

---

20  http://www.enterpriseintegrationpatterns.com/
21  (옮긴이) 스프링 클라우드에서는 관련 프로젝트들을 컴포넌트라고 부르기도 한다.
    http://projects.spring.io/spring-cloud/
22  https://git-scm.com/

- **Spring Cloud Connectors**

  클라우드 파운드리나 헤로쿠(Heroku) 같은 다양한 백엔드 환경에 접속하기 위한 구조를 제공한다. 과거에 스프링 클라우드라고 하면 이 스프링 클라우드 커넥터(Spring Cloud Connectors)를 의미했다.

## 1.3.7. 스프링 툴 스위트

스프링 툴 스위트(STS: Spring Tool Suite)는 스프링 기반 애플리케이션을 개발하기에 최적화된 이클립스 기반 통합 개발 환경이다. 각종 스프링 프로젝트를 활용한 애플리케이션 개발을 지원하는 것은 물론 깃이나 메이븐(Maven)[23], 애스펙트제이(AspectJ) 등의 개발에 필요한 툴이 처음부터 내장돼 있어서 개별적으로 설치하거나 설정할 필요가 없고 바로 스프링 기반 애플리케이션을 개발할 수 있다. 또한 스프링 기반 애플리케이션에 맞게 톰캣을 최적화한 피보탈(Pivotal) tc Server가 포함돼 있어 애플리케이션의 구현뿐 아니라 디플로이까지도 지원할 수 있다. 심지어 디플로이 환경으로는 피보탈 클라우드 파운드리(Pivotal Cloud Foundry) 같은 PaaS(Platform as a Service) 환경도 지원한다. 만약 스프링 기반 애플리케이션을 처음 개발하는 개발자라면 스프링 툴 스위트를 이용해 로컬 PC에 개발 환경을 구축하는 데 드는 시간을 대폭 줄일 수 있다.

## 1.3.8. 스프링 IO 플랫폼

스프링 IO 플랫폼(Spring IO Platform)은 스프링 기반 애플리케이션을 개발하고 실행할 때 필요한 스프링 관련 라이브러리나 서드파티 라이브러리의 버전을 결정하고, 의존 관계를 해결하기 위한 스프링 프로젝트로서 2014년에 버전 1.0이 발표됐다.

스프링 IO 플랫폼을 활용하면 개발자가 스프링의 각종 라이브러리나 서드파티 라이브러리의 버전 관리, 의존 관계 관리와 같은 작업에서 해방될 수 있기 때문에 개발 자체에 더 전념할 수 있게 된다. 스프링 IO 플랫폼은 개발 단계에서의 버전이나 의존 관계의 관리뿐 아니라 배포 단계에서의 애플리케이션 디플로이를 용이하게 하는 데도 중점을 두고 있다. 내부적으로는 스프링 부트와 그레일즈(Grails)를 실행 환경(DSR: Domain Specific Runtime)으로 지원하고 있다. 참고로 이 책에서는 각 장의 설명이나 실습에서 각종 라이브러리 버전과 의존 관계 설정을 위해 스프링 IO 플랫폼을 활용한다.

---

**23** (옮긴이) 메이븐은 애플리케이션 개발에 필요한 의존 모듈(artifact)이나 라이브러리의 관리부터 빌드, 테스트, 배포, 문서화 같은 생명 주기도 관리할 수 있는 프로젝트 관리 툴이다. 국내에서는 앤트(Ant)를 대체하는 빌드 툴 정도의 좁은 역할로 많이 활용되고 있다. 자세한 내용은 다음 공식 문서를 참고하자.
https://maven.apache.org/

**메모**  스프링 IO 플랫폼을 이용하려면 메이븐의 pom.xml에 다음과 같이 의존 관계를 추가하거나 부모 프로젝트로 지정하면 된다.[24]

▶ Dependency Management로 임포트할 때의 pom.xml 정의 예

```
<dependencyManagement>
    <dependencies>
        <dependency>
            <groupId>io.spring.platform</groupId>
            <artifactId>platform-bom</artifactId>
            <version>2.0.8.RELEASE</version>
            <type>pom</type>
            <scope>import</scope>
        </dependency>
    </dependencies>
</dependencyManagement>
```

▶ 부모 프로젝트로 지정할 때의 pom.xml의 정의 예

```
<parent>
    <groupId>io.spring.platform</groupId>
    <artifactId>platform-bom</artifactId>
    <version>2.0.8.RELEASE</version>
</parent>
```

한편 이 책에서는 다루지 않지만 그레이들(Gradle)[25]의 의존 관계 관리 플러그인(Gradle Dependency Management Plugin)을 이용하면 그레이들에서도 스프링 IO 플랫폼을 이용할 수 있다.[26]

## 1.3.9. 스프링 부트

스프링 부트(Spring Boot)는 최소한의 설정만으로도 프로덕션 레벨의 스프링 기반 애플리케이션을 쉽게 개발할 수 있게 도와주는 스프링 프로젝트다. 스프링이 10년 이상의 긴 시간 동안 다양한 요구사항을 충족시키면서 개발되다 보니 기능이 많아지고 다양한 활용법이 생겨났는데, 이런 점이 오히려 자바 입문자에게는 간단한 애플리케이션을 개발할 때조차 수많은 설정을 이해하고 써야 한다는 부담으로 작용했다. 하지만 스프링 부트를 활용하면 XML이나 자바 기반 설정(Java-based configuration)을 이용

---

**24** https://docs.spring.io/platform/docs/Brussels-SR2/reference/htmlsingle/#getting-started-using-spring-io-platform-maven

**25** https://gradle.org/

**26** http://docs.spring.io/platform/docs/current/reference/htmlsingle/#getting-started-using-spring-io-platform-gradle

한 빈 정의나 서블릿(Servlet) 설정 등을 하지 않아도 되고 심지어 별도의 애플리케이션 서버에 디플로이할 필요도 없다. 2014년에 스프링 부트 버전 1.0이 발표된 이후, 스프링 기반의 애플리케이션을 쉽게 개발할 수 있다는 장점이 수많은 자바 개발자들 사이에 주목받게 됐고 오늘날에 이르기까지 전 세계 개발자들의 지지를 받으며 성장하고 있다.

## 1.4. Java EE와의 관계

1.1절에서 스프링 프레임워크는 J2EE를 이용한 애플리케이션 개발의 안티테제로 개발됐다고 설명했지만 스프링 프레임워크가 J2EE 자체를 부정하는 것은 아니다. 스프링 프레임워크도 J2EE 기반의 자바 애플리케이션 프레임워크이며, 처음에는 공식 문서에 'Spring - Java/J2EE Application Framework'라고 기술돼 있었다.

자바 사양은 JCP(Java Community Process)라는 표준화 절차를 거쳐 만들어진다. JCP의 멤버가 자바 사양의 안건이 될 JSR(Java Specification Request)을 작성하고 제안하면 참여자들의 리뷰를 통해 내용이 구체화된다. JCP의 집행 위원회는 다수의 안건을 검토하고 그중에서 최종 사양으로 채택할 것을 결정한다. 이러한 JCP 자체도 JSR 355로 정의돼 있다.

J2EE은 J2SE에 자바 서블릿(Java Servlet)이나 JSP(JavaServer Pages), EJB(Enterprise JavaBeans), JDBC(Java Database Connectivity), JMS(Java Message Service), JSF(JavaServer Faces) 같은 서버 측 애플리케이션 개발에 필요한 기능을 추가하고 있다. 1999년에 J2EE 1.2가 나왔고 2003년에 J2EE 1.4가 발표되어 웹 애플리케이션 프레임워크인 JSF가 추가됐다. 2006년에는 Java EE 5가 발표됐는데 EJB에 DI나 POJO 같은 개념을 도입해서 EJB 3.0이라는 사양으로 전면적인 탈바꿈을 한다. 그 이후에도 2009년에 Java EE 6을, 2013년에 Java EE 7을 발표했으며 자바 배치[27], 웹소켓 같은 기술 변화에 맞춘 사양이 추가됐다.

Java EE[28]라고 부르는 것은 사양이며 여러 소프트웨어 벤더가 이 사양에 맞춰 애플리케이션 서버를 개발한다. 스프링 프레임워크도 J2EE/Java EE와 완전히 호환되는 것은 아니지만 일부 기능은 Java EE 사양을 지원한다. 원래 스프링 프레임워크는 J2EE의 경쟁 프레임워크로 개발됐지만 Java EE도 시

---

**27**  https://java.net/projects/jbatch/

**28**  (옮긴이) J2EE 5.0부터 Java EE 5와 같이 명명법이 바뀐다.
   http://www.oracle.com/technetwork/java/javase/overview/javanaming-2227065.html

간이 지남에 따라 스프링 프레임워크의 장점을 받아들였다. 예를 들어, EJB 3나 CDI(Contexts and Dependency Injection), JTA(Java Transaction API) 1.2를 이용하면 스프링 프레임워크와 비슷한 스타일로 프로그래밍할 수 있다. 2017년에 발표 예정인 Java EE 8에 포함되는 MVC 1.0에서는 웹 애플리케이션도 스프링 프레임워크의 모델처럼 만들 수 있다. 심지어 DI나 자바 배치(Java Batch)와 같이 스프링이 제공하는 기능 자체를 표준화해서 Java EE 사양에 반영하는 경우도 있다. 반대로 스프링도 빈 검증(Bean Validation)이나 JPA 같은 Java EE 사양을 만족하는 기능을 구현하기도 한다.

이런 움직임 덕분에 스프링과 Java EE의 차이는 확실히 줄어드는 추세다. 그렇다고 스프링 프레임워크 대신 Java EE 표준 사양을 사용하는 것이 더 나은가라고 하면 꼭 그렇지만은 않다는 것이 일반적인 견해다. J2EE는 사양을 결정하는 데 2년, 구현된 애플리케이션 서버 제품을 갖추는 데 2년 정도 걸리는 반면, 스프링 진영은 신기술을 도입하는 속도가 상대적으로 더 빠르기 때문이다. 예를 들면, 개발 생산성을 높여주는 스프링 부트나 마이크로서비스 아키텍처를 제공하는 스프링 클라우드가 발표됐으며, 2017년에는 JDK 9, HTTP 2, 리액티브(Reactive) 아키텍처에 대응하는 스프링 프레임워크 5가 발표될 예정이다. 만약 자바 애플리케이션을 개발할 때 새로운 기능과 아키텍처가 필요한 경우라면 스프링을 사용하는 것이 최상의 선택이 될 것이다.

# 2장

# 스프링 코어(DI, AOP)

1장에서는 스프링 프레임워크를 중심으로 스프링 관련 프로젝트에 대한 전체적인 개요를 소개했다. 이번 장에서는 스프링 프로젝트의 중심이자 스프링 프레임워크의 핵심인 스프링 코어(Spring Core)에 대해 자세히 설명한다.

스프링 코어 중에서도 특히 중요한 것은 단연 DI(Dependency Injection)와 AOP(Aspect Oriented Programming)다. 이번 장에서는 데이터 바인딩과 형 변환, 프로퍼티 관리, 스프링 표현 언어(SpEL), 리소스 추상화, 메시지 관리와 같이 애플리케이션을 개발할 때 반드시 필요한 기능에 관해 설명한다. 다만 이번 장을 반드시 먼저 읽어야 하는 것은 아니기 때문에 이 책에서 관심 있는 부분을 먼저 읽어 나가다가 나중에 필요한 부분을 적절하게 참조하며 읽어도 무방하다. 그럼 이제 스프링의 핵심 기능을 살펴보자.

## 2.1. DI

스프링 프레임워크에 대해 설명하기 전에 의존성 주입(DI: Dependency Injection)이 필요하게 된 배경을 알아보자. 보통 엔터프라이즈 애플리케이션을 개발할 때는 하나의 처리를 수행하기 위해 여러 개의 컴포넌트를 조합해서 구현하는 경우가 일반적이다. 이때 사용되는 컴포넌트에는 '공통으로 사용되는 기능을 따로 분리한 컴포넌트', '데이터베이스에 접근하기 위한 컴포넌트', '외부 시스템이나 서비스에 접속하기 위한 컴포넌트' 등과 같이 다양한 컴포넌트가 있다. 또한 오늘날의 애플리케이션 개발에서는 직접 개발하기보다는 이미 잘 만들어진 오픈소스 라이브러리를 활용하는 형태도 많아지고 있다.

이처럼 하나의 처리를 구현하기 위해 여러 개의 컴포넌트를 통합할 때 의존성 주입이라는 접근 방식이 큰 힘을 발휘한다. 예를 들어, 사용자를 등록하는 클래스를 구현한다고 가정해 보자. 사용자 등록을 위해 필요한 처리 흐름은 다음과 같다.

1. 등록하려는 사용자 계정이 이미 등록돼 있는지 확인한다.

2. 등록하려는 사용자의 패스워드를 해시(hash)한다.

3. 사용자 정보를 저장한다.

이 같은 처리를 구현하는 데 필요한 인터페이스를 표 2.1에 정리했다.

표 2.1 사용자 등록 기능에서 사용할 인터페이스

| 인터페이스명 | 설명 |
| --- | --- |
| UserRepository | 사용자 정보를 영속적으로 저장하거나 저장된 사용자 정보를 가져오는 인터페이스 |
| PasswordEncoder | 패스워드를 해시화하는 인터페이스 |
| UserService | 사용자 등록을 처리하는 인터페이스 |

이제 이러한 인터페이스에 어떤 기능이 있는지 메서드를 살펴보자. 그리고 UserRepository와 PasswordEncoder를 조합한 UserService의 구현 클래스로 UserServiceImpl이 어떤 모양으로 만들어지는지에 대해서도 다음 예제를 통해 확인해보자.

▶ 사용자 등록을 처리하는 인터페이스

```java
public interface UserService {
    // 사용자 정보를 등록한다.
    void register(User user, String rawPassword);
}
```

▶ 패스워드를 해시화하는 인터페이스[1]

```java
public interface PasswordEncoder {
    // 패스워드를 해시화한다.
    String encode(CharSequence rawPassword);
}
```

▶ 사용자 정보를 관리하는 인터페이스

```java
public interface UserRepository {
    // 사용자 정보를 저장한다.
    User save(User user);
    // 사용자 계정명이 일치하는 사용자 수를 카운트한다.
    int countByUsername(String username);
}
```

▶ 사용자 등록을 처리하는 구현 클래스

```java
public class UserServiceImpl implements UserService {
    private final UserRepository userRepository;
    private final PasswordEncoder passwordEncoder;
```

---

1 (옮긴이) 스프링 시큐리티에 포함된 PasswordEncoder 인터페이스를 사용하면 기본 내장된 구현 클래스를 활용할 수 있다. 이 예에서는 의존성 주입을 설명하기 위해 스프링 시큐리티를 의식하지 않고 직접 PasswordEncoder를 만들어서 사용하는 경우를 예로 들고 있다.

```
    public UserServiceImpl(javax.sql.DataSource dataSource) {
        // 데이터베이스 방식으로 사용자 정보를 관리하는 구현 클래스
        this.userRepository = new JdbcUserRepository(dataSource);

        // Bcrypt 알고리즘으로 해시화하는 구현 클래스
        this.passwordEncoder = new BCryptPasswordEncoder();
    }

    public void register(User user, String rawPassword) {
        if (this.userRepository.countByUsername(user.getUsername()) > 0) {
            // 같은 사용자 계정의 사용자가 있다면 예외를 발생시킨다.
            throw new UserAlreadyRegisteredException();
        }

        // 입력된 원본 패스워드를 해시화한 후, 사용자 정보로 설정한다.
        user.setPassword(this.passwordEncoder.encode(rawPassword));
        this.userRepository.save(user);
    }
}
```

이 예에서는 생성자에서 userRepository와 passwordEncoder를 초기화하기 위해 UserRepository와 PasswordEncoder의 구현 클래스를 직접 생성해서 할당한다. 그래서 UserServiceImpl 클래스를 개발하는 단계에서는 의존하는 컴포넌트의 클래스가 이미 완성돼 있어야 한다. 이처럼 필요한 컴포넌트를 생성자에서 직접 생성하는 방식은 일단 클래스가 생성되고 나면 이미 생성된 UserRepository나 PasswordEncoder의 구현 클래스를 교체하는 것이 사실상 어려울 수 있다. 이러한 클래스 간의 관계를 두고 '클래스 간의 결합도가 높다'라고 말한다.

한편 엔터프라이즈 애플리케이션을 개발할 때는 다양한 컴포넌트를 조합하는 것이 일반적이라고 했는데, 많은 컴포넌트에 의존해야 하는 클래스를 이 같은 방식으로 개발하는 것은 상당히 비효율적이다. 예를 들어 의존하는 클래스가 아직 개발 중이거나, 미들웨어 벤더가 제공해줘야 하는 클래스가 있는데 그 벤더의 제품이 완성되지 않았을 수도 있다. 결국 모든 컴포넌트가 제대로 모양새를 갖추려면 개발의 막바지에 이르러서야 오류 없이 조립할 수 있다. 이런 문제를 해결할 대안으로는 필요한 컴포넌트가 완성될 때까지 임시로 더미(dummy)[2] 클래스를 만들어서 대체하는 방법이 있다. 다만 언젠가는 제대로 구현해서 교체해야 할 코드이기 때문에 개발할 애플리케이션의 규모가 커지면 커질수록 재작업할 양이 늘어난다.

---

2   (옮긴이) 실제로 완성은 되지 않았지만 임시로 동작하는 것처럼 흉내 낸 임시 클래스를 말한다. 단위 테스트를 할 때도 이러한 접근 방식을 활용하는데, 이때는 목(mock)이라고 표현하기도 한다.

그럼 UserServiceImpl 클래스의 결합도를 낮추려면 어떻게 해야 할까? 우선 생성자 안에서 UserRepository와 PasswordEncoder의 구현 클래스를 직접 생성하는 대신, 다음과 같이 생성자의 인수로 받아서 할당하는 방법을 생각해볼 수 있다.

▶ 생성자를 활용한 의존 컴포넌트 초기화

```
public UserServiceImpl(UserRepository userRepository,
        PasswordEncoder passwordEncoder) {
    this.userRepository = userRepository;
    this.passwordEncoder = passwordEncoder;
}
```

이렇게 하면 UserServiceImpl의 소스코드 안에서 UserRepository와 PasswordEncoder의 구현 클래스 정보가 제거되어 UserServiceImpl의 외부에서 UserRepository와 PasswordEncoder의 구현체를 쉽게 변경할 수 있게 된다. 결국 UserService를 사용하는 애플리케이션은 다음과 같은 형태가 된다.

▶ 애플리케이션에서 UserService를 사용

```
UserRepository userRepository = new JdbcUserRepository(dataSource);
PasswordEncoder passwordEncoder = new BCryptPasswordEncoder();
UserService userService = new UserServiceImpl(userRepository, passwordEncoder);
// 생략
```

한편 만약 JdbcUserRepository와 BCryptPasswordEncoder가 아직 완성되지 않았다면 어떻게 해야 할까? 앞서 생성자 안에서 구현 클래스를 직접 생성하던 방식과 달리 UserServiceImpl을 변경하지 않고 JdbcUserRepository와 BCryptPasswordEncoder의 더미 클래스를 임시로 만들어서 대체하면 개발을 중단 없이 계속할 수 있다.

▶ 미완성된 클래스를 더미로 대체

```
UserRepository userRepository = new DummyUserRepository();
PasswordEncoder passwordEncoder = new DummyPasswordEncoder();
UserService userService = new UserServiceImpl(userRepository, passwordEncoder);
// 생략
```

하지만 이 경우에도 UserServiceImpl이 의존하는 각 컴포넌트는 개발자가 직접 생성해서 주입해야 하기 때문에 변경이 발생하는 경우의 재작업은 피할 수 없다. 여기서 본 것처럼 어떤 클래스가 필요로 하는 컴포넌트를 외부에서 생성한 후, 내부에서 사용 가능하게 만들어 주는 과정을 '의존성을 주입(DI)한다' 또는 '인젝션(Injection)한다'라고 말한다. 그리고 이러한 의존성 주입을 자동으로 처리하는 기반을 'DI 컨테이너'라고 한다.

스프링 프레임워크가 제공하는 기능 중 가장 중요한 것이 바로 이 DI 컨테이너의 기능이다. 스프링 프레임워크의 DI 컨테이너에 UserService, UserRepository, PasswordEncoder의 인터페이스와 구현 클래스를 알려주고 의존 관계를 정의해주면 UserServiceImpl이 생성될 때 UserRepository와 PasswordEncoder의 구현 클래스가 자동으로 생성되어 주입된다. UserService를 사용하고 싶은 애플리케이션은 DI 컨테이너에서 UserService를 꺼내오기만 하면 되고, 이때 UserRepository와 PasswordEncoder는 UserService에 이미 조합된 상태다. DI 컨테이너에서 UserService를 꺼내오는 코드는 다음과 같다.

▶ DI 컨테이너에서 UserService 꺼내기

```
ApplicationContext context = ...;  // 스프링 DI 컨테이너
UserService userService = context.getBean(UserService.class);
// 생략
```

이렇게 DI 컨테이너를 통해 각 컴포넌트의 인스턴스를 생성하고 통합 관리하면서 얻을 수 있는 장점은 비단 컴포넌트 간의 의존성 해결 뿐만이 아니다. 어떤 컴포넌트는 반드시 단 하나의 인스턴스만 만들어서 재사용되도록 싱글턴(singleton) 객체로 만들어야 하고 어떤 컴포넌트는 매번 필요할 때마다 새로운 인스턴스를 사용하도록 프로토타입(prototype) 객체로 만들어야 한다. 이러한 인스턴스의 스코프(scope) 관리를 DI 컨테이너가 대신한다. 심지어 각 인스턴스가 필요로 하는 공통 처리 코드를 외부에서 자동으로 끼워넣는 AOP 기능도 DI 컨테이너가 대신해준다. 이제 이러한 특징에 대해 좀 더 자세히 알아보자.

## 2.1.1. DI 개요

DI는 의존성 주입이라고도 하며, IoC라고 하는 소프트웨어 디자인 패턴 중 하나다. 이때의 IoC는 인스턴스를 제어하는 주도권이 역전된다는 의미로 사용되는데, 컴포넌트를 구성하는 인스턴스의 생성과 의존 관계의 연결 처리를 해당 소스코드가 아닌 DI 컨테이너에서 대신해주기 때문에 제어가 역전됐다고 보는 것이다.

결국 DI 컨테이너를 활용하면 지금까지 인스턴스를 애플리케이션에서 직접 생성해서 쓰는 방법(그림 2.1의 1) 대신 DI 컨테이너가 만들어주는 인스턴스를 가져오는 방법(그림 2.1의 2)을 사용할 수 있다. 이때 취득한 인스턴스가 의존하는 또 다른 인스턴스 역시 DI 컨테이너에서 관리되기 때문에 연쇄적으로 의존성 주입이 발생해서 연관된 클래스의 인스턴스 모두를 사용할 수 있게 된다(그림 2.1의 3).

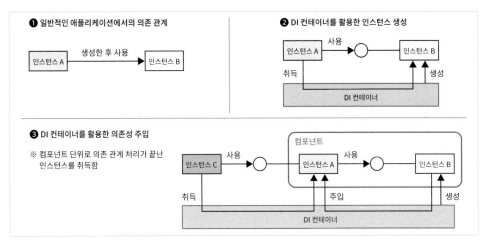

그림 2.1 DI 컨테이너의 활용 방식

DI 컨테이너에서 인스턴스를 관리하는 방식에는 다음과 같은 장점이 있다.

- 인스턴스의 스코프를 제어할 수 있다.
- 인스턴스의 생명 주기를 제어할 수 있다.
- AOP 방식으로 공통 기능을 집어넣을 수 있다.
- 의존하는 컴포넌트 간의 결합도를 낮춰서 단위 테스트하기 쉽게 만든다.

스프링 프레임워크 외에도 DI 컨테이너를 제공하는 프레임워크는 많이 있다. 잘 알려진 것은 다음과 같고 기본적인 기능은 대체로 비슷하다.

- CDI(Contexts & Dependency Injection)[3]
- Google Guice[4]
- Dagger[5]

참고로 스프링의 공식 문서는 스프링 프레임워크를 DI 컨테이너가 아니라 IoC 컨테이너라고 기재하고 있다.[6] 이 책에서는 편의상 개발자들 사이에서 많이 활용되는 단어인 DI 컨테이너로 표기하겠다.

---

3  http://www.cdi-spec.org/
4  https://github.com/google/guice
5  https://github.com/square/dagger
6  https://docs.spring.io/spring/docs/current/spring-framework-reference/html/beans.html#beans

## 2.1.2. ApplicationContext와 빈 정의

스프링 프레임워크에서는 ApplicationContext가 DI 컨테이너의 역할을 한다. 다음은 DI 컨테이너에서 인스턴스를 꺼내는 것을 예로 든 것이다.

▶ DI 컨테이너에서 인스턴스 꺼내기

```
ApplicationContext context = new AnnotationConfigApplicationContext(AppConfig.class);  ── ❶
UserService userService = context.getBean(UserService.class);  ──────────────────── ❷
```

❶ 설정 클래스(configuration class)[7]를 인수로 전달하고 DI 컨테이너를 생성한다. 설정 클래스는 여러 개 정의할 수도 있다.

❷ DI 컨테이너에서 UserService 인스턴스를 가져온다.

여기서 AppConfig 클래스는 DI 컨테이너에서 설정 파일 역할을 하며, 자바로 작성돼 있어서 자바 컨피규레이션 클래스(Java Configuration Class)라고도 한다. 그리고 이렇게 자바 컨피규레이션 클래스로 설정하는 방식을 자바 기반 설정 방식이라고 하며, 다음과 같은 형태로 작성한다.

▶ 자바 기반 설정 방식의 예

```
@Configuration
public class AppConfig {
    @Bean
    UserRepository userRepository() {
      return new UserRepositoryImpl();
    }

    @Bean
    PasswordEncoder passwordEncoder() {
      return new BCryptPasswordEncoder();
    }

    @Bean
    UserService userService() {
      return new UserServiceImpl(userRepository(), passwordEncoder());
    }
}
```

그리고 이 설정을 사용하는 애플리케이션과 ApplicationContext의 관계는 그림 2.2와 같다.

---

7  https://docs.spring.io/spring/docs/4.0.1.RELEASE/javadoc-api/org/springframework/context/annotation/Configuration.html

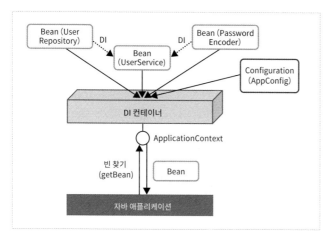

그림 2.2 애플리케이션과 ApplicationContext의 관계

@Configuration과 @Bean 애너테이션을 사용해서 DI 컨테이너에 컴포넌트를 등록하면 애플리케이션은 DI 컨테이너에서 있는 빈(Bean)을 ApplicationContext 인스턴스를 통해 가져올 수 있다. 스프링 프레임워크에서는 DI 컨테이너에 등록하는 컴포넌트를 빈이라고 하고, 이 빈에 대한 설정(Configuration) 정보를 '빈 정의(Bean Definition)'라고 한다.[8] 또한 DI 컨테이너에서 빈을 찾아오는 행위를 '룩업(lookup)'이라고 한다.[9]

DI 컨테이너에서 빈을 가져오는 방법에는 몇 가지 유형이 있다. 다음 예를 살펴보자.

▶ DI 컨테이너에서 빈 가져오기

```
UserService userService = context.getBean(UserService.class);                    ❶
UserService userService = context.getBean("userService", UserService.class);      ❷
UserService userService = (UserService) context.getBean("userService");           ❸
```

❶ 가져오려는 빈의 타입(Type)을 지정하는 방법이다. 지정한 타입에 해당하는 빈이 DI 컨테이너에 오직 하나만 있을 때 사용한다. 스프링 프레임워크 3.0.0 버전부터 사용할 수 있다.

❷ 가져오려는 빈의 이름과 타입을 지정하는 방법이다. 지정한 타입에 해당하는 빈이 DI 컨테이너에 여러 개 있을 때 이름으로 구분하기 위해 사용한다. 스프링 프레임워크 2.5.6 버전까지는 반환값이 Object 타입이라서 원하는 빈의 타입으로 형변환해야 했지만 3.0.0 버전 이후부터는 형변환하지 않아도 된다.

---

8    https://docs.spring.io/spring/docs/current/spring-framework-reference/html/beans.html#beans-factory-metadata

9    (옮긴이) lookup이라는 단어는 JEE의 JNDI에서 사용되는 용어로서 스프링 이전에 EJB에서 엔터프라이즈 빈(Enterprise Bean)을 가져올 때도 사용하던 말이다. 참고로 JNDI에서는 lookup이라는 메서드를 쓰는데 스프링에서는 getBean이라는 메서드를 사용한다.
     https://docs.oracle.com/javase/tutorial/jndi/ops/lookup.html

❸ 가져오려는 빈의 이름을 지정하는 방법이다. 반환값이 Object 타입이라서 원하는 빈의 타입으로 형변환해야 한다. 스프링 프레임워크 1.0.0 버전부터 사용할 수 있다.

한편 빈을 설정하는 방법에도 몇 가지 유형이 있는데 대표적인 방법은 표 2.2와 같다.[10]

표 2.2 대표적인 빈 설정 방법[11]

| 방법 | 설명 |
|---|---|
| 자바 기반 설정 방식<br>(Java-based configuration) | 자바 클래스에 @Configuration 애너테이션을, 메서드에 @Bean 애너테이션을 사용해 빈을 정의하는 방법으로 스프링 프레임워크 3.0.0부터 사용할 수 있다. 최근에는 스프링 기반 애플리케이션 개발에 자주 사용되고 특히 스프링 부트에서 이 방식을 많이 활용한다. |
| XML기반 설정 방식<br>(XML-based configuration) | XML파일을 사용하는 방법으로 〈bean〉 요소의 class 속성에 FQCN(Fully-Qualified Class Name)[38]을 기술하면 빈이 정의된다. 〈constructor-arg〉나 〈property〉 요소를 사용해 의존성을 주입한다. 스프링 프레임워크 1.0.0부터 사용할 수 있다. |
| 애너테이션 기반 설정 방식<br>(Annotation-based configuration) | @Component 같은 마커 애너테이션(Marker Annotation)이 부여된 클래스를 탐색해서(Component Scan) DI 컨테이너에 빈을 자동으로 등록하는 방법이다. 스프링 프레임워크 2.5부터 사용할 수 있다. |

사바 기반 설정 방식이나 XML 기반 설정 방식만 사용해서 빈을 정의할 수도 있지만 대부분의 경우 자바 기반 설정 방식과 애너테이션 기반 설정 방식을 조합하거나 XML 기반 설정 방식과 애너테이션 기반 설정 방식의 조합을 많이 사용한다.[12]

ApplicationContext에는 이와 같은 다양한 설정 방식을 지원하기 위한 구현 클래스가 준비돼 있다. 다음 예를 살펴보자.

▶ ApplicationContext을 생성하는 다양한 방법

```
ApplicationContext context = new AnnotationConfigApplicationContext(AppConfig.class);  ── ❶
ApplicationContext context = new AnnotationConfigApplicationContext("com.example.app"); ── ❷
ApplicationContext context =
    new ClassPathXmlApplicationContext("META-INF/spring/applicationContext.xml");  ──────── ❸
```

---

10  이 밖에도 그루비(Groovy)를 활용하는 방법도 있다.
    https://docs.spring.io/spring/docs/current/spring-framework-reference/html/beans.html#groovy-bean-definition-dsl
11  자바에서 패키지에 클래스명까지 붙여 쓴 완전한 클래스 이름
12  (옮긴이) 향후 수정이 필요없는 빈의 설정을 생략하거나, 수정이 필요한 빈의 설정을 쉽게 노출해야 하는 정도에 따라 조합의 비율이 달라질 수 있다. 예를 들어, 비즈니스 성격의 기능적인 부분은 변화가 상대적으로 적으므로 애너테이션 기반 설정으로 개발 편의를 높이고, 공통 성격의 비기능적인 부분은 자바 기반이나 XML 기반으로 분리해서 유지보수나 확장을 쉽게 만든 다음, 업무 기능을 구현하는 소스에서 격리시키는 경향이 있다.

```
ApplicationContext context =
    new FileSystemXmlApplicationContext("./spring/applicationContext.xml"); ——————— ❹
```

❶ 자바 기반의 설정 방식으로 AnnotationConfigApplicationContext의 생성자에 @Configuration 애너테이션이 붙은 클래스를 인수로 전달한다.

❷ 애너테이션 기반의 설정 방식으로 AnnotationConfigApplicationContext의 생성자에 패키지명을 인수로 전달한다. 지정된 패키지 이하의 경로에서 컴포넌트를 스캔한다.

❸ XML 기반의 설정 방식으로 ClassPathXmlApplicationContext의 생성자에 XML 파일을 인수로 전달한다. 경로에 접두어(Prefix)[13]가 생략된 경우에는 클래스패스 안에서 상대 경로로 설정 파일을 탐색한다.

❹ XML 기반의 설정 방식으로 FileSystemXmlApplicationContext의 생성자에 XML 파일을 인수로 전달한다. 경로에 접두어가 생략된 경우에는 JVM의 작업 디렉터리 안에서 상대 경로로 설정 파일을 탐색한다.

ApplicationContext는 단독 애플리케이션에서 스프링 프레임워크를 사용하거나 JUnit으로 만든 테스트 케이스 안에서 스프링 프레임워크를 구동할 때 사용된다. 반면 웹 애플리케이션에서는 스프링 MVC를 활용하게 되는데, 이때는 ApplicationContext를 웹 환경에 맞게 확장한 WebApplicationContext를 사용한다.

## 2.1.3. 빈 설정

앞서 살펴본 빈의 세 가지 설정 방식에 대해 좀 더 자세히 알아보자.

### ■ 자바 기반 설정 방식

자바 기반 설정 방식에서는 자바 코드로 빈을 설정한다. 이때 사용되는 자바 클래스를 자바 컨피규레이션 클래스(Java Configuration Class)라고 한다. 다음 예를 살펴보자.

▶ 자바 기반 설정 방식으로 빈 정의

```
import org.springframework.context.annotation.Bean;
import org.springframework.context.annotation.Configuration;
// 기타 임포트 문은 생략

@Configuration ——————————————————————————————————— ❶
public class AppConfig {
```

---

**13** 경로에 붙이는 접두어에 관해서는 절 ' 2.6. 리소스 추상화'에서 자세히 다룬다.

```
@Bean ─────────────────────────────────────────────────────────────────── ❷
UserRepository userRepository() {
  return new UserRepositoryImpl();
}


@Bean
PasswordEncoder passwordEncoder() {
  return new BCryptPasswordEncoder();
}


@Bean
UserService userService() {
  return new UserServiceImpl(userRepository(), passwordEncoder()); ──────── ❸
}
}
```

❶ 클래스에 @Configuration 애너테이션을 붙여 설정 클래스를 선언한다. 설정 클래스는 여러 개 정의할 수 있다.

❷ 메서드에 @Bean 애너테이션을 부여해서 빈을 정의한다. 메서드명이 빈의 이름이 되고 그 빈의 인스턴스가 반환값이 된다. 이 예제에서는 userRepository가 빈의 이름이다. 만약 빈 이름을 다르게 명시하고 싶다면 @Bean(name="userRepo")와 같이 name 속성에 빈의 이름을 재정의하면 된다.

❸ 다른 컴포넌트를 참조해야 할 때는 해당 컴포넌트의 메서드를 호출한다. 의존성 주입이 프로그램적인 방법으로 처리된다.

자바 기반 설정 방식에서는 메서드에 매개변수를 추가하는 방법으로 다른 컴포넌트의 의존성을 주입할 수 있다. 단, 인수로 전달될 인스턴스에 대한 빈은 별도로 정의돼 있어야 한다.

▶ 메서드의 매개변수를 통해 의존성 주입

```
@Bean
UserService userService(UserRepository userRepository, PasswordEncoder passwordEncoder) {
    return new UserServiceImpl(userRepository, passwordEncoder);
}
```

자바 기반 설정 방식만 사용해서 빈을 설정할 때는 애플리케이션에서 사용되는 모든 컴포넌트를 빈으로 정의해야 한다. 다만 뒤에 설명할 애너테이션 기반 설정 방식과 조합하면 설정 내용의 많은 부분을 줄일 수도 있다.

## ■ XML 기반 설정 방식

XML 기반의 설정 방식은 XML 파일을 이용해 빈을 설정한다. 다음 예를 살펴보자.

▶ XML 기반 설정 방식으로 빈 정의

```xml
<?xml version="1.0" encoding="UTF-8"?>
<beans ─────────────────────────────────────────────────────── ❶
    xmlns="http://www.springframework.org/schema/beans"
    xmlns:xsi="http://www.w3.org/2001/XMLSchema-instance"
    xmlns:context="http://www.springframework.org/schema/context"
    xsi:schemaLocation="http://www.springframework.org/schema/beans
        http://www.springframework.org/schema/beans/spring-beans.xsd
        http://www.springframework.org/schema/context
        http://www.springframework.org/schema/context/spring-context-4.3.xsd">
    <bean id="userRepository" class="com.example.demo.UserRepositoryImpl" /> ─────────── ❷
    <bean id="passwordEncoder" class="com.example.demo.BCryptPasswordEncoder" />
    <bean id="userService" class="com.example.demo.UserServiceImpl">
        <constructor-arg ref="userRepository" /> ─────────────────── ❸
        <constructor-arg ref="passwordEncoder" />
    </bean>
</beans>
```

❶ ⟨beans⟩ 요소 안에 빈 정의를 여러 개 한다.

❷ ⟨bean⟩ 요소에 빈 정의를 한다. id 속성에서 지정한 값이 빈의 이름이 되고, class 속성에서 지정한 클래스가 해당 빈의 구현 클래스다. 이때 class 속성은 FQCN으로 패키지명부터 클래스명까지 정확하게 기재해야 한다.

❸ ⟨constructor-arg⟩ 요소에서 생성자를 활용한 의존성 주입을 한다. ref 속성에 주입할 빈의 이름을 기재한다.

XML 기반 설정 방식을 사용할 때도 앞의 자바 기반 설정 방식과 마찬가지로 XML만으로 설정하려 하면 애플리케이션에서 사용하는 모든 컴포넌트의 빈을 정의해야 하는 번거로움이 있다. 그래서 자바 기반 설정 방식에서와 같이 뒤에 설명할 애너테이션 기반 설정 방식과 조합해서 사용하는 것이 일반적이다.

참고로 의존성 주입에서 주입할 대상이 다른 빈이 아니라 특정 값인 경우, ref 속성을 사용하지 않고 value 속성을 사용한다.

▶ 생성자의 인수에 빈이 아닌 특정 값 주입

```xml
<constructor-arg value="wikibook" />
<constructor-arg value="secret" />
```

XML 파일의 value 속성에 문자열을 지정한다고 해서 실제 자바 코드에서 그 값을 받는 타입이 반드시 문자열 타입일 필요는 없다. XML 파일에는 문자열로 기재돼 있더라도 필요한 경우 DI를 하는 과정에서 숫자나 날짜 타입, 혹은 파일(File)이나 프로퍼티(Properties) 같은 여러 가지 타입으로 형변환할 수 있다. 자세한 내용은 2.3절 '데이터 바인딩과 형 변환'에서 설명하겠다.

### ■ 애너테이션 기반 설정 방식

애너테이션 기반의 설정 방식에서는 DI 컨테이너에 관리할 빈을 빈 설정 파일에 정의하는 대신 빈을 정의하는 애너테이션을 빈의 클래스에 부여하는 방식을 사용한다. 이후 이 애너테이션이 붙은 클래스를 탐색해서 DI 컨테이너에 자동으로 등록하는데 이러한 탐색 과정을 컴포넌트 스캔(Component Scan)이라고 한다. 또한 의존성 주입도 이제까지처럼 명시적으로 설정하는 것이 아니라 애너테이션이 붙어 있으면 DI 컨테이너가 자동으로 필요로 하는 의존 컴포넌트를 주입하게 한다. 이러한 주입 과정을 오토와이어링(Auto Wiring)이라 한다.

▶ 애너테이션 기반 설정 방식으로 빈 정의(UserRepositoryImpl.java)

```
import org.springframework.beans.factory.annotation.Autowired;
import org.springframework.stereotype.Component;
// 기타 임포트 문은 생략


@Component ──────────────────────────────────────── ❶
public class UserRepositoryImpl implements UserRepository {
    // 생략
}
```

▶ 애너테이션을 활용한 빈 설정(BCryptPasswordEncoder.java)

```
@Component ──────────────────────────────────────── ❶
public class BCryptPasswordEncoder implements PasswordEncoder {
    // 생략
}
```

❶ 빈 클래스에 @Component 애너테이션을 붙여 컴포넌트 스캔이 되도록 만든다.

▶ 애너테이션을 활용한 빈 설정(UserServiceImpl.java)

```
@Component
public class UserServiceImpl implements UserService {
    @Autowired ──────────────────────────────────── ❷
    public UserServiceImpl(UserRepository userRepository, PasswordEncoder passwordEncoder) {
        // 생략
    }
}
```

❷ 생성자에 @Autowired 애너테이션을 부여해서 오토와이어링되도록 만든다. 오토와이어링을 사용하면 기본적으로 주입 대상과 같은 타입의 빈을 DI 컨테이너에서 찾아 와이어링 대상에 주입하게 된다.

컴포넌트 스캔을 수행할 때는 스캔할 범위를 지정해야 하는데 설정 방식으로는 자바 기반 설정 방식이나 XML 기반 설정 방식을 사용할 수 있다.

우선 자바 기반 설정 방식에서는 다음과 같은 방법으로 스캔 범위를 지정한다.

▶ 자바 기반 설정 방식으로 컴포넌트 스캔 범위를 설정

```
import org.springframework.context.annotation.ComponentScan;
// 기타 임포트 문은 생략


@Configuration
@ComponentScan("com.example.demo") ─────────────────────────────── ❶
public class AppConfig {
    // 생략
}
```

❶ 컴포넌트 스캔이 활성화되도록 클래스에 @ComponentScan 애너테이션을 부여한다. 애너테이션의 value 속성이나 basePackages 속성에 컴포넌트를 스캔할 패키지를 지정한다. 이 예제의 경우 com.example.demo 패키지 이하의 범위에서 클래스를 스캔하고, 스캔 대상이 되는 애너테이션이 부여된 클래스를 DI 컨테이너에 자동으로 등록한다. 이 속성을 생략할 경우 설정 클래스가 들어있는 패키지 이하를 스캔한다.

다음은 XML 기반 설정 방식으로 다음과 같은 방법으로 스캔 범위를 지정한다.

▶ XML 기반 설정 방식으로 컴포넌트 스캔 범위를 설정

```
<beans
    xmlns="http://www.springframework.org/schema/beans"
    xmlns:xsi="http://www.w3.org/2001/XMLSchema-instance"
    xmlns:context="http://www.springframework.org/schema/context"
    xsi:schemaLocation="http://www.springframework.org/schema/beans
        http://www.springframework.org/schema/beans/spring-beans.xsd
        http://www.springframework.org/schema/context
        http://www.springframework.org/schema/context/spring-context-4.3.xsd">
    <context:component-scan base-package="com.example.demo" /> ───────── ❶
</beans>
```

❶ <context:component-scan> 요소의 base-packages 속성에 컴포넌트를 스캔할 패키지를 지정한다.

DI 컨테이너에 등록되는 빈의 이름은 기본적으로 클래스명의 첫 글자를 소문자로 바꾼 이름과 같다. 단, 첫 글자 이후에 대문자가 연속되는 경우에는 첫 글자를 소문자로 변환하지 않고 클래스명이 그대로 빈 이름으로 사용된다.

그래서 위의 예에서 사용된 빈의 이름은 각각 다음과 같이 만들어진다.

- UserRepositoryImpl    ➜    userRepositoryImpl
- BCryptPasswordEncoder    ➜    BCryptPasswordEncoder
- UserServiceImpl    ➜    userServiceImpl

만약 이 같은 빈 이름 대신 명시적으로 빈의 이름을 지정하고 싶다면 @Component 애너테이션에 원하는 이름을 넣어주면 된다.

▶ 애너테이션 기반 설정 방식에서 빈 이름 명시

```
@Component("userService")
public class UserServiceImpl implements UserService {
    // 생략
}
```

## 2.1.4. 의존성 주입

다음은 의존성 주입에 대해 알아보자. 앞서 살펴본 예에서는 생성자의 인수를 통해 의존성 주입을 했는데, 그 밖에도 두 가지 방법이 더 있어서, 총 세 가지 의존성 주입 방법을 사용할 수 있다.[14]

- 설정자 기반 의존성 주입 방식(setter-based dependency injection)[15]
- 생성자 기반 의존성 주입 방식(constructor-based dependency injection)
- 필드 기반 의존성 주입 방식(field-based injection)[16]

### ■ 설정자 기반 의존성 주입 방식

설정자 기반의 의존성 주입 방식은 설정자[17] 메서드의 인수를 통해 의존성을 주입하는 방식이다. 이 책에서는 편의상 설정자 기반 의존성 주입 방식을 세터 인젝션이라고 줄여서 부르기로 하자.

---

14  (옮긴이) 의존성 주입이 되는 순서는 생성자 기반, 필드 기반, 설정자 기반의 순서다.

15  (옮긴이) 클래스의 멤버 변수를 읽기 위한 메서드를 getter, 쓰기 위한 메서드를 setter라고 한다. 다른 말로 getter를 accessor, setter를 mutator라고도 한다.
    https://en.wikipedia.org/wiki/Mutator_method

16  (옮긴이) 스프링 공식 레퍼런스에는 설정자와 생성자 기반 방식이 설명돼 있고 자바 공식 튜토리얼(Java EE 6)에는 필드, 메서드, 클래스 기반 방식이 설명돼 있다.
    https://docs.spring.io/spring/docs/current/spring-framework-reference/html/beans.html#beans-factory-collaborators
    https://docs.oracle.com/cd/E19798-01/821-1841/6nmq2cpoa/index.html

17  (옮긴이) 클래스의 멤버 변수에 값을 쓰기 위한 설정자는 'set멤버변수명()'과 같은 명명법을 사용한다. 이와 반대로 값을 읽기 위한 접근자는 'get멤버변수명()'과 같은 명명법을 사용한다.

세터 인젝션은 설정자 메서드가 만들어져 있어야 사용할 수 있기 때문에 앞서 예를 든 `UserServiceImpl` 클래스를 다음과 같이 바꿔봤다.

▶ UserServiceImpl에 설정자 메서드 구현

```java
public class UserServiceImpl implements UserService {
    private UserRepository userRepository;
    private PasswordEncoder passwordEncoder;

    // 기본 생성자(생략 가능)
    public UserServiceImpl() {
    }

    public void setUserRepository(UserRepository userRepository) {
        this.userRepository = userRepository;
    }

    public void setPasswordEncoder(PasswordEncoder passwordEncoder) {
        this.passwordEncoder = passwordEncoder;
    }
    // 생략
}
```

이와 같이 설정자 메서드가 만들어졌다면 이제 의존성 주입을 해보자. 우선 세터 인젝션을 자바 기반 설정 방식으로 표현한 예다.

▶ 세터 인젝션을 자바 기반 설정 방식으로 표현한 예

```java
@Bean
UserService userService() {
    UserServiceImpl userService = new UserServiceImpl();
    userService.setUserRepository(userRepository());
    userService.setPasswordEncoder(passwordEncoder());
    return userService;
}
```

설정한 내용을 살펴보면 설정자 메서드에 다른 컴포넌트의 참조 결과를 설정했을 뿐이다. 이와 조금 다른 방식으로 다음과 같이 @Bean 애너테이션을 붙인 메서드에 매개변수 형태로 의존 컴포넌트를 받게 한 후, 그 값을 설정자 메서드를 통해 주입시켜도 된다.

▶ 매개변수를 활용해 세터 인젝션을 자바 기반 설정 방식으로 표현한 예

```
@Bean
UserService userService(UserRepository userRepository, PasswordEncoder passwordEncoder) {
    UserServiceImpl userService = new UserServiceImpl();
    userService.setUserRepository(userRepository);
    userService.setPasswordEncoder(passwordEncoder);
    return userService;
}
```

이처럼 자바 기반 설정 방식으로 세터 인젝션을 하는 경우, 마치 프로그램에서 인스턴스를 직접 생성하는 코드처럼 보이기 때문에 과연 이것이 빈을 정의한 설정인지 체감이 안 될 수 있다.

다음은 세터 인젝션을 XML 기반 설정 방식으로 표현한 예다.

▶ 세터 인젝션을 XML 기반 설정 방식으로 표현한 예

```
<bean id="userService" class="com.example.demo.UserServiceImpl">
    <property name="userRepository" ref="userRepository" />
    <property name="passwordEncoder" ref="passwordEncoder" />
</bean>
```

XML 기반 설정 방식에서 세터 인젝션을 할 때는 주입할 대상을 <property> 요소에 기술하는데, <property> 요소의 name 속성에 주입할 대상의 이름을 지정하면 된다. 여기서 말하는 프로퍼티는 자바빈즈(JavaBeans)[18]의 프로퍼티에 해당하기 때문에 자바빈즈의 관례에 따라 프로퍼티의 이름과 메서드의 이름을 정하게 된다. 예를 들어, 프로퍼티의 이름이 xyz라고 한다면 설정자와 접근자 메서드의 이름은 setXyz, getXyz가 된다.

다음은 세터 인젝션을 애너테이션 기반 설정 방식으로 표현한 예다.

▶ 세터 인젝션을 애너테이션 기반 설정 방식으로 표현한 예

```
@Component
public class UserServiceImpl implements UserService {
    private UserRepository userRepository;
    private PasswordEncoder passwordEncoder;

    @Autowired
```

---

18 (옮긴이) 자바빈즈에 대한 정의는 썬 마이크로시스템즈에서 정의한 오래된 사양 문서보다는 위키피디아의 설명이 현재 사용 관점에 더 가깝게 설명돼 있다.
http://download.oracle.com/otndocs/jcp/7224-javabeans-1.01-fr-spec-oth-JSpec/
https://en.wikipedia.org/wiki/JavaBeans#JavaBean_conventions

```
    public void setUserRepository(UserRepository userRepository) {
        this.userRepository = userRepository;
    }

    @Autowired
    public void setPasswordEncoder(PasswordEncoder passwordEncoder) {
        this.passwordEncoder = passwordEncoder;
    }

    // 생략
}
```

이처럼 설정자 메서드에 @Autowired 애너테이션을 달아주기만 하면 된다. 애너테이션 기반의 설정 방식을 이용하면 자바 기반 설정 방식이나 XML 기반 설정 방식과 같이 별도의 설정 파일을 둘 필요가 없다.

## ■ 생성자 기반 의존성 주입 방식

생성자 기반 의존성 주입 방식은 생성자의 인수를 사용해 의존성을 주입하는 방식이다. 이 책에서는 편의상 생성자 기반 의존성 주입 방식을 컨스트럭터 인젝션이라고 줄여서 부르기로 하자.

컨스트럭터 인젝션의 예는 이미 2.1.3절 '빈 설정'에서 살펴본 적이 있다. 자바 기반 설정 방식에서는 생성자에 의존 컴포넌트를 직접 설정하고, XML 기반 설정 방식에서는 <constructor-arg> 요소에서 참조하는 컴포넌트를 설정한다. 그리고 애너테이션 기반 설정 방식에서는 생성자에 @Autowired를 부여한다.[19]

생성자가 여러 개의 인자를 필요로 하는 경우 <constructor-arg>를 여러 번 정의하면 된다. 단, 이때 인수의 순서에 주의해야 하는데, 다음과 같이 index 속성을 활용하면 생성자 인수의 순서를 명시적으로 지정할 수 있다.

▶ 컨스트럭터 인젝션을 XML 기반 설정 방식으로 표현한 예(인덱스 사용)

```
<bean id="userService" class="com.example.demo.UserServiceImpl">
    <constructor-arg index="0" ref="userRepository" />
    <constructor-arg index="1" ref="passwordEncoder" />
</bean>
```

---

**19** 스프링 4.3부터 생성자가 하나만 존재하는 경우는 생성자에 @Autowired를 지정하지 않아도 묵시적으로 컨스트럭터 인젝션이 수행된다.
https://docs.spring.io/spring/docs/current/spring-framework-reference/html/new-in-4.3.html#_core_container_improvements_3

이렇게 index 속성을 사용하면 가독성이 좋아지고 생성자의 개수가 늘거나 줄어들 때 발생할 수 있는 실수를 쉽게 발견할 수 있다는 장점이 있다.

다른 방법으로는 name 속성에 인수명을 지정할 수도 있다.

▶ 컨스트럭터 인젝션을 XML 기반 설정 방식으로 표현한 예(인수명을 사용)

```xml
<bean id="userService" class="com.example.demo.UserServiceImpl">
    <constructor-arg name="userRepository" ref="userRepository" />
    <constructor-arg name="passwordEncoder" ref="passwordEncoder" />
</bean>
```

name 속성을 활용하면 인수의 순서가 바뀌거나 추가될 때도 인덱스 순서를 매번 변경하지 않아도 되는 장점이 있다. 다만 인수명 정보는 소스코드가 컴파일되는 과정에서 없어지기 때문에 컴파일할 때 javac 명령과 함께 디버깅 정보를 전달할 수 있는 -g 옵션을 사용하거나, JDK 8 이후부터는 메서드 매개변수의 메타 정보를 생성할 수 있는 -parameters 옵션을 사용해야 한다. 만약 이렇게 별도의 컴파일 옵션을 주는 것이 번거롭다면 다음과 같이 @ConstructorProperties 애너테이션(java.beans.Constructor Properties)을 달아주는 방법도 있다.

▶ 컨스트럭터 인젝션을 애너테이션 기반 설정으로 표현한 예

```java
@ConstructorProperties({"userRepository", "passwordEncoder"})
public UserServiceImpl(UserRepository userRepository, PasswordEncoder passwordEncoder) {
    // 생략
}
```

컨스트럭터 인젝션을 사용하면 필드를 final로 선언해서 생성 후에 변경되지 않게 만들 수 있다. 이렇게 필드를 변경하지 못하도록 엄격하게 제한을 거는 것은 다른 의존성 주입 방법으로는 처리하지 못하고 오직 컨스트럭터 인젝션에서만 할 수 있다.[20]

## ■ 필드 기반 의존성 주입 방식

필드 기반 의존성 주입 방식은 생성자나 설정자 메서드를 쓰지 않고 DI 컨테이너의 힘을 빌려 의존성을 주입하는 방식이다. 이 책에서는 편의상 필드 기반 의존성 주입 방식을 필드 인젝션이라고 줄여서 부르기로 하자.

---

**20** (옮긴이) 이런 이유로 필드 인젝션 방식을 쓰지 말고 컨스트럭터 인젝션 방식을 써야 한다는 의견이 있다. 심지어 의존성 주입 방법은 테스트 방식에도 영향을 줄 수 있는데 이와 관련된 다양한 의견들이 오간 글이 있으니 꼭 한번 참고하자.
http://vojtechruzicka.com/field-dependency-injection-considered-harmful/

필드 인젝션을 할 때는 의존성을 주입하고 싶은 필드에 @Autowired 애너테이션을 달아주면 된다. 오토
와이어링에 대해서는 뒤에서 자세히 설명하겠다. 이처럼 필드 기반 의존성 주입 방식을 사용하면 생성
자나 설정자 메서드를 굳이 만들 필요가 없어지기 때문에 생성자와 설정자 메서드 작성을 생략해서 소
스코드가 비교적 간결해 보이는 장점이 있다.[21]

▶ 필드 인젝션을 애너테이션 기반 설정으로 표현한 예

```java
@Component
public class UserServiceImpl implements UserService {
    @Autowired
    UserRepository userRepository;

    @Autowired
    PasswordEncoder passwordEncoder;

    // 생략
}
```

필드 인젝션을 사용할 때는 한 가지 주의할 점이 있다. 그것은 소스코드의 양을 줄이기 위해 생성자나
설정자 메서드를 생략하고 싶다면 반드시 DI 컨테이너를 사용한다는 것을 전제해야 한다는 것이다. 예
를 들어, DI 컨테이너 없이 사용되는 독립형 라이브러리로 사용될 소스코드에서 필드 인젝션을 사용하
고 있다면 잘못된 것이라고 판단해야 한다.

메모

필드 인젝션의 대상이 되는 필드는 어떤 가시성(visibility)을 가지는 것이 적절할까? 여기에는 다양한 의견이 있
어 관점에 따라 판단이 달라질 수 있다. 일단 다음과 같은 관점에서 가시성을 생각해보자.

- 컴포넌트의 테스트 가능성

- 필드의 은폐

위의 관점에서 본다면 가시성을 지정하지 않은 no modifier 혹은 package-private을 사용하거나 protected
를 사용하는 것이 적절하다.[22] 만약 이 둘 중 하나를 꼽으라면 가시성을 지정하지 않고 생략해서 타이핑 수를 줄
일 수 있는 package-private이 유리하다. package-private을 사용하는 경우에는 같은 패키지 안에 있는 클
래스에서 필드에 접근할 수 있다. 테스트 케이스를 만들 때는 바로 이 점을 활용할 수 있는데, 같은 패키지 안에

---

21  (옮긴이) 단, 앞서 설명한 바와 같이 개발자 커뮤니티 안에서는 필드 인젝션 방식보다는 컨스트럭터 인젝션 방식을 사용해야 한다는 권고가 나오고 있다.
    http://vojtechruzicka.com/field-dependency-injection-considered-harmful/
22  (옮긴이) 클래스 멤버에 접근하기 위한 가시성에 대해서는 다음 문서를 참고하자.
    https://docs.oracle.com/javase/tutorial/java/javaOO/accesscontrol.html

테스트 케이스를 만들면 필드에 목이나 더미 클래스를 직접 설정할 수 있어서 단위 테스트를 손쉽게 할 수 있다.

▶ 필드 인젝션을 이용한 경우 단위 테스트 설정의 구현 예

```
@Test
public void testCreate() throws Exception {
    UserServiceImpl userService = new UserServiceImpl();
    userService.userRepository = new DummyUserRepository();
    userService.passwordEncoder = new DummyPasswordEncoder();
    // 생략
}
```

## 2.1.5. 오토와이어링

오토와이어링(autowiring)[23]은 자바 기반 설정 방식에서 @Bean 메서드를 사용하거나 XML 기반 설정 방식에서 <bean> 요소를 사용하는 것처럼 명시적으로 빈을 정의하지 않고도 DI 컨테이너에 빈을 자동으로 주입하는 방식이다.

오토와이어링에는 타입을 사용한 방식(autowiring by type)과 이름을 사용한 방식(autowiring by name)이 있다. 이제 이 두 방식에 대해 자세히 알아보자.

### ■ 타입으로 오토와이어링하기

지금까지 소스코드에서 봐온 @Autowired 애너테이션은 타입으로 오토와이어링을 하는 방식이다. 타입[24]으로 오토와이어링을 하는 방식은 세터 인젝션, 컨스트럭터 인젝션, 필드 인젝션의 세 가지 의존성 주입 방법에서 모두 활용할 수 있다. 타입으로 오토와이어링을 할 때는 기본적으로 의존성 주입이 반드시 성공한다고 가정한다. 그래서 주입할 타입에 해당하는 빈을 DI 컨테이너 안에서 찾지 못한다면 org.springframework.beans.factory.NoSuchBeanDefinitionException이라는 예외가 발생한다.

만약 이러한 필수 조건을 완화하고 싶다면 다음과 같이 @Autowired 애너테이션의 required 속성에 false를 설정하면 된다. 해당 타입의 빈을 찾지 못하더라도 예외가 발생하지 않고 의존성 주입은 실패했기 때문에 해당 필드의 값은 null이 된다.

---

23  https://docs.spring.io/spring/docs/current/spring-framework-reference/html/beans.html#beans-factory-autowire
24  (옮긴이) 여기서 말하는 타입은 구현 클래스의 타입이 아니라 인터페이스의 타입을 의미한다.

▶ 오토와이어링의 필수 조건을 완화해서 필드 인젝션을 한 예(required = false)

```
@Component
public class UserServiceImpl implements UserService {

    @Autowired(required = false)
    PasswordEncoder passwordEncoder;

    // 생략
}
```

스프링 프레임워크 4부터는 필수 조건을 완화할 때 required = false를 사용하는 대신 Java SE 8부터 도입된 java.util.Optional을 사용할 수 있다.

▶ 오토와이어링의 필수 조건을 완화해서 필드 인젝션을 한 예(Optional)

```
@Autowired
Optional<PasswordEncoder> passwordEncoder;

public void createUser(User user, String rawPassword) {
    String encodedPassword = passwordEncoder.map(x -> x.encode(rawPassword))
                            .orElse(rawPassword);
    // ...
}
```

한편 타입으로 오토와이어링을 할 때 DI 컨테이너에 같은 타입의 빈이 여러 개 발견된다면 그중에서 어느 것을 사용해야 할지 알 수가 없다. 그래서 이런 경우에는 그림 2.3과 같이 NoUniqueBean DefinitionException 예외(org.springframework.beans.factory.NoUniqueBeanDefinition Exception)가 발생한다. 이처럼 같은 타입의 빈이 여러 개 정의된 경우에는 @Qualifier 애너테이션 (org.springframework.beans.factory.annotation.Qualifier)을 추가하면서 빈 이름을 지정하면 같은 타입의 빈 중에서 원하는 빈만 선택할 수 있다.

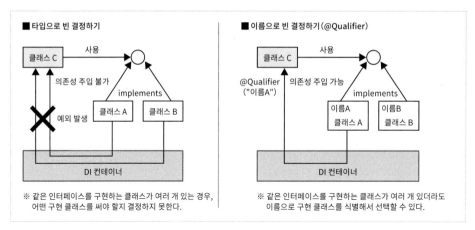

그림 2.3 같은 타입이 여러 개 있을 때 이름으로 구분하기

다음은 같은 타입의 빈 여러 개가 자바 기반 설정 방식으로 정의된 경우다.

▶ 두 개의 PasswordEncoder를 자바 기반 설정 방식으로 정의한 예

```
@Configuration
@ComponentScan
public class AppConfig {
    @Bean
    PasswordEncoder sha256PasswordEncoder() {
        return new Sha256PasswordEncoder();
    }

    @Bean
    PasswordEncoder bcryptPasswordEncoder() {
        return new BCryptPasswordEncoder();
    }

    // 생략
}
```

이 예에서는 PasswordEncoder 인터페이스를 구현한 클래스가 두 개 있는데 하나는 SHA-256 방식, 또 다른 하나는 BCrypt 방식의 알고리즘으로 구현돼 있다. 이것들은 같은 인터페이스를 구현하고 있기 때문에 @Autowired만으로는 빈을 구분하지 못한다. 그래서 빈의 이름을 추가로 명시할 필요가 있다. 만약 SHA-256을 사용하는 경우는 다음과 같이 @Qualifier 애너테이션을 추가하고 sha256PasswordEncoder라는 이름을 명시하면 된다.

▶ @Qualifier를 사용해 빈 이름 명시

```
@Component
public class UserServiceImpl implements UserService {
    @Autowired
    @Qualifier("sha256PasswordEncoder")
    PasswordEncoder passwordEncoder;
    // 생략
}
```

한편 자바 기반 설정 방식에서 @Primary 애너테이션(org.springframework.context.annotation.Primary)을 사용하면 @Qualifier를 사용하지 않았을 때 우선적으로 선택될 빈을 지정할 수 있다.

▶ @Primary를 사용해 기본 빈을 지정

```
@Configuration
@ComponentScan
public class AppConfig {

    @Bean
    PasswordEncoder sha256PasswordEncoder() {
        return new Sha256PasswordEncoder();
    }

    @Bean
    @Primary
    PasswordEncoder bcryptPasswordEncoder() {
        return new BCryptPasswordEncoder();
    }
}
```

이 같이 설정된 상태에서 다음과 같이 @Qualifier를 따로 지정하지 않는 경우 @Primary 애너테이션이 붙은 bcryptPasswordEncoder가 사용된다.

▶ @Primary로 지정된 빈이 선택되도록 PasswordEncoder를 사용하는 예

```
@Autowired
PasswordEncoder passwordEncoder;
```

만약 자바 기반 설정을 변경하지 않고 sha256PasswordEncoder로 교체하려면 @Autowired에 @Qualifier를 추가하고 명시적으로 sha256PasswordEncoder라는 이름을 지정하면 된다.

다만 @Qualifier로 수식하는 빈의 이름에 구현 클래스의 이름이 포함된다거나 구현과 관련된 정보가 포함돼 있다면 그 빈의 명명 방법이 바람직하다고는 볼 수 없다. 왜냐하면 결합도를 낮추기 위해 기껏

DI 방식을 채택했는데, 빈을 사용할 때 특정 구현체가 사용될 것으로 의식한 이름을 지정해 버리면 DI를 사용하는 의미가 없어진다. 이런 경우라면 DI를 아예 사용하지 않는 것이 더 나을 수 있다.

그렇다면 어떻게 명명하는 것이 좋을까? 이런 경우에는 빈의 이름으로 구현체의 이름을 쓰는 대신 역할이나 사용 목적, 혹은 용도를 이름으로 쓰는 것이 좋다. 앞의 예에서 같은 타입의 구현체를 여러 개 준비한 이유가 '기본적으로는 보안이 강력한 BCrypt를 제공하지만, 경우에 따라서는 비교적 경량인 SHA-256도 쓸 수 있게 하고 싶다'라는 요구사항을 반영한 것이라고 볼 수 있다. 그렇다면 Sha256PasswordEncoder의 빈 이름을 요구사항의 취지와 목적에 맞춰 'lightweight'라고 지을 수 있을 것이다.

▶ SHA-256으로 구현한 PasswordEncoder의 이름을 용도에 맞게 지정한 예

```
@Configuration
@ComponentScan
public class AppConfig {

    @Bean(name = "lightweight")
    PasswordEncoder sha256PasswordEncoder() {
        return new Sha256PasswordEncoder();
    }

    @Bean
    @Primary
    PasswordEncoder bcryptPasswordEncoder() {
        return new BCryptPasswordEncoder();
    }
}
```

만약 패스워드를 다룰 때 처리 속도가 빠르고 부담이 적은 경량 알고리즘을 사용하고 싶다면 다음과 같이 @Qualifier를 설정하면 된다.

▶ 빈 이름이 lightweight인 PasswordEncoder를 사용하는 예

```
@Autowired
@Qualifier("lightweight")
PasswordEncoder passwordEncoder;
```

한편 빈의 역할이나 용도는 문자열 형태의 이름이 아닌 타입(애너테이션)으로 표현할 수도 있다. 다음은 @Lightweight 애너테이션을 직접 만들고 @Qualifier 역할을 하도록 만든 예다.

▶ @Qualifier 역할을 할 @Lightweight 애너테이션의 구현 예

```
import org.springframework.beans.factory.annotation.Qualifier;
import java.lang.annotation.*;

@Target({ElementType.FIELD, ElementType.PARAMETER, ElementType.METHOD})
@Retention(RetentionPolicy.RUNTIME)
@Documented
@Inherited
@Qualifier
public @interface Lightweight {
}
```

이제 자바 기반 설정 방식에서 경량 알고리즘을 사용하기 위해 @Lightweight 애너테이션을 활용해
보자.

▶ 직접 작성한 @Lightweight 애너테이션을 활용해 빈을 정의한 예

```
@Configuration
@ComponentScan
public class AppConfig {

    @Bean
    @Lightweight
    PasswordEncoder sha256PasswordEncoder() {
        return new Sha256PasswordEncoder();
    }

    @Bean
    @Primary
    PasswordEncoder bcryptPasswordEncoder() {
        return new BCryptPasswordEncoder();
    }

    // 생략
}
```

이 같이 정의되면 필드 인젝션을 할 때도 @Lightweight를 활용할 수 있다.

▶ 직접 작성한 @Lightweight 애너테이션을 활용해 필드 인젝션을 하는 예

```
@Autowired
@Lightweight
PasswordEncoder passwordEncoder;
```

이처럼 직접 애너테이션을 정의하는 방식은 문자열로 빈 이름을 지정하는 방식과 달리 오타가 발생하더라도 사전에 확인할 수 있고, 여러 개의 유사한 빈을 정의해야 한다면 최적의 방법이라 생각할 수 있다. 물론 앞서 설명한 것처럼 @Sha256과 같이 구현 정보가 직접 노출되는 애너테이션 이름은 피하는 것이 좋다.

### ■ 이름으로 오토와이어링하기

한편 빈의 이름이 필드명이나 프로퍼티명과 일치할 경우에 빈 이름으로 필드 인젝션을 하는 방법도 있다. 이 방법에서는 JSR 250 사양을 지원하는 @Resource 애너테이션(javax.annotation.Resource)을 활용한다.

다음은 앞에서 설명한 @Qualifier의 예를 @Resource로 대체한 것이다.

▶ @Resource 애너테이션을 활용해 필드 인젝션을 하는 예

```
@Component
public class UserServiceImpl implements UserService {
    @Resource(name = "sha256PasswordEncoder")
    PasswordEncoder passwordEncoder;
    // 생략
}
```

이때 @Resource 애너테이션의 name 속성을 생략할 수 있는데, 필드 인젝션을 하는 경우에는 필드 이름과 같은 이름의 빈이 선택되고, 세터 인젝션을 하는 경우에는 프로퍼티 이름과 같은 이름의 빈이 선택된다. 다음은 필드의 이름으로 오토와이어링을 하는 예다.

▶ @Resource 애너테이션을 활용해 필드 인젝션을 하는 예(필드 이름과 일치)

```
@Component
public class UserServiceImpl implements UserService {
    @Resource
    PasswordEncoder sha256PasswordEncoder;
    // 생략
}
```

▶ @Resource 애너테이션을 활용해 세터 인젝션을 하는 예(프로퍼티 이름과 일치)

```
@Component
public class UserServiceImpl implements UserService {
    private PasswordEncoder passwordEncoder;

    @Resource
```

```
    public void setSha256PasswordEncoder(PasswordEncoder passwordEncoder) {
        this.passwordEncoder = passwordEncoder;
    }

    // 생략
}
```

만약 위의 어느 경우에도 해당되지 않으면 타입으로 오토와이어링을 시도한다. @Resource 동작 방식은 조금 복잡한 편이라서 동작 방식을 제대로 이해한 후에 사용할 것을 권장한다. 참고로 컨스트럭터 인젝션에서는 @Resource 애너테이션을 사용하지 못한다.

### ■ 컬렉션이나 맵 타입으로 오토와이어링하기

지금까지 같은 인터페이스를 구현하는 빈이 여러 개 정의된 경우에 @Qualifier와 @Resource를 활용해 인젝션할 대상을 한정하는 방법을 살펴봤다. 스프링 프레임워크에서는 이렇게 단 하나의 빈만 가져오는 방법 외에도 같은 인터페이스를 구현한 빈을 컬렉션(Collection)이나 맵(Map) 타입에 담아서 가져오는 방법도 제공한다. 다음 예를 살펴보자.

▶ IF 인터페이스를 구현한 빈을 여러 개 정의한 예(인터페이스)

```
public interface IF<T> {
}
@Component
public class IntIF1 implements IF<Integer> {
}

@Component
public class IntIF2 implements IF<Integer> {
}

@Component
public class StringIF implements IF<String> {
}
```

이처럼 같은 인터페이스를 구현한 빈이 여러 개 있는 경우 오토와이어링을 다음과 같은 형태로 할 수도 있다.

▶ IF 인터페이스를 구현한 빈을 모두 가져오기

```
@Autowired
List<IF> ifList;
```

```
@Autowired
Map<String, IF> ifMap;
```

ifList에는 IntIF1, IntIF2, StringIF와 같은 빈이 리스트 형태로 주입된다. 그리고 ifMap에는 '빈 이름 = 빈'과 같은 형식으로 {intIF1 = IntIF1 빈, intIF2 = IntIF2 빈, stringIF = StringIF 빈} 이 맵 형태로 주입된다.

이제 제네릭(Generic)의 타입 파라미터에 구체적인 값을 넣어 보자.

▶ IF〈Integer〉 인터페이스를 구현한 빈을 모두 가져오기

```
@Autowired
List<IF<Integer>> ifList;

@Autowired
Map<String, IF<Integer>> ifMap;
```

이렇게 하면 주입될 빈의 타입 파라미터가 Integer로 한정되기 때문에 ifList에는 IntIF1, IntIF2와 같은 빈만 주입된다. 그리고 ifMap에는 {intIF1 = IntIF1 빈, intIF2 = IntIF2 빈}만 주입된다.

그렇다면 애당초 처음부터 리스트나 맵 형태로 빈을 정의해보면 어떨까? 다음 예를 살펴보자.

▶ 리스트와 맵 형태로 빈을 정의

```
@Bean
List<IF> ifList() {
    return Arrays.asList(new IntIF1(), new IntIF2(), new StringIF());
}

@Bean
Map<String, IF> ifMap() {
    Map<String, IF> map = new HashMap<>();
    map.put("intIF1", new IntIF1());
    map.put("intIF2", new IntIF2());
    map.put("stringIF", new StringIF());
    return map;
}
```

사실 이러한 방식으로 빈을 정의한 경우에는 @Autowired 애너테이션을 사용하더라도 실제로는 오토와 이어링되지 않는다.[25]

---

**25** (옮긴이) 스프링 프레임워크 4.3 버전부터 오토와이어링할 수 있다.

▶ @Autowired 애너테이션을 이용한 필드 인젝션(인젝션 불가)

```
@Autowired
@Qualifier("ifList") // 인젝션 불가
List<IF> ifList;

@Autowired
@Qualifier("ifMap") // 인젝션 불가
Map<String, IF> ifMap;
```

다만 이런 경우에는 다음과 같이 **@Resource**를 사용하면 오토와이어링을 할 수 있다.

▶ @Resource 애너테이션을 이용한 필드 인젝션(인젝션 가능)

```
@Resource // 인젝션 가능
List<IF> ifList;

@Resource // 인젝션 가능
Map<String, IF> ifMap;
```

## 2.1.6. 컴포넌트 스캔

앞에서 잠깐 다룬 컴포넌트 스캔(Component Scan)은 클래스 로더(Class Loader)를 스캔하면서 특정 클래스를 찾은 다음, DI 컨테이너에 등록하는 방법을 말한다.

### ■ 기본 설정으로 컴포넌트 스캔하기

별도의 설정이 없는 기본 설정에서는 다음과 같은 애너테이션이 붙은 클래스가 탐색 대상이 되고, 탐색 된 컴포넌트는 DI 컨테이너에 등록된다.

- @Component (org.springframework.stereotype.Component)

- @Controller (org.springframework.stereotype.Controller)

- @Service (org.springframework.stereotype.Service)

- @Repository (org.springframework.stereotype.Repository)

- @Configuration (org.springframework.context.annotation.Configuration)

- @RestController (org.springframework.web.bind.annotation.RestController)

- @ControllerAdvice (org.springframework.web.bind.annotation.ControllerAdvice)

- @ManagedBean (javax.annotation.ManagedBean)

- @Named (javax.inject.Named)

앞에서 살펴본 것처럼 자바 기반 설정 방식에서는 컴포넌트 스캔을 하기 위해 @ComponentScan 애너테이션을 사용하고, XML 기반 설정 방식에서는 〈context:component-scan〉 요소를 사용한다.[26] 컴포넌트 스캔을 할 때는 클래스 로더에서 위와 같은 애너테이션이 붙은 클래스를 찾아야 하기 때문에 탐색 범위가 넓고 처리하는 시간도 오래 걸린다. 이 시간은 결국 스프링 프레임워크를 사용한 애플리케이션의 기동 시간을 느리게 만드는 원인이 되기도 한다.

예를 들어, 다음과 같이 탐색 범위를 넓게 설정하는 것은 성능 면에서 좋지 않다.

▶ 컴포넌트 스캔 범위가 넓은 경우

```
@ComponentScan(basePackages = "com")
@ComponentScan(basePackages = "com.example")
```

가능한 한 위와 같이 광범위한 범위 설정을 피해야 하는데, 통상 애플리케이션의 최상위나 한 단계 아래의 패키지까지를 스캔 대상으로 잡는 것이 적절하다.

▶ 컴포넌트 스캔 범위가 적절한 경우

```
@ComponentScan(basePackages = "com.example.demo")
@ComponentScan(basePackages = "com.example.demo.app")
```

이때 basePackages 속성 대신 별칭으로 value 속성을 써도 된다. 어느 쪽을 사용해도 스캔하는 데는 문제가 없으나, 이 속성 자체를 생략할 경우에는 @ComponentScan이 설정된 클래스가 속한 패키지부터 그 하위 패키지를 스캔한다는 것에 유의하자.

앞서 살펴본 스캔 대상 애너테이션 가운데 가장 많이 활용되는 네 가지는 다음과 같다(표 2.3).

표 2.3 대표적인 스캔 대상 애너테이션

| 애너테이션 | 설명 |
| --- | --- |
| @Controller | MVC 패턴에서의 C, 즉 컨트롤러(controller) 역할을 하는 컴포넌트에 붙이는 애너테이션이다. 클라이언트에서 오는 요청을 받고, 비즈니스 로직의 처리 결과를 응답으로 돌려보내는 기능을 한다. 이때 실제 비즈니스 로직은 @Service가 붙은 컴포넌트에서 처리하도록 위임한다. |
| @Service | 비즈니스 로직(service)을 처리하는 컴포넌트에 붙이는 애너테이션이다. 컨트롤러에서 받은 입력 데이터를 활용해 비즈니스 로직을 실행하는 기능을 한다. 이때 영속적으로 보관해야 하는 데이터가 있다면 @Repository가 붙은 컴포넌트에서 처리하도록 위임한다. |

---

**26** (옮긴이) 기억이 나지 않는다면 2.1.3절 '빈 설정'의 '애너테이션 기반 설정 방식' 부분을 참고하자.

| 애너테이션 | 설명 |
|---|---|
| @Repository | 영속적인 데이터 처리를 수행하는 컴포넌트에 붙이는 애너테이션이다. ORM(Object-Relational Mapping) 관련 라이브러리를 활용해 데이터의 CRUD를 처리하는 기능을 한다. |
| @Component | 위의 세 경우에 해당하지 않는 컴포넌트(유틸리티 클래스나 기타 지원 클래스 등)에 붙이는 애너테이션이다. |

### ■ 필터를 적용한 컴포넌트 스캔

앞서 살펴본 컴포넌트 스캔 대상 외에도 추가로 다른 컴포넌트를 더 포함하고 싶다면 필터를 적용하는 방법으로 스캔 범위를 커스터마이징할 수 있다. 스프링 프레임워크에서는 다음과 같은 필터를 제공한다.[27]

- 애너테이션을 활용한 필터(ANNOTATION)
- 할당 가능한 타입을 활용한 필터(ASSIGNABLE_TYPE)
- 정규 표현식 패턴을 활용한 필터(REGEX)
- AspectJ 패턴을 활용한 필터(ASPECTJ)

이제 필터를 사용하는 몇 가지 예를 살펴보자. 필터를 추가할 때는 includeFilters 속성에 나열하면 된다. 다음은 할당 가능한 타입을 필터로 활용한 것으로, 자바 기반 설정 방식으로 표현한 예다.

▶ 할당 가능한 타입으로 필터링(인터페이스)

```
public interface DomainService {
    // 생략
}
```

▶ 할당 가능한 타입으로 필터링(자바 기반 설정 방식)

```
@ComponentScan(basePackages = "com.example.demo" includeFilters = {
    @ComponentScan.Filter(type = FilterType.ASSIGNABLE_TYPE, classes = {DomainService.class})
})
```

이를 XML 기반 설정 방식으로 표현하면 다음과 같다.

---

27 (옮긴이) 실제로는 개발자가 확장할 수 있는 커스텀 필터까지 총 다섯 가지가 제공된다.
http://docs.spring.io/spring-framework/docs/current/javadoc-api/org/springframework/context/annotation/FilterType.html#CUSTOM

▶ 할당 가능한 타입으로 필터링(XML기반 설정 방식)

```
<context:component-scan base-package="com.example.demo">
    <context:include-filter type="assignable" expression="com.example.demo.domain.DomainService"/>
</context:component-scan>
```

다음은 정규 표현식 패턴을 필터로 활용한 것으로, 자바 기반 설정 방식으로 표현한 예다.

▶ 정규 표현식 패턴으로 필터링(자바 기반 설정 방식)

```
@ComponentScan(basePackages = "com.example.demo",
            includeFilters = { @ComponentScan.Filter(type = FilterType.REGEX,
                    pattern = { ".+DomainService$" }) })
```

이를 XML 기반 설정 방식으로 표현하면 다음과 같다.

▶ 정규 표현식 패턴으로 필터링(XML 기반 설정 방식)

```
<context:component-scan base-package="com.example.demo">
    <context:include-filter type="regex" expression=".+DomainService$" />
</context:component-scan>
```

여기서 한 가지 주의할 점은 필터를 적용해서 컴포넌트를 스캔할 때 앞서 살펴본 애너테이션이 붙은 스캔 대상도 함께 탐색 범위에 포함된다는 것이다. 만약 기본 설정에서 애너테이션이 붙은 스캔 대상을 무시하고, 순수하게 필터를 적용해서 탐색되는 컴포넌트만 사용하고 싶다면 다음과 같이 useDefaultFilters 속성을 false로 설정하면 된다.

▶ 기본 스캔 대상을 제외하고 필터로만 스캔(자바 기반 설정 방식)

```
@ComponentScan(basePackages = "com.example.demo", useDefaultFilters = false,
            includeFilters = { @ComponentScan.Filter(type = FilterType.REGEX,
                    pattern = { ".+DomainService$" }) })
```

이를 XML 기반 설정 방식으로 표현하면 다음과 같다.

▶ 기본 스캔 대상을 제외하고 필터로만 스캔(XML 기반 설정 방식)

```
<context:component-scan base-package="com.example.demo" use-default-filters="false">
    <context:include-filter type="regex" expression=".+DomainService$" />
</context:component-scan>
```

기본 스캔 대상에 필터를 적용해 특정 컴포넌트를 추가하는 것과는 반대로, 특정 컴포넌트를 스캔 대상에서 빼고 싶을 수도 있다. 이 경우에는 excludeFilters 속성을 활용한다. 예를 들어, 정규 표현식 패턴을 필터로 활용하면서 @Exclude 애너테이션(com.example.demo.Exclude)이 붙은 컴포넌트를 걸러내고 싶다면 다음과 같이 설정하면 된다.

▶ 기본 스캔 대상과 특정 컴포넌트를 제외하고 필터로만 스캔(자바 기반 설정 방식)

```
@ComponentScan(basePackages = "com.example.demo", useDefaultFilters = false,
            includeFilters = { @ComponentScan.Filter(type = FilterType.REGEX,
                    pattern = { ".+DomainService$" }) },
            excludeFilters = { @ComponentScan.Filter(type = FilterType.ANNOTATION,
                    pattern = { Exclude.class }) })
```

이를 XML 기반 설정 방식으로 표현하면 다음과 같다.

▶ 기본 스캔 대상과 특정 컴포넌트를 제외하고 필터로만 스캔(XML 기반 설정 방식)

```
<context:component-scan base-package="com.example.demo" use-default-filters="false">
    <context:include-filter type="regex" expression=".+DomainService$" />
    <context:exclude-filter type="annotation" expression="com.example.demo.Exclude" />
</context:component-scan>
```

만약 포함(include)하는 필터와 제외(exclude)하는 필터 모두에 해당하는 컴포넌트가 있는 경우, 제외하는 필터가 포함하는 필터보다 우선순위가 높아 해당 컴포넌트는 스캔 대상에서 빠지고 결과적으로 DI 컨테이너에도 등록되지 않는다.

## 2.1.7. 빈 스코프

DI 컨테이너는 빈 간의 의존 관계를 관리할 뿐만 아니라 빈의 생존 기간도 관리한다. 빈의 생존 기간을 빈 스코프(bean scope)라고 하는데 개발자가 직접 빈의 스코프를 다루지 않아도 된다는 점은 DI 컨테이너를 사용하는 큰 이유이기도 하다.

만약 DI 컨테이너가 빈의 스코프를 관리하지 않고 의존 관계만 관리해준다고 가정해보자. 앞서 살펴본 UserService를 싱글턴으로 사용하고 싶다면 개발자가 직접 싱글턴 패턴(singleton pattern)[28]을 구현해야 한다. 조금 더 복잡한 경우를 생각해보자. 만약 단순한 싱글턴이 아니라 HTTP 세션이 살아 있는 동안에만 존재하는 단 하나의 인스턴스가 필요한 경우에는 어떻게 해야 할까? 이를 구현하려면 HttpSession의 특정 속성에 내가 찾는 인스턴스가 설정돼 있는지 우선 확인한 후, 만약 그 인스턴스가 없다면 새로 만들어서 설정하고, 만약 그 인스턴스가 있다면 그것을 재사용하게 만들어야 한다. 문제는 이것으로만 끝나는 것이 아니다. HttpSession이 파괴될 때는 HttpSessionListener를 사용해 세션의 특정 속성에 포함된 인스턴스의 파괴 후처리를 개발자가 직접 구현해야 한다.

---

**28** (옮긴이) 디자인 패턴의 일종으로 클래스를 인스턴스로 만들 때 단 하나만 만들어지도록 제한할 때 사용한다. · https://en.wikipedia.org/wiki/Singleton_pattern

이러한 구현 코드는 상당히 중요한 부분이지만, 구현하고자 하는 비즈니스 관점에서는 본질과는 동떨어진 관심 밖의 내용이다. 그래서 이러한 코드가 많으면 많을수록 애플리케이션 전체를 이해하기 어려워지고 기능을 예측할 수 없게 된다.

다행히도 스프링 프레임워크에는 빈 스코프를 관리하는 기능이 있기 때문에 이런 복잡한 처리를 DI 컨테이너가 대신하도록 맡길 수 있다. DI 컨테이너가 관리하는 빈은 기본적으로 싱글턴으로 만들어진다. 그래서 UserService의 싱글턴 인스턴스가 필요하다면 다음과 같이 가져오면 된다.

```
UserService userService = context.getBean(UserService.class);
```

한편 스프링 프레임워크에서 사용 가능한 스코프의 종류는 다음과 같다(표 2.4).[29] 이 중에는 웹 환경에서만 사용 가능한 것도 있다.

표 2.4 스프링 프레임워크에서 사용 가능한 스코프

| 스코프 | 설명 |
| --- | --- |
| singleton | DI 컨테이너를 기동할 때 빈 인스턴스 하나가 만들어지고, 이후부터는 그 인스턴스를 공유하는 방식이다. 기본 스코프이기 때문에 별도로 스코프를 지정하지 않았다면 singleton으로 간주한다. |
| prototype | DI 컨테이너에 빈을 요청할 때마다 새로운 빈 인스턴스가 만들어진다. 멀티 스레드 환경에서 오동작이 발생하지 않아야 하는(thread-safe) 빈이라면 singleton 스코프가 아닌 prototype을 사용해야 한다. |
| request | HTTP 요청이 들어올 때마다 새로운 빈 인스턴스가 만들어진다. 웹 애플리케이션을 만들 때만 사용할 수 있다. |
| session | HTTP 세션이 만들어질 때마다 새로운 빈 인스턴스가 만들어진다. 웹 애플리케이션을 만들 때만 사용할 수 있다. |
| global session | 포틀릿(portlet) 환경에서 글로벌 HTTP 세션이 만들어질 때마다 새로운 빈 인스턴스가 만들어진다. 포틀릿을 사용한 웹 애플리케이션을 만들 때 사용할 수 있다. |
| application | 서블릿 컨텍스트(Servlet Context)가 만들어질 때마다 빈 인스턴스가 만들어진다. 웹 애플리케이션을 만들 때만 사용할 수 있다. |
| custom | 스코프 이름을 직접 정할 수 있고 정의한 규칙에 따라 빈 인스턴스를 만들 수 있다. |

다음 그림은 스코프 중에서 가장 많이 활용되는 singleton과 prototype에서 빈 인스턴스가 어떻게 만들어지는지를 표현한 것이다.

---

**29** (옮긴이) 스프링 프레임워크 4.1 버전부터 websocket 스코프가 더 추가됐다.
https://docs.spring.io/spring/docs/current/spring-framework-reference/html/beans.html#beans-factory-scopes

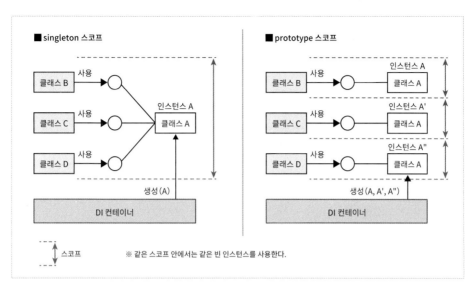

그림 2.4 singleton 스코프와 prototype 스코프에서의 빈 인스턴스 사용 형태

## ■ 스코프 설정

DI 컨테이너에 등록된 빈은 빈 스코프가 singleton이다. 즉 DI 컨테이너에서 빈을 가져오려 할 때 같은 것이 없으면 새로 만들고, 같은 것이 있을 때는 이미 만들어진 것을 공유한다. 그리고 DI 컨테이너가 파괴될 때 그 안에 있던 빈도 파괴된다.

만약 기본 스코프가 아닌 다른 스코프로 빈을 사용하고 싶다면 빈을 정의하는 단계에서 스코프를 명시해야 한다. 자바 기반 설정 방식이나 XML 기반 설정 방식, 애너테이션 기반 설정 방식 모두에서 설정 가능하다.

자바 기반의 설정 방식에서는 @Bean 애너테이션이 붙은 메서드에 @Scope 애너테이션(org.springframework.context.annotation.Scope)을 추가해서 스코프를 명시한다.

▶ UserService를 prototype 스코프로 설정(자바 기반 설정 방식)

```
@Bean
@Scope("prototype")
UserService userService() {
    return new UserServiceImpl();
}
```

이 같이 설정된 경우, 다음의 userService1과 userService2는 서로 다른 인스턴스가 된다.

▶ DI 컨테이너에서 prototype 스코프의 빈 가져오기

```
UserService userService1 = context.getBean(UserService.class);
UserService userService2 = context.getBean(UserService.class);
```

XML 기반 설정 방식에서는 〈bean〉 요소의 scope 속성에서 스코프를 지정할 수 있다.

▶ UserService를 prototype 스코프로 설정(XML 기반 설정 방식)

```
<bean id="userService" class="com.example.demo.UserServiceImpl" scope="prototype" />
```

애너테이션 기반 설정 방식에서는 스캔 대상이 되는 클래스에 @Scope 애너테이션을 추가해서 스코프를 명시한다.

▶ UserService를 prototype 스코프로 설정(애너테이션 기반 설정 방식)

```
@Component
@Scope("prototype")
public class UserServiceImpl implements UserService {
    // 생략
}
```

메모

스프링 MVC와 같이 스프링 프레임워크를 기반으로 한 웹 애플리케이션 프레임워크를 사용할 때는 굳이 request 스코프나 session 스코프 등의 웹 애플리케이션 전용 스코프를 설정할 필요가 없다. 다만 서블릿 필터와 같이 스프링 프레임워크를 활용하지 않는 영역에서 웹 애플리케이션 전용 스코프의 빈을 사용하고 싶다면 web.xml에 다음과 같은 설정을 추가하면 된다[30]. 참고로 JSF 같은 다른 웹 애플리케이션 프레임워크에서도 스프링과 연계할 때 이 방법을 활용한다.

▶ RequestContextListener 등록

```
<listener>
    <listener-class>org.springframework.web.context.request.RequestContextListener
    </listener-class>
</listener>
```

---

**30** (옮긴이) 서블릿 필터는 JEE 스펙을 따르기 때문에 스프링 프레임워크의 존재를 모른다. 그래서 연계 방식도 JEE 스펙 상의 기술을 활용해서 스프링 프레임워크를 인식하게 만들어야 한다.

## ■ 다른 스코프의 빈 주입

스코프는 빈의 생존 기간을 의미한다. 그래서 빈 간의 스코프가 서로 다르다는 말은 곧 각 빈의 수명이 다르다는 말이기도 하다. 예를 들어, singleton 스코프가 prototype 스코프보다 더 오래 산다. 웹 애플리케이션 환경이라면 request 〈 session 〈 singleton 순으로 뒤로 갈수록 더 오래 산다.

DI 컨테이너에서는 빈 간의 의존 관계가 형성되는데, 만약 하나의 빈이 또 다른 빈에 의존하고 있다면 DI 컨테이너에 의해 주입된 빈은 자신의 스코프와 상관없이 주입받는 빈의 스코프를 따르게 된다. 예를 들어, prototype 스코프의 빈을 singleton 스코프의 빈에 주입한 경우를 생각해보자. 주입된 prototype 스코프의 빈은 자신을 주입받은 singleton 스코프의 빈이 살아 있는 한 DI 컨테이너에서 다시 만들 필요가 없기 때문에 결과적으로 singleton과 같은 수명을 살게 된다.

조금 더 구체적인 예를 들어보자. 다음은 prototype 스코프로 설정된 PasswordEncoder다. 참고로 이 빈은 멀티 스레드 환경에서 안전(thread-safe)하지 않기 때문에 반드시 요청받을 때마다 새로 생성하는 prototype 스코프로 동작해야 한다. 만약 singleton 스코프로 처리되어 여러 스레드가 동시에 이 빈을 이용하면 오동작을 일으킬 수 있다.

▶ Prototype 스코프로 PasswordEncoder 빈 정의

```
@Bean
@Scope("prototype")
PasswordEncoder passwordEncoder() {
    // 멀티 스레드 환경에서 안전하지 않으므로 singleton으로 사용하면 안 됨
    return new ThreadUnsafePasswordEncoder();
}
```

다음은 이 빈을 UserService 빈이 사용하는 경우다. 참고로 UserService의 스코프는 singleton이다.

▶ singleton 스코프인 UserService에 prototype 스코프인 PasswordEncoder 주입

```
@Component
public class UserServiceImpl implements UserService {
    @Autowired
    PasswordEncoder passwordEncoder;

    public void register(User user, String rawPassword) {
        String encodedPassword = passwordEncoder.encode(rawPassword);
        // 생략
    }
}
```

이런 구성이면 PasswordEncoder가 prototype 스코프로 정의돼 있다 하더라도 UserService의 스코프가 singleton이므로 PasswordEncoder는 매번 새로운 인스턴스가 만들어지지 않고 이미 만든 인스턴스를 재사용하게 된다. 즉 register 메서드를 두 번 실행하면 같은 PasswordEncoder 인스턴스가 두 번 사용되는 셈이다. 이렇게 되면 굳이 PasswordEncoder를 prototype 스코프로 정의한 것이 소용없어진다. 또한 여러 스레드가 동시에 사용할 때 오동작이 발생할 수 있는 멀티 스레드에 안전하지 않은 빈이라면 반드시 prototype 스코프로 동작해야 한다. 그러면 이럴 때 어떻게 해야 할까?

### ■ 룩업 메서드 인젝션으로 해결

위 문제를 해결하는 가장 좋은 방법은 PasswordEncoder를 주입하지 않는 것이다. 그 대신 필요할 때마다 DI 컨테이너에서 빈을 찾아오면 된다. 우선 가장 쉬운 방법부터 살펴보자.

▶ ApplicationContext에서 빈을 직접 찾아서 꺼내오기

```
@Component
public class UserServiceImpl implements UserService {
    @Autowired
    ApplicationContext context; ─────────────────────────────── ❶
    public void register(User user, String rawPassword) {
        PasswordEncoder passwordEncoder = passwordEncoder(); ─── ❷
        String encodedPassword = passwordEncoder.encode(rawPassword);
        // 생략
    }

    PasswordEncoder passwordEncoder() {
        return this.context.getBean(PasswordEncoder.class); ──── ❸
    }
}
```

❶ ApplicationContext를 자동 주입(autowired)한다.

❷ passwordEncoder에 passwordEncoder 메서드를 호출한 결과를 할당한다.

❸ passwordEncoder 메서드에서는 ApplicationContext를 통해 DI 컨테이너에 등록된 빈을 직접 찾아서 가져온다. 이때 꺼내오는 빈은 원래 의도한 스코프대로 설정되어 나온다. PasswordEncoder는 prototype 스코프로 설정돼 있고 register 메서드가 호출될 때마다 DI 컨테이너에서 빈을 직접 꺼내오므로 매번 prototype 스코프인 빈을 쓸 수 있게 된다.

이 코드는 동작하는 데 큰 문제는 없다. 의존 관계에 있는 빈끼리 낮은 결합도를 유지하기 위해 DI 컨테이너를 사용했다. 하지만 한 가지 흠이라면 DI 컨테이너를 사용하는 과정에서 DI 컨테이너 의존적인 클래스와 API가 소스코드 상에 노출됐다는 것이다. 빈 간의 의존 관계는 해결했으나 DI 컨테이너와의

의존 관계가 소스코드 상에 남았으니 이런 방식은 사실상 바람직하지 못하며 될 수 있으면 피하는 것이 좋다.

그렇다면 어떻게 해야 DI 컨테이너와 관련된 코드를 소스코드에 남기지 않고 빈을 찾아오게 만들까? DI 컨테이너에는 앞서 살펴본 passwordEncoder 메서드 같은 코드를 바이트코드 형태로 만드는 기능이 있다. 즉, DI 컨테이너가 빈을 룩업(Lookup)하는 메서드를 만든 다음, 그 메서드를 의존할 빈에게 주입하면 되는데, 이 기능을 룩업 메서드 인젝션(Lookup Method Injection)[31]이라 부른다.

이 기능을 사용하려면 DI 컨테이너에게 룩업을 대행하게 하고 싶은 메서드에 @Lookup 애너테이션 (org.springframework.beans.factory.annotation.Lookup)을 붙여주면 된다. 그러면 이 빈이 DI 컨테이너에 등록되는 시점에 DI 컨테이너에서 빈을 찾는 실제 코드가 @Lookup 애너테이션이 붙은 메서드 자리에 주입된다.

▶ 룩업 메서드 인젝션을 활용한 의존 관계 정의(애너테이션 기반 설정 방식)

```
@Component
public class UserServiceImpl implements UserService {
    public void register(User user, String rawPassword) {
        PasswordEncoder passwordEncoder = passwordEncoder();
        String encodedPassword = passwordEncoder.encode(rawPassword);
        // 생략
    }

    @Lookup
    PasswordEncoder passwordEncoder() {
        return null;  // 반환값은 널이라도 상관없다.
    }
}
```

이 동작 원리를 조금 더 구체적으로 설명하자면, 우선 DI 컨테이너는 UserServiceImpl 클래스의 서브 클래스를 동적으로 만든다. 이때 DI 컨테이너는 기존의 passwordEncoder 메서드를 DI 컨테이너가 직접 만든 룩업 메서드로 오버라이드(override)[32]한다. 따라서 @Lookup을 붙인 메서드에는 private이나 final을 지정하면 안 된다. 그리고 메서드의 매개변수 역시 지정하면 안 된다. 왜냐하면 DI 컨테이너가 해당 메서드를 오버라이드하는 데 방해되기 때문이다.

---

**31** https://docs.spring.io/spring/docs/current/spring-framework-reference/html/beans.html#beans-factory-lookup-method-injection
**32** (옮긴이) 객체지향에서 부모 클래스의 메서드를 자식 클래스에서 재정의하는 것을 말한다.

그렇다면 룩업할 대상은 어떻게 찾을까? @Lookup 애너테이션[33]의 value 속성에는 빈의 이름을 지정할 수 있다. 만약 별도의 value 속성을 지정하지 않았다면 그때는 메서드의 반환값 타입을 보고 룩업 대상 빈을 찾게 된다.

한편, XML 기반 설정 방식에서는 〈lookup-method〉 요소를 통해 룩업 메서드 인젝션을 사용할 수 있다. 다음 예를 보자.

▶ 룩업 메서드 인젝션을 활용한 의존 관계 정의(XML 기반 설정 방식)

```
<bean id="passwordEncoder" class="com.example.demo.ThreadUnsafePasswordEncoder"
    scope="prototype" />


<bean id="userService" class="com.example.demo.UserServiceImpl">
    <lookup-method name="passwordEncoder" bean="passwordEncoder" /> ─────────────── ❶
    <!-- 생략 -->
</bean>
```

❶ name 속성에 룩업 메서드명을 지정하고 bean 속성에 룩업할 빈의 이름을 지정한다.

이처럼 룩업 메서드 인젝션은 서로 다른 스코프의 빈을 조합하면서 생기는 문제를 해결할 뿐만 아니라 소스코드에서 직접 DI 컨테이너를 사용하는 것을 방지하는 용도로도 활용할 수 있다. 참고로 자바 기반 설정 방식에서는 룩업 메서드 인젝션을 사용하지 못한다.

### ■ 스코프트 프락시

앞서 살펴본 것처럼 의존 관계에 있는 빈의 스코프가 서로 다를 경우, 의도치 않은 오동작이 발생할 수 있다. 이것을 해결할 방법으로 룩업 메서드 인젝션을 살펴봤는데, 그 밖에도 스코프트 프락시(Scoped Proxy)라는 방법도 활용할 수 있다. 이 방법은 이름에서 짐작할 수 있듯이 기존의 빈을 프락시(Proxy)로 감싼 후, 이 프락시를 다른 빈에 주입하고, 주입받은 빈에서 이 프락시의 메서드를 호출하면 프락시 내부적으로 DI 컨테이너에서 빈을 룩업하고 룩업된 빈의 메서드를 실행하는 방식이다.

이 방법은 보통 request 스코프나 session 스코프와 같이 수명이 짧은 빈을 singleton 스코프와 같은 상대적으로 수명이 긴 빈에 주입할 때 많이 사용한다.

---

**33** (옮긴이) @Lookup 애너테이션은 스프링 프레임워크 4.1 버전부터 도입됐다.

구체적인 예로 앞서 살펴본 ThreadUnsafePasswordEncoder를 request 스코프로 사용하는 경우를 생각해보자. 스코프트 프락시를 활성화할 때는 @Scope 애너테이션을 붙인 다음, proxyMode 속성에 프락시를 만드는 방법을 지정하면 된다.[34]

▶ 스코프트 프락시 활성화(자바 기반 설정 방식)

```
@Bean
@Scope(value = "request", proxyMode = ScopedProxyMode.INTERFACES)
PasswordEncoder passwordEncoder() {
    return new ThreadUnsafePasswordEncoder();
}
```

한편 PasswordEncoder를 사용하는 UserServiceImpl은 다음과 같다.

▶ UserServiceImpl에 PasswordEncoder 주입

```
@Component
public class UserServiceImpl implements UserService {
    @Autowired
    PasswordEncoder passwordEncoder;

    public void register(User user, String rawPassword) {
        String encodedPassword = passwordEncoder.encode(rawPassword);
        // 생략
    }
}
```

스코프트 프락시가 활성화된 상태이기 때문에 위의 passwordEncoder 필드에는 PasswordEncoder의 프락시가 주입되고 encode 메서드가 호출될 때마다 request 스코프의 PasswordEncoder 인스턴스가 만들어진다.

스코프트 프락시를 사용하려면 proxyMode 속성에 다음 중 하나를 지정한다.

- **ScopedProxyMode.INTERFACES**
  JDK의 동적 프락시(java.lang.reflect.Proxy)를 사용해 인터페이스 기반의 프락시를 만든다.[35]

- **ScopedProxyMode.TARGET_CLASS**
  스프링 프레임워크에 내장된 CGLIB을 사용해 서브클래스 기반의 프락시를 만든다.[36]

---

**34** (옮긴이) 스프링 프레임워크 4.3 버전부터 웹 애플리케이션 전용 스코프를 위한 애너테이션으로 @RequestScope, @SessionScope, @ApplicationScope가 추가됐다. 이때 proxyMode 속성의 기본값은 ScopedProxyMode.TARGET_CLASS다.

**35** (옮긴이) JDK 기반 프락시(JDK-based proxy) 혹은 JDK 동적 프락시(JDK dynamic proxy)라고도 한다.

**36** (옮긴이) CGLIB 기반 프락시(CGLIB-based proxy)라고도 한다.

메모

스코프트 프락시 방식은 프락시 모드에 따라 인터페이스를 기반으로 프락시를 만들거나 서브클래스를 기반으로 프락시를 만든다. 다음은 인터페이스를 기반으로 만들어진 프락시와 서브클래스를 기반으로 만든 프락시의 소스코드다. 동적으로 생성되는 만큼 반드시 이렇게 만들어진다는 보장은 없지만 두 프락시 모드의 차이를 확인하기에는 충분하니 어떤 형태로 구현되는지 봐두자.

인터페이스를 기반으로 만들어진 프락시

```java
public class PasswordEncoderProxy implements PasswordEncoder {
    @Autowired
    ApplicationContext context;

    @Override
    public String encode(String rawPassword) {
        PasswordEncoder passwordEncoder = context.getBean("passwordEncoder",
PasswordEncoder.class);
        return passwordEncoder.encode(rawPassword);
    }
}
```

서브클래스를 기반으로 만들어진 프락시

```java
public class PasswordEncoderProxy extends ThreadUnsafePasswordEncoder {
    @Autowired
    ApplicationContext context;

    @Override
    public String encode(String rawPassword) {
        PasswordEncoder passwordEncoder = context.getBean("passwordEncoder",
PasswordEncoder.class);
        return passwordEncoder.encode(rawPassword);
    }
}
```

만약 스코프트 프락시를 적용할 대상 빈이 인터페이스를 가지고 있지 않은 경우에는 서브클래스 기반의 프락시를 사용해야 한다. 참고로 서브클래스 기반의 프락시는 메서드를 오버라이드해야 하기 때문에 메서드나 클래스에 final을 붙일 수 없다.

XML 기반 설정 방식으로 스코프트 프락시를 표현할 때는 〈aop:scoped-proxy〉 요소를 사용한다. 그리고 〈beans〉 요소는 aop 요소를 사용하기 위한 XML 네임스페이스(xmlns)와 스키마(xsi) 정보가 추가돼 있어야 한다.

▶ XML 기반 설정 방식으로 스코프트 프락시 설정

```xml
<beans
    xmlns="http://www.springframework.org/schema/beans"
    xmlns:xsi="http://www.w3.org/2001/XMLSchema-instance"
    xmlns:aop="http://www.springframework.org/schema/aop"
    xsi:schemaLocation="
        http://www.springframework.org/schema/beans
        http://www.springframework.org/schema/beans/spring-beans.xsd
        http://www.springframework.org/schema/aop
        http://www.springframework.org/schema/aop/spring-aop.xsd">     ──── ❶
    <bean id="passwordEncoder"
      class="com.example.demo.ThreadUnsafePasswordEncoder" scope="request">
        <aop:scoped-proxy proxy-target-class="false" />     ──── ❷
    </bean>

    <bean id="userService" class="com.example.demo.UserServiceImpl">
        <property name="passwordEncoder" ref="passwordEncoder" />
        <!-- 생략 -->
    </bean>
</beans>
```

❶ AOP 기능을 사용하기 위해 AOP 관련 네임스페이스와 스키마 정보를 추가한다. xmlns:aop 속성에는 http://www.springframework.org/schema/aop를, xsi:schemaLocation 속성에는 http://www.springframework.org/schema/aop, http://www.springframework.org/schema/aop/spring-aop.xsd를 추가한다.

❷ 스코프트 프락시를 적용할 빈의 <bean> 요소 아래에 <aop:scoped-proxy> 요소를 정의한다. proxy-target-class 속성을 false로 지정하면 인터페이스를 기반으로 한 프락시가 만들어지고 true인 경우에는 서브클래스 기반 프락시가 만들어진다.

애너테이션 기반 설정 방식으로 스코프트 프락시를 표현할 때는 스캔 대상 클래스에 붙인 @Scope 애너테이션에 proxyMode 속성을 추가하면 된다.

▶ 애너테이션 기반 설정 방식으로 스코프트 프락시 설정하기

```java
@Component
@Scope(value = "request", proxyMode = ScopedProxyMode.INTERFACES)
public class ThreadUnsafePasswordEncoder implements PasswordEncoder {
    // 생략
}
```

스프링 프레임워크 공식 문서에서는 request, session, globalSession 스코프에서 스코프트 프락시를 사용하고, prototype 스코프에 대해서는 룩업 메서드 인젝션을 사용하도록 안내하고 있다.[37]

prototype 스코프에서 스코프트 프락시를 사용하지 못하는 것은 아니지만, 주입된 필드에서 프락시 안에 있는 메서드를 한번 더 호출하기 때문에 매번 새로운 인스턴스가 만들어질 때마다 각 프락시의 메서드가 반복해서 호출되므로 효율성 측면에서 바람직하지 않다는 점을 감안해야 한다.

### ■ 커스텀 스코프 만들기

스프링 프레임워크에서는 미리 만들어져서 제공되는 스코프 외에도 사용자가 직접 정의한 커스텀 스코프(custom scope)를 만들 수 있다. 커스텀 스코프를 만들려면 Scope 인터페이스(org.springframework.beans.factory.config.Scope)를 구현하고 CustomScopeConfigurer 클래스(org.springframework.beans.factory.config.CustomScopeConfigurer)에 자신이 만든 스코프를 스코프 명과 함께 설정하면 된다.

다음은 Scope 인터페이스를 직접 구현하는 대신 스프링 프레임워크에서 제공하는 샘플 구현체를 사용한 예다. 샘플로 제공되는 SimpleThreadScope 클래스(org.springframework.context.support.SimpleThreadScope)를 커스텀 스코프라고 생각하고 자바 기반 설정 방식으로 어떻게 설정하는지 확인해보자.[38]

▶ 커스텀 스코프 설정

```
@Bean
static CustomScopeConfigurer customScopeConfigurer() {
    CustomScopeConfigurer configurer = new CustomScopeConfigurer();
    configurer.addScope("thread", new SimpleThreadScope());
    return configurer;
}
```

여기까지 하고 나면 스레드 단위로 스코프를 주고 싶은 빈에 @Scope("thread") 애너테이션만 붙이면 된다. 그러면 DI 컨테이너에 해당 빈을 요청할 때마다 스레드 단위로 인스턴스가 만들어질 것이다.

---

**37** (옮긴이) 스코프에 관한 설명은 다음 문서를 참고하자.
http://docs.spring.io/spring/docs/current/spring-framework-reference/htmlsingle/#beans-factory-scopes-other-web-configuration
http://docs.spring.io/spring/docs/current/spring-framework-reference/htmlsingle/#beans-factory-scopes-sing-prot-interaction

**38** (옮긴이) XML 기반 방식으로 설정하는 방법은 공식 레퍼런스에서 확인할 수 있다.
http://docs.spring.io/spring/docs/current/spring-framework-reference/htmlsingle/#beans-factory-scopes-custom-using

## 2.1.8. 빈의 생명 주기

DI 컨테이너에서 관리되는 빈의 생명 주기는 크게 다음의 세 가지 단계로 구분할 수 있다.

1. 빈 초기화 단계(initialization)
2. 빈 사용 단계(activation)
3. 빈 종료 단계(destruction)

위의 세 가지 단계 중 대부분의 시간은 빈의 사용 단계, 즉 애플리케이션이 실행 중인 상태다. 그 밖의 빈 초기화 단계나 종료 단계에서는 DI 컨테이너가 내부적으로 많은 작업을 하게 되는데 이러한 내부 동작을 이해한다면 전처리나 후처리와 같은 콜백(callback)을 활용할 수 있을 것이다.[39]

### ■ 초기화 단계

초기화 단계는 다시 크게 세 개의 과정으로 나눌 수 있는데 첫 번째가 빈을 설정하는 과정이고, 두 번째는 빈을 인스턴스화하고 의존성을 주입하는 과정, 세 번째는 빈을 생성한 다음의 후처리를 하는 과정이다.

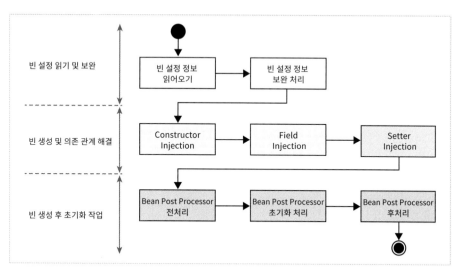

그림 2.5 초기화 단계에서의 내부 동작

**39** https://docs.spring.io/spring/docs/current/spring-framework-reference/html/beans.html#beans-factory-nature

## 빈 설정 정보 읽기 및 보완

우선 빈을 생성하는 데 필요한 정보를 수집한다. 빈 정의 내용은 자바 기반 설정 방식으로 자바 컨피규 레이션(Java Configuration) 파일에서 읽어오거나, XML 기반 설정 방식으로 XML 파일에서 읽어오거나, 또는 애너테이션 기반 설정 방식으로 컴포넌트 스캔을 통해 읽어온다. 이 단계에서는 정보만 불러올 뿐 아직 빈을 생성한 것은 아니다.

빈이 정의된 설정 정보를 모두 수집했다면, 다음으로 Bean Factory Post Processor(BFPP)를 사용해 빈의 정보를 보완하는 작업이 이뤄진다. 이 처리는 BeanFactoryPostProcessor 인터페이스(org. springframework.beans.factory.config.BeanFactoryPostProcessor)를 구현한 클래스가 수행한다.[40]

▶ BeanFactoryPostProcessor 인터페이스

```java
public interface BeanFactoryPostProcessor {
    void postProcessBeanFactory(ConfigurableListableBeanFactory beanFactory);
}
```

이후 2.4절 '프로퍼티 관리'에서 설명하겠지만 빈을 정의할 때 사용되는 프로퍼티 플레이스홀더 (placeholder)[41]는 이 시점에 실제 프로퍼티 값으로 치환된다.[42] 마찬가지로 BeanFactoryPost Processor 인터페이스를 직접 구현해서 빈으로 정의한다면 자신만의 빈 정보 보완 처리도 추가할 수 있다.

## 빈 생성 및 의존 관계 해결

빈 정의 정보를 읽고, 빈 인스턴스를 성공적으로 생성했다면 다음은 빈 간의 의존 관계를 해결하기 위해 의존성 주입을 할 차례다. 앞서 세 가지 의존성 주입 방법을 설명했는데 실제로 수행되는 순서는 다음과 같다

1. 생성자 기반 의존성 주입
2. 필드 기반 의존성 주입
3. 세터 기반 의존성 주입

---

40  (옮긴이) 앞서 사용자 정의 빈 스코프를 만들 때 사용되는 CustomScopeConfigurer도 이 인터페이스를 구현한 클래스 중 하나다.
http://docs.spring.io/spring/docs/current/javadoc-api/org/springframework/beans/factory/config/BeanFactoryPostProcessor.html

41  (옮긴이) 프로퍼티 플레이스홀더는 프로퍼티 값과 같은 설정 정보를 외부에서 참조 가능하도록 분리할 때 사용하는 것으로, 실제 프로퍼티 값으로 치환할 수 있도록 '${프로퍼티명}'과 같은 약속된 형식으로 표기한다.

42  (옮긴이) BeanFactoryPostProcessor 인터페이스를 구현한 PropertyPlaceholderConfigurer가 이 역할을 한다.
http://docs.spring.io/spring/docs/current/javadoc-api/org/springframework/beans/factory/config/PropertyPlaceholderConfigurer.html

## 빈 생성 후 초기화 작업

빈 간의 의존 관계까지 정리되면 마지막으로 빈 생성 후의 초기화 작업(Post Construct)이 수행된다. 이 작업은 크게 전처리, 초기화 처리, 후처리로 구분된다. 그중에서도 초기화 부분은 다양한 설정 방식으로 정의할 수 있으며, 처리 순서는 다음과 같다.[43]

- 애너테이션 기반 설정을 사용하는 경우, @PostConstruct 애너테이션(javax.annotation.PostConstruct)이 붙은 메서드
- InitializingBean 인터페이스(org.springframework.beans.factory.InitializingBean)를 구현하는 경우, afterPropertiesSet 메서드
- 자바 기반 설정을 사용하는 경우, @Bean의 initMethod 속성에 지정한 메서드
- XML 기반 설정을 사용하는 경우, ⟨bean⟩ 요소의 init-method 속성에 지정한 메서드

이렇게 빈이 생성된 후에 이뤄지는 초기화는 빈을 생성할 때 해주는 초기화와 큰 차이가 있는데, 그것은 바로 의존성 주입이 끝난 필드 값을 초기화에 활용할 수 있다는 점이다.

한편, 전처리와 후처리는 BeanPostProcessor(BPP) 인터페이스(org.springframework.beans.factory.config.BeanPostProcessor)의 메서드를 통해 실행된다. 이 메서드는 다음과 같은 형태다.

▶ BeanPostProcessor 인터페이스의 전처리, 후처리 메서드

```
public interface BeanPostProcessor {
    // 전처리
    Object postProcessBeforeInitialization(Object bean, String beanName);

    // 후처리
    Object postProcessAfterInitialization(Object bean, String beanName);
}
```

만약 빈을 초기화하는 과정에서 전처리와 후처리가 필요하다면 BeanPostProcessor 인터페이스를 구현하면서 postProcessBeforeInitialization과 postProcessAfterInitialization 메서드를 확장 지점으로 활용하면 된다.

---

**43** (옮긴이) 초기화 처리 부분을 스프링 공식 API 문서에서는 빈 초기화 콜백(bean initialization callback)이라고 표현하고 있다.
https://docs.spring.io/spring/docs/current/javadoc-api/org/springframework/beans/factory/config/BeanPostProcessor.html

다음은 @PostConstruct[44]를 활용한 예다. 이때 UserServiceImpl은 @Component 애너테이션이 붙어 있으므로 빈 정의를 XML 기반으로 하는 경우에는 〈context:annotation-config〉나 〈context:component-scan〉 요소를 정의해야 한다.[45] 이것은 뒤에 설명할 @PreDestroy에서도 마찬가지다.

▶ @PostConstruct 애너테이션 활용

```
@Component
public class UserServiceImpl implements UserService {
    // 생략

    @PostConstruct
    void populateCache() {
      // 캐시 등록
    }
}
```

주의할 점은 @PostConstruct 애너테이션이 붙는 메서드는 반환값이 void이고 메서드의 매개변수는 없어야 한다는 것이다. 이 같은 처리는 InitializingBean 인터페이스를 구현한 다음, afterPropertiesSet 메서드로 대체할 수도 있다.

▶ InitializingBean 인터페이스 구현

```
@Component
public class UserServiceImpl implements UserService, InitializingBean {
    // 생략

    @Override
    public void afterPropertiesSet() {
      // 캐시 등록
    }
}
```

만약 다루려는 빈이 직접 개발한 것이 아니거나 서드파티 라이브러리 형태로 사용하고 있어서 소스코드에 @PostConstruct 애너테이션을 붙이거나 InitializingBean 인터페이스를 구현하지 못할 수 있다. 이 경우에는 다음과 같이 빈을 정의할 때 초기화 메서드명을 지정하는 방법으로 대체할 수 있다.

---

**44** (옮긴이) 애너테이션을 많이 활용하다 보면 어디에서 정의한 애너테이션인지 헷갈릴 수 있는데, @PostConstruct와 @PreDestroy 애너테이션은 스프링 프레임워크의 것이 아니라 JEE에서 정의한 것이다.
https://docs.oracle.com/javaee/7/api/javax/annotation/PostConstruct.html
https://docs.oracle.com/javaee/7/api/javax/annotation/PreDestroy.html

**45** (옮긴이) annotation-config는 DI 컨테이너에 등록된 빈에 애너테이션을 활성화하기 위해 필요하다. 이때 빈을 등록하는 방식은 애너테이션 기반이나 XML 기반 등의 설정 방식과 무관하다. 한편 component-scan은 XML 기반 설정 대신 애너테이션 기반으로 빈을 탐색하고 등록할 때 사용하는데 탐색 범위에 있는 빈은 애너테이션이 활성화되는 annotation-config의 효과가 나므로 탐색 범위 밖의 빈에 애너테이션을 활성화해야 하는 상황이 아니라면 annotation-config를 생략해도 된다.
https://stackoverflow.com/questions/7414794/difference-between-contextannotation-config-vs-contextcomponent-scan

▶ 자바 기반 설정 방식에서 초기화 메서드 지정

```java
@Bean(initMethod = "populateCache")
UserService userService() {
    return new UserServiceImpl();
}
```

▶ XML 기반 설정 방식에서 초기화 메서드 지정

```xml
<bean id="userService" class="com.example.demo.UserServiceImpl"
    init-method="populateCache" />
```

## ■ 종료 단계

DI 컨테이너가 역할을 다하고 파괴될 때가 되면 그 안에 관리되던 빈도 역시 파괴되는 절차를 밟게 된다. 경우에 따라서는 파괴되기 전에 마지막으로 처리해야 하는 작업이 있을 수 있는데, 이를 위해 스프링 프레임워크에서는 빈이 파괴되기 전에 전처리(Pre Destroy)를 할 수 있는 방법을 제공한다.

### 빈이 파괴되기 전에 전처리 수행

빈이 파괴되기 전의 전처리(Pre Destroy)는 빈 생성 후의 초기화(Post Construct)와 동작 방식이나 구조는 대칭되면서도 내용 면에서는 정반대로 동작한다. 전처리 부분은 다양한 설정 방식으로 정의할 수 있으며, 처리 순서는 다음과 같다.

- 애너테이션 기반 설정을 사용하는 경우, @PreDestroy 애너테이션(javax.annotation.PreDestroy)이 붙은 메서드
- DisposableBean 인터페이스(org.springframework.beans.factory.DisposableBean)를 구현하는 경우, destroy 메서드
- 자바 기반 설정을 사용하는 경우, @Bean의 destroyMethod 속성에 지정한 메서드
- XML 기반 설정을 사용하는 경우, <bean> 요소의 destroy-method 속성에 지정한 메서드

@PreDestroy를 사용한 예는 다음과 같다.

▶ @PreDestroy 애너테이션 활용

```java
@Component
public class UserServiceImpl implements UserService {
    // 생략

    @PreDestroy
    void clearCache() {
      // 캐시 삭제
    }
}
```

이 같은 처리는 DisposableBean 인터페이스를 구현한 다음, destroy 메서드로 대체할 수도 있다.

▶ DisposableBean 인스턴스 구현

```
@Component
public class UserServiceImpl implements UserService, DisposableBean {
    // 생략

    @Override
    public void destroy() {
        // 캐시 삭제
    }
}
```

또한 빈을 생성한 후, 초기화할 때와 마찬가지로 다루려는 빈이 직접 개발한 것이 아니거나 서드파티 라이브러리 형태로 사용하고 있어서 소스코드에 @PreDestroy 애너테이션을 붙이거나 DisposableBean 인터페이스를 구현하지 못할 수 있다. 이 경우에는 다음과 같이 빈을 정의할 때 파괴 메서드명을 지정하는 방법으로 대체할 수 있다.

▶ 자바 기반 설정 방식에서 파괴 메서드 지정

```
@Bean(destroyMethod = "clearCache")
UserService userService() {
    return new UserServiceImpl();
}
```

▶ XML 기반 설정 방식에서 파괴 메서드 지정

```
<bean id="userService" class="com.example.demo.UserServiceImpl" destroy-method="clearCache" />
```

참고로 빈 파괴 전의 전처리(Pre Destroy) 작업은 prototype 스코프의 빈에서는 동작하지 않으므로 주의하자.

### DI 컨테이너 종료

ConfigurableApplicationContext 인터페이스(org.springframework.context.Configurable ApplicationContext)는 ApplicationContext 인터페이스를 확장한 서브 인터페이스로, 우리가 사용하는 DI 컨테이너가 바로 ConfigurableApplicationContext 인터페이스의 구현체다. 이 인터페이스에는 close라는 메서드가 있는데 이것을 호출하면 DI 컨테이너가 종료된다. 대부분의 경우, 직접 DI 컨테이너를 종료할 일은 없지만 굳이 프로그램적으로 종료시키고 싶다면 다음과 같이 구현한다.

▶ DI 컨테이너 종료

```
ConfigurableApplicationContext context = new AnnotationConfigApplicationContext(AppConfig.class);
// 애플리케이션 코드
context.close();
```

ConfigurableApplicationContext는 java.io.Closeable 인터페이스를 구현하고 있으므로 다음과 같이 try-with-resources[46] 구문으로 기술할 수도 있다.

▶ try-with-resources 구문을 활용한 DI 컨테이너 종료

```
try (ConfigurableApplicationContext context =
    new AnnotationConfigApplicationContext(AppConfig.class)) {
    // 애플리케이션 코드
}
```

명시적으로 close를 호출해서 닫기가 곤란한 경우에는 다음과 같이 JVM을 종료(Shutdown)할 때 함께 종료되도록 훅(Hook)으로 등록할 수 있다.

▶ JVM 셧다운 시 DI 컨테이너를 종료하도록 훅 등록

```
ConfigurableApplicationContext context = new AnnotationConfigApplicationContext(AppConfig.class);
context.registerShutdownHook();
```

## 2.1.9. 빈 설정 분할

DI 컨테이너에서 관리하는 빈이 많아지면 많아질수록 설정 내용도 많아져서 관리하기가 어려워진다. 이럴 때는 빈 설정 범위를 명확히 하고 가독성도 높이기 위해 목적에 맞게 분할하는 것이 좋다.

### ■ 자바 기반 설정의 분할

자바 기반 설정 방식에서 설정된 내용(Configuration Class)을 분할할 때는 @Import 애너테이션(org.springframework.context.annotation.Import)을 사용한다. 다음은 AppConfig 클래스의 빈 정의 내용을 DomainConfig 클래스와 InfrastructureConfig 클래스에 나눠서 분할한 예다.

---

**46** (옮긴이) Java SE 7부터 사용할 수 있다.
https://docs.oracle.com/javase/tutorial/essential/exceptions/tryResourceClose.html

▶ 분할한 설정 클래스를 임포트하는 대표 설정 클래스(AppConfig.java)

```
@Configuration
@Import({DomainConfig.class, InfrastructureConfig.class}) ──────────────── ❶
public class AppConfig {
    /* DomainConfig.class와 InfrastructureConfig.class에 정의한 빈을 주입할 수 있다. */
}
```

▶ 분할된 설정 클래스(DomainConfig.java)

```
@Configuration ──────────────────────────────────────────── ❷
public class DomainConfig {
    @Bean
    UserService userService() {
        // 생략
    }
}
```

▶ 분할된 설정 클래스(InfrastructureConfig.java)

```
@Configuration ──────────────────────────────────────────── ❷
public class InfrastructureConfig {
    @Bean
    DataSource dataSource() {
        // 생략
    }
}
```

❶ 대표가 될 설정 클래스에 @Import 애너테이션을 붙이고 인수에 분할한 설정 클래스를 나열한다. 이 예제에서는 DomainConfig.class와 InfrastructureConfig.class의 두 클래스를 읽어 들인다.

❷ 분할된 설정 클래스에는 일반적인 설정 클래스처럼 클래스에 @Configuration 애너테이션을 붙인다.

### ■ XML 기반 설정의 분할

XML 기반 설정 방식에서 XML 설정 파일을 분할할 때는 <import> 요소를 사용한다. 다음 예제에서는 app-config.xml[47]의 빈 정의 내용을 domain-config.xml 파일과 infra-config.xml 파일에 나눠서 분할한다.

---

**47** (옮긴이) 스프링 프레임워크가 읽어 들일 XML 설정 파일명은 설정에서 얼마든지 변경할 수 있다. 간혹 오래된 스프링 프레임워크 자료를 보면 applicationContext.xml 이라는 이름으로 설정 파일을 사용하는 것을 많이 볼 수 있고, 만약 웹 애플리케이션이라면 여기에 dispatcher-servlet.xml이나 spring-servlet.xml이라는 이름으로 웹 관련 빈을 따로 설정한 파일을 두는 것을 볼 수 있을 것이다.

▶ 분할한 XML 파일을 임포트하는 대표 XML 파일(app-config.xml)

```xml
<?xml version="1.0" encoding="UTF-8"?>
<beans xmlns="http://www.springframework.org/schema/beans"
    xmlns:xsi="http://www.w3.org/2001/XMLSchema-instance"
    xsi:schemaLocation="
        http://www.springframework.org/schema/beans
        http://www.springframework.org/schema/beans/spring-beans.xsd">
    <import resource="classpath:conf/domain-config.xml" />  ─────────────── ❶
    <import resource="classpath:conf/infra-config.xml" />
    <!--
    domain-config.xml과 infra-config.xml에 정의된 빈을 참조할 수 있다.
    -->
</beans>
```

▶ 분할된 XML 파일(domain-config.xml)

```xml
<?xml version="1.0" encoding="UTF-8"?>
<beans xmlns="http://www.springframework.org/schema/beans"
    xmlns:xsi="http://www.w3.org/2001/XMLSchema-instance"
    xsi:schemaLocation="
        http://www.springframework.org/schema/beans
        http://www.springframework.org/schema/beans/spring-beans.xsd">
    <bean id="userService" class="..." />  ───────────────────────── ❷
</beans>
```

▶ 분할된 XML 파일(infra-config.xml)

```xml
<?xml version="1.0" encoding="UTF-8"?>
<beans xmlns="http://www.springframework.org/schema/beans"
    xmlns:xsi="http://www.w3.org/2001/XMLSchema-instance"
    xsi:schemaLocation="
        http://www.springframework.org/schema/beans
        http://www.springframework.org/schema/beans/spring-beans.xsd">
    <bean id="dataSource" class="..." />  ───────────────────────── ❷
</beans>
```

❶ <import> 요소에서 분할된 빈 정의 파일을 지정한다. resource 속성에는 빈 정의 파일의 경로를 지정하면 되는데, 이 예제에서는 클래스패스 바로 아래의 conf/domain-config.xml과 conf/infra-config.xml을 읽도록 설정했다.

❷ 분할된 빈 정의 파일은 일반적인 빈 정의 파일과 형식이 똑같다.

## 2.1.10. 프로파일별 설정 구성

스프링 프레임워크에서는 설정 파일을 특정 환경이나 목적에 맞게 선택적으로 사용할 수 있도록 그룹화할 수 있으며, 이 기능을 프로파일(profile)이라고 한다. 예를 들어, 애플리케이션이 실행될 환경마다 서로 다른 프로파일을 만든다면 개발 환경을 위한 development 프로파일, 검증 환경을 위한 staging 프로파일[48], 실제 운영 환경을 위한 production 프로파일 등을 만들 수 있을 것이다.

### ■ 프로파일 정의

자바 기반 설정 방식에서 프로파일을 지정할 때는 @Profile 애너테이션(org.springframework.context.annotation.Profile)을 사용한다.

▶ 자바 기반 설정 방식에서의 프로파일 정의

```
@Configuration
@Profile("development")
public class DevelopmentConfig {
    // 생략
}

@Configuration
@Profile("staging")
public class StagingConfig {
    // 생략
}

@Configuration
@Profile("production")
public class ProductionConfig {
    // 생략
}
```

한편, 클래스 레벨이 아니라 메서드 레벨로 적용 범위를 좁힐 수도 있다.

▶ 자바 기반 설정 방식에서 메서드 레벨로 프로파일 정의

```
@Configuration
public class AppConfig {
```

---

**48**  (옮긴이) 애플리케이션이 실행되는 환경은 크게 개발, 검증, 운영으로 구분되지만 목적에 따라 더 세분화할 수도 있다. 특히 테스트나 검증 환경에 대해서는 Test, Stage, QA 같이 용어의 쓰임이나 의미를 다르게 사용하는 곳이 있으니 프로젝트 팀 내에서 개발 환경의 단계나 용어를 미리 조율할 필요가 있다. https://en.wikipedia.org/wiki/Deployment_environment

```java
    @Bean(name = "dataSource")
    @Profile("development")
    DataSource dataSourceForDevelopment() {
        // 생략
    }

    @Bean(name = "dataSource")
    @Profile("staging")
    DataSource dataSourceForStaging() {
        // 생략
    }

    @Bean(name = "dataSource")
    @Profile("production")
    DataSource dataSourceForProduction() {
        // 생략
    }
}
```

@Profile 애너테이션에서는 @Profile({"development", "staging"})처럼 여러 개의 프로파일을 지정하거나 production 프로파일만 제외한다는 의미로 @Profile("!production")과 같이 부정형으로 표현할 수도 있다. 이렇게 프로파일을 개발 환경별로 구분하는 방식은 개발이 어느 정도 진행된 다음에 다른 개발 환경으로 쉽게 옮겨갈 수 있게 해주는 유용한 기법이다.

한편 XML 기반 설정 방식에서는 〈beans〉 요소의 profile 속성을 활용한다. 다음 예는 프로파일별로 하나의 XML 설정 파일을 사용한 예다.

▶ XML 기반 설정 방식에서의 프로파일 정의(XML 파일 하나에 하나의 프로파일)

```xml
<?xml version="1.0" encoding="UTF-8"?>
<beans xmlns="http://www.springframework.org/schema/beans"
    xmlns:xsi="http://www.w3.org/2001/XMLSchema-instance"
    xsi:schemaLocation="
        http://www.springframework.org/schema/beans
        http://www.springframework.org/schema/beans/spring-beans.xsd"
    profile="development">
    <!-- 이 안에서 정의한 내용은 지정한 프로파일 내에서만 유효하다. -->
</beans>
```

만약 하나의 XML 안에 다른 프로파일도 함께 정의하고 싶다면 다음과 같이 〈beans〉 요소를 중첩해서 profile 속성을 지정하면 된다.

▶ XML 기반 설정 방식에서의 프로파일 정의(XML 파일 하나에 여러 개의 프로파일)

```xml
<?xml version="1.0" encoding="UTF-8"?>
<beans xmlns="http://www.springframework.org/schema/beans"
    xmlns:xsi="http://www.w3.org/2001/XMLSchema-instance"
    xsi:schemaLocation="
        http://www.springframework.org/schema/beans
        http://www.springframework.org/schema/beans/spring-beans.xsd">
    <beans profile="development">
        <!-- 이 안에서 정의한 내용은 development 프로파일 내에서만 유효하다. -->
        <bean id="dataSource" class="..."><!-- 생략 --></bean>
    </beans>

    <beans profile="staging">
        <!-- 이 안에서 정의한 내용은 staging 프로파일 내에서만 유효하다. -->
        <bean id="dataSource" class="..."><!-- 생략 --></bean>
    </beans>

    <beans profile="production">
        <!-- 이 안에서 정의한 내용은 production 프로파일 내에서만 유효하다. -->
        <bean id="dataSource" class="..."><!-- 생략 --></bean>
    </beans>
</beans>
```

여러 프로파일을 동시에 지정하고 싶다면 profile="프로파일1, 프로파일2"와 같이 쉼표로 구분해서 나열할 수 있다.

한편, 애너테이션 기반 설정 방식에서는 다음과 같이 @Profile 애너테이션에 프로파일을 지정할 수 있다.

▶ 애너테이션 기반 설정 방식에서의 프로파일 정의

```java
@Component
@Profile("staging")
public class DummyUserRepository implements UserRepository {
    // 생략
}
```

만약 프로파일이 별도로 지정되지 않은 빈 설정이 있다면 이것들은 모든 프로파일에서 사용 가능하다고 보면 된다.

■ **프로파일 선택**

앞서 프로파일별로 설정을 정리했다면 이제는 실행 시 어떤 프로파일을 선택해야 할지 알려줄 차례다. 이 정보는 자바의 시스템 프로퍼티를 통해 전달할 수 있는데, 자바 애플리케이션을 실행할 때 명령행 옵션으로 spring.profiles.active라는 프로퍼티 값과 사용할 프로파일 이름을 지정하면 된다.

▶ **자바 명령행 옵션으로 프로파일을 지정하는 방법**

```
-Dspring.profiles.active=production
```

만약 프로파일을 여러 개 선택하고 싶으면 쉼표로 구분해서 나열할 수 있다. 자바 명령행 옵션으로 전달하는 방법 외에도 환경 변수를 이용할 수도 있는데 환경 변수명 SPRING_PROFILES_ACTIVE에 사용할 프로파일 이름을 지정하면 된다.[49]

▶ **환경 변수로 프로파일을 지정하는 방법**

```
export SPRING_PROFILES_ACTIVE=production
```

웹 애플리케이션에서는 웹 애플리케이션 설정 파일(Web Application Deployment Descriptor)인 web.xml에 다음과 같이 지정한다.

▶ **web.xml에 프로파일을 지정하는 방법**

```
<context-param>
    <param-name>spring.profiles.active</param-name>
    <param-value>production</param-value>
</context-param>
```

spring.profiles.active를 따로 지정하지 않았다면 기본값으로 spring.profiles.default에서 지정된 프로파일을 사용한다. 웹 애플리케이션이라면 위와 같이 web.xml에 spring.profiles.default를 설정해서 기본 프로파일을 지정한 다음 프로파일을 바꾸고 싶을 때만 자바 명령행 옵션으로 spring.profiles.active를 지정해 기본 프로파일을 덮어쓰면 된다.[50]

---

**49** (옮긴이) 본문의 예는 유닉스나 리눅스 계열 OS에서 본 셸(Bourne(Borne shell)을 사용하는 경우다. 셸의 종류에 따라 환경 변수를 설정하는 방법이 달라지므로 주의가 필요하다.
https://en.wikipedia.org/wiki/Environment_variable

**50** (옮긴이) 웹 애플리케이션이 실행되는 서블릿 컨테이너나 웹 애플리케이션 서버마다 명령행 옵션을 지정하는 위치가 다를 수 있다. 명령행 옵션을 실행 스크립트나 별도의 설정 파일에 지정할 수도 있으니 자세한 사항은 서블릿 컨테이너나 웹 애플리케이션 서버의 매뉴얼을 참고하자.

## 2.1.11. JSR 330

자바 표준 사양 중에는 DI와 관련해서 JSR 330(Dependency Injection for Java)[51]이라는 것이 있다. 이 사양에는 DI 기능을 사용하기 위한 API(주로 애너테이션)가 정의돼 있는데, 앞서 언급된 Guice와 Dagger도 이 사양을 따르고 있다.[52]

메이븐을 사용하는 자바 프로젝트에서 JSR 330 관련 API를 사용하고 싶다면 다음과 같이 의존 라이브러리를 설정하면 된다.

▶ pom.xml 설정

```xml
<dependency>
    <groupId>javax.inject</groupId>
    <artifactId>javax.inject</artifactId>
</dependency>
```

스프링 프레임워크에도 JSR 330의 API를 사용할 수 있다. 지금까지 설명한 애너테이션 기반 설정을 JSR 330 애너테이션으로 대체하면 다음과 같은 형태가 된다.

▶ JSR 330 애너테이션을 활용한 빈 정의

```java
import javax.inject.Inject;
import javax.inject.Named;

@Named
public class UserServiceImpl implements UserService {
    @Inject
    public class UserServiceImpl(UserRepository userRepository,PasswordEncoder passwordEncoder) {
        // 생략
    }
}
```

JSR 330 관련 클래스가 클래스패스 상에 있다면 DI 컨테이너가 컴포넌트를 스캔할 때 JSR 330에서 정의한 애너테이션이 붙은 빈도 관리 대상으로 포함시킨다. 그래서 DI 관련 설정 자체는 스프링 프레임워크에 의존하지 않고 자바 표준 클래스만으로도 표현할 수 있다. 표 2.5는 DI와 관련해서 스프링 프레임워크와 JSR 330의 주요 애너테이션을 비교한 것이다.

---

51  https://www.jcp.org/en/jsr/detail?id=330
52  (옮긴이) 2.1.1절 'DI의 개요'에서 언급했다.

표 2.5 스프링 프레임워크와 JSR 330의 DI 관련 주요 애너테이션

| 스프링 프레임워크 | JSR 330 | 설명 |
|---|---|---|
| @Autowired | @Inject | @Inject에는 필수 체크 속성(required)이 없다. |
| @Component | @Named | 스프링 프레임워크에서는 singleton이 기본 스코프지만 JSR 330에서는 prototype이 기본 스코프다. |
| @Qualifier | @Named | @Named가 @Component와 @Qualifier의 기능을 겸한다. |
| @Scope | @Scope | JSR 330의 @Scope는 커스텀 스코프를 정의하기 위한 메타 애너테이션이기 때문에 @Scope 애너테이션으로 스코프를 지정하지 못한다. 기본적으로 구현되어 제공되는 스코프는 @Singleton이 유일하다.[53] |

참고로 이러한 애너테이션은 서로 조합해서 쓸 수도 있다. 한 가지 주의가 필요한 부분은 스프링 프레임워크와 JSR 330에서 사용하는 기본 스코프가 서로 다르다는 점인데, 스프링 프레임워크에서 컴포넌트 스캔을 할 때 JSR 330 사양에 맞춰 기본 스코프를 prototype 스코프로 바꿔주려면 다음과 같이 설정하면 된다.

▶ 기본 스코프를 prototype으로 설정(자바 기반 설정 방식)

```
@ComponentScan(basePackages = "com.example.demo", scopeResolver = Jsr330ScopeMetadataResolver.class)
public class AppgConfig {
    // 생략
}
```

XML 기반 설정 방식에서는 다음과 같이 설정한다.

▶ 기본 스코프를 prototype으로 설정(XML 기반 설정 방식)

```
<context:component-scan base-package="com.example.demo"
    scope-resolver="org.springframework.context.annotation.Jsr330ScopeMetadataResolver" />
```

단 빈의 기본 스코프가 바뀌는 것은 의도치 않은 오동작을 유발할 수 있으므로 군이 자바 표준 API를 고집하는 것이 아니라면 스프링 프레임워크의 애너테이션으로 통일해서 쓰는 편이 불필요한 혼란을 줄일 수 있다.

---

## 2.2. AOP

소프트웨어를 개발할 때 소스코드의 규모가 커지다 보면 로깅이나 캐시와 같이 비즈니스 로직과는 크게 관련 없는 처리 내용이 소스코드의 여기저기에 산재하기 쉽다. 다음은 본래 메서드의 기능과 상관없이 메서드의 시작과 끝을 로그로 기록하는 예다.[54]

▶ 메서드의 시작과 끝을 로깅한 예

```
public class UserServiceImpl implements UserService {
    private static final Logger log = LoggerFactory.getLogger(UserServiceImpl.class);

    public User findOne(String username) {
        log.debug("메서드 시작: UserServiceImpl.findOne 인수 = {}", username);
        // 생략
        log.debug("메서드 종료: UserServiceImpl.findOne 반환값 = {}", user);
        return user;
    }
}
```

이런 코드가 많아지면 나중에 로그 포맷이나 로그 레벨을 변경해야 하는 경우 모든 코드를 뒤져가며 수정해야 한다. 이런 일은 DRY(Do not Repeat Yourself) 원칙에 어긋나고, 향후 발생할 수 있는 변경에도 취약하며, 미처 수정 작업이 완료되지 않고 남는 부분이 있다면 시스템의 부정합을 일으키는 잠재적인 원인이 될 수 있다.

이렇게 구현하고자 하는 비즈니스 로직과는 다소 거리가 있으나 여러 모듈에 걸쳐 공통적이고 반복적으로 필요로 하는 처리 내용을 횡단 관심사(Cross-Cutting Concern)라고 부른다. 다음은 대표적인 횡단 관심사다.

- 보안
- 트랜잭션 관리
- 캐시 처리
- 로깅
- 모니터링
- 예외 처리

또한 프로그램 안에서 횡단 관심사에 해당하는 부분을 분리해서 한 곳으로 모으는 것을 횡단 관심사의 분리(Separation Of Cross-Cutting Concerns)라 하고, 이를 실현하는 방법을 관점 지향 프로그래밍이라 한다.

---

**54** (옮긴이) 이 시점에서는 아직 스프링 프레임워크에서 로그를 사용하기 위한 설정 방법을 소개하지 않았다. 4.2.1절 '프로젝트 생성'에서 소개할 예정이니 우선은 이런 것이 있다고 생각하고 넘어가자.

## 2.2.1. AOP의 개요

AOP는 관점 지향 프로그래밍(Aspect Oriented Programming)을 의미하는 약자로, 여러 클래스에
흩어져 있는 횡단 관심사를 중심으로 설계와 구현을 하는 프로그래밍 기법이다(그림 2.6).

AOP는 DI와 함께 스프링 프레임워크의 중요한 기능 중 하나다. 지금까지는 DI를 활용해 클래스의 인
스턴스를 생성하고, 인스턴스 간의 의존 관계를 맺는 처리를 애플리케이션 코드에서 분리할 수 있었다.
여기에 AOP를 활용하면 이 인스턴스들이 필요로 하는 공통적인 기능을 외부에서 집어넣을 수 있게 된
다. 달리 말하자면 애플리케이션 코드에서 공통적인 기능을 분리해 내는 것이라고 말할 수 있다.

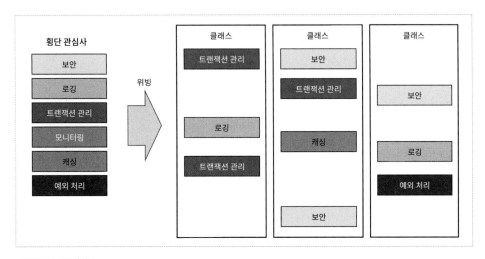

그림 2.6 AOP 개념도

### ■ AOP 개념

우선 AOP와 관련된 대표적인 용어와 이들 간의 관계를 살펴보자(그림 2.7).[55]

- **애스펙트(Aspect)**

  AOP의 단위가 되는 횡단 관심사에 해당한다. AOP의 예로 자주 언급되는 '로그를 출력한다', '예외를 처리한다', '트랜잭션
  을 관리한다'와 같은 관심사가 애스펙트다.

---

[55] (옮긴이) 조인 포인트와 포인트컷이 헷갈릴 수 있다. 다음 자료는 공식 문서의 용어 해설과 이 둘 간의 차이에 대한 질문과 답변 내용이다. 참고하면 감을 잡는 데 도움될 것
이다.
https://docs.spring.io/spring/docs/current/spring-framework-reference/html/aop.html#aop-introduction-defn
https://stackoverflow.com/questions/15447397/spring-aop-whats-the-difference-between-joinpoint-and-pointcut

- **조인 포인트(Join Point)**

  횡단 관심사가 실행될 지점이나 시점(메서드 실행이나 예외 발생 등)을 말한다. 조인 포인트는 AOP를 구현한 라이브러리에 따라 사양이 다를 수 있는데 참고로 스프링 프레임워크의 AOP에서는 메서드 단위로 조인 포인트를 잡는다.

- **어드바이스(Advice)**

  특정 조인 포인트에서 실행되는 코드로, 횡단 관심사를 실제로 구현해서 처리하는 부분이다. 어드바이스에는 Around, Before, After 등의 여러 유형이 있는데, 뒤에서 좀 더 자세히 다루겠다.

- **포인트컷(Pointcut)**

  수많은 조인 포인트 중에서 실제로 어드바이스를 적용할 곳을 선별하기 위한 표현식(expression)을 말한다. 일종의 조인 포인트의 그룹이라 볼 수도 있다. 스프링 AOP에서는 포인트컷을 정의할 때 XML 기반 설정 방식으로 빈 정의 파일을 만들거나, 애너테이션 기반 설정 방식으로 소스코드에 주석 형태로 정의한다.

- **위빙(Weaving)**

  애플리케이션 코드의 적절한 지점에 애스펙트를 적용하는 것을 말한다. AOP 구현 라이브러리에 따라 위빙하는 시점이 다를 수 있는데, 컴파일 시점이나 클래스 로딩 시점, 실행 시점 등의 다양한 위빙 시점이 있다. 참고로 스프링 AOP는 기본적으로 실행 시점에 위빙한다.

- **타깃(Target)**

  AOP 처리에 의해 처리 흐름에 변화가 생긴 객체를 말한다. 어드바이스드 오브젝트(Advised Object)라고도 한다.

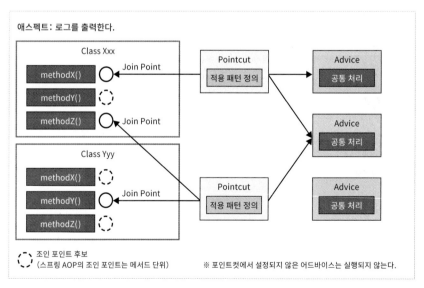

그림 2.7 애스펙트, 조인 포인트, 포인트컷, 어드바이스의 관계도

■ **스프링 프레임워크에서 지원하는 어드바이스 유형**

스프링 AOP에서는 표 2.6과 같이 다섯 가지 어드바이스를 활용할 수 있다(그림 2.8).

표 2.6 스프링 프레임워크에서 이용 가능한 어드바이스

| 어드바이스 | 설명 |
| --- | --- |
| Before | 조인 포인트 전에 실행된다. 예외가 발생하는 경우만 제외하고 항상 실행된다. |
| After Returning | 조인 포인트가 정상적으로 종료한 후에 실행된다. 예외가 발생하면 실행되지 않는다. |
| After Throwing | 조인 포인트에서 예외가 발생했을 때 실행된다. 예외가 발생하지 않고 정상적으로 종료하면 실행되지 않는다. |
| After | 조인 포인트에서 처리가 완료된 후 실행된다. 예외 발생이나 정상 종료 여부와 상관없이 항상 실행된다. |
| Around | 조인 포인트 전후에 실행된다. |

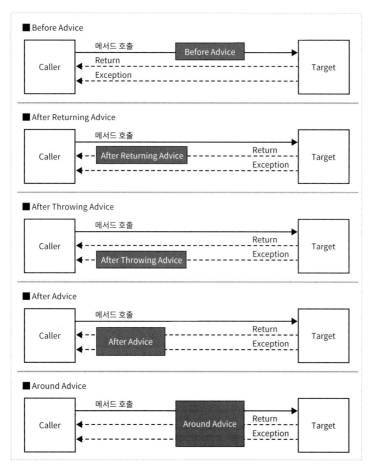

그림 2.8 어드바이스의 유형별 동작 방식

## 2.2.2. 스프링 AOP

스프링 프레임워크 안에는 AOP를 지원하는 모듈로 스프링 AOP가 포함돼 있다. 스프링 AOP에는 DI 컨테이너에서 관리하는 빈들을 타깃(Target)으로 어드바이스를 적용하는 기능이 있는데, 조인 포인트에 어드바이스를 적용하는 방법은 프락시 객체를 만들어서 대체하는 방법을 쓴다. 그래서 어드바이스가 적용된 이후, DI 컨테이너에서 빈을 꺼내보면 원래 있던 빈 인스턴스가 아니라 프락시 형태로 어드바이스 기능이 덧입혀진 빈이 나온다.

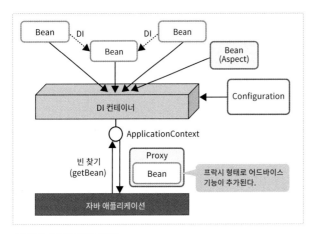

그림 2.9 스프링 AOP 개념도

스프링 AOP에는 실제 개별 현장에서 폭넓게 사용돼온 AspectJ[56]라는 AOP 프레임워크가 포함돼 있다. AspectJ는 애스펙트와 어드바이스를 정의하기 위한 애너테이션이나 포인트컷 표현 언어(Pointcut Expression Language), 위빙 메커니즘 등을 제공하는 역할을 한다. 참고로 AspectJ에서는 컴파일할 때, 클래스를 로드할 때, 실행할 때와 같이 다양한 위빙 시점을 지원하지만 스프링 AOP는 이 가운데 실행 시점의 위빙을 기본으로 지원한다.[57] 그래서 컴파일이나 클래스 로드 시점에 위빙을 하기 위한 추가적인 설정을 따로 하지 않아도 된다.

한편, 스프링 AOP의 기능을 활용하려면 메이븐의 pom.xml에 다음과 같이 의존 관계를 정의해야 한다.

---

**56** https://eclipse.org/aspectj/

**57** (옮긴이) 클래스 로드 시점에도 위빙할 수 있다.
http://docs.spring.io/spring/docs/current/spring-framework-reference/html/aop.html#aop-aj-ltw

▶ pom.xml 설정

```xml
<dependency>
    <groupId>org.springframework</groupId>
    <artifactId>spring-context</artifactId>
</dependency>
<dependency>
    <groupId>org.springframework</groupId>
    <artifactId>spring-aop</artifactId>
</dependency>
<dependency>
    <groupId>org.aspectj</groupId>
    <artifactId>aspectjweaver</artifactId>
</dependency>
```

이제 간단하게 애스펙트를 구현해보자.

▶ 애스펙트 구현

```java
package com.example.aspect;

import org.aspectj.lang.JoinPoint;
import org.aspectj.lang.annotation.Before;
import org.aspectj.lang.annotation.Aspect;
import org.springframework.stereotype.Component;

@Aspect ──────────────────────────────────────────── ❶
@Component ────────────────────────────────────────── ❷
public class MethodStartLoggingAspect {
    @Before("execution(* *..*ServiceImpl.*(..))") ─── ❸
    public void startLog(JoinPoint jp) {
        System.out.println("메서드 시작: " + jp.getSignature()); ─── ❹
    }
}
```

❶ 이 컴포넌트가 애스펙트로 식별되도록 클래스에 @Aspect 애너테이션(org.aspectj.lang.annotation.Aspect)을 붙여 준다.

❷ 이 컴포넌트가 컴포넌트 스캔 대상이 되어 DI 컨테이너에서 관리되도록 @Component 애너테이션(org.springframework. stereotype.Component)을 붙여준다.

❸ 이 컴포넌트가 Before 어드바이스로 식별하도록 @Before 애너테이션(org.aspectj.lang.annotation.Before)을 붙 여준다. 포인트컷 표현식(expression)으로 어드바이스가 적용될 대상을 정의한다. 이 예제에서는 이름이 ServiceImpl로 끝나는 클래스의 모든 public 메서드를 대상으로 지정했다.

❹ JoinPoint 객체(org.aspectj.lang.JoinPoint)를 통해 실행 중인 메서드의 정보(메서드 이름, 반환값이나 타입, 인수 등)를 확인할 수 있다.[58]

이렇게 만든 애스펙트를 동작시키려면 AOP를 활성화해야 하며, 자바 기반 설정 방식에서는 @Enable AspectJAutoProxy 애너테이션을 사용한다.

▶ 스프링 AOP 활성화(자바 기반 설정 방식)

```
@Configuration
@ComponentScan("com.example")
@EnableAspectJAutoProxy
public class AppConfig {
    // 생략
}
```

XML 기반 설정 방식에서는 AOP 관련 네임스페이스와 스키마 정보를 추가한 다음, <aop:aspectj-autoproxy> 요소를 설정하면 된다.

▶ 스프링 AOP를 활성화하는 XML 파일 정의 예

```
<?xml version="1.0" encoding="UTF-8"?>
<beans xmlns="http://www.springframework.org/schema/beans"
    xmlns:xsi="http://www.w3.org/2001/XMLSchema-instance"
    xmlns:context="http://www.springframework.org/schema/context"
    xmlns:aop="http://www.springframework.org/schema/aop"
    xsi:schemaLocation="http://www.springframework.org/schema/beans
        http://www.springframework.org/schema/beans/spring-beans.xsd
        http://www.springframework.org/schema/context
        http://www.springframework.org/schema/context/spring-context.xsd
        http://www.springframework.org/schema/aop
        http://www.springframework.org/schema/aop/spring-aop.xsd">

    <context:component-scan base-package="com.example" />
    <aop:aspectj-autoproxy />
    <!-- 생략 -->
</beans>
```

이렇게 설정한 상태에서 UserService의 findOne 메서드를 실행한다고 가정해 보자.

---

**58** (옮긴이) 반드시 표준 출력으로 메시지를 표시해야 하는 상황이 아니라면 가능한 한 System.out.println()으로 메시지를 출력하기보다는 로그를 활용할 것을 권장한다. 로깅에 필요한 내용은 4.2.1절 '프로젝트 생성'에서 소개할 예정이다.

▶ AOP가 적용된 빈의 메서드 실행

```
UserService userService = context.getBean(UserService.class);
userService.findOne("spring");
```

AOP 기능이 정상적으로 동작했다면 다음과 같은 결과를 확인할 수 있을 것이다.

▶ AOP가 적용된 빈의 메서드 실행 결과

```
메서드 시작: User com.example.demo.UserServiceImpl.findOne(String)
```

## 2.2.3. 자바 기반 설정 방식에서의 어드바이스 정의

앞서 스프링 AOP에서 활용 가능한 어드바이스로 다섯 가지 종류가 있다고 했다. 이제 각각의 구현 방식을 예를 들어 살펴보자.

### ▪ Before

이미 앞서 예를 들었지만 어드바이스 기능을 하는 메서드에 @Before 애너테이션(org.aspectj.lang. annotation.Before)을 붙인 다음, 포인트컷 표현식을 추가하면 된다. 이때 사용되는 포인트컷 표현식에 대해서는 뒤에서 자세히 다루겠다.

@Before 애너테이션이 붙은 메서드는 JoinPoint를 매개변수로 선언하고 있는데, 메서드가 호출될 때 전달되는 인수를 통해 실행 중인 메서드의 정보를 구할 수 있다.

▶ @Before 애너테이션을 활용한 어드바이스 정의

```java
package com.example.aspect;

import org.aspectj.lang.JoinPoint;
import org.aspectj.lang.annotation.Before;
import org.aspectj.lang.annotation.Aspect;
import org.springframework.stereotype.Component;

@Aspect
@Component
public class MethodStartLoggingAspect {
    @Before("execution(* *..*ServiceImpl.*(..))")
    public void startLog(JoinPoint jp) {
        System.out.println("메서드 시작: " + jp.getSignature());
    }
}
```

■ After Returning

After Returning 어드바이스 작성 방법은 Before 어드바이스와 거의 같다. 실행되는 시점은 대상 메서드가 정상적으로 종료한 후다.

▶ @AfterReturning 애너테이션을 활용한 어드바이스 정의

```java
package com.example.aspect;

import org.aspectj.lang.JoinPoint;
import org.aspectj.lang.annotation.AfterReturning;
import org.aspectj.lang.annotation.Aspect;
import org.springframework.stereotype.Component;

@Aspect
@Component
public class MethodNormalEndLoggingAspect {
    @AfterReturning("execution(* *..*ServiceImpl.*(..))")
    public void endLog(JoinPoint jp) {
        System.out.println("메서드 정상 종료: " + jp.getSignature());
    }
}
```

After Returning 어드바이스를 사용할 때는 정상적으로 종료한 메서드의 반환값을 구할 수 있다. @AfterReturning 애너테이션의 returning 속성에 반환값을 받을 매개변수의 이름을 지정하면 된다.

▶ @AfterReturning 애너테이션을 활용한 어드바이스 정의(반환값 정보 받기)

```java
@Aspect
@Component
public class MethodNormalEndLoggingAspect {
    @AfterReturning(value = "execution(* *..*ServiceImpl.*(..))", returning = "user")
    public void endLog(JoinPoint jp, User user) {
        System.out.println("메서드 정상 종료: " + jp.getSignature() + "반환값=" + user);
    }
}
```

■ After Throwing

After Throwing 어드바이스는 After Returning 어드바이스와 반대로 예외가 발생해서 비정상적으로 종료될 때 실행된다. 또한 이때 발생한 예외가 무엇인지 알고 싶다면 @AfterThrowing 애너테이션의

throwing 속성에 예외를 받을 매개변수의 이름을 지정하면 된다.[59]

▶ @AfterThrowing 애너테이션을 활용한 어드바이스 정의

```
package com.example.aspect;

import org.aspectj.lang.JoinPoint;
import org.aspectj.lang.annotation.AfterThrowing;
import org.aspectj.lang.annotation.Aspect;
import org.springframework.stereotype.Component;

@Aspect
@Component
public class MethodExceptionEndLoggingAspect {
    @AfterThrowing(value = "execution(* *..*ServiceImpl.*(..))", throwing = "e")
    public void endLog(JoinPoint jp, RuntimeException e) {
        System.out.println("메서드 비정상 종료: " + jp.getSignature());
        e.printStackTrace();
    }
}
```

After Throwing 어드바이스에서는 예외를 다시 던져 전파(propagation)하는 것이 가능하다. 다음과 같이 특정 예외가 발생하면 일률적으로 다른 예외 형태로 변환해줘야 할 때 상당히 유용하다.

▶ @AfterThrowing 애너테이션을 활용한 어드바이스 정의(예외 변환)

```
@Aspect
@Component
public class MethodExceptionPropagationAspect {
    @AfterThrowing(value = "execution(* *..*ServiceImpl.*(..))", throwing = "e")
    public void endLog(JoinPoint jp, DataAccessException e) {
        throw new ApplicationException(e);
    }
}
```

참고로 After Throwing 어드바이스는 예외가 외부로 던져지는 것을 막지는 못하기 때문에 예외가 발생했을 때 꼭 필요한 동작을 수행하게 만든 다음, 예외는 어드바이스가 없을 때처럼 외부로 던지도록 만들어야 한다. 만약 발생한 예외가 밖으로 던져지는 것을 굳이 막아야 하는 상황이라면 AfterThrowing 대신 Around 어드바이스를 사용하면 된다.

---

59  (옮긴이) 반드시 표준 에러로 스택 트레이스 정보를 표시해야 하는 상황이 아니라면 가능한 한 printStackTrace()로 스택 정보 전체를 출력하기보다는 로그를 활용하길 권장한다. 로그를 기록하는 데 필요한 내용은 4.2.1절 '프로젝트 생성'에서 소개하겠다.

■ After

After 어드바이스는 After Returning 어드바이스나 After Throwing 어드바이스와 달리 메서드가 정
상 종료 여부나 예외 발생 여부와 상관없이 무조건 실행된다. 마치 try-catch 구문의 finally와 같은
역할을 한다.

▶ @After 애너테이션을 활용한 어드바이스 정의

```
package com.example.aspect;

import org.aspectj.lang.JoinPoint;
import org.aspectj.lang.annotation.After;
import org.aspectj.lang.annotation.Aspect;
import org.springframework.stereotype.Component;

@Aspect
@Component
public class MethodEndLoggingAspect {
    @After("execution(* *..*ServiceImpl.*(..))")
    public void endLog(JoinPoint jp) {
        System.out.println("메서드 종료: " + jp.getSignature());
    }
}
```

■ Around

Around 어드바이스는 가장 강력한 어드바이스이며, 메서드의 실행 전과 후의 처리는 물론, 포인트컷
이 적용된 대상 메서드 자체도 실행할 수 있다.

▶ @Around 애너테이션을 활용한 어드바이스 정의

```
package com.example.aspect;

import org.aspectj.lang.JoinPoint;
import org.aspectj.lang.annotation.Around;
import org.aspectj.lang.annotation.Aspect;
import org.springframework.stereotype.Component;

@Aspect
@Component
public class MethodLoggingAspect {
    @Around("execution(* *..*ServiceImpl.*(..))")
```

```
public Object log(ProceedingJoinPoint jp) throws Throwable {
    System.out.println("메서드 시작: " + jp.getSignature());
    try {
        // 대상 메서드 실행
        Object result = jp.proceed();
        System.out.println("메서드 정상 종료: " + jp.getSignature() + " 반환값=" + result);
        return result;
    } catch (Exception e) {
        System.out.println("메서드 비정상 종료: " + jp.getSignature());
        e.printStackTrace();
        throw e;
    }
}
}
```

## 2.2.4. XML 기반 설정 방식에서의 어드바이스 정의

지금까지는 어드바이스를 정의할 때 자바 기반 설정 방식을 사용했다. 다음은 XML 기반 설정 방식으로 어드바이스를 정의하는 방법을 알아보자. 우선 애너테이션을 사용하지 않은 애스펙트 클래스를 만든 다음, XML 파일에서 AOP를 설정하면 된다.

▶ 애스펙트 구현

```
package com.example.aspect;

import org.aspectj.lang.JoinPoint;

public class MethodStartLoggingAspect {
    public void startLog(JoinPoint jp) {
        System.out.println("메서드 시작: " + jp.getSignature());
    }
}
```

이렇게 애스펙트가 만들어졌다면 이번엔 MethodStartLoggingAspect 클래스의 startLog 메서드를 Before 어드바이스로 정의해보자.

▶ Before 어드바이스 설정(XML 기반 설정 방식)

```
<?xml version="1.0" encoding="UTF-8"?>
<beans xmlns="http://www.springframework.org/schema/beans"
    xmlns:xsi="http://www.w3.org/2001/XMLSchema-instance"
```

```
    xmlns:aop="http://www.springframework.org/schema/aop"
    xsi:schemaLocation="http://www.springframework.org/schema/beans
        http://www.springframework.org/schema/beans/spring-beans.xsd
        http://www.springframework.org/schema/aop
        http://www.springframework.org/schema/aop/spring-aop.xsd">

    <!-- 생략 -->
    <aop:config> ─────────────────────────────────────────── ❶
        <aop:aspect ref="loggingAspect"> ──────────────────── ❷
            <aop:before pointcut="execution(* *..*ServiceImpl.*(..))" method="startLog" /> ❸
        </aop:aspect>
    </aop:config>

    <bean id="loggingAspect" class="com.example.aspect.MethodStartLoggingAspect" />
</beans>
```

❶ <aop:config> 요소 내에 여러 개의 애스펙트를 정의할 수 있다.

❷ 애스펙트를 정의할 때는 <aop:aspect>를 사용하고 에스팩트의 빈 ID를 ref 속성에 지정한다. 이 과정은 자바 기반 설정 방식에서 @Aspect 애너테이션을 사용하는 것과 같은 역할을 한다.

❸ <aop:before> 요소에서 Before 어드바이스를 정의한다. 포인트컷 속성에 포인트컷 표현식을 설정하고 method 속성에 적용할 대상 메서드의 이름을 기술한다.

Before 어드바이스 외의 After Returning, After Throwing, After, Around 어드바이스도 모두 같은 방법으로 정의할 수 있다.

## 2.2.5. 포인트컷 표현식

지금까지 살펴본 코드에서는 포인트컷을 선택하기 위해 'execution(* *..* ServiceImpl.*(..))'과 같은 표현을 사용해 왔다. 이처럼 표현식을 이용한 조인 포인트 선택 기능은 AspectJ가 제공하며, 스프링 AOP는 AspectJ가 제공하는 포인트컷 표현식을 상당수 지원한다.

포인트컷은 일치시킬 패턴에 따라 지시자(designator)의 형식이 달라지는데, 지금부터 대표적인 표현식 패턴을 하나씩 살펴보기로 하자.

## ■ 메서드명으로 조인 포인트 선택

메서드명의 패턴으로 조인 포인트를 선택하는 방식으로, 지금까지 봐온 execution 지시자를 사용한다. 특히 execution 지시자는 다른 지시자에 비해 상대적으로 많이 활용되는 기본적인 지시자다.

다음은 execution 지시자를 활용해 포인트컷을 표현한 것이다.

그림 2.10 execution 지시자의 표현 방식

이제 execution 지시자를 활용하는 예를 살펴보자.

- `execution(* com.example.user.UserService.*(..))`
  com.example.user.UserService 클래스에서 임의의 메서드를 대상으로 한다.

- `execution(* com.example.user.UserService.find*(..))`
  com.example.user.UserService 클래스에서 이름이 find로 시작하는 메서드를 대상으로 한다.

- `execution(String com.example.user.UserService.*(..))`
  com.example.user.UserService 클래스에서 반환값의 타입이 String인 메서드를 대상으로 한다.

- `execution(* com.example.user.UserService.*(String, ..))`
  com.example.user.UserService 클래스에서 첫 번째 매개변수의 타입이 String인 메서드를 대상으로 한다.

예에서 알 수 있듯이 포인트컷 표현식에는 와일드카드(wildcard)를 쓸 수 있다. 사용할 수 있는 종류에는 *, .., +의 세 가지가 있으며, 각각의 의미는 다음과 같다(표 2.7).

표 2.7 포인트컷 표현식에 사용되는 와일드카드

| 와일드카드 | 설명 |
| --- | --- |
| * | 기본적으로 임의의 문자열을 의미한다. 패키지를 표현할 때는 임의의 패키지 1개 계층을 의미한다. 메서드의 매개변수를 표현할 때는 임의의 인수 1개를 의미한다. |
| .. | 패키지를 표현할 때는 임의의 패키지 0개 이상 계층을 의미한다. 메서드의 매개변수를 표현할 때는 임의의 인수 0개 이상을 의미한다. |
| + | 클래스명 뒤에 붙여 쓰며, 해당 클래스와 해당 클래스의 서브클래스, 혹은 구현 클래스 모두를 의미한다. |

이번에는 와일드카드의 의미에 유념하면서 execution 지시자의 사용 예를 조금 더 살펴보자.

- execution(* com.example.service.*.*(..))
  임의의 클래스에 속한 임의의 메서드를 대상으로 한다. 단 임의의 클래스는 service 패키지에 속한다.

- execution(* com.example.service..*.*(..))
  임의의 클래스에 속한 임의의 메서드를 대상으로 한다. 단 임의의 클래스는 service 패키지나 그 서브 패키지에 속한다.

- execution(* com.example.*.user.*.*(..))
  임의의 클래스에 속한 임의의 메서드를 대상으로 한다. 단 임의의 클래스는 user 패키지에 속하고 com.example과 user 사이에는 임의의 패키지가 한 단계 더 있다.

- execution(* com.example.user.UserService.*(*))
  UserService 클래스의 메서드 중 매개변수의 개수가 하나인 메서드를 대상으로 한다. 단 UserService는 com.example. user 패키지에 속한다.

## ■ 타입으로 조인 포인트 선택

타입 정보를 활용해 조인 포인트를 선택할 수도 있는데 이때는 within 지시자를 사용한다. within 지시자는 클래스명의 패턴만 사용하기 때문에 execution 지시자에 비해 상대적으로 표현식이 간결하다.

- within(com.example.service..*)
  임의의 클래스에 속한 임의의 메서드를 대상으로 한다. 단 임의의 클래스는 service 패키지나 이 패키지의 서브 패키지에 속한다.

- within(com.example.user.UserServiceImpl)
  UserServiceImpl 클래스의 메서드를 대상으로 한다. 단 UserServiceImpl 클래스는 com.example.user 패키지에 속한다.

- within(com.example.password.PasswordEncoder+)
  PasswordEncoder 인터페이스를 구현한 클래스의 메서드를 대상으로 한다. 단 PasswordEncoder 인터페이스는 com. example.user 패키지에 속한다.

## ■ 그 밖의 기타 방법으로 조인 포인트 선택

스프링 AOP에는 그 밖에도 다양한 지시자가 준비돼 있다. 그중에서 몇 가지 유용한 사용 형태를 소개하자면 다음과 같다.

- bean(*Service)
  DI 컨테이너에 관리되는 빈 가운데 이름이 'Service'로 끝나는 빈의 메서드를 대상으로 한다.

- @annotation(com.example.annotation.TraceLog)
  @TraceLog 애너테이션(com.example.annotation.TraceLog)이 붙은 메서드를 대상으로 한다.

- `@within(com.example.annotation.TraceLog)`

    @TraceLog 애너테이션(com.example.annotation.TraceLog)이 붙은 클래스의 메서드를 대상으로 한다.

이와 같이 특정 기능을 구현한 후, 그와 관련된 애너테이션을 만들어 둔 것이 있다면 `@annotation` 지시자나 `@within` 지시자를 활용하는 편이 표현이 간결해서 사용하기 편리할 것이다.

### ■ 네임드 포인트컷 활용

포인트컷에 이름을 붙여두면 나중에 그 이름으로 포인트컷을 재사용할 수 있다. 이렇게 이름이 붙여진 포인트컷을 네임드 포인트컷(Named Pointcut)이라 한다.[60] 네임드 포인트컷은 `@Pointcut` 애너테이션(org.aspectj.lang.annotation.Pointcut)으로 정의할 수 있는데, 이 애너테이션이 붙은 메서드 이름이 포인트컷의 이름이 된다. 참고로 이때 메서드의 반환값은 void로 한다.

▶ 네임드 포인트컷 정의

```
@Component
@Aspect
public class NamedPointCuts {
    @Pointcut("within(com.example.web..*)")
    public void inWebLayer() {}

    @Pointcut("within(com.example.domain..*)")
    public void inDomainLayer() {}

    @Pointcut("execution(public * *(..))")
    public void anyPublicOperation() {}
}
```

이렇게 만들어진 네임드 포인트컷은 나중에 어드바이스의 포인트컷을 지정할 때 활용할 수 있다.

▶ 네임드 포인트컷 활용

```
@Aspect
@Component
public class MethodLoggingAspect {
    @Around("inDomainLayer()")
    public Object log(ProceedingJoinPoint jp) throws Throwable {
        // 생략
    }
}
```

---

한편 다음과 같이 &&, ||, !과 같은 논리곱(Logical AND), 논리합(Logical OR), 논리부정(Logical NOT) 연산자를 활용해 다양한 형태로 조합할 수도 있다.

```
@Around("inDomainLayer() || inWebLayer()")
```

### ■ 어드바이스 대상 객체와 인수 정보 가져오기

JoinPoint 타입의 인수(org.aspectj.lang.JoinPoint)를 활용하면 어드바이스 대상 객체나 메서드를 호출할 때 전달된 인수의 정보를 가져올 수 있다. getTarget 메서드를 이용하면 프락시가 입혀지기 전의 원본 대상 객체 정보를, getThis 메서드를 이용하면 프락시를, getArgs 메서드를 이용하면 인수 정보를 가져올 수 있다.

▶ JoinPoint 객체를 통해 대상 객체와 인수 정보 가져오기

```
@Around("execution(* *..*ServiceImpl.*(..))")
public Object log(JoinPoint jp) throws Throwable {
    // 프락시가 입혀지기 전의 원본 대상 객체를 가져온다.
    Object targetObject = jp.getTarget();
    // 프락시를 가져온다.
    Object thisObject = jp.getThis();
    // 인수를 가져온다.
    Object[] args = jp.getArgs();
    // 생략
}
```

단 JoinPoint 인터페이스의 메서드는 반환값이 Object 타입이기 때문에 실제로 사용하기 전에는 형변환해야 한다. 그래서 이 과정에서 타입이 호환되지 않으면 ClassCastException이 발생할 수 있다. 이럴 때는 포인트컷 지시자인 target이나 this, args 등을 활용해 대상 객체나 인수를 어드바이스 메서드에 파라미터로 바로 바인딩하면 된다.[61]

▶ target, args 지시자를 활용해 대상 객체와 인수 정보 가져오기

```
@Around("execution(* com.example.CalcService.*(com.example.CalcInput)) &&
    target(service) && args(input)")
public Object log(CalcService service, CalcInput input) throws Throwable {
    // 생략
}
```

---

**61** https://docs.spring.io/spring/docs/current/spring-framework-reference/html/aop.html#aop-pointcuts-designators

이 방법을 사용하면 getTarget 메서드나 getArgs 메서드의 결과를 형변환할 필요가 없어지고 타입이 맞지 않는 경우는 자연스럽게 어드바이스 대상에서 제외된다. 결국 타입 불일치로 인한 오동작을 미연에 방지할 수 있는데 이런 상황을 '타입 안전(type safe)하다'라고 말한다. 상당히 유용한 기법이니 필요한 곳에 적절히 활용하자.

## 2.2.6. 스프링 프로젝트에서 활용되는 AOP 기능

AOP는 스프링 프레임워크의 다양한 기능에서 활용되고 있다. 그중 대표적인 활용 사례를 몇 가지 소개한다.

### ■ 트랜잭션 관리

트랜잭션 관리가 필요한 메서드에 @Transactional 애너테이션(org.springframework.transaction.annotation.Transactional)을 지정하면 복잡한 트랜잭션 관리를 스프링 프레임워크가 대신해준다. 스프링 프레임워크는 해당 메서드가 정상적으로 종료한 것이 확인되면 트랜잭션을 커밋(commit)하고, 처리가 실패해서 예외(exception)가 발생한 것을 감지하면 트랜잭션을 롤백(rollback)한다.

```
@Transactional
public Reservation reserve(Reservation reservation) {
    // 예약 처리
}
```

### ■ 인가

스프링 시큐리티에서 제공하는 인가 기능을 AOP 형태로 적용할 수 있다. 예를 들어, 권한 제어가 필요한 메서드에 @PreAuthorize 애너테이션(org.springframework.security.access.prepost.PreAuthorize)을 지정하면 해당 메서드가 호출되기 전에 특정 인가 조건을 만족하는지 확인할 수 있다. 다음 예는 사용자를 생성하는 메서드를 실행하기 전에 이 메서드를 호출하는 사용자가 관리자 역할을 가졌는지 확인하는 경우다.

```
@PreAuthorize("hasRole('ADMIN')")
public User create(User user) {
    // 사용자 등록 처리(ADMIN 역할을 가진 사용자만 실행할 수 있다)
}
```

## ■ 캐싱

이 책에서는 자세히 다루지 않지만 스프링 프레임워크에는 간단한 캐싱 기능도 준비돼 있다.[62] 캐싱을 활성화하고[63] 메서드에 @Cacheable 애너테이션(org.springframework.cache.annotation.Cacheable)을 지정하면 메서드의 매개변수 등을 키(key)로 사용해 메서드의 실행 결과를 캐시로 관리할 수 있다. 즉, 캐시에 키가 등록돼 있지 않다면 메서드를 실행하고, 반환값을 되돌려주기 전에 반환값과 키를 캐시에 함께 등록해둔다. 이후 같은 메서드가 호출됐는데, 캐시에 같은 키가 이미 등록돼 있다면 메서드를 실행하는 대신 앞서 캐시에 등록된 반환값을 돌려준다. 이 같은 캐싱 과정은 개발자가 직접 구현하는 대신 AOP가 내부적으로 처리해준다. 다음 예는 메서드 파라미터인 email 정보를 키로 사용하고 User 객체를 캐싱한 경우다.

```
@Cacheable("user")
public User findOne(String email) {
    // 사용자 취득
}
```

## ■ 비동기 처리

AOP는 비동기 처리에도 활용할 수 있다.[64] 비동기 처리를 하고 싶은 메서드에 @Async 애너테이션(org.springframework.scheduling.annotation.Async)을 붙여주고, 반환값으로 CompletableFuture 타입(java.util.concurrent.CompletableFuture)의 값이나 DeferredResult 타입(org.springframework.web.context.request.async.DeferredResult)의 값을 반환하게 만들면 해당 메서드는 AOP 방식으로 별도의 스레드에서 실행될 수 있다. 스레드 관리는 스프링 프레임워크가 처리해준다. 애플리케이션 개발자는 단지 비동기가 필요한 메서드에 애너테이션을 붙이고 반환값의 타입만 맞추면 된다.

```
@Async
public CompletableFuture<Result> calc() {
    Result result = doSomething()    // 오랜 시간이 소요되는 작업
    return CompletableFuture.completedFuture(result);
}
```

---

**62**  http://docs.spring.io/spring/docs/current/spring-framework-reference/html/cache.html

**63**  http://docs.spring.io/spring/docs/current/spring-framework-reference/html/cache.html#cache-annotation-enable

**64**  http://docs.spring.io/spring/docs/current/spring-framework-reference/html/scheduling.html

### ■ 재처리

스프링 Retry라는 프로젝트를 활용하면 재처리(retry)를 AOP로 구현할 수 있다.[65] 메서드에 @
Retryable 애너테이션(org.springframework.retry.annotation.Retryable)을 붙여두면 해당 메서
드가 정상적으로 처리되지 않은 경우, 원하는 조건을 만족할 때까지 재처리하게 된다. 다음 예에서는
메서드가 정상적으로 종료하지 않은 경우, 최대 3번까지 callWebApi 메서드를 반복하도록 설정돼 있
다. 신뢰성을 보장하기 어려운 외부 시스템과 연계해야 할 때 상당히 유용하게 활용할 수 있다.

```
@Retryable(maxAttempts = 3)
public String callWebApi() {
    // 웹 API 호출
}
```

## 2.3. 데이터 바인딩과 형 변환

자바 객체의 프로퍼티에 외부에서 입력된 값을 설정하는 과정을 데이터 바인딩(Data Binding)이라
한다. 앞서 DI 컨테이너에서 관리되면서 애플리케이션을 구성하는 컴포넌트 역할의 자바 객체를 '빈
(Bean)'이라고 불렀다. 이제부터는 데이터 바인딩이나 프로퍼티 관점에서 다뤄지는 객체를 '자바빈즈
(JavaBeans)'라고 좀 더 구체적으로 언급하겠다.

프로퍼티의 입력값으로 사용되는 값은 웹 애플리케이션의 요청 파라미터, 프로퍼티 파일의 설정 값,
XML 기반 설정에서 빈을 정의할 때 지정한 프로퍼티 값과 같은 다양한 형태가 있는데, 그중에서도 가
장 대표적인 것은 웹 애플리케이션에서 사용하는 요청 파라미터일 것이다.

먼저 데이터 바인딩의 기능을 이해하기 위해 이 기능을 사용하지 않았을 때 자바빈즈에 요청 파라미터
값을 채워넣는 과정을 살펴보자.

▶ 요청 파라미터 값을 담기 위한 자바빈즈

```
public class EmployeeForm {
    private String name;
    private Integer joinedYear;
    // 생략
}
```

가장 오래됐지만 널리 사용돼온 방법으로는 HttpServletRequest 인터페이스의 getPatameter 메서드를 사용해 요청 파라미터의 값을 받아낸 다음, 그 값을 자바빈즈의 설정자 메서드를 통해 프로퍼티로 지정하는 방법이 있다. 요청 파라미터에 대응하는 설정 값은 기본적으로 String 타입으로 취급되기 때문에 만약 String 이외의 타입으로 다뤄져야 하는 프로퍼티라면 이 과정에서 형 변환을 해야 한다.

▶ 설정자 메서드를 통한 프로퍼티 설정

```
EmployeeForm form = new EmployeeForm();
form.setName(request.getParameter("name"));
form.setJoinedYear(Integer.valueOf(request.getParameter("joinedYear"))); // 형 변환
```

위의 코드를 얼핏 보면 큰 문제가 없어 보인다. 하지만 프로퍼티의 개수가 늘어나면 그에 비례해서 바인딩하는 코드도 늘어난다. 또한 프로퍼티가 String 타입이 아니라면 형 변환도 직접 해야 한다. 이런 코드가 늘어나면 개발 효율을 떨어뜨릴 뿐만 아니라 복사해서 붙여넣기(Copy & Paste)를 하는 과정에서 미처 수정하지 않았거나 코드를 누락할 위험도 있다. 그 밖에도 형 변환 과정에서 null 값이나 공백 문자가 들어오거나, 입력값 검증을 하지 않아 오동작을 일으킬 위험도 있다.

이럴 때는 String 값에 대한 데이터 바인딩과 형 변환 기능[66]을 활용하면 잠재된 문제 상황을 손쉽게 피할 수 있다. 과연 어떻게 사용하면 되는지 한번 살펴보자.

## 2.3.1. String 값에 대한 데이터 바인딩

앞서 살펴본 예와 같이 HTTP 요청 파라미터 값을 자바빈즈의 프로퍼티로 설정하는 과정을 데이터 바인딩 기능을 활용해 대신해보자. 데이터를 바인딩하는 기능은 DataBinder 클래스(org.springframework.validation.DataBinder)가 제공하는데, HTTP를 사용하는 환경에서는 서블릿 API에 맞게 커스터마이징된 ServletRequestDataBinder 클래스(org.springframework.web.bind.ServletRequestDataBinder)를 사용하면 된다.

▶ ServletRequestDataBinder 클래스 활용

```
EmployeeForm form = new EmployeeForm();
ServletRequestDataBinder dataBinder = new ServletRequestDataBinder(form);
dataBinder.bind(request);
```

---

**66**　자세한 내용은 다음 문서를 참고하자.
　　http://docs.spring.io/spring/docs/current/spring-framework-reference/htmlsingle/#validation

이렇게 데이터 바인딩 기능을 활용하면 자바빈즈의 프로퍼티 개수가 100개가 넘어도 단 3줄로 표현할수 있다. 심지어 스프링 MVC의 데이터 바인딩 기능을 활용하면 이 3줄마저도 필요없어진다.

 스프링 프레임워크의 데이터 바인딩 기능에는 입력값의 유효성 검사(Validation) 기능도 포함돼 있다. 유효성검사 기능에 대해서는 5장 '웹 애플리케이션 개발'에서 자세히 다루겠다.

## 2.3.2. 스프링의 형 변환

데이터 바인딩을 할 때는 자바빈즈의 프로퍼티 타입에 맞게 입력된 문자열 값을 형 변환해야 한다. 스프링 프레임워크는 형 변환을 하기 위해 다음과 같은 세 가지 방식을 제공한다.

### ■ 빈을 조작하거나 래핑

스프링 프레임워크 초창기부터 제공됐던 기법으로서 빈의 프로퍼티를 읽거나 쓰기 위해 원래 있던 빈을 조작하고 래핑하는 방법을 제공한다. 단 빈을 래핑하는 BeanWrapper 인터페이스(org.springframework.beans.BeanWrapper)는 개발자가 직접 다룰 일은 적고, 스프링 프레임워크 내부에서 DataBinder 클래스(org.springframework.validation.DataBinder)나 BeanFactory 인터페이스(org.springframework.beans.factory.BeanFactory)의 구현체가 활용한다. 개발자 입장에서는 BeanWrapper 인터페이스 대신 PropertyEditor 인터페이스(java.beans.PropertyEditor)의 구현 클래스를 활용해 형 변환을 하면 된다.

### ■ 형 변환

스프링 프레임워크 3.0.0 버전부터 지원되는 기법으로 Converter 인터페이스(org.springframework.core.convert.Converter) 등의 구현 클래스를 활용해 형 변환을 한다. PropertyEditor는 변환하기 전의 값이 String 타입으로 제한되는 데 반해, Converter는 String 외의 타입에 대해서도 형 변환할수 있다.

### ■ 필드 값의 표현 형식 포매팅

스프링 프레임워크 3.0.0 버전부터 지원되는 기법으로 Formatter 인터페이스(org.springframework.format.Formatter) 등의 구현 클래스를 활용해 형 변환한다. Formatter는 String과 임의의 클래스를 상호 변환하기 위한 인터페이스로서, 형 변환할 때 로캘(Local)을 고려한 국제화 기능도 제공한다. 주로 숫자나 날짜와 같이 로캘에 따라 다른 포맷 형태를 가진 클래스와 형 변환이 필요할 때 사용한다.

## 2.3.3. PropertyEditor 활용

스프링 프레임워크는 다양한 형태의 PropertyEditor 구현 클래스를 제공한다. PropertyEditor는 자바빈즈의 프로퍼티를 설정할 때 프리미티브 타입(primitive type)이나 프리미티브 타입의 래퍼 타입은 물론 java.nio.charset.Charset이나 java.net.URL과 같은 다양한 타입도 무리없이 설정되도록 형 변환을 지원하는 역할을 한다. 예를 들어, 스프링 프레임워크가 제공하는 PropertyEditor 중에는 Boolean 타입을 처리할 때 'true'와 'false' 형태와 같은 문자열을 다룰 수 있을 뿐만 아니라 'yes'와 'no' 같은 형태, 그 밖에 'on'과 'off', '1'과 '0' 같은 형태도 boolean으로 변환할 수 있다.

다음은 프로퍼티의 기본 설정 값을 'no'(false)로 설정해 놓고, 프로퍼티 파일을 통해 재정의할 수 있게 만든 예다.

▶ 프로퍼티 파일로 기본 설정 값 재정의

```
application.healthCheck = yes
```

▶ 빈에서 프로퍼티의 기본값 설정

```
@Component
public class ApplicationProperties {
    // 생략
    @Value("${application.healthCheck:no}")
    private boolean healthCheckEnabled;     // true가 설정됨
    // 생략
}
```

만약 PropertyEditor가 지원하는 타입 외에도 다른 타입을 프로퍼티로 설정하고 싶다면 PropertyEditor를 사용자가 직접 개발해서 추가할 수 있다. 지면 관계상 구체적인 구현 방법[67]은 이 책에서 다루지 않는다.

## 2.3.4. ConversionService 활용

형 변환(Type Conversion)을 하거나 필드 값의 표현 형식을 포매팅하는 기능은 ConversionService 인터페이스(org.springframework.core.convert.ConversionService)를 통해 제공된다. ConversionService 인터페이스의 구현 클래스에는 다양한 형태가 있지만 그중에서도 DefaultFormattingConversionService 클래스(org.springframework.format.support.DefaultFormattingConve

---

**67** 자세한 내용은 다음 자료를 참고하자.
http://docs.spring.io/spring/docs/current/spring-framework-reference/htmlsingle/#beans-beans-conversion-customeditor-registration

rsionService)를 사용하는 것이 일반적이다. 스프링 프레임워크는 PropertyEditor 만큼이나 다양한 형태의 형 변환 구현 클래스와 필드 값의 표현 형식을 포매팅하는 클래스를 제공한다. 예를 들면 Joda-Time을 지원하는 클래스는 물론이고, JSR 310 사양을 위한 Date and Time API(java.time 패키지) 그리고 JSR 354 사양을 위한 Money and Currency API(javax.money 패키지) 등 다양한 클래스들을 지원한다.

이 같은 ConverionService를 이용하려면 먼저 DI 컨테이너에 등록해야 한다. 중요한 점은 빈의 ID가 'conversionService'가 되도록 정의해야 한다는 것인데, 이렇게 해둬야 나중에 Conversion Service 를 활용할 컴포넌트가 빈 이름을 틀리지 않고 자동으로 주입받을 수 있다.

▶ 자바 기반 설정 방식으로 ConversionService 설정

```java
@Bean
public ConversionService conversionService() {
    return new DefaultFormattingConversionService();
}
```

▶ XML 기반 설정 방식으로 ConversionService 설정[68]

```xml
<bean id="conversionService"
    class="org.springframework.format.support.FormattingConversionServiceFactoryBean" />
```

다음 예는 dateOfServiceStarting 프로퍼티에 대해 기본값은 따로 설정하지 않고, 프로퍼티 파일에서 설정한 값을 읽도록 만들어져 있다. 참고로 로캘이 한국으로 설정된 경우 기본적으로 사용되는 날짜 포맷은 'uuuu-MM-dd'다.[69]

▶ 프로퍼티 파일로 기본 설정 값 재정의

```
application.dateOfServiceStarting = 2017-05-10
```

▶ 빈에서 프로퍼티의 기본값 설정

```java
@Component
public class ApplicationProperties {
    // 생략
    @Value("${application.dateOfServiceStarting:}")
```

---

**68** (옮긴이) FormattingConversionServiceFactoryBean에 특별히 properties를 설정하지 않으면 DefaultFormattingConversionService의 인스턴스가 conversionService 역할을 한다.

**69** (옮긴이) 연도를 표시할 때 yyyy 패턴을 많이 사용하는데 정확하게는 y가 year-of-era를, u가 year를 의미한다. y는 era를 표시하는 G를 함께 쓰길 권장하고 그게 아니라면 u를 사용하는 것이 안전하다.
https://stackoverflow.com/questions/41177442/uuuu-versus-yyyy-in-datetimeformatter-formatting-pattern-codes-in-java

```
    private java.time.LocalDate dateOfServiceStarting;      // 2017년 5월 10일 날짜로 설정됨
    // 생략
}
```

## 2.3.5. 포매팅용 애너테이션 활용

DefaultFormattingConversionService를 활용하면 형 변환이 필요한 곳에 다음과 같은 애너테이션을 붙인 다음, 형 변환 시 적용할 포맷 형식을 정할 수 있다.

- @DateTimeFormat 애너테이션(org.springframework.format.annotation.DateTimeFormat)
- @NumberFormat 애너테이션(org.springframework.format.annotation.NumberFormat)

개발을 하다 보면 애플리케이션 전반에 걸쳐 일관된 포맷 형식을 사용하다가 특정 부분에서만 다른 형식의 포맷을 써야 하는 경우가 있다. 이럴 때는 다음과 같이 국소적으로 포맷 패턴을 명시하면 된다.

▶ 포맷을 명시적으로 지정

```
@Component
public class ApplicationProperties {
    // 생략
    @Value("${application.dateOfServiceStarting:}")
    @DateTimeFormat(pattern = "yyyy/MM/dd") // 포맷을 명시
    private java.time.LocalDate dateOfServiceStarting;
    // 생략
}
```

메모

@DateTimeFormat과 @NumberFormat은 메타 애너테이션으로도 사용할 수 있다. 메타 애너테이션으로 활용하면 독자적인 포맷 형식을 지원하는 애너테이션을 만들 수 있기 때문에 개발을 할 때 다양한 포맷을 쉽게 다룰 수 있고 직관적으로 적용할 수 있다.

## 2.3.6. 형 변환 방식의 커스터마이징

스프링 프레임워크에서는 다양한 형 변환 기능을 제공하지만 여전히 부족하다고 생각된다면 직접 변환 기능을 만들어 쓸 수도 있다.[70] 다음은 String 타입의 정보를 사용자 정의 클래스의 타입으로 형 변환

---

70 자세한 내용은 다음 자료를 참고하자.
   http://docs.spring.io/spring/docs/current/spring-framework-reference/htmlsingle/#core-convert

하기 위해 Converter 인터페이스(org.springframework.core.convert.converter.Converter)를 사용하는 예다.

사용자가 정의한 타입은 내부에 이메일 주소를 정보로 가지고 있으며, 클래스의 이름은 EmailValue다. String 타입을 EmailValue 타입으로 변환하려면 사용자가 직접 Converter 인터페이스를 구현한 일종의 변환기 클래스를 만들어야 하는데, 이 예에서는 StringToEmailValueConverter라는 이름으로 변환기 클래스를 만들었다.

▶ 사용자 정의 타입 구현(EmailValue)

```java
public class EmailValue {
    @Size(max = 256)
    @Email
    private String value;

    public void setValue(String value) {
        this.value = value;
    }

    public String getValue() {
        return    value;
    }

    public String toString() {
        return getValue();
    }
}
```

▶ 사용자 정의 Converter 구현(StringToEmailValueConverter)

```java
import org.springframework.core.convert.converter.Converter;

public class StringToEmailValueConverter implements Converter<String, EmailValue> {
    @Override
    public EmailValue convert(String source) {
        EmailValue email = new EmailValue();
        email.setValue(source);
        return email;
    }
}
```

이렇게 만들어진 Converter는 ConversionService에 추가해야 나중에 스프링 프레임워크가 형 변환해야 할 때 사용할 수 있다.

▶ 자바 기반 설정 방식에서 사용자 정의 Converter 추가

```
@Bean
public ConversionService conversionService() {
    DefaultFormattingConversionService conversionService =
        new DefaultFormattingConversionService();
    // addConverter 메서드의 매개변수로 작성한 Converter를 지정
    conversionService.addConverter(new StringToEmailValueConverter());
    return conversionService;
}
```

▶ XML 기반 설정 방식에서 사용자 정의 Converter 추가

```
<bean id="conversionService"
    class="org.springframework.format.support.FormattingConversionServiceFactoryBean">
    <!-- converters 프로퍼티에 작성한 Converter를 설정 -->
    <property name="converters">
        <list>
            <bean class="com.example.StringToEmailValueConverter"/>
        </list>
    </property>
</bean>
```

Converter가 준비되면 String 타입의 데이터를 프로퍼티 파일에 설정한다. 이 설정 값을 사용할 곳에서는 프로퍼티의 기본값을 설정하고 있지 않기 때문에 프로퍼티 파일의 설정 값이 사용된다. @Value 애너테이션으로 프로퍼티 값을 받을 빈의 프로퍼티 타입은 앞서 사용자 정의 클래스로 만들었던 EmailValue 타입이다. 바로 이 클래스에 String 타입인 'admin@example.com'이라는 문자열이 바인딩되며, 이때 앞서 만든 StringToEmailValueConverter가 사용된다.

▶ 프로퍼티 파일로 기본 설정 값 재정의

```
application.adminEmail = admin@example.com
```

▶ 빈에서 프로퍼티의 설정 값을 형 변환해서 바인딩

```
@Component
public class ApplicationProperties {
    // 생략
    @Value("${application.adminEmail:}")
    private EmailValue adminEmail; // 'admin@example.com'이 설정됨
    // 생략
}
```

이 책에서는 다루지 않지만 이와 반대되는 Converter도 꼭 한번 만들어보길 권한다. 쉽게 말해 사용자가 직접 정의한 타입에서 거꾸로 String 타입으로 변환하는 역방향 변환기가 필요할 수 있다. 예를 들어 HTML 입력 폼의 값을 자바빈즈의 프로퍼티에 바인딩할 때 기존의 형 변환 기능만으로는 충분하지 않을 수 있다. 만약 사용자가 직접 정의한 Converter를 통해 String 타입에서 사용자 정의 클래스로, 반대로 사용자 정의 클래스에서 String 타입으로 변환하는 양방향 변환이 가능하다면 HTML 입력 폼에 기존 정보를 바탕으로 HTML 입력 폼을 미리 채워넣을 필요가 있을 때 도움될 것이다.

## 2.3.7. 필드 포매팅 방식의 커스터마이징

스프링 프레임워크는 필드 값을 다양한 형식으로 표현하는 포매팅 기능을 제공한다.[71] 이 책에서는 그중에서도 JSR 310 사양과 관련해서 Date and Time API의 java.time.LocalDate를 활용하는 방법을 소개한다. 이 예에서는 기본 날짜 포맷으로 '20170510'과 같은 형식(BASIC_ISO_DATE)을 사용한다.[72]

▶ 자바 기반 설정 방식에서 Formatter 추가

```
@Bean
public ConversionService conversionService() {}
    DefaultFormattingConversionService conversionService =
        new DefaultFormattingConversionService();
    DateTimeFormatterRegistrar registrar = new DateTimeFormatterRegistrar();
    // BASIC_ISO_DATE 형식을 사용(예: 20170510)
    registrar.setDateFormatter(DateTimeFormatter.BASIC_ISO_DATE);
    registrar.registerFormatters(conversionService);
    return conversionService;
}
```

▶ XML 기반 설정 방식에서 Formatter 추가

```
<bean id="conversionService"
    class="org.springframework.format.support.FormattingConversionServiceFactoryBean">
    <property name="formatterRegistrars">
        <list>
```

---

71  자세한 내용은 다음 자료를 참고하자.
http://docs.spring.io/spring/docs/current/spring-framework-reference/htmlsingle/#format

72  (옮긴이) 원서에서는 포맷 방식을 ISO_DATE를 사용하는 것을 예로 들고 있으나, 우리나라 IT 환경에서는 데이터베이스에 날짜를 '20170510'과 같은 문자열 형식으로 취급하는 사례가 많아 BASIC_ISO_DATE를 사용하는 것으로 예제를 바꿨다.

```
            <bean
                class="org.springframework.format.datetime.standard.DateTimeFormatterRegistrar">
                <!-- BASIC_ISO_DATE 형식을 사용(예: 20170510) -->
                <property name="dateFormatter" value="BASIC_ISO_DATE" />
            </bean>
        </list>
    </property>
</bean>
```

다음 예는 dateOfServiceStarting 프로퍼티에 대해 기본값은 따로 설정하지 않고, 프로퍼티 파일에서 설정한 값을 읽도록 만들어져 있다. 참고로 로캘이 대한민국으로 설정된 경우, 기본으로 사용되는 날짜 포맷은 'uuuu-MM-dd'다. 이 예는 기본 날짜 포맷 대신 'uuuuMMdd' 같은 BASIC_ISO_DATE 형식으로로 사용하고 있다.

▶ 프로퍼티파일 설정 예

```
application.dateOfServiceStarting = 20170510
```

▶ 빈에서 프로퍼티의 설정 값을 필드 포매팅을 통해 바인딩

```
@Component
public class ApplicationProperties {
    // 생략
    @Value("${application.dateOfServiceStarting:}")
    private java.time.LocalDate dateOfServiceStarting; // 2017년 5월 10일 날짜로 설정됨
    // 생략
}
```

## 2.4. 프로퍼티 관리

이제 애플리케이션이 사용하는 각종 설정 값을 어떻게 읽어와서 사용하는지 살펴보자. 우선 다음과 같은 빈이 있다고 가정한다.

▶ 각종 설정 값이 소스코드 안에 기재된 예

```
@Bean(destroyMethod = "close")
DataSource dataSource() {
    BasicDataSource dataSource = new BasicDataSource();
    dataSource.setDriverClassName("org.postgresql.Driver");
    dataSource.setUrl("jdbc:postgresql://localhost:5432/demo");
    dataSource.setUsername("demo");
```

```
        dataSource.setPassword("pass");
        dataSource.setDefaultAutoCommit(false);
        return dataSource;
    }
```

이 빈은 데이터베이스에 접근하기 위한 데이터 소스(Datasource) 역할을 하며, 빈의 이름도 dataSource다. 그리고 이 코드에서 볼 수 있는 각종 설정은 데이터베이스에 접속할 때 필요한 각종 정보다. 이렇게 정의된 dataSource 빈은 DI 컨테이너에 등록되는데, 이때 데이터베이스 URL이나 사용자명, 패스워드와 같은 환경에 의존적인 정보도 함께 들어가게 된다. 이렇게 되면 향후 데이터 접속 대상이 바뀔 때마다 빈을 다시 정의해야 하고 그로 인해 디플로이나 운영 작업이 복잡하고 번거로워질 수 있다. 스프링 프레임워크는 이러한 상황을 최소화할 수 있도록 각종 설정 정보를 효율적으로 다룰 수 있는 관리 메커니즘을 제공한다.

## 2.4.1. 빈 정의 시 프로퍼티 활용

앞서 살펴본 것처럼 각종 설정 값을 소스코드에 직접 하드코딩하는 대신 @Value 애너테이션(org. springframework.beans.factory.annotation.Value)을 활용하면 별도로 분리된 프로퍼티 값을 소스코드에 주입해서 쓸 수 있다. 다음은 자바 기반 설정 방식에서 빈을 정의할 때 프로퍼티를 활용한 예다.

▶ 자바 기반 설정 방식에서 @Value 애너테이션을 통해 프로퍼티 값 주입

```
@Bean(destroyMethod = "close")
DataSource dataSource(@Value("${datasource.driver-class-name}") String driverClassName,
                      @Value("${datasource.url}") String url,
                      @Value("${datasource.username}") String username,
                      @Value("${datasource.password}") String password) {
    BasicDataSource dataSource = new BasicDataSource();
    dataSource.setDriverClassName(driverClassName);
    dataSource.setUrl(url);
    dataSource.setUsername(username);
    dataSource.setPassword(password);
    dataSource.setDefaultAutoCommit(false);
    return dataSource;
}
```

이 같은 빈 정의에 대해 프로퍼티는 다음과 같이 설정한다.

▶ 프로퍼티 파일을 정의한 예

```
datasource.driver-class-name=org.postgresql.Driver
datasource.url=jdbc:postgresql://localhost:5432/demo
datasource.username=demo
datasource.password=pass
```

단 이렇게 설정된 프로퍼티 값을 스프링 프레임워크가 주입하려면 이 프로퍼티 파일의 위치가 어디인지 알고 있어야 한다. 자바 기반 설정 방식을 사용한다면 @PropertySource 애너테이션(org.springframework.context.annotation.PropertySource)으로 위치를 지정할 수 있다.

▶ 자바 기반 설정 방식에서 프로퍼티 파일 위치 지정

```
@Configuration
@PropertySource("classpath:application.properties")
public class AppConfig {
    // 생략
}
```

앞서 살펴본 자바 기반 설정 방식에서는 @Value 애너테이션을 통해 프로퍼티 값을 주입받았던 반면, XML 기반 설정 방식에서는 <property> 요소의 value 속성을 통해 프로퍼티 값을 주입받는다. 이때 프로퍼티의 키 값으로 표현되는 '${프로퍼티 키}' 부분은 나중에 다른 값으로 치환될 자리라는 의미로 플레이스홀더(placeholder)라고 한다.

▶ XML 기반 설정 방식에서 property 요소를 통해 프로퍼티 값 주입

```
<bean id="realDataSource" class="org.apache.commons.dbcp2.BasicDataSource"
    destroy-method="close">
    <property name="driverClassName" value="${datasource.driver-class-name}" />
    <property name="url" value="${datasource.url}" />
    <property name="username" value="${datasource.username}" />
    <property name="password" value="${datasource.password}" />
    <property name="defaultAutoCommit" value="false" />
</bean>
```

한편 프로퍼티 파일의 위치는 <context:property-placeholder> 요소에서 다음과 같이 지정한다.

▶ XML 기반 설정 방식에서 프로퍼티 파일의 위치 지정

```
<beans xmlns="http://www.springframework.org/schema/beans"
    xmlns:xsi="http://www.w3.org/2001/XMLSchema-instance"
    xmlns:context="http://www.springframework.org/schema/context"
    xsi:schemaLocation="
        http://www.springframework.org/schema/beans
```

```
        http://www.springframework.org/schema/beans/spring-beans.xsd
        http://www.springframework.org/schema/context
        http://www.springframework.org/schema/context/spring-context.xsd">
    <context:property-placeholder location="classpath:application.properties"/>
    <!-- 생략 -->
</bean>
```

스프링 프레임워크의 프로퍼티 관리 기능은 파일명이 '.properties'로 끝나는 자바 프로퍼티 파일뿐
아니라, JVM의 시스템 프로퍼티, 환경 변수의 설정 값도 모두 일관된 방법으로 프로퍼티처럼 다룰 수
있다.[73] 만약 같은 이름의 프로퍼티가 JVM이나 환경 변수, 혹은 프로퍼티 파일 등에 중복으로 설정돼
있다면 다음과 같은 우선순위에 따라 프로퍼티가 적용된다.

1. JVM 시스템 프로퍼티

2. 환경 변수

3. 프로퍼티 파일

즉, 기본값을 프로퍼티 파일에 설정한 후, 특별한 이유가 없다면 그대로 사용하다가, 특정 환경에 맞춰
프로퍼티를 변경해야 하는 상황이 되면 환경 변수나 JVM의 시스템 프로퍼티를 사용해 다른 값으로 바
꿀 수 있다.

한편 이미 앞의 예에서 선보인 적이 있지만 플레이스홀더에는 기본값을 줄 수 있다. 표기 형식은 '${프
로퍼티 키:기본값}'과 같은데, 실제 사용된 모습은 다음과 같다.

▶ XML 기반 설정 방식에서 프로퍼티의 기본값 설정

```
<bean id="dataSource" class="org.apache.commons.dbcp2.BasicDataSource" destroy-method="close">
    <property name="driverClassName" value="${datasource.driver-class-name:org.postgresql.Driver}" />
    <property name="url" value="${datasource.url:jdbc:postgresql://localhost:5432/demo}" />
    <property name="username" value="${datasource.username:demo}" />
    <property name="password" value="${datasource.password:pass}" />
</bean>
```

이 방법을 활용하면 특별한 이유가 없는 한, 프로퍼티 파일을 따로 만들 필요가 없다. 일단 기본값을 설
정해 두면 꼭 필요한 경우에만 재설정하면 되기 때문에 군이 변경할 일이 거의 없는 프로퍼티에 대해서
는 이 방식을 적용하는 것이 상당히 유용하다.

---

**73** (옮긴이) 그 밖에도 JNDI나 서블릿 컨텍스트의 파라미터 등을 통해 설정할 수 있지만 스프링 프레임워크에서는 상대적으로 활용 빈도가 낮기 때문에 이 책에서는 생략
한다.

## 2.4.2. 빈 구현 과정에서 프로퍼티 활용

앞서 살펴본 예에서는 빈을 정의할 때 빈 설정 파일에서 프로퍼티를 활용하는 방법을 살펴봤다. 이번에는 빈을 구현할 때 빈 구현 파일에서 프로퍼티를 활용하는 방법을 살펴보자. 이 방식도 앞서 살펴본 바와 같이 특정 값을 하드코딩하고 싶지 않을 때 활용하면 된다.

▶ 빈 구현 소스코드에서 @Value 애너테이션을 통해 프로퍼티 값 주입

```
@Component
public class Authenticator {
    @Value("${failureCountToLock:5}")
    int failureCountToLock;

    /**
    * 인증 처리
    */
    public void authenticate(String username, String password) {
        // 생략
        // 연속 인증의 실패 횟수가 임곗값을 초과하면 락을 건다.
        if (failureCount >= failureCountToLock) {
            // 잠금 처리
        }
    }
}
```

이번에는 조금 다른 유형을 살펴보자. 아래 예는 자바 기반 설정 방식을 사용하되 빈을 정의할 때는 프로퍼티 대신 변수를 참조하게 하고, 이 변수들에게 @Value 애너테이션을 붙여서 프로퍼티를 주입하는 방법을 사용했다.

▶ 자바 기반 설정 방식에서 @Value 애너테이션을 통해 프로퍼티 값 주입

```
@Configuration
public class AppConfig {
    @Value("${datasource.driver-class-name}")
    String driverClassName;
    @Value("${datasource.url}")
    String url;
    @Value("${datasource.username}")
    String username;
    @Value("${datasource.password}")
    String password;

    @Bean(destroyMethod = "close")
```

```
    DataSource dataSource() {
        BasicDataSource dataSource = new BasicDataSource();
        dataSource.setDriverClassName(driverClassName);
        dataSource.setUrl(url);
        dataSource.setUsername(username);
        dataSource.setPassword(password);
        dataSource.setDefaultAutoCommit(false);
        return dataSource;
    }
}
```

앞에서 살펴본 예와 비슷하게 보이지만 자세히 보면 빈을 정의할 때 @Value 애너테이션을 사용한 것이 아니라 자바 기반 설정의 변수에 붙였다는 것을 알 수 있다. 이러한 방법은 같은 프로퍼티를 여러 개의 빈에서 사용해야 할 경우, 각 빈 정의에서 프로퍼티를 활용하게 할 것이 아니라 자바 기반 설정의 변수 한 곳에서 프로퍼티를 주입받은 다음, 이것을 여러 다른 빈에서 사용할 때 상당히 유용하다.

## 2.5. 스프링 표현 언어

스프링 표현 언어(SpEL: Spring Expression Language, 이하 SpEL)[74]는 스프링 프레임워크가 제공하는 표현 언어[75]다. SpEL은 스프링 프레임워크뿐 아니라 다양한 스프링 프로젝트에서도 사용되고 있으며, 이 책에서 소개하는 스프링 시큐리티나 스프링 데이터 JPA, 스프링 부트 등에서도 SpEL을 활용한다.

### 2.5.1. SpEL 설정

SpEL을 사용하려면 spring-expression을 의존 라이브러리로 추가한다. 다른 스프링 프로젝트를 함께 사용하고, 그 안에 SpEL을 활용하는 기능이 이미 포함돼 있다면 군이 pom.xml 파일에 명시하지 않더라도 메이븐이 자동으로 의존 라이브러리를 추적해서 포함시킨다.[76]

---

**74** (옮긴이) 표현식을 다루기 위한 언어 자체를 의미할 때는 표현 언어(expression language)라고 번역했고 표현식 문자열 자체를 의미할 때는 표현식(expression)으로 번역했다.

**75** JSR 341부터 독립된 사양으로 승격됐다. Java EE 7의 스택에 포함된 것으로는 'Unified Expression Language'나 'OGNL(Object Graph Navigation Library)' 등이 유명하다.

**76** (옮긴이) 이렇게 묵시적이지만 연쇄적인 의존 관계를 추적해서 사용할 수 있는 것은 메이븐의 의존 관계 추이(Transitive Dependencies) 기능 덕분이다.

▶ pom.xml 설정

```xml
<dependency>
    <groupId>org.springframework</groupId>
    <artifactId>spring-expression</artifactId>
</dependency>
```

## 2.5.2. SpEL API 개요

개발자가 직접 SpEL API를 사용하는 경우는 매우 드물지만 SpEL 구조를 이해하기 위해 SpEL API를 직접 다루는 방법을 조금만 살펴보자. 참고로 여기서 소개하는 대부분의 기능은 SpEL을 활용하는 스프링 프로젝트 내부에서 이미 사용하고 있다.

SpEL과 관련된 인터페이스 가운데 사용자가 직접 사용할 만한 주요 인터페이스로는 org.springframework.expression.ExpressionParser와 org.springframework.expression.Expression의 두 가지가 있다. 우선 ExpressionParser 인터페이스는 문자열 형태인 표현식을 분석하고, Expression 객체를 생성하기 위한 메서드를 제공한다. 이어 Expression 인터페이스는 분석된 표현식의 내용을 실행하기 위한 메서드를 제공한다.

그럼 이제 실제로 SpEL을 사용해 곱셈과 덧셈 같은 간단한 수식을 풀어보자. 이때 표현식을 분석하기 위한 ExpressionParser로는 SpEL 구현 클래스인 org.springframework.expression.spel.standard.SpelExpressionParser를 사용하겠다.

▶ SpEL을 이용한 간단한 수식 풀기

```java
ExpressionParser parser = new SpelExpressionParser(); // SpEL 분석기 생성
Expression expression = parser.parseExpression("1 * 10 + 1"); // 표현식 분석
Integer calculationResult = expression.getValue(Integer.class); // 표현식 실행, 결과 확인
```

이 수식의 평가 결과인 calculationResult의 값은 11이다. 이 구문이 이해된다면 이번에는 형태를 조금 바꿔서 자바빈즈의 프로퍼티의 값을 SpEL로 설정하는 예를 살펴보자.

▶ SpEL를 이용한 자바빈즈의 프로퍼티 설정

```java
ExpressionParser parser = new SpelExpressionParser(); // SpEL 분석기 생성
Expression expression = parser.parseExpression("joinedYear"); // 표현식 분석
Staff staff = new Staff(); // 자바빈즈 생성
expression.setValue(staff, "2000"); // 표현식 실행
Integer joinedYear = staff.getJoinedYear(); // 결과 확인
```

자바빈즈의 특정 프로퍼티에 대해 접근자(getter)나 설정자(setter) 메서드를 호출하고 싶다면 표현식에 해당 프로퍼티명을 명시해야 한다. 이후 자바빈즈를 생성하고 표현식을 실행한 다음, 그 결괏값을 확인해 보면 Staff 객체의 joinedYear 프로퍼티 값이 2000인 것을 확인할 수 있다. 여기서 주목해야 하는 것은 표현식을 실행할 때 설정한 값은 Integer 타입이 아니라 String 타입이었다는 점이다. SpEL은 스프링이 제공하는 형 변환 기능(ConversionService 인터페이스)을 활용하기 때문에 String 타입의 값을 임의의 다른 타입으로 형 변환할 수 있다. 이 과정에서 기본적으로 DefaultConversionService 클래스를 사용한다. 한편 EvaluationContext 인터페이스(org.springframework.expression.EvaluationContext)의 구현체를 직접 확장하면 기본 기능을 커스터마이즈할 수도 있다.

메모

SpelExpressionParser 인스턴스를 생성할 때 org.springframework.expression.spel.SpelParserConfiguration을 사용하면 표현식의 해석과 실행하는 기본 동작을 다른 방식으로 조정할 수 있다.[77] 한편 스프링 프레임워크 4.1 버전부터는 표현식을 미리 컴파일해서 쓸 수 있게 됐다.[78] 기본 설정으로는 컴파일 기능이 비활성화돼 있지만 이를 활성화할 경우, 표현식과 관련된 처리에서 성능 향상을 기대할 수 있을 것이다.

## 2.5.3. 빈 정의 시 SpEL 활용

SpEL은 XML 기반이나 애너테이션 기반의 빈 설정 방식에서도 사용할 수 있고 '#{표현식}'과 같은 형태로 표기한다. 다음은 생성자의 인수에 SpEL을 활용하는 예다.

▶ 인수가 있는 생성자 구현

```java
public class TemporaryDirectory implements Serializable {
    private static final long serialVersionUID = -6879914928840005033L;
    private final File directory;
    public TemporaryDirectory(File baseDirectory, String id) {
        this.directory = new File(baseDirectory, id);
    }
    // 생략
}
```

**77**  자세한 내용은 다음 자료를 참고하자.
   http://docs.spring.io/spring/docs/current/spring-framework-reference/htmlsingle/#expressions-parser-configuration
**78**  자세한 내용은 다음 자료를 참고하자.
   http://docs.spring.io/spring/docs/current/spring-framework-reference/htmlsingle/#expressions-spel-compilation

우선 클래스를 하나 만들고 그 클래스에 대한 생성자를 만들되, 인수가 있는 생성자를 만들었다.[79] 이제 이 인수에 SpEL을 활용해 값을 설정해보자.

XML 기반 설정 방식을 사용한다면 〈constructor-arg〉 요소의 value 속성에 SpEL을 지정하면 되고, 애너테이션 기반 설정 방식을 사용한다면 생성자의 인수에 @Value 애너테이션을 붙여준 다음, value 속성에 SpEL을 지정하면 된다.

▶ XML 기반 설정 방식에서 SpEL 활용

```
<bean id="sessionScopedTemporaryDirectory"
    class="com.example.TemporaryDirectory" scope="session">
    <constructor-arg index="0" value="file://#{systemProperties['java.io.tmpdir']}/app"/>  ❶
    <constructor-arg index="1" value="#{T(java.util.UUID).randomUUID().toString()}"/>————  ❷
    <aop:scoped-proxy />
</bean>
```

▶ 애너테이션 기반 설정 방식에서 SpEL 활용

```
@Autowired
public TemporaryDirectory(
    @Value("file://#{systemProperties['java.io.tmpdir']}/app") File baseDirectory, ———  ❶
    @Value("#{T(java.util.UUID).randomUUID().toString()}") String id) { —————————  ❷
    this.directory = new File(baseDirectory, id);
}
```

❶ systemProperties는 Map 형태의 예약된 변수로 시스템의 프로퍼티 설정을 담고 있다. 여기서 임시 디렉터리 경로를 가져온 후, 생성자의 인수에 주입한다.

❷ UUID.randomUUID 메서드는 무작위 값을 만드는 static 메서드다. 이 메서드를 호출해서 만들어진 임의의 문자열을 생성자 인수에 주입한다.

메모

SpEL은 그 밖에도 @EventListener, @TransactionalEventListener, @Cacheable, @CachePut, @CacheEvict 같은 다양한 애너테이션에서 활용할 수 있다.

79 (옮긴이) 원서에서는 Serializable 인터페이스를 구현하는 모든 클래스의 serialVersionUID 값이 모두 1L로 설정돼 있다. 해당 클래스가 변경되지 않아서 이전 버전의 클래스와 동일하다면 문제가 없지만 실제 개발하는 환경에서는 변경되는 경우가 변경이 비일비재하게 발생하고 해당 클래스에 대한 버전 구분도 필요한 경우가 많으므로 가능한 한가능한한 고유한 값을 부여하자.
https://stackoverflow.com/questions/888335/why-generate-long-serialversionuid-instead-of-a-simple-1l

## 2.5.4. SpEL에서 쓸 수 있는 표현식 유형

지금까지 살펴본 표현식은 SpEL이 제공하는 표현식의 일부에 불과하다. 여기서는 SpEL이 지원하는 표현식의 주요 유형을 소개한다. 만약 좀 더 자세한 내용을 알고 싶거나 SpEL이 지원하는 모든 표현 방식을 확인하고 싶다면 스프링 프레임워크 공식 레퍼런스 문서[80]를 참고하자.

### ■ 리터럴 값

SpEL은 문자열이나 수치 값(지수 표기, Hex 표기, 소수점, 음의 부호 등도 포함), 부울 값, 날짜나 시간과 같은 리터럴 값의 표현을 지원한다. 문자열의 리터럴 값을 표현하는 경우에는 작은따옴표를 사용해 '문자열'과 같은 형식으로 표현한다.

### ■ 객체 생성

SpEL은 List나 Map을 생성하는 표현이나 new 연산자를 사용해 배열이나 임의의 객체를 생성하는 표현도 지원한다. 구체적으로는 다음과 같은 형식으로 표현한다. 참고로 이때 사용되는 타입은 프리미티브 타입을 제외하면 FQCN을 사용한다.

- **List를 생성하는 경우**: "{값( , ...)}"
  예: "{1,2,3}"

- **Map을 생성하는 경우**: "{키:값( , ...)}"
  예: "{name : '홍길동', joinedYear : 2017}"

- **배열을 생성하는 경우**: "new 타입[인덱스]" 또는 "new타입[]{값( ,...)}" 형식
  예: "new int[]{1,2,3}"

- **임의의 객체를 생성하는 경우**: "new 타입( ...)"
  예: "new com.example.FileUploadHelper()"

### ■ 프로퍼티 참조

SpEL은 자바빈즈의 프로퍼티에 접근하기 위한 표현을 지원한다. 기본적으로는 프로퍼티의 이름을 명시하면 되는데, 중첩된 객체의 프로퍼티나, 컬렉션이나 배열 안에 포함된 요소, 혹은 Map 안에 담긴 요소 등에 대해서도 접근할 수 있다 표현 방식은 스프링 프레임워크의 데이터 바인딩에서 사용하는 표현과 동일하다(예: "name.first", "emails[0]").

---

**80** http://docs.spring.io/spring/docs/current/spring-framework-reference/htmlsingle/#expressions-language-ref

## ■ 메서드 호출

SpEL은 자바 객체의 메서드를 호출하기 위한 표현을 지원한다. 기본적으로 일반적인 자바 메서드를 호출하는 방법과 같다(예: "'Hello World'.substring(0, 5)")

## ■ 타입

SpEL은 타입을 의미하는 표현인 'T(타입의 FQCN)'를 지원한다. 이 표현은 상수를 나타내거나 static 메서드를 호출할 때 사용한다(상수를 표현한 예: "T(java.math.RoundingMode).CEILING", static 메서드를 호출한 예: "T(java.util.UUID).randomUUID()")

## ■ 변수 참조

SpEL에는 변수의 개념이 있어서 변수에 접근하기 위한 표현인 '#변수명'을 지원한다. 이 표현은 뒤에서 소개할 스프링 시큐리티에서 메서드의 인가 기능 등에서 활용할 수 있다.

## ■ 빈 참조

SpEL은 DI 컨테이너에서 빈을 참조하기 위한 표현으로 '@빈 이름'을 지원한다. 이 표현은 뒤에서 소개할 스프링 MVC가 제공하는 JSP 태그 라이브러리 중에서 〈spring:eval〉 요소의 expression 속성에서 사용할 수 있다.

## ■ 연산자

SpEL은 표준 관계 연산자인 〈, 〉, 〈=, 〉=, ==, !=, !은 물론, 인스턴스를 비교하는 instanceof, 정규 표현식으로 일치 여부를 확인하는 matches를 지원한다.

또한 and, or 같은 논리 연산자, if-then-else 같은 조건 분기를 위한 삼항 연산자나 삼항 연산자를 간결하게 표현한 엘비스(Elvis) 연산자를 지원하며, +, -, *, /, % 같은 산술 연산자도 지원한다(삼항 연산자의 예: "name != null ? name : '-'", 엘비스 연산자의 예: "name ?: '-'")

## ■ 템플릿

SpEL은 텍스트 본문 안에 표현식을 집어 넣어 텍스트에 표현식의 결과를 표시하게 만드는 템플릿(template) 기능을 지원한다. 표현식 부분은 '#{표현식}'과 같은 방식으로 기재하면 된다. 예를 들어, 본문에 "Staff Name : #{name}"과 같이 기재해두면 나중에 #{name} 부분이 자바빈즈의 name 속성 값으로 치환된 텍스트를 볼 수 있다. 이렇게 간단한 템플릿 기능만 필요하다면 굳이 아파치 프리마커

(Apache FreeMarker)<sup>81</sup> 같은 템플릿 엔진을 도입하지 않아도 된다.

### ■ 컬렉션

SpEL은 컬렉션 안에서 조건과 일치하는 요소를 추출하기 위한 표현(Collection Selection)이나 컬렉션 안에 있는 요소가 가진 특정 프로퍼티의 값을 추출하기 위한 표현(Collection Projection)을 지원한다.

## 2.6. 리소스 추상화

애플리케이션을 개발할 때는 설정 파일과 같은 다양한 리소스를 필요로 한다. 하지만 이러한 리소스들은 위치한 곳이 제각각일 수 있다. 예를 들어 파일 시스템 상의 디렉터리라거나 클래스패스 상의 디렉터리, 혹은 서블릿 컨테이너에 배포된 war 파일이나 jar 파일, 심지어는 또 다른 웹 서버에 있는 것과 같이 다양한 위치에 흩어져 있을 수 있다. 원래대로라면 애플리케이션을 개발할 때 이러한 리소스의 위치를 모두 알고 접근해야 하지만 스프링 프레임워크가 제공하는 리소스 추상화 기능을 활용하면 구체적인 위치 정보를 직접 다루지 않더라도 리소스에 접근할 수 있게 된다.

우선 스프링 프레임워크가 제공하는 인터페이스와 클래스를 살펴보자.

### 2.6.1. Resource 인터페이스와 구현 클래스

스프링 프레임워크는 리소스를 추상화하기 위해 Resource 인터페이스(org.springframework.core.io.Resource)와 쓰기 가능한 리소스라는 의미로 WritableResource 인터페이스(org.springframework.core.io.WritableResource)를 제공한다.

▶ InputStreamSource 인터페이스

```
public interface InputStreamSource {
  InputStream getInputStream() throws IOException; ─────────────────── ❶
}
```

❶ getInputStream 메서드는 리소스를 읽기 위한 InputStream을 가져온다.

▶ Resource 인터페이스

```
public interface Resource extends InputStreamSource {
    boolean exists(); ──────────────────────────────────── ❷
    boolean isReadable();
    boolean isOpen(); ──────────────────────────────────── ❸
    URL getURL() throws IOException;
    URI getURI() throws IOException;
    File getFile() throws IOException;
    long contentLength() throws IOException;
    long lastModified() throws IOException;
    Resource createRelative(String relativePath) throws IOException;
    String getFilename();
    String getDescription();
}
```

❷ exists 메서드는 리소스 존재하는지 확인한다. 존재한다면 true를 반환한다.

❸ isOpen 메서드는 리소스를 읽기 위한 스트림이 열려 있는지 확인한다. 열려 있다면 true를 반환한다.

▶ WritableResource 인터페이스

```
public interface WritableResource extends Resource {
    boolean isWritable();
    OutputStream getOutputStream() throws IOException; ──────────── ❹
}
```

❹ getOutputStream 메서드는 리소스를 기입하기 위한 OutputStream을 가져온다.

스프링 프레임워크가 기본적으로 제공하는 Resource 인터페이스의 주요 구현 클래스는 다음과 같다 (표 2.8).

표 2.8 Resource 인터페이스의 주요 구현 클래스

| 클래스명 | 설명 |
|---|---|
| ClassPathResource | 클래스패스 상에 있는 리소스를 다루기 위한 클래스 |
| FileSystemResource | java.io 패키지의 클래스를 사용해 파일시스템 상의 리소스를 다루기 위한 클래스. WritableResource도 구현하고 있다. |
| PathResource | Java SE 7에 추가된 java.nio.file 패키지의 클래스를 사용해 파일시스템상의 리소스를 다루기 위한 클래스. WritableResource도 구현하고 있다. |

| 클래스명 | 설명 |
|---|---|
| UrlResource | URL 상의 웹 리소스를 다루기 위한 클래스. 경로에 'http://'를 쓰고 HTTP 프로토콜을 사용하는 것이 일반적이다. 단 경로에 'file://'을 쓰고 파일시스템 상의 리소스도 다룰 수 있다. |
| ServletContextResource | 웹 애플리케이션 상의 리소스를 다루기 위한 클래스 |

이러한 구현 클래스는 직접 골라 써도 되지만 스프링 프레임워크는 리소스의 위치를 보고 적절한 구현 클래스를 선택할 수 있는 기능을 제공한다. 이를 가능하게 하는 것이 다음에 소개할 ResourceLoader 인터페이스다.

**메모**

스프링 프레임워크에서 제공하는 WritableResource 인터페이스의 구현 클래스는 파일 시스템에 쓰는 기능만 지원한다. 반면 스프링 클라우드 프로젝트에 속한 AWS 지원 프로젝트(Spring Cloud for Amazon Web Services)에서는 Amazon S3(Simple Storage Service)[82]에 관리되는 데이터에 대한 업로드와 다운로드 기능을 모두 WritableResource 인터페이스의 구현 클래스로 제공한다.[83] 이것은 리소스 추상화 기능을 잘 활용한 대표적인 예로, 애플리케이션의 소스코드를 변경하지 않더라도 데이터의 저장 위치를 Amazon S3나 파일 시스템으로 바꿔 쓸 수가 있다.

## 2.6.2. ResourceLoader 인터페이스

스프링 프레임워크는 Resource 객체를 생성하는 과정을 추상화하기 위해 ResourceLoader 인터페이스(org.springframework.core.io.ResourceLoader)를 제공한다. 참고로 DI 컨테이너를 구성하는 다양한 ApplicationContext 인터페이스의 구현 클래스는 모두 이 인터페이스를 구현하고 있다.[84]

▶ ResourceLoader 인터페이스

```
public interface ResourceLoader {
    String CLASSPATH_URL_PREFIX = ResourceUtils.CLASSPATH_URL_PREFIX;
    Resource getResource(String location);
    ClassLoader getClassLoader();
}
```

82  https://aws.amazon.com/ko/s3/
83  http://cloud.spring.io/spring-cloud-aws/spring-cloud-aws.html#_resource_handling
84  (옮긴이) ApplicationContext 인터페이스는 ResourceLoader 인터페이스의 서브 인터페이스다.

Resource 객체를 가져오려면 getResource 메서드의 매개변수로 리소스의 위치를 지정하면 된다. 리소스의 위치를 지정할 때는 일반적으로 파일시스템 상의 경로나 URL 상의 경로를 사용하게 되는데, 만약 클래스패스 상의 리소스를 지정해야 한다면 경로 앞에 'classpath:'와 같은 접두어가 붙는다. 결국 ResourceLoader 인터페이스의 구현 클래스는 리소스의 경로 정보를 보고 이에 맞는 Resource 인터페이스의 구현 클래스를 선택하게 된다. 한편 ResourceLoader의 서브 인터페이스로 ResourcePatternResolver 인터페이스(org.springframework.core.io.support.ResourcePatternResolver)도 제공되는데, 리소스의 위치를 나타내는 경로에 앤트(Ant) 형식의 와일드카드[85]를 사용해 패턴에 맞는 여러 개의 리소스를 가져올 수도 있다. ResourceLoader와 마찬가지로 ApplicationContext 인터페이스의 구현 클래스는 모두 이 인터페이스를 구현하고 있다.[86]

▶ ResourcePatternResolver 인터페이스

```
public interface ResourcePatternResolver extends ResourceLoader {
    String CLASSPATH_ALL_URL_PREFIX = "classpath*:";
    Resource[] getResources(String locationPattern) throws IOException;
}
```

리소스의 위치를 지정할 때 주의해야 하는 것은 파일 경로 형식을 사용할 때 ApplicationContext의 종류에 따라 파일 경로를 읽는 방식이 달라질 수 있다는 점이다. 예를 들면, ClassPathXmlApplicationContext 클래스는 리소스 경로를 클래스패스 상의 상대 경로로 인식한다. 반면 WebApplicationContext 인터페이스의 구현 클래스는 리소스 경로를 웹 애플리케이션의 루트 디렉터리를 기준으로 한 상대 경로로 인식한다. 만약 이 차이를 제대로 이해하고 있지 않으면 독립형 애플리케이션 환경에서 문제없이 읽을 수 있었던 파일이 이상하게 애플리케이션 서버에만 디플로이하면 파일을 못 읽는다는 오류를 맞이할 수 있다. 이런 상황을 미연에 방지하고 싶다면 애당초 리소스의 경로에 명시적으로 'classpath:' 같은 접두어를 붙여두는 것을 권장한다.

## 2.6.3. Resource 인터페이스를 활용한 리소스 접근

실제로 Resource 인터페이스를 사용해 리소스에 접근해보자. 다음은 HTTP를 통해 웹 리소스를 가져오는 예다.[87]

---

85 (옮긴이) 앤트 스타일의 와일드카드 사용법에 대해서는 다음 문서를 참고하자.
　　http://docs.spring.io/spring-framework/docs/current/javadoc-api/org/springframework/util/AntPathMatcher.html
86 (옮긴이) ApplicationContext 인터페이스는 ResourcePatternResolver 인터페이스의 서브 인터페이스이기도 하다.
87 (옮긴이) 만약 이 예의 try 문이 생소하다면 Java 7부터 추가된 try-with-resources 구문을 먼저 살펴보자.
　　https://docs.oracle.com/javase/tutorial/essential/exceptions/tryResourceClose.html
　　한편 내용 확인을 위해 편의상 System.out.println()을 사용하고 있으나 실제 애플리케이션을 개발할 때는 일부러 표준 출력을 표시하는 경우가 아니라면 로깅 기능을 활용하자. 관련 내용은 4.2.1절 '프로젝트 생성'에서 다루겠다.

▶ Resource 인터페이스의 구현 클래스를 통해 웹 리소스 가져오기

```
public void accessResource() throws IOException {
    // Resource 객체 생성
    Resource greetingResource =
        new UrlResource("http://localhost:8080/myApp/greeting.json");

    // Resource 인터페이스를 통해 웹 리소스에 접근
    try (InputStream in = greetingResource.getInputStream()) {
        String content = StreamUtils.copyToString(in, StandardCharsets.UTF_8);
        System.out.println(content);
    }
}
```

이 예는 로컬 PC에 톰캣과 같은 서블릿 컨테이너나 웹 애플리케이션 서버가 설치 돼 있고 8080번 포트로 구동돼 있으며 myApp이라는 웹 애플리케이션을 통해 greeting.json이라는 파일에 접근할 수 있다고 가정하고 있다. greeting.json 파일은 애플리케이션의 문서 루트(document root) 바로 아래 경로에 위치하며 다음과 같은 내용을 담고 있다.

▶ greeting.json 파일의 내용

```
{"hello": "world"}
```

웹 애플리케이션이 성공적으로 디플로이된 후에 accessResource 메서드를 호출하면 표준 출력에 greeting.json 파일의 내용이 표시될 것이다. 이 예에서는 리소스에 접근하기 위해 UrlResource라고 하는 Resource 인터페이스의 구현 클래스를 new로 명시적으로 생성해서 활용하고 있다. 이번에는 이 예를 한층 더 추상화하기 위해 ResourceLoader 인터페이스의 구현 클래스를 @Autowired 애너테이션으로 자동으로 주입받는 방식으로 개선해보자.

▶ ResourceLoader에서 웹 리소스를 취득하는 구현 예

```
@Autowired
ResourceLoader resourceLoader;

public void accessResource() throws IOException {
    // ResourceLoader를 통해 Resource 가져오기
    Resource greetingResource =
        resourceLoader.getResource("http://localhost:8080/myApp/greeting.json");
    // 생략
}
```

일단 구현 클래스에 대한 의존성은 제거됐지만 아직 리소스 경로가 하드코딩돼 있는 상태다. 리소스를 가져올 때는 로컬 환경이나 개발 서버, 테스트 서버, 운영 서버와 같이 실제로 실행될 환경에 따라 경로가 달라질 수 있다. 결국 리소스의 경로 정보를 구하는 방법을 좀 더 유연하게 바꿀 필요가 있는데, 다음은 스프링 프레임워크의 프로퍼티 기능을 활용해 Resource 객체를 주입한 예다.

▶ 프로퍼티 기능을 활용한 리소스 경로 정보 가져오기

```java
// 프로퍼티에서 리소스 정보를 받아 Resource 객체를 주입한다.
// 프로퍼티 값을 지정하지 않았다면 기본값을 사용한다.
// (http://localhost:8080/myApp/greeting.json)
@Value("${resource.greeting:http://localhost:8080/myApp/greeting.json}")
Resource greetingResource;

public void accessResource() throws IOException {
    try (InputStream in = greetingResource.getInputStream()) {
        String content = StreamUtils.copyToString(in, StandardCharsets.UTF_8);
        System.out.println(content);
    }
}
```

이처럼 스프링 프레임워크의 프로퍼티 기능을 활용하면 프로퍼티 값을 변경하는 것만으로 접근할 리소스를 손쉽게 바꿀 수 있다. 예를 들어, 프로퍼티 파일의 내용을 resource.greeting=classpath: greeting.json과 같이 변경하면 클래스패스 바로 아래의 greeting.json 파일을 리소스로 사용하게 된다.

## 2.6.4. XML 파일에서 리소스 지정

XML 기반 설정 방식에서 빈을 정의할 때 프로퍼티 파일을 참조하거나 또 다른 빈 정의 파일을 포함하는 과정에서 Resource 인터페이스의 구현 클래스가 사용된다. 정확하게는 2.1절 'DI'에서 빈 설정 파일을 분할할 때 소개한 〈import〉 요소에서 다른 빈 설정 파일을 불러올 때 사용하고, 2.4절 '프로퍼티 관리'에서 프로퍼티 파일을 불러와 플레이스홀더를 치환해주는 〈context:property-placeholder〉 요소에서 사용된다.

가령 다음 예는 도메인 관련 빈만 정의된 설정 파일을 임포트하는 것으로, 클래스패스 상에서 /META-INF/spring/domain-context.xml 파일을 읽게 된다.

```xml
<import resource="classpath:/META-INF/spring/domain-context.xml" />
```

그리고 다음 예에서는 클래스패스 상에 있는 모든 프로퍼티 파일을 읽어온 다음, '${프로퍼티명}'과 같은 형식으로 플레이스홀더를 사용할 수 있게 해준다.

```
<context:property-placeholder location="classpath*:/**/*.properties"/>
```

여기서 눈여겨봐야 할 부분은 'classpath*:' 접두어다. 앞서 살펴본 classpath:와 비슷하게 클래스패스 상의 리소스를 읽어오는 것은 똑같은데 : 앞에 *가 더 붙으면 jar 파일과 같은 다른 모듈 안에 포함된 파일도 읽을 수 있다.[88] 한편 리소스 경로를 지정할 때는 앤트 형식의 와일드카드로 **나 *도 사용할 수 있다.

지금까지 스프링 프레임워크에서 제공하는 리소스 추상화에 대해 간단히 살펴봤다. 더 자세한 내용을 확인하고 싶다면 스프링 공식 레퍼런스 문서를 참고하자.[89]

## 2.7. 메시지 관리

애플리케이션을 개발하다 보면 문자열 형태의 메시지를 자주 사용하게 된다. 예를 들어, 웹 애플리케이션이라고 한다면 화면에 표시하는 간단한 설명이나 제목, 입력 필드의 항목명과 같이 내용이 잘 바뀌지 않는 문구가 있을 것이고, 그 밖에도 어떤 처리가 끝났을 때 표시되는 결과 메시지나 오동작했을 때 표시되는 오류 메시지도 있을 것이다.

이러한 메시지를 소스코드 안에 하드코딩해도 동작은 하겠지만 대부분의 경우 프로퍼티 파일과 같은 곳에 따로 관리해서 소스코드에서 분리하는 경우가 많을 것이다. 이처럼 소스코드에서 메시지를 분리하는 가장 대표적인 예가 바로 다국어를 지원하는 국제화(Internationalization) 기능이다. 그 밖에도 굳이 국제화를 하지 않더라도 각종 메시지를 통합해서 관리할 목적으로 소스코드에서 분리하기도 한다.

이번 장에서는 이 같은 메시지를 외부에서 참조하는 기능인 메시지 관리 기법에 대해 살펴보자.

---

**88** (옮긴이) 'classpath:'와 'classpath*:'의 차이는 리소스를 하나만 불러오느냐 여러 개를 불러올 수 있느냐의 차이로, 하나만 불러올 때는 해당 리소스가 없으면 예외를 발생시키지만 여러 개를 불러올 때는 해당 리소스가 없더라도 예외를 발생시키지 않는다.
https://stackoverflow.com/questions/3294423/spring-classpath-prefix-difference

**89** http://docs.spring.io/spring/docs/current/spring-framework-reference/htmlsingle/#resources

## 2.7.1. MessageSource 인터페이스와 구현 클래스

스프링 프레임워크는 외부에서 메시지 정보를 가져오는 기능을 제공하는데, 그 핵심이 MessageSource 인터페이스(org.springframework.context.MessageSource)다. MessageSource는 메시지 정보의 출처를 추상화하기 위한 것으로, 어딘가에 있을 메시지 정보를 가져오기 위해 getMessage 메서드를 제공한다.

▶ MessageSource 인터페이스

```
public interface MessageSource {
    String getMessage(String code, Object[] args, Locale locale)
        throws NoSuchMessageException;
    String getMessage(String code, Object[] args, String defaultMessage, Locale locale);
    String getMessage(MessageSourceResolvable resolvable, Locale locale)
        throws NoSuchMessageException;
}
```

이 같은 메서드의 기본적인 동작 방식은 메시지 코드(code)에 맞는 메시지를 찾아오되, 메시지 문구 안에 동적으로 변경해야 할 부분이 있다면 인수(args)로 받아 완성된 메시지를 만드는 것이다. 만약 요청한 코드에 대응하는 메시지가 없다면 기본 설정한 메시지(defaultMessage)를 사용하게 하거나 예외(NoSuchMessageException)를 발생시키도록 만들 수 있다.

MessageSourceResolvable 인터페이스(org.springframework.context.MessageSourceResolvable)는 메시지 정보를 가져오는 데 필요한 각종 정보(code, args, defaultMessage)를 한 덩어리로 다루는 인터페이스다. 특이한 점은 메시지 코드와 인수를 여러 벌 지정할 수 있다는 것인데, 여러 벌의 메시지 코드 후보 중, 배열 순서대로 코드를 맞춰보고 가장 먼저 찾은 메시지에 해당하는 인수를 적용해 메시지를 만들어낸다.

▶ MessageSourceResolvable 인터페이스

```
public interface MessageSourceResolvable {
    String[] getCodes(); // 여러 개의 코드를 사용할 수 있다.
    Object[] getArguments();
    String getDefaultMessage();
}
```

스프링 프레임워크는 다양한 형태의 MessageSource 구현 클래스를 제공하는데 대표적인 클래스는 다음의 두 가지다(표 2.9).

표 2.9 MessageSource의 주요 구현 클래스

| 클래스명 | 설명 |
|---|---|
| ResourceBundleMessageSource | Java SE 표준의 java.util.ResourceBundle을 사용<br>프로퍼티 파일에서 메시지를 가져옴 |
| ReloadableResourceBundleMessageSource | 스프링이 제공하는 org.springframework.core.io.Resource를 사용<br>프로퍼티 파일에서 메시지를 가져옴<br>java.util.ResourceBundle의 기능을 확장 |

참고로 스프링 프레임워크 3.1.3 버전 이전에는 ResourceBundleMessageSource와 Reloadabl
eResourceBundleMessageSource 간의 기능 차이가 상당히 컸는데, Java SE 6에 추가된 기능들
이 ResourceBundleMessageSource에 많이 채용됐다.[90] 그 결과 프로퍼티 파일의 인코딩(default
Encoding)이나 캐시 기간(cacheSeconds) 설정 등이 지원되어 둘 간의 기능 차이가 많이 줄어들었다.

## 2.7.2. MessageSource 사용

이제 ResourceBundleMessageSource를 활용해 프로퍼티 파일에 정의된 메시지를 가져오는 방법을 소
개한다. 사용할 수 있는 옵션은 조금 다르지만 ReloadableResourceBundleMessageSource도 같은 방
법으로 사용할 수 있다.

### ■ MessageSource의 빈 정의

먼저 MessageSource를 DI 컨테이너에 등록해보자. 이때 빈 ID를 'messageSource'가 되도록 정의하
는 것이 중요한데, 이렇게 미리 약속된 이름으로 등록해야 DI 컨테이너(ApplicationContext)에서 이
MessageSource를 사용할 수 있다.

▶ 자바 기반 설정 방식에서의 MessageSource 정의

```
@Bean
public MessageSource messageSource() {
    ResourceBundleMessageSource messageSource = new ResourceBundleMessageSource();
    // 클래스패스 상에 있는 프로퍼티 파일의 이름을 확장자를 제외하고 지정한다.
    messageSource.setBasenames("messages");
    return messageSource;
}
```

---

**90** (옮긴이) ResourceBundle.Control이 새로 추가됐다.
https://docs.oracle.com/javase/6/docs/api/java/util/ResourceBundle.Control.html

▶ XML 기반 설정 방식에서의 MessageSource 정의

```xml
<bean id="messageSource"
    class="org.springframework.context.support.ResourceBundleMessageSource">
    <!-- 클래스패스 상에 있는 프로퍼티 파일의 이름을 확장자를 제외하고 지정한다. -->
    <property name="basenames">
        <list>
            <value>messages</value>
        </list>
    </property>
</bean>
```

## ■ 메시지 정의

다음은 메시지를 프로퍼티 파일에 정의할 차례다.

▶ messages.properties 정의 예

```
# welcome.message={0}님, 환영합니다!
welcome.message={0}\uB2D8, \uD658\uC601\uD569\uB2C8\uB2E4!
```

▶ application-messages.properties 정의 예

```
# result.succeed={0} 처리가 성공했습니다.
result.succeed={0} \uCC98\uB9AC\uAC00 \uC131\uACF5\uD588\uC2B5\uB2C8\uB2E4.
```

프로퍼티 키에는 메시지 코드를, 프로퍼티 값에는 MessageFormat 클래스(java.text.MessageFormat)가 해석할 수 있는 메시지 문자열을 지정한다. 단 영문이나 숫자와 같이 아스키(ASCII) 코드로 표현할 수 없는 한글과 같은 문자를 메시지에 사용하고 싶다면 유니코드(Unicode) 문자를 사용하되 아스키 코드에서 사용 가능한 문자로 표현해야 한다.[91] 이러한 변환을 돕기 위해 JDK에는 native2ascii라는 툴이 포함돼 있다.[92]

메모

> 사용하는 IDE가 이클립스(Eclipse)이거나 STS(Spring Tool Suite)라면 ResourceBundle Editor라는 플러그인을 사용하길 권한다.[93] 명령행에서 native2ascii를 사용하는 것보다 GUI 환경에서 좀 더 직관적으로 메시지를 편집할 수 있다.

---

**91** (옮긴이) 프로퍼티 파일은 스펙상 ISO-8859-1로 인코딩된다고 규정하고 있다.

**92** https://docs.oracle.com/javase/8/docs/technotes/tools/unix/native2ascii.html

**93** (옮긴이) 원서에는 Properties Editor를 추천하고 있으나 옮긴이는 다국어 편집이 쉽고 다국어 프로퍼티 파일 간의 누락도 확인할 수 있는 ResourceBundle Editor를 추천한다.
Properties Editor: https://marketplace.eclipse.org/content/properties-editor
ResourceBundle Editor: https://marketplace.eclipse.org/content/resourcebundle-editor

### ■ MessageSource의 API 활용

메시지를 사용할 때는 DI 컨테이너에 등록된 MessageSource를 주입받은 다음 getMessage 메서드를
호출하면 된다.

▶ MessageSource의 API 사용 예

```
@Autowired
MessageSource messageSource;    // 자동으로 주입받음

public void printWelcomeMessage() {
    // getMessage 메서드 호출
    String message = messageSource.getMessage(
        "result.succeed",
        new String [] {"사용자 등록"},
        Locale.KOREAN);
    System.out.println(message);
}
```

printWelcomeMessage 메시지를 호출하면 콘솔에 '사용자 등록 처리가 성공했습니다.'라는 메시지가
출력된다.

### ■ MessageSourceResolvable의 활용

앞서 살펴본 예에서 뭔가 이상한 점을 발견했을 것이다. 바로 '사용자 등록'이라는 문자열이 소스코드
상에 하드코딩돼 있다는 점이 문제가 될 수 있다. 이처럼 메시지에 포함할 인수 값조차 프로퍼티 파
일에서 읽어오고 싶은 경우에는 DefaultMessageSourceResolvable 클래스(org.springframework.
context.support.DefaultMessageSourceResolvable)를 활용하면 된다. 다음은 'functionName.
userRegistration'이라는 키에 해당하는 프로퍼티 값을 메시지의 인수로 전달하는 예다.

▶ MessageSourceResolvable 의 사용 예

```
MessageSourceResolvable functionName =
    new DefaultMessageSourceResolvable("functionName.userRegistration");

String message = messageSource.getMessage("result.succeed",
    new MessageSourceResolvable[] {functionName},
    Locale.KOREAN);
```

이 방법을 사용하면 앞의 예에서 소스코드에 하드코딩했던 '사용자 등록'이라는 문자열을 프로퍼티 파
일에서 읽는 방식으로 대체할 수 있다.

▶ messages.properties의 정의 예

```
# functionName.userRegistration=사용자 등록
functionName.userRegistration=\uC0AC\uC6A9\uC790 \uB4F1\uB85D
```

## 2.7.3. 프로퍼티 파일을 UTF-8로 인코딩

지금까지는 프로퍼티 파일에 메시지를 저장할 때 유니코드를 아스키 문자열로 변환한 문자열을 사용했다. 이것은 프로퍼티 파일이 ISO-8859-1로 인코딩되는 것이 사양에 규정돼 있기 때문이다. 하지만 ResourceBundleMessageSource는 프로퍼티 파일을 다른 인코딩 방식으로 사용할 수 있는 기능을 제공한다. 이 방법을 이용하면 더는 native2ascii로 변환하지 않아도 되고 만약 ResourceBundle Editor 같은 IDE 플러그인으로 프로퍼티 파일을 관리하지 못하는 상황이라면 아예 파일 자체를 다른 인코딩으로 저장한 후, 읽어 들일 때 해당 인코딩으로 읽어오게 명시할 수 있다.[94]

▶ 기본 인코딩을 지정해 네이티브 코드 메시지를 활용

```
@Bean
public MessageSource messageSource() {
    ResourceBundleMessageSource messageSource = new ResourceBundleMessageSource();
    messageSource.setBasenames("messages");
    // 프로퍼티 파일이 ISO-8859-1이 아니라 UTF-8로 인코딩돼 있다.
    messageSource.setDefaultEncoding("UTF-8");
    return messageSource;
}
```

여기까지 됐다면 이제 기존 프로퍼티 파일을 UTF-8로 인코딩하고, 메시지를 다시 UTF-8로 다시 작성하면 된다.[95]

▶ 메시지 정의 예

```
result.succeed={0}건의 처리가 성공했습니다.
functionName.userRegistration=사용자 등록
```

---

**94** (옮긴이) 단 기존에 만들어진 모듈을 활용하거나 타 모듈에 포함된 프로퍼티를 읽어와야 할 경우 적용한 인코딩이 서로 맞지 않을 수 있으니 주의가 필요하다.

**95** (옮긴이) 이 방식을 사용하면 프로퍼티 파일의 표준에는 벗어나긴 하나 아스키 문자가 아닌 한글이 바로 보이므로 IDE 등에서 메시지에 사용된 한글 단어에 대한 검색이 한결 쉬워지는 장점이 있다.

## 2.7.4. 다국어 지원하기

MessageResource의 구현 클래스는 국가별로 메시지의 언어를 다르게 적용할 수 있는 국제화 기능을 갖추고 있다. 구체적으로는 언어마다 프로퍼티 파일을 따로 만들고 Java SE의 ResourceBundle 사양에서 지원하는 로캘을 선택하면 된다.[96] 자바 가상 머신의 기본 로캘이 한국(한국어)이라고 가정할 때 한국어와 영어 메시지를 둘 다 지원해야 한다면 다음과 같이 설정하면 된다.

우선 기본 로캘의 언어에 맞는 프로퍼티 파일을 만든다. 이때 파일명에는 언어나 국가 코드를 추가하지 않은 일반적인 프로퍼티 파일명을 사용한다.[97]

▶ messages.properties

```
welcome.message={0}님, 환영합니다!
```

다음으로 영어 메시지를 담은 프로퍼티 파일을 만든다. 이때 파일명에 언어 정보를 접미어로 추가해야 한다.

▶ messages_en.properties

```
welcome.message=Welcome, {0}!
```

위의 예에서는 메시지를 언어로만 구분하게 만들었지만 국가 코드와 조합하면 메시지를 더 세분화해서 관리할 수 있다. 예를 들어, 미국 영어와 영국 영어에서는 의미는 같지만 서로 다른 단어를 사용하는 경우가 있다. 이런 경우에는 messages_en_US.properties, messages_en_GB.properties와 같이 파일을 구분하면 된다. 그리고 두 국가 간에 차이가 없는 공통적인 메시지는 messages_en.properties 파일에 두면 된다.[98]

---

**96** 자세한 내용은 다음 문서를 참고한다.
http://docs.oracle.com/javase/8/docs/api/java/util/ResourceBundle.html

**97** (옮긴이) 로캘 정보가 없는 프로퍼티 파일은 사용하려는 로캘에 맞는 파일이 없는 경우에 사용된다. 기본 로캘이 한국어이고 messages.properties, messages_en.properties만 있으면 messages.properties가 사용되지만 messages_ko.properties가 명시적으로 존재한다면 messages_ko.properties가 사용된다. 그리고 이 상태에서 존재하지 않는 다른 언어(예: 일본어)의 메시지를 가져오게 하면 messages.properties가 사용되는 것이 아니라 messages_ko.properties가 사용된다. 즉, 원하는 로캘에 해당하는 프로퍼티 파일이 없는 경우에는 좀 더 구체적인 프로퍼티 파일을 사용한다.

**98** (옮긴이) 자바 코드에서도 메시지를 가져올 때 로캘 정보를 넣어야 하는데, 미국 영어는 Locale.US를, 영국 영어는 Locale.UK를, 두 나라 공통으로 사용하는 영어는 Locale.ENGLISH를 사용하면 된다. 언어 코드와 국가 코드는 다음 문서를 참고하자.
https://www.w3schools.com/tags/ref_language_codes.asp
https://www.w3schools.com/tags/ref_country_codes.asp

# 3장

## 데이터 접근(JDBC, Tx)

2장에서는 스프링 프로젝트의 근간이 되는 스프링 프레임워크에 대해, 그중에서도 DI나 AOP와 같은 핵심 기술을 알아봤다. 이번에는 애플리케이션을 개발할 때 결코 빠뜨릴 수 없는 데이터 접근 기능을 살펴보자. 참고로 이번 장에서 다룰 내용은 스프링 프레임워크가 제공하는 JDBC 관련 기능과 트랜잭션 관리 기능, 그리고 데이터 접근 시의 예외 처리 기능이다. 그 밖에도 데이터 접근과 관련된 내용으로 JPA(Java Persistence API)나 하이버네이트(Hibernate)[1], 마이바티스(MyBatis)[2] 같은 ORM(Object-Relational Mapping/Mapper)과 관련된 것이 있는데, 이들에 대해서는 뒤에서 따로 다루겠다. 그림 3.1은 스프링 프레임워크를 데이터 접근 모듈의 관점에서 바라본 개념도다.

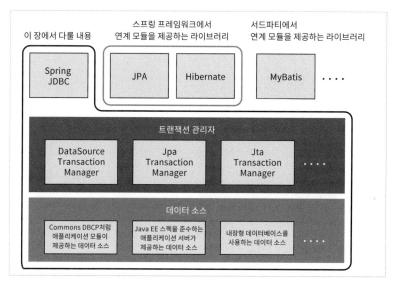

그림 3.1 스프링 프레임워크와 데이터 접근 관련 모듈

## 3.1. 스프링 프레임워크와 데이터 소스

이번 절에서는 스프링 프레임워크에서 제공하는 데이터 접근 방법 중 JDBC를 통한 접근 방법에 대해 알아보겠다. 다만 그 전에 데이터 소스의 종류에 대해 먼저 살펴보고, 이후에는 스프링 JDBC(Spring JDBC)를 활용하는 방법에 대해 설정과 예를 보면서 살펴보겠다.

---

1    http://hibernate.org/

2    http://mybatis.org/

## 3.1.1. 데이터 소스 개요

데이터 소스는 애플리케이션이 데이터베이스에 접근하기 위한 추상화된 연결 방식, 즉 커넥션(java. sql.Connection)을 제공하는 역할을 한다. 그리고 스프링 프레임워크가 제공하는 데이터 소스에는 크게 세 가지 종류가 있다.

### ■ 애플리케이션 모듈이 제공하는 데이터 소스

Commons DBCP[3]나 Tomcat JDBC Connection Pool[4]과 같이 서드파티가 제공하는 데이터 소스나 DriverManagerDataSource[5] 같이 스프링 프레임워크가 테스트 용도로 제공하는 데이터 소스를 빈으로 등록해서 사용하는 방식을 말한다. 이러한 방식은 데이터베이스에 접속하기 위한 사용자 ID와 패스워드, 접속 대상 URL 같은 데이터베이스 접속 정보를 애플리케이션이 직접 관리하고 데이터 소스에 설정해야 한다.

### ■ 애플리케이션 서버가 제공하는 데이터 소스

애플리케이션 서버가 정의한 데이터 소스를 JNDI(Java Naming and Directory Interface)[6]를 통해 가져와서 사용하는 방식이다. 이 방식은 데이터베이스에 접속하기 위한 각종 정보를 애플리케이션 서버에서 관리하기 때문에 애플리케이션으로부터 데이터베이스 관련 정보를 분리해낼 수 있을뿐더러 애플리케이션 서버가 제공하는 각종 관리 기능도 활용할 수 있다는 장점이 있다.

### ■ 내장형 데이터베이스를 사용하는 데이터 소스

HSQLDB[7], H2[8], Apache Derby[9] 같은 내장형 데이터베이스에 접속하는 데이터 소스를 말한다. 이 방식은 사전에 데이터베이스를 준비할 필요 없이 애플리케이션이 기동할 때 데이터 소스의 설정과 생성이 자동으로 이뤄진다. 데이터베이스 환경을 손쉽게 만들 수 있기 때문에 애플리케이션을 본격적으로 개발하기 전에 프로토타입을 만들거나, 업무 비즈니스 성격이 아닌 각종 지원 툴이나 관리 툴 성격

---

3    https://commons.apache.org/proper/commons-dbcp/

4    https://tomcat.apache.org/tomcat-9.0-doc/jdbc-pool.html

5    https://docs.spring.io/spring/docs/current/javadoc-api/org/springframework/jdbc/datasource/DriverManagerDataSource.html

6    JNDI에 대해 익숙치 않다면 다음 문서를 참고하자.
     https://docs.oracle.com/javase/tutorial/jndi/

7    http://hsqldb.org/

8    http://www.h2database.com/

9    https://db.apache.org/derby/

의 애플리케이션을 개발할 때 많이 활용된다. 간편하게 사용할 수 있는 만큼 제약도 있기 때문에 미션 크리티컬한 엔터프라이즈 환경에서는 좀처럼 사용되지 않느다.

메모
    Commons DBCP는 아파치[10]에서 제공하는 데이터 소스 라이브러리로서 커넥션 풀 기능을 갖추고 있다.

## 3.1.2. 데이터 소스 설정

이제 데이터 소스를 설정하는 방법을 살펴보자. 데이터 소스를 활용하려면 메이븐의 pom.xml에 다음과 같이 의존 관계를 정의해야 한다.

▶ pom.xml 설정

```
<dependency>
    <groupId>org.springframework</groupId>
    <artifactId>spring-jdbc</artifactId>
</dependency>
```

### ■ 애플리케이션 모듈이 제공하는 데이터 소스

Commons DBCP 같은 컨넥션 풀을 데이터 소스로 사용할 때의 설정 방식을 알아보자. 다음은 데이터 베이스로는 PostgreSQL을, 데이터 소스에는 Commons DBCP를 사용하는 예다. 데이터베이스에 접속할 때 필요한 각종 정보와 커넥션 풀의 설정 값 등은 별도의 jdbc.properties에 기재돼 있다고 가정한다.

▶ 자바 기반 설정 방식으로 데이터 소스 정의

```
@Configuration
@PropertySource("classpath:jdbc.properties")
public class PoolingDataSourceConfig {
    @Bean(destroyMethod = "close") ─────────────────────────────────────❶
    public DataSource dataSource(
            @Value("${database.driverClassName}") String driverClassName,
            @Value("${database.url}") String url,
            @Value("${database.username}") String username,
```

```
        @Value("${database.password}") String password,
        @Value("${cp.maxTotal}") int maxTotal,
        @Value("${cp.maxIdle}") int maxIdle,
        @Value("${cp.minIdle}") int minIdle,
        @Value("${cp.maxWaitMillis}") long maxWaitMillis) { ─────────────── ❷
    BasicDataSource dataSource = new BasicDataSource(); ─────────────── ❸
    dataSource.setDriverClassName(driverClassName); ─────────────── ❹
    dataSource.setUrl(url);
    dataSource.setUsername(username);
    dataSource.setPassword(password);
    dataSource.setDefaultAutoCommit(false);
    dataSource.setMaxTotal(maxTotal);
    dataSource.setMaxIdle(maxIdle);
    dataSource.setMinIdle(minIdle);
    dataSource.setMaxWaitMillis(maxWaitMillis);
    return dataSource;
    }
}
```

❶ Commons DBCP가 제공하는 데이터 소스 객체를 스프링 프레임워크에서 사용하기 위해 빈으로 정의한다. 애플리케이션을 종료할 때 데이터 소스와 관련된 리소스가 해제될 수 있도록 @Bean 애너테이션의 destroyMethod 속성에 BasicDataSource 클래스(org.apache.commons.dbcp2.BasicDataSource)의 close 메서드를 지정한다.

❷ 데이터베이스와 관련된 접속 정보나 커넥션 풀과 관련된 설정 정보를 프로퍼티 파일에서 읽어 메서드의 파라미터를 통해 전달한다.

❸ 데이터 소스를 생성하기 위해 BasicDataSource 클래스를 사용한다.

❹ ❷의 매개변수를 통해 전달되는 각종 정보를 활용해 데이터 소스를 설정한다.

▶ 데이터베이스 관련 설정 정보(jdbc.properties)

```
database.url=jdbc:postgresql://localhost/sample ─────────────── ❺
database.username=postgres
database.password=postgres
database.driverClassName=org.postgresql.Driver
cp.maxTotal=96
cp.maxIdle=16
cp.minIdle=0
cp.maxWaitMillis=60000 ───────────────
```

❺ 데이터베이스 접속 정보와 커넥션 풀 설정 정보를 프로퍼티로 정의한다.

▶ XML 기반 설정 방식으로 데이터 소스 정의

```xml
<?xml version="1.0" encoding="UTF-8"?>
<beans
    xmlns="http://www.springframework.org/schema/beans"
    xmlns:xsi="http://www.w3.org/2001/XMLSchema-instance"
    xmlns:context="http://www.springframework.org/schema/context"
    xsi:schemaLocation="
        http://www.springframework.org/schema/beans
        http://www.springframework.org/schema/beans/spring-beans.xsd
        http://www.springframework.org/schema/context
        http://www.springframework.org/schema/context/spring-context.xsd">

    <context:property-placeholder location="classpath:META-INF/jdbc.properties" />  ────── ❶

    <bean id="dataSource"
        class="org.apache.commons.dbcp2.BasicDataSource" destroy-method="close">  ────── ❷
        <property name="driverClassName" value="${database.driverClassName}" />  ────── ❸
        <property name="url" value="${database.url}" />
        <property name="username" value="${database.username}" />
        <property name="password" value="${database.password}" />
        <property name="defaultAutoCommit" value="false" />
        <property name="maxTotal" value="${cp.maxTotal}" />
        <property name="maxIdle" value="${cp.maxIdle}" />
        <property name="minIdle" value="${cp.minIdle}" />
        <property name="maxWaitMillis" value="${cp.maxWaitMillis}" />
    </bean>
</beans>
```

❶ ⟨context:property-placeholder⟩ 요소를 이용해 프로퍼티 파일을 읽어 들인다. 이 예에서는 클래스패스 상에 있는 META-INF/jdbc.properties 파일을 참조한다.

❷ Commons DBCP가 제공하는 데이터 소스 객체를 스프링 프레임워크에서 사용하기 위해 빈으로 정의한다. 애플리케이션을 종료할 때 데이터 소스와 관련된 리소스가 해제될 수 있도록 ⟨bean⟩ 요소의 destroy-method 속성에 BasicDataSource 클래스(org.apache.commons.dbcp2.BasicDataSource)의 close 메서드를 지정한다.

❸ 데이터베이스와 관련된 접속 정보나 커넥션 풀과 관련된 설정 정보를 프로퍼티 파일에서 읽어 빈의 프로퍼티를 통해 전달되게 한다.

■ 애플리케이션 서버가 제공하는 데이터 소스

다음으로 애플리케이션 서버가 제공하는 데이터 소스를 활용하는 방식을 설명한다. 이 예에서는 애플리케이션 서버에 'jdbc/mydb'라는 JNDI명으로 커넥션 풀이 만들어져 있다고 가정한다.

▶ 자바 기반 설정 방식으로 데이터 소스 정의

```
@Configuration
public class JndiDatasourceConfig {
    @Bean ─────────────────────────────────────────────── ❶
    public DataSource dataSource() {
        JndiTemplate jndiTemplate = new JndiTemplate(); ──────── ❷
        return jndiTemplate.lookup("java:comp/env/jdbc/mydb", DataSource.class); ──── ❸
    }
}
```

❶ DataSource 타입(javax.sql.DataSource)의 빈을 정의한다.

❷ 애플리케이션 서버에 있는 리소스를 JNDI를 통해 룩업하기 위해 JndiTemplate 클래스(org.springframework.jndi. JndiTemplate)의 인스턴스를 생성한다.

❸ lookup 메서드를 통해 JNDI명이 'java:comp/env/jdbc/mydb'인 리소스(데이터 소스)를 찾아온다.[11]

XML 기반 설정 방식에서는 jee 네임스페이스를 활용해 설정을 더욱 간결하게 만들 수 있다.

▶ XML 기반 설정 방식으로 데이터 소스 정의

```
<?xml version="1.0" encoding="UTF-8"?>
<beans
    xmlns="http://www.springframework.org/schema/beans"
    xmlns:xsi="http://www.w3.org/2001/XMLSchema-instance"
    xmlns:jee="http://www.springframework.org/schema/jee"
    xsi:schemaLocation="
        http://www.springframework.org/schema/beans
        http://www.springframework.org/schema/beans/spring-beans.xsd
        http://www.springframework.org/schema/jee
        http://www.springframework.org/schema/jee/spring-jee.xsd"> ─────── ❶

    <jee:jndi-lookup id="dataSource" jndi-name="java:comp/env/jdbc/mydb" /> ─────── ❷

</beans>
```

❶ jee 네임스페이스를 활용하기 위해 XML 네임스페이스와 스키마에 jee 관련 설정을 추가한다.

❷ <jee:jndi-lookup> 요소에서 JNDI를 통해 찾아올 리소스를 정의한다. 찾아올 리소스의 이름은 jndi-name 속성에 지정 하면 된다.

---

11 (옮긴이) 'java:comp/env' 같은 접두어는 JDNI에서 관리하는 자원의 이름에 대한 일종의 관례 같은 명명 규칙이다. 애플리케이션 서버의 설정과 JNDI에 등록한 방법에 따라 접두어의 사용 여부가 달라질 수 있으므로 사전에 사용하려는 애플리케이션 서버의 매뉴얼에서 JDNI 관련 예시나 실제로 JDNI 상에 등록된 형태를 반드시 확인하자.

## ■ 내장형 데이터베이스를 사용하는 데이터 소스

마지막으로 내장형 데이터베이스를 사용하는 데이터 소스에 대해 알아보자. 내장형 데이터베이스를 사용할 때는 애플리케이션을 기동할 때마다 데이터베이스가 새로 구축되기 때문에 테이블과 같은 기본 구조를 만들기 위한 DDL(Data Definition Language)과 초기 데이터를 적재하기 위한 DML(Data Manipulation Language)을 함께 준비해야 한다.[12]

다음은 내장형 데이터베이스로 H2를 사용하고, 데이터베이스를 구축하기 위한 DDL로는 schema. sql 파일이, 초기 데이터를 적재하기 위한 DML로는 insert-init-data.sql 파일을 사용하는 예다.

▶ 자바 기반 설정 방식으로 데이터 소스 정의

```
import javax.sql.DataSource;
import org.springframework.context.annotation.Bean;
import org.springframework.context.annotation.Configuration;

@Configuration
public class DatasourceEmbeddedConfig {
    @Bean ─────────────────────────────────────────────────── ❶
    public DataSource dataSource() {
        return new EmbeddedDatabaseBuilder() ──────────────── ❷
                .setType(EmbeddedDatabaseType.H2) ─────────── ❸
                .setScriptEncoding("UTF-8") ───────────────── ❹
                .addScripts("META-INF/sql/schema.sql", "META-INF/sql/insert-init-data.sql") ❺
                .build(); ─────────────────────────────────── ❻
    }
}
```

❶ DataSource 타입(javax.sql.DataSource)의 빈을 정의한다.

❷ 데이터 소스를 생성하기 위해 EmbeddedDatabaseBuilder 클래스(org.springframework.jdbc.datasource.
   embedded.EmbeddedDatabaseBuilder)를 사용한다.

❸ setType 메서드로 사용할 내장형 데이터베이스를 지정한다. 이 예제에서는 H2를 사용하기 위해 EmbeddedDatabase
   Type.H2를 지정한다.[13]

❹ setScriptEncoding 메서드로 SQL 파일의 파일 인코딩 방식을 지정한다. 이 예제에서는 UTF-8을 지정한다.

---

12 (옮긴이) DDL이나 DML과 같은 용어가 익숙치 않다면 다음 문서를 참고하자.
   http://www.orafaq.com/faq/what_are_the_difference_between_ddl_dml_and_dcl_commands
13 (옮긴이) 이 책을 번역하는 시점에서 사용 가능한 내장형 데이터베이스로는 Derby, H2, HSQLDB가 있다.
   http://docs.spring.io/spring/docs/current/javadoc-api/org/springframework/jdbc/datasource/embedded/EmbeddedDatabaseType.html

❺ addScripts 메서드로 애플리케이션 기동 시 실행할 SQL 파일을 지정한다.

❻ build 메서드로 이제까지 설정한 내용으로 데이터 소스를 생성한다.

▶ XML 기반 설정 방식으로 데이터 소스 정의(datasource-embedded.xml)

```xml
<?xml version="1.0" encoding="UTF-8"?>
<beans
    xmlns="http://www.springframework.org/schema/beans"
    xmlns:xsi="http://www.w3.org/2001/XMLSchema-instance"
    xmlns:jdbc="http://www.springframework.org/schema/jdbc" ————————❶
    xsi:schemaLocation="
        http://www.springframework.org/schema/beans
        http://www.springframework.org/schema/beans/spring-beans.xsd
        http://www.springframework.org/schema/jdbc ————————————————❶
        http://www.springframework.org/schema/jdbc/spring-jdbc.xsd"> ———❶

    <jdbc:embedded-database id="dataSource" type="H2"> ——————————————❷
        <jdbc:script location="classpath:META-INF/sql/schema.sql" encoding="UTF-8" /> ——┐ ❸
        <jdbc:script location="classpath:META-INF/sql/insert-init-data.sql"
            encoding="UTF-8" /> ——————————————————————————————┘
    </jdbc:embedded-database>
</beans>
```

❶ jdbc 네임스페이스를 활용하기 위해 XML 네임스페이스와 스키마에 jdbc 관련 설정을 추가한다.

❷ ⟨jdbc:embedded-database⟩ 요소를 사용해 내장형 데이터베이스를 정의한다. 이 예제에서는 H2를 사용하도록 설정돼 있다.

❸ ⟨jdbc:script⟩ 요소를 사용해 애플리케이션 기동 시 실행할 SQL 파일 정보를 설정한다. location 속성에는 SQL 파일의 경로를 설정하면 되는데, 이 예제에서는 클래스패스 상에 있는 schema.sql과 insert-init-data.sql의 두 파일을 실행하도록 설정돼 있다. 이 파일들을 읽을 때 사용할 인코딩 방식은 encoding 속성에 지정하며 이 예제에서는 UTF-8로 읽도록 설정돼 있다.

## 3.2. 스프링 JDBC

3.1절에서는 스프링 JDBC(Spring JDBC)를 사용할 때 필요한 데이터 소스의 설정 방법을 알아봤다. 여기서는 데이터를 다룰 때 중요한 역할을 하는 JdbcTemplate 클래스를 살펴보자. 기본적인 CRUD 처리를 하려면 SQL을 어떻게 실행하는지, SQL에 필요한 값을 어떻게 바인딩하는지, SQL이 실행된 후, 그 결과에서 어떻게 데이터를 꺼내오는지 알아보자.

## 3.2.1. 스프링 JDBC 개요

스프링 JDBC는 SQL의 실제 내용과는 상관없이 공통적이면서도 반복적으로 수행되는 JDBC 처리를 개발자가 직접 구현하는 대신 프레임워크가 대행하는 기능을 제공한다. 여기서 말하는 공통적이면서도 반복적으로 수행되는 처리에는 다음과 같은 것이 있다.

- 커넥션의 연결과 종료
- SQL 문의 실행
- SQL 문 실행 결과 행에 대한 반복 처리
- 예외 처리

이처럼 스프링 JDBC를 활용하면 위와 같은 공통적이고 반복적인 작업을 개발자가 직접 구현하지 않아도 되므로 작업 분량이 상당히 줄어든다. 결국 이러한 내용을 제외하고 나면 개발자가 구현할 부분은 다음과 같은 내용만 남는다.

- SQL 문 정의
- 파라미터 설정
- ResultSet에서 결과를 가져온 후, 각 레코드별로 필요한 처리

## 3.2.2. JdbcTemplate 클래스를 활용한 CRUD

스프링 JDBC는 JdbcTemplate 클래스(org.springframework.jdbc.core.JdbcTemplate)나 NamedParameterJdbcTemplate 클래스(org.springframework.jdbc.core.namedparam.NamedParameterJdbcTemplate)와 같이 SQL만 가지고도 데이터베이스를 쉽게 다룰 수 있게 도와주는 클래스를 제공한다. 특히 NamedParameterJdbcTemplate 클래스는 사실상 데이터를 조작하는 처리를 JdbcTemplate 클래스에 위임하게 되는데, 이 둘의 차이는 JdbcTemplate 클래스가 데이터 바인딩 시 '?' 문자를 플레이스홀더로 사용하는 반면, NamedParameterJdbcTemplate 클래스는 데이터 바인딩 시 파라미터 이름을 사용할 수 있어서 '?'를 사용할 때보다 좀 더 직관적으로 데이터를 다룰 수 있게 해준다는 것이다.

한편 JdbcTemplate 클래스를 애플리케이션에서 사용할 때는 개발자가 직접 JdbcTemplate을 만들어서 쓰기보다는 DI 컨테이너가 만든 JdbcTemplate을 @Autowired 애너테이션으로 주입받아서 쓰는 것이 더 일반적이다. 예를 들어, user 테이블에서 user_id로 사용자 정보를 조회한 다음, user_name 정보를 결과로 받고 싶다면 다음과 같이 구현하면 된다.

▶ JdbcTemplate을 활용한 데이터 조회

```
@Autowired
JdbcTemplate jdbcTemplate;

public String findUserName(String userId) {
    String sql = "SELECT user_name FROM user WHERE user_id = ?";
    return jdbcTemplate.queryForObject(sql, String.class, userId);
}
```

▶ 자바 기반 설정 방식으로 JdbcTemplate 정의

```
@Configuration
public class AppConfig {
    // 생략
    @Bean
    public JdbcTemplate jdbcTemplate(DataSource dataSource) {
        return new JdbcTemplate(dataSource);
    }
}
```

### ■ JdbcTemplate 클래스가 제공하는 주요 메서드

JdbcTemplate 클래스에는 데이터를 다루기 위한 다양한 메서드가 준비돼 있다. 그중에서도 많이 활용되는 주요 메서드 몇 가지를 이번 절에서 설명한다(표 3.1).

표 3.1 JdbcTemplate의 주요 메서드

| 메서드명 | 설명 |
|---|---|
| queryForObject | 하나의 결과 레코드 중에서 하나의 칼럼 값을 가져올 때 사용함<br>RowMapper와 함께 사용하면 하나의 레코드 정보를 객체에 매핑할 수 있음 |
| queryForMap | 하나의 결과 레코드 정보를 Map 형태로 매핑할 수 있음 |
| queryForList | 여러 개의 결과 레코드를 다룰 수 있음<br>List의 한 요소가 한 레코드에 해당<br>한 레코드의 정보는 queryForObject나 queryForMap을 사용할 때와 같음 |
| query | ResultSetExtractor, RowCallbackHandler와 함께 조회할 때 사용함 |
| update | 데이터를 변경하는 SQL(예: INSERT, DELETE, UPDATE)을 실행할 때 사용함 |

### ■ 샘플 애플리케이션

스프링 JDBC의 기본적인 사용법을 살펴보기 위해 간단한 애플리케이션을 예로 들어 살펴보자. 이 샘플 애플리케이션은 회의실 예약 기능을 제공한다고 가정한다.

## 스키마 정보

이 예에서 사용할 테이블 스키마는 다음과 같다(그림 3.2). 참고로 room 테이블과 equipment 테이블은
1:다 관계다.

**room( 회의실 ) 테이블**

| 컬럼 | 타입 | 비고 |
|---|---|---|
| room_id(pk) | VARCHAR(10)NOT NULL | |
| room_name | VARCHAR(30)NOT NULL | |
| capacity | INT NOT NULL | |

**equipment( 시설 ) 테이블**

| 컬럼 | 타입 | 비고 |
|---|---|---|
| equipment_id(pk) | VARCHAR(10)NOT NULL | |
| room_id(pk) | VARCHAR(10)NOT NULL | 외래키 room(room_id) |
| equipment_name | VARCHAR(30)NOT NULL | |
| equipment_count | INT NOT NULL | |
| equipment_remarks | VARCHAR(100) | |

그림 3.2 테이블의 스키마 정보

## 초기 적재 데이터

테이블에 저장할 초기 적재 데이터는 다음과 같다(그림 3.3).

**room( 회의실 ) 테이블**

| room_id | room_name | capacity |
|---|---|---|
| A001 | 임원 회의실 | 10 |
| C001001 | 세미나 룸 | 30 |
| X9999 | 콘퍼런스 룸 | 100 |

**equipment( 시설 ) 테이블**

| equipment_id | room_id | equipment_name | equipment_count | equipment_remarks |
|---|---|---|---|---|
| 10-1 | A001 | 화상 회의 시스템 | 1 | |
| 20-1 | A001 | 프로젝터 | 1 | 고정형 |
| 40-500 | C001001 | 화상 회의용 PC | 10 | |
| 20-2 | C001001 | 프로젝터 | 5 | 이동형 |
| 30-1 | C001001 | 화이트보드 | 6 | 이동형 |

그림 3.3 초기 적재 데이터의 정보

## ■ 칼럼 값을 조회할 때 자바 표준 타입에 담아오기

우선 가장 간단한 방법으로 데이터를 조회해보면서 JdbcTemplate이 어떻게 사용되는지 확인해보자. 이 예에서 사용되는 SQL 문에는 바인드 변수(Bind Variable)를 사용하지 않았으며, 조회 결과로는 단 하나의 레코드 중 단 하나의 칼럼 값만 꺼내오게 했다.

### DAO 클래스 구현

데이터베이스에 접근해서 데이터를 다루게 될 DAO(Data Access Object) 클래스를 정의해보자. 여기 서는 JdbcTempate 클래스를 사용하기 위해 스프링 프레임워크가 초기화해둔 것을 @Autowired 애너테 이션으로 주입받아 사용한다. 이후에도 특별한 경우가 아니라면 이렇게 주입받은 JdbcTemplate 클래 스를 사용하겠다. 이어서 데이터를 다루는 처리 내용을 DAO 클래스의 메서드에 구현해보자.

▶ JdbcTemplate을 사용하는 DAO 클래스 구현

```
@Component ─────────────────────────────────────────────── ❶
public class JdbcRoomDao {
    @Autowired ───────────────────────────────────────────── ❷
    JdbcTemplate jdbcTemplate;

    public int findMaxCapacity() { ──────────────────────────── ❸
        String sql = "SELECT MAX(capacity) FROM room"; ──────── ❹
        return jdbcTemplate.queryForObject(sql, Integer.class); ── ❺
    }
}
```

❶ DAO 클래스를 정의한다. 이때 컴포넌트 스캔의 대상이 되도록 클래스에 @Component 애너테이션을 붙여준다.

❷ 프로퍼티로 JdbcTemplate 클래스를 정의한다. 이때 DI 컨테이너가 자동으로 빈을 주입할 수 있도록 @Autowired 애너테 이션을 붙여준다.

❸ 데이터를 다루는 실제 처리 내용을 메서드에 구현한다.

❹ 실행할 SQL 문을 정의한다.

❺ ❷에서 주입된 JdbcTemplate 인스턴스를 통해 queryForObject 메서드를 실행한다. 실행할 SQL 문은 앞서 만든 것을 사용하고 실행 결과는 Integer 타입으로 받는다.[14]

---

**14** (옮긴이) findMaxCapacity 메서드의 반환값은 Integer 타입이 아니라 프리미티브 타입인 int 타입으로 선언돼 있다. 그래서 이 과정에서 자동 형 변환이 발생한다. 오토 박싱(Autoboxing), 언박싱(Unboxing)에 대해서는 다음 문서를 참고하자. https://docs.oracle.com/javase/tutorial/java/data/autoboxing.html

## 스프링 JDBC 설정

JdbcTemplate 클래스를 사용할 때는 dataSource 프로퍼티에 앞서 만들어둔 데이터 소스를 설정해야
한다. DI 컨테이너는 컴포넌트 스캔을 하는 과정에서 @Component 애너테이션이 붙은 DAO 클래스를
발견하게 되고, 프로퍼티에 @Autowired로 설정된 JdbcTemplate 클래스를 주입하게 된다.

▶ XML 기반 설정 방식으로 JdbcTemplate 정의

```xml
<?xml version="1.0" encoding="UTF-8"?>
<beans
    xmlns="http://www.springframework.org/schema/beans"
    xmlns:xsi="http://www.w3.org/2001/XMLSchema-instance"
    xmlns:context="http://www.springframework.org/schema/context"
    xsi:schemaLocation="
        http://www.springframework.org/schema/beans
        http://www.springframework.org/schema/beans/spring-beans.xsd
        http://www.springframework.org/schema/context
        http://www.springframework.org/schema/context/spring-context.xsd">

    <import resource="classpath:datasource-embedded.xml" />                          ❶

    <context:component-scan base-package="com.example" />                           ❷

    <bean id="jdbcTemplate" class="org.springframework.jdbc.core.JdbcTemplate">     ❸
        <property name="dataSource" ref="dataSource" />                             ❹
    </bean>
</beans>
```

❶ 데이터 소스를 정의한 빈 정의 파일을 읽어 들인다. 데이터 소스는 3.1.1절에서 설명한 세 가지 중 어느 것을 써도 상관없지
만 데이터 소스의 빈 이름만큼은 'dataSource'로 정의해야 한다. 참고로 이 예에서 사용한 데이터 소스는 내장형 데이터베
이스다.

❷ 앞서 정의한 DAO 클래스가 컴포넌트 스캔되도록 패키지 범위를 설정한다.

❸ JdbcTemplate 클래스를 빈으로 정의한다.

❹ dataSource 프로퍼티에 ❶의 설정 파일에서 정의된 데이터 소스의 이름을 설정한다.

## DAO 클래스의 동작 확인

이제 지금까지 만들어진 것을 확인해볼 차례다. DI 컨테이너 혹은 애플리케이션 컨텍스트에서 DAO 빈
을 찾아온 다음, 미리 만들어둔 메서드를 실행하기만 하면 내부에서 JdbcTemplate 빈의 도움을 받아
데이터를 손쉽게 조회할 수 있다.

▶ DAO 클래스를 이용한 데이터 조회

```
public static void main(String[] args) {
    ApplicationContext context = new ClassPathXmlApplicationContext("JdbcTemplateConfig.xml");
    JdbcRoomDao dao = context.getBean("jdbcRoomDao", JdbcRoomDao.class); ─────────── ❶
    int maxCapacity = dao.findMaxCapacity(); ──────────────────────────── ❷
    System.out.println(maxCapacity);
}
```

❶ 애플리케이션 컨텍스트에서 DAO 빈을 가져온다.

❷ 데이터를 조회하기 위한 메서드를 실행한다.

## ■ 칼럼 값을 조회할 때 바인드 변수 사용

앞서 살펴본 예에서는 내용에 변화가 없는 정적인 SQL 문을 사용했다. 이와 달리 데이터를 다루다 보면 SQL 문의 일부분을 반복적으로 변경해야 하는 경우가 있다. 이럴 때는 SQL 문의 가변적인 부분에 '?'와 같은 플레이스홀더를 두고, SQL을 실행하는 시점에 변수로 치환하는 방법을 사용할 수 있는데, 이 변수를 바인드 변수라고 한다.[15] JdbcTemplate 클래스는 이러한 바인드 변수가 사용된 SQL도 무리 없이 실행할 수 있는 기능을 제공한다.

▶ 바인드 변수를 이용한 데이터 조회

```
public String findRoomNameById(String roomId) {
    String sql = "SELECT room_name FROM room WHERE room_id = ?"; ─────────── ❶
    return jdbcTemplate.queryForObject(sql, String.class, roomId); ─────────── ❷
    /*
    파라미터를 배열로 전달할 때는 다음과 같은 방법을 쓴다.
    Object[] args = new Object[] {roomId}; ──────────────────── ❸
    return jdbcTemplate.queryForObject(sql, args, String.class);
    */
}
```

❶ 플레이스홀더 '?'를 사용해 SQL 문을 정의한다.

❷ 주입된 JdbcTemplate 인스턴스의 queryForObject 메서드를 실행한다. 이때 '?'에 바인딩될 변수를 메서드의 가변 인수(Varargs) 형태로 지정한다.

❸ 전달할 파라미터 개수가 많을 경우 배열을 사용할 수 있다. Object 배열을 사용하되, 바인드될 순서에 따라 값을 설정하면 된다.

---

15 (옮긴이) 바인드 변수가 생소하다면 왜 이것을 써야 하는지, 개발 언어별로 어떻게 쓰는지를 잘 설명한 다음 자료를 참고하자.
http://use-the-index-luke.com/sql/where-clause/bind-parameters

### ■ 칼럼 값을 조회할 때 네임드 파라미터 사용

앞서 설명한 바인드 변수는 플레이스홀더에 '?' 문자를 사용한다. 그래서 실제로 파라미터를 지정할 때는 바인딩할 순서가 틀리지 않도록 상당한 주의가 필요한데, 심지어 바인딩할 파라미터의 개수가 많아지면 많아질수록 가독성도 떨어진다는 단점이 있다. 이러한 단점을 보완하는 파라미터 설정 방법이 있는데, 이때 사용하는 것이 네임드 파라미터다. 다음 예를 보면서 네임드 파라미터를 어떻게 활용하는지 확인해보자.

▶ NamedParameterJdbcTemplate을 이용한 DAO 클래스 구현

```
@Component ─────────────────────────────────────────── ❶
public class JdbcRoomNamedDao {
    @Autowired ─────────────────────────────────────┐
    NamedParameterJdbcTemplate namedParameterJdbcTemplate; ─┘ ❷

    public String findRoomNameById(String roomId) {
        String sql = "SELECT room_name FROM room WHERE room_id = :roomId"; ── ❸
        Map<String, Object> params = new HashMap<String, Object>();
        params.put("roomId", roomId); ────────────────────────── ❹
        return namedParameterJdbcTemplate ───────────────────── ❺
            .queryForObject(sql, params, String.class);
    }
}
```

❶ DAO 클래스를 정의한다. 이때 컴포넌트 스캔의 대상이 되도록 클래스에 @Component 애너테이션을 붙여준다.

❷ 프로퍼티로 JdbcTemplate을 확장한 NamedParameterJdbcTemplate 클래스(org.springframework.jdbc.core.namedparam.NamedParameterJdbcTemplate)를 정의한다. 이때 DI 컨테이너가 자동으로 빈을 주입할 수 있도록 @Autowired 애너테이션을 붙여준다.

❸ SQL문의 가변부에 ':바인드 변수명'과 같은 형태로 플레이스홀더를 설정한다. 여기서는 'roomId'라는 이름의 바인드 변수를 사용한다.

❹ 파라미터로 전달할 Map에 바인드 변수의 이름을 키로 사용하는 값을 넣는다. 여기서는 ❸에서 정의한 'roomId'라는 바인드 변수로 roomId 값을 설정한다.

❺ ❷에서 주입된 JdbcTemplate 인스턴스를 통해 queryForObject 메서드를 실행한다.

▶ XML 기반 설정 방식으로 NamedParameterJdbcTemplate 정의

```
<bean id="namedParameterJdbcTemplate"
    class="org.springframework.jdbc.core.namedparam.NamedParameterJdbcTemplate"> ── ❶
    <constructor-arg ref="dataSource"/> ─────────────────────── ❷
</bean>
```

❶ NamedParameterJdbcTemplate 클래스(org.springframework.jdbc.core.namedparam.NamedParameter JdbcTemplate)의 빈을 정의한다.

❷ 데이터베이스의 빈의 이름을 생성자 인수로 설정한다. JdbcTemplate 클래스와 달리 프로퍼티가 아닌 생성자의 인수로 설정하는 데 주의하자.

## SqlParameterSource를 활용한 파라미터 설정

앞에서 살펴본 예에서는 NamedParameterJdbcTemplate 메서드에 바인드 변수의 이름을 키로 사용하는 Map을 활용했다. NamedParameterJdbcTemplate 메서드는 Map 외에도 SqlParameterSource 인터페이스(org.springframework.jdbc.core.namedparam.SqlParameterSource)의 구현 클래스를 인수로 받을 수 있는데 SqlParameterSource 인터페이스의 구현 클래스를 사용하면 Map을 사용할 때보다 파라미터 설정을 비교적 쉽게 할 수 있다는 장점이 있다. 다음은 SqlParameterSource 인터페이스의 대표적인 구현체다.

- **org.springframework.jdbc.core.namedparam.MapSqlParameterSource**
  MapSqlParameterSource 객체의 addValue 메서드를 사용해 파라미터 값을 설정할 수 있다. 이때 반환값으로 다시 MapSqlParameterSource 객체가 나오는데, 이 객체는 앞서 추가한 파라미터가 설정된 MapSqlParameterSource 객체다. 다른 파라미터를 더 추가하고 싶다면 이 MapSqlParameterSource 객체의 addValue 메서드를 사용하면 된다. 이렇게 메서드 호출 후의 반환값에 다시 메서드를 이어 호출하는 방식을 반복하면 모든 파라미터를 연속으로 추가하는 메서드 체인(method chain)을 구현할 수 있다. 이해를 돕기 위해 실제로 사용되는 형태를 살펴보면 다음과 같다.

```
MapSqlParameterSource map = new MapSqlParameterSource()
    .addValue("roomId", "A001").addValue("roomName", "임원 회의실 ")
    .addValue("capacity", 10);
```

- **org.springframework.jdbc.core.namedparam.BeanPropertySqlParameterSource**
  SQL 문의 파라미터 값을 설정할 때 빈 객체를 활용할 수 있다. 우선 빈의 프로퍼티 값에 SQL 파라미터 값을 채운 다음, 이 빈을 BeanPropertySqlParameterSource 클래스의 생성자로 전달하면 된다. 이 방법은 빈의 프로퍼티명이 SQL의 파라미터명과 일치할 때 사용할 수 있다. 이해를 돕기 위해 실제로 사용되는 형태를 살펴보면 다음과 같다.

```
Room room = new Room("A001", "임원 회의실", 10);
BeanPropertySqlParameterSource map = new BeanPropertySqlParameterSource(room);
```

## ■ 조회 결과 레코드 값이 1건인 경우

기본키(primary key)로 검색할 때처럼 단 한 건의 검색 결과가 나올 때, 결괏값을 어떻게 가져와야 하는지 살펴보자. JdbcTemplate으로 결괏값을 담아올 때는 사용자가 원하는 빈 형태로 가져오지 못하고 자바에서 기본적으로 제공하는 타입만 써야 한다. 그래서 조회 결과는 칼럼명을 키로 사용하는 Map 형 태로 받게 되고, 값을 꺼낼 때는 적절한 타입으로 형변환해야 한다.

▶ DAO 클래스로 1건을 조회하는 구현 예

```
public Room getRoomById(String roomId) { ─────────────────────────────── ❶
    String sql = "SELECT room_id, room_name, capacity FROM room WHERE room_id = ?"; ──── ❷
    Map<String, Object> result = jdbcTemplate.queryForMap(sql, roomId); ──────── ❸
    Room room = new Room();
    room.setRoomId((String) result.get("room_id")); ─────────────────┐
    room.setRoomName((String) result.get("room_name"));              ❹
    room.setCapacity((Integer) result.get("capacity")); ─────────────┘
    return room;
}
```

❶ JdbcTemplate의 반환값은 Map<String, Object>이지만 DAO 클래스의 메서드에서는 이 형태 그대로 반환하지 않고 비 즈니스 관점에서 적절한 타입으로 결괏값을 반환한다.

❷ 실행할 SQL 문을 정의한다. 이 SQL에서 조회하려는 칼럼명이 조회 결과로 나오는 Map 객체에서 키 역할을 한다.

❸ DAO에 주입된 JdbcTemplate 객체를 이용해 queryForMap 메서드를 실행한다.

❹ Map 타입의 조회 결과에서 칼럼명으로 값을 꺼낸 후, DAO 메서드의 반환 타입인 Room의 인스턴스인 room에 옮겨 담는다.

### ■ 조회 결과 레코드 값이 여러 건인 경우

다음은 조회한 결과가 여러 건인 경우를 살펴보자. 앞서 살펴본 것처럼 JdbcTemplate은 한 레코드의 결과에 대해 Map 타입으로 리턴하는데, 여러 건의 레코드가 나올 때는 Map을 여러 개 담은 List 타입의 결괏값이 나온다.

▶ DAO 클래스에서 여러 건 조회를 구현한 예

```
public List<Room> getAllRoom() { ─────────────────────────────────── ❶
    String sql = "SELECT room_id, room_name, capacity FROM room"; ──────── ❷
    List<Map<String, Object>> resultList = jdbcTemplate.queryForList(sql); ──── ❸
    List<Room> roomList = new ArrayList<Room>();
    for(Map<String, Object> result: resultList) {
        Room room = new Room();
        room.setRoomId((String) result.get("room_id")); ─────────────┐
        room.setRoomName((String) result.get("room_name"));          ❹
        room.setCapacity((Integer) result.get("capacity")); ─────────┘
        roomList.add(room);
    }
```

```
      return roomList;
   }
```

❶ JdbcTemplate의 반환값은 List⟨Map⟨String, Object⟩⟩지만 DAO 클래스의 메서드에서는 이 형태 그대로 반환하지 않고 비즈니스 관점에서 적절한 타입으로 결괏값을 반환한다.

❷ 실행할 SQL 문을 정의한다. 이 SQL에서 검색하려는 칼럼명이 검색 결과로 나오는 List 속의 Map 객체에서 키 역할을 한다.

❸ DAO에 주입된 JdbcTemplate 객체를 이용해 queryForList 메서드를 실행한다.

❹ List 타입의 검색 결과에서 우선 Map 객체를 꺼내고, 그 안에서 칼럼명으로 값을 꺼낸 후, DAO 메서드의 반환 타입으로 옮겨 담는다.

## ■ 조회 결과 레코드 값이 0건인 경우

JdbcTemplate은 조회 결과가 0건이 나오면 queryForList 메서드는 항목의 개수가 0개인 빈 List를 반환하고 그 밖의 메서드에서는 찾는 데이터가 없다는 의미로 EmptyResultDataAccessException 예외(org.springframework.dao.EmptyResultDataAccessException)를 던지도록 돼 있다. 그래서 JdbcTemplate을 이용한 데이터 조회 로직을 구현할 때는 데이터가 존재한다고 가정하고 구현하면 된다. 단, ResultSetExtractor를 사용하는 경우는 조금 다를 수 있는데 이 부분은 뒤에서 다시 설명하겠다.

## ■ 테이블 내용을 변경하는 경우

테이블의 내용을 변경해야 할 때 어떻게 처리하는지 살펴보자. JdbcTemplate에서는 테이블을 변경하는 처리 내용이 등록이냐, 수정이냐, 삭제냐에 상관없이 모든 경우에 update 메서드를 사용한다. 그리고 앞서 살펴본 것처럼 조회할 때 결과가 0건이면 EmptyResultDataAccessException 예외가 발생한 반면, 데이터를 변경할 때는 변경 대상이 0건인 경우라도 예외를 발생시키지 않는다. 데이터를 변경한 후에는 변경된 처리 건수가 반환되므로 변경 작업 성공 여부는 이 반환값으로 판단하면 된다.

▶ DAO 클래스에서 데이터 변경을 구현한 예

```
@Autowired ──────────────────────────────────────────────── ❶
JdbcTemplate jdbcTemplate; ───────────────────────────────

public int insertRoom(Room room) { ───────────────────────── ❷
    String sql = "INSERT INTO room(room_id, room_name, capacity)" ─── ❸
            + " VALUES(?, ?, ?)"; ──────────────────────────
```

```
        return jdbcTemplate.update(sql, room.getRoomId(), room.getRoomName(), ──────── ❹
            room.getCapacity()); ────────────────────────────────
    }

    public int updateRoomById(Room room) {
        String sql = "UPDATE room SET room_name=?, capacity=?"
            + " WHERE room_id=?";
        return jdbcTemplate.update(sql, room.getRoomName(), ───────────── ❺
            room.getCapacity(), room.getRoomId()); ────────────
    }

    public int deleteRoomById(String roomId) {
        String sql = "DELETE FROM room WHERE room_id=?";
        return jdbcTemplate.update(sql, roomId); ──────────────────── ❺
    }
```

❶ 프로퍼티로 JdbcTemplate 클래스를 정의하고 DI 컨테이너가 자동으로 빈을 주입할 수 있도록 @Autowired 애너테이션을 붙여준다. 만약 네임드 파라미터를 사용하고 싶다면 NamedParameterJdbcTemplate 클래스를 정의하면 된다.

❷ 데이터를 등록하는 메서드를 정의한다.

❸ 실행할 SQL 문을 정의한다.

❹ DAO에 주입된 JdbcTemplate 객체를 이용해 update 메서드를 실행한다. 이때 바인드 변수의 순서에 따라 설정할 값을 가변 인수로 전달하면 된다. 물론 앞서 살펴본 조회 예에서처럼 파라미터를 배열로 지정해도 된다.

❺ 테이블 내용을 변경할 때는 등록, 수정, 삭제에 상관없이 모두 JdbcTemplate 클래스의 update 메서드를 호출한다.

## 3.2.3. SQL 질의 결과를 POJO로 변환

앞에서 설명한 것처럼 스프링 JDBC는 처리 결괏값을 자바가 기본적으로 제공하는 데이터 타입이나 Map, List 같은 컬렉션 타입으로 반환한다. 보통 애플리케이션을 개발할 때는 자바에서 제공하는 타입이 아니라 해당 비즈니스에 맞는 데이터 타입을 POJO 형태로 만들어 쓰는 경향이 있기 때문에 반환값을 가공해야 할 수 있다. 스프링 JDBC에서는 기본적으로 반환된 결괏값을 원하는 형태로 변환하기 쉽도록 다음과 같은 세 가지 인터페이스를 제공한다.

- **RowMapper**

  RowMapper 인터페이스는 JDBC의 ResultSet을 순차적으로 읽으면서 원하는 POJO 형태로 매핑하고 싶을 때 사용한다. 그래서 이 인터페이스를 사용하면 ResultSet의 한 행(row)을 읽어 하나의 POJO 객체로 변환할 수 있다. 뒤에 나오는 ResultSetExtractor와의 차이점은 ResultSet의 한 행이 하나의 POJO 객체로 변환되고, ResultSet이 다음 행으로 넘어가는 커서 제어를 개발자가 직접 하지 않고 스프링 프레임워크가 대신 해준다는 점이다.

- **ResultSetExtractor**

  ResultSetExtractor 인터페이스는 JDBC의 ResultSet을 자유롭게 제어하면서 원하는 POJO 형태로 매핑하고 싶을 때 사용한다. RowMapper와의 차이점은 ResultSet의 여러 행 사이를 자유롭게 이동할 수 있다는 점이다. RowMapper는 ResultSet에서 한 행씩만 참조할 수 있어서 다음 행으로 커서를 이동하는 next 같은 메서드를 제공하지 않는다. 그래서 ResultSetExtractor를 사용하면 ResultSet의 여러 행에서 필요한 값을 꺼내서 하나의 POJO 객체에 채워넣을 수 있다.

- **RowCallbackHandler**

  RowCallbackHandler 인터페이스의 메서드는 앞서 살펴본 RowMapper나 ResultSetExtractor와 달리 반환값이 없다. 그래서 JDBC의 ResultSet 정보를 처리 결과를 반환하기 위해 사용하는 것이 아니라 별도의 다른 처리를 하고 싶을 때 사용한다. 예를 들면, ResultSet에서 읽은 데이터를 파일 형태로 출력하거나, 조회된 데이터를 검증하는 용도로 활용할 수 있다.

## ■ RowMapper 인터페이스 구현

이제 앞서 살펴본 RowMapper 인터페이스를 구현하는 방법을 알아보자.

### RowMapper 구현 클래스 만들기

RowMapper 인터페이스를 구현하는 클래스를 만든 다음, mapRow 메서드 안에서 ResultSet의 값을 읽어 POJO를 생성하게 한다. 만약 검색 결과가 0건인 경우에는 mapRow 메서드가 호출되기도 전에 스프링 프레임워크가 EmptyResultDataAccessException 예외를 발생시킬 것이다. 그래서 변환 처리 부분은 조회 결과가 반드시 1건 이상 존재한다고 가정하고 구현하면 된다.

▶ RowMapper 구현 클래스

```
public class RoomRowMapper implements RowMapper<Room> { ─────────────────❶
    @Override ──────────────────────────────────────────────────────────❷
    public Room mapRow(ResultSet rs, int rowNum) throws SQLException {
        Room room = new Room(); ─────────────────────────────────────────❸
        room.setRoomId(rs.getString("room_id")); ────────────────────────❹
        room.setRoomName(rs.getString("room_name"));
        room.setCapacity(rs.getInt("capacity"));
        return room;
    }
}
```

❶ RowMapper 인터페이스(org.springframework.jdbc.core.RowMapper)를 구현한 RoomRowMapper 클래스를 만든다. RowMapper 인터페이스는 매핑할 클래스를 타입 파라미터로 지정해야 하는데, 여기서는 Room 클래스를 사용했다.

❷ mapRow 메서드를 만들고 그 안에서 ResultSet과 POJO 간의 변환이 이뤄지도록 구현한다. 참고로 이 메서드의 반환값은 ❶에서 지정한 타입 파라미터 형태로 나온다.

❸ 반환할 Room 클래스의 객체를 생성한다.

❹ 인수로 전달받은 ResultSet에서 필요한 값을 꺼낸 다음 ❸의 반환값이 될 POJO 객체 안에 값을 채워 넣는다. 이때 주의
할 점은 RowMapper 인터페이스의 구현 클래스에서는 ResultSet의 커서를 제어할 수 없다는 점이다.

### RowMapper를 활용한 DAO 클래스 만들기

DAO 클래스에서 JdbcTemplate 클래스의 메서드를 호출할 때는 RowMapper 인터페이스의 구현 클래
스를 인자로 전달한다.

▶ RowMapper를 활용한 DAO 클래스 구현

```
public Room getRoomById(String roomId) { ─────────────────────────── ❶
    String sql = "SELECT room_id, room_name, capacity" + ──────────── ❷
            " FROM room WHERE room_id = ?"; ──────────────────────
    RoomRowMapper rowMapper = new RoomRowMapper(); ────────────────── ❸
    return jdbcTemplate.queryForObject(sql, rowMapper, roomId); ───── ❹
}

public List<Room> getAllRoom() { ──────────────────────────────────── ❺
    String sql = "SELECT room_id, room_name, capacity FROM room"; ─── ❷
    RoomRowMapper rowMapper = new RoomRowMapper(); ────────────────── ❸
    return jdbcTemplate.query(sql, rowMapper); ───────────────────── ❻
}
```

❶ DAO 클래스의 메서드를 실행한 결과가 1건밖에 없는 경우에는 반환값의 타입을 RowMapper 구현 클래스의 mapRow 메서
드가 사용하는 반환값의 타입과 똑같이 지정할 수 있다.

❷ 실행할 SQL 문을 정의한다.

❸ RowMapper 인터페이스를 구현한 클래스의 객체를 만든다.

❹ DAO에 주입된 JdbcTemplate 객체를 이용해 queryForObject 메서드를 실행한다. 이때 인수에 ❸에서 생성한
RowMapper 구현 클래스의 객체를 지정한다.

❺ DAO 클래스의 메서드 실행 결과가 여러 건인 경우에는 반환값의 타입으로 List 타입을 사용한다.

❻ DAO에 주입된 JdbcTemplate 객체를 이용해 query 메서드를 실행한다. 이때 인수에 ❸에서 생성한 RowMapper 구현 클래
스의 객체를 지정한다.

### 람다 식을 활용한 RowMapper 구현 클래스 만들기

Java SE 8부터 지원하는 람다 식(lambda expression)을 활용해 DAO 클래스를 구현할 수도 있다. 람
다 식을 쓰는 경우에는 RowMapper가 할 일을 DAO 클래스에 직접 작성할 수 있기 때문에 RowMapper 인
터페이스를 따로 구현할 필요가 없다.

▶ 람다 식을 활용한 RowMapper 구현 클래스

```
public List<Room> getAllRoom() {
    String sql = "SELECT room_id, room_name, capacity FROM room";
    return jdbcTemplate.query(sql, (rs, rowNum) -> {  ─────────────────────── ❶
        Room room = new Room();
        room.setRoomId(rs.getString("room_id"));
        room.setRoomName(rs.getString("room_name"));
        room.setCapacity(rs.getInt("capacity"));
        return room;
    });
}
```

❶ Java SE 8 이상이라면 JdbcTemplate 관련 메서드의 인수에 람다 식을 활용할 수 있다. 이 예제에서는 두 번째 인수에 람다 식을 사용했는데 이 방법을 사용하면 앞서 살펴본 것과 같이 RoomRowMapper 같은 객체를 생성하지 않아도 된다.

## ■ BeanPropertyRowMapper를 활용한 DAO 클래스 만들기

질의 결과를 POJO로 변환하는 방법으로 앞서 살펴본 것처럼 RowMapper 인터페이스를 직접 구현하는 방법 외에도 미리 만들어져 있는 BeanPropertyRowMapper 클래스를 활용하는 방법이 있다. BeanPropertyRowMapper를 이용하면 미리 약속된 매핑 규칙에 따라 질의 결과 정보를 POJO로 자동 매핑할 수 있다. 다만 자동 매핑을 위해 자바의 리플렉션(reflection)[16] 기능을 사용하기 때문에 처리 과정에서 약간의 성능을 희생해야 한다. 만약 자동 매핑보다 성능이 우선시되는 상황이라면 앞서 설명한 바와 같이 RowMapper 인터페이스를 직접 구현하는 방법을 권장한다. 한편 자동 매핑이 되기 위해 지켜야 하는 규칙과 제약 사항은 다음과 같다.

### ● 매핑 규칙

- ResultSet의 칼럼 이름과 매핑 대상인 타깃(target) 클래스의 프로퍼티 이름을 매핑한다.
- 칼럼 이름을 언더스코어(underscore) 문자 '_'로 구분한 다음, 낙타 표기법(camelcase)으로 조합한 것과 타깃 클래스의 프로퍼티 이름이 일치하면 칼럼 값을 매핑한다.
- String, boolean, Boolean, byte, Byte, short, Short, int, Integer, long, Long, float, Float, double, Double, BigDecimal, java.util.Date 등의 기본적인 데이터 타입을 지원한다.

### ● 제약 사항

- 매핑될 타깃 클래스는 다른 클래스에 포함되지 않은 최상위 클래스여야 한다.
- 매핑될 타깃 클래스에는 기본 생성자나 인수가 없는 생성자가 있어야 한다.

---

▶ BeanPropertyRowMapper를 활용한 DAO 클래스

```
public Room getRoomUseBeanPropertyById(String roomId) {
    String sql = "SELECT room_id, room_name, capacity" + " FROM room WHERE room_id = ?";
    RowMapper<Room> rowMapper = new BeanPropertyRowMapper<Room>(Room.class); ─────── ❶
    return jdbcTemplate.queryForObject(sql, rowMapper, roomId);
}
```

❶ RowMapper 인터페이스의 구현 클래스로 BeanPropertyRowMapper 클래스(org.springframework.jdbc.core.BeanPropertyRowMapper)를 사용한다. 이 예제에서는 타입 파라미터로 Room 클래스를 지정했다. 나머지 내용은 앞서 살펴본 예제와 크게 다르지 않다.

## ■ ResultSetExtractor 인터페이스 구현

이번에는 ResultSetExtractor 인터페이스를 구현하는 방법을 알아보자. 이 예는 두 개의 테이블을 왼쪽 외부 조인(left outer join)한 결과에 맞춰 두 개의 타깃 클래스를 매핑하되, 한 클래스가 다른 클래스를 포함하는 중첩 클래스 형태로 표현하는 방법을 보여준다. 이해를 돕기 위해 다음 그림을 살펴보자 (그림 3.4).

| room_id | room_name | capacity | equipment_id | equipment_name | equipment_count | equipment_remarks |
|---------|-----------|----------|--------------|----------------|-----------------|-------------------|
| A001 | 임원 회의실 | 10 | 10-1 | 화상회의 시스템 | 1 | |
| A001 | 임원 회의실 | 10 | 20-1 | 프로젝터 | 1 | 고정형 |
| C001001 | 세미나 룸 | 30 | 40-500 | 씬 클라이언트 | 10 | |
| C001001 | 세미나 룸 | 30 | 20-2 | 프로젝터 | 5 | 이동형 |
| C001001 | 세미나 룸 | 30 | 30-1 | 화이트보드 | 6 | 이동형 |
| X9999 | 콘퍼런스 룸 | 100 | | | | |

점선으로 표시한 부분 중에서 중복된 데이터를 제거한 것이 Room 클래스의 객체들이 된다.

실선으로 표시한 부분이 Equipment 클래스의 객체가 된다.

그림 3.4 room과 equipment 테이블을 왼쪽 외부 조인한 결과와 매핑할 객체와의 관계

## ResultSetExtractor 구현 클래스 만들기

ResultSetExtractor 인터페이스를 구현한 클래스를 만든 다음, extractData 메서드에서 ResultSet 의 값을 읽어 타깃 객체에 매핑한다.

▶ ResultSetExtractor 구현 클래스

```java
public class RoomListResultSetExtractor implements ResultSetExtractor<List<Room>> {  ──── ❶

    @Override───────────────────────────────────────────────────────────────── ❷
    public List<Room> extractData(ResultSet rs)
            throws SQLException, DataAccessException {
        Map<String, Room> map = new LinkedHashMap<String, Room>();  ─────────── ❸
        Room room = null;
        while (rs.next()) {  ──────────────────────────────────────────────── ❹
            String roomId = rs.getString("room_id");
            room = map.get(roomId);
            if (room == null) {
                room = new Room();
                room.setRoomId(roomId);
                room.setRoomName(rs.getString("room_name"));
                room.setCapacity(rs.getInt("capacity"));
                map.put(roomId, room);
            }
            String equipmentId = rs.getString("equipment_id");  ───────────── ❺
            if (equipmentId != null) {
                Equipment equipment = new Equipment();
                equipment.setEquipmentId(equipmentId);
                equipment.setRoomId(roomId);
                equipment.setEquipmentName(rs.getString("equipment_name"));
                equipment.setEquipmentCount(rs.getInt("equipment_count"));
                equipment.setEquipmentRemarks(rs.getString("equipment_remarks"));
                room.getEquipmentList().add(equipment);
            }
        }
        if (map.size() == 0) {  ──────────────────────────────────────────── ❻
            throw new EmptyResultDataAccessException(1);
        }
        return new ArrayList<Room>(map.values());  ──────────────────────── ❼
    }
}
```

❶ ResultSetExtractor 인터페이스(org.springframework.jdbc.core.ResultSetExtractor)를 구현한 RoomList ResultSetExtractor 클래스를 만든다. ResultSetExtractor 인터페이스는 매핑할 클래스를 타입 파라미터로 지정해야 하는데, 여기서는 Room 클래스의 List를 사용했다.

❷ extractData 메서드를 만들고 그 안에서 ResultSet과 POJO 간의 변환이 이뤄지도록 구현한다. 참고로 이 메서드의 반환값은 ❶에서 지정한 타입 파라미터 형태로 나온다.

❸ 왼쪽 외부 조인을 할 때, 좌측 room 테이블에서는 중복 데이터가 발생할 수 있다. 이러한 중복 데이터를 걸러내기 위해 room_id를 키로 사용하는 Map을 만든다.

❹ ResultSet의 모든 행을 다룰 때까지 변환 처리를 반복한다.

❺ 왼쪽 외부 조인을 할 때, 우측의 equipment 테이블에서는 조인 결과에 따라 데이터가 존재하지 않을 수 있다. 이러한 상황을 걸러내기 위해 ResultSet의 행에서 equipment_id가 존재하는지 확인하고, 만약 존재한다면 equipment 객체를 작성한다.

❻ 만약 검색 결과가 0건인 경우에는 ResultSetExtractor 인터페이스의 사양에 맞게 EmptyResultDataAccessException 예외를 발생시킨다.

❼ 질의 결과를 room 클래스의 List 형태로 반환한다.

## ResultSetExtractor를 활용한 DAO 클래스 만들기

DAO 클래스에서 JdbcTemplate 클래스의 메서드를 호출할 때는 ResultSetExtractor 인터페이스의 구현 클래스를 인자로 전달한다.

▶ ResultSetExtractor를 활용한 DAO 클래스

```
public List<Room> getAllRoomWithEquipment() {                              ❶
    String sql = "SELECT r.room_id, r.room_name, r.capacity," +            ❷
            " e.equipment_id, e.equipment_name, e.equipment_count,"
        + " e.equipment_remarks FROM room r LEFT JOIN equipment e"
        + " ON r.room_id = e.room_id";
    RoomListResultSetExtractor extractor = new RoomListResultSetExtractor();  ❸
    return jdbcTemplate.query(sql, extractor);                              ❹
}

public Room getRoomWithEquipmentById(String roomId) {                      ❺
    String sql = "SELECT r.room_id, r.room_name, r.capacity," +            ❷
            " e.equipment_id, e.equipment_name, e.equipment_count,"
        + " e.equipment_remarks FROM room r LEFT JOIN equipment e"
        + " ON r.room_id = e.room_id WHERE r.room_id = ?";
    RoomListResultSetExtractor extractor = new RoomListResultSetExtractor();  ❸
    List<Room> roomList = jdbcTemplate.query(sql, extractor, roomId);      ❻
    return roomList.get(0);                                                ❼
}
```

❶ JdbcTemplate 클래스의 처리 결과를 그대로 반환하며, 이 예제에서는 질의 결과가 여러 건 나오므로 메서드의 반환값을 List<Room> 타입으로 정의한다.

❷ 실행할 SQL 문을 정의한다.

❸ ResultSetExtractor 인터페이스를 구현한 클래스를 객체로 만든다.

❹ DAO에 주입된 JdbcTemplate 객체를 이용해 query 메서드를 실행한다. 이때 인수에 ❸에서 생성한 ResultSet
Extractor 구현 클래스의 객체를 지정한다.

❺ JdbcTemplate 클래스의 처리 결과를 그대로 반환하며, 이 예제에서는 질의 결과가 한 건 나오므로 메서드의 반환값을
Room 타입으로 정의한다.

❻ DAO에 주입된 JdbcTemplate 객체를 이용해 query 메서드를 실행한다. 이때 인수에 ❸에서 생성한 ResultSet
Extractor 구현 클래스의 객체와 SQL 문의 바인드 변수를 지정한다.

❼ 기본키인 room_id를 조건으로 조회하기 때문에 질의 결과는 0건이 아니면 1건이 나와야 한다. 만약 0건인 경우에는
EmptyResultDataAccessException 예외가 발생한다.

## ■ RowCallbackHandler 인터페이스 구현

마지막으로 RowCallbackHandler 인터페이스를 구현하는 방법을 알아보자. 다음은 room 테이블에 등
록된 모든 데이터를 CSV 파일로 출력(export)하는 예다.

### RowCallbackHandler 구현 클래스 만들기

RowCallbackHandler 인터페이스를 구현한 클래스를 만든 다음, processRow 메서드 안에서
ResultSet의 값을 읽고 CSV 파일을 만들도록 구현한다.

▶ RowCallbackHandler 구현 클래스

```java
public class RoomRowCallbackHandler implements RowCallbackHandler {          ❶
    @Override                                                                ❷
    public void processRow(ResultSet rs) throws SQLException {
        try (BufferedWriter writer = new BufferedWriter(new OutputStreamWriter(
                new FileOutputStream(File.createTempFile("room_", ".csv")), "UTF-8"))) {
            while (rs.next()) {                                              ❸
                Object[] array = new Object[] {
                    rs.getString("room_id"),
                    rs.getString("room_name"),
                    rs.getInt("capacity") };
                String reportRow = StringUtils.arrayToCommaDelimitedString(array);
                writer.write(reportRow);                                     ❹
                writer.newLine();
            }
        } catch (IOException e) {
```

```
            throw new SQLException(e); ─────────────────────── ❺
        }
    }
}
```

❶ RowCallbackHandler 인터페이스(org.springframework.jdbc.core.RowCallbackHandler)를 구현한 RoomRow CallbackHandler 클래스를 만든다.

❷ RowCallbackHandler 처리 중에 에러가 발생한 경우 RowCallbackHandler 인터페이스의 사양에 따라 SQLException 으로 래핑하고 예외를 던진다.

❸ processRow 메서드 안에서 ResultSet의 정보를 활용해 CSV 파일을 만든다. ResultSet의 모든 행을 다룰 때까지 변환 처리를 반복한다.

❹ room 테이블의 내용을 CSV 파일에 기록한다.

❺ 처리 과정에서 오류가 발생하면 RowCallbackHandler 인터페이스의 사양에 맞게 SQLException 예외를 발생시킨다.

### RowCallBackHandler를 활용해 DAO 클래스 만들기

DAO 클래스에서 JdbcTemplate 클래스의 메서드를 호출할 때는 RowCallbackHandler 인터페이스의 구현 클래스를 인자로 전달한다.

▶ RowCallbackHandler를 활용한 DAO 클래스

```
public void reportRoom() { ─────────────────────────────── ❶
    String sql = "SELECT room_id, room_name, capacity FROM room"; ──── ❷
    RoomRowCallbackHandler handler = new RoomRowCallbackHandler(); ──── ❸
    jdbcTemplate.query(sql, handler); ──────────────────────── ❹
}
```

❶ CSV 파일을 생성하는 메서드를 정의한다.

❷ 실행할 SQL 문을 정의한다.

❸ RowCallbackHandler 인터페이스를 구현한 클래스의 객체를 만든다.

❹ DAO에 주입된 JdbcTemplate 객체를 이용해 query 메서드를 실행한다.

## 3.2.4. 데이터 일괄 처리

지금까지 JdbcTemplate과 NamedParameterJdbcTemplate을 활용한 기본적인 CRUD 연산을 구현하는 방법을 살펴봤다. 한편 엔터프라이즈 애플리케이션을 개발할 때는 단순한 CRUD 처리 외에도 SQL

을 배치(batch) 방식으로 실행하거나 저장 프로시저(stored procedure)도 많이 활용한다. 이 책에서는 지면 관계상 깊게 다루지는 못하고 각각에 대해 간단히 소개만 한다. 좀 더 자세한 내용이 알고 싶다면 스프링 프레임워크 공식 레퍼런스 문서나 API 문서를 참조하자.

### ■ 배치 처리

대량의 데이터를 등록하거나 갱신해야 하는 경우 SQL 문을 각각 실행하는 것이 아니라 배치 형태로 모아서 실행하는 방법이 있다. 스프링 JDBC를 사용한다면 `JdbcTemplate` 클래스나 `NamedParameterJdbcTemplate` 클래스에 `batchUpdate` 메서드가 있으니 이를 활용하면 된다.[17]

### ■ 저장 프로시저 호출

저장 프로시저와 저장 함수(stored function)는 `JdbcTemplate` 클래스의 `call` 메서드와 `execute` 메서드로 실행할 수 있다. 한편 `JdbcTemplate` 클래스보다 좀 더 세련된 API를 제공하는 `StoredProcedure`[18] 클래스와 `SimpleJdbcCall`[19] 클래스도 제공되니 상황에 맞게 적절한 것을 골라 쓰면 된다.

## 3.3. 트랜잭션 관리

지금까지 스프링 JDBC를 활용한 기본적인 데이터 접근 방식을 알아봤는데, 업무 애플리케이션을 개발하는 데 반드시 필요한 트랜잭션에 대해서는 굳이 언급하지 않았다.

이번 절에서는 스프링에서 제공하는 데이터 소스를 가지고 트랜잭션을 관리하는 방법을 알아보자. 우선 애너테이션을 활용해 트랜잭션을 관리하는 선언적(declarative) 방법을 설명하고, 이후 소스코드 안에 직접 `commit` 메서드나 `rollback` 메서드로 트랜잭션을 관리하는 프로그램적인(programmatic) 방법을 설명한다. 마지막으로 트랜잭션의 경계와 동작 방식을 결정 짓는 트랜잭션 격리 수준과 전파 방식에 대해서도 살펴보겠다.

---

**17** `batchUpdate` 메서드의 사용 방법은 다음 자료를 참고하도록 하자.
http://docs.spring.io/spring/docs/current/spring-framework-reference/htmlsingle/#jdbc-advanced-jdbc

**18** `StoredProcedure`의 사용 방법은 다음 자료를 참고하도록 하자.
http://docs.spring.io/spring/docs/current/spring-framework-reference/htmlsingle/#jdbc-StoredProcedure

**19** `SimpleJdbcCall`의 사용 방법은 다음 자료를 참고하도록 하자.
http://docs.spring.io/spring/docs/current/spring-framework-reference/htmlsingle/#jdbc-simple-jdbc-call-1

## 3.3.1. 트랜잭션 관리자

관계형 데이터베이스에 데이터에 접근할 때는 트랜잭션의 경계가 어디까지이고 어떻게 관리되는지 이해하고 있어야 한다. 하지만 실제로 트랜잭션을 염두에 두고 관련 코드를 구현하는 것은 상당히 힘들고 번거로운 일이 될 수 있는데, 다행히 스프링 프레임워크에서는 이러한 처리를 비교적 쉽게 구현하도록 도와주는 기능이 준비돼 있다. 예를 들어, 트랜잭션 관리를 위한 코드를 비즈니스 로직에서 분리하기 위한 구조나 다른 트랜잭션을 투명하게 처리할 수 있게 하는 API 등을 들 수 있다.

스프링 트랜잭션 처리의 중심이 되는 인터페이스는 PlatformTransactionManager다. 이 인터페이스는 트랜잭션 처리에 필요한 API를 제공하며 개발자가 API를 호출하는 것으로 트랜잭션 조작을 수행할 수 있다(다만 다음에 설명하는 것처럼 일반적으로 PlatformTransactionManager API를 직접 호출하지 않고 스프링이 제공하는 편리한 API를 이용하는 사례가 더 많아지고 있다). 또한 PlatformTransactionManager는 트랜잭션 관리의 구현 방식을 추상화하기 위한 인터페이스이기 때문에 개발자는 서로 다른 종류의 트랜잭션을 사용하더라도 각각의 차이점을 의식할 필요없이 같은 API로 조작할 수 있다.

스프링 프레임워크는 다양한 환경과 제품에 대응하는 PlatformTransactionManager의 구현 클래스를 제공한다. 대표적인 구현 클래스는 다음과 같다(표 3.2).

표 3.2 PlatformTransactionManager의 대표적인 구현 클래스

| 클래스명 | 설명 |
| --- | --- |
| DataSourceTransactionManager | JDBC 및 마이바티스 등의 JDBC 기반 라이브러리로 데이터베이스에 접근하는 경우에 이용한다. |
| HibernateTransactionManager | 하이버네이트를 이용해 데이터베이스에 접근하는 경우에 이용한다. |
| JpaTransactionManager | JPA로 데이터베이스에 접근하는 경우에 이용한다. |
| JtaTransactionManager | JTA에서 트랜잭션을 관리하는 경우에 이용한다. |
| WebLogicJtaTransactionManager | 애플리케이션 서버인 웹로직(WebLogic)의 JTA에서 트랜잭션을 관리하는 경우에 이용한다. |
| WebSphereUowTransactionManager | 애플리케이션 서버인 웹스피어(WebSphere)의 JTA에서 트랜잭션을 관리하는 경우에 이용한다. |

### ■ 트랜잭션 관리자 정의

스프링 프레임워크의 트랜잭션 관리자를 사용할 때는 다음의 두 가지 작업을 해야 한다.

1. PlatformTransactionManager의 빈을 정의한다.

2. 트랜잭션을 관리해야 하는 메서드를 정의한다.

여기서는 트랜잭션 관리자를 정의하는 방법을 설명한다.

## ■ 로컬 트랜잭션을 이용하는 경우

### 기본적인 설정 방법

로컬 트랜잭션을 사용하는 경우 JDBC API를 호출하고 트랜잭션 제어를 수행하는 DataSource
TransactionManager를 사용한다. 로컬 트랜잭션은 단일 데이터 저장소에 대한 트랜잭션으로 일반
적으로 자주 사용되는 트랜잭션이다. 예를 들어, 단일 데이터 저장소에 대한 여러 조작을 하나의 논
리적 단위로 처리하고 싶을 때 사용한다. 이 경우에는 PlatformTransactionManager의 구현 클래스
로 DataSourceTransactionManager를 사용한다. 이때 PlatformTransactionManager의 빈 ID는
'transactionManager'를 사용히는 것이 좋다. 왜냐하면 스프링 프레임워크에서 기본적으로 트랜잭션
관리자의 빈 ID를 'transactionManager'로 가정하고 있기 때문이다. 그래서 이 관례를 따르면 각종 설
정을 간단히 수행할 수 있다.

▶ XML 기반 설정 방식을 이용한 빈 정의

```
<bean id="transactionManager"
    class="org.springframework.jdbc.datasource.DataSourceTransactionManager">  ──── ❶
    <property name="dataSource" ref="dataSource" />  ──────────────────── ❷
</bean>

<!-- @Transaction 애너테이션을 이용하는 경우 -->
<tx:annotation-driven />  ──────────────────────────────────── ❸
```

❶ PlatformTransactionManager로서 org.springframework.jdbc.datasource.DataSourceTransactionManager
　를 지정한다.

❷ dataSource 프로퍼티에 설정 완료된 데이터 소스의 빈을 지정한다.

❸ 애너테이션 트랜잭션 제어를 활성화하기 위해 <tx:annotation-driven> 요소를 추가한다. @Transaction 애너테이션을
　이용하지 않는다면 <tx:annotation-driven> 요소의 정의 자체가 필요없다.

### 'transactionManager'가 아닌 다른 ID를 사용할 경우

트랜잭션 관리자의 빈 ID에 'transactionManager'가 아닌 다른 ID를 사용한다면 <tx:annotation-
driven> 요소의 transaction-manager 속성에도 같은 ID를 설정해야 한다.

▶ XML 기반 설정 방식을 이용한 빈 정의

```
<bean id="txManager"
    class="org.springframework.jdbc.datasource.DataSourceTransactionManager"> ──────── ❶
    <property name="dataSource" ref="dataSource" />
</bean>

<!-- @Transaction 애너테이션을 이용하는 경우 -->
<tx:annotation-driven transaction-manager="txManager" /> ──────────────── ❷
```

❶ PlatformTransactionManager로서 org.springframework.jdbc.datasource.DataSourceTransactionManager 를 지정한다. 여기서는 트랜잭션 관리자의 빈 ID를 'txManager'로 지정했다.

❷ 애너테이션으로 트랜잭션 제어를 활성화하기 위해 <tx:annotation-driven> 요소를 추가한다. transaction-manager 속성에 ❶에서 지정한 트랜잭션 관리자 빈 ID를 지정한다. @Transaction 애너테이션을 이용하지 않는다면 <tx:annotation-driven> 요소의 정의 자체가 필요없다.

### ■ 글로벌 트랜잭션을 이용하는 경우

글로벌 트랜잭션은 여러 데이터 저장소에 걸쳐서 적용되는 트랜잭션이다. 예를 들어, 여러 데이터 베이스를 사용하되, 각 데이터베이스에서 각각의 조작을 수행하고 그 조작들을 하나의 트랜잭션으로 묶어 모두 성공하거나, 모두 실패한 것으로 처리해야 하는 경우에는 앞에서 설명한 로컬 트랜잭션을 사용할 수 없다. 이런 경우에는 글로벌 트랜잭션을 사용해야 하는데, 글로벌 트랜잭션은 JTA(Java Transaction API)라는 Java EE 사양으로 표준화돼 있고 애플리케이션 서버가 JTA의 구현 클래스를 제공한다. JTA를 스프링 프레임워크에서 사용하려면 PlatformTransactionManage의 구현 클래스로 JtaTransactionManager를 선택하면 된다. 다만 애플리케이션 서버 제품에 따라 JTA 동작 방식이 조금씩 다를 수 있어서 제품별로 JtaTransactionManager의 서브클래스가 제공되기도 한다. 실제로 실행 환경의 애플리케이션 서버 제품에 따라 최적의 서브클래스를 자동으로 선택하는 기능이 제공된다.

▶ XML 기반 설정 방식을 이용한 빈 정의

```
<tx:jta-transaction-manager /> ────────────────────────────── ❶
```

❶ <tx:jta-transaction-manager />를 지정하면 애플리케이션 서버에서 제공하는 JtaTransactionManager를 빈 형태로 사용할 수 있다.

## 3.3.2. 선언적 트랜잭션

선언적 트랜잭션은 미리 선언된 룰에 따라 트랜잭션을 제어하는 방법이다. 선언적 트랜잭션의 장점은 정해진 룰을 준수함으로써 트랜잭션의 시작과 커밋, 롤백 등의 일반적인 처리를 비즈니스 로직 안에 기술할 필요가 없다는 점이다.

스프링 프레임워크는 선언적 트랜잭션을 이용하는 방법으로 @Transactional 또는 XML 설정을 이용하는 두 가지 방법을 제공한다.

### ■ @Transactional을 이용한 선언적 트랜잭션

스프링 프레임워크가 제공하는 @Transactional 애너테이션을 빈의 public 메서드에 추가하는 것으로 대상 메서드의 시작 종료에 맞춰 트랜잭션을 시작, 커밋할 수 있다. 또한 스프링 프레임워크의 기본 상태에서는 메서드 안의 처리에서 데이터 접근 예외와 같은 비검사 예외(unchecked exception)가 발생해서 메서드 안에 처리가 중단될 때 트랜잭션이 자동으로 롤백된다.

기본 동작 방식을 변경하거나 상세한 설정을 하고 싶은 경우에는 @Transactional 속성을 변경할 수 있다.

### ■ 트랜잭션 제어에 필요한 정보

여기서는 @Transactional 애너테이션 속성, 즉 트랜잭션 제어에서 필요한 정보를 설명한다(표 3.3).

표 3.3 트랜잭션 제어에서 필요한 정보

| 속성명 | 설명 |
| --- | --- |
| value | 여러 트랜잭션 관리자를 이용하는 경우 이용하는 트랜잭션 관리자의 qualifier를 지정한다. 기본 트랜잭션 관리자를 이용하는 경우에는 생략할 수 있다. |
| transactionManager | value의 별칭(스프링 프레임워크 4.2 버전부터 추가) |
| propagation | 트랜잭션의 전파 방식을 지정한다. 자세한 내용은 나중에 설명한다. |
| isolation | 트랜잭션의 격리 수준을 지정한다. 자세한 내용은 나중에 설명한다. |
| timeout | 트랜잭션 제한 시간(초)을 지정한다. 기본값은 -1(사용하는 데이터베이스의 사양이나 설정에 따라 다름)이다. |
| readOnly | 트랜잭션의 읽기 전용 플래그를 지정한다. 기본값은 false(읽기 전용이 아니다)다. |
| rollbackFor | 여기에 지정한 예외가 발생하면 트랜잭션을 롤백시킨다. 예외 클래스명을 여러 개 나열할 수 있으며, ','로 구분한다. 따로 지정해주지 않았다면 RuntieException과 같은 비검사 예외가 발생할 때 트랜잭션이 롤백된다. |

| 속성명 | 설명 |
|---|---|
| rollbackForClassName | 여기에 지정한 예외가 발생하면 트랜잭션을 롤백시킨다. 예외 이름을 여러 개 나열할 수 있으며, ','로 구분한다. |
| noRollbackFor | 여기에 지정한 예외가 발생하더라도 트랜잭션을 롤백시키지 않는다. 예외 클래스명을 여러 개 나열할 수 있으며, ','로 구분한다. |
| noRollbackForClassName | 여기에 지정한 예외가 발생하더라도 트랜잭션을 롤백시키지 않는다. 예외 이름을 여러 개 나열할 수 있으며, ','로 구분한다. |

@Transactional 설정 예는 다음과 같다.

표 3.4 @Transactional 설정 예

| | 설정 예 | 설명 |
|---|---|---|
| ❶ | @Transactional | 기본 트랜잭션 관리자를 기본 설정에서 이용한다. |
| ❷ | @Transactional(readOnly = true, timeout = 60) | 기본 트랜잭션 관리자를 읽기 전용 트랜잭션으로 이용한다. 제한 시간은 60초로 변경한다. |
| ❸ | @Transactional("tx1") | "tx1" 트랜잭션 관리자를 이용한다. |
| ❹ | @Transactional(value = "tx2", propagation = Propagation.REQUIRES_NEW) | "tx2" 트랜잭션 관리자를, 전파 방식을 REQUIRES_NEW로 사용한다. |

## ■ 기본 사용법

@Transactional 기본 사용법을 설명한다.

### 트랜잭션 관리 대상에 해당하는 메서드의 인터페이스

일반적인 자바 인터페이스로 정의한다.

```java
public interface RoomService {
    Room getRoom(String roomId);
    void insertRoom(Room room);
}
```

### 트랜잭션 관리 대상에 해당하는 메서드의 구현

@Transactional 애너테이션은 클래스와 메서드에 부여할 수 있다. 차이는 애너테이션이 적용되는 범위다. 이 차이를 이해하기 위해 이번에는 클래스와 메서드에 모두 @Transactional 애너테이션을 부여해보자.

▶ 트랜잭션 관리 대상에 해당하는 메서드의 구현 예

```
@Transactional ─────────────────────────────────────────── ❶
@Service("roomService") ──────────────────────────────────
public class RoomServiceImpl implements RoomService {
    @Autowired ─────────────────────────────────────────── ❷
    JdbcRoomDao jdbcRoomDao; ─────────────────────────────

    @Transactional(readOnly = true) ───────────────────────── ❸
    @Override
    public Room getRoom(String roomId) {
        return jdbcRoomDao.getRoomById(roomId);
    }

    @Override ─────────────────────────────────────────────── ❹
    public void insertRoom(Room room) {
        jdbcRoomDao.insertRoom(room);
        List<Equipment> equipmentList = room.getEquipmentList();
        for (Equipment item : equipmentList) {
            jdbcRoomDao.insertEquipment(item);
        }
    }
}
```

❶ 정의한 인터페이스의 구현 클래스를 정의한다. @Transactional 애너테이션을 클래스에 부여해서 이 클래스의 메서드 전체가 트랜잭션 적용 대상이 되게 한다. 컴포넌트로서 등록하기 위해 @Service 애너테이션을 클래스에 부여한다.

❷ 프로퍼티로 이용하는 DAO 클래스를 정의한다. DI 컨테이너가 의존성 주입을 할 수 있도록 @Autowired 애너테이션을 붙여준다.

❸ 정의한 인터페이스의 메서드를 구현한다. 메서드에 대해 @Transactional 애너테이션을 부여하면 메서드 단위에서 트랜잭션 제어 방식을 개별적으로 설정할 수 있다. 앞서 클래스 애너테이션에 @Transactional이 설정된 경우라도 메서드에 지정한 @Transactional 설정이 더 우선해서 적용된다. 애너테이션의 readOnly 속성에 true를 설정해 읽기 전용 트랜잭션으로 만든다.

❹ 이 메서드에는 @Transactional이 설정돼 있지 않지만 ❶에서 정의한 @Transactional 클래스의 애너테이션이 활성화돼 있기 때문에 ❶에서 정의한 설정이 트랜잭션에 적용된다.

## 설정 클래스

여기서는 빈 정의 파일이 아닌 설정 클래스를 이용하는 방법을 설명한다. 설정 클래스의 포인트는 @EnableTransactionManagement 애너테이션을 컨피규레이션 클래스에 부여하는 것이다. 이렇게 하면 @Transactional 애너테이션을 사용한 트랜잭션 제어가 가능해진다.

▶ 자바 기반 설정 방식을 이용한 빈 정의

```
@Configuration ──────────────────────────────────────────── ❶
@EnableTransactionManagement ──────────────────────────────
public class TransactionManagerConfig {
    @Autowired ──────────────────────────────────────────── ❷
    DataSource dataSource; ──────────────────────────────────

    @Bean ───────────────────────────────────────────────── ❸
    public PlatformTransactionManager transactionManager() {
        return new DataSourceTransactionManager(dataSource);
    } ───────────────────────────────────────────────────────
}
```

❶ 설정 클래스에 클래스 애너테이션으로 @EnableTransactionManagement를 부여한다.

❷ 프로퍼티로서 DataSource를 정의한다. DI 컨테이너가 의존성 주입을 할 수 있도록 @Autowired 애너테이션을 붙여준다.

❸ org.springframework.jdbc.datasource.DataSourceTransactionManager 클래스의 빈을 정의한다.

## ■ XML 설정을 이용한 선언적 트랜잭션

@Transactional을 사용할 때는 트랜잭션 관리 대상 메서드를 지정하고 트랜잭션을 설정하는 두 가지 작업을 모두 @Transactional에서 정의했었다. XML 설정을 이용한 선언적 트랜잭션에서는 이러한 처리를 모두 XML에서 정의한다.

XML 설정에서는 <tx:advice> 요소와 같은 tx로 시작하는 트랜잭션 전용 XML 스키마를 사용한다. 아울러 트랜잭션 관리 대상이 되는 메서드를 규정하기 위해 AOP 기능을 이용한다.

### 트랜잭션 관리 대상에 해당하는 메서드 구현

처리 로직은 @Transactional을 이용한 선언적 트랜잭션과 같다. 차이점은 @Transactional 애너테이션이 어디에도 부여되지 않는다는 것이다. 그래서 서드파티에서 제공되는 클래스를 사용하는 경우와 같이 개발자가 소스코드에 애너테이션을 부여할 수 없는 경우에 XML 기반의 트랜잭션 설정 방식을 사용할 수 있다.

### 빈 정의 파일

@Transactional과 마찬가지로 TransactionManage의 빈을 정의한다. 그리고 <tx:advice> 요소에서 트랜잭션 설정을 위한 어드바이스를 설정한 후, AOP를 사용해서 트랜잭션 관리를 해야 하는 메서드를 포인트컷 형태로 정의한다. 최종적으로 어드바이스와 포인트컷을 조합해 트랜잭션 제어를 위한 어드바이저를 정의한다.

▶ XML 기반 설정 방식을 이용한 빈 정의

```xml
<?xml version="1.0" encoding="UTF-8"?>
<beans
    xmlns="http://www.springframework.org/schema/beans"
    xmlns:aop="http://www.springframework.org/schema/aop" ——————————— ❶
    xmlns:tx="http://www.springframework.org/schema/tx" ——————————— ❷
    xmlns:xsi="http://www.w3.org/2001/XMLSchema-instance"
    xsi:schemaLocation="
        http://www.springframework.org/schema/beans
        http://www.springframework.org/schema/beans/spring-beans.xsd
        http://www.springframework.org/schema/aop ——————————— ❶
        http://www.springframework.org/schema/aop/spring-aop.xsd ——————————— ❶
        http://www.springframework.org/schema/tx ——————————— ❷
        http://www.springframework.org/schema/tx/spring-tx.xsd"> ——————————— ❷
    <import resource="classpath:datasource-embedded.xml" />

    <bean id="transactionManager" ——————————— ❸
        class="org.springframework.jdbc.datasource.DataSourceTransactionManager">
        <property name="dataSource" ref="dataSource" />
    </bean> ———————————

    <tx:advice id="txAdvice"> ——————————— ❹
        <tx:attributes> ——————————— ❺
            <tx:method name="get*" read-only="true" />
            <tx:method name="*" />
        </tx:attributes> ———————————
    </tx:advice>

    <aop:config> ——————————— ❻
        <aop:pointcut id="txPointcut"
            expression="execution(* com.example.RoomServiceXmlImpl.*(..))" />
        <aop:advisor advice-ref="txAdvice" pointcut-ref="txPointcut" />
    </aop:config> ———————————

    <bean id="roomService" class="com.example.RoomServiceXmlImpl"> ——————————— ❼
        <property name="roomDao" ref="jdbcRoomDao" />
    </bean> ———————————

    <bean id="jdbcRoomDao" class="com.example.JdbcRoomDao">
        <property name="dataSource" ref="dataSource" />
    </bean>
</beans>
```

❶ AOP 기능을 이용하기 위해 네임스페이스와 스키마에 xmlns:aop="http://www.springframework.org/schema/aop", http://www.springframework.org/schema/aop, http://www.springframework.org/schema/aop/spring-aop.xsd를 추가한다.

❷ tx 기능을 이용하기 위해 네임스페이스와 스키마에 xmlns:tx="http://www.springframework.org/schema/tx", http://www.springframework.org/schema/tx, http://www.springframework.org/schema/tx/spring-tx.xsd 를 추가한다.

❸ org.springframework.jdbc.datasource.DataSourceTransactionManager 클래스의 빈을 정의한다.

❹ <tx:advice> 요소를 이용해 트랜잭션 정의에 관한 어드바이스를 정의한다. 적용하고 싶은 TransactionManager 의 빈 이름이 기본값인 transactionManager가 아닌 경우에는 transaction-manager 속성에 ❸에서 정의한 TransactionManager의 빈 이름을 정의한다.

❺ <tx:attributes> 요소를 이용해 트랜잭션 관리 대상이 되는 메서드 정의 및 트랜잭션 설정을 수행한다. 여기서는 메서 드명이 'get'으로 시작하는 것은 읽기 전용 트랜잭션, 그 밖에는 쓰기 가능한 트랜잭션으로 정의한다. 기본적으로는 비검사 예외가 발생할 때 롤백하고, 검사 예외가 발생하면 롤백하지 않는다. 만약 검사 예외 중에 롤백시켜야 하는 예외가 있다면 rollback-for 속성에 해당 예외 클래스명을 지정하면 된다.

❻ <aop:config> 요소를 이용해 포인트컷과 어드바이저를 정의한다. 포인트컷은 인터페이스 구현 클래스의 메서드를 대상으로 한다. 어드바이저는 ❹에서 정의한 어드바이스와 여기서 정의한 포인트컷을 조합한다.

❼ 인터페이스 구현 클래스의 빈을 정의한다. 정의 방법은 일반적인 빈 정의와 같다.

## 3.3.3. 명시적 트랜잭션

명시적 트랜잭션은 커밋이나 롤백과 같은 트랜잭션 처리를 소스코드에 직접 명시적으로 기술하는 방법이다. 메서드 단위보다도 더 작은 단위로 트랜잭션을 제어하고 싶거나 선언적 트랜잭션으로는 표현하기 어려운 섬세한 트랜잭션 제어가 필요할 때 이 방법을 사용한다. JDBC API를 직접 이용하는 기술도 명시적 트랜잭션이다. 스프링 프레임워크에서는 명시적 트랜잭션을 이용하는 방법으로 PlatformTransactionManager와 TransactionTemplate을 사용하는 두 가지 방법을 제공한다.

### ■ PlatformTransactionManager를 이용한 명시적 트랜잭션 제어

PlatformTransactionManager를 이용하면 트랜잭션을 직접 제어할 수 있다. 이 경우에는 Transaction Definition 및 TransactionStatus를 이용해 트랜잭션의 시작과 커밋, 그리고 롤백을 명시적으로 처리하게 된다.

## Service의 구현

▶ PlatformTransactionManager를 이용한 트랜잭션 제어 구현 예

```
@Service
public class RoomServiceImpl implements RoomService {

    @Autowired ─────────────────────────────────────────────── ❶
    PlatformTransactionManager txManager;
    @Autowired
    JdbcRoomDao roomDao;

    @Override
    public void insertRoom(Room room) {
        DefaultTransactionDefinition def = ─────────────────── ❷
                new DefaultTransactionDefinition(); ──────────┘
        def.setName("InsertRoomWithEquipmentTx"); ──────────── ❸
        def.setReadOnly(false); ────────────────────────────── ❹
        def.setPropagationBehavior(TransactionDefinition.PROPAGATION_REQUIRED);
        TransactionStatus status = txManager.getTransaction(def); ──── ❺
        try {
            roomDao.insertRoom(room);
            List<Equipment> equipmentList = room.getEquipmentList();
            for (Equipment item : equipmentList) {
                roomDao.insertEquipment(item);
            }
        } catch (Exception e) {
            txManager.rollback(status); ───────────────────── ❻
            throw new DataAccessException("error occurred by insert room", e) { };
        }
        txManager.commit(status); ───────────────────────────── ❼
    }
}
```

❶ 이용하는 PlatformTransactionManager 및 DAO 클래스를 프로퍼티로 정의한다. DI 컨테이너가 의존성 주입을 할 수 있
　도록 @Autowired 애너테이션을 붙여준다.

❷ org.springframework.transaction.support.DefaultTransactionDefinition 객체를 생성한다. 여기서 생성한 객
　체를 이용해 트랜잭션을 설정한다.

❸ DefaultTransactionDefinition의 setName 메서드로 트랜잭션에 이름을 설정한다.

❹ 트랜잭션 읽고 쓰기 속성이나 격리 수준, 전파 방식 등을 설정한다.

❺ ❷에서 정의한 DefaultTransactionDefinition 객체를 인수로 TransactionManager의 getTransaction 메서드를 실행한다. 이 이후의 처리가 트랜잭션 범위가 된다. getTransaction 메서드의 반환값은 TransactionStatus 객체로서 이 TransactionStatus를 이용해 트랜잭션 커밋이나 롤백을 수행한다.

❻ 트랜잭션을 롤백하는 경우 ❺에서 취득한 TransactionStatus를 인수로 TransactionManager의 rollback 메서드를 실행한다. 이 시점에서 트랜잭션 롤백이 수행된다. 이 예에서는 데이터 등록 과정에서 어떤 예외가 발생하는 경우 롤백하도록 만들어져 있다.

❼ 트랜잭션을 커밋하기 위해 ❺에서 취득한 TransactionStatus를 인수로 사용해 TransactionManager의 commit 메서드를 실행한다. 이 시점에서 트랜잭션 커밋이 수행된다.

## 빈 정의

빈 정의 설정에 특별한 점은 없다. 필요한 빈과 인젝션 설정을 하면 된다.

### ■ TransactionTemplate을 활용한 명시적 트랜잭션 제어

TransactionTemplate을 이용하면 앞에서 설명한 PlatformTransactionManager보다도 구조적으로 트랜잭션 제어를 기술할 수 있다.

트랜잭션 제어 작업을 TransactionCallback 인터페이스가 제공하는 메서드에 구현하고 Transaction Template의 execute 메서드에 인수로 전달한다. TransactionTemplate은 JdbcTemplate과 같은 방식을 사용하고 있기 때문에 애플리케이션 개발자는 필수 처리 로직만 구현하면 된다.

### Service의 구현

▶ TransactionTemplate을 이용한 트랜잭션 제어 구현 예

```java
@Service
public class RoomServiceImpl implements RoomService {
    @Autowired ─────────────────────────────────────────────── ❶
    TransactionTemplate transactionTemplate;

    @Autowired
    JdbcRoomDao roomDao;

    @Override
    public void insertRoom(final Room room) {
        transactionTemplate.execute(new TransactionCallbackWithoutResult() { ───── ❷
            @Override ──────────────────────────────────────────── ❸
            protected void doInTransactionWithoutResult(TransactionStatus status) { ─┘
```

```
            roomDao.insertRoom(room); ────────────────────────── ❹
            List<Equipment> equipmentList = room.getEquipmentList();
            for (Equipment item : equipmentList) {
                roomDao.insertEquipment(item);
            }
        }
    });
    }
}
```

❶ 이용하는 TransactionTemplate 및 DAO 클래스를 프로퍼티로 정의한다. DI 컨테이너가 의존성 주입을 할 수 있도록 @Autowired 애너테이션을 붙여준다.

❷ 갱신 처리와 같이 반환값을 필요로 하지 않는 경우에는 TransactionTemplate의 execute 메서드를 실행한다. execute 메서드의 인수로 org.springframework.transaction.support.TransactionCallbackWithoutResult 객체를 지정한다. 만약 조회와 같이 반환값이 있는 메서드라면 TransactionTemplate의 execute 메서드를 실행할 때 org.springframework.transaction.support.TransactionCallback 객체를 인수로 해서 그 결과를 반환값으로 돌려주면 된다.

❸ doInTransactionWithoutResult 메서드를 구현하고 데이터베이스 접근 등에 필요한 처리 내용을 구현한다. 이 메서드 안의 처리 내용이 하나의 트랜잭션이 된다. 반면 참조 처리와 같이 반환값이 필요한 경우에는 doInTransaction 메서드를 구현한다.

❹ doInTransactionWithoutResult 메서드가 정상적으로 종료되면 TransactionTemplate이 자동으로 트랜잭션을 커밋한다. 또한 데이터 등록 과정에서 예외가 발생하는 경우에는 TransactionTemplate이 트랜잭션을 롤백한다. 만약 업무 로직에서 예외를 던지지 않고 트랜잭션을 롤백하고 싶은 경우에는 doInTransactionWithoutResult의 인수로 전달하는 TransactionStatus의 setRollbackOnly 메서드를 실행하면 된다.

## 빈 정의

▶ TransactionTemplate의 자바 기반 설정 방식을 이용한 빈 정의

```
@Configuration
public class AppConfig {
    // 생략

    @Bean ──────────────────────────────────────────────── ❶
    public TransactionTemplate transactionTemplate(
            PlatformTransactionManager transactionManager) {
        TransactionTemplate transactionTemplate = new TransactionTemplate(
                transactionManager); ───────────────────────── ❷
        transactionTemplate.setIsolationLevel(
                TransactionDefinition.ISOLATION_READ_COMMITTED); ──── ❸
        transactionTemplate.setTimeout(30);
```

```
        return transactionTemplate;
    }
}
```

❶ org.springframework.transaction.support.TransactionTemplate 클래스의 빈을 정의한다.

❷ PlatformTransactionManager를 생성자 인수로 TransactionTemplate 클래스의 객체를 생성한다.

❸ ❷에서 생성한 TransactionTemplate 객체에 대해 트랜잭션 설정을 한다. 여기서는 트랜잭션 격리 수준과 제한 시간을 설정하고 있다.

## 3.3.4. 트랜잭션 격리 수준과 전파 방식

이제 트랜잭션 격리 수준과 전파 방식에 대해 알아보자.

### ■ 트랜잭션 격리 수준

트랜잭션 격리 수준은 참조하는 데이터나 변경한 데이터를 다른 트랜잭션으로부터 어떻게 격리할 것인지를 결정한다. 격리 수준은 여러 트랜잭션의 동시 실행과 데이터의 일관성과 깊이 관련돼 있다. 트랜잭션 격리 수준을 스프링의 기본값인 DEFAULT에서 다른 수준으로 변경하고 싶은 경우에는 @Transactional의 isolation 속성, TransactionDefinition과 TransactionTemplate의 setIsolationLevel 메서드에서 지정할 수 있다.

스프링 프레임워크에서는 데이터베이스의 기본 설정과 4개의 트랜잭션 격리 수준을 이용할 수 있다. 스프링 프레임워크에서 지원하는 격리 수준은 다음과 같다(표 3.5). 다만 지원하는 모든 격리 수준이 실제로 사용할 수 있는지는 사용하는 데이터베이스가 어떻게 구현했느냐에 따라 달라질 수 있다.

표 3.5 트랜잭션 격리 수준

| 트랜잭션 격리 수준 | 설명 |
| --- | --- |
| DEFAULT | 사용하는 데이터베이스의 기본 격리 수준을 이용한다. |
| READ_UNCOMMITTED | 더티 리드(Dirty Read), 반복되지 않은 읽기(Unrepeatable Read), 팬텀 읽기(Phantom Read)가 발생한다. 이 격리 수준은 커밋되지 않은 변경 데이터를 다른 트랜잭션에서 참조하는 것을 허용한다. 만약 변경 데이터가 롤백된 경우 다음 트랜잭션에서 무효한 데이터를 조회하게 된다. |
| READ_COMMITTED | 더티 리드를 방지하지만 반복되지 않은 읽기, 팬텀 읽기는 발생한다. 이 격리 수준은 커밋되지 않은 변경 데이터를 다른 트랜잭션에서 참조하는 것을 금지한다. |
| REPEATABLE_READ | 더티 리드, 반복되지 않은 읽기를 방지하지만 팬텀 읽기는 발생한다. |
| SERIALIZABLE | 더티 리드, 반복되지 않은 읽기, 팬텀 읽기를 방지한다. |

### ■ 트랜잭션 전파 방식

트랜잭션 전파 방식은 트랜잭션 경계에서 트랜잭션에 참여하는 방법을 결정한다. 지원하는 방식에 따라 '새로운 트랜잭션을 시작하는 것', '이미 시작된 트랜잭션에 참여하는 것'과 같이 몇 가지 선택지가 준비돼 있다.

### 트랜잭션 경계와 전파 방식

트랜잭션 전파 방식을 의식해야 하는 경우는 트랜잭션 경계가 중첩될 때다. 여러 개의 트랜잭션 경계가 중첩되지 않았다면 트랜잭션을 TX1 시작 → TX1 커밋 → TX2 시작 → TX2 커밋과 같이 순차적으로 제어만 하면 되기 때문에 굳이 전파 방식을 의식할 필요는 없다(그림 3.5).

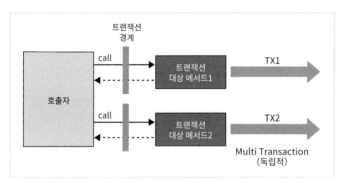

그림 3.5 트랜잭션 범위가 서로 독립적인 메서드의 호출

트랜잭션 관리 대상이 되는 메서드 안에서 또 다른 트랜잭션 관리 대상이 되는 메서드를 호출한 경우에는 트랜잭션의 전파 방식을 고려해야 한다. 예를 들어, 두 메서드가 각각 독립적인 트랜잭션으로 관리될지, 혹은 같은 트랜잭션의 관리 범위에 들어가는지는 트랜잭션의 전파 방식에 따라 좌우된다(그림 3.6).

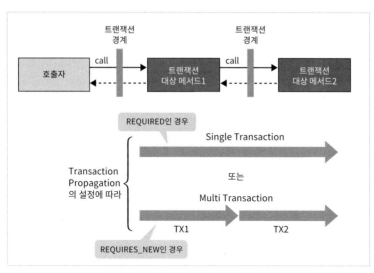

그림 3.6 트랜잭션 전파 방식

## 스프링 프레임워크에서 이용 가능한 트랜잭션 전파 방식

스프링 프레임워크에서는 다음과 같은 7가지 트랜잭션 전파 방식을 이용할 수 있다(표 3.6). 트랜잭션 전파 방식을 기본값인 REQUIRED에서 다른 방식으로 변경하고 싶은 경우에는 @Transactional의 propagation 속성이나 TransactionDefinition과 TransactionTemplate의 setPropagationBehavior 메서드에서 지정할 수 있다.

표 3.6 스프링 프레임워크에서 이용 가능한 트랜잭션 전파 방식

| 전파 방식 | 설명 |
| --- | --- |
| REQUIRED | 이미 만들어진 트랜잭션이 존재한다면 해당 트랜잭션 관리 범위 안에 함께 들어간다. 만약 이미 만들어진 트랜잭션이 존재하지 않는다면 새로운 트랜잭션을 만든다. |
| REQUIRES_NEW | 이미 만들어진 트랜잭션 범위안에 들어가지 않고 반드시 새로운 트랜잭션을 만든다. 만약 이미 만들어진 트랜잭션이 아직 종료되지 않았다면 새로운 트랜잭션은 보류 상태가 되어 이전 트랜잭션이 끝나는 것을 기다려야 한다. |
| MANDATORY | 이미 만들어진 트랜잭션 범위 안에 들어가야 한다. 만약 기존에 만들어진 트랜잭션이 없다면 예외가 발생한다. |
| NEVER | 트랜잭션 관리를 하지 않는다. 만약 이미 만들어진 트랜잭션이 있다면 예외가 발생한다. |
| NOT_SUPPORTED | 트랜잭션을 관리하지 않는다. 만약 이미 만들어진 트랜잭션이 있다면 이전 트랜잭션이 끝나는 것을 기다려야 한다. |
| SUPPORTS | 이미 만들어진 트랜잭션이 있다면 그 범위 안에 들어가고, 만약 트랜잭션이 없다면 트랜잭션 관리를 하지 않는다. |

| 전파 방식 | 설명 |
|---|---|
| NESTED | REQUIRED와 마찬가지로 현재 트랜잭션이 존재하지 않으면 새로운 트랜잭션을 만들고 이미 존재하는 경우에는 이미 만들어진 것을 계속 이용하지만, NESTED가 적용된 구간은 중첩된 트랜잭션처럼 취급한다. NESTED 구간 안에서 롤백이 발생한 경우 NESTED 구간 안의 처리 내용은 모두 롤백되지만 NESTED 구간 밖에서 실행된 처리 내용은 롤백되지 않는다. 단, 부모 트랜잭션에서 롤백되면 NESTED 구간의 트랜잭션은 모두 롤백된다. |

**트랜잭션 전파 방식을 의식할 필요가 있는 예**

예를 들어, 애플리케이션에서 처리 내용을 추적(trace)하는 로그를 데이터베이스에 저장해야 한다고 가정해 보자. 만약 비즈니스 로직이 실패했을 때 업무 데이터는 롤백하고 싶지만 로그 데이터는 커밋하고 싶을 때 트랜잭션 경계가 겹치게 된다.

이때 비즈니스 로직과 로그 처리를 서로 다른 트랜잭션 경계로 정의했다고 하더라도 스프링의 기본 전파 방식인 REQUIRED를 사용하고 있다면 로그 데이터가 업무 데이터와 함께 롤백될 수 있다. 이러한 경우에는 로그 출력용 트랜잭션의 전파 방식을 REQUIRES_NEW로 변경하면 된다. 즉 업무 트랜잭션과는 다른 새로운 트랜잭션을 만들어서 업무 트랜잭션이 롤백되더라도 로그 출력 트랜잭션은 롤백되지 않도록 만들어야 한다.

## 3.4. 데이터 접근 시의 예외 처리

애플리케이션을 개발할 때는 정상적으로 동작하는 경우는 물론이고 오동작하는 경우도 감안해서 적절한 오류 처리를 해야 한다. 예를 들어 데이터를 처리하는 과정에서 예외가 발생하면 이에 맞는 적절한 오류 처리를 할 수 있어야 한다. 그리고 이러한 예외 상황이 발생하면 예외의 종류에 따라 서로 다른 오류 처리를 해야 할 수 있다. 이번 절에서는 스프링 프레임워크에 적용된 데이터 접근 예외의 추상화 개념을 살펴보고, 예외 상황에 맞게 오류 처리를 구현하는 방법과 추상화된 예외를 커스터마이징하는 방법을 소개한다.

### 3.4.1. 스프링 프레임워크에서 제공하는 데이터 접근 관련 예외

스프링 프레임워크에서는 데이터 접근과 관련된 예외 처리를 일관되고 간단하게 처리하기 위해 다음과 같은 세 가지 기법을 제공한다.

## ■ DataAccessException을 부모 클래스로 하는 데이터 접근 예외 계층 구조

스프링 프레임워크에서는 예외 처리를 쉽게 하기 위해 데이터 접근과 관련된 모든 예외가 DataAccessException을 부모 클래스로 하는 계층 구조로 만들어져 있다(그림 3.7). 이 계층 구조를 토대로 다음에 설명하는 데이터 접근 추상화를 구현한다.

이 그림에서는 계층의 주요 클래스를 나타내기 위해 일부 클래스를 생략했다. 예를 들어, DataIntegrityViolationException의 부모 클래스는 NonTransientDataAccessException이나 이 그림에서는 생략됐고, NonTransientDataAccessException의 부모 클래스가 DataAccessException에 해당한다.

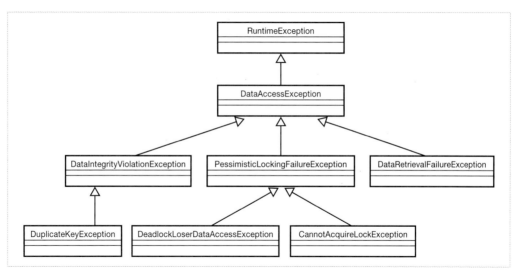

그림 3.7 DataAccessException 계층 구조 이미지

## ■ 비검사 예외를 활용한 DataAccessException 구현

계층 구조의 부모 클래스인 DataAccessException은 RuntimeException의 자식 클래스로 구현돼 있다. 이로써 DataAccessException은 비검사 예외가 된다. 비검사 예외는 try ~ catch나 throws에 의해 예외 처리가 강제되지 않기 때문에 이 예외를 군이 처리할 필요가 없다면 예외 처리 코드를 생략해도 된다. 예외 처리의 자세한 내용은 다음에 설명한다.

## ■ 구현을 은폐한 데이터 접근 예외

일반적으로 JPA, JDBC, 하이버네이트와 같은 데이터 접근 방법의 차이와 Oracle, PostgreSQL, H2와 같은 데이터베이스의 차이에서 발생하는 데이터 접근 예외는 모두 각자가 정의한 모양을 하고 있어서 제각각이다. 스프링의 데이터 접근 기능에는 각 제품별로 정의된 서로 다른 예외 클래스를 데이터 접근 방법과 특정 제품에 종속되지 않는 공통적인 예외 클래스로 변환하는 기능이 있다. 이 기능을 사용하면 DAO 구현이 바뀌더라도 예외 처리 코드에 영향을 주지 않는다.

예를 들어, Oracle을 사용할 때 무결성 제약 오류가 발생하면 Oracle의 오류 코드 'ORA-00001'이 발생한다. 이와 비슷하게 PostgreSQL을 사용할 때 무결성 제약 오류가 발생하면 PostgreSQL의 오류 코드 '23000'이 발생한다. 두 경우 모두 무결성 제약 조건에 오류가 발생한 것이기 때문에 스프링에서는 DataIntegrityViolationException으로 일관되게 처리한다. 결과적으로 소스코드에서는 데이터베이스 제품이 Oracle이냐 PostgreSQL냐에 따라 오류 코드를 구분하지 않아도 되며 DataIntegrityViolationException에 대해서만 오류 처리를 하면 된다.

이처럼 각 데이터베이스별로 오류 코드에 대응하는 내용은 spring-jdbc-xxx.jar의 org/springframework/jdbc/support/sql-error-codes.xml에 기술돼 있다. JDBC를 직접 이용하거나 내부적으로 JDBC를 사용하는 마이바티스 같은 ORM에서는 이 파일의 내용을 수정하는 방식으로 커스터마이징할 수 있다. 다만, JPA와 하이버네이트는 이와는 다른 방식으로 구현돼 있기 때문에 sql-error-codes.xml을 확장하는 방법은 사용할 수 없다. 다음은 Oracle의 오류 코드를 스프링 프레임워크에서 어떻게 추상화하고 있는지 정리한 표다(표 3.7).

표 3.7 Oracle의 오류 코드를 추상화한 예

| 예외 | 스프링 오류 코드 | Oracle 오류 코드 |
|---|---|---|
| BadSqlGrammarException | BadSqlGrammarCodes | 900, 903, 904, 917, 936, 942, 17006, 6550 |
| InvalidResultSetAccessException | InvalidResultSetAccessCodes | 17003 |
| DuplicateKeyException | DuplicateKeyCodes | 1 |
| DataIntegrityViolationException | dataIntegrityViolationCodes | 1400, 1722, 2291, 2292 |
| DataAccessResourceFailureException | dataAccessResourceFailureCodes | 17002, 17447 |
| CannotAcquireLockException | cannotAcquireLockCodes | 54, 30006 |
| CannotSerializeTransactionException | cannotSerializeTransactionCodes | 8177 |
| DeadlockLoserDataAccessException | deadlockLoserCodes | 60 |

## 3.4.2. 데이터 접근 관련 예외 처리

앞에서 설명했듯이 데이터 접근 예외는 비검사 예외로 구현돼 있다. 그래서 예외 처리가 필요하다면 예외가 발생할 만한 곳에 try~catch 문을 사용해 원하는 예외를 잡아서 처리해야 한다. 특별히 예외 처리를 할 필요가 없다면 아무것도 해 줄 필요가 없다.

### 데이터 접근 예외를 처리하는 구현 예

데이터 접근 예외를 어떻게 처리하는지 확인하기 위해 예를 하나 들어보자. 다음은 특정 키를 검색 조건으로 데이터를 조회했으나 해당 데이터가 없어 DataRetrievalFailureException이 발생한 경우다. DataRetrievalFailureException은 스프링 프레임워크가 추상화한 예외로, 이것을 그대로 사용해도 큰 무리는 없으나 특정 프레임워크에서 제공하는 예외를 사용하기보다는 이 애플리케이션의 비즈니스 상황에 맞는 예외로 바꿔서 처리하는 것이 맞을 것이다. 그래서 아래 예에서는 DataRetrievalFailure를 가로채서 이 애플리케이션에서 정의한 NotFoundRoomIdException을 던지고 있다.

▶ 데이터 접근 예외를 처리하는 예

```java
public Room getRoomForUpdate(String roomId) {
    Room room = null;
    try {
        room = roomDao.getRoomForUpdate(roomId);                        ❶
    } catch (DataRetrievalFailureException e) {                         ❷
        throw new NotFoundRoomIdException("roomId=" + roomId, e);       ❸
    }
    return room;
}
```

❶ 데이터 접근을 수행한다.

❷ 처리 대상이 되는 예외인 DataRetrievalFailureException을 catch 절에 정의한다. 스프링이 제공하는 추상화된 예외 클래스에서 에러 내용이 판별되기 때문에 비즈니스 로직이 데이터 접근 방법이나 특정 제품에 의존하지 않는다.

❸ DataRetrievalFailureException을 포착한 경우 NotFoundRoomIdException을 생성하고 던진다.

## 3.4.3. 데이터 접근 관련 예외의 변환 규칙 커스터마이징

각 데이터베이스 오류 코드와 데이터 접근 예외에 관련된 내용은 spring-jdbc-xxx.jar에 포함된 sql-error-codes.xml을 사용한다. 만약 클래스패스 바로 아래에 sql-error-codes.xml을 두고 그 내용을 재정의하면 기본 설정된 내용을 커스터마이징할 수 있다.

### ■ spring-jdbc-xxx.jar의 org/springframework/jdbc/support/sql-error-codes.xml

sql-error-codes.xml은 일반적인 빈 정의 파일이다. 이 파일의 내용은 SQLErrorCodes 클래스의 빈을 정의하는 것으로, 빈의 ID는 데이터베이스 이름으로 돼 있다. 데이터베이스 접근 예외에 대응하는 프로퍼티가 정의돼 있는데, 각 프로퍼티 값에 대응하는 데이터베이스 고유의 오류 코드들이 쉼표로 구분되어 설정돼 있다. 예를 들어, H2 데이터베이스의 오류 코드는 다음과 같이 정의돼 있다.

▶ H2 데이터베이스의 오류 코드 정의

```xml
<bean id="H2" class="org.springframework.jdbc.support.SQLErrorCodes">
    <property name="badSqlGrammarCodes">
        <value>42000,42001,42101,42102,42111,42112,42121,42122,42132</value>
    </property>
    <property name="duplicateKeyCodes">
        <value>23001,23505</value>
    </property>
    <property name="dataIntegrityViolationCodes">
        <value>22001,22003,22012,22018,22025,23000,23002,23003,23502,23503,23506,23507,23513
        </value>
    </property>
    <property name="dataAccessResourceFailureCodes">
        <value>90046,90100,90117,90121,90126</value>
    </property>
    <property name="cannotAcquireLockCodes">
        <value>50200</value>
    </property>
</bean>
```

### ■ 클래스패스 바로 아래의 sql-error-codes.xml

커스터마이징할 때는 SQLErrorCodes의 프로퍼티 설정을 변경하면 된다. 예를 들어 H2 데이터베이스에서 오류 코드 23001 또는 23505가 발생한 경우 DataIntegrityViolationException이 발생하게 만들려면 다음과 같이 설정하면 된다.

▶ 변환 룰을 커스터마이징하기 위한 빈 정의

```xml
<bean id="H2" class="org.springframework.jdbc.support.SQLErrorCodes">
    <property name="badSqlGrammarCodes">
        <value>42000,42001,42101,42102,42111,42112,42121,42122,42132</value>
    </property>
    <!--
```

```
    <property name="duplicateKeyCodes"> ─────────────────────── ❶
        <value>23001,23505</value>
    </property> ──────────────────────────────────────────────
     -->
    <property name="dataIntegrityViolationCodes">
        <value>23001,23505,22001,22003,22012,22018,22025,23000,23002,23003,23502, ─── ❷
23503,23506,23507,23513 </value> ────────────────────────────────
    </property>
    <property name="dataAccessResourceFailureCodes">
        <value>90046,90100,90117,90121,90126</value>
    </property>
    <property name="cannotAcquireLockCodes">
        <value>50200</value>
    </property>
</bean>
```

❶ 2001, 23505에 대해서는 duplicateKeyCodes로 대응하던 것을 뒤에 나올 dataIntegirtyViolationCodes로 처리하기 위해 주석 처리한다.

❷ DataIntegrityViolationException에 대응하는 dataIntegrityViolationCodes 프로퍼티에 오류 코드 23001과 23505를 추가한다.

# 4장

# 스프링 MVC 기초

3장까지 배운 내용을 응용하면 데이터베이스를 사용하는 독립형 애플리케이션을 만들 수 있다. 이번 장에서 7장까지는 스프링 MVC(Spring MVC) 기능을 활용한 웹 애플리케이션 개발 방법을 설명한다.

이번 장에서는 스프링 MVC의 특징을 간단히 소개한 후 간단한 샘플 애플리케이션을 만들어 본다. 예제를 통해 스프링 MVC의 기초를 배우고 나면 마지막에 스프링 MVC 아키텍처에 대해 살펴볼 것이다. 웹 애플리케이션을 구현할 때 필요한 지식에 대해서는 5장 '웹 애플리케이션 개발'과 6장 'RESTful 웹 서비스 개발'에서 설명하고, 개발할 웹 애플리케이션에 필요한 각종 기능(세션 이용, 파일 업로드 등)에 대해서는 7장 '스프링 MVC 응용'에서 배워보도록 하자.

## 4.1. 스프링 MVC

스프링 MVC는 자바 기반의 웹 애플리케이션을 개발할 때 사용하는 프레임워크의 하나로서 프레임워크 아키텍처로 MVC 패턴을 채택했다. MVC 패턴을 적용한 웹 애플리케이션은 모델(Model), 뷰(View), 컨트롤러(Controller)와 같은 세 가지 역할의 컴포넌트로 구성되어 클라이언트의 요청을 처리한다. 각 컴포넌트에 의한 일반적인 처리 흐름은 그림 4.1과 같다.

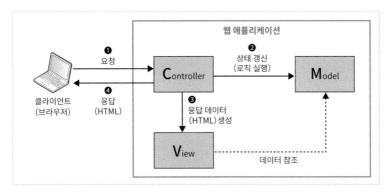

그림 4.1 MVC 패턴의 일반적인 처리 흐름

MVC 패턴에서 각 컴포넌트의 역할은 다음과 같다(표 4.1).

표 4.1 MVC 패턴에서 각 컴포넌트의 역할

| 컴포넌트명 | 설명 |
| --- | --- |
| 모델 | 애플리케이션 상태(데이터)나 비즈니스 로직을 제공하는 컴포넌트 |
| 뷰 | 모델이 보유한 애플리케이션 상태(데이터)를 참조하고 클라이언트에 반환할 응답 데이터를 생성하는 컴포넌트 |
| 컨트롤러 | 요청을 받아 모델과 뷰의 호출을 제어하는 컴포넌트로 컨트롤러라는 이름처럼 요청과 응답의 처리 흐름을 제어한다. |

메모

스프링 MVC는 MVC 패턴을 채택한 프레임워크라고 설명했지만 정확히 말하면 프런트 컨트롤러(Front Controller)를 채택한 것이다. 프런트 컨트롤러 패턴은 MVC 패턴이 가진 약점을 개선한 아키텍처 패턴으로서 많은 MVC 프레임워크에서 사용된다. 프런트 컨트롤러에 대해서는 4.3절 '스프링 MVC 아키텍처'에서 설명한다.

## 4.1.1. 웹 애플리케이션 개발의 특징

우선 스프링 MVC로 개발된 웹 애플리케이션의 특징을 살펴보자. 스프링 MVC는 웹 애플리케이션을 매우 편리하게 개발할 수 있는 프레임워크로서 다음과 같은 특징이 있다.

- **POJO(Plain Old Java Object) 구현**
  컨트롤러나 모델 등의 클래스는 POJO 형태로 구현된다. 특정 프레임워크에 종속적인 형태로 구현할 필요가 없기 때문에 단위 테스트를 하는 것이 상대적으로 수월해진다.

- **애너테이션을 이용한 정의 정보 설정**
  요청 매핑과 같은 각종 정의 정보를 설정 파일이 아닌 애너테이션 방식으로 설정할 수 있다. 비즈니스 로직과 그 로직을 수행하기 위한 각종 정의 정보를 자바 파일 안에서 함께 기술할 수 있기 때문에 효율적으로 웹 애플리케이션을 개발할 수 있다.

- **유연한 메서드 시그니처 정의**
  컨트롤러 클래스의 메서드 매개변수에는 처리에 필요한 것만 골라서 정의할 수 있다. 인수에 지정할 수 있는 타입도 다양한 타입이 지원되며, 프레임워크가 인수에 전달하는 값을 자동으로 담아주거나 변환하기 때문에 사양 변경이나 리팩터링에 강한 아키텍처를 가지고 있다. 반환값도 다양한 타입을 지원한다.

- **Servlet API 추상화**
  스프링 MVC는 서블릿 API(HttpServletRequest, HttpServletResponse, HttpSession 등의 API)를 추상화하는 기능을 제공한다. 서블릿 API를 추상화한 구조를 이용하면 컨트롤러 클래스 구현에서 서블릿 API를 직접 사용하는 코드가 제거되기 때문에 컨트롤러 클래스의 테스트가 서블릿 API를 사용할 때보다 상대적으로 쉬워진다.

- **뷰 구현 기술의 추상화**

  컨트롤러는 뷰 이름(뷰의 논리적인 이름)을 반환하고 스프링 MVC는 뷰 이름에 해당하는 화면이 표시되게 한다. 이처럼 컨트롤러는 뷰 이름만 알면 되기 때문에 그 뷰가 어떤 구현 기술(JSP, 타임리프, 서블릿 API, 프리마커 등)로 만들어졌는지 구체적인 내용을 몰라도 된다.

- **스프링의 DI 컨테이너와의 연계**

  스프링 MVC는 스프링의 DI 컨테이너 상에서 동작하는 프레임워크다. 스프링의 DI 컨테이너가 제공하는 DI나 AOP와 같은 구조를 그대로 활용할 수 있어 웹 애플리케이션을 효과적으로 개발할 수 있다.

메모
스프링 MVC는 서블릿 API를 추상화하는 메커니즘을 제공하는 반면 서블릿 API를 직접 사용할 수도 있다. 쿠키(Cookie)에 데이터를 쓰는 것과 같은 일부 작업은 서블릿 API를 직접 사용하지 않으면 구현할 수 없는 경우도 있다.

스프링 MVC의 특징을 잘 살려서 만든 컨트롤러 클래스는 그림 4.2와 같은 형태가 된다.

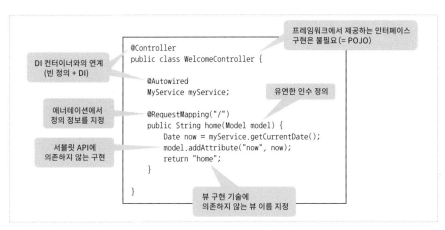

그림 4.2 스프링 MVC에서 컨트롤러를 구현한 예

## 4.1.2. MVC 프레임워크로서의 특징

다음으로 MVC 프레임워크로서의 특징을 소개한다. 스프링 MVC는 높은 확장성과 엔터프라이즈 애플리케이션이 필요로 하는 기능을 갖춘 MVC 프레임워크로서 다음과 같은 특징이 있다.

- **풍부한 확장 포인트 제공**

  스프링 MVC에서는 컨트롤러나 뷰와 같이 각 역할별로 필요한 인터페이스를 제공한다. 그래서 기본 동작을 확장하고 싶다면 이러한 인터페이스를 자신만의 방법으로 구현하면 된다. 이러한 인터페이스는 커스터마이징을 유연하고 쉽게 만들어 주는 확장점이 된다.

- **엔터프라이즈 애플리케이션에 필요한 기능 제공**

    스프링 MVC는 단순히 MVC 패턴의 프레임워크 구현만 제공하는 것이 아니다. 메시지 관리, 세션 관리, 국제화, 파일 업로드 같은 엔터프라이즈 애플리케이션용 웹 애플리케이션을 개발할 때 필요한 다양한 기능들도 함께 제공한다.

- **서드파티 라이브러리와의 연계 지원**

    스프링 MVC는 서드파티 라이브러리를 이용할 때 필요한 각종 어댑터를 제공하며, 다음과 같은 라이브러리를 스프링 MVC와 연계해서 사용할 수 있다.

    ‣ Jackson(JSON/XML 처리)

    ‣ Google Gson(JSON 처리)

    ‣ Google Protocol Buffers(Protocol Buffers로 불리는 직렬화 형식 처리)

    ‣ Apache Tiles(레이아웃 엔진)

    ‣ FreeMarker(템플릿 엔진)

    ‣ Rome(RSS/Feed 처리)

    ‣ JasperReports(보고서 출력)

    ‣ ApachePOI(엑셀 처리)

    ‣ Hibernate Validator(빈 유효성 검증)

    ‣ Joda-Time(날짜/시간 처리)

    또한 서드파티 라이브러리 자체가 스프링 MVC와의 연계를 지원하는 형태도 있다.

    ‣ Thymeleaf(템플릿 엔진)

    ‣ HDIV(보안 강화)

## 4.2. 첫 번째 스프링 MVC 애플리케이션

스프링 MVC를 더 자세히 설명하기 전에 간단한 애플리케이션을 먼저 만들어보고 스프링 MVC를 이용한 애플리케이션 개발을 기초부터 배워보자.[1]

---

1  (옮긴이) 실행 가능한 소스코드를 깃허브에 올려뒀으니 참고하자.
   https://github.com/wikibook/introducing-spring-framework/tree/master/kr/04-spring-mvc/4.2

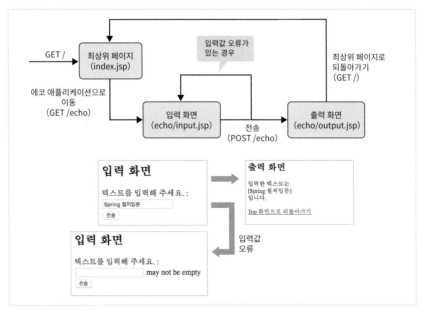

그림 4.3 화면 흐름도

이 절에서는 위와 같은 입력 화면에서 입력 값을 받아 출력 화면으로 표시하는 에코 애플리케이션을 만들어볼 것이다(그림 4.3). 에코 애플리케이션을 만들다 보면 다음과 같은 내용을 배울 수 있을 것이다.

- 스프링 MVC 적용 방법
- 화면 이동 기초
- 입력 폼 작성 기초
- 값 표시 기초
- 입력값 검사 기초

이 예에서는 자바 기반 설정 방식(설정 클래스를 사용한 빈 정의)을 사용하지만 마지막에 XML 기반 설정 방식으로 빈을 정의한 예도 소개할 것이다.

## 4.2.1. 프로젝트 생성

부록 A.1 '로컬 개발 환경을 위한 프로젝트 구성'을 참조해서 개발용 프로젝트를 만들자.

## 4.2.2. 스프링 MVC 적용

작성한 개발용 프로젝트에 스프링 MVC를 적용한다.

### ■ 라이브러리 설정

먼저 스프링 프레임워크에서 제공하는 스프링 MVC와 스프링 MVC가 사용하는 의존 라이브러리를 개발 프로젝트에 사용할 수 있도록 설정한다.

▶ pom.xml 설정 예

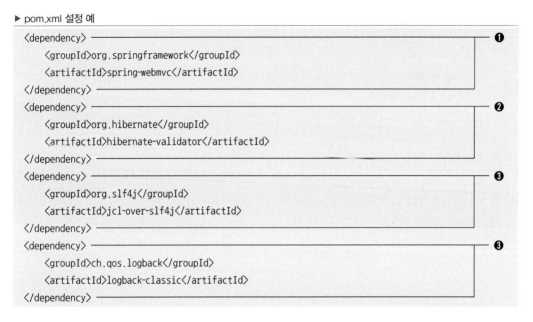

```xml
<dependency>                                                    ❶
    <groupId>org.springframework</groupId>
    <artifactId>spring-webmvc</artifactId>
</dependency>
<dependency>                                                    ❷
    <groupId>org.hibernate</groupId>
    <artifactId>hibernate-validator</artifactId>
</dependency>
<dependency>                                                    ❸
    <groupId>org.slf4j</groupId>
    <artifactId>jcl-over-slf4j</artifactId>
</dependency>
<dependency>                                                    ❸
    <groupId>ch.qos.logback</groupId>
    <artifactId>logback-classic</artifactId>
</dependency>
```

❶ 의존 라이브러리로 스프링 MVC 모듈을 지정한다. spring-webmvc를 지정하면 스프링 웹(spring-web)이나 기타 스프링 프레임워크의 의존 모듈(spring-context 등)에 대한 의존 관계도 함께 포함해서 처리할 수 있다.

❷ 의존 라이브러리로 Hibernate Validator(Bean Validation 참조 구현체)를 지정한다. 스프링 MVC는 Bean Validation 구조를 이용해 입력값의 유효성을 검증한다.

❸ 스프링은 JCL(Apache Commons Logging) API를 사용해 로그 출력을 한다. 그래서 의존 라이브러리에 JCL implemented over SLF4J(SLF4J API에 로깅 처리를 브리지하는 JCL 구현 라이브러리)와 Logback(SLF4J 구현 라이브러리)을 설정한다.

### ■ ContextLoaderListener 설정

웹 애플리케이션에서 사용할 애플리케이션 컨텍스트를 만들려면 서블릿 컨테이너에 ContextLoader Listener 클래스를 등록해야 한다.

그리고 ContextLoaderListener 클래스가 서블릿 컨테이너에 등록될 때 웹 애플리케이션용 애플리케이션 컨텍스트에 빈이 등록되게 하려면 빈을 정의한 설정이 필요하다. 참고로 이 책의 샘플 코드인 에코 애플리케이션에서는 Service 계층 이하의 빈(@Service, @Repository 등)은 생략됐기 때문에 별다른 빈을 등록하지 않는다. 하지만 예가 아닌 실제 애플리케이션을 개발할 때는 빈을 정의해서 등록해야 하기 때문에 이 예제에서는 앞으로 빈 설정이 들어갈 설정 클래스를 껍데기만 만들어서 예시로 사용하고 있다. 한편 이 예에서는 소스 디렉터리가 'src/main/java'인 것으로 가정한다. 만약 이 소스 경로가 없다면 직접 만들어야 한다.

▶ 웹 애플리케이션용 설정 클래스의 작성 예

```
package example.config;

import org.springframework.context.annotation.Configuration;

@Configuration ─────────────────────────────────────────── ❶
public class AppConfig {
}
```

❶ 웹 애플리케이션용 설정 클래스를 작성한다.

작성한 설정 클래스를 이용해 웹 애플리케이션을 위한 애플리케이션 컨텍스트를 정의한다.

▶ web.xml 설정 예

```
<listener> ──────────────────────────────────────────── ❶
    <listener-class>
        org.springframework.web.context.ContextLoaderListener
    </listener-class>
</listener> ─────────────────────────────────────────────
<context-param> ─────────────────────────────────────── ❷
    <param-name>contextClass</param-name>
    <param-value>
org.springframework.web.context.support.AnnotationConfigWebApplicationContext
    </param-value>
</context-param> ────────────────────────────────────────
<context-param> ─────────────────────────────────────── ❸
    <param-name>contextConfigLocation</param-name>
    <param-value>example.config.AppConfig</param-value>
</context-param>
```

❶ 서블릿 컨테이너의 리스너 클래스로 ContextLoaderListener를 정의한다.

❷ 서블릿 컨테이너의 contextClass 파라미터에 AnnotationConfigWebApplicationContext 클래스를 지정한다.

❸ 서블릿 컨테이너의 contextConfigLocation 파라미터에 작성한 설정 클래스를 지정한다.

### ■ DispatcherServlet 설정

스프링 MVC의 프런트 컨트롤러를 이용하기 위해 DispatcherServlet 클래스를 서블릿 컨테이너에 등록한다. 자세한 내용은 4.3.3절 'DI 컨테이너와의 연계'에서 설명하지만 스프링 MVC에서는 웹 애플리케이션용 애플리케이션 컨텍스트와 별개로 DispatcherServlet용 애플리케이션 컨텍스트를 별도로 만든다.

한편 DispatcherServlet 클래스를 서블릿 컨테이너에 등록할 때는 DispatcherServlet용 애플리케이션 컨텍스트에 빈을 정의해야 한다.

▶ DispatcherServlet용 설정 클래스의 작성 예

```
package example.config;

import org.springframework.context.annotation.ComponentScan;
import org.springframework.context.annotation.Configuration;
import org.springframework.web.servlet.config.annotation.EnableWebMvc;
import org.springframework.web.servlet.config.annotation.WebMvcConfigurerAdapter;

@Configuration ─────────────────────────────────────────── ❶
@EnableWebMvc ─────────────────────────────────────────── ❷
@ComponentScan("example.app") ─────────────────────────── ❸
public class WebMvcConfig extends WebMvcConfigurerAdapter { ─── ❹
}
```

❶ DispatcherServlet 용 설정 클래스를 작성한다.

❷ 클래스에 @EnableWebMvc를 지정한다. @EnableWebMvc를 지정하면 스프링 MVC가 제공하는 설정 클래스가 임포트되어 스프링 MVC를 이용할 때 필요한 컴포넌트의 빈 정의가 자동으로 이뤄진다.

❸ 클래스에 @ComponentScan을 지정한다. @ComponentScan을 지정하면 value 속성에 명시된 패키지 아래로 스테레오 타입(Stereotype) 애너테이션(@Component나 @Controller 등)이 부여된 클래스가 스캔되어 애플리케이션 컨텍스트에 빈으로 등록된다.

❹ 부모 클래스로 WebMvcConfigurerAdapter 클래스를 지정한다. WebMvcConfigurerAdapter 클래스를 상속하면 기본적으로 적용된 빈 정의를 간단히 커스터마이징할 수 있다.

DispatcherServlet 클래스를 서블릿 컨테이너에 등록한다. 이때 앞서 만들었던 설정 클래스를 활용해서 DispatcherServlet용 애플리케이션 컨텍스트를 만들도록 설정한다.

▶ web.xml 설정 예

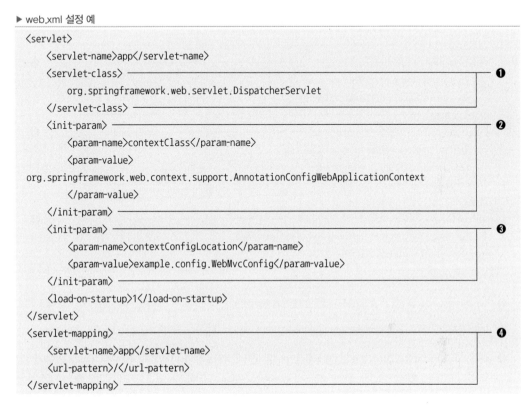

```
<servlet>
    <servlet-name>app</servlet-name>
    <servlet-class>                                              ❶
        org.springframework.web.servlet.DispatcherServlet
    </servlet-class>
    <init-param>                                                 ❷
        <param-name>contextClass</param-name>
        <param-value>
org.springframework.web.context.support.AnnotationConfigWebApplicationContext
        </param-value>
    </init-param>
    <init-param>                                                 ❸
        <param-name>contextConfigLocation</param-name>
        <param-value>example.config.WebMvcConfig</param-value>
    </init-param>
    <load-on-startup>1</load-on-startup>
</servlet>
<servlet-mapping>                                                 ❹
    <servlet-name>app</servlet-name>
    <url-pattern>/</url-pattern>
</servlet-mapping>
```

❶ DispatcherServlet 클래스를 서블릿 컨테이너에 등록한다.

❷ 서블릿 contextClass 파라미터에 AnnotationConfigWebApplicationContext 클래스를 지정한다.

❸ 서블릿 contextConfigLocation 파라미터에 작성한 설정 클래스를 지정한다.

❹ ❶에서 정의한 DispatcherServlet을 사용해 요청을 처리하는 URL 패턴을 설정한다. 이 예에서는 웹 애플리케이션에 대한 모든 요청을 ❶에서 정의한 DispatcherServlet을 통해 처리하도록 설정돼 있다.

■ CharacterEncodingFilter설정

입력 값의 한국어가 깨지지 않도록 CharacterEncodingFilter 클래스를 서블릿 컨테이너에 등록한다.

▶ web.xml 설정 예

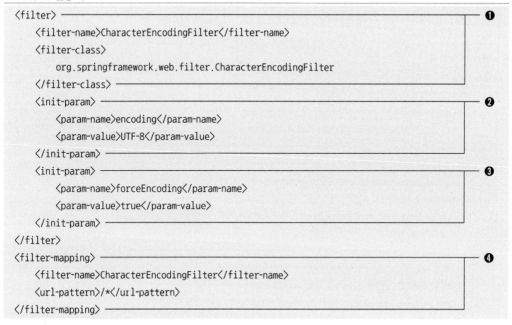

```
<filter>                                                                    ❶
    <filter-name>CharacterEncodingFilter</filter-name>
    <filter-class>
        org.springframework.web.filter.CharacterEncodingFilter
    </filter-class>
    <init-param>                                                            ❷
        <param-name>encoding</param-name>
        <param-value>UTF-8</param-value>
    </init-param>
    <init-param>                                                            ❸
        <param-name>forceEncoding</param-name>
        <param-value>true</param-value>
    </init-param>
</filter>
<filter-mapping>                                                             ❹
    <filter-name>CharacterEncodingFilter</filter-name>
    <url-pattern>/*</url-pattern>
</filter-mapping>
```

❶ CharacterEncodingFilter 클래스를 서블릿 컨테이너에 등록한다.

❷ 서블릿 필터의 encoding 파라미터에 요청 파라미터의 문자 인코딩을 지정한다. 위의 예에서는 UTF-8를 지정한다.

❸ 서블릿 필터의 forceEncoding 파라미터에 요청 및 응답의 문자 인코딩을 덮어쓰기 할지를 지정한다. true를 지정하면 요청의 문자 인코딩은 ❷에서 지정한 문자 인코딩으로 강제적으로 덮어쓰게 되어 기본 응답 문자 인코딩도 ❷에서 지정한 문자 인코딩이 된다.

❹ CharacterEncodingFilter를 적용하는 요청 URL 패턴을 지정한다. 위의 예에서는 웹 애플리케이션에 대한 모든 요청을 적용 대상으로 삼는다.

메모

ISO 8859-1(ISO Latin 1) 이외의 문자를 취급할 필요가 있는 경우에는 CharacterEncodingFilter를 사용해 적절한 문자 인코딩을 지정할 필요가 있다. 또한 서블릿 필터를 여러 개 사용하는 경우에는 요청 파라미터에서 값을 취득하는 서블릿 필터보다 순서상으로 먼저 처리되도록 필터를 등록하자. 필터의 적용 순서가 맞지 않으면 문자가 깨질 수 있다.

## ■ ViewResolver 설정

스프링 MVC에서는 논리적인 뷰 이름을 보고 실제로 표시할 물리적인 뷰가 무엇인지 판단할 때 ViewResolver라는 컴포넌트를 사용한다. 에코 애플리케이션에서는 뷰로 JSP를 사용하기 때문에 스프링 MVC에 JSP용 ViewResolver를 설정한다.

▶ 설정 클래스(WebMvcConfig) 정의 예

```
@Configuration
@EnableWebMvc
public class WebMvcConfig extends WebMvcConfigurerAdapter {

    @Override ─────────────────────────────────────────── ❶
    public void configureViewResolvers(ViewResolverRegistry registry) { ──
        registry.jsp(); ───────────────────────────────── ❷
    }
}
```

❶ configureViewResolvers 메서드를 오버라이드한다.

❷ ViewResolverRegistry 클래스의 jsp 메서드를 호출해서 JSP용 ViewResolver를 설정한다.

위와 같이 빈을 정의하면 /WEB-INF 디렉터리 바로 아래에 저장된 JSP 파일이 뷰로 취급된다(그림 4.4).

그림 4.4 JSP 파일의 기본 저장 장소

 JSP 파일을 저장하는 디렉터리는 ViewResolver 설정에서 변경할 수 있다. 자주 볼 수 있는 패턴으로는 /WEB-INF 디렉터리 바로 아래가 아니라 views라는 하위 디렉터리를 두고 /WEB-INF/views 디렉터리 바로 아래에 저장하는 패턴이 있다. 기본 저장 장소를 변경하는 방법은 다음 장 이후에 설명한다.

■ 태그 라이브러리 정의의 추가

스프링 MVC 태그 라이브러리(taglib) 정의를 추가한다. 이 정의를 추가하면 모든 JSP에서 스프링 MVC의 taglib를 이용할 수 있다.

▶ src/main/webapp/WEB-INF/include.jsp를 수정한 예

```
<%@ taglib prefix="c" uri="http://java.sun.com/jsp/jstl/core"%>
<%@ taglib prefix="fmt" uri="http://java.sun.com/jsp/jstl/fmt"%>
<%@ taglib prefix="fn" uri="http://java.sun.com/jsp/jstl/functions"%>
```

```
<%@ taglib prefix="spring" uri="http://www.springframework.org/tags"%> <!-- 추가 -->
<%@ taglib prefix="form" uri="http://www.springframework.org/tags/form"%> <!-- 추가 -->
```

이 예에서는 JSP 태그 라이브러리를 모든 JSP 파일에 공통적으로 적용하기 위해 web.xml 안에 다음과 같이 정의했다. 만약 사용 중인 web.xml 파일에 이러한 설정이 없다면 직접 추가해주거나 JSP 파일 각각에 개별적으로 JSP 태그 라이브러리를 정의하면 된다.

▶ web.xml 정의 예

```
<jsp-config>
    <jsp-property-group>
        <url-pattern>*.jsp</url-pattern>
        <page-encoding>UTF-8</page-encoding>
        <include-prelude>/WEB-INF/include.jsp</include-prelude> <!-- 모든 JSP에 인클루드된다. -->
    </jsp-property-group>
</jsp-config>
```

## 4.2.3. 최상위 페이지의 표시 처리 구현

우선 샘플 애플리케이션 홈페이지(최상위 페이지)를 ViewResolver를 이용해 표시해보자. 프레임워크를 포함한 전체 처리 절차는 다음과 같다(그림 4.5).

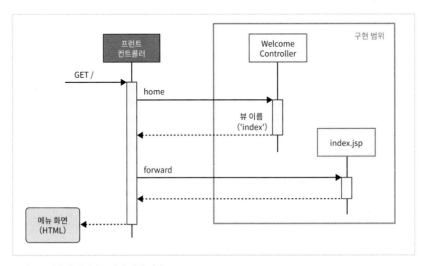

그림 4.5 최상위 페이지 표시의 처리 절차

### ■ 컨트롤러 구현

최상위 페이지의 컨트롤러 클래스를 만들고 최상위 페이지의 표시 요청을 처리하기 위한 메서드를 구현한다.

▶ 컨트롤러 작성과 구현

```java
package example.app;

import org.springframework.stereotype.Controller;
import org.springframework.web.bind.annotation.*;

@Controller                                                    ❶
public class WelcomeController {

    @RequestMapping("/")                                       ❷
    public String home() {
        return "index";                                        ❸
    }

}
```

❶ 컨트롤러 클래스에 @Controller 애너테이션을 지정한다.

❷ 최상위 페이지 표시 요청을 처리하는 메서드를 추가하고 메서드 애너테이션으로서 @RequestMapping을 지정한다. value 속성에 '/'를 지정해 '/' 경로에 대한 요청이 이 메서드에 매핑되게 만든다.

❸ 최상위 페이지를 표시하는 JSP의 뷰 이름을 반환한다. 여기서는 뷰 이름으로 'index'를 반환하고 있어 src/main/webapp/WEB-INF/index.jsp가 호출된다.

메모    뷰 이름만 반환하는 처리 방식은 스프링 MVC에서 제공되는 뷰 컨트롤러(View Controller)가 제공하는 기능이다. 뷰 컨트롤러의 사용법은 다음 장 이후에 설명한다.

### ■ index.jsp 이동

index.jsp를 ViewResolver를 통해 표시하기 위해 /WEB-INF 디렉터리 바로 아래로 이동시킨다(그림 4.6).

그림 4.6 index.jsp 이동

## ■ 최상위 페이지 표시

애플리케이션 서버가 정상적으로 구동되면 최상위 페이지를 열어 src/main/webapp/WEB-INF/index.jsp가 표시되는 것을 확인한다(그림 4.7).

그림 4.7 최상위 페이지 표시

## ■ 메뉴 추가

에코 애플리케이션의 입력 화면으로 이동하기 위한 메뉴 링크를 최상위 페이지에 추가한다.

▶ 메뉴 추가 예

```
<html>
<body>
    <h2>Hello World!</h2>
    <ul>                                                                          ❶
        <li><a href="<c:url value='/echo' />">에코 애플리케이션으로 이동</a></li>
    </ul>
</body>
</html>
```

❶ 에코 애플리케이션의 입력 화면을 표시하기 위한 요청(GET /echo)을 전송하는 링크를 추가한다. 여기서는 JSTL(JSP Standard Tag Library)의 <c:url> 요소를 사용해 '애플리케이션 컨텍스트 경로' + '/echo'의 링크를 추가한다.

### ■ 메뉴 추가 후 최상위 페이지 표시

최상위 페이지를 다시 열어 메뉴가 추가된 것을 확인한다(그림 4.8).

그림 4.8 메뉴 추가 후 최상위 페이지 표시

## 4.2.4. 입력 화면의 표시 처리 구현

최상위 페이지에 메뉴를 추가했다면 에코 애플리케이션의 입력 화면을 표시하는 기능을 구현한다. 전체적인 동작 방식은 다음과 같다(그림 4.9).

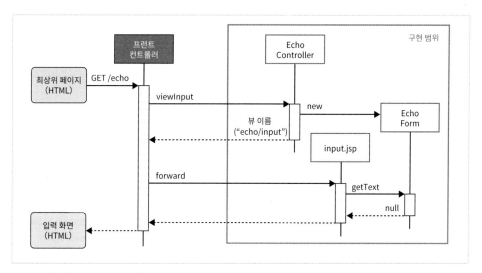

그림 4.9 입력 화면 표시의 처리 절차

### ■ 폼 클래스 구현

입력값을 저장하기 위한 폼 클래스를 작성한다. 폼 클래스는 HTML의 〈form〉 요소 안에 입력 항목(〈input〉, 〈select〉, 〈radio〉, 〈checkbox〉 요소 등)의 값을 가지고 있는 클래스다.

▶ 폼 클래스의 작성 예

```
package example.app;

import java.io.Serializable;

public class EchoForm implements Serializable {

    private static final long serialVersionUID = 1115232259783191726L;

    private String text; ─────────────────────────────────── ❶

    public String getText() {
        return text;
    }

    public void setText(String text) {
        this.text = text;
    }
}
```

❶ 입력값을 가지고 있는 프로퍼티를 정의한다.

## ■ 컨트롤러 구현

에코 애플리케이션용 컨트롤러 클래스를 만들고 입력 화면의 표시 요청을 처리하기 위한 메서드를 구현한다.

▶ 컨트롤러 클래스의 작성 예

```
package example.app;

import javax.validation.Valid;

import org.springframework.stereotype.Controller;
import org.springframework.ui.Model;
import org.springframework.validation.BindingResult;
import org.springframework.web.bind.annotation.RequestMapping;
import org.springframework.web.bind.annotation.RequestMethod;

@Controller
@RequestMapping("echo") ─────────────────────────────── ❶
public class EchoController {

    @RequestMapping(method = RequestMethod.GET) ─────────── ❷
```

```
    public String viewInput(Model model) {
        EchoForm form = new EchoForm();
        model.addAttribute(form); ─────────────────────────────── ❸
        return "echo/input"; ──────────────────────────────────── ❹
    }


}
```

❶ 클래스 애너테이션에 @RequestMapping을 지정한다. value 속성에 'echo'를 지정하면 '/echo'라는 경로에 대한 요청이 이 컨트롤러에 매핑된다.

❷ 입력 화면 표시 요청을 처리하는 메서드를 추가하고 메서드 애너테이션으로 @RequestMapping을 지정한다. method 속성에 RequestMethod.GET을 지정하면 'GET /echo'라는 요청이 이 메서드에 매핑된다.

❸ 폼 객체(EchoForm 클래스의 인스턴스)를 생성하고 모델에 추가한다. 모델에 추가할 때에 속성명을 생략하면 클래스명을 이용해 'echoForm'이라는 속성명으로 추가된다. 모델에 추가한 객체는 HttpServletRequest에 익스포트(export)되는 구조이므로 JSP에서는 요청 스코프상에 있는 객체로서 참조할 수 있다.

❹ 입력 화면을 표시하는 JSP의 뷰 이름을 반환한다. 여기서는 뷰 이름으로 'echo/input '을 반환하고 있어 src/main/webapp/WEB-INF/echo/input.jsp가 호출된다.

메모

위의 구현 예에서는 설명을 쉽게 하기 위해 명시적으로 폼 객체를 모델에 추가했다. 그 밖에도 @org.springframework.web.bind.annotation.ModelAttribute를 사용하는 또 다른 기법이 있는데 @ModelAttribute의 사용법은 다음 장 이후에 설명한다.

## ■ 입력 화면 JSP 구현

이번에는 입력 화면에 사용할 JSP를 작성하겠다.

▶ JSP(src/main/webapp/WEB-INF/echo/input.jsp) 작성 예

```
<html>
<body>
    <h2>입력 화면</h2>
    <form:form modelAttribute="echoForm"> ──────────────────── ❷ ─── ❶
        <div>텍스트를 입력해 주세요:</div>
        <div>
            <form:input path="text" /> ───────────────────────── ❸ ❹
        </div>
        <div>
            <form:button>전송</form:button> ─────────────────────── ❺
        </div>
    </form:form>
```

```
</body>
</html>
```

❶ 스프링 MVC에서 제공되는 〈form:form〉을 사용해 HTML 폼을 작성한다.

❷ modelAttribute 속성에 폼 객체의 속성명을 지정한다. 그러면 해당 객체의 속성 값을 HTML 폼의 값으로 표시할 수 있다. 여기서는 EchoController의 viewInput 메서드 안에서 모델에 추가한 'echoForm'을 지정한다.

❸ 스프링 MVC에서 제공되는 〈form:input〉을 사용해 텍스트 필드를 작성한다.

❹ path 속성에 modelAttribute 속성에서 지정한 객체 프로퍼티명을 지정한다. 이 속성에 지정한 프로퍼티가 저장하는 값이 텍스트 필드의 초깃값으로 표시된다. 여기서는 text 프로퍼티를 지정한다.

❺ 스프링 MVC에서 제공되는 〈form:button〉 요소를 사용해 HTML 폼의 전송 버튼을 만든다.

**메모**

〈form:form〉에는 method 속성과 action 속성이 있지만 이들 속성값은 생략할 수 있다. 생략한 경우 다음과 같은 값이 적용된다.

- method 속성은 'post'
- action 속성은 화면을 표시할 때 URL의 애플리케이션 컨텍스트 경로 이후의 값.

에코 애플리케이션의 입력 화면을 예로 들면 입력 화면을 표시하기 위한 요청 URL은 http://localhost:8080/firstapp/echo이므로 action 속성에는 '/firstapp/echo'가 적용된다.

■ **입력 화면 표시**

최상위 페이지에 추가한 메뉴 링크를 누르고 입력 화면이 표시되는 것을 확인한다(그림 4.10).

그림 4.10 입력 화면 표시

## 4.2.5. 입력값 전송과 결괏값 출력 구현

입력 화면이 표시되면 입력 화면에서 입력한 값을 받아 출력 화면에 표시하는 처리를 구현한다. 전체적인 처리 과정은 다음과 같다(그림 4.11).

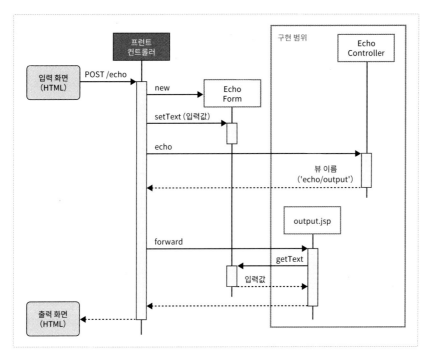

그림 4.11 입력값 전송과 결괏값 출력의 처리 절차

## ■ 컨트롤러 구현

에코 애플리케이션용 컨트롤러에 입력값의 전송 요청을 처리하는 메서드를 구현한다.

▶ 컨트롤러 클래스의 작성 예

```
@Controller
@RequestMapping("echo")
public class EchoController {
    // 생략
    @RequestMapping(method = RequestMethod.POST) ————————————————————————— ❶
    public String echo(EchoForm form) { ———————————————————————————————— ❷
        return "echo/output"; ——————————————————————————————————————————— ❸
    }
}
```

❶ 입력값 전송 요청을 처리하는 메서드를 추가하고 메서드 애너테이션으로 @RequestMapping을 지정한다. method 속성에 RequestMethod.POST를 지정함으로써 'POST /echo'라는 요청이 이 메서드에 매핑된다.

❷ 메서드 매개변수에 폼 클래스를 지정한다. 메서드 매개변수에 폼 클래스를 지정하면 입력 화면에서 입력한 값(요청 파라미터 값)을 폼 객체에 저장해서 받을 수 있다. 또한 인수에서 받은 폼 객체는 모델에도 자동으로 추가되는 구조이므로 명시적으로 모델에 추가할 필요는 없다.

❸ 출력 화면을 표시하는 JSP의 뷰 이름을 반환한다. 여기서는 뷰 이름으로 'echo/output'을 반환하고 있어서 `src/main/webapp/WEB-INF/echo/output.jsp`가 호출된다.

에코 애플리케이션은 입력값을 출력 화면에 표시만 하는 애플리케이션이기 때문에 비즈니스 로직은 구현하고 있지 않다. 하지만 일반적인 애플리케이션이라면 이 메서드 안에 도메인 객체나 다른 컴포넌트를 호출하고 비즈니스 로직을 실행한다.

## ■ 출력 화면 JSP 구현

출력 화면에 해당하는 JSP를 작성한다.

▶ JSP(src/main/webapp/WEB-INF/echo/output.jsp) 작성 예

```html
<html>
<body>
    <h2>출력 화면</h2>
    <div>
        입력한 텍스트는 '<span><c:out value="${echoForm.text}" /></span>' 입니다. ───── ❶
    </div>
    <br>
    <div>
        <a href="<c:url value='/' />">최상위 페이지로 이동</a> ───────────── ❷
    </div>
</body>
</html>
```

❶ 폼 객체에 저장된 입력값을 텍스트에 표시한다. 여기서는 JSTL의 <c:out> 요소를 사용해 EchoForm의 text 속성값을 HTML로 출력하고 있다.

❷ 최상위 페이지를 표시하기 위한 요청(GET /)을 전송하는 링크를 추가한다.

외부에서 입력된 값을 HTML로 출력하는 경우에는 크로스 사이트 스크립팅(XSS) 공격에 대한 방어가 필요하다. JSTL <c:out> 요소를 이용하면 XSS 공격에 사용되는 특수한 기호(<, >, &, ', ")를 일반 문자로 HTML에 출력할 수 있다.

## ■ 입력값 전송 처리 후 출력 화면 표시

입력 폼에 임의의 문자열을 입력하고 전송 버튼을 누른 다음, 출력 화면에 입력값이 표시되는지 확인한다(그림 4.12).

그림 4.12 전송 처리 후 출력 화면 표시

만약을 위해 XSS 공격에 대한 방어가 활성화돼 있는지 확인하자. 입력 폼에 '<script>alert( 'Attack')</ script>'를 입력하고 전송 버튼을 눌러 출력 화면을 표시해 보자. 입력값이 그대로 표시되면 XSS 공격을 성공적으로 방어한 것이지만 만약 대화상자가 표시되면 XSS 공격을 당할 수 있다는 의미다(그림 4.13)[2].

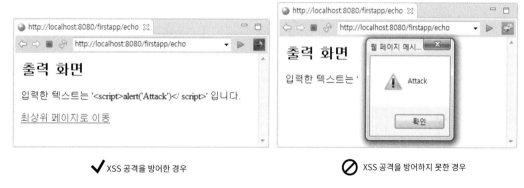

그림 4.13 XSS 공격 후 출력 화면 표시

## 4.2.6. 입력값 검사 구현

여기까지 정상적인 시나리오 구현은 완성됐다. 하지만 웹 애플리케이션을 구축할 때 빼놓을 수 없는 입력값 검사가 아직 구현되지 않았다. 이제 입력값에 대해 다음과 같은 검사를 구현해보자.

- 필수값 검사

- 최대 문자 수 검사(100자 이내)

---

2 (옮긴이) XSS 공격 방어 기능을 비활성화해서 공격을 재현해보려면 <c:out> 태그의 속성에 escapeXml="false"를 추가하면 된다. 기본 설정은 true 상태라서 XSS 공격을 방어한다.

전체적인 처리 과정은 다음과 같다(그림 4.14). 이 그림은 입력값 검사에서 오류가 발생했을 때의 절차도 함께 보여주고 있다.

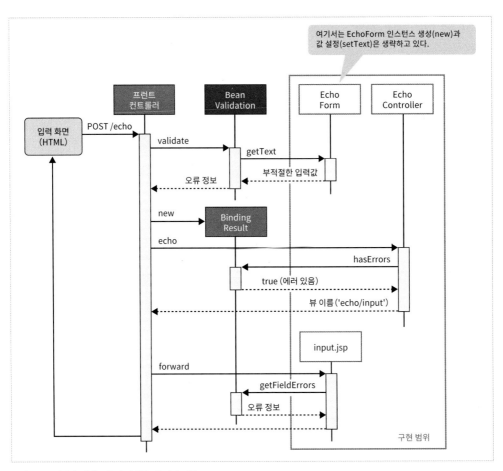

그림 4.14 입력값 검사 오류가 발생할 때 처리 절차

## ■ 입력값 검사 규칙 지정

스프링 MVC의 입력값 검사는 자바의 Bean Validation 메커니즘을 활용하고 있는데, 폼 객체의 프로퍼티에 입력값 검사 규칙(Bean Validation 제약 애너테이션)을 적용하는 방식을 채택하고 있다.

▶ 입력값 검사 규칙(Bean Validation 제약 애너테이션)을 지정한 예

```
import javax.validation.constraints.Size;
import org.hibernate.validator.constraints.NotEmpty;
```

```
public class EchoForm implements Serializable {

    private static final long serialVersionUID = 1115232259783191726L;

    @NotEmpty ─────────────────────────────────────────── ❶
    @Size(max = 100) ──────────────────────────────────── ❷
    private String text;

    // 생략

}
```

❶ 필수값 검사를 하기 위해 Hibernate Validator가 제공하는 @NotEmpty를 지정한다.

❷ 최대 문자 수 검사를 하기 위해 Bean Validation이 제공하는 @Size를 지정한다. 최대 문자 수(100자)는 max 속성에 지정한다.

여기서는 두 종류의 애너테이션을 사용했지만 Bean Validation이나 Hibernate Validator는 다양한 애너테이션을 제공한다. 그리고 필요하다면 독자적인 제약 애너테이션을 커스터마이징해서 추가할 수도 있다.

메모

String 이외의 프로퍼티 값에 대해 필수값 검사를 할 때는 Bean Validation이 제공하는 @javax.validation.constraints.NotNull을 사용한다. 참고로 String 프로퍼티에 값을 입력하지 않은 경우에는 기본적으로 공백 문자가 들어가기 때문에 @NotNull에 의한 필수값 검사는 소용없다는 점에 주의한자.

## ■ 컨트롤러 구현

스프링 MVC의 입력값 검사 기능을 활성화하고 입력값 검사 오류를 처리하는 내용을 구현한다.

▶ 컨트롤러 구현 예

```
import javax.validation.Valid;

import org.springframework.stereotype.Controller;
import org.springframework.ui.Model;
import org.springframework.validation.BindingResult;
import org.springframework.web.bind.annotation.*;

@Controller
@RequestMapping("echo")
```

```
public class EchoController {

  // 생략

  @RequestMapping(method = RequestMethod.POST)
  public String echo(@Valid EchoForm form, BindingResult result) { ——————————— ❶ ❷
    if (result.hasErrors()) { ————————————————————————————————————————— ❸
      return "echo/input"; ——————————————————————————————————————————— ❹
    }
    return "echo/output";
  }
}
```

❶ 폼 클래스 인수에 @Valid를 지정한다. @Valid를 지정하면 프런트 컨트롤러는 폼 클래스의 입력값 검사를 하고 검사 결과를 BindingResult에 저장한다.

❷ 메서드 매개변수에 BindingResult를 지정해서 폼 클래스의 입력값 검사 결과를 받는다. BindingResult 타입의 파라미터 위치는 필수 입력값을 검사하는 폼 클래스 타입의 파라미터 바로 다음에 위치해야 한다. 인수로 받은 BindingResult 객체는 모델에도 자동으로 추가되는 구조이므로 명시적으로 모델에 추가할 필요는 없다.

❸ BindingResult의 hasErrors 메서드를 호출해 입력값 검사에서 오류가 발생하는지 판단한다.

❹ 입력값 검사 오류가 발생하는 경우 입력값 검사 오류 정보를 표시하는 JSP의 뷰 이름을 반환한다. 여기서는 뷰 이름으로 'echo/input'(입력 화면의 뷰 이름)을 반환하고 있어서 src/main/webapp/WEB-INF/echo/input.jsp가 호출된다.

메모    @Valid 대신 @org.springframework.validation.annotation.Validated를 사용할 수도 있다. @Validated를 사용하면 유효성 검증 그룹을 지정해서 입력값 검사를 할 수 있다. 유효성 검증 그룹을 지정한 입력값 검사에 관한 내용은 다음 장 이후에 설명한다.

## ■ 입력 화면 JSP 구현

입력값 검사의 오류 정보를 표시하도록 JSP를 구현한다.

▶ JSP(src/main/webapp/WEB-INF/echo/input.jsp) 구현 예

```
<html>
<body>
    <h2>입력 화면</h2>
    <form:form modelAttribute="echoForm">
        <div>텍스트를 입력해 주세요:</div>
        <div>
            <form:input path="text" />
```

```
            <form:errors path="text" /> ─────────────────────────────── ❶ ❷
        </div>
        <div>
            <form:button>전송</form:button>
        </div>
    </form:form>
</body>
</html>
```

❶ 스프링 MVC에서 제공되는 〈form:errors〉 요소를 사용해 오류 정보를 출력하는 HTML을 출력한다.

❷ path 속성에 modelAttribute 속성으로 지정된 객체의 프로퍼티명을 지정한다. 그러면 해당 속성에 지정한 프로퍼티의
에러 정보가 표시되는데 이 예에서는 text 프로퍼티를 지정했다.

### ■ 입력값 검사 오류 후 입력 화면 표시

입력하지 않은 상태에서 전송 버튼을 누르고 입력 화면에 에러 정보가 표시되는지 확인한다(그림
4.15).

그림 4.15 입력값 검사 오류 후 입력 화면 표시

텍스트 필드 오른쪽에 'may not be empty'라는 오류 메시지가 표시되면 필수값 검사가 제대로 구현된
것이다. 이어서 문자를 101자 넘게 입력하고 전송 버튼을 눌러보자. 'size must be between 0 and
100'이라는 메시지가 표시되면 최대 자릿수 검사도 제대로 구현된 것이다.

이상으로 에코 애플리케이션의 구현이 끝났다. 이번 절에서는 스프링 MVC를 이용해 웹 애플리케이션
을 개발할 때 다음의 세 가지 기본 컴포넌트를 사용하는 방법을 소개했다.

- 컨트롤러 클래스
- 폼 클래스
- 뷰(JSP 등의 템플릿 파일)

**메모**    에코 애플리케이션에서는 작성하지 않았지만 실제로 애플리케이션 개발 현장에서는 기본 컴포넌트 외에
도 다음과 같은 컴포넌트를 더 만드는 것이 일반적이다.

- 서비스 클래스
- 데이터 접근 클래스(Repository와 DAO 등)
- 도메인 객체(Entity 클래스 등)

이러한 클래스의 작성 방법에 대해서는 다음 장 이후에 설명한다.

여기서 소개한 내용만으로는 본격적인 애플리케이션을 구축할 수 없지만 앞으로 소개하는 다양한 기능
을 이용해 웹 애플리케이션을 개발할 때 기반이 되는 지식이므로 제대로 이해해 두자.

## 4.2.7. XML 파일을 이용한 빈 정의

지금까지는 자바 기반 설정 방식을 이용해서 빈을 정의했다. 참고로 오래되긴 했지만 스프링 프레임워
크의 전통적인 빈 정의 방법인 XML 파일을 사용해 정의하는 방법도 살펴보기로 하자.

### ■ ContextLoaderListener 설정

웹 애플리케이션용 빈 정의 파일(src/main/webapp/WEB-INF/applicationContext.xml)을 작성한다.

▶ 웹 애플리케이션용 빈 정의 파일의 작성 예

```xml
<?xml version="1.0" encoding="UTF-8"?>
<beans xmlns="http://www.springframework.org/schema/beans"
    xmlns:xsi="http://www.w3.org/2001/XMLSchema-instance"
    xsi:schemaLocation="
        http://www.springframework.org/schema/beans
        http://www.springframework.org/schema/beans/spring-beans.xsd">
</beans>
```

작성한 빈 정의 파일을 사용해 웹 애플리케이션용 애플리케이션 컨텍스트를 생성하도록 정의한다.

▶ web.xml 설정 예

```xml
<listener> ──────────────────────────────────────── ❶
    <listener-class>
        org.springframework.web.context.ContextLoaderListener
    </listener-class>
</listener>
```

❶ 서블릿 컨텍스트 리스너 클래스로서 ContextLoaderListener 클래스를 지정한다. ContextLoaderListener의 기본 동작은 웹 애플리케이션 안에 저장되는 /WEB-INF/applicationContext.xml을 사용해 애플리케이션 컨텍스트를 생성하는 것이다.

메 모

서블릿 컨테이너의 contextConfigLocation 파라미터에 임의의 빈 정의 파일을 지정할 수 있다.

▶ 임의의 빈 정의 파일을 지정하는 경우

```
<context-param>
    <param-name>contextConfigLocation</param-name>
    <param-value>classpath:/META-INF/spring/applicationContext.xml</param-value>
</context-param>
```

## ■ DispatcherServlet 설정

DispatcherServlet용 빈 정의 파일(src/main/webapp/WEB-INF/app-servlet.xml)을 작성한다.

▶ DispatcherServlet용 빈 정의 파일의 작성 예

```
<?xml version="1.0" encoding="UTF-8"?>
<beans xmlns="http://www.springframework.org/schema/beans"
    xmlns:xsi="http://www.w3.org/2001/XMLSchema-instance"
    xmlns:mvc="http://www.springframework.org/schema/mvc"
    xmlns:context="http://www.springframework.org/schema/context"
    xsi:schemaLocation="http://www.springframework.org/schema/beans
        http://www.springframework.org/schema/beans/spring-beans.xsd
        http://www.springframework.org/schema/mvc
        http://www.springframework.org/schema/mvc/spring-mvc.xsd
        http://www.springframework.org/schema/context
        http://www.springframework.org/schema/context/spring-context.xsd">
    <mvc:annotation-driven/> ─────────────────────────────────── ❶
    <context:component-scan base-package="example.app" /> ───────── ❷
</beans>
```

❶ <mvc:annotation-driven> 요소를 지정한다. <mvc:annotation-driven> 요소를 지정하면 스프링 MVC를 이용하는 데 필요한 컴포넌트의 빈 정의가 자동으로 수행된다.

❷ <context:component-scan> 요소를 지정한다. <context:component-scan>을 지정하면 base-package 속성에 지정한 패키지 바로 아래에 있는 스테레오 타입 애너테이션(@Component와 @Controller 등)이 지정된 클래스가 스캔된 후, 애플리케이션 컨텍스트에 빈으로 등록된다.

DispatcherServlet 클래스를 서블릿 컨테이너에 등록한다. 작성한 빈 정의 파일을 사용해 Dispatcher Servlet용 애플리케이션 컨텍스트를 생성하도록 정의한다.

▶ web.xml 설정 예

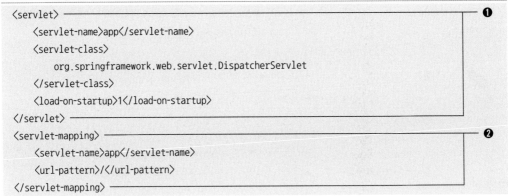

```
<servlet>                                                              ❶
    <servlet-name>app</servlet-name>
    <servlet-class>
        org.springframework.web.servlet.DispatcherServlet
    </servlet-class>
    <load-on-startup>1</load-on-startup>
</servlet>
<servlet-mapping>                                                      ❷
    <servlet-name>app</servlet-name>
    <url-pattern>/</url-pattern>
</servlet-mapping>
```

❶ DispatcherServlet 클래스를 서블릿 컨테이너에 등록한다. DispatcherServlet의 기본 구현에서는 웹 애플리케이션 안에 저장된 /WEB-INF/{servlet-name}-servlet.xml을 사용해 애플리케이션 컨텍스트를 만든다.

❷ ❶에서 정의한 DispatcherServlet을 사용해 요청을 처리하는 URL 패턴을 지정한다. 위의 예에서는 웹 애플리케이션에 대한 모든 요청을 ❶에서 정의한 DispatcherServlet을 사용해 처리한다.

메모

서블릿의 contextConfigLocation 초기화 파라미터에 임의의 빈 정의 파일을 지정할 수 있다.

▶ 임의의 빈 정의 파일을 지정하는 경우

```
<init-param>
    <param-name>contextConfigLocation</param-name>
    <param-value>classpath:/META-INF/spring/spring-mvc.xml</param-value>
</init-param>
```

## ■ ViewResolver 설정

스프링 MVC로 JSP용 ViewResolver를 설정한다.

▶ DispatcherServlet용 빈 정의 파일(app-servlet.xml)을 정의한 예

```
<mvc:view-resolvers>
    <mvc:jsp/>                                                         ❶
</mvc:view-resolvers>
```

❶ <mvc:view-resolvers> 요소의 자식 요소로 <mvc:jsp> 요소를 지정한다. <mvc:jsp> 요소를 사용하면 JSP의 ViewResolver를 설정할 수 있다.

# 4.3. 스프링 MVC 아키텍처

4.2절에서는 스프링 MVC를 이용한 웹 애플리케이션 개발의 기초를 설명했다. 이번 절에서는 MVC 프레임워크 자체의 아키텍처 개요와 스프링 MVC를 구성하는 주요 컴포넌트 역할을 설명하면서 프레임워크의 동작 방식을 알아보자.

메모
스프링 MVC가 제공하는 기본 동작을 그대로 이용하거나 스프링 MVC가 제공하는 각종 설정 기능을 이용하는 경우라면 이 절의 내용을 굳이 볼 필요는 없다. 그래서 스프링 MVC가 제공하는 각 기능의 사용법만 알고 싶은 독자라면 이번 절을 건너뛰어도 상관없다.

다만 여기서 설명하는 내용은 스프링 MVC의 기본 동작을 커스터마이징할 때 필요한 내용이므로 애플리케이션 아키텍트를 목표로 하는 독자라면 꼭 한번 읽어 두길 권장한다.

## 4.3.1. 프레임워크 아키텍처

스프링 MVC는 '프런트 컨트롤러 패턴(front controller)'이라고 하는 아키텍처를 채택하고 있다. 프런트 컨트롤러 패턴은 클라이언트 요청을 프런트 컨트롤러라는 컴포넌트가 받아 요청 내용에 따라 수행하는 핸들러(handler)를 선택하는 아키텍처다(그림 4.16).

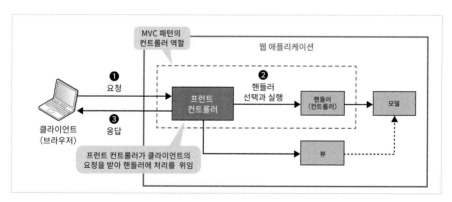

그림 4.16 프런트 컨트롤러 패턴의 일반적인 처리 흐름

프런트 컨트롤러 패턴은 공통적인 처리를 프런트 컨트롤러에 통합할 수 있어서 핸들러에서 처리하는 내용을 줄일 수 있다. 스프링 MVC 아키텍처에서는 다음과 같은 기능들을 프런트 컨트롤러가 대행해주고 있다.

- 클라이언트의 요청 접수

- 요청 데이터를 자바 객체로 변환

- 입력값 검사 실행(Bean Validation)

- 핸들러 호출

- 뷰 선택

- 클라이언트에 요청 결과 응답

- 예외 처리

## 4.3.2. 프런트 컨트롤러 아키텍처

여기서는 스프링 MVC의 프런트 컨트롤러가 어떤 아키텍처로 돼 있는지 하나씩 설명하겠다.

먼저 스프링 MVC에서 프런트 컨트롤러의 처리 흐름을 살펴보자. 스프링 MVC의 프런트 컨트롤러는 org.springframework.web.servlet.DispatcherServlet 클래스(서블릿)로 구현돼 있으며, 다음과 같은 흐름으로 처리를 수행한다(그림 4.17).

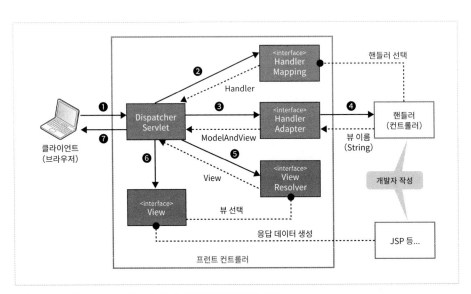

그림 4.17  스프링 MVC에서 프런트 컨트롤러 패턴의 일반적인 처리 흐름

❶ DispatcherServlet 클래스는 클라이언트의 요청을 받는다.

❷ DispatcherServlet 클래스는 HandlerMapping 인터페이스의 getHandler 메서드를 호출해서 요청 처리를 하는 Handler 객체(컨트롤러)를 가져온다.

❸ DispatcherServlet 클래스는 HandlerAdapter 인터페이스의 handle 메서드를 호출해서 Handler 객체의 메서드 호출을 의뢰한다.

❹ HandlerAdapter 인터페이스 구현 클래스는 Handler 객체에 구현된 메서드를 호출해서 요청 처리를 수행한다.

❺ DispatcherServlet 클래스는 ViewResolver 인터페이스의 resolveViewName 메서드를 호출해서 Handler 객체에서 반환된 뷰 이름에 대응하는 View 인터페이스 객체를 가져온다.

❻ DispatcherServlet 클래스는 View 인터페이스의 render 메서드를 호출해서 응답 데이터에 대한 렌더링을 요청한다. View 인터페이스의 구현 클래스는 JSP와 같은 템플릿 엔진을 사용해 렌더링할 데이터를 생성한다.

❼ DispatcherServlet 클래스는 클라이언트에 응답을 반환한다.

위의 흐름도를 보면 프런트 컨트롤러의 처리 내용 대부분이 인터페이스를 통해 실행되고 있음을 알 수 있다. 이는 스프링 MVC가 가진 특징 중 하나로 인터페이스를 통해 프레임워크의 기능을 확장할 수 있다는 것을 알 수 있다. 이 예에서는 처리 흐름을 제어하는 대표적인 인터페이스만 소개했지만 그 밖에도 프레임워크가 동작하는 데 사용되는 다양한 인터페이스가 준비돼 있다.

이렇게 프레임워크의 내부 동작 방식에 대해 대략적인 흐름을 파악했으면 이번에는 프런트 컨트롤러를 구성하는 컴포넌트에 대해 알아보자.

■ DispatcherServlet

DispatcherServlet 클래스는 프런트 컨트롤러와 연동되는 진입점 역할을 하며 기본적인 처리 흐름을 제어하는 사령탑 역할을 한다. 위의 처리 흐름도에는 표현되지 않았지만 DispatcherServlet은 다음 표에서 설명하는 인터페이스와도 연동되어 프레임워크의 전체 기능을 완성한다.

표 4.2 프레임워크 내부 동작에 필요한 인터페이스

| 인터페이스명 | 역할 |
|---|---|
| HandlerExceptionResolver | 예외 처리를 하기 위한 인터페이스. 스프링 MVC가 제공하는 기본 구현 클래스가 적용돼 있다. |
| LocaleResolver, LocaleContextResolver | 클라이언트의 로캘 정보를 확인하기 위한 인터페이스. 스프링 MVC가 제공하는 기본 구현 클래스가 적용돼 있다. |
| ThemeResolver | 클라이언트의 테마(UI 스타일)를 결정하기 위한 인터페이스. 스프링 MVC가 제공하는 기본 구현 클래스가 적용돼 있다. |
| FlashMapManager | FlashMap이라는 객체를 관리하기 위한 인터페이스. FlashMap은 PRG(Post Redirect Get) 패턴의 Redirect와 Get 사이에서 모델을 공유하기 위한 Map 객체다. 스프링 MVC에서 제공하는 기본 구현 클래스가 적용돼 있다. |

| 인터페이스명 | 역할 |
|---|---|
| RequestToViewNameTranslator | 핸들러가 뷰 이름과 뷰를 반환하지 않은 경우에 적용되는 뷰 이름을 해결하기 위한 인터페이스. 스프링 MVC에서 제공하는 기본 구현 클래스가 적용돼 있다. |
| HandlerInterceptor | 핸들러 실행 전후에 하는 공통 처리를 구현하기 위한 인터페이스. 이 인터페이스는 애플리케이션 개발자가 구현하고 스프링 MVC에 등록해서 사용할 수 있다. |
| MultipartResolver | 멀티파트 요청을 처리하기 위한 인터페이스. 스프링 MVC에서 몇 가지 구현 클래스가 제공되고 있지만 기본적으로 적용되지 않는다. |

이러한 인터페이스를 이용한 처리 구조에 대해서는 다음 장 이후에 순서대로 설명하겠다.

### ■ Handler

HandlerMapping 인터페이스와 HandlerAdapter 인터페이스의 역할을 소개하기 전에 핸들러(handler)부터 살펴보자. 스프링 MVC에서 하는 일은 프런트 컨트롤러가 받은 요청에 따라 필요한 처리를 수행하는 것이다.

 프레임워크 관점에서는 핸들러라 부르지만 개발자가 작성하는 클래스의 관점에서는 컨트롤러라고 부른다.

메모

그럼 개발자는 어떻게 컨트롤러를 구현할까? 스프링 MVC에서는 다음 두 가지 방법으로 컨트롤러를 구현할 수 있다.

- @Controller 애너테이션(org.springframework.stereotype.Controller)을 클래스에 지정하고 요청 처리를 수행하는 메서드에 @RequestMapping을 지정한 클래스를 작성한다.

- org.springframework.web.servlet.mvc.Controller 인터페이스의 구현 클래스를 작성하고 요청을 처리할 메서드(handleRequest)를 구현한다.

첫 번째는 스프링 프레임워크 3.1에서 추가된 현대적인 구현 방법으로서 신규 애플리케이션을 개발하는 경우라면 이 방법으로 컨트롤러를 구현하는 것을 권장한다.

▶ @RequestMapping을 이용한 컨트롤러의 작성 예

```
@Controller
public class WelcomeController {

    @RequestMapping("/")
```

```
    public String home(Model model) {
        model.addAttribute("now", new Date());
        return "home";
    }
}
```

두 번째는 스프링 프레임워크 3.0.0 이전부터 지원되는 전통적인 구현 방법이다. 예전부터 스프링을
사용해온 개발자에게는 친숙한 구현 방법이지만 신규 애플리케이션을 구축하는 경우에는 이 방법으로
컨트롤러를 구현하는 것을 권장하지 않는다.

▶ Controller 인터페이스를 이용한 컨트롤러 작성 예

```
@Component("/")
public class WelcomeHomeController extends AbstractController {

    @Override
    protected ModelAndView handleRequestInternal(
        HttpServletRequest request, HttpServletResponse response) throws Exception {
        ModelAndView mav = new ModelAndView("home");
        mav.addObject("now", new Date());
        return mav;
    }
}
```

## ▪ HandlerMapping

HandlerMapping 인터페이스는 요청에 대응할 핸들러를 선택하는 역할을 수행한다.

스프링 MVC는 비슷한 기능을 하는 다양한 종류의 구현 클래스를 제공하는데, 그중에서도 현대적인 개
발 방법으로 사용되는 구현 클래스는 RequestMappingHandlerMapping이다. RequestMappingHandler
Mapping 클래스는 @RequestMapping에 정의된 설정 정보를 바탕으로 실행할 핸들러를 선택한다.

예를 들어, 다음과 같은 컨트롤러 클래스에서는 hello 메서드와 goodbye 메서드가 핸들러로 인식된다.

▶ RequestMappingHandlerMapping에 의해 핸들러로 인식되는 컨트롤러 작성 예

```
@Controller
public class GreetingController {

    @RequestMapping("/hello")
    public String hello() {
        return "hello";
```

```
    }

    @RequestMapping("/goodbye")
    public String goodbye() {
        return "goodbye";
    }
}
```

핸들러로 인식된 메서드(hello 메서드와 goodbye 메서드)는 다음과 같이 @RequestMapping에 지정된 요청 매핑 정보와 매핑된다(그림 4.18). 여기서는 설명을 간단하게 하기 위해 요청 경로만 사용해서 매핑하는 예를 들지만 그 밖에도 HTTP 메서드, 요청 파라미터, 요청 헤드 등을 조합해서 매핑할 수 있다.

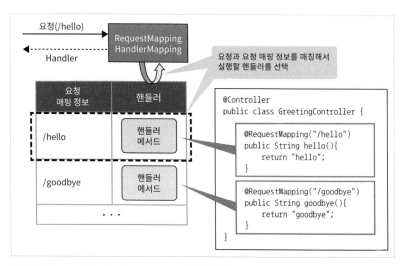

그림 4.18 RequestMappingHandlerMapping의 매핑 방식

실제로 클라이언트에서 요청이 올 경우 RequestMappingHandlerMapping 클래스는 요청 내용(요청 경로나 HTTP 메서드 등)과 요청 매핑 정보를 매칭해서 실행할 핸들러를 선택한다. 위의 예에서는 '/hello'라는 요청 경로에 매핑된 핸들러가 선택된다.

■ HandlerAdapter

HandlerAdapter 인터페이스는 핸들러 메서드를 호출하는 역할을 한다. 스프링 MVC는 비슷한 기능을 하는 다양한 종류의 구현 클래스를 제공하지만 RequestMappingHandlerMapping 클래스에 의해 선택된 핸들러 메서드를 호출할 때는 RequestMappingHandlerAdapter 클래스를 사용한다.

RequestMappingHandlerAdapter 클래스에는 핸들러 메서드에 매개변수를 전달하고 메서드의 처리 결과를 반환값으로 되돌려 보내는 것과 같은 스프링 MVC에서 상당히 중요한 기능을 수행한다. 핸들러 메서드에 매개변수를 전달할 때는 요청받은 데이터를 자바 객체로 변환하고, 입력값이 올바른지 검사 (Bean Validation)하는 것까지 한번에 이뤄진다.

인수나 반환값에 지정할 수 있는 타입으로는 다양한 타입이 기본적으로 지원되지만 기본적인 동작 방식을 변경해야 하거나 기본적으로 지원되지 않는 타입을 지원해야 할 수도 있다. 이런 상황에 대응하기 위해 스프링 MVC는 핸들러 메서드 시그니처를 유연하게 정의할 수 있도록 다음과 같은 두 가지 인터페이스를 제공한다(표 4.3).

표 4.3 핸들러 메서드 시그니처를 정의하는 데 사용되는 인터페이스

| 인터페이스명 | 역할 |
| --- | --- |
| HandlerMethodArgumentResolver | 핸들러 메서드 매개변수에 전달하는 값을 다루기 위한 인터페이스 |
| HandlerMethodReturnValueHandler | 핸들러 메서드에서 반환된 값을 처리하기 위한 인터페이스 |

이러한 인터페이스의 사용법에 대해서는 다음 장 이후에 설명하겠다.

### ■ ViewResolver

ViewResolver 인터페이스는 핸들러에서 반환한 뷰 이름을 보고, 이후에 사용할 View 인터페이스의 구현 클래스를 선택하는 역할을 한다.

스프링 MVC는 ViewResolver의 다양한 구현 클래스를 제공하는데, 아래에 주요 구현 클래스를 몇 가지만 소개한다.

표 4.4 ViewResolver 인터페이스의 주요 구현 클래스

| 클래스명 | 설명 |
| --- | --- |
| InternalResourceViewResolver | 뷰가 JSP일 때 사용하며, 가장 기본적인 ViewResolver다. |
| BeanNameViewResolver | DI 컨테이너에 등록된 빈의 형태로 뷰 객체를 가져올 때 사용한다. |

ViewResolver의 사용법에 대해서는 다음 장 이후에 설명하겠다.

### ■ View

View 인터페이스는 클라이언트에 반환하는 응답 데이터를 생성하는 역할을 한다. 스프링 MVC는 다양한 구현 클래스를 제공하는데 여기서는 View 인터페이스의 주요 구현 클래스만 소개하겠다.

표 4.5 View 인터페이스의 주요 구현 클래스

| 클래스명 | 설명 |
|---|---|
| InternalResourceView | 템플릿 엔진으로 JSP를 이용할 때 사용하는 클래스 |
| JstlView | 템플릿 엔진으로 JSP + JSTL을 이용할 때 사용하는 클래스 |

뷰에 대해서는 다음 장 이후에 설명하겠다.

메모

뷰가 응답 데이터를 생성하는 역할에 대해 의문을 갖는 사람은 없겠지만 응답 데이터를 생성하기 위해 필요한 데이터(폼 객체나 Entity 등의 자바 객체)는 과연 어떻게 해서 뷰에 연계되는 것일까?

이 책에서는 4.2절 '첫 번째 스프링 MVC 애플리케이션'에서 언급했지만 org.springframework.ui.Model을 통해 데이터를 연계하는 구조로 돼 있다. 그림 4.19는 뷰로 JSP + JSTL을 사용할 때의 데이터 연계 방식을 보여준다.

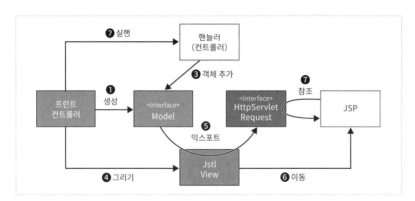

그림 4.19 JSP + JSTL을 사용할 때 데이터 연계

❶ 프런트 컨트롤러는 모델을 생성한다.

❷ 프런트 컨트롤러는 모델을 인수에 지정하고 핸들러 메서드를 실행한다.

❸ 핸들러는 응답 데이터를 생성하는 데 필요한 데이터(폼 객체나 엔터티 등의 자바 객체)를 모델에 추가한다.

❹ 프런트 컨트롤러는 핸들러에서 반환한 뷰 이름에 대응하는 뷰 클래스(JSP + JSTL을 사용할 때는 JstlView) 에 대해 그리기를 의뢰한다.

❺ JstlView 클래스는 모델에 저장된 데이터를 JSP에서 접근할 수 있는 영역(HttpServletRequest)으로 익스포트한다.

❻ JstlView 클래스는 JSP로 이동한다.

❼ JSP는 스프링과 JSTL 태그 라이브러리와 EL을 통해 HttpServletRequest에 익스포트된 데이터를 참조한다.

### 4.3.3. DI 컨테이너와의 연계

스프링 MVC는 DI 컨테이너에서 관리되는 객체를 사용해 클라이언트에서 받은 요청을 처리하는 구조로 돼 있다. 여기서는 스프링 MVC가 어떻게 DI 컨테이너와 연계하는지 설명한다.

#### ■ 애플리케이션 컨텍스트 구성

스프링 MVC에서는 다음 두 가지 애플리케이션 컨텍스트를 사용한다.

- 웹 애플리케이션용 애플리케이션 컨텍스트

- DispatcherServlet용 애플리케이션 컨텍스트

첫 번째는 웹 애플리케이션 전체에서 하나, 두 번째는 DispatcherServlet마다 인스턴스가 생성되어 다음과 같이 구성된다(그림 4.20). 이번 장의 4.2절 '첫 번째 스프링 MVC 애플리케이션'에서는 이와 같이 구성했다.

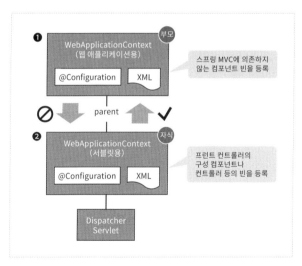

그림 4.20 애플리케이션 컨텍스트 구성

❶ 웹 애플리케이션용 애플리케이션 컨텍스트에는 웹 애플리케이션 전체에서 사용하는 컴포넌트(Service, Repository, DataSource, ORM 등)의 빈을 등록한다. 기본적으로 스프링 MVC용 컴포넌트는 여기에 등록하지 않는다.

❷ DispatcherServlet용 애플리케이션 컨텍스트는 스프링 MVC 프런트 컨트롤러의 구성 컴포넌트(HandlerMapping, HandlerAdapter, ViewResolver 등)와 컨트롤러의 빈을 등록한다.

이 두 가지 애플리케이션 컨텍스트는 부모 자식 관계로 돼 있어서 자식에서 부모의 애플리케이션 컨텍스트에 등록돼 있는 빈을 사용할 수 있다.

DispatcherServlet을 여러 개 정의한 경우 다음과 같이 구성된다(그림 4.21).

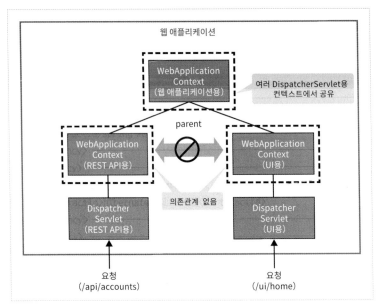

그림 4.21 DispatcherServlet을 여러 개 정의한 경우의 애플리케이션 컨텍스트 구성

DispatcherServlet용 애플리케이션 컨텍스트는 각각 독립돼 있기 때문에 다른 DispatcherServlet용 애플리케이션 컨텍스트에 등록돼 있는 빈은 참조할 수 없다.

### ■ 애플리케이션 컨텍스트 라이프 사이클

스프링 MVC에서 취급하는 애플리케이션 컨텍스트의 라이프 사이클은 다음 세 가지 단계로 나뉜다(표 4.6).

표 4.6 애플리케이션 컨텍스트의 라이프 사이클의 세 가지 단계

| 단계 | 설명 |
| --- | --- |
| 초기화 단계 | 웹 애플리케이션용 애플리케이션 컨텍스트와 DispatcherServlet용 애플리케이션 컨텍스트를 생성하는 단계. 이 단계는 서블릿 컨테이너를 기동할 때 진행된다. |
| 사용 단계 | 애플리케이션 컨텍스트에서 빈을 이용하는 단계 |
| 파기 단계 | 웹 애플리케이션용 애플리케이션 컨텍스트와 DispatcherServlet용 애플리케이션 컨텍스트를 파기하는 단계. 이 단계는 서블릿 컨테이너를 중지할 때 진행된다. |

구체적으로는 다음과 같은 시퀀스에서 애플리케이션 컨텍스트의 라이프 사이클이 관리된다(그림 4.22). 애플리케이션 컨텍스트의 라이프 사이클 관리는 스프링이 대신 처리해주기 때문에 애플리케이션 개발자가 직접 구현할 필요는 없다.

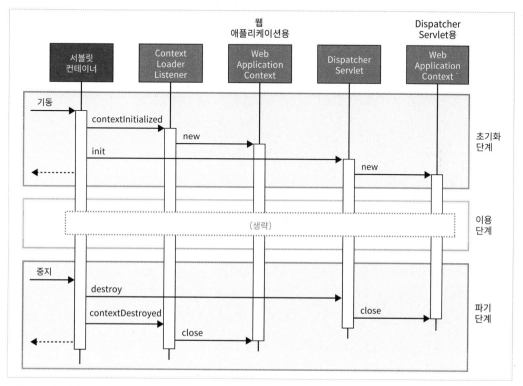

그림 4.22 애플리케이션 컨텍스트의 라이프 사이클

# 5장

## 웹 애플리케이션 개발

4장에서는 스프링 MVC 기초와 아키텍처에 대해 배웠다. 이번 장에서는 웹 애플리케이션을 개발할 때 필요한 컴포넌트(컨트롤러, 폼 클래스, 뷰 등)의 구현 방법을 자세히 설명하겠다.

먼저 이번 장에서 다루는 웹 애플리케이션의 종류와 애플리케이션 설정 방법을 설명한 후 컨트롤러와 폼 클래스의 구현 방법, JSP를 이용한 뷰 구현 방법, 마지막으로 예외 처리 방법을 설명한다. 뷰로 JSP 가 아닌 타임리프(Thymeleaf)를 사용하는 경우는 12장 '스프링 + 타임리프'를 참고하자.[1]

또한 이번 장을 읽기 전에 반드시 4장을 먼저 읽어두자. 왜냐하면 4장에는 이번 장을 읽어나가는 데 필요한 사전 지식이 담겨 있기 때문이다.

## 5.1. 웹 애플리케이션의 종류

먼저 스프링 MVC를 이용해 작성할 수 있는 웹 애플리케이션의 전체 구조를 파악해 두자. 스프링 MVC 는 다음과 같은 두 종류의 애플리케이션을 만들기 위한 기능을 제공한다.

- 화면으로 응답하는 애플리케이션(이번 장에서 설명)
- 데이터로 응답하는 애플리케이션

이 두 가지 애플리케이션은 하나의 애플리케이션으로 개발할 수도 있지만 필요에 따라 설정과 구현 방법을 분리할 수 있다. 이 책에서는 이 두 가지 유형을 별도로 각각 설명한다. 참고로 '데이터로 응답하는 웹 애플리케이션'의 개발 방법은 6장 'RESTful 웹 서비스 개발'에서 설명한다.

메모

스프링 MVC 구조는 사용하지 않지만 스프링 4.0부터 웹소켓(WebSocket) 연계 모듈이 제공되고 있다. 스프링 의 웹소켓 연계 모듈을 이용하면 웹소켓 API를 직접 사용하지 않고도 스프링이 제공하는 애너테이션을 이용해 POJO 기반 구현이 가능하다. 이 책에서는 웹소켓을 사용한 애플리케이션 개발 방법을 다루지 않지만 흥미가 있는 독자는 스프링 레퍼런스 페이지[2]를 참조하자.

---

1 이 책에서는 JSP와 타임리프 외의 뷰 구현 방법은 다루지 않는다. 뷰 구현으로 Groovy, FreeMarker, JSR 223: Scripting for the Java Platform 등을 이용한다면 http://docs.spring.io/spring/docs/current/spring-framework-reference/htmlsingle/#view를 참고하자.

2 http://docs.spring.io/spring/docs/current/spring-framework-reference/htmlsingle/#websocket

### 5.1.1. 화면으로 응답하는 웹 애플리케이션

웹 브라우저를 사용자 인터페이스로 사용하는 애플리케이션은 JSP와 같은 템플릿 파일을 사용해 동적
웹 페이지(HTML) 형태로 클라이언트에 응답한다(그림 5.1). 4장 4.2절 '첫 번째 스프링 MVC 애플리
케이션'에서 작성한 애플리케이션은 이 유형의 애플리케이션이다.

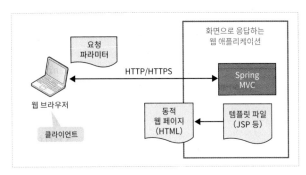

그림 5.1 화면으로 응답하는 웹 애플리케이션

### 5.1.2. 데이터로 응답하는 웹 애플리케이션

사용자 인터페이스와 데이터를 분리해서 취급하는 애플리케이션은 JSON(JavaScript Object Nota-
tion) 또는 XML을 사용해 데이터 형태로 클라이언트에 응답한다. RESTful 웹 서비스(REST API) 등이
이 유형으로 분류되며, SPA(Single Page Application) 혹은 리치 클라이언트(Rich Client) 애플리케
이션이나 그 밖의 다양한 프런트 시스템의 웹 애플리케이션 등이 클라이언트가 된다(그림 5.2).

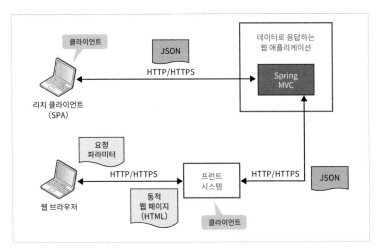

그림 5.2 데이터로 응답하는 웹 애플리케이션

스프링 프레임워크 4.2 버전부터는 스프링 MVC 구조를 이용한 SSE(Server-Sent Events)가 지원된다. SSE 지원으로 서버에서 임의의 시간에 클라이언트에 데이터를 보낼 수 있게 됐다. SSE에 대한 자세한 내용은 W3C 페이지[3]와 스프링 레퍼런스 페이지[4]를 참고하자. 또한 이 책에서도 7장 7.3절 '비동기 처리 구현'에서 SSE 서버 측의 구현 방법에 대해 설명한다.

## 5.2. 애플리케이션 설정

이번 절에서는 본격적인 웹 애플리케이션을 개발할 때 필요한 설정에 대해 설명하겠다. 기본적인 설정 방법은 4장 4.2절 '첫 번째 스프링 MVC 애플리케이션'을 참조하자.

### 5.2.1. 서블릿 컨테이너 설정

스프링 MVC를 이용해 웹 애플리케이션을 할 때는 4장 4.2절 '첫 번째 스프링 MVC 애플리케이션'에서 소개한 ContextLoaderListener, DispatcherServlet, CharacterEncodingFilter를 서블릿 컨테이너에 등록해야 한다. 이러한 컴포넌트 설명과 설정 방법에 대해서는 4.2절 '첫 번째 스프링 MVC 애플리케이션'과 4.3절 '스프링 MVC 아키텍처' 절을 참조하자.

서블릿 3.0.0 이후의 서블릿 컨테이너에서는 서블릿 컨테이너의 초기화를 자바 코드로 할 수 있다. 스프링 MVC에서는 서블릿 컨테이너의 초기화를 자바 코드로 하기 위한 지원 클래스로 AbstractAnnotationConfig DispatcherServletInitializer라는 추상 클래스를 제공한다.

### 5.2.2. 애플리케이션 컨텍스트 설정

본격적인 웹 애플리케이션을 개발하려면 앞서 4.2절 '첫 번째 스프링 MVC 애플리케이션'에서 소개한 빈 정의에다 MessageSource와 PropertySourcesPlaceholderConfigurer의 빈 정의도 필요하다.

MessageSource는 메시지를 취득하기 위한 컴포넌트이고, PropertySourcesPlaceholderConfigurer 는 프로퍼티 값(JVM 시스템 프로퍼티, 환경 변수, 프로퍼티 파일에 정의한 값)을 DI 컨테이너에서 관리하는 컴포넌트에 인젝션하기 위한 컴포넌트다. 이러한 컴포넌트에 관한 설명과 빈을 정의한 예는 2장 2.4절 '프로퍼티 관리'와 2.7절 '메시지 관리' 절을 참조하자.

---

**3** http://www.w3.org/TR/eventsource/

**4** http://docs.spring.io/spring/docs/current/spring-framework-reference/htmlsingle/#mvc-ann-async-sse

### 5.2.3. 프런트 컨트롤러 설정

스프링 MVC 프런트 컨트롤러를 사용하려면 4.3절 '스프링 MVC 아키텍처'에서 소개한 다양한 컴포넌트 설정이 필요하다. 이 설정을 혼자서 하기에는 다소 어려울 수 있는데, 다행스럽게도 스프링 MVC가 이러한 설정을 간단히 할 수 있는 구조를 제공한다. 예를 들어, 자바 기반 설정 방식을 사용하는 경우 설정 클래스에 @EnableWebMvc를 추가하면 되고, XML 파일을 사용하는 경우 <mvc:annotation-driven> 요소를 추가하기만 하면 스프링 개발팀에서 권장하는 설정이 자동으로 수행된다.

이러한 구조에 대해서는 4.2절 '첫 번째 스프링 MVC 애플리케이션'에도 설명돼 있다. 이 밖에 기본적으로 적용되는 설정을 간단하게 커스터마이징하는 방법도 제공한다. 기본 설정을 커스터마이징하는 방법에 대해서는 적절히 소개하겠다.

## 5.3. @Controller 구현

여기서는 요청 결과를 화면으로 표시하는 일반적인 웹 애플리케이션을 개발하는 방법을 설명하겠다.

일반적인 웹 애플리케이션을 개발할 때 만들어야 하는 주요 컴포넌트에는 컨트롤러 클래스, 폼 클래스, JSP와 같은 템플릿 파일(뷰)의 세 가지가 있다.

이번 절에서는 먼저 컨트롤러 클래스의 구현 방법을 살펴보자.

### 5.3.1. 컨트롤러에서 구현하는 처리 내용

먼저 컨트롤러 클래스에서 구현할 처리 내용이 무엇인지 확인하자. 컨트롤러 클래스에서 처리할 내용은 크게 다음의 두 가지로 분류할 수 있다.

- **선언형 처리**: 메서드 시그니처를 참조해서 프런트 컨트롤러가 하는 일
- **프로그래밍형 처리**: 컨트롤러 클래스의 메서드 안에 하는 일

컨트롤러가 하는 일을 조금 더 구체적으로 나눠 보면 다음과 같이 7가지 처리 내용으로 분류할 수 있다 (표 5.1).

표 5.1 컨트롤러가 수행하는 7가지 처리 내용

| 분류 | 처리 내용 |
| --- | --- |
| 선언형 | 요청 매핑 |
| | 요청 데이터 취득 |
| | 입력값 검사 수행 |
| 프로그래밍형 | 입력값 검사 결과 확인 |
| | 비즈니스 로직 호출 |
| | 이동 대상 확인 및 데이터 연계 |
| | 이동 대상 지정 |

실제 소스코드에 이 내용을 매핑하면 다음 그림과 같다(그림 5.3). 선언형으로 분류된 처리 내용은 애 너테이션을 적절히 지정하거나 적절한 메서드 매개변수를 잘 선언해주면 프레임워크가 프런트 컨트롤 러에서 자동으로 처리해 줄 수 있다.

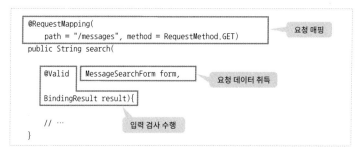

```
@RequestMapping(
    path = "/messages", method = RequestMethod.GET)    요청 매핑
public String search(

    @Valid   MessageSearchForm form,               요청 데이터 취득

    BindingResult result){

    // ...                                          입력 검사 수행
}
```

그림 5.3 선언형 처리

프로그래밍형으로 분류된 처리 내용은 프레임워크의 도움 없이 개발자가 직접 프로그래밍해야 한다(그림 5.4).

```
public String search(@Valid MessageSearchForm form,
            BindingResult result, Model model){

    if (result.hasErrors()) {
        return "message/searchForm";      입력값 검사
    }                                      결과 처리

    List<Message> messages =               비즈니스 로직
        service.search(form.getKeyword());  호출

    model.addAttribute("messages", messages);  이동 대상과
                                                데이터 연계
    return "message/searchResult";       이동 대상 지정
}
```

그림 5.4 프로그래밍형 처리

## 5.3.2. 컨트롤러 클래스 작성

컨트롤러 클래스는 POJO로 작성한다.

▶ 컨트롤러 클래스의 작성 예

```
package example.app;
// 생략
@Controller ─────────────────────────────────────────────── ❶
public class WelcomeController { ──────────────────────────
}
```

　　❶ 클래스에 @org.springframework.stereotype.Controller를 지정한다.

POJO 클래스에 @Controller를 지정하면 다음과 같은 효과를 얻을 수 있다.

- 컴포넌트 스캔 기능을 사용해 DI 컨테이너에 빈으로 등록할 수 있다.
- 요청을 처리하는 메서드(이후 핸들러 메서드로 표기)가 정의돼 있는 클래스로 인식된다.

컨트롤러는 DI 컨테이너에 등록될 때 스프링이 정한 명명 규칙에 따라 빈의 이름이 정해진다. 이 예에서는 'welcomeController'라는 이름으로 등록되는데, 만약 이 이름을 바꾸고 싶다면 @Controller의 value 속성에 명시적으로 원하는 이름을 기재하면 된다.

### ▪ DI 컨테이너 등록

컨트롤러 클래스는 컴포넌트 스캔 기능을 사용해 DI 컨테이너에 등록하는 것이 일반적이다.

▶ DispatcherServlet용 자바 기반 방식의 설정 예

```
@Configuration
@EnableWebMvc
@ComponentScan("example.app") ──────────────────────────── ❶
public class WebMvcConfig extends WebMvcConfigurerAdapter {
    // 생략
}
```

▶ DispatcherServlet용 XML 기반 방식의 설정 예

```
<context:component-scan base-package="example.app" /> ───── ❶
```

　　❶ 컨트롤러 클래스가 포함된 기본 패키지를 스캔 대상으로 지정한다.

### 5.3.3. 핸들러 메서드 작성

요청을 처리하는 메서드를 작성한다.

▶ 핸들러 메서드의 작성 예

```
package example.app;
// 생략
@Controller
public class WelcomeController {
    @RequestMapping("/") ─────────────────────────────────────── ❶
    public String home(Model model) {
        model.addAttribute("now", new Date());
        return "home";
    }
}
```

❶ 메서드에 @org.springframework.web.bind.annotation.RequestMapping을 지정한다. @RequestMapping을 지정한
  메서드가 핸들러 메서드(HandlerMethod)로 인식된다.

핸들러 메서드로 인식되면 프런트 컨트롤러가 @RequestMapping에 지정된 매핑 정보를 읽고 요청
에 대응하는 핸들러 메서드를 자동으로 호출한다. 위의 구현 예에서는 '/'라는 경로에 요청이 보내지면
home 메서드가 호출된다.

### 5.3.4. 핸들러 메서드의 매개변수

핸들러 메서드는 인수로 여러 객체를 받을 수 있다.

메모

메서드의 매개변수로 받을 수 있는 객체는 HandlerMethodArgumentResolver 인터페이스(org.springframework.
web.method.support.HandlerMethodArgumentResolver)의 구현 클래스를 만드는 방법으로 확장할 수 있다.

#### ■ 지정 가능한 주요 타입

스프링 MVC가 기본적으로 지원하는 매개변수의 주요 타입은 다음과 같다(표 5.2).

표 5.2  스프링 MVC가 지원하는 주요 타입

| 타입 | 설명 |
|---|---|
| Model[5] | 이동 대상에 전달할 데이터를 가지고 있는 인터페이스 |
| RedirectAttributes[6] | 리다이렉트 대상에 전달할 데이터를 가지고 있는 인터페이스 |
| 폼 클래스 등의 자바빈즈 | 요청 파라미터를 가지고 있는 자바빈즈 클래스 |
| BindingResult[7] | 폼 클래스의 입력값 검사 결과를 가지고 있는 인터페이스 |
| MultipartFile[8] | 멀티파트 요청을 사용해 업로드된 파일 정보를 가지고 있는 인터페이스 |
| HttpEntity<?>[9] | 요청 헤더와 응답 본문을 가지고 있는 인터페이스. 요청 본문은 HttpMessageConverter[10]의 메커니즘을 사용해 임의의 타입으로 변환할 수 있다. |
| java.util.Locale | 클라이언트 로캘 |
| java.util.TimeZone/java.time.ZoneId | 클라이언트 시간대. ZoneId는 Java SE 8 이상에서 사용 가능. |
| java.security.Principal | 클라이언트 인증을 위한 사용자 정보를 가지고 있는 인터페이스 |
| UriComponentsBuilder[11] | URI를 조립하기 위한 인터페이스. 컨텍스트 경로를 기본 URI로 가지고 있는 객체가 전달된다. |
| SessionStatus[12] | @SessionAttributes를 사용해 세션 스코프에 저장한 객체의 라이프 사이클을 관리하는 인터페이스(실제로는 세션 값 설정과 설정 완료 여부만 확인) |

## ■ 지정 가능한 주요 애너테이션

인수에 애너테이션을 지정하면 요청 데이터(경로 변수, 요청 파라미터, 요청 헤더, 요청 본문, 쿠키)를 임의의 타입으로 변환해서 가져올 수 있다. 사용할 수 있는 주요 애너테이션은 다음과 같다(표 5.3).

표 5.3 인수에 지정 가능한 애너테이션[13]

| 애너테이션 | 설명 |
|---|---|
| @PathVariable | URL에서 경로 변수 값을 가져오기 위한 애너테이션 |
| @MatrixVariable | URL에서 매트릭스 변수 값을 가져오기 위한 애너테이션(기본 설정에서는 사용할 수 없다) |

---

5   org.springframework.ui 패키지의 클래스

6   org.springframework.web.servlet.mvc.support 패키지의 클래스

7   org.springframework.validation 패키지의 클래스

8   org.springframework.web.multipart 패키지의 클래스

9   org.springframework.http 패키지의 클래스

10  org.springframework.http.converter 패키지의 클래스

11  org.springframework.web.util 패키지의 클래스

12  org.springframework.web.bind.support 패키지의 클래스

13  org.springframework.web.bind.annotation 패키지의 클래스

| 애너테이션 | 설명 |
| --- | --- |
| @RequestParam | 요청 파라미터 값을 가져오기 위한 애너테이션 |
| @RequestHeader | 요청 헤더 값을 가져오기 위한 애너테이션 |
| @RequestBody | 요청 본문 내용을 가져오기 위한 애너테이션. 요청 본문은 HttpMessageConverter 구조를 사용해 지정한 타입으로 변환된다. |
| @CookieValue | 쿠키 값을 가져오기 위한 애너테이션 |

그 밖에도 인수에 애너테이션을 지정하면 요청 데이터 이외의 정보도 인수로 받을 수 있다. 사용할 수 있는 주요 애너테이션은 다음과 같다(표 5.4).

표 5.4 요청 데이터 이외의 정보를 인수로 지정할 수 있는 애너테이션

| 애너테이션 | 설명 |
| --- | --- |
| @ModelAttribute | 모델에 저장된 객체를 인수로 받을 수 있다. 인수가 자바빈즈 형태라면 생략할 수 있다. |
| @Value | '${...}'와 같은 플레이스홀더로 대체된 값이나 '#{...}'과 같은 SpEL식의 실행 결과를 인수로 받을 수 있다. |

메모   스프링 4.3부터 새롭게 @SessionAttribute와 @RequestAttribute가 추가되어 HttpSession과 HttpServletRequest에 저장된 객체를 받을 수 있다.

### ■ 관례에 따른 묵시적인 인수 값 결정

위의 표 5.3과 표 5.4에서 안내한 방법 외에도 다음 규칙에 따라 요청 정보의 값을 인수의 값으로 채워 넣을 수 있다.

- 인수의 타입이 String이나 Integer 같은 간단한 타입[14]인 경우에는 인수의 이름과 일치하는 요청 파라미터에서 값을 가져올 수 있다.

- 인수의 타입이 자바빈즈인 경우는 자바빈즈의 기본 속성명과 일치하는 객체를 Model에서 가져올 수 있다. 만약 해당하는 객체가 Model에 없다면 기본 생성자를 호출해서 새로운 객체를 생성한다.

---

**14**   org.springframework.beans.BeanUtils#isSimpleProperty(Class<?>)의 결과가 true가 되는 형

### ■ 타입을 선택할 때 주의할 점

서블릿 API(HttpServletRequest, HttpServletResponse, HttpSession, Part)나 저수준 자바
API(InputStream, OutputStream, Reader, Writer, Map)의 타입을 사용할 수도 있지만 이 API를 자
유롭게 사용하면 애플리케이션 유지보수를 저하할 수 있다. 이 API는 애플리케이션 요구사항이 충족되
지 않는 경우에 제한적으로 사용하자.

## 5.3.5. 핸들러 메서드의 반환값

핸들러 메서드는 반환값으로 여러 객체를 반환할 수 있다.

> 메모
> 반환할 수 있는 객체는 HandlerMethodReturnValueHandler 인터페이스(org.springframework.web.
> method.support.HandlerMethodReturnValueHandler)의 구현 클래스를 만드는 방법으로 확장할 수 있다.

### ■ 지정 가능한 주요 타입

스프링 MVC가 기본적으로 지원하는 반환값의 주요 타입은 다음과 같다(표 5.5).

표 5.5 스프링 MVC가 지원하는 주요 타입 [15] [16] [17]

| 타입 | 설명 |
| --- | --- |
| java.lang.String | 이동 대상의 뷰 이름을 반환한다. |
| Model[15] | 이동 대상에 전달할 데이터를 반환한다. |
| ModelAndView[16] | 이동 대상의 뷰 이름과 이동 대상에 전달할 데이터를 반환한다. |
| void | HttpServletResponse에 직접 응답 데이터를 쓰거나 RequestToViewNameTranslator의 메커니즘을 이용해 뷰 이름을 결정할 때 void를 사용한다. |
| ResponseEntity<?>[17] | 응답 헤더와 응답 본문에 직렬화될 객체를 반환한다. 반환한 객체는 HttpMessageConverter 메커니즘을 이용해 임의의 형식으로 직렬화된다. |
| HttpHeaders | 응답 헤더만 반환한다. |

---

15  org.springframework.ui 패키지의 클래스

16  org.springframework.web.servlet 패키지의 클래스

17  org.springframework.http 패키지의 클래스

### ■ 지정 가능한 주요 애너테이션

메서드에 애너테이션을 지정하면 임의의 객체를 Model에 저장하거나 응답 본문에 직렬화할 수 있다.
지정할 수 있는 주요 애너테이션은 다음과 같다(표 5.6).

표 5.6 메서드에 지정 가능한 애너테이션

| 애너테이션 | 설명 |
| --- | --- |
| @ModelAttribute | Model에 저장하는 객체를 반환한다(반환값의 형이 자바빈즈인 경우는 생략 가능) |
| @ResponseBody | 응답 본문에 직렬화하는 객체를 반환한다. 객체는 HttpMessageConverter의 메커니즘을 이용해 임의의 형식으로 직렬화된다. |

메모

스프링 MVC는 서버 측에서 비동기 처리도 지원하고 있어 Callable<?>, CompletableFuture<?>(Java SE 8 이상부터 사용 가능), DeferredResult<?>, WebAsyncTask<?>, ListenableFuture<?>를 반환하는 것으로 구현할 수 있다. 또한 HTTP 스트리밍을 지원하고 있어 ResponseBodyEmitter, SseEmitter, StreamingResponseBody 형을 반환할 수도 있다. 자세한 내용은 7장 7.3절 '비동기 요청 구현'에서 설명한다.

## 5.3.6. 뷰 컨트롤러 이용

여기까지는 컨트롤러 클래스에 핸들러 메서드를 구현하는 유형을 설명했지만 뷰만 호출하는 경우라면 스프링 MVC가 제공하는 뷰 컨트롤러(View Controller)를 이용할 수 있다.

▶ 자바 기반 설정 방식으로 빈을 정의한 예

```
public class WebMvcConfig extends WebMvcConfigurerAdapter {
    // 생략
    @Override ─────────────────────────────────────────── ❶
    public void addViewControllers(ViewControllerRegistry registry) { ─────┐
        registry.addViewController("/").setViewName("home"); ──────────────┴─ ❷
    }
    // 생략
}
```

❶ 뷰 컨트롤러의 빈을 정의하기 위해 addViewControllers 메서드를 오버라이드한다.

❷ ViewControllerRegistry의 addViewController 메서드의 인수에 요청 경로를 지정하고 addViewController 메서드의 반환값인 ViewControllerRegistration의 setViewName 메서드에 뷰 이름을 인수로 지정한다.

▶ XML 기반 설정 방식으로 빈을 정의한 예

```
<mvc:view-controller path="/" view-name="home" />  ──────────────── ❶
```

❶ 〈mvc:view-controller〉 요소의 path 속성에 요청 경로를, view-name 속성에 뷰 이름을 지정한다.

메모

뷰 컨트롤러에는 상태 코드를 지정하는 옵션도 있다. 이것은 뷰 컨트롤러를 이용해 에러 페이지를 표시해야 할 때 사용할 수 있다. 또한 뷰 컨트롤러와 같이 리다이렉트만하는 컨트롤러를 정의하거나, 상태 코드를 반환만 하는 뷰 컨트롤러를 정의할 수도 있다(표 5.7).

표 5.7 컨트롤러의 빈 정의를 지원하는 메서드명과 요소명

| 뷰 컨트롤러의 역할 | 자바 기반 설정 방식에서 ViewControllerRegistry의 메서드를 사용해서 정의하는 경우 | XML 기반 설정 방식으로 정의하는 경우 |
| --- | --- | --- |
| 리다이렉트만 하는 컨트롤러 | addRedirectViewController | 〈mvc:redirect-view-controller〉 |
| 상태 코드를 반환만 하는 컨트롤러 | addStatusController | 〈mvc:status-controller〉 |

## 5.4. 요청 매핑

스프링 MVC는 @RequestMapping의 속성값을 사용해 요청 매핑 조건을 지정한다. 이번 절에서는 매핑 조건을 구체적으로 지정하는 방법을 설명하겠다.

먼저 @RequestMapping에서 지정 가능한 속성을 살펴보자. 각각의 서로 다른 속성들은 AND 조건으로 적용되어 매핑되는 대상 범위를 점점 더 좁게 만드는 역할을 한다(표 5.8).

표 5.8 @RequestMapping에서 지정 가능한 속성

| 속성명 | 설명 |
| --- | --- |
| value | 요청 경로(또는 경로 패턴)를 지정한다. |
| path | value 속성의 별명을 지정한다. |
| method | HTTP 메서드 값(GET, POST, PUT 등)을 지정한다. |
| params | 요청 파라미터 유무나 파라미터 값을 지정한다. |
| headers | 헤더 유무나 헤더 값을 지정한다. |
| consumes | Content-Type 헤더 값(미디어 타입)을 지정한다. |
| produces | Accept 헤더 값(미디어 타입)을 지정한다. |
| name | 매핑 정보에 임의의 이름을 지정한다. 이 속성에 지정하는 값에 따라 매핑 룰이 바뀌는 것은 없다. |

또한 @RequestMapping은 클래스 레벨과 메서드 레벨 모두에 지정할 수 있는데 두 곳에서 동시에 같은 속성을 지정한 경우에는 다음과 같이 동작한다.

- value(path), method, params, headers, name의 각 속성은 병합된 값이 적용된다.
- consumes, produces의 각 속성은 메서드 레벨에 지정한 값으로 덮어쓰게 된다.

스프링 4.3부터 @RequestMapping의 합성 애너테이션[18](@GetMapping, @PostMapping, @PutMapping, @DeleteMapping, @PatchMapping)이 추가됐다.

## 5.4.1. 요청 경로 사용

요청 경로는 반드시 설정해야 하는 필수 정보로서 클래스나 메서드에 매핑한다. 요청 경로, 혹은 경로 패턴을 지정할 때는 value 속성이나 path 속성에 기재하면 된다.[19]

▶ 요청 경로를 지정한 예

```
@Controller
@RequestMapping("accounts") ————————————————————————————————— ❶
public class AccountController {
    @RequestMapping("me/email") ———————————————————————————————— ❷
    public String showEmail(Model model) {
        // 생략
    }
}
```

❶ 클래스 레벨로 지정하면 기본 경로로 취급된다.

❷ 메서드 레벨로 지정하면 기본 경로에 상대 경로를 덧붙인 형태로 취급된다. 이 예에서는 '/accounts/me/email'이라는 경로에 접근할 때 showEmail 메서드가 실행된다.

속성값에는 여러 경로를 지정할 수 있으며, 여러 속성값이 동시에 지정된 경우에는 OR 조건으로 취급된다. 다음 예에서는 '/accounts/me/email' 또는 '/accounts/my/email'이라는 경로에 접근할 때 showEmail 메서드가 실행된다.

---

**18** (옮긴이) Composed Annotation이라고 하며, 기존의 매핑 방식을 짧게 쓰기 위한 숏컷 정도로 생각하면 된다. 예를 들어 @GetMapping은 @RequestMapping(method = RequestMethod.GET)과 같다.

**19** (옮긴이) path는 서블릿 환경에서 value와 같은 의미로 사용된다.

▶ 요청 경로를 여러 개 지정한 예

```
@RequestMapping({"me/email", "my/email"})  // 요청 경로를 여러 개 지정
public String showEmail(Model model){
    // 생략
}
```

## 5.4.2. 경로 패턴 사용

요청 경로에는 정적으로 표현된 구체적인 경로만이 아니라 동적으로 표현된 경로 패턴도 지정할 수 있다. 스프링 MVC가 지원하는 경로 패턴 형식은 다음의 세 가지다.

- URI 템플릿 형식의 경로 패턴(예: /accounts/{accountId})
- URI 템플릿 형식의 경로 패턴 + 정규 표현식(예: /accounts/{accountId:[a-f0-9-]{36}})[20]
- 앤트 스타일의 경로 패턴(예: /**/accounts/me/email)[21]

여기서는 URL 템플릿 형식의 경로 패턴을 사용하는 방법을 설명한다. URL 템플릿은 URL 경로 상의 가변 값을 '경로 변수'로 취급한다. 예를 들어 http://example.com/accounts/{accountId} 같은 형태의 URL이 있다면 그중에서 {accountId} 부분에 계정 ID를 지정하면 된다. 그래서 실제로 사용할 때는 http://example.com/accounts/1이나 http://example.com/accounts/2 같은 형태로 사용된다.

다음은 URL을 핸들러 메서드에 매핑한 경우로, URL 템플릿 형식의 경로 패턴을 사용했다.

▶ URL 템플릿 형식의 경로 패턴을 지정한 예

```
@Controller
@RequestMapping("accounts")
public class AccountController {

    @RequestMapping("{accountId}") ────────────────────────────── ❶
    public String showAccount(@PathVariable String accountId, Model model) {
        // 생략
    }
}
```

❶ 경로 상의 가변부를 '경로 변수({경로 변수명}형식)'으로 지정한다. 위의 예에서는 '/accounts/{accountId}'라는 패턴의 경로로 접근하면 showAccount 메서드가 실행된다.

---

**20**　(옮긴이) [a-f0-9-]의 의미는 a에서 f까지 알파벳이나 0에서 9까지의 숫자, 혹은 - 문자를 의미하고 {36}는 앞의 글자가 36번 나온다는 의미다.

**21**　(옮긴이) '.'의 의미는 하위 디렉터리 혹은 경로의 의미로서 이 경우에는 상위 경로가 무엇이든 뒷부분이 '/accounts/me/email'로 끝나는 경우를 의미한다.

## 5.4.3. HTTP 메서드 사용

HTTP 메서드를 매핑 조건에 지정하는 경우에는 method 속성을 사용한다. 브라우저에 화면으로 응답하는 웹 애플리케이션에서는 HTTP 메서드로 GET과 POST의 두 가지를 사용할 수 있다.

- **GET 메서드**: 웹 페이지의 내용을 보거나 파일을 다운로드하는 것과 같이 서버에서 어떤 정보를 취득할 때 사용한다.
- **POST 메서드**: 서버에 어떤 정보를 전송할 때 사용한다(검색 조건은 POST가 아니라 GET을 사용하는 것이 일반적).

▶ HTTP 메서드를 지정한 예

```
@RequestMapping(path = "{accountId}", method = RequestMethod.GET) ──────────── ❶
public String showAccount(@PathVariable String accountId, Model model) {
    // 생략
}
```

❶ method 속성에 org.springframework.web.bind.annotation.RequestMethod 열거형 값을 지정한다. 위의 예제에서는 '/accounts/{accountId}'라는 패턴 경로에 GET 메서드로 접근하면 showAccount 메서드가 실행된다.

속성값에는 여러 HTTP 메서드를 지정할 수 있으며, 여러 속성값을 지정한 경우 OR 조건으로 취급한다.

## 5.4.4. 요청 파라미터 사용

요청 파라미터를 매핑 조건에 지정하는 경우에는 params 속성을 사용한다. params 속성에서 지원하는 지정 형식은 다음과 같다(표 5.9).

표 5.9  params 속성에서 지원되는 지정 형식

| 지정 형식 | 설명 |
| --- | --- |
| name | 지정한 파라미터가 존재하는 경우에 매핑 대상이 된다. |
| !name | 지정한 파라미터가 존재하지 않는 경우에 매핑 대상이 된다. |
| name=value | 파라미터 값이 지정한 값에 해당하는 경우에 매핑 대상이 된다. |
| name!=value | 파라미터 값이 지정한 값에 해당하지 않는 경우에 매핑 대상이 된다. |

▶ 요청 파라미터를 지정한 예

```
@RequestMapping(path = "create", params = "form") ───────────────────────────── ❶
public String form(Model model) {
    return "account/form";
}
```

❶ 요청 파라미터 유무 또는 요청 파라미터 값을 지정한다. 위의 예에서는 파라미터명만 지정하고 있어서 '/accounts/
create?form='이라는 URL에 접근하면 form 메서드가 실행된다. POST 메서드를 사용해서 요청하는 경우라면 요청 본문
에 'form'이라는 파라미터가 포함돼 있으면 된다.

속성값에는 여러 파라미터를 지정할 수 있으며, 여러 속성값이 동시에 지정된 경우에는 AND 조건으로
취급한다. 요청 파라미터를 이용한 매핑 조건 방식은 버튼이나 링크에 따라 호출할 메서드를 바꿔야 할
때 사용된다. 구체적으로 다음과 같은 경우다(그림 5.5).

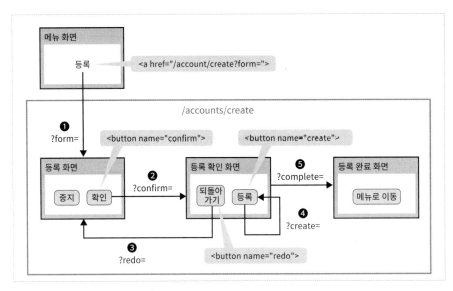

그림 5.5 요청 파라미터를 이용해 매핑 조건을 지정하는 대표적인 예

이와 같은 화면 이동을 구현하고 싶을 경우, 컨트롤러 클래스에서는 다음과 같이 요청 매핑을 한다. 그
림 5.5의 ❶ ~ ❺는 다음 코드의 ❶ ~ ❺와 대응한다.

▶ 요청 파라미터를 이용해 요청 매핑을 지정한 예

```
@Controller
@RequestMapping("accounts")
public class AccountController {
    @RequestMapping(path = "create", params = "form") ──────────────────── ❶
    public String form(Model model) {
        model.addAttribute(new AccountCreateForm());
        return "account/form";
    }
```

```java
@RequestMapping(path = "create", method = RequestMethod.POST, params = "confirm") ── ❷
public String confirm(@Validated AccountCreateForm form,
        BindingResult result) {
    // 생략
    return "account/confirm";
}

@RequestMapping(path = "create", method = RequestMethod.POST, params = "redo") ──── ❸
public String redo(AccountCreateForm form) {
    return "account/form";
}

@RequestMapping(path = "create", method = RequestMethod.POST, params = "create") ── ❹
public String create(@Validated AccountCreateForm form,
        BindingResult result, RedirectAttributes redirectAttributes) {
    // 생략
    return "redirect:/accounts/create?complete";
}

@RequestMapping(path = "create", method = RequestMethod.GET, params = "complete") ── ❺
public String complete() {
    return "account/complete";
}
}
```

❶ 메뉴 화면에서 등록 화면으로 이동하기 위한 메서드. 여기서는 '/accounts/create?form='에 매핑하고 있다.

❷ 등록 화면에서 등록 확인 화면으로 이동하기 위한 메서드. 여기서는 'POST /accounts/create?confirm='에 매핑하고 있다.

❸ 등록 확인 화면에서 등록 화면으로 이동(되돌아가기)하기 위한 메서드. 여기서는 'POST /accounts/create?redo='에 매핑하고 있다.

❹ 등록 처리를 하기 위한 메서드. 여기서는 'POST /accounts/create?create='에 매핑하고 있어 등록 처리가 완료된 후에는 등록 완료 화면을 표시하기 위한 경로로 리다이렉트하고 있다.

❺ 등록 완료 화면을 표시하기 위한 메서드. 여기서는 'GET /accounts/create?complete='에 매핑하고 있다.

HTML(JSP 등의 템플릿 파일) 측에서는 다음 중 한 가지 방법으로 요청 파라미터를 지정한다.

- 링크(⟨a⟩ 요소)의 경우는 URL의 쿼리 문자열에 요청 파라미터를 지정한다.
- HTML 폼의 버튼(⟨button⟩ 요소나 ⟨input type="submit"⟩ 요소 등)인 경우 name 속성에 요청 파라미터의 이름을 지정한다.

## 5.4.5. 요청 헤더 사용

요청 헤더를 매핑 조건으로 지정하는 경우 headers 속성을 사용한다. headers 속성에서 지원하는 지정 형식은 params 속성과 같다.

▶ 요청 헤더 지정 예

```
@RequestMapping(headers = "X-Migration=true") ──────────────── ❶
@ResponseBody
public Account postMigrationAccount(@Validated @RequestBody Account account) {
    // 생략
}
```

❶ 요청 헤더 유무 또는 요청 헤더 값을 지정한다. 위의 예에서는 X-Migration 헤더 값에 true를 지정하고 접근하면 postMigrationAccount 메서드가 실행된다

속성값에는 여러 헤더를 지정할 수 있으며, 여러 속성값이 동시에 지정된 경우에는 AND 조건으로 취급한다.

## 5.4.6. Content-Type 헤더 사용

요청의 Content-Type 헤더 값을 매핑 조건으로 지정하는 경우에는 consumes 속성을 사용한다. consumes 속성에서 지원하는 지정 형식은 다음과 같다(표 5.10).

표 5.10 consumes 속성에서 지원되는 지정 형식

| 지정 형식 | 설명 |
|---|---|
| mediaType | 미디어 타입이 지정한 값인 경우 매핑 대상이 된다. |
| !mediaType | 미디어 타입이 지정한 값이 아닌 경우 매핑 대상이 된다. |

▶ Content-Type을 지정한 예

```
@RequestMapping(consumes = "application/json") ──────────────── ❶
@ResponseBody
public Account postAccount(@Validated @RequestBody Account account) {
    // 생략
}
```

❶ 요청 본문의 미디어 타입을 지정한다. 이 예에서는 요청 본문에 JSON(미디어 타입이 application/json)을 지정해서 접근하면 postAccount 메서드가 실행된다.

속성값에는 여러 개의 미디어 타입을 지정할 수 있으며, 동시에 여러 속성값을 지정한 경우에는 OR 조건으로 취급한다.

### 5.4.7. Accept 헤더 사용

요청 Accept 헤더 값을 매핑 조건에 지정하는 경우 produces 속성을 사용한다. produces 속성에서 지원하는 지정 형식은 consumes와 같다.

▶ Accept를 지정한 예

```
@RequestMapping(path = "create", produces = "application/json") ──────────── ❶
@ResponseBody
public Account postAccount(@Validated @RequestBody Account account) {
    // 생략
}
```

❶ 응답 본문의 미디어 타입을 지정한다. 이 예에서는 응답 본문으로 JSON(미디어 타입이 application/json)을 받을 수 있는 클라이언트가 접근하면 postAccount 메서드가 실행된다.

속성값에는 여러 개의 미디어 타입을 지정할 수 있으며, 동시에 여러 속성값을 지정한 경우에는 OR 조건으로 취급한다.

## 5.5. 요청 데이터 취득

스프링 MVC는 요청 데이터를 가져올 수 있는 다양한 방법을 제공하고 있어서 요청 데이터를 손쉽게 취득할 수 있다(표 5.11).

표 5.11 요청 데이터를 가져오는 대표적인 방법

| 취득 방법 | 설명 |
|---|---|
| 경로 변수 값 취득 | @PathVariable을 사용해 특정 경로 변수 값을 취득한다. |
| 요청 파라미터 값 취득 | @RequestParam을 사용해 특정 요청 파라미터 값을 취득한다. |
| 요청 헤더 값 취득 | @RequestHeader를 사용해 특정 요청 헤더 값을 취득한다. |
| 쿠키 값 취득 | @CookieValue를 사용해 특정 쿠키 값을 취득한다. |
| 요청 파라미터 값 일괄 취득 | 폼 클래스(또는 명령 클래스)라 불리는 자바빈즈를 사용해 요청 파라미터를 자바빈즈 프로퍼티에 바인딩해서 취득한다. 폼 클래스의 구현 방법은 5.6절 '폼 클래스 구현'을 참조하자. |

여기서는 애너테이션을 사용해 요청 데이터를 취득하는 방법을 소개한다(그림 5.6).

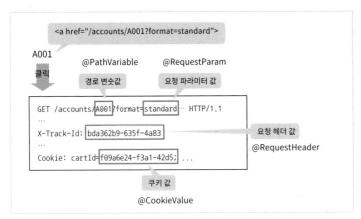

그림 5.6 애너테이션을 사용해서 가져올 수 있는 요청 데이터

## 5.5.1. 경로 변수 값 취득(@PathVariable)

URL에서 경로 변수 값을 취득하려면 메서드 파라미터에 @PathVariable을 지정한다.

▶ 메서드 파라미터를 정의한 예

```
@RequestMapping(path = "accounts/{accountId}", method = RequestMethod.GET) ──────── ❶
public String detail(@PathVariable String accountId) { ──────────────────────── ❷
    // 생략
}
```

❶ @RequestMapping의 value(path) 속성에 경로 변수({변수명})를 선언한다. 이 예에서는 accountId라는 이름의 경로 변수를 지정하고 있다.

❷ 경로 변수 값을 취득할 인수에 @PathVariable을 지정한다. value 속성을 생략하면 인수명이 경로 변수명이 된다. 그림 5.6의 예에서는 accountId라는 이름(인수명)에 일치하는 경로 변수 값인 'A001'이 사용된다.

@PathVariable을 사용해 취득한 경로 변수의 값은 Model 객체에 같은 이름으로 저장된다.

메모

## 5.5.2. 요청 파라미터 값 취득(@RequestParam)

사용자가 직접 입력하지 않는(프로그램에서 부여하는) 요청 파라미터 값을 취득하려면 메서드 파라미터에 @RequestParam을 지정한다.

▶ 메서드 파라미터 정의 예

```
@RequestMapping(path = "detail", method = RequestMethod.GET)
public String detail(@RequestParam String format) {
    // 생략
}
```

❶ 요청 파라미터 값을 취득하는 인수에 @RequestParam을 지정한다. 이 예에서는 format이라는 이름(인수명)에 일치하는 요청 파라미터 값으로 'standard'가 사용된다.

요청 헤더 값과 쿠키 값도 유사한 방법으로 정보를 가져올 수 있다. 요청 헤더 값이 필요한 경우에는 @RequestHeader, 쿠키 값이 필요한 경우에는 @CookieValue를 사용한다.

## 5.5.3. @RequestParam, @RequestHeader, @CookieValue 속성값

@RequestParam, @RequestHeader, @CookieValue에는 다음과 같은 속성이 있어 기본 동작 방식을 커스터마이즈할 수 있다[22](표 5.12).

표 5.12 지정 가능한 속성

| 속성명 | 설명 |
| --- | --- |
| value | 값을 취득하는 파라미터명을 지정한다. 생략한 경우에는 인수명이 파라미터명으로 적용된다. |
| name | value 속성의 별명 |
| required | 파라미터의 필수 여부를 지정한다. 생략한 경우에는 true(필수)가 적용되고 파라미터가 존재하지 않는 경우에는 org.springframework.web.bind.ServletRequestBindingException[17]이 발생하고 400(Bad Request)로 취급한다. |
| defaultValue | 파라미터가 존재하지 않는 경우(또는 파라미터가 공백인 경우)에 적용하는 기본값을 지정한다. 기본값을 지정한 경우 required 속성은 강제적으로 false가 된다. |

defaultValue 속성에 지정할 수 있는 것은 문자열뿐이지만 지정한 문자열은 스프링 MVC가 제공하는 타입 변환 메커니즘에 따라 인수형으로 변환된다.

---

**22**  설명에서 '파라미터'라 표현하는 부분은 사용하는 애너테이션에 따라 '요청 파라미터', '요청 헤더', '쿠키'로 바꿔주자.

▶ 속성값을 지정한 예

```
@RequestMapping(path = "accounts", method = RequestMethod.GET)
public String cart(
    @CookieValue("example.springbook.cartId") String cartId,
    @RequestHeader(name = "X-Track-Id", required = false) String trackingId,
    @RequestParam(defaultValue = 1) Integer page) {
    // 생략
}
```

required=false 대신 Java SE 8에서 추가된 java.util.Optional을 사용해 값을 취득할 수도 있다.

▶ Optional 사용 예

```
@RequestMapping(path = "accounts/create", method = RequestMethod.POST)
public String create(
    @Validated AccountCreateForm form,
    @RequestHeader("X-Track-Id") Optional<String> trackingId) {
    // 생략
}
```

## 5.5.4. 컴파일 옵션과 주의할 점

@PathVariable, @RequestParam, @RequestHeader, @CookieValue의 value(name) 속성을 생략하고 싶다면 컴파일할 때 -g 옵션(디버깅 정보를 출력하는 모드)이나 Java SE 8에서 추가된 -parameters 옵션(메서드 또는 파라미터에 리플렉션용 메타데이터를 생성하는 모드)을 사용해야 한다. 만약 이 옵션을 지정하지 않으면 런타임 시 요청 데이터로부터 값을 받아 인수의 값을 채워주지 못하기 때문에 오동작이 발생할 수 있다.

## 5.5.5. 이용 가능한 타입

요청 파라미터, 요청 헤더, 쿠키에 설정되는 값은 물리적으로 문자열 타입으로 취급되지만 논리적으로는 숫자, 날짜/시간, 불린값과 같은 타입이 더 적절한 경우가 있다. 스프링 MVC에서는 이러한 항목에 대해 요청 데이터를 문자열이 아닌 타입으로 변환하는 메커니즘을 제공한다. 기본적으로 이용할 수 있는 주요 타입은 다음과 같다.

- 기본형(int, boolean 등) 및 래퍼 타입(Integer, Boolean 등)
- 값을 표현하는 타입(String, Date 등)
- MultipartFile

또한 요청 데이터는 컬렉션이나 배열로 취득할 수 있다. 이것은 체크박스나 셀렉트 박스처럼 여러 개의 선택 값을 구할 때 이용할 수 있다.

기본적으로 다양한 타입을 변환할 수 있지만 미처 지원되지 않는 타입을 추가하거나 스프링 MVC의 기본 동작 방식을 커스터마이징하고 싶은 경우에는 `org.springframework.web.bind.WebDataBinder` 클래스의 메서드를 확장하면 된다.

## 5.5.6. 바인딩 처리의 커스터마이징(WebDataBinder)

요청 데이터를 폼 클래스의 프로퍼티나 메서드의 파라미터로 바인딩하는 것은 WebDataBinder의 메서드를 확장해서 커스터마이징할 수 있다. WebDataBinder에는 스프링 MVC가 수행하는 바인딩을 커스터마이징할 수 있도록 다음과 같은 두 가지 메서드가 마련돼 있다.

- **addCustomFormatter**
  `org.springframework.format.Formatter` 인터페이스를 구현해서 문자열을 임의의 타입으로 변환할 수 있는 커스텀 포매터를 적용할 때 사용하는 메서드다.

- **registerCustomEditor**
  `java.beans.PropertyEditor` 인터페이스를 구현해서 문자열을 임의의 타입으로 변환할 수 있는 커스텀 에디터를 적용할 때 사용하는 메서드다.

메모

WebDataBinder는 문자열을 다른 타입으로 변환할 때 스프링 프레임워크가 제공하는 타입 변환 메커니즘을 이용한다. 스프링 프레임워크가 제공하는 타입 변환 구조에 대해서는 2장 2.3절 '데이터 바인딩과 형변환'을 참조하자.

먼저 WebDataBinder 메서드를 호출하기 위해 `@org.springframework.web.bind.annotation.InitBinder` 애너테이션이 붙은 메서드를 컨트롤러 클래스에 구현해야 한다. 스프링 MVC는 요청 데이터의 바인딩을 수행하기 전에 @InitBinder 애너테이션이 붙은 메서드를 호출한다.

▶ @InitBinder 메서드를 정의한 예

```
@InitBinder ────────────────────────────────── ①
public void initBinder(WebDataBinder binder) {
    // 생략
}
```

① WebDataBinder를 인수로 받는 메서드를 작성하고 @InitBinder를 지정한다. 폼 클래스나 메서드 매개변수에 요청 데이터를 바인딩하기 전에 이 메서드가 호출된다.

다음으로 addCustomFormatter와 registerCustomEditor 메서드를 호출해 커스터마이징된 구현 클래스를 적용한다. 다음 예에서는 스프링 프레임워크가 제공하는 구현 클래스를 이용해 문자열을 Date 타입으로 변환하고 있는데, 이때 포맷을 'yyyyMMdd' 형식으로 커스터마이징하고 있다.

▶ addCustomFormatter 메서드를 호출한 예

```
@InitBinder
public void initBinder(WebDataBinder binder) {
    binder.addCustomFormatter(new DateFormatter("yyyyMMdd"));
}
```

▶ registerCustomEditor 메서드를 호출한 예

```
@InitBinder
public void initBinder(WebDataBinder binder) {
    SimpleDateFormat dateFormat = new SimpleDateFormat("yyyyMMdd");
    dateFormat.setLenient(false);
    binder.registerCustomEditor(Date.class, new CustomDateEditor(dateFormat, false));
}
```

addCustomFormatter 메서드와 registerCustomEditor 메서드에는 커스터마이징된 구현 클래스를 적용할 대상(폼의 속성명과 요청 파라미터명 등)을 지정할 수 있는 오버로드 메서드가 있다. 또한 @InitBinder의 value 속성에는 @InitBinder 메서드를 적용할 대상을 명시할 수도 있다. 예를 들어, 다음은 @InitBinder 메서드를 'targetDate'라는 이름의 요청 파라미터에 대해서만 적용해서 'yyyyMMdd'과 같은 포맷으로 바인딩하도록 돼 있다.

▶ 특정 파라미터에 대해서만 커스텀 구현을 적용하는 예

```
@RequestMapping(path = "search", method = RequestMethod.GET)
public String search(@RequestParam targetDate, Model model) {
    // 생략
}
@InitBinder
public void initBinder(WebDataBinder binder) {
    binder.addCustomFormatter(new DateFormatter("yyyyMMdd"), "targetDate");
}
// 또는
@InitBinder("targetDate")
public void initBinder(WebDataBinder binder) {
    binder.addCustomFormatter(new DateFormatter("yyyyMMdd"));
}
```

메모

여러 컨트롤러 클래스에 대해 커스터마이징된 구현 클래스를 적용하고 싶다면 @ControllerAdvice 애너테이션이 붙은 클래스에 구현하면 된다. 자세한 내용은 7장 7.4.3절 '@ControllerAdvice 사용'을 참조하자.

## 5.5.7. 애너테이션을 사용한 포맷 지정

파라미터마다 '숫자'와 '날짜/시간' 포맷을 지정할 때는 스프링 프레임워크에서 제공하는 다음과 같은 두 애너테이션을 사용해 직관적으로 파악할 수 있게 만들 수 있다.

- **@org.springframework.format.annotation.DateTimeFormat**
  날짜/시간 포맷을 지정하기 위한 애너테이션이다. 이 애너테이션은 자바 표준 java.util.Date, java.util.Calendar, java.lang.Long 외에도 Joda-Time과 JSR 310:Date and Time API(java.time.*) 클래스를 지원한다.

- **@org.springframework.format.annotation.NumberFormat**
  숫자나 통화 포맷을 지정하기 위한 애너테이션이다. 이 애너테이션은 자바 표준 java.lang.Number 클래스의 서브 클래스 외에 스프링 프레임워크 4.2 버전부터 JSR 354:Money and Currency API(javax.money.*)의 일부 클래스(MonetaryAmount와 CurrencyUnit)를 지원한다.

포맷을 지정하는 애너테이션을 사용하면 @InitBinder의 메서드를 구현하는 대신 다음과 같이 지정할 수 있다.

▶ 폼 클래스를 지정한 예

```java
public class AccountCreateForm implements Serializable {
    // 생략
    @DateTimeFormat(pattern = "yyyyMMdd")
    private Date dateOfBirth;
    // 생략
}
```

▶ 핸들러 메서드의 인수로 지정한 예

```java
@RequestMapping(path = "search", method = RequestMethod.GET)
public String search(
    @DateTimeFormat(pattern = "yyyyMMdd") @RequestParam targetDate,
    Model model) {
    // 생략
}
```

메모

@DateTimeFormat과 @NumberFormat은 메타 애너테이션으로 사용할 수 있다. 메타 애너테이션의 메커니즘을 이용해 커스텀 애너테이션을 만들면 포맷 정의를 관리하기가 쉬워지고 포맷 지정도 직관적으로 할 수 있다.

## 5.6. 폼 클래스 구현

폼 클래스는 HTML 폼의 입력 필드 구조를 자바빈즈로 표현한 클래스다. 스프링 MVC는 폼 객체를 통해 다음 값을 서버와 클라이언트 사이에서 연계(바인딩)하는 구조로 돼 있다(그림 5.7).

- **HTML 폼에 표시하는 값**

  폼 객체가 가지고 있는 값을 HTML에 표시하도록 데이터를 연계하는 역할을 한다. JSP 등의 뷰에서 구현한다.

- **HTML 폼에 입력한 값**

  입력한 값(요청 파라미터 값)을 폼 객체에 담아 프런트 컨트롤러에 전달하는 역할을 한다.

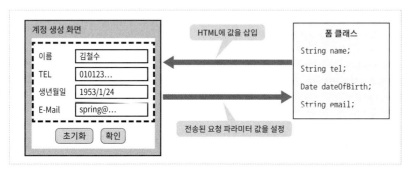

그림 5.7 폼 클래스를 통한 값 연계

HTML 폼 필드와 폼 클래스의 프로퍼티 간에 데이터 바인딩을 할 때는 스프링 MVC가 정한 명명 규칙을 따르게 된다. 구체적인 바인딩 예는 나중에 설명한다.

### 5.6.1. 폼 객체의 스코프

폼 클래스의 구체적인 작성 방법을 설명하기 전에 폼 객체의 스코프에 대해 설명하겠다. 폼 객체는 요청 스코프, 플래시 스코프(Flash Scope), 세션 스코프의 세 가지 스코프 중 하나에서 관리된다(표 5.13).

표 5.13 스코프 종류

| 스코프 | 설명 |
| --- | --- |
| 요청 스코프 | 요청에서 객체를 공유하기 위한 스코프(기본값). 객체를 요청 스코프로 취급하는 경우는 특별한 구현은 필요 없다. 단순히 Model에 객체를 저장만 하면 요청 스코프의 객체로 취급된다. |
| 플래시 스코프 | PRG(Post Redirect Get) 패턴의 요청 사이(POST와 리다이렉트 후의 GET과의 두 요청 사이)에서 객체를 공유하기 위한 스코프. 객체는 일시적으로 HttpSession에 저장되어 리다이렉트 처리 완료 후에 자동으로 파기된다. |

| 스코프 | 설명 |
|---|---|
| 세션 스코프 | 같은 세션의 여러 요청에서 객체를 공유하기 위한 스코프. 객체는 HttpSession에 저장되어 명시적으로 파기하기까지 HttpSession에 계속 남는다. 세션 스코프를 이용한 애플리케이션 구현 방법에 대해서는 7장 7.1절 'HTTP 세션 이용'을 참조한다. |

**메 모**

위에서 소개한 스코프는 폼 객체만의 개념이 아니라 Model에 저장하는 객체에 공통으로 적용되는 개념이다. 스코프 개념은 5.8.4절 '뷰와 데이터 연계'나 5.8.5절 '리다이렉트 대상과의 데이터 연계'의 객체에도 적용되는 개념이다.

## ■ 요청 스코프

폼 객체를 요청 스코프로 취급하는 경우 특별한 구현은 필요없다. 단순히 Model에 객체를 저장하는 것만으로 요청 스코프의 객체로 취급된다.

같은 화면을 여러 사용자에게 동시에 표시할 수 있는 애플리케이션을 개발할 때는 폼 객체를 요청 스코프에서 관리해야 한다. 요청 스코프를 사용하면 조작성이 좋은 애플리케이션을 만들 수 있지만 화면을 이동할 때마다 폼 데이터를 <input type="hidden">을 사용해 여기저기 가지고 다녀야 하기 때문에 JSP 구현이 복잡할 수 있다.

## ■ 플래시 스코프

폼 객체를 플래시 스코프로 취급하는 경우 org.springframework.web.servlet.mvc.support.RedirectAttributes에 객체를 추가하면 된다. RedirectAttributes에 객체를 추가할 때는 addFlashAttribute 메서드를 사용하는 것이 중요하다.

▶ 플래시 스코프의 사용 예

```
@RequestMapping(path = "create", method = RequestMethod.POST)
public String create(
    @Validated AccountCreateForm form, BindingResult result,
    RedirectAttributes redirectAttributes) {
    redirectAttributes.addFlashAttribute(form); ——————————————————❶
    return "redirect:/account/create?complete": ——————————————
}

@RequestMapping(path = "create", method = RequestMethod.GET, params = "complete")
public String createComplete(AccountCreateForm form) { ————————————❷
    // 생략
    return "account/complete":
}
```

❶ 플래시 스코프에 추가해서 리다이렉트 대상에 폼 객체를 공유한다.

❷ 플래시 스코프(Model)에서 취득한 폼 객체가 설정된다.

PRG 패턴을 사용해 리다이렉트 처리할 때 컨트롤러와 뷰에서 폼 객체를 참조하고 싶다면 폼 객체를 플래시 스코프에서 관리하면 된다.

### ■ 세션 스코프

폼 객체를 세션 스코프로 취급하는 경우 `@org.springframework.web.bind.annotation.Session Attributes`에 세션 스코프로 관리할 대상(클래스 또는 속성명)을 지정하기만 하면 된다.

▶ 세션 스코프 관리 대상을 지정한 예

```
@Controller
@RequestMapping("account/create")
@SessionAttributes(types = AccountCreateForm.class) // 세션 스코프에서 관리할 대상을 지정
public class AccountCreateController {
    // 생략
}
```

폼 데이터를 `<input type="hidden">`을 사용해 여기저기 가지고 다니는 것이 어려운 경우에는 폼 객체를 세션 스코프로 관리하는 방법을 고려해보자.

## 5.6.2. 폼 클래스 작성

여기서는 폼 클래스를 작성하는 방법을 설명한다.

▶ 폼 클래스의 작성 예

```
public class AccountCreateForm ─────────────────────────────── ❶
            implements Serializable { ───────────────────────── ❷

    private static final long serialVersionUID = 7857661706767062157L; ─┘

    @NotNull ──────────────────────────────────────────────── ❸
    @Size(min = 1, max = 50)
    private String name;

    @NotNull
    @Size(min = 9, max = 11)
```

```
    private String tel;

    @NotNull
    @DateTimeFormat(pattern = "yyyy/MM/dd") ─────────────────────── ❹
    private Date dateOfBirth;

    @NotNull
    @Size(min = 9, max = 256)
    private String email;
    // 생략
}
```

❶ HTML 폼의 입력 필드와 같은 구조의 폼 클래스를 만든다.

❷ java.io.Serializable 인터페이스를 구현하고 serialVersionUID 필드를 정의한다. serialVersionUID 구현이 필수인 것은 폼 객체를 세션 스코프에서 관리하는 경우지만 스코프와 관계없이 Serializable을 구현해 두는 것이 무난하다.

❸ 요구사항에 맞게 입력값의 검사 규칙을 지정한다. 입력값 검사를 설정하는 방법에 대해서는 5.7절 '입력값 검사'를 참조한다.

❹ 요구사항에 맞게 숫자나 날짜/시간 포맷을 지정한다. 포맷을 설정하는 방법에 대해서는 5.5.7절 '애너테이션을 이용한 포맷'을 참조한다.

## 5.6.3. HTML 포맷과 바인딩

여기서는 HTML 폼과 폼 객체의 바인딩 패턴에 대해 구체적인 예를 보면서 설명하겠다.

구체적인 패턴을 설명하기에 앞서 HTML 폼과 폼 객체를 연결하는 방법을 살펴보자.

### ■ 폼 객체를 Model에 저장

뷰(JSP)에서 폼 객체로 접근할 수 있도록 폼 객체를 Model에 저장한다. 폼 객체를 Model에 저장하는 방법은 두 가지가 있다.

첫 번째는 Model API를 직접 호출하는 방법으로 다음과 같이 구현한다.

▶ Model API를 직접 호출해서 저장하는 구현 예

```
@RequestMapping("create")
public String form(Model model) {
    model.addAttribute(new AccountCreateForm()); ─────────────── ❶
    return "account/createForm";
}
```

❶ Model의 addAttribute 메서드를 호출해서 폼 객체를 Model에 저장한다. Model에 추가할 때의 속성명은 생략할 수 있으며 생략한 경우에는 기본 속성명이 적용된다. 이 예에서는 'accountCreateForm'(클래스명의 첫 글자를 소문자로 한 값)이 속성명이 된다.

두 번째는 @ModelAttribute 애너테이션을 메서드에 붙여주는 방법으로 다음과 같이 구현한다.

▶ @ModelAttribute 애너테이션을 메서드에 붙여 저장하는 구현 예

```
@ModelAttribute ————————————————————————————— ❶
public AccountCreateForm setUpForm() {
    return new AccountCreateForm(); ———————————————— ❷
}
@RequestMapping("create")
public String form(Model model) {
    return "account/createForm";
}
```

❶ @ModelAttribute를 붙인 메서드를 구현한다. @ModelAttribute가 붙은 메서드는 핸들러 메서드가 호출되기 전에 실행되고 이때 반환되는 객체가 Model에 저장된다. Model에 추가할 때의 속성명은 @ModelAttribute의 value 속성에 지정할 수 있고, 생략한 경우에는 기본 속성명이 적용된다. 이 예에서는 'accountCreateForm'(클래스명의 첫 글자를 소문자로 한 값)이 속성명이 된다.

❷ 폼 객체를 생성하고 반환값으로 반환한다.

## ■ 폼 객체와 HTML 객체의 연결

Model에 저장된 폼 객체와 HTML 객체를 연결한다.

▶ 폼 객체를 HTML 객체에 연결하는 JSP 구현 예

```
<form:form modelAttribute="accountCreateForm"> ————————— ❶
    <!-- 생략 -->
</form:form>
```

❶ <form:form> 요소의 modelAttribute 속성에 Model에 저장한 폼 객체의 속성명을 지정한다.

폼 객체의 프로퍼티와 HTML 필드의 구체적인 연결 방법은 나중에 패턴별로 설명하겠다.

## 5.6.4. 간단한 타입과의 바인딩

먼저 간단한 타입과의 바인딩 방법에 대해 설명한다. 5.5절에서는 요청 데이터(요청 파라미터)를 받을 수 있는 다양한 타입을 소개했는데, 폼 클래스에서도 마찬가지로 String 외의 타입에 바인드할 수 있다.

구체적으로는 다음에 소개하는 타입에 바인드할 수 있다.

- 기본형(int, boolean 등) 및 래퍼형(Integer, Boolean 등)
- 값을 표현하는 타입(String, Date 등)
- MultipartFile

간단한 타입의 프로퍼티와 바인딩하는 경우에는 HTML 폼의 필드명과 폼 클래스의 프로퍼티명을 일치시키기만 하면 된다(그림 5.8).

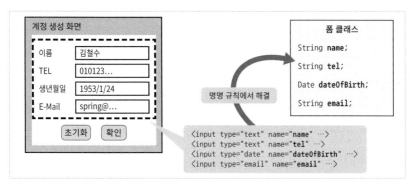

그림 5.8 간단한 타입과의 바인딩

▶ 간단한 타입의 프로퍼티와 바인딩하는 예

```
<form:form modelAttribute="accountCreateForm"> ──────────────────────── ❶
    <span>이름</span><form:input path="name" /><br> ──────────────────── ❷
    <span>TEL</span><form:input path="tel" /><br>
    <span>생년월일</span><form:input path="dateOfBirth" type="date" /><br>
    <span>E-Mail</span><form:input path="email" type="email" /><br><br>
    <!-- 생략 -->
</form:form>
```

❶ modelAttribute 속성에 폼 객체의 속성명을 지정한다. 기본 속성명은 클래스명의 첫 글자를 소문자로 한 값이다.

❷ path 속성에 바인딩하려는 폼 클래스의 프로퍼티명을 지정한다.

## 5.6.5. 간단한 타입의 컬렉션과의 바인딩

간단한 타입[23]은 컬렉션으로 바인딩할 수도 있다. 컬렉션은 체크박스나 셀렉트 박스와 같이 여러 개의 값을 선택할 때 이용할 수 있다.

---

**23** (옮긴이) 여기서 '간단한 타입'이라고 부르는 것은 뒤에 나올 '중첩된 자바빈즈' 형태가 아닌 것을 말한다.

간단한 타입의 컬렉션 프로퍼티와 바인딩하는 경우에는 간단한 타입과 마찬가지로 HTML 폼의 필드명과 폼 클래스의 프로퍼티명을 일치시키기만 하면 된다. 또한 컬렉션 안의 위치를 명시적으로 지정하고 싶다면 '컬렉션 프로퍼티명[요소 위치]' 형식으로 HTML 폼의 필드명을 지정한다(그림 5.9).

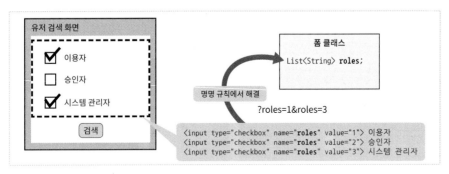

그림 5.9 간단한 타입의 컬렉션과의 바인딩

**메모** 스프링 MVC는 맵(java.util.Map)과의 바인딩도 지원하며, 맵을 사용하는 경우에는 path 속성에 '맵 프로퍼티명[키명]' 형식으로 바인딩한다.

## 5.6.6. 중첩된 자바빈즈와의 바인딩

폼 클래스를 이용하면 요청 파라미터를 중첩된 자바빈즈 프로퍼티에 바인딩할 수 있다. 중첩된 자바빈즈에서 정의할 수 있는 타입은 폼 클래스에서 정의할 수 있는 타입과 같다.

중첩된 자바빈즈 프로퍼티와 바인딩하는 경우에는 프로퍼티명을 '.'(마침표)로 연결한 것을 HTML 폼 필드명으로 지정한다(그림 5.10).

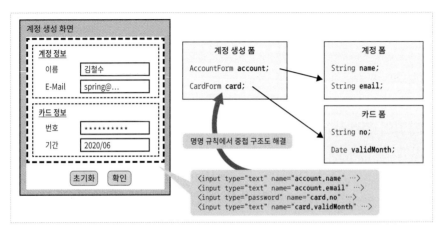

그림 5.10 중첩 자바빈즈 프로퍼티와의 바인딩

▶ 폼 클래스(중첩된 자바빈즈를 가진 클래스)의 작성 예

```
public class AccountCreateForm ─────────────────────────────────── ❶
        implements Serializable {
    private static final long serialVersionUID = 2276631383374989947L;
    private AccountForm account; ─────────────────────── ❷
    private CardForm card; ───────────────────────────
    // 생략
} ──────────────────────────────────────────────
```

❶ 구조화된 HTML과 같은 구조 폼 클래스를 작성한다.

❷ 여기서는 계정 폼과 카드 폼의 두 가지 클래스를 중첩 항목으로 정의한다.

▶ 중첩된 클래스의 작성 예(AccountForm)

```
public class AccountForm ───────────────────────────────── ❸
        implements Serializable { ─────────────────────────── ❹
    private static final long serialVersionUID = -5862188955700105210L;
    private String name;
    private String email;
    // 생략
}
```

▶ 중첩된 클래스의 작성 예(CardForm)

```
public class CardForm ──────────────────────────────────── ❸
        implements Serializable { ─────────────────────────── ❹
    private static final long serialVersionUID = -2291966585119949801L;
    private String no;
    private Date validMonth;
    // 생략
}
```

❸ HTML 폼에 구조화된 부분과 같은 구조의 자바빈즈를 작성한다.

❹ 폼 객체를 세션 스코프에서 관리하는 경우에는 폼 클래스에 중첩된 클래스에도 java.io.Serializable 인터페이스를 구현하고 serialVersionUID 필드를 정의해야 한다.

▶ 중첩된 자바빈즈 프로퍼티와의 바인딩 예

```
<form:form modelAttribute="accountCreateForm">
    <!-- 생략 -->
    <span>이름</span><form:input path="account.name" /><br> ─────────────── ❶
    <span>E-Mail</span><form:input path="account.email" /><br>
    <!-- 생략 -->
```

```
    <span>번호</span><form:password path="card.no" /><br>
    <span>기간</span><form:input path="card.validMonth"/><br><br>
    <!-- 생략 -->
</form:form>
```

❶ path 속성에 바인딩하려는 자바빈즈 프로퍼티 경로(프로퍼티명을 '.'로 연결한 값)를 지정한다.

## 5.6.7. 자바빈즈의 컬렉션과의 바인딩

폼 클래스를 이용하면 요청 파라미터를 자바빈즈의 컬렉션 프로퍼티에 바인딩할 수 있다.

자바빈즈의 컬렉션 프로퍼티와 바인딩하는 경우에는 '컬렉션 프로퍼티명[요소 위치].프로퍼티명' 형식으로 HTML 폼의 필드명을 지정한다(그림 5.11).

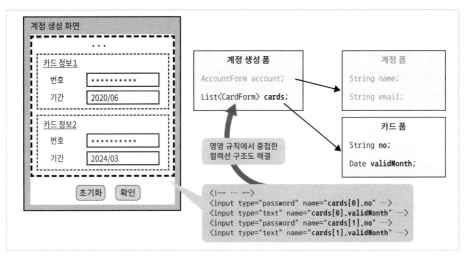

그림 5.11 자바빈즈의 컬렉션 프로퍼티와의 바인딩

▶ 컬렉션의 자바빈즈 프로퍼티와 바인딩한 예

```
<form:form modelAttribute="accountCreateForm">
    <!-- 생략 -->
    <span>번호</span><form:password path="cards[0].no" /><br> ─────────────── ❶
    <span>기간</span><form:input path="cards[0].validMonth"/><br><br>
    <!-- 생략 -->
    <span>번호</span><form:password path="cards[1].no" /><br>
    <span>기간</span><form:input path="cards[1].validMonth"/><br><br>
    <!-- 생략 -->
</form:form>
```

❶ path 속성에 바인드하려는 자바빈즈의 컬렉션을 위한 프로퍼티 경로(컬렉션 프로퍼티명[요소 위치].프로퍼티명)를 지정한다. 요소 위치는 0부터 시작한다.

스프링 MVC는 자바빈즈의 맵(java.util.Map)에 대한 프로퍼티 바인딩도 지원하며, path 속성에 '맵 프로퍼티명[키 명]' 형식으로 값을 바인딩한다.

## 5.6.7. 프로퍼티 값의 설정 해제

마지막으로 폼 객체의 프로퍼티 값을 설정 해제하는 방법을 소개하겠다.

프로퍼티 값의 설정을 해제하는 것은 폼 객체에 초깃값을 설정했거나 폼 객체를 세션 스코프로 관리하고 있을 때, 다음과 같은 작업(처리)을 할 때 반드시 필요하다.

- 체크박스를 '체크됨'에서 '체크 안 됨' 상태로 변경
- 여러 선택 가능한 셀렉트 박스를 '선택됨'에서 '선택 안 됨' 상태로 변경
- 입력 항목을 '활성'에서 '비활성' 상태로 변경
- 입력 항목을 화면에 표시되지 않게 변경(DOM상에서 삭제)

이와 같은 작업을 한 후에 폼을 전송해보면 요청 파라미터 자체가 전송되지 않기 때문에 폼 객체의 상태가 변경되지 않는다. 결과적으로 해제했다고 생각한 값이 여전히 설정돼 있는 이상한 현상이 일어나게 된다.

### ■ 설정 해제용 요청 파라미터

스프링 MVC는 폼 객체의 프로퍼티 값을 설정 해제하기 위해 특수한 요청 파라미터를 지원한다. 설정 해제용 요청 파라미터는 데이터 바인딩용 요청 파라미터 이름의 앞에 '_'(언더 스코어)를 붙인 것이다. 예를 들어, roles라는 이름의 프로퍼티에 대한 설정 해제용 요청 파라미터는 _roles가 된다.

설정 해제용 요청 파라미터를 전송하면 다음과 같은 동작이 일어난다.

1. 폼 객체의 프로퍼티 값에 null을 설정한다.
2. 다음으로 폼 객체의 프로퍼티 값에 데이터 바인딩용 요청 파라미터를 설정한다.

결국 데이터 바인딩용 요청 파라미터가 전송되지 않은 프로퍼티는 값이 해제되는 효과를 낸다.

스프링 MVC가 제공하는 JSP 태그 라이브러리(〈form:checkboxes〉 요소와 〈form:select〉 요소 등)를 사용해서 체크박스나 셀렉트 박스를 만들면 설정 해제용 파라미터가 자동으로 전송되어 위와 같은 현상에 대해 특별히 신경 쓰지 않아도 된다. 만약 이들을 사용하지 않는다면 비활성이나 미표시 상태로 변경한 항목에 대해 설정 해제용 요청 파라미터가 전송되도록 〈hidden〉 요소를 사용하도록 구현하는 것이 좋다.

## 5.7. 입력값 검사

스프링 MVC는 Bean Validation[24] 기능을 이용해 요청 파라미터 값이 바인딩된 폼 클래스(또는 커맨드 클래스)의 입력값 검사를 한다. Bean Validation을 활용한 입력값 검사는 스프링 프레임워크 3.0부터 지원됐는데 그 이전까지는 스프링이 제공하는 독자적인 Validation 메커니즘(이후 Spring Validator로 표기)을 이용해 입력값 검사를 했다. 이 절에서는 Bean Validation으로 입력값 검사를 구현하는 방법을 살펴본 후에 Spring Validator 구조에 대해서도 살펴보기로 하자.

### 5.7.1. 입력값 검사 기능의 활성화

스프링 MVC의 기본 동작에서는 폼 클래스에 대한 입력값 검사를 하지 않는다. 입력값 검사를 하기 위해서는 메서드 매개변수에 폼 클래스를 정의하고 @org.springframework.validation.annotation. Validated 또는 @javax.validation.Valid를 지정하자. @Validated를 사용하면 Bean Validation의 유효성 검증 그룹 메커니즘을 이용할 수 있어서 이 책에서는 @Validated를 사용하는 것을 전제로 설명하겠다.

▶ 입력값 검사를 활성화하기 위한 핸들러 메서드의 구현 예

```
@RequestMapping(method = RequestMethod.GET)
public String search(
    @Validated AccountSearchForm form, ─────────────────── ❶
    BindingResult result, ───────────────────────────── ❷
    Model model) {
    // 생략
}
```

❶ 메서드 매개변수에 폼 클래스를 정의하고 @Validated를 지정한다.

---

**24** http://beanvalidation.org

❷ 입력값 검사 대상의 폼 클래스 직후에 org.springframework.validation.BindingResult를 정의한다. BindingResult
에는 요청 데이터의 바인딩 오류와 입력값 검사 오류 정보가 저장된다.

요청 파라미터 값에 문제가 있으면 BindingResult를 통해 다음과 같이 오류 정보가 전달된다(그림
5.12).

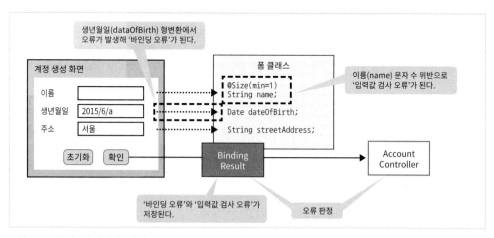

그림 5.12 오류 정보가 전달되는 방식

 스프링 MVC에서는 숫자 타입이나 날짜/시간 타입과 같은 유효성 검사를 요청 파라미터가 폼 객체로 바인딩될
때 함께 하게 되며, 형 변환 오류가 발생하면 유효성 검사에 실패한 것으로 판단한다. 형 변환 오류가 발생하면
폼 객체의 프로퍼티와 관련된 바인딩 오류를 BindingResult에 저장한다. 만약 인수에 BindingResult를 생
략하면 org.springframework.validation.BindException이 발생하고 400(Bad Request)로 취급된다.

## 5.7.2. 입력값 검사 결과의 판정

입력값 검사와 검사 결과(BindingResult)를 만드는 것은 프레임워크에서 해주지만 입력값 검사 결과
에 대한 오류를 판단하고 그에 맞는 처리를 하는 것은 애플리케이션 측에서 구현해야 한다. 입력값 검
사 후, 오류 정보를 확인하려면 BindingResult의 메서드를 사용하면 된다(표 5.14).

표 5.14 BindingResult에서 제공하는 오류 판단 메서드

| 메서드명 | 설명 |
| --- | --- |
| hasErrors() | 오류가 발생한 경우 true를 반환한다. |
| hasGlobalErrors() | 객체 레벨의 오류가 발생한 경우 true를 반환한다. |

| 메서드명 | 설명 |
|---|---|
| hasFieldErrors() | 필드 레벨의 오류가 발생한 경우 true를 반환한다. |
| hasFieldErrors(String) | 인수에 지정한 필드에서 오류가 발생한 경우 true를 반환한다. |

다음은 hasErrors 메서드를 이용한 전형적인 구현 예다.

▶ 표준적인 입력값 검사 결과의 판단 예

```
@RequestMapping(path = "search", method = RequestMethod.GET)
    public String search(@Validated AccountSearchForm form,
        BindingResult result,
        Model model) {
            if (result.hasErrors()) {  ─────────────────────────── ❶
                return "account/searchForm";  ─────────────────── ❷
            }
        // 생략
        return "account/searchResult";
    }
```

❶ BindingResult의 메서드를 통해 오류 여부를 판정한다. 오류 내용에 따라 오류 처리 방법을 분기해야 하는 것이 아니라면 단순히 hasErrors 메서드로 에러 판단 여부만 확인하는 것이 전형적인 구현 방법이다.

❷ 오류를 처리한다. 이 예에서는 이동 대상 화면(오류 내용을 표시하는 화면)의 뷰 이름을 반환한다.

### 5.7.3. 미입력 처리

텍스트 필드에 값을 입력하지 않은 상태로 HTML 폼을 전송하면 스프링 MVC는 폼 객체에 공백 문자를 설정한다. 그래서 '미입력은 허용하지만 만약 입력이 되었다면 최소한 6자 이상일 것'이라는 요구사항을 Bean Validation의 표준 애너테이션만으로는 충족시킬 수가 없다. 이런 경우에는 스프링에서 제공하는 org.springframework.beans.propertyeditors.StringTrimmerEditor를 사용하는 것을 고려하자. StringTrimmerEditor는 요청 파라미터 값을 trim하고 그 결과가 공백 문자인 경우에는 null로 변환시킨다.

▶ StringTrimmerEditor를 적용한 예

```
@InitBinder
public void initBinder(WebDataBinder binder) {
    binder.registerCustomEditor(
        String.class, new StringTrimmerEditor(true));  ───────── ❶
}
```

❶ 생성자 인수에 true(공백 문자를 null로 변환한다)를 지정하고 StringTrimmerEditor 인스턴스를 생성한 다음, 이것을 WebDataBinder에 등록한다.

## 5.7.4. 입력값 검사 규칙 지정

입력값 검사 규칙은 Bean Validation이 제공하는제약 애너테이션으로 설정한다. 검사 규칙은 크게 다음 세 가지로 분류할 수 있다.

- Bean Validation 표준 제약 애너테이션
- 서드파티에서 구현한 제약 애너테이션(이 책에서는 Hibernate Validator를 사용)
- 직접 구현한 제약 애너테이션

여기서는 Bean Validation 표준 제약 애너테이션(javax.validation.constraints.*)을 중심으로 살펴보고, 서드파티가 구현한 제약 에너테이션 중 Hibernate Validator의 대표적인 애너테이션(org.hibernate.valida tor.constraints.*)을 소개하겠다.

### ■ 필수 항목 검사

필수 항목 검사를 할 때는 @NotNull을 사용한다[25].

▶ 'null이 아닐 것'을 검사하는 애너테이션을 지정한 예[26]

```
@NotNull  // null이 아닐 것
private String name;
```

메모

Hibernate Validator에는 문자열이 null이 아니고 trim한 길이가 0보다 크다는 것을 체크하는 @NotBlank가 마련돼 있다.

### ■ 자릿수(사이즈) 검사

글자 수나 컬렉션 등의 요소 개수를 검사할 때는 @Size를 사용한다(표 5.15).

표 5.15 @Size 속성

| 속성명 | 설명 |
| --- | --- |
| min | 허용 최솟값을 지정한다(기본값은 0). |
| max | 허용 최댓값을 지정한다(기본값은 Integer.MAX_VALUE). |

---

25  (옮긴이) @NotNull, @NotEmpty, @NotBlank의 차이는 다음 문서에 잘 설명돼 있다. https://stackoverflow.com/a/17137308
26  StringTrimmerEditor를 적용해야 한다.

▶ '지정한 사이즈 이내일 것'을 검사할 때 애너테이션을 지정한 예

```
@Size(max = 50)  // 50자 이내일 것
private String name;
```

메모

Hibernate Validator에는 문자열이나 컬렉션, 맵, 배열 등이 null이 아니고 크기가 0 이상인지를 확인하는 @NotEmpty와 문자열 길이를 검사하는 @Length가 마련돼 있다.

## ■ 문자 유형 검사

문자 유형을 검사할 경우에는 @Pattern을 사용한다(표 5.16).

표 5.16 @Pattern 속성

| 속성명 | 설명 |
|---|---|
| regexp | 정규 표현식의 패턴 문자열을 지정한다. |
| flags | 플래그(옵션)를 지정한다. |

▶ '영숫자일 것'을 검사할 때 애너테이션을 지정한 예

```
@Pattern(regexp = "[a-zA-Z0-9]*")  // 영숫자일 것
private String couponCode;
```

정규 표현식을 이용한 검사는 매우 강력하고 편리하지만 단점도 있다. 바로 입력값 검사 규칙(정규 표현식)이 여러 곳에 흩어져 버린다는 것이다. Bean Validation은 이 문제를 해결하기 위한 메커니즘을 제공한다. Bean Validation이 제공하는 해결 방법에 대해서는 뒤에 나올 5.7.6절 '입력값 검사 규칙 추가'의 '기존 규칙 합성'에서 설명한다.

메모

Hibernate Validator에는 'RFC 2822를 준수하는 이메일 주소일 것'을 검사하는 @Email, 'RFC 2396를 준수하는 URL일 것'을 검사하는 @URL, '신용카드번호로 입력 오류가 없을 것'을 검사하는 @CreditCardNumber가 준비돼 있다.

## ■ 수치의 유효성 검사

수치의 유효성을 검사할 때는 폼 클래스의 프로퍼티를 숫자형(Integer, Long, BigDecimal 등)으로 정의한다. 스프링 MVC는 요청 파라미터 값을 폼 클래스의 프로퍼티형으로 변환하는 과정에서 오류가 발생하면 요청 파라미터 값이 부적절한 값이라고 판단한다. 한편 PropertyEditor와 @NumberFormat을 이용하면 값을 변환할 때 사용할 포맷을 지정할 수 있다.

메모

@NumberFormat은 입력값 검사를 수행하는 애너테이션이 아니라 어디까지나 포맷을 지정하는 애너테이션이다.

■ 수치의 범위 검사

수치의 범위(최솟값과 최댓값)를 검사할 때는 검사하려는 수를 얼마나 더 정밀하게 확인하느냐에 따라 사용할 애너테이션을 달리 써야 한다. long 타입의 정수를 검사할 때는 @Min 또는 @Max를 사용해도 되지만, BigDecimal 타입의 큰 수를 검사할 때는 @DecimalMin과 @DecimalMax를 써야 한다(표 5.17, 표 5.18). 참고로 이 애너테이션들은 검사 대상 값이 임곗값과 같을 경우 검사하는 범위 내에 있다고 간주하고 허용치로 취급한다.

표 5.17 공통 속성

| 속성명 | 설명 |
| --- | --- |
| value | 임곗값(최솟값 또는 최댓값)을 지정한다. |

표 5.18 @DecimalMin과 @DecimalMax 속성

| 속성명 | 설명 |
| --- | --- |
| inclusive | 임곗값과 같은 값을 허용치로 볼지 지정한다. 생략한 경우 기본값은 true(허용치로 본다)다. |

▶ '수치가 지정한 범위 내일 것'을 검사할 때 애너테이션을 지정한 예

```
@Min(1)
@Max(100) // 1에서 100 사이일 것
private int quantity;
```

메모

Hibernate Validator에는 @Min과 @Max를 합성한 @Range를 사용할 수 있고, 이 @Digits를 이용하면 정수부와 소수부 자릿수를 지정해서 수치의 범위를 확인할 수 있다. @Digits에서는 정수부 자릿수를 지정하는 integer 속성과 소수부 자릿수를 지정하는 fraction 속성을 지정한다.

▶ 수치 범위(-99.99부터 99.99 범위의 값에서 0.01 단위일 것)을 검사할 때 애너테이션을 지정한 예

```
@Digits(integer = 2, fraction = 2)  // -99.99에서 99.99 이내일 것
private BigDecimal rate;
```

## ■ 날짜/시간의 유효성 검사

날짜/시간의 유효성을 검사할 때는 폼 클래스의 프로퍼티를 날짜/시간 타입(Date나 java.time. LocalDate 등)으로 정의한다. 스프링 MVC는 프로퍼티의 타입과 포맷 정의를 참조해서 날짜/시간 타입으로 변환하는데, 이 과정에서 오류가 발생하면 입력된 값이 부적절하다고 판단한다. 한편 PropertyEditor와 @DateTimeFormat을 사용하면 값을 변환할 때 사용할 포맷을 지정할 수 있다.

> 메모
>
> @DateTimeFormat은 입력값 검사를 수행하는 애너테이션이 아니라 어디까지나 포맷을 지정하는 애너테이션 이다.

미래 날짜 또는 과거 날짜를 검사할 때는 @Future 또는 @Past를 사용한다.

▶ '과거 날짜일 것'을 검사할 때 애너테이션을 지정한 예

```
@Past  // 과거 날짜일 것
@DateTimeFormat(pattern = "yyyyMMdd")
private Date dateOfBirth;
```

## ■ 불린값 검사

지정한 불린값(true 또는 false)인지 검사할 때는 @AssertTrue와 @AssertFalse를 사용한다.

▶ '불린값이 true일 것'을 검사할 때 애너테이션을 지정한 예(예: 이용약관에 동의)

```
@AssertTrue  // true일 것
private boolean isAgreedTermsOfUse;
```

## ■ 제약 애너테이션의 예약 속성

마지막으로 각 애너테이션이 가진 예약 속성을 소개하겠다(표 5.19).

표 5.19 제약 애너테이션 예약 속성

| 속성명 | 설명 |
|---|---|
| message | 제약을 위반할 때 표시되는 오류 메시지를 지정한다. 이 속성에는 메시지를 직접 지정하는 방법과 메시지 코드를 지정하는 방법이 있다. 속성 지정을 생략한 경우에는 기본 메시지가 사용된다. |
| groups | 유효성 검증 그룹을 지정한다. 이 속성에는 그룹을 표현하는 자바 타입(인터페이스 또는 클래스)을 지정한다. 생략한 경우에는 javax.validation.groups.Default가 적용된다. |
| payload | 제약 애너테이션에 대해 임의의 메타 정보(예: 오류 중요도 등)를 지정한다. 이 속성에는 메타 정보를 나타내는 자바 타입(인터페이스 또는 클래스)을 지정한다. 스프링의 기본 구현에는 오류 정보와 관련된 메타 정보를 사용하지 않기 때문에 지정해도 의미가 없다. |

## 5.7.5. 중첩된 자바빈즈의 입력값 검사

중첩된 자바빈즈와 자바빈즈의 컬렉션에서 정의한 프로퍼티에 대해 입력값 검사를 할 때는 @Valid를 지정한다. 참고로 @Valid는 검사 규칙을 표현하는 제약 애너테이션이 아니라 검사 대상임을 나타내는 마커 애너테이션(Marker Annotation)이다.

▶ 중첩된 자바빈즈를 검사 대상으로 할 때 애너테이션을 지정한 예

```
@Valid  // 중첩된 자바빈즈도 검사 대상이 된다.
private AccountForm account;
```

## 5.7.6. 입력값 검사 규칙 추가

실제로 애플리케이션을 개발할 때는 Bean Validation과 Hibernate Validator가 제공하는 제약 애너테이션 외에도 추가로 사용자가 정의한 입력값 검사 규칙을 추가해야 하는 경우가 있다.

사용자가 정의한 입력값 검사 규칙을 추가하는 방법으로는 '기존 규칙을 조합해서 만드는 방법'과 '필요한 유효성 검사기를 직접 구현해서 만드는 방법'의 두 가지가 있다.

### ■ 기존 규칙을 조합해서 만드는 방법

'영숫자 검사'와 같이 여러 곳에서 반복적으로 사용할 수 있는 범용적인 검사라면 폼 객체의 각 프로퍼티에 @Pattern을 지정하는 것보다 애당초 원하는 형태의 @Pattern을 메타 애너테이션으로 만들어 사용자가 정의한 커스터마이징된 제약 애너테이션을 사용하는 것이 좋다. 이렇게 자신만의 커스터마이징된 제약 애너테이션을 만들면 정규 표현식 패턴을 한 곳에서만 정의하면 되고 애너테이션 이름만 봐도 제약하는 내용을 직관적으로 이해할 수 있게 된다.

▶ 영숫자인지를 검사하는 사용자 정의 애너테이션을 이용하는 예

```
@AlphaNumeric // @Pattern이 아니라 독자적인 제약 애너테이션을 이용
private String couponCode;
```

사용자가 정의한 애너테이션(@AlphaNumeric)은 다음과 같이 만든다.

▶ 기존 규칙을 조합한 제약 애너테이션을 만드는 예

```
package com.example.validation;

import java.lang.annotation.*;
import javax.validation.*;
import javax.validation.constraints.Pattern;
```

```java
import static java.lang.annotation.ElementType.*;
import static java.lang.annotation.RetentionPolicy.RUNTIME;

@Documented
@Constraint(validatedBy = {})
@Target({ METHOD, FIELD, ANNOTATION_TYPE, CONSTRUCTOR, PARAMETER })
@Retention(RUNTIME)
@ReportAsSingleViolation
@Pattern(regexp = "[a-zA-Z0-9]*") // 영숫자일 것
public @interface AlphaNumeric {

    String message() default "{com.example.validation.AlphaNumeric.message}";
    Class<?>[] groups() default {};
    Class<? extends Payload>[] payload() default {};

    @Target({ METHOD, FIELD, ANNOTATION_TYPE, CONSTRUCTOR, PARAMETER })
    @Retention(RUNTIME)
    @Documented
    public @interface List {
        AlphaNumeric[] value();
    }
}
```

메모

이 예에서는 규칙을 하나만 사용하지만 기존 규칙을 여러 개 조합한 애너테이션을 만들 수 있다. 예를 들어, @Size와 @Pattern을 조합해서 @ZipCode와 @TelephoneNumber 같은 애너테이션을 만들 수 있다. 또한 기존 규칙을 조합한 애너테이션을 만들 때는 @ReportAsSingleViolation도 부여하는 것이 일반적이다. @ReportAsSingleViolation을 붙여주면 message 속성에서 지정한 메시지가 사용된다. 만약 @ReportAsSingleViolation을 붙여주지 않았다면 기존 규칙에 지정한 메시지가 사용된다.

## ■ 사용자 정의 유효성 검사기를 직접 구현해서 만드는 방법

Bean Validation은 상관관계 검사(여러 항목 간의 일관성을 검사)를 위한 제약 애너테이션을 제공하지 않는다. 그래서 상관관계 검사가 필요한 경우에는 사용자 정의로 유효성 검사기를 직접 만들어야 한다. 그 밖에도 기존 규칙의 조합만으로는 구현할 수 없는 입력값 검사 규칙이 있는 경우에도 사용자 정의로 유효성 검사기를 직접 만들어서 써야 한다.

여기서는 상관관계 검사를 구현하는 예로 '두 개의 프로퍼티 값이 같을 것'을 검사하는 입력값 검사 규칙을 만들어보자. 이 입력값 검사 규칙은 패스워드나 이메일을 설정할 때 두 개의 필드를 사용해 두 필드의 값이 일치하는지 확인할 때 사용할 수 있다.

▶ 제약 애너테이션(@EqualsPropertyValues) 작성 예

```java
package com.example.validation;
// 생략
@Documented
@Constraint(validatedBy = {EqualsPropertyValuesValidator.class}) ──────────────── ❶
@Target({ TYPE, ANNOTATION_TYPE })
@Retention(RUNTIME)
public @interface EqualsPropertyValues {

    String message() default "com.example.validation.EqualsPropertyValues.message}";
    Class<?>[] groups() default {};
    Class<? extends Payload>[] payload() default {};

    String property(); ─────────────────────────────────────────────┐
    String comparingProperty(); ────────────────────────────────────┴── ❷

    @Target({ TYPE, ANNOTATION_TYPE })
    @Retention(RUNTIME)
    @Documented
    public @interface List {
        EqualsPropertyValues[] value();
    }
}
```

❶ @Constraint의 validatedBy 속성에 유효성 검사기의 구현 클래스를 지정한다.

❷ 유효성 검사에 필요한 속성을 준비한다. 여기서는 '검사 대상 프로퍼티명(property)'과 '비교 대상 프로퍼티명(comparing Property)'을 준비하고 있다.

▶ 유효성 검사기 작성 예

```java
package com.example.common.validation;

import javax.validation.*;

import org.springframework.beans.*;
import org.springframework.util.*;

public class EqualsPropertyValuesValidator
        implements ConstraintValidator<EqualsPropertyValues, Object> { ──────────── ❶

    private String property;
    private String comparingProperty;
```

```
    private String message;

    public void initialize(EqualsPropertyValues constraintAnnotation) { ───────── ❷
        this.property = constraintAnnotation.property();
        this.comparingProperty = constraintAnnotation.comparingProperty();
        this.message = constraintAnnotation.message();
    }

    public boolean isValid(Object value, ConstraintValidatorContext context) { ───── ❸
        // 두 개의 프로퍼티 값을 가져와서 비교
        BeanWrapper beanWrapper = new BeanWrapperImpl(value);
        Object propertyValue = beanWrapper.getPropertyValue(property);
        Object comparingPropertyValue = beanWrapper
                .getPropertyValue(comparingProperty);
        boolean matched = ObjectUtils.nullSafeEquals(propertyValue,
                comparingPropertyValue);
        if (matched) {
            return true; ─────────────────────────────────── ❹
        } else {
            context.disableDefaultConstraintViolation();
            context.buildConstraintViolationWithTemplate(message)
                    .addPropertyNode(property).addConstraintViolation();
            return false; ───────────────────────────────── ❺
        }
    }
}
```

❶ ConstraintValidator 인터페이스를 구현한다. 첫 번째 타입 매개변수에 '제약 애너테이션'을, 두 번째 타입 매개변수에 '검사 대상 클래스'를 지정한다.

❷ initialize 메서드에 유효성 검사기의 초기화 처리를 구현한다. 인수는 첫 번째 타입 매개변수에 지정한 제약 애너테이션이 된다.

❸ isValid 메서드에 검증 처리를 구현한다. 첫 번째 인수는 두 번째 타입 매개변수에 지정한 검사 대상 클래스가 된다.

❹ 검증이 성공했다면 true를 반환한다. 여기서는 두 개의 프로퍼티 값이 일치할 때 성공으로 판단한다.

❺ 검증이 실패했다면 false를 반환한다.

사용자 정의 유효성 검사기를 구현했다면 다음은 상관관계를 검사하는 폼 클래스에 앞서 만들었던 제약 애너테이션을 지정한다.

▶ 두 개의 프로퍼티의 값이 같은지 검사하는 애너테이션을 지정한 예

```
// 클래스 수준의 제약을 애너테이션으로 지정
@EqualsPropertyValues(property = "password", comparingProperty = "reEnteredPassword")
public class AccountCreateForm implements Serializer {
    // 생략
    @NotNull
    @Password
    private String password;

    private String reEnteredPassword;
    // 생략
}
```

상관관계를 검사할 때는 클래스 레벨에 제약 애너테이션을 지정하는 것이 중요하다. 폼 플래스에 제약 애너테이션을 지정하면 유효성 검사기의 isValid 메서드에서 첫 번째 인수로 폼 객체를 받을 수 있다.

## 5.7.7. 입력값 검사 규칙을 교체하는 방법

입력값 검사를 할 때 유효성 검증 그룹의 메커니즘을 활용하면 적용할 입력값 검사 규칙을 런타임에 동적으로 교체할 수 있다.

다음 예에서는 입력 화면에서 선택한 계정 유형이 무료 계정이냐 유료 계정이냐에 따라 서로 다른 카드 번호 검사 규칙을 적용하고 있다(그림 5.13).

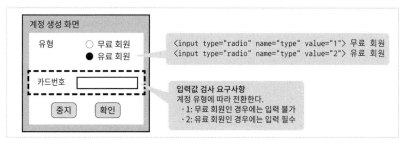

그림 5.13 유효성 검증 그룹을 이용한 입력값 검사 예

▶ 입력값 검사 처리에서 유효성 검증 그룹을 지정한 예

```
@RequestMapping(method = RequestMethod.POST, params = {"confirm", "type=1"})
public String confirmForFreeAccount(
    @Validated(FreeAccount.class) AccountCreateForm form, ─────────────── ❶
    BindingResult result, Model model) { ───────────────
  // 생략
}

@RequestMapping(method = RequestMethod.POST, params = {"confirm", "type=2"})
public String confirmForPayAccount(
    @Validated(PayAccount.class) AccountCreateForm form, ─────────────── ❶
    BindingResult result, Model model) ───────────────
  // 생략
}
```

❶ 입력 화면에서 선택한 계정 유형(요청 파라미터의 type 값)별로  핸들러 메서드를 준비하고, 폼 클래스에 해당하는 인수에
@Validated를 붙여준다. @Validated의 value 속성에는 계정 유형 별로 따로 만들어 둔 그룹 인터페이스를 지정한다.

다음으로 폼 클래스의 입력값 검사 규칙을 다음과 같이 지정한다.

▶ 폼 클래스에 입력값 검사 규칙을 적용한 예

```
public class AccountSearchForm implements Serializable {
    interface FreeAccount extends Default { } ─────────────── ❶
    interface PayAccount extends Default { } ───────────────

    // 생략
    @Size(min = 1, max = 1)
    private String type;

    @Size.List({ @Size(max = 0, groups = FreeAccount.class), ─────────────── ❷
            @Size(min = 14, max = 16, groups = PayAccount.class) ───────────────
    })
    private String cardNo;

    // 생략
}
```

❶ 그룹 인터페이스를 생성한다. 이 예에서는 무료 계정과 유료 계정의 두 개 그룹의 인터페이스를 만들고 있다. 그리고 이 그
룹 인터페이스는 Bean Validation이 제공하는 Default 인터페이스를 상속한다. 이 방법은 그룹 지정을 하지 않는 검사 규
칙(이 예에서는 type 프로퍼티에 사용한 @Size)을 검사 대상에 포함시키기고 싶을 때 유용하다.

❷ 그룹마다 입력값 검사 룰을 지정한다. 이 예에서는 '무료 계정은 카드번호가 없을 것', '유료 계정은 14자리 이상 16자리 미만의 카드번호를 입력할 것'이라는 검사 규칙이 적용됐다.

## 5.7.8. 오류 정보 표시

바인딩 오류나 입력값 검사 오류가 발생하면 오류값과 오류 메시지를 입력 화면에 표시하는 것이 일반적이다(그림 5.14).

뷰로 JSP를 사용할 때는 스프링 MVC에서 제공하는 JSP 태그 라이브러리를 통해 오류 정보를 손쉽게 화면에 표시할 수 있다. 이후 설명에서는 뷰로 JSP를 사용한다고 전제한다.

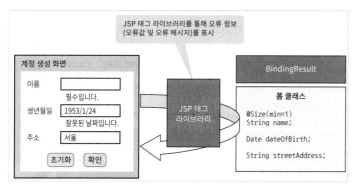

그림 5.14 오류 정보 표시

### ■ 오류값 표시

사용자가 입력한 오류값은 ⟨form:form⟩이나 ⟨form:input⟩ 등의 요소를 이용하면 자동으로 오류값이 표시된다. 그래서 이러한 태그 라이브러리를 사용한 개발자는 오류값을 표시하기 위한 처리를 따로 구현할 필요가 없다.

### ■ 항목마다 오류 메시지 표시

오류가 발생한 항목 가까이(옆이나 아래 등)에 오류 메시지를 표시하려면 ⟨form:errors⟩ 요소의 path 속성에 프로퍼티명을 지정하면 된다.

▶ 항목마다 오류 메시지를 표시할 때의 구현 예

```
이름:<form:input path="name" />
    <form:errors path="name" /> ────────────────────────❶
```

❶ path 속성에 프로퍼티명을 지정한다. 지정한 프로퍼티의 오류 메시지만 HTML에 출력된다.

### ■ 모든 오류 메시지를 한 번에 표시

페이지 상단과 같이 메시지를 표시하기 위해 준비된 영역에 모든 오류 메시지를 한번에 표시하고 싶다면 〈form:errors〉 요소의 path 속성에 '*'를 지정하면 된다.

▶ 모든 메시지를 한 번에 표시할 때의 구현 예

```
<div id="messages">
    <form:errors path="*" /> ─────────────────────────────────────── ❶
</div>
```

❶ path 속성에 프로퍼티 이름으로 '*'를 지정한다. BindingResult가 가지고 있는 모든 오류 메시지가 HTML로 출력된다.

> 모든 오류 메시지를 한 번에 표시할 때, 스프링의 기본 구현을 그대로 이용하면 메시지가 표시되는 순서를 보장할 수 없다. 실행 시점에 따라 오류 메시지의 표시 순서가 바뀔 수도 있다는 점에 주의하자.

## 5.7.9. 오류 메시지의 재정의

바인딩 오류나 입력값 검사 오류가 발생할 때 화면에 표시되는 오류 메시지는 서드파티 프로바이더가 구현 클래스로 제공한 메시지다. Hibernate Validator를 사용할 때 표시되는 메시지는 모든 국가의 언어를 지원하는 것은 아니기 때문에 원하는 언어가 표시되지 않을 수 있다[27]. 또한 기본적으로 제공되는 영어 메시지도 표현이 너무 간단해서 그대로 사용하는 경우는 거의 없을 것이다. 여기서는 기본적으로 제공되는 메시지를 변경하는 방법을 설명한다.

### ■ 오류 메시지를 정의하는 방법

스프링과 Bean Validation을 조합하는 경우 오류 메시지는 다음과 같은 세 가지 방법으로 정의할 수 있다.

- MessageSource에서 사용하는 프로퍼티 파일에 메시지를 정의한다.
- Bean Validation에서 사용하는 프로퍼티 파일에 메시지를 정의한다.
- 제약 애너테이션의 message 속성에 메시지를 정의한다.

스프링의 기본 구현에서는 먼저 MessageSource에서 메시지를 가져오려고 하는데 만약 MessageSource에서 원하는 메시지를 찾을 수 없다면 이번에는 Bean Validation이 관리하는 메시지 중에서 자신이 찾는 메시지가 있는지 확인한다(그림 5.15).

---

**27** (옮긴이) Hibernate Validator 5.0.2 버전까지는 한글화가 지원되지 않아 한글화한 메시지를 개발팀에 보낸 적이 있었는데, 그 내용이 5.1.0 버전부터 적용됐다. https://hibernate.atlassian.net/browse/HV-845

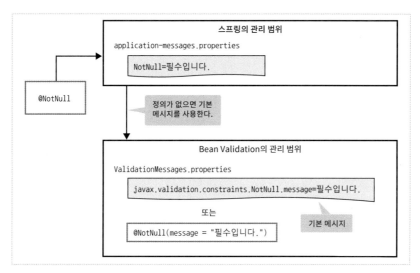

그림 5.15 오류 메시지 취득

### ■ MessageSource에서 사용하는 프로퍼티 파일에 오류 메시지를 정의

스프링에서 기본적으로 제공하는 MessageSource에서 메시지를 정의할 수 있다.

▶ 메시지 정의 예

```
NotNull = 값을 입력해 주세요. ──────────────────────────────────── ❶
```

❶ 프로퍼티 키에 메시지 코드, 프로퍼티 값에 메시지를 지정한다. 이 예에서는 @NotNull에 대한 오류 메시지가 정의돼 있다.

이때 사용되는 메시지 코드는 스프링이 제공하는 org.springframework.validation.Message CodesResolver의 구현 클래스에 따라 메시지 코드의 명명법이 달라질 수 있다. 만약 기본 구현 클래스인 DefaultMessageCodesResolver를 사용한다면 다음과 같은 명명법을 따른다.

- 제약 애너테이션의 클래스명 + '.' + 폼 객체의 속성명 + '.' + 프로퍼티명

- 제약 애너테이션의 클래스명 + '.' + 폼 객체의 속성명

- 제약 애너테이션의 클래스명 + '.' + 프로퍼티명

- 제약 애너테이션의 클래스명 + '.' + 프로퍼티 타입명(FQCN)

- 제약 애너테이션의 클래스명

메모

형 변환 오류(바인딩 오류)에 대한 메시지는 '제약 애너테이션의 클래스명' 부분이 'typeMismatch'로 대체된다.

▶ 다양한 메시지 코드를 사용해 메시지를 정의한 예

```
# 입력값 검사 오류에 대한 메시지를 정의한 예
NotNull.accountForm.name = 계정 등록자의 성을 입력해 주세요.
NotNull.name = 이름을 입력해 주세요.
NotNull.java.lang.String = 문자열을 입력해 주세요.
NotNull = 값을 입력해 주세요.
```

오류 메시지에는 java.text.MessageFormat의 메시지 포맷을 사용할 수 있다. 메시지 포맷에는 플레이스홀더를 지정할 수 있는데, 여기에 프로퍼티명과 제약 애너테이션의 속성값이 들어가도록 만들 수 있다.

▶ 오류 메시지를 정의한 예

```
Size = {0}은 {2}문자 이상, {1}문자 이하로 입력해 주세요.
```

플레이스홀더에 들어갈 값은 다음과 같다.

- {0}: 프로퍼티명(물리명 또는 논리명)
- {1} 이후: 제약 애너테이션의 속성값(인덱스 위치는 애너테이션 속성명의 알파벳 순서임)

@Size를 예로 들면 메시지 가변부에는 다음과 같은 값이 들어간다. 여기서 중요한 것은 인덱스 위치가 '속성의 정의 순서가 아니라 알파벳 순서'라는 것이다.

- {0}: 프로퍼티명(물리명 또는 논리명)
- {1}: max 속성값
- {2}: min 속성값

## ■ Bean Validation에서 사용하는 프로퍼티 파일에 오류 메시지를 정의

Bean Validation에서 사용하는 프로퍼티 파일에 기본 오류 메시지를 정의할 때는 클래스패스 바로 아래의 ValidationMessages.properties에 메시지를 정의한다.

▶ 메시지를 정의한 예

```
javax.validation.constraints.NotNull.message = 입력해 주세요. ──────────────── ❶
javax.validation.constraints.Size.message = {0}은 {min} 문자 이상, {max} 문자 이하로 입력해 주
세요. ────────────────────────────────────────── ❷
```

❶ 프로퍼티 키에 메시지 코드를, 프로퍼티 값에 오류 메시지를 지정한다. 기본 메시지 코드는 '제약 애너테이션 클래스명 (FQCN) + .message'다.

❷ 제약 애너테이션의 속성값을 포함하고 싶다면 포함하고 싶은 위치에 플레이스홀더({제약 애너테이션의 속성명})를 지정하면 된다.

**메모**    {0}을 지정하면 프로퍼티명(물리명 또는 논리명)을 표시할 수 있는데, 사실 이 기능은 Bean Validation이 제공하는 것이 아니라 스프링이 기본적으로 제공하는 기능을 활용한 것이다.

기본적으로 적용되는 메시지 코드는 제약 애너테이션의 message 속성에서 임의의 다른 메시지 코드로 변경할 수도 있다.

▶ 기본 적용되는 메시지 코드를 변경한 예

```
@NotNull(message = "{validation.errors.required}") ─────────────── ❶
private String name;
```

❶ 제약 애너테이션의 message 속성에 에러 메시지를 지정한다.

### ■ 제약 애너테이션의 message 속성에 메시지를 정의

오류 메시지는 제약 애너테이션의 message 속성에 직접 지정할 수 있다.

▶ 오류 메시지를 message 속성에 직접 지정한 예

```
@NotNull(message = "입력해 주세요.") ───────────────────────── ❶
private String name;
```

❶ 제약 애너테이션의 message 속성에 에러 메시지를 지정한다.

### ■ 프로퍼티의 논리명 정의

메시지에 프로퍼티명을 포함하려면 {0}을 지정하면 되는데, 기본적으로는 프로퍼티의 물리명이 사용된다. 이것을 논리명으로 표시되게 하려면 스프링이 사용하는 프로퍼티 파일에 물리명과 논리명을 함께 정의해서 매핑하면 된다.

매핑할 때 사용할 수 있는 키 이름은 다음과 같다.

1. 폼 객체의 속성명 + '.' + 프로퍼티명
2. 프로퍼티명

▶ 프로퍼티명의 물리명과 논리명을 매핑한 예

```
accountForm.name = 계정명
name = 이름
```

## COLUMN

### EL을 이용한 메시지 정의

Bean Validation 1.1부터는 EL(Expression Language)을 사용해 메시지를 동적으로 처리하는 기능이 제공된다. 그래서 EL을 활용하면 기본 메시지를 유연하게 조합할 수 있다. 예를 들어, @Size를 이용한 입력값 검사에서 표시할 메시지는 다음과 같은 세 가지 유형이 있을 수 있다.

- @Size(min=10, max=10): 10자로 입력한다.
- @Size(max=10): 10자 이내로 입력한다.
- @Size(min=8, max=32): 8자 이상 32자 이내로 입력한다.

EL을 이용하면 하나의 메시지 정의만으로도 위와 같은 세 가지 메시지를 표현할 수 있다.

▶ EL 3.0.0 환경에서 오류 메시지를 정의한 예

```
javax.validation.constraints.Size.message =\
  ${min == max ? min += '문자로 입력해 주세요.' :\
    min == 0   ? max += '문자 이내로 입력해 주세요.' :\
                 min += '문자 이상 ' += max += '문자 이하로 입력해 주세요.'}
```

EL은 버전에 따라 기술하는 방법이 다르므로 사용 중인 애플리케이션 서버의 버전을 확인하자.


## 5.7.10. Bean Validation의 커스터마이징

스프링 MVC를 설정할 때 @EnableWebMvc와 <mvc:annotation-driven> 요소를 사용하면 Bean Validation에서 사용하는 javax.validation.Validator 인터페이스의 구현 클래스가 자동으로 적용된다. 이때 실제로 적용되는 클래스는 org.springframework.validation.beanvalidation.OptionalValidatorFactoryBean이다. OptionalValidatorFactoryBean은 Bean Validation의 사양을 구현한 서드파티(Hibernate Validator 등)와의 어댑터 역할을 한다. 그래서 실제로 유효성 검사를 위임받아 처리하는 것은 서드파티가 구현한 Validator 클래스다.

스프링 MVC에 적용되는 Bean Validation 기능을 커스터마이징하고 싶다면 OptionalValidatorFactoryBean이나 LocalValidatorFactoryBean과 같은 빈을 명시적으로 정의하는 방법으로 스프링 MVC가 사용하는 Validator를 교체하면 된다.

▶ 자바 기반 설정 방식을 이용해 빈을 정의한 예

```java
// 생략
@Configuration
public class WebMvcConfig extends WebMvcConfigurerAdapter {
    // 생략
    @Bean ─────────────────────────────────────────────── ❶
    OptionalValidatorFactoryBean validator() {
        OptionalValidatorFactoryBean validator = new OptionalValidatorFactoryBean();
        // 설정자 메서드를 이용해 커스터마이징한다.
        return validator;
    }
    @Override ───────────────────────────────────────────── ❷
    public Validator getValidator() {
        return validator();
    }
}
```

❶ 커스터마이즈할 Validator를 DI 컨테이너에 등록한다.

❷ getValidator 메서드를 오버라이드한다. ❶에서 커스터마이징한 Validator를 반환하고 스프링 MVC가 기본적으로 이용하는 Validator를 교체한다.

▶ XML을 이용해 빈을 정의한 예

```xml
<bean id="validator" ──────────────────────────────────── ❶
    class="org.springframework.validation.beanvalidation.OptionalValidatorFactoryBean">
    <!-- 세터 인젝션을 이용해 커스터마이징한다. -->
</bean>
<mvc:annotation-driven validator="validator" /> ──────────── ❷
```

❶ 커스터마이즈할 Validator를 DI 컨테이너에 등록한다.

❷ <mvc:annotation-driven> 요소의 validator 속성에 ❶에서 커스터마이징한 Validator의 빈 이름을 지정하고 스프링 MVC가 기본적으로 이용하는 Validator를 교체한다.

## 5.7.11. Spring Validator 이용

마지막으로 스프링 프레임워크 3.0.0 이전 버전부터 존재하는 Spring Validator 인터페이스의 사용법을 간단히 소개한다(표 5.20). Spring Validator의 핵심이 되는 인터페이스는 org.springframework.validation.Validator와 org.springframework.validation.SmartValidator다(표 5.21).

▶ Validator 인터페이스

```
public interface Validator {
    boolean supports(Class<?> clazz);
    void validate(Object target, Errors errors);
}
```

표 5.20  Validator 인터페이스의 메서드

| 메서드명 | 설명 |
|---|---|
| supports | 인수에 전달된 클래스가 검사 대상인지 판단한다. 검사 대상이라면 true를 반환한다. true를 반환하면 validate 메서드가 호출된다. |
| validate | 인수에 전달된 객체의 상태를 검사한다. |

▶ SmartValidator 인터페이스

```
public interface SmartValidator extends Validator {
    void validate(Object target, Errors errors, Object... validationHints);
}
```

표 5.21 SmartValidator 인터페이스의 메서드

| 메서드명 | 설명 |
|---|---|
| validate | 인수로 전달된 객체의 상태를 검사한다. 인수의 validationHints에는 @Validated의 value 속성에 지정한 그룹 인터페이스가 전달된다. |

이 책에서는 이 두 가지 인터페이스를 이용한 '상관 항목 검사 구현 예'와 'Spring Validator를 통해 Bean Validation 기능을 사용하는 방법'을 소개한다.

## ■ Spring Validator를 이용한 상관관계 검사의 구현 예

Spring Validator 인터페이스는 특정 자바빈즈에 대한 상관관계 검사를 구현하기 쉽게 만드는 인터페이스다. Bean Validation의 ConstraintValidator 인터페이스도 같은 역할을 할 수 있지만, 제약 애너테이션도 함께 만들어야 하기 때문에 Spring Validator에 비해 구현할 때 손이 더 많이 가는 단점이 있다.

▶ Spring Validator를 이용한 연관 항목 검사의 구현 예

```
@Component
public class AccountCreateFormValidator implements Validator {  ──────────────── ❶
    @Override
    public boolean supports(Class<?> clazz) {  ──────────────── ❷
```

```
            return AccountCreateForm.class.isAssignableFrom(clazz);
        }

        @Override
        public void validate(Object target, Errors errors) { ─────────────────── ❸
            if (errors.hasFieldErrors("type")) { ─────────────────────────── ❹
                return;
            }
            AccountCreateForm form = AccountCreateForm.class.cast(target); ──────── ❺
            if ("1".equals(form.getType())) {
                // 일반 회원의 경우
                if (StringUtils.hasLength(form.getCardNo())) {
                    errors.rejectValue("cardNo", "Size");
                }
            } else {
                // 프리미엄 회원의 경우
                if (form.getCardNo() == null || form.getCardNo().length() < 14
                        || form.getCardNo().length() > 16) {
                    errors.rejectValue("cardNo", "Size",
                        new Object[] { 14, 16 }, null);
                }
            }
        }
    }
}
```

❶ Validator 인터페이스를 구현한다.

❷ 검사 대상 클래스인지 확인한다. 이 예에서는 AccountCreateForm 클래스와 이를 상속한 클래스가 검사 대상이다.

❸ 상관관계에 있는 항목을 검사할 준비를 한다. Bean Validation과 같은 다른 Validator에서 오류가 발생했는지를 errors 인수로 확인할 수 있다.

❹ 단일 항목에 대한 검사 결과를 확인한다. 이 예에서는 단일 항목 검사에서 오류가 확인되면 다른 확인은 하지 않는 것으로 구현돼 있다.

❺ 상관관계에 있는 항목을 검사한다. 이 예에서는 회원 유형에 따라 카드번호 검사 방법을 다르게 적용하고 있다.

이렇게 만든 Spring Validator 구현 클래스는 @InitBinder 메서드를 이용해 스프링 MVC에 적용한다.

▶ Spring Validator를 스프링 MVC에 적용한 예

```
@Autowired
AccountCreateFormValidator accountCreateFormValidator; ──────────────── ❶
```

```
@InitBinder
public void initBinder(WebDataBinder binder) {
    binder.addValidators(accountCreateFormValidator); ———————————————— ❷
}
```

❶ 작성한 `Validator`를 인젝션한다.

❷ 작성한 `Validator`를 `WebDataBinder`에 추가한다.

`WebDataBinder`에 Spring Validator 구현 클래스를 추가하면 Bean Validation에 의한 입력값 검사를 먼저 수행한 후 `WebDataBinder`에 추가된 Spring Validator 메서드가 호출되는 방식으로 동작한다.

### ■ Spring Validator를 통해 Bean Validation 기능을 이용하는 방법

스프링이 제공하는 `OptionalValidatorFactoryBean`과 `LocalValidatorFactoryBean`은 사실 `SmartValidator` 인터페이스도 구현하고 있다. 그래서 Spring Validator 메서드를 통해 Bean Validation의 기능을 이용할 수 있다. 기본적으로 `@Validated`를 이용한 선언 기반의 입력값 검사를 권장하지만, `@Validated`에서 표현할 수 없는(또는 표현하기 어려운) 입력값 검사의 요구사항이 있는 경우에는 Spring Validator 메서드를 직접 호출하는 방식을 고려해볼 수 있다.

Spring Validator 메서드를 직접 호출하려면 DI 컨테이너에 등록된 Spring Validator의 빈을 인젝션하고 Spring Validator의 `validate` 메서드를 호출하면 된다. 한편 Spring Validator 인터페이스를 구현한 빈이 DI 컨테이너 상에 여러 개 존재하는 경우에는 `@Autowired`와 `@Qualifier`를 병용해서 `OptionalValidatorFactoryBean`과 `LocalValidatorFactoryBean`의 빈이 인젝션되도록 설정해야 한다.

▶ SmartValidator 메서드를 이용하는 예

```
@Autowired
SmartValidator validator; ———————————————————————————————————— ❶
// 생략
@RequestMapping(method = RequestMethod.POST, params = "confirm")
public String confirm(AccountCreateForm form, // @Validated는 지정하지 않음
        BindingResult result, Model model) {
    Class<?> validationGroup = null;
    // validationGroup을 결정하는 로직의 구현
    // 생략
    validator.validate(form, result, validationGroup); ——————————————— ❷
    if (result.hasErrors()) { ——————————————————————————————————————— ❸
        return "account/form";
    }
    // 생략
```

```
        return "account/confirm";
    }
```

❶ Spring Validator를 인젝션한다.

❷ 명시적으로 validate 메서드를 호출한다.

❸ 검사 결과를 확인한다.

## 5.8. 화면 이동

화면 이동을 하려면 이동 대상을 지정하는 방법은 물론이고 이동 대상과 데이터를 연계하는 방법을 이해하고 있어야 한다. 먼저 이동 대상을 지정하는 방법을 살펴보자.

### 5.8.1. 이동 대상을 지정하는 방법

이동 대상을 지정할 때는 핸들러의 메서드가 뷰 이름(이동 대상에 할당된 논리적인 이름)을 반환하도록 만들면 된다. 일단 뷰 이름을 반환하면 스프링 MVC가 ViewResolver를 통해 논리적인 뷰 이름과 연결된 물리적인 뷰(예: JSP)가 어떤 것인지 판단하게 된다.

▶ 뷰 이름을 문자열로 반환하는 구현 예

```
@Controller
public class WelcomeController {

    @RequestMapping("/")
    public String home() {
        return "home";                                              ❶
    }
}
```

❶ 핸들러 메서드의 반환값으로 뷰 이름을 반환한다.

예를 들어, JSP용 ViewResolver를 기본 상태로 적용하면 웹 애플리케이션 안에 있는 /WEB-INF/home.jsp가 호출되고 /WEB-INF/home.jsp에서 생성한 HTML이 브라우저에 그려진다.

### 5.8.2. 요청 경로로 리다이렉트

다음 이동 대상이 리다이렉트해야 할 요청 경로라면 뷰 이름에 'redirect: + 리다이렉트할 요청 경로'를 지정한다.

▶ 리다이렉트할 뷰 이름을 지정하는 예

```java
@Controller
public class WelcomeController {

    @RequestMapping("/")
    public String home() {
        return "redirect:/menu";  // 리다이렉트로 이동 대상의 요청 경로를 지정
    }

}
```

## ■ 요청 파라미터 지정

리다이렉트를 사용할 때 다음 이동 대상에 요청 파라미터를 전달해야 한다면 org.springframe work.
web.servlet.mvc.support.RedirectAttributes에 파라미터를 저장하면 된다.

▶ RedirectAttributes에 요청 파라미터를 저장하는 구현 예

```java
@RequestMapping(path = "create", method = RequestMethod.POST)
public String create(@Validated AccountCreateForm form,
        BindingResult result, RedirectAttributes redirectAttributes) {
    // 생략
    redirectAttributes.addAttribute("accountId", createdAccount.getAccountId());  ──────── ❶
    return "redirect:/account/create?complete";
}
```

❶ RedirectAttributes의 addAttribute 메서드를 호출해서 요청 파라미터를 저장한다. 이 예에서는 리다이렉트할 때의
URL이 '/account/create?complete&accountId=A0001'과 같은 형식으로 만들어진다.

## ■ 경로 변수 지정

리다이렉트할 URL을 동적으로 만들어야 할 때는 URL에 경로 변수를 추가하고, 경로 변수에 들어갈 값
을 RedirectAttributes에 저장하면 된다.

▶ 리다이렉트 대상의 URL을 동적으로 조합하는 구현 예

```java
@RequestMapping(path = "create", method = RequestMethod.POST)
public String create(@Validated AccountCreateForm form,
        BindingResult result, RedirectAttributes redirectAttributes) {
    // 생략
    redirectAttributes.addAttribute("accountId", createdAccount.getAccountId());  ──────── ❶
    return "redirect:/account/{accountId}?createComplete";  ──────────────────── ❷
}
```

❶ RedirectAttributes의 addAttribute 메서드를 호출해서 경로 변수에 들어갈 값을 저장한다.

❷ 리다이렉트할 URL에 경로 변수를 추가한다. 이 예에서는 URL에서 {accountId} 부분이 경로 변수에 해당하고, 리다이렉트할 때의 URL은 '/account/A0001?createComplete'과 같은 형식으로 만들어진다.

메모

리다이렉트할 곳으로 요청 파라미터를 연계하는 경우나 리다이렉트할 URL을 동적으로 만들 때는 반드시 RedirectAttributes의 addAttribute 메서드를 사용하자. 다음 예와 같이 프로그램에서 조합한 값을 뷰 이름으로 반환해 버리면 뷰 객체를 캐시하는 메커니즘을 효율적으로 활용할 수 없기 때문이다.

뷰의 캐시 구조를 효율적으로 활용할 수 없는 구현 예

```
return "redirect:/account/create?complete&accountId=" + createdAccount.getAccountId();
// 또는
return "redirect:/account/" + createdAccount.getAccountId() + "?createComplete";
```

한편 addAttribute 메서드를 사용하면 요청 파라미터와 경로 변수 값이 자동으로 URL 인코딩되는 장점도 있다.

## 5.8.3. 요청 경로로 포워드

다음 이동 대상이 리다이렉트해야 할 요청 경로라면 뷰 이름에 'forward: + 전송 대상의 요청 경로'를 지정한다.

▶ 포워드할 때의 뷰 이름을 지정하는 예

```
@Controller
@RequestMapping("auth")
public class AuthController {
    @RequestMapping("login")
    public String login(@Validated LoginForm form, BindingResult result) {
        if (result.hasErrors()) {
            return "auth/loginForm";
        }
        return "forward:/auth/authenticate"; // 이동 대상의 경로를 지정
    }
}
```

## 5.8.4. 뷰와의 데이터 연계

뷰 처리에 필요한 데이터(자바 객체)는 Model에 저장해야 연계가 된다. Model에 자바 객체를 저장하면 스프링 MVC가 뷰에서 접근할 수 있는 영역(JSP라면 HttpServletRequest)에 자바 객체를 익스포트해준다.

자바 객체를 Model에 저장하는 방법은 다음의 두 가지가 있다.

- Model API를 직접 호출한다.
- ModelAttribute 애너테이션이 붙은 메서드를 준비한다.

### ■ 스코프

Model에 저장하는 객체는 요청 스코프, 플래시 스코프, 세션 스코프 중 하나의 스코프에서 관리된다. Model에 저장하는 객체의 스코프에 대한 자세한 내용은 5.6.1절 '폼 객체 스코프'를 참조하자.

### ■ Model API를 사용해 Model을 저장하는 방법

Model의 addAttribute 메서드를 사용해 자바 객체를 Model에 저장한다.

▶ Model API를 명시적으로 호출하는 구현 예

```
@RequestMapping("{accountId}")
public String detail(@PathVariable String accountId, Model model) {
    Account account = accountService.findOne(accountId);
    model.addAttribute(account); //  명시적으로 추가
    return "account/detail";
}
```

메모

Model 객체를 추가할 때 속성명을 생략하면 클래스명을 자바빈즈 프로퍼티의 명명 규칙에 따라 변환한 이름으로 속성명이 만들어진다. 예를 들어, 추가한 객체의 클래스명이 com.myapp.Product라면 product가 속성명이 된다. 마찬가지로 com.myapp.MyProduct라면 myProduct, com.myapp.UKProduct라면 UKProduct가 속성명이 된다. 속성명을 만들 때는 org.springframework.core.Conventions 클래스의 getVariableName(Object) 메서드가 사용된다. 자세한 변환 원리를 알고 싶다면 Conventions 클래스의 소스코드를 참조하자.

### ■ @ModelAttribute를 사용해 Model을 저장하는 방법

ModelAttribute 애너테이션을 붙인 메서드를 이용하면 자바 객체를 Model에 저장할 수 있다.

▶ ModelAttribute 애너테이션을 붙인 메서드를 준비하는 구현 예

```
@ModelAttribute //  메서드 반환값을 Model에 추가
public Account setUpAccount(@PathVariable String accountId) {
    return accountService.findOne(accountId);
}
```

```
@RequestMapping("{accountId}")
public String detail() {
    return "account/detail";
}
```

@ModelAttribute를 붙인 메서드를 준비해 두면 핸들러 메서드가 호출되기 전에 먼저 실행되고, 그 결과 반환된 객체가 Model에 저장된다. Model에 추가할 때의 속성명은 @ModelAttribute의 value 속성으로 지정할 수 있으며, 생략한 경우에는 기본 속성명이 적용된다.

### ■ 뷰에서 접근

뷰(여기서는 JSP)에서 Model에 저장한 자바 객체에 접근할 때는 다음과 같이 구현한다.

▶ JSP에서 모델에 저장한 자바 객체에 접근하는 예

```
성명 : <c:out value="${account.name}" /> ───────────────────────────────── ❶
```

❶ 요청 스코프에 저장돼 있는 자바 객체에 접근한다. 이 예에서는 EL을 사용해 account라는 속성명으로 저장된 자바빈즈에서 name 프로퍼티의 값을 가져오고 있다.

## 5.8.5. 리다이렉트 대상과의 데이터 연계

화면을 이동할 때 리다이렉트 방식으로 핸들러나 뷰에 도달하게 되면 리다이렉트 전의 정보를 참조하지 못한다. 이런 경우에는 리다이렉트하기 전에 리다이렉트될 컨트롤러나 뷰에서 사용할 데이터를 org.springframework.web.servlet.mvc.support.RedirectAttributes에 저장하면 된다. 그러면 RedirectAttributes에 저장된 객체가 플래시 스코프에 관리되고, 리다이렉트된 후의 GET 요청 과정에서 Model에 저장한 값이 익스포트된다.

▶ RedirectAttributes에 자바 객체를 저장

```
@RequestMapping(path = "create", method = RequestMethod.POST)
public String create(@Validated AccountCreateForm form, BindingResult result,
    RedirectAttributes redirectAttributes) {
    Account createdAccount = accountService.create(...);
    redirectAttributes.addFlashAttribute(createdAccount); ───────────────── ❶
    return "redirect:/account/create?complete";
}

@RequestMapping(path = "create", method = RequestMethod.GET, params = "complete")
public String createComplete() { ───────────────────────────────────────── ❷
```

```
    return "account/createComplete";
}
```

❶ RedirectAttributes의 addFlashAttribute 메서드를 호출해서 자바 객체를 RedirectAttributes(플래시 스코프)에 저장한다. RedirectAttributes에 추가할 때 속성명은 생략할 수 있으며, 생략한 경우 기본 속성명이 적용된다.

❷ 이 메서드가 호출되기 전에 ❶에서 추가한 자바 객체가 플래시 스코프에서 Model에 익스포트되기 때문에 이동 대상의 뷰에서 요청 스코프에 저장된 자바 객체를 사용할 수 있다.

메모

RedirectAttributes에는 addAttribute라는 메서드가 있다. 이 메서드는 리다이렉트 대상에 요청 파라미터와 경로 변수 값을 전달할 때 사용하는 메서드다. addAttribute의 사용법은 5.8.2절 '요청 경로로 리다이렉트'에서 설명한다.

## 5.9. 뷰 선택

뷰는 Model에 저장된 자바 객체를 참조해서 클라이언트에 반환할 응답 데이터를 만드는 컴포넌트다. 스프링 MVC에서는 뷰를 org.springframework.web.servlet.View 인터페이스로 표현하는데, 실제로 사용할 View 클래스는 org.springframework.web.servlet.ViewResolver 인터페이스의 구현 클래스에 의해 결정된다(그림 5.16).

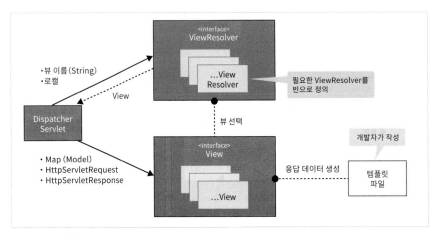

그림 5.16 뷰 선택 방법

ViewResolver는 여러 개를 정의할 수 있는데, 우선순위가 높은 것부터 차례대로 호출하다가 가장 먼저 선택된 뷰를 사용하도록 돼 있다.

## 5.9.1. 템플릿 기반 뷰

먼저 스프링 MVC가 지원하는 대표적인 템플릿 기반 뷰 클래스와 ViewResolver 클래스를 살펴보자. 스프링 MVC는 다양한 View 클래스를 제공하며, JSP 이외의 템플릿 엔진도 사용할 수 있다(표 5.22, 표 5.23).

표 5.22 템플릿 기반 View 클래스

| 클래스명 | 설명 |
| --- | --- |
| InternalResourceView | JSP를 이용할 때 사용하는 View 클래스 |
| JstlView | JSP + JSTL을 이용할 때 사용하는 View 클래스 |
| TilesView | 레이아웃 엔진으로 Apache Tiles[24], 템플릿 엔진으로 JSP를 이용할 때 사용하는 View 클래스 |
| FreeMarkerView | FreeMarker[25]를 이용할 때 사용하는 View 클래스 |
| GroovyMarkupView | Groovy Markup Template Engine[26]을 이용할 때 사용하는 View 클래스 |
| ScriptTemplateView | JSR 223 script engine 통해 자바스크립트 라이브러리(Handlebars.js, Mustache.js, React.js, EJS 등)의 템플릿 엔진을 이용할 때 사용하는 View 클래스 |

표 5.23 템플릿 기반 ViewResolver 클래스

| 메서드명 | 설명 |
| --- | --- |
| InternalResourceViewResolver | JSP를 이용할 때 사용하는 ViewResolver 클래스 |
| TilesViewResolver | 레이아웃 엔진으로 Apache Tiles, 템플릿 엔진으로 JSP를 이용할 때 사용하는 ViewResolver 클래스 |
| FreeMarkerViewResolver | FreeMarker를 이용할 때 사용하는 ViewResolver 클래스 |
| GroovyMarkupViewResolver | Groovy Markup Template Engine을 이용할 때 사용하는 ViewResolver 클래스 |
| ScriptTemplateViewResolver | JSR 223 script engine 통해 자바스크립트 라이브러리(Handlebars.js, Mustache.js, React.js, EJS 등)의 템플릿 엔진을 이용할 때 사용하는 ViewResolver 클래스 |

---

**28** https://tiles.apache.org
**29** http://freemarker.org
**30** http://groovy-lang.org/templating.html#_the_markuptemplateengine/

## 5.9.2. InternalResourceViewResolver의 빈 정의

스프링 MVC는 다양한 View 클래스를 제공하지만 여기서는 JSP를 이용해 뷰를 구현하는 방법을 설명한다.

메모

최근 서드파티 템플릿 엔진으로 주목받는 것이 타임리프(Thymeleaf)[31]다. 이 책에서 소개하는 스프링 부트에서는 JSP 사용을 권장하지 않으며, 타임리프와 같이 서블릿 컨테이너에 의존하지 않는 템플릿 엔진을 사용하길 권장하고 있다. 이 책에서도 스프링 MVC와 타임리프를 조합해서 사용하는 방법을 12장 '스프링 + 타임리프'에서 설명한다.

JSP를 이용해 뷰를 구현할 때는 InternalResourceViewResolver를 사용한다.

▶ 자바 기반 설정 방식을 이용한 빈 정의

```
@Override ─────────────────────────────────── ❶
public void configureViewResolvers(ViewResolverRegistry registry) {
    registry.jsp(); ───────────────────────────── ❷
}
```

❶ configureViewResolvers 메서드를 오버라이드한다.

❷ ViewResolverRegistry의 jsp 메서드를 호출한다. InternalResourceViewResolver가 생성되어 prefix 프로퍼티에 '/WEB-INF/', suffix 프로퍼티에 '.jsp'가 설정된다.

▶ XML 기반 설정 방식을 이용한 빈 정의

```
<mvc:view-resolvers>
    <mvc:jsp /> ─────────────────────────────── ❶
</mvc:view-resolvers>
```

❶ <mvc:jsp> 요소를 정의한다. InternalResourceViewResolver가 생성되어 prefix 프로퍼티에 '/WEB-INF/', suffix 프로퍼티에 '.jsp'가 설정된다.

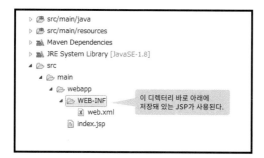

그림 5.17 JSP파일의 기본 저장 위치

JSP 파일의 저장 위치를 변경하려면 InternalResourceViewResolver의 prefix 프로퍼티 값을 변경한다.
다음은 JSP 파일의 저장 위치를 '/WEB-INF/views/'로 변경할 때 빈을 정의하는 예다.

자바 기반 설정 방식을 이용한 빈 정의

```
@Override
public void configureViewResolvers(ViewResolverRegistry registry) {
    registry.jsp().prefix("/WEB-INF/views/");
}
```

XML 기반 설정 방식을 이용한 빈 정의

```
<mvc:view-resolvers>
    <mvc:jsp prefix="/WEB-INF/views/" />
</mvc:view-resolvers>
```

## 5.10. JSP 구현

여기서는 JSP[32]를 이용해 뷰를 구현하는 방법을 설명하겠다.

### 5.10.1. 지시자

지시자(directive)는 JSP를 어떻게 처리할지를 서블릿 컨테이너에 대해 지시하는 요소다. 지시자에는
page 지시자, taglib 지시자, include 지시자로 세 가지가 있다.

---

**32** http://download.oracle.com/otndocs/jcp/jsp-2_3-mrel2-spec/

## ■ page 지시자

page 지시자는 JSP 페이지의 동작 방식을 지정하기 위한 지시자다. 사용할 수 있는 주요 속성은 다음과 같다(표 5.24).

표 5.24 page 지시자의 주요 속성

| 속성명 | 설명 |
|---|---|
| contentType | 응답 데이터의 MIME 타입과 문자 코드를 지정한다. 기본값은 'text/html;charset= ISO-8859-1' |
| pageEncoding | JSP 파일의 문자 코드를 지정한다. |
| session | JSP에서 세션에 접근할지를 지정한다. 기본값은 true(접근 가능)다. true를 지정하면 묵시적 객체인 session을 사용할 수 있다. |
| errorPage | JSP 내에서 발생한 예외를 처리할 에러용 페이지를 지정한다. |
| isErrorPage | 해당 JSP 파일이 에러 페이지인지 여부를 지정한다. 기본값은 false(오류 처리용 페이지가 아님)다. true를 지정하면 묵시적 객체인 exception을 사용할 수 있다. |
| trimDirectiveWhitespaces | 생성한 응답 데이터에서 여분의 빈 줄이나 여백을 제거할지 지정한다. 기본값은 false(제거하지 않음)다. |

▶ page 지시자를 지정한 예

```
<%@ page pageEncoding="UTF-8" %>
```

## ■ taglib 지시자

taglib 지시자는 커스텀 태그 라이브러리를 사용하기 위한 지시자다(표 5.25).

표 5.25  taglib 지시자의 속성

| 속성명 | 설명 |
|---|---|
| prefix | 태그 라이브러리의 프리픽스를 지정한다. JSP에서는 이 프리픽스 문자를 지정해 태그 라이브러리를 사용한다. |
| uri | TLD 파일이 위치한 URI 혹은 파일 경로를 지정한다. |
| tagdir | 태그 파일이 저장된 디렉터리를 지정한다. |

▶ taglib 지시자의 사용 예

```
<%@ taglib prefix="c" uri="http://java.sun.com/jsp/jstl/core" %>
```

### ■ include 지시자

include 지시자는 다른 파일에 기재된 코드를 가져오기 위한 지시자다(표 5.26). 이 지시자에 지정한 파일은 JSP 파일을 서블릿 클래스로 컴파일할 때 소스코드의 일부로 포함된다.

표 5.26  include 지시자 속성

| 속성명 | 설명 |
| --- | --- |
| file | 소스코드의 일부로 포함할 파일을 지정한다. |

▶ include 지시자의 사용 예

```
<%@ include file="/WEB-INF/header.jsp"%>
```

메모

다른 페이지 내용을 포함하는 방법으로 JSP 액션 태그의 하나인 〈jsp:include〉 요소와 JSTL의 〈c:import〉 요소를 사용하는 방법이 있다. include 지시자와 이 요소의 차이는 지정한 페이지를 소스코드의 일부로 포함하는가 아니면 지정한 페이지를 실행한 결과(응답 데이터)의 일부로 포함하는가의 차이다.

## 5.10.2. 스크립트릿

JSP에서는 '〈%와 %〉' 사이, 그리고 '〈%=와 %〉' 사이에 자바 코드를 포함할 수 있다. 이처럼 포함시킨 자바 코드를 스크립트릿(Scriptlet)이라 한다. 스크립트릿은 JSP가 등장했을 무렵 자주 사용됐지만 현재는 무엇이든 가능한 스크립트릿을 사용하기보다는 JSTL(JavaServer Pages Standard Tag Library)과 같은 커스텀 태그 라이브러리와 EL을 조합해서 JSP를 구현하는 방법을 많이 사용한다.

▶ 스크립트릿을 사용하는 JSP 예제

```
<% for (String hobby : java.util.Arrays.asList("스포츠", "영화", "음악")) { %>
    <%= hobby %><br>
<% } %>
```

▶ 스크립트릿을 사용한 JSP에서 출력된 HTML

```
스포츠<br>
영화<br>
음악<br>
```

## 5.10.3. 커스텀 태그 라이브러리

스크립트릿을 사용한 구현이 문제시될 때 등장한 것이 커스텀 태그 라이브러리(이하 태그 라이브러리로 약칭)다. 태그 라이브러리는 JSP 표준 액션 태그와는 달리 사용자가 정의한 커스터마이징된 태그를 사용할 수 있다. 예를 들어, JSTL 요소를 사용해 반복 처리를 구현하면 다음과 같다.

▶ 태그 라이브러리를 사용하는 JSP 예제

```
<%@ taglib prefix="c" uri="http://java.sun.com/jsp/jstl/core" %>
<!-- 생략 -->
<c:forEach var="hobby" items="스포츠,영화,음악">
    <c:out value="${hobby}" /><br>
</c:forEach>
```

반복 처리를 하는 예로는 스크립트릿과 태그 라이브러리의 차이를 체감하기 어렵지만 태그 라이브러리를 이용하면 뷰를 표시하기 위한 로직을 공통화하거나, 표현하기 복잡한 로직을 캡슐화할 수 있어서 JSP의 구현 코드를 간결하게 만들 수 있다.

이 책에서는 JSP를 구현할 때 다음과 같은 태그 라이브러리를 사용한다(표 5.27).

표 5.27 이번 장에서 소개할 태그 라이브러리

| 태그 라이브러리명 | 설명 |
| --- | --- |
| JSTL(JavaServer Pages Standard Tag Library) | 자바를 개발한 회사인 썬 마이크로시스템즈(2010년에 오라클이 인수)가 표준화한 태그 라이브러리 |
| spring-form JSP Tag Library | 스프링 MVC가 제공하는 HTML 폼용 태그 라이브러리 |
| spring JSP Tag Library | 스프링 MVC가 제공하는 범용 태그 라이브러리 및 EL 함수 |
| Spring Security JSP Tag Library | 스프링 시큐리티가 제공하는 인증 및 인가용 태그 라이브러리 |

## 5.10.4. 태그 파일

태그 파일은 JSP 문법으로 기술한 프래그먼트 파일(Fragment File)이다. 태그 파일에 구현한 내용은 커스텀 태그처럼 동작하는데, 확장자는 '.tag'를 사용하고, taglib 지시자에 태그 파일이 저장된 디렉터리를 지정하면 커스텀 태그처럼 사용할 수 있다. 예를 들어, 태그 파일을 활용해 반복 처리를 구현하면 다음과 같다.

▶ 태그 파일의 작성 예(/WEB-INF/tags/printTokens.tag)

```
<%@ tag pageEncoding="UTF-8" %>
<%@ taglib uri="http://java.sun.com/jsp/jstl/core" prefix="c" %>
<%@ attribute name="tokensString" type="java.lang.String" required="true" %>

<c:forEach var="token" items="${tokensString}">
    <c:out value="${token}" /><br>
</c:forEach>
```

▶ 태그 파일 이용 예

```
<%@ taglib prefix="myTags" tagdir="/WEB-INF/tags" %>

<myTags:printTokens tokensString="스포츠,영화,음악" />
```

태그 파일을 이용하면 뷰에 관한 로직을 쉽게 공통화할 수 있어 반복적으로 사용하는 UI 부품(페이지 처리나 달력 등)을 만들 때 사용하면 좋다.

## 5.10.5. EL

JSP는 EL(Expression Language)이라는 표현 언어를 사용해 값의 참조, 출력, 연산을 할 수 있다. EL 식은 ${...}(또는 #{...}) 형식으로 작성한다.

예를 들어 HttpServletRequest에 'message'라는 속성명으로 '안녕하세요!'라는 문자열을 저장한다고 하자. 이 문자열을 EL을 사용해 화면에 표시하는 코드는 다음과 같다.

▶ JSP에서 EL을 사용한 예

```
<span id="message">${message}</span>
```

EL 식은 XML 특수 문자에 대한 이스케이프 처리는 하지 않기 때문에 위의 구현이라면 XSS(Cross Site Scripting)가 발생할 수 있다. XML 특수 문자가 포함될 가능성이 있는 경우에는 JSTL에서 제공하는 EL 함수나 JSP 태그 라이브러리를 함께 사용하자.

### ■ 객체 참조

EL을 이용해 객체를 조회하는 방법은 다음과 같다.

- 자바빈즈 프로퍼티를 조회하는 경우 '속성명.프로퍼티명'을 지정한다.
- 리스트나 배열 요소를 조회하는 경우 '속성명[요소 위치]'를 지정한다.
- 맵 요소를 조회하는 경우 '속성명.키명' 또는 '속성명[키명]'을 지정한다.

구체적으로는 다음과 같이 구현한다.

▶ EL을 이용한 객체 조회

```
<!-- 자바빈즈의 text 프로퍼티를 조회 -->
<span id="message">${message.text}</span>

<!-- 리스트의 첫 번째(0번째) 요소를 조회 -->
<span id="message">${messages[0].text}</span>

<!-- 맵에서 sport 키를 조회 -->
<span id="hobby">${hobbyCodeList.sport}</span>

<!-- 맵에서 키명에 '.'이 포함된 경우에는 ['키명'] 형식으로 조회 -->
<span id="message">${messages['guidance.termsOfUse']}</span>
```

## ■ 사용 가능한 연산자

EL에서는 다음과 같은 연산자를 사용할 수 있다(표 5.28).

표 5.28 EL에서 사용 가능한 연산자

| 분류 | 연산자 | 설명 | 연산자 | 설명 |
|------|--------|------|--------|------|
| 산술 연산자 | + | 더하기 | / (div) | 나누기 |
| | – | 빼기 | % (mod) | 나머지 |
| | * | 곱하기 | | |
| 비교 연산자 | == (eq) | 같은 값인지 비교한다. | != (ne) | 다른 값인지 비교한다. |
| | <= (le) | 왼쪽이 작거나 같은 값인지 비교한다. | >= (ge) | 왼쪽이 크거나 같은 값인지 비교한다. |
| | < (lt) | 왼쪽이 작은 값인지 비교한다. | > (gt) | 왼쪽이 큰 값인지 비교한다. |
| | empty | null이거나 공백(문자열일 경우 공백 문자)인지 비교한다. | | |
| 논리 연산자 | && (and) | 두 피연산자가 모두 true이면 부울 값 true를 반환하고, 그렇지 않으면 false를 반환한다. | | |
| | \|\| (or) | 두 피연산자 중 하나 또는 모두 true이면 부울 값 true를 반환하고, 그렇지 않으면 false를 반환한다. | | |
| | ! (not) | 해당 피연산자의 의미를 반대로 바꾼다. | | |

## ■ 사용 가능한 묵시적 객체

EL에서는 다음과 같은 묵시적 객체를 사용할 수 있다(표 5.29).

표 5.29 EL에서 사용 가능한 묵시적 객체

| 객체명 | 설명 |
|---|---|
| pageContext | javax.servlet.jsp.PageContext 객체 |
| requestScope | PageContext에서 관리하는 객체를 저장한 Map 객체 |
| sessionScope | HttpServletRequest에서 관리하는 객체를 저장한 Map 객체 |
| sessionScope | HttpSession에서 관리하는 객체를 저장한 Map 객체 |
| applicationScope | ServletContext에서 관리하는 객체를 저장한 Map 객체 |
| param / paramValues | 요청 파라미터 값을 저장한 Map 객체 |
| header / headerValues | 요청 헤더 값을 저장한 Map 객체 |
| cookie | 쿠키를 저장한 Map 객체 |
| initParam | ServletContext의 초기화 파라미터를 저장한 Map 객체 |

메모

pageContext를 사용하면 서블릿 API 클래스에 직접 접근할 수 있다. 서블릿 API의 클래스를 직접 사용하면 유지보수가 힘들어질 수 있으므로 가급적 사용하는 것은 피하자.

## 5.10.6. EL 함수

EL은 표현식 내에서 함수(EL 함수)를 사용할 수 있다. 예를 들어 JSTL이 제공하는 fn:escapeXml 함수를 사용하면 XML로 해석될 수 있는 문자열을 이스케이프시켜준다.

▶ JSP에서 EL 함수를 사용하는 예

```
<%@ taglib prefix="fn" uri="http://java.sun.com/jsp/jstl/functions" %>

<span>${fn:escapeXml(form.memo)}</span>
```

## 5.10.7. JSP 공통 설정

서블릿 컨테이너에서 JSP를 어떻게 처리할 것인지를 지시하는 방법으로 web.xml의 `<jsp-config>` 요소를 사용할 수 있다. `<jsp-config>` 요소를 사용하면 jsp 파일을 그룹화할 수 있으며, 그룹 단위로 JSP의 동작을 제어하는 파라미터를 설정할 수 있다.

다음은 가장 간단한 〈jsp-config〉의 설정 예다. 이 책에서 소개하지 못한 내용은 JSP 설명서[33]를 참고한다.

▶ 〈jsp-config〉를 사용한 JSP 설정(web.xml)

```xml
<jsp-config>
    <jsp-property-group>
        <!-- 설정을 적용할 파일 유형을 지정한다. -->
        <url-pattern>*.jsp</url-pattern>
        <!-- 페이지 문자 코드를 지정한다. -->
        <page-encoding>UTF-8</page-encoding>
        <!-- 페이지 앞쪽에 인크루드할 파일을 지정한다. -->
        <include-prelude>/WEB-INF/include-prelude.jsp</include-prelude>
    </jsp-property-group>
</jsp-config>
```

▶ /WEB-INF/include-prelude.jsp

```jsp
<!-- 지정한 페이지 상단에 정의하고 싶은 JSP 코드를 기술한다. -->
<%@ taglib prefix="c" uri="http://java.sun.com/jsp/jstl/core" %>
```

위와 같은 설정을 web.xml에 추가하면 각 JSP 상단에 문자 코드를 지정하거나 태그 라이브러리를 읽어들이는 내용을 정의할 필요가 없어져서 JSP와 관련된 설정을 통합해서 관리할 수 있다는 장점이 있다.

## 5.10.8. JSTL

뷰로 JSP를 사용한다면 JSTL 이용은 필수라 해도 과언이 아니다. 그리고 스프링 자체가 편리한 커스텀 태그를 제공하기도 하지만, JSTL 커스텀 태그도 병행해서 사용하는 것이 일반적이다. JSTL에서 제공한 것처럼 커스텀 태그는 표 5.30에 정리한 것처럼 5가지로 분류된다.

이 책에서는 JSTL에 어떤 커스텀 태그와 EL 함수가 있는지 간단히 소개만 하고 구체적인 사용법은 설명하지 않는다. 구체적인 사용법과 옵션에 대해서는 인터넷에서 'JSTL 사용법'이라는 키워드로 검색하거나 JSTL 1.2 설명서[34]를 참고하자.

---

33   http://download.oracle.com/otndocs/jcp/jsp-2_3-mrel2-eval-spec/
34   http://download.oracle.com/otndocs/jcp/jstl-1.2-mrel2-eval-oth-JSpec/

표 5.30  JSTL 분류

| 프리픽스 | URL | 설명 |
|---|---|---|
| c | http://java.sun.com/jsp/jstl/core | 핵심 기능(값 표시, 분기, 반복 등의 처리)을 위한 커스텀 태그가 저장된 태그 라이브러리 |
| fmt | http://java.sun.com/jsp/jstl/fmt | 메시지의 표시나 값의 포매팅을 위한 커스텀 태그가 저장된 태그 라이브러리 |
| sql | http://java.sun.com/jsp/jstl/sql | 데이터베이스 접근을 위한 커스텀 태그가 저장된 태그 라이브러리 |
| x | http://java.sun.com/jsp/jstl/xml | XML 조작을 위한 커스텀 태그가 저장된 태그 라이브러리 |
| fn | http://java.sun.com/jsp/jstl/functions | 유용한 EL 함수가 저장된 태그 라이브러리 |

## ■ 라이브러리의 설정

JSTL을 의존 라이브러리에 추가한다.

▶ pom.xml 설정 예

```
<dependency>
    <groupId>org.apache.taglibs</groupId>
    <artifactId>taglibs-standard-jstlel</artifactId>
</dependency>
```

## ■ 태그 라이브러리의 선언

JSP 상단에 사용할 태그 라이브러리를 선언한다.

▶ 태그 라이브러리를 읽어 들이는 예

```
<%@ taglib prefix="c" uri="http://java.sun.com/jsp/jstl/core" %>
<%@ taglib prefix="fmt" uri="http://java.sun.com/jsp/jstl/fmt" %>
<%@ taglib prefix="fn" uri="http://java.sun.com/jsp/jstl/functions" %>
```

## ■ core 태그 라이브러리

core 태그 라이브러리에서 제공하는 커스텀 태그는 다음과 같다(표 5.31).

표 5.31  core 태그 라이브러리의 커스텀 태그 목록

| 요소명 | 설명 |
|---|---|
| <c:out> | 값을 출력한다. |

| 요소명 | 설명 |
|---|---|
| ⟨c:set⟩ | 지정한 스코프에 값을 저장한다. |
| ⟨c:remove⟩ | 지정한 스코프에서 값을 삭제한다. |
| ⟨c:catch⟩ | 예외를 처리한다. |
| ⟨c:if⟩ | 분기 조건을 지정하고 지정한 조건과 일치하는 처리 내용을 구현한다. |
| ⟨c:choose⟩ | 여러 분기의 시작을 나타낸다. |
| ⟨c:when⟩ | 여러 분기의 분기 조건을 지정하고 지정한 조건과 일치하는 처리 내용을 구현한다. ⟨c:choose⟩ 요소에서 사용한다. |
| ⟨c:otherwise⟩ | ⟨c:when⟩ 요소에서 지정한 조건에 모두 일치하지 않을 때 처리할 내용을 구현한다. ⟨c:choose⟩ 요소에서 사용한다. |
| ⟨c:forEach⟩ | 컬렉션이나 배열에 대한 반복 처리를 구현한다. |
| ⟨c:forTokens⟩ | 구분자로 구분된 토큰 문자열에 대한 반복 처리를 구현한다. |
| ⟨c:import⟩ | 지정한 리소스를 임포트한다. |
| ⟨c:url⟩ | URL을 생성한다. |
| ⟨c:redirect⟩ | 지정한 URL에 리다이렉트한다. |
| ⟨c:param⟩ | 파라미터를 지정한다. ⟨c:import⟩, ⟨c:url⟩, ⟨c:redirect⟩ 요소에서 사용한다. |

### ■ fmt 태그 라이브러리

fmt 태그 라이브러리에서 제공되는 주요 커스텀 태그를 표 5.32에 정리했다. 여기서는 스프링과 연계할 때 사용하는 4가지 커스텀 태그만 소개한다. fmt 태그 라이브러리에는 메시지를 리소스 번들(ResourceBundle)로부터 가져오기 위한 커스텀 태그(⟨fmt:message⟩)가 있지만 이것은 스프링이 제공하는 커스텀 태그(⟨spring:message⟩)로 대체 가능하므로 사용하지 않는다.

표 5.32 fmt 태그 라이브러리를 스프링과 연계할 때 사용하는 커스텀 태그 목록

| 요소명 | 설명 |
|---|---|
| ⟨fmt:formatNumber⟩ | 숫자를 형식화한다. |
| ⟨fmt:parseNumber⟩ | 문자열을 숫자로 변환한다. |
| ⟨fmt:formatDate⟩ | java.util.Date를 문자열로 변환한다. |
| ⟨fmt:parseDate⟩ | 문자열을 java.util.Date로 변환한다. |

## ■ functions 태그 라이브러리

functions 태그 라이브러리가 제공하는 EL 함수는 다음과 같다(표 5.33).

표 5.33 functions 태그 라이브러리의 EL 함수 목록

| EL 함수 | 설명 |
| --- | --- |
| fn:contains | 지정한 문자열이 포함돼 있는지 판단한다. |
| fn:containsIgnoreCase | 지정한 문자열이 대문자/소문자를 구분하지 않고 포함돼 있는지 판단한다. |
| fn:startsWith | 지정한 문자열로 시작하는지 판단한다. |
| fn:endsWith | 지정한 문자열로 끝나는지 판단한다. |
| fn:indexOf | 지정한 문자열이 처음으로 나왔을 때의 인덱스를 구한다. |
| fn:length | 컬렉션 또는 배열의 요소 개수, 문자열 길이를 구한다. |
| fn:escapeXml | 지정한 문자열을 XML 구문으로 해석되지 않도록 이스케이프한다. |
| fn:replace | 문자열을 치환한다. |
| fn:toLowerCase | 문자열을 소문자로 변환한다. |
| fn:toUpperCase | 문자열을 대문자로 변환한다. |
| fn:trim | 문자열을 trim한다. |
| fn:substring | 지정한 범위에 해당하는 문자열을 잘라낸다. |
| fn:substringAfter | 지정한 문자열에 일치하는 이후의 문자열을 잘라낸다. |
| fn:substringBefore | 지정한 문자열에 일치하는 이전의 문자열을 잘라낸다. |
| fn:join | 문자열 배열을 결합해서 하나의 문자열로 만든다. |
| fn:split | 문자열을 구분자로 분할해서 문자열 배열을 만든다. |

# 5.11. 스프링 HTML 폼 전용 태그 라이브러리의 활용

스프링 MVC는 HTML 폼을 출력하기 위한 태그 라이브러리를 제공한다(표 5.34). 이 태그 라이브러리를 이용하면 HTML 폼과 자바 객체(폼 객체)를 손쉽게 바인딩할 수 있다.

표 5.34 스프링 MVC가 제공하는 HTML 폼 출력용의 커스텀 태그 목록

| 요소명 | 설명 |
|---|---|
| `<form:form>` | 폼 객체에 대응하는 HTML 폼(`<form>` 요소)을 출력한다. |
| `<form:input>` | 텍스트 필드(`<input type="text">` 요소)를 출력한다. |
| `<form:password>` | 패스워드 필드(`<input type="password">` 요소)를 출력한다. |
| `<form:textarea>` | 텍스트 영역(`<textarea>` 요소)을 출력한다. |
| `<form:checkboxes>` | 여러 개의 체크박스(`<input type="checkbox">` 요소)를 출력한다. |
| `<form:checkbox>` | 체크박스(`<input type="checkbox">` 요소)를 출력한다. |
| `<form:radiobuttons>` | 여러 개의 라디오 버튼(`<input type="radio">` 요소)을 출력한다. |
| `<form:radiobutton>` | 라디오 버튼(`<input type="radio">` 요소)을 출력한다. |
| `<form:select>` | 셀렉트 박스(`<select>` 요소)를 출력한다. |
| `<form:options>` | 여러 개의 셀렉트 박스 선택 항목(`<option>` 요소)을 출력한다. |
| `<form:option>` | 셀렉트 박스의 선택 항목(`<option>` 요소)을 출력한다. |
| `<form:hidden>` | 숨겨진 필드(`<input type="hidden">` 요소)를 출력한다. |
| `<form:label>` | 라벨(`<label>` 요소)을 출력한다 |
| `<form:button>` | 버튼(`<button type="submit">` 요소)을 출력한다. |
| `<form:errors>` | 바인딩 오류 및 입력값 검사 오류를 출력한다. |

이번 절에는 이와 같은 커스텀 태그의 대표적인 사용법을 살펴본다. 그리고 커스텀 태그의 동작 방식을 좌우하는 속성에 대해서는 비교적 사용 빈도가 높은 것만 다룰 것이다. 이 책에서 다루지 않는 다른 속성도 살펴보고 싶다면 TLD 파일[35]을 참고하자.

## 5.11.1. 태그 라이브러리의 설정

JSP 상단에 HTML 폼을 출력하기 위한 태그 라이브러리를 선언한다.

▶ 태그 라이브러리의 설정 예

```
<%@ taglib prefix="form" uri="http://www.springframework.org/tags/form" %>
```

---

**35**   spring-webmvc의 jar 파일 안의 '/META-INF/spring-form.tld'

## 5.11.2. 폼 출력

폼 객체에 대응하는 HTML 폼(⟨form⟩ 요소)을 출력할 때는 ⟨form:form⟩ 요소를 사용한다(표 5.35).

▶ JSP 구현 예

```
<form:form modelAttribute="loginForm">
    사용자명: <form:input path="username" />
    <br>
    패스워드: <form:password path="password" />
    <br>
    <form:button>로그인</form:button>
</form:form>
```

▶ HTML 출력 예

```
<form id="loginForm" action="/login" method="post">
    사용자명: <input id="username" name="username" type="text" value="" /><br>
    패스워드: <input id="password" name="password" type="password" value="" /><br>
    <button type="submit" value="Submit">로그인</button>
    <div>
        <input type="hidden" name="_csrf" value="30f9fac8-5f3a-427f-a34a-a5133805ecf7" />
    </div>
</form>
```

표 5.35 ⟨form:form⟩ 요소의 주요 속성

| 속성명 | 설명 |
|---|---|
| modelAttribute | HTML 폼에 바인딩되는 폼 객체의 속성명을 명시한다. 따로 지정하지 않으면 기본값으로 'command'가 사용된다. |
| action | 폼 전송 대상을 지정한다. 생략하면 기본적으로 페이지가 표시된 URL이 된다. |
| method | HTML 폼을 전송할 때 사용하는 HTTP 메서드(post 또는 get)를 지정한다. 생략하면 기본적으로 'post'가 된다. |

### ■ RequestDataValueProcessor와의 연계

⟨form:form⟩ 요소를 사용하면 org.springframework.web.servlet.support.RequestDataValue Processor 인터페이스의 구현 클래스를 사용해, HTML 폼에 출력할 값을 커스터마이징할 수 있다. RequestDataValueProcessor에 정의된 메서드를 사용하면 다음과 같은 작업을 할 수 있다.

- action 속성에 설정하는 값의 커스터마이징
- 임의의 `<input type="hidden">` 출력
- HTML 필드 값(`<input>` 요소의 value 속성 등)에 설정하는 값의 커스터마이징

뒤에서 소개할 스프링 시큐리티는 태그 라이브러리에 보안 기능을 추가할 수 있다. 예를 들어 CSRF 방지용 토큰값은 RequestDataValueProcessor를 이용해 자동으로 삽입하게 만들 수 있다.

▶ 스프링 시큐리티의 CSRF 방지 기능을 활용한 예

```
<input type="hidden" name="_csrf" value="30f9fac8-5f3a-427f-a34a-a5133805ecf7" />
```

## 5.11.3. 폼 항목의 공통적인 속성

HTML 폼 항목(`<input>`, `<textarea>` 등)을 출력하기 위한 태그 라이브러리에는 몇 가지 공통적인 속성이 있다. 다음은 그러한 공통 속성들을 정리한 것이다(표 5.36).

표 5.36 HTML 폼 관련 태그 라이브러리의 공통적인 속성

| 속성명 | 설명 |
| --- | --- |
| path | 폼 항목에 바인드하는 폼 객체의 프로퍼티를 지정한다. |
| disabled | 폼 항목을 비활성화할지 지정한다. 생략하면 기본적으로 false(비활성화하지 않음)가 된다. |
| readonly | 폼 항목을 읽기 전용으로 만들지 지정한다. 생략하면 기본적으로 false(읽기 전용으로 만들지 않음)가 된다. |

## 5.11.4. 텍스트 필드 출력

텍스트 필드(`<input type="text">` 요소)를 출력하려면 `<form:input>` 요소를 사용한다. type 속성을 명시적으로 지정하면 'text' 대신 'date', 'email', 'url' 등의 HTML5의 type도 사용할 수 있다.

▶ JSP 구현 예

```
사용자명 : <form:input path="username"/>
```

▶ HTML 출력 예

```
사용자명 : <input id="username" name="username" type="text" value=""/>
```

## 5.11.5. 패스워드 필드 출력

텍스트 필드(<input type="password"> 요소)를 출력하는 경우 <form:password> 요소를 사용한다.

▶ JSP 구현 예

```
패스워드 : <form:password path="password"/>
```

▶ HTML 출력 예

```
패스워드 : <input id="password" name="password" type="password" value=""/>
```

## 5.11.6. 텍스트 영역 출력

텍스트 영역(<textarea> 요소)을 출력하는 경우 <form:textarea> 요소를 사용한다.

▶ JSP 구현 예

```
의견 : <form:textarea path="opinionsAndRequests"/>
```

▶ HTML 출력 예

```
의견: <textarea id="opinionsAndRequests" name="opinionsAndRequests"></textarea>
```

## 5.11.7. 여러 개의 체크박스 출력

Map 또는 컬렉션의 요소를 체크박스로 출력하려면 <form:checkboxes> 요소를 사용한다(표 5.37).

▶ Map 생성 예

```
@Bean
public Map<String, String> hobbyCodeList() {
    Map<String, String> map = new LinkedHashMap<>();
    map.put("sport", "스포츠");
    map.put("music", "음악");
    return Collections.unmodifiableMap(map);
}
```

▶ JSP 구현 예

```
<spring:eval expression="@hobbyCodeList" var="hobbyCodeList"/>

취미 : <form:checkboxes path="hobbies" items="${hobbyCodeList}" />
```

▶ HTML 출력 예

```
취미 : <span>
    <input id="hobbies1" name="hobbies" type="checkbox" value="sport" />
      <label for="hobbies1">스포츠</label>
</span>
<span> <input id="hobbies3" name="hobbies" type="checkbox" value="music" />
      <label for="hobbies3">음악</label>
</span>
<input type="hidden" name="_hobbies" value="on" />
```

표 5.37 〈form:checkboxes〉 요소의 주요 속성

| 속성명 | 설명 |
|---|---|
| items | 체크박스를 구성하기 위한 정보(값 및 라벨)를 가지고 있는 Map이나 컬렉션을 지정한다. 이 예에서는 Map의 키가 체크박스의 값, Map의 값이 체크박스의 라벨이 된다. |
| itemValue | items 속성에 자바빈즈의 컬렉션을 지정한 경우 체크박스의 값을 가지고 있는 프로퍼티명을 지정한다. |
| itemLabel | items 속성에 자바빈즈의 컬렉션을 지정한 경우 체크박스의 라벨을 가지고 있는 프로퍼티명을 지정한다. |

## 5.11.8. 체크박스 출력

체크박스를 출력하는 경우 〈form:checkbox〉 요소를 사용한다(표 5.38).

▶ JSP 구현 예

```
이용약관 : <form:checkbox path="agreement" label="동의한다." />
```

▶ HTML 출력 예

```
이용약관 : <input id="agreement1" name="agreement" type="checkbox" value="true" />
    <label for="agreement1">동의한다.</label>
    <input type="hidden" name="_agreement" value="on" />
```

표 5.38 〈form:checkbox〉 요소의 주요 속성

| 속성명 | 설명 |
|---|---|
| value | 체크박스 값을 지정한다. 바인드 대상의 프로퍼티형이 불린형(Boolean 나 boolean)인 경우에는 이 속성에 지정한 값이 무시되어 항상 true가 된다. |
| label | 체크박스의 라벨을 지정한다. |

## 5.11.9. 여러 개의 라디오 버튼 출력

Map 또는 컬렉션 요소를 라디오 버튼으로 출력하는 경우 〈form:radiobuttons〉 요소를 사용한다(표 5.39).

▶ Map 생성 예

```
@Bean
public Map<String, String> genderCodeList() {
    Map<String, String> map = new LinkedHashMap<>();
    map.put("men", "남성");
    map.put("women", "여성");
    return Collections.unmodifiableMap(map);
}
```

▶ JSP 구현 예

```
<spring:eval expression="@genderCodeList" var="genderCodeList"/>

성별 : <form:radiobuttons path="gender" items="${genderCodeList}" />
```

▶ HTML 출력 예

```
성별 : <span>
            <input id="gender1" name="gender" type="radio" value="men" />
            <label for="gender1">남성</label>
        </span>
        <span>
            <input id="gender2" name="gender" type="radio" value="women" />
            <label for="gender2">여성</label>
        </span>
```

표 5.39 〈form:radiobuttons〉 요소의 주요 속성

| 속성명 | 설명 |
| --- | --- |
| items | 라디오 버튼을 구성하기 위한 정보(값과 라벨)를 가지고 있는 Map이나 컬렉션을 지정한다. 이 예에서는 Map의 키가 라디오 버튼 값, Map의 값이 라디오 버튼의 라벨이 된다. |
| itemValue | items 속성에 자바빈즈의 컬렉션을 지정한 경우 라디오 버튼의 값을 가지고 있는 프로퍼티명을 지정한다. |
| itemLabel | items 속성에 자바빈즈의 컬렉션을 지정한 경우 라디오 버튼의 라벨을 가지고 있는 프로퍼티명을 지정한다. |

## 5.11.10. 라디오 버튼 출력

라디오 버튼으로 출력하려면 〈form:radiobutton〉 요소를 사용한다(표 5.40).

▶ JSP 구현 예

```
성별 : <form:radiobutton path="gender" value="men" label="남성" />
        <form:radiobutton path="gender" value="women" label="여성" />
```

▶ HTML 출력 예

```
성별 : <input id="gender1" name="gender" type="radio" value="men" />
        <label for="gender1">남성</label>
        <input id="gender2" name="gender" type="radio" value="women" />
        <label for="gender2">여성</label>
```

표 5.40 〈form:radiobutton〉 요소의 주요 속성

| 속성명 | 설명 |
|--------|------|
| value | 라디오 버튼 값을 지정한다. |
| label | 라디오 버튼 라벨을 지정한다. |

## 5.11.11. 셀렉트 박스 출력

Map 또는 컬렉션 요소를 셀렉트 박스로 출력하려면 〈form:select〉 요소를 사용한다(표 5.41).

▶ Map 생성 예

```
@Bean
public Map<String, String> prefectureCodeList() {
    Map<String, String> map = new LinkedHashMap<>();
    map.put("11", "용인");
    map.put("12", "수원");
    return Collections.unmodifiableMap(map);
}
```

▶ JSP 구현 예

```
<spring:eval expression="@prefectureCodeList" var="prefectureCodeList"/>
주소 : <form:select path="livingPrefecture" items="${prefectureCodeList}"/>
```

▶ HTML 출력 예

```
주소 : <select id="livingPrefecture" name="livingPrefecture">
           <option value="11">용인</option>
           <option value="12">수원</option>
       </select>
```

표 5.41 〈form:select〉 요소의 주요 속성

| 속성명 | 설명 |
|---|---|
| items | 선택 항목을 구성하기 위한 정보(값과 라벨)를 가지고 있는 Map이나 컬렉션을 지정한다. 위의 예에서는 Map의 키가 선택 항목의 값, Map의 값이 선택 항목의 라벨이 된다. |
| itemValue | items 속성에 자바빈즈의 컬렉션을 지정한 경우 선택 항목의 값을 가지고 있는 프로퍼티명을 지정한다. |
| itemLabel | items 속성에 자바빈즈의 컬렉션을 지정한 경우 선택 항목의 라벨을 가지고 있는 프로퍼티명을 지정한다. |
| multiple | 여러 옵션을 선택할 수 있게 할 것인지 지정한다. 여러 옵션을 선택하게 하는 경우에는 'multiple' 또는 'true'로 지정한다. |

## ■ 〈form:option〉과 〈form:options〉 사용

셀렉트 박스의 선택 항목을 생성할 때는 〈form:option〉과 〈form:options〉를 이용할 수 있다(표 5.42, 표 5.43). 〈form:option〉 요소는 선택 항목(〈option〉 요소)을 한 개 출력하기 위한 커스텀 태그이며, 〈form:options〉 요소는 Map 또는 컬렉션 요소를 선택 항목으로 출력하기 위한 커스텀 태그다.

이 두 커스텀 태그를 이용하면 '빈 선택 항목의 추가'나 '선택 항목의 그룹화' 등을 할 수 있다.

▶ Map 생성 예

```
@Bean
public Map<String, String> addressCodeListForSeoul() {
    Map<String, String> map = new LinkedHashMap<>();
    map.put("08", "강남구");
    map.put("09", "강북구");
    map.put("10", "강서구");
    return Collections.unmodifiableMap(map);
}

@Bean
public Map<String, String> addressCodeListForGyeonggido() {
    Map<String, String> map = new LinkedHashMap<>();
    map.put("11", "구리시");
    map.put("12", "군포시");
```

```
    map.put("13", "김포시");
    map.put("14", "남양주시");
    return Collections.unmodifiableMap(map);
}
```

▶ JSP 구현 예

```
<spring:eval expression="@addressCodeListForSeoul" var="addressCodeListForSeoul" />
<spring:eval expression="@addressCodeListForGyeonggido" var="addressCodeListForGyeonggido" />


주소 : <form:select path="livingAddress">
          <form:option value="" label="--선택해 주세요--" />
          <optgroup label="서울특별시">
              <form:options items="${addressCodeListForSeoul}" />
          </optgroup>
          <optgroup label="경기도">
              <form:options items="${addressCodeListForGyeonggido}" />
          </optgroup>
      </form:select>
```

▶ HTML 출력 예

```
주소 : <select id="livingAddress" name="livingAddress">
          <option value="">--선택해 주세요.--</option>
          <optgroup label="서울특별시">
              <option value="08">강남구</option>
              <option value="09">강북구</option>
              <option value="10">강서구</option>
          </optgroup>
          <optgroup label="경기도">
              <option value="11">구리시</option>
              <option value="12">군포시</option>
              <option value="13">김포시</option>
              <option value="14">남양주시</option>
          </optgroup>
      </select>
```

표 5.42 〈form:option〉 요소의 주요 속성

| 속성명 | 설명 |
| --- | --- |
| value | 선택 항목의 값을 지정한다. |
| label | 선택 항목의 라벨을 지정한다. |

표 5.43 〈form:options〉 요소의 주요 속성

| 속성명 | 설명 |
|---|---|
| items | 선택 항목을 구성하기 위한 정보(값과 라벨)를 가지고 있는 Map이나 컬렉션을 지정한다. 위의 예에서는 Map의 키가 선택 항목의 값, Map의 값이 선택 항목의 라벨이 된다. |
| itemLabel | items 속성에 자바빈즈의 컬렉션을 지정한 경우 선택 항목의 값을 가지고 있는 프로퍼티명을 지정한다. |
| itemLabel | items 속성에 자바빈즈의 컬렉션을 지정한 경우 선택 항목의 라벨을 가지고 있는 프로퍼티명을 지정한다. |

## 5.11.12. 숨겨진 필드 출력

숨겨진 필드(〈input type ="hidden"〉 요소)를 출력할 때는 〈form:hidden〉 요소를 사용한다.

▶ JSP 구현 예

```
<form:hidden path="gender"/>
```

▶ HTML 출력 예

```
<input id="gender" name="gender" type="hidden" value="men"/>
```

## 5.11.13. 라벨 출력

라벨(〈label〉 요소)을 출력할 때는 〈form:label〉 요소를 사용한다(표 5.44).

▶ JSP 구현 예

```
<form:label path="opinionsAndRequests">의견</form:label> :
<form:textarea path="opinionsAndRequests"/>
```

▶ HTML 출력 예

```
<label for="opinionsAndRequests">의견</label> :
<textarea id="opinionsAndRequests" name="opinionsAndRequests"></textarea>
```

표 5.44 〈form:label〉 요소의 주요 속성

| 속성명 | 설명 |
|---|---|
| path | 라벨에 바인드할 폼 객체의 프로퍼티를 지정한다. 여기서 지정한 프로퍼티에 바인딩 오류나 입력값 검사 오류가 발생하면 오류 메시지용 스타일이 적용된다. |

## 5.11.14. 버튼 출력

버튼(〈button〉 요소)을 출력할 때는 〈form:button〉 요소를 사용한다(표 5.45).

▶ JSP 구현 예

```
<form:button name="confirm">확인</form:button>
```

▶ HTML 출력 예

```
<button id="confirm" name="confirm" type="submit" value="Submit">확인</button>
```

표 5.45 〈form:button〉 요소의 주요 속성

| 속성명 | 설명 |
|---|---|
| name | 버튼을 눌렀을 때 전송할 요청 파라미터명을 지정한다. |
| value | 버튼을 눌렀을 때 전송할 요청 파라미터 값을 지정한다. 생략하면 기본적으로 'Submit'이 된다. |

## 5.11.15. 입력값 검사 오류 출력

바인딩 오류나 입력값 검사 오류가 발생했을 때, 그 오류 정보를 출력하려면 〈form:errors〉 요소를 사용한다(표 5.46).

▶ JSP 구현 예

```
이용 규약 : <form:checkbox path="agreement" value="true" label="동의한다." />
          <form:errors path="agreement" />
```

▶ HTML 출력 예

```
이용 규약 : <input id="agreement1" name="agreement" type="checkbox" value="true" />
          <label for="agreement1">동의한다.</label>
          <input type="hidden" name="_agreement" value="on" />
          <span id="agreement.errors">must be true</span>
          <!-- 에러 정보-->
```

표 5.46 〈form:errors〉 요소의 주요 속성

| 속성명 | 설명 |
|---|---|
| path | 출력하는 오류 정보의 소유자(폼 객체의 프로퍼티)를 지정한다. path 속성에는 전방 일치하는 와일드카드를 사용할 수 있어 '*'를 지정하면 모든 오류 정보가 출력된다. 생략하면 각 프로퍼티에 연결된 오류 정보 대신 객체에 연결된 오류 정보만 출력된다. |

## 5.12. 스프링 범용 태그 라이브러리의 활용

스프링 MVC는 JSP 구현을 지원하기 위한 범용 태그 라이브러리를 제공한다(표 5.47, 표 5.48).

표 5.47 커스텀 태그

| 요소명 | 설명 |
|---|---|
| ⟨spring:message⟩ | 클라이언트가 지정한 로캘에 대응하는 메시지를 출력한다. |
| ⟨spring:theme⟩ | 이용자가 지정한 테마(웹 페이지의 디자인)에 대응하는 메시지를 출력한다. |
| ⟨spring:argument⟩ | 메시지 플레이스홀더에 포함된 값을 지정한다. ⟨spring:message⟩ 또는 ⟨spring:theme⟩ 요소에서 사용한다. |
| ⟨spring:hasBindErrors⟩ | 입력값 검사 오류나 바인딩 오류의 발생 여부와 오류 정보를 출력한다. |
| ⟨spring:bind⟩ | 지정한 객체와 프로퍼티에 연결된 바인딩 정보(org.springframework.web.servlet.support.BindStatus)를 구한다. |
| ⟨spring:nestedPath⟩ | 바인딩 정보에 접근할 때 지정하는 경로에 루트 경로(중첩 경로)를 지정한다. ⟨spring:bind⟩ 및 폼 관련 커스텀 태그(⟨form:input⟩ 요소 등)에서 사용한다. |
| ⟨spring:transform⟩ | 바인딩 정보(BindStatus)에 할당된 java.beans.PropertyEditor를 사용해 값을 문자열로 변환한다. |
| ⟨spring:url⟩ | URL을 생성한다. |
| ⟨spring:param⟩ | 요청 파라미터와 URL템플릿의 경로 변수 값을 지정한다. ⟨spring:url⟩ 요소에서 사용한다. |
| ⟨spring:htmlEscape⟩ | HTML 이스케이프 여부에 대한 기본값을 덮어쓰기 한다. |
| ⟨spring:escapeBody⟩ | HTML 이스케이프 또는 자바스크립트 이스케이프를 수행한다. |
| ⟨spring:eval⟩ | SpEL(Spring Expression Language) 실행 결과를 출력한다. |

표 5.48 EL 함수

| 함수명 | 설명 |
|---|---|
| spring:mvcUrl | 스프링 MVC 요청 매핑 정보(@RequestMapping)와 연계해서 URL을 생성한다. |

이번 절에서는 이러한 커스텀 태그와 EL 함수의 대표적인 사용법을 설명한다. 커스텀 태그의 동작 방식을 좌우하는 속성은 비교적 사용 빈도가 높은 것만 다루겠다. 이 책에서 다루지 않는 다른 모든 속성도 살펴보고 싶다면 TLD 파일[36]을 참고하자.

---

**36** spring-webmvc의 jar 파일 안의 '/META-INF/spring.tld'

## 5.12.1. 태그 라이브러리의 설정

JSP 상단에 태그 라이브러리를 선언한다.

```
<%@ taglib prefix="spring" uri="http://www.springframework.org/tags" %>
```

## 5.12.2. 로캘별 메시지의 출력

클라이언트가 지정한 로캘에 대응하는 메시지를 출력하려면 〈spring:message〉 요소를 사용한다(표 5.49). 메시지는 스프링 프레임워크에서 제공하는 MessageSource에서 가져온다.

▶ 메시지 정의 예(메시지 정의용 프로퍼티 파일)

```
title.home=홈 화면
```

▶ JSP 구현 예

```
<spring:message code="title.home"/>
```

▶ HTML 출력 예

```
홈 화면
```

표 5.49 〈form:message〉 요소의 주요 속성

| 속성명 | 설명 |
| --- | --- |
| code | 메시지를 가져오기 위한 코드(프로퍼티 키)를 지정한다. |
| arguments | 메시지의 플레이스홀더({인덱스 번호} 형식)에 삽입값을 지정한다. 쉼표로 구분된 문자열 또는 객체 컬렉션(배열)을 지정할 수 있다. |
| text | 기본 메시지를 지정한다. 이 속성은 code 속성의 코드에 맞는 메시지가 발견되지 않을 때 사용된다. 예를 들어, 여러 언어를 지원해야 할 때 해당 언어의 메시지를 찾지 못하더라도 최소한의 기본 메시지는 표시되도록 주 언어에 해당하는 메시지를 text 속성에 지정한다. |

### ■ 플레이스홀더에 삽입값을 지정

플레이스홀더에 값을 삽입할 때는 arguments 속성을 사용한다.

▶ 메시지 정의 예(메시지 정의용 프로퍼티 파일)

```
guidance.passwordValidPolicy=같은 패스워드를 사용할 수 있는 기간은 {0}일입니다.
```

▶ JSP 구현 예

```
<spring:message code="guidance.passwordValidPolicy" arguments="90"/>
```

▶ HTML 출력 예

```
같은 패스워드를 사용할 수 있는 기간은 90일입니다.
```

플레이스홀더가 여러 개 있는 경우에는 값을 쉼표로 구분해서 지정한다. 또한 EL을 사용해 객체의 컬렉션이나 배열을 지정할 수도 있다. 그리고 스프링 4.0부터는 플레이스홀더에 삽입하는 값을 지정하기 위한 커스텀 태그(〈spring:argument〉 요소)가 제공된다.

```
<spring:message code="guidance.passwordValidPolicy">
    <spring:argument value="90"/>
</spring:message>
```

## 5.12.3. 테마별 메시지의 출력

사용자가 지정한 테마(웹 페이지의 디자인)에 대응하는 메시지를 출력할 때는 〈spring:theme〉 요소를 사용한다(표 5.50). 실제로는 화면에 표시할 메시지를 정의하는 대신, 테마에 대응하는 스타일 정의(폰트 종류, 폰트나 배경색, UI 컴포넌트의 위치 등을 지정)나 스타일시트가 저장된 경로를 표시하는 것이 일반적이다.

▶ 테마별 설정 값의 정의 예(테마별 프로퍼티 파일)

```
stylesheet=app/css/defaultStyles.css
```

▶ JSP 구현 예

```
<spring:theme code="stylesheet" var="stylesheet"/>
<link rel="stylesheet" href="<c:url value='/resources/${stylesheet}'/>">
```

▶ HTML 출력 예

```
<link rel="stylesheet" href="/resources/app/css/defaultStyles.css">
```

표 5.50 〈spring:theme〉 요소의 주요 속성

| 속성명 | 설명 |
| --- | --- |
| code | 메시지를 구하기 위한 코드(프로퍼티 키)를 지정한다. |

이 요소를 사용할 때는 ThemeResolver, ThemeSource, ThemeChangeInterceptor의 빈을 정의해야 한다[37].

---

**37** 테마를 결정하는 방법에 대해서는 다음 페이지를 참조하자.
http://docs.spring.io/spring/docs/current/spring-framework-reference/htmlsingle/#mvc-themeresolver

## 5.12.4. 입력값 검사 오류의 판단

입력값 검사 오류나 바인딩 오류의 발생 여부나, 발생한 오류 정보를 구하고 싶을 때는 〈spring:has BindErrors〉 요소를 사용한다(표 5.51). 지정한 객체에 오류가 있다면, 그 오류 정보가 요청 스코프 변수(errors)에 저장된다. 그리고 오류 정보에 접근하는 것은 〈spring:hasBindErrors〉 요소에서만 가능하다.

▶ 입력값 검사 오류를 판단하는 JSP 구현 예

```
<spring:hasBindErrors name="accountCreateForm">
    <div id="errorMessages">
        <p>입력값에 오류가 있습니다.</p>
        <ul>
            <c:forEach items="${errors.allErrors}" var="error">
                <li><spring:message message="${error}" /></li>
            </c:forEach>
        </ul>
    </div>
</spring:hasBindErrors>
```

표 5.51 〈spring:hasBindErrors〉 요소의 주요 속성

| 속성명 | 설명 |
|---|---|
| name | 오류 판단을 하는 객체(폼 객체) 속성명을 지정한다. |

## 5.12.5. 바인딩 정보(BindStatus)의 취득

지정한 객체(폼 객체)나 프로퍼티의 바인딩 정보(BindStatus)를 구할 때는 〈spring:bind〉 요소를 사용한다(표 5.52). 〈spring:bind〉 요소를 사용하면 바인딩 정보(BindStatus)가 요청 스코프의 변수(status)에 저장된다. 또한 바인딩 정보에 접근하는 것은 〈spring:bind〉 요소에서만 가능하다.

▶ JSP 구현 예

```
<spring:bind path="accountCreateForm.dateOfBirth">${status.displayValue}</spring:bind>
```

▶ 〈spring:nestedPath〉를 함께 사용할 때의 JSP 구현 예

```
<spring:nestedPath path="accountCreateForm">
    <spring:bind path="dateOfBirth">${status.displayValue}</spring:bind>
</spring:nestedPath>
```

표 5.52 〈spring:bind〉 요소의 주요 속성

| 속성명 | 설명 |
|---|---|
| path | 바인딩 정보에 접근하기 위한 경로(객체명과 속성명)를 지정한다. 〈spring:nestedPath〉를 함께 사용한다면 〈spring:nestedPath〉의 path 속성에 지정된 경로에 대한 상대 경로를 지정한다. |
| ignoreNestedPath | 〈spring:nestedPath〉를 함께 사용할 때 〈spring:nestedPath〉의 path 속성값을 무시할지 여부를 결정한다. 무시하고 싶다면 true를 지정한다. 생략하면 기본값이 false가 된다. |

바인딩 정보(BindStatus)에서 구할 수 있는 정보는 다음과 같다(표 5.53).

표 5.53 BindStatus 프로퍼티

| 속성명 | 설명 |
|---|---|
| value | 프로퍼티에 바인드된 값 또는 거부된 값 |
| valueType | 프로퍼티형 |
| actualValue | 객체 프로퍼티에 실제로 설정되는 값 |
| displayValue | HTML 이스케이프 처리가 수행된 표시용 값 |
| error | 오류 발생 여부. 오류가 발생했다면 true가 된다. |
| errorCodes | 오류 코드 배열. 에러가 발생한 경우에는 오류 메시지를 가져올 때 사용되는 오류 코드 배열이 반환된다. |
| errorCode | 오류 코드. errorCodes 배열의 첫 번째 요소가 반환된다. |
| errorMessages | 오류 메시지 배열. 에러가 발생한 경우에는 오류 메시지의 배열이 반환된다. |
| errorMessage | 오류 메시지. errorMessages 배열의 첫 번째가 요소가 반환된다. |
| errors | 지정한 객체의 오류 정보 |
| editor | 프로퍼티에 할당된 java.beans.PropertyEditor |

## 5.12.6. BindStatus과 연계한 문자열 변환

바인딩 정보(BindStatus)에 할당된 PropertyEditor를 사용해 값을 문자열로 변환할 때는 〈spring: transform〉 요소를 사용한다(표 5.54). 이것은 셀렉트 박스, 체크박스, 라디오 버튼과 같은 입력값을 선택할 수 있는 요소에서 이용할 수 있다. 예를 들면 예약 화면에서 출발일을 셀렉트 박스로 선택할 수 있는 화면을 만들 때 활용할 수 있다.

▶ 출발일을 담고 있는 프로퍼티 정의

```
@DateTimeFormat(iso = DateTimeFormat.ISO.DATE) // yyyy-MM-dd 형식
private Date departureDate;
```

▶ JSP 구현 예

```
<form:select path="departureDate">
    <c:forEach items="${targetDateList}" var="targetDate">
        <spring:transform value="${targetDate}" var="formattedTargetDate" />
        <!-- 값 변환-->
        <form:option value="${formattedTargetDate}">${formattedTargetDate}</form:option>
    </c:forEach>
</form:select>
```

▶ HTML 출력 예

```
<select name="departureDate">
    <option value="2017-05-10">
        2017-05-10
    </option>
    <!-- 생략 -->
</select>
```

표 5.54 〈spring:transform〉 요소의 주요 속성

| 속성명 | 설명 |
|--------|------|
| value | 변환 대상의 값을 지정한다. |

## 5.12.7. URL 생성

〈a〉 요소의 href 속성에 URL을 지정할 때는 〈spring:url〉 요소를 사용한다(표 5.55). 이 커스텀 태그는 JSTL의 〈c:url〉 요소가 제공하는 기능에 URL 템플릿 기능을 더 추가한 것이다[38].

다음은 URL 템플릿을 이용해 URL을 생성한 예다. 그 밖의 사용법은 JSTL의 〈c:url〉과 같다.

▶ JSP 구현 예

```
<spring:url value="/users/{userId}" var="userUrl">
    <spring:param name="userId" value="${userId}"/>
</spring:url>
<a href="${userUrl}"><c:out value="${userId}"/></a>
```

---

**38** (옮긴이) URL 템플릿 기능 외에도 자바스크립트나 XML 이스케이프 기능도 추가됐다.
https://docs.spring.io/spring/docs/current/javadoc-api/org/springframework/web/servlet/tags/UrlTag.html

▶ HTML 출력 예

```
<a href="/myWebApp/users/A0000001">A0000001</a>
```

표 5.55 〈spring:url〉 요소 속성

| 속성명 | 설명 |
|---|---|
| value | 요청 경로나 URL을 지정한다. URL 템플릿의 경로 변수({변수명})에 설정할 값은 〈spring:param〉 요소(표 5.56)로 지정한다. |
| context | 컨텍스트 경로를 지정한다. 생략한 경우 기본값은 웹 애플리케이션의 컨텍스트 경로가 된다. |

표 5.56 〈spring:param〉 요소 속성

| 속성명 | 설명 |
|---|---|
| name | URL 템플릿 안의 경로 변수 이름을 지정한다. |
| value | 경로 변수에 삽입할 값을 지정한다. 응답 시 사용되는 문자 코드로 URL 인코딩이 된다. |

## 5.12.8. 이스케이프 여부의 기본값 덮어쓰기

스프링 MVC가 제공하는 커스텀 태그를 사용할 때, HTML 이스케이프를 적용할지 말지에 대한 기본값은 서블릿 컨테이너의 초깃값 파라미터(defaultHtmlEscape)로 결정된다(표 5.57). 이 기본값을 페이지 단위로 덮어쓰고 싶을 때는 〈spring:htmlEscape〉 요소를 사용한다.

▶ JSP 구현 예

```
<spring:htmlEscape defaultHtmlEscape="true"/>
```

표 5.57 〈spring:htmlEscape〉 요소 속성

| 속성명 | 설명 |
|---|---|
| defaultHtmlEscape | HTML 이스케이프 여부의 기본값을 지정한다. HTML 이스케이프를 하는 경우 true를 지정한다. |

서블릿 컨테이너의 초기화 파라미터를 생략하면 기본값은 false(HTML 이스케이프를 하지 않음)가 된다. 다만 폼 관련 커스텀 태그의 기본값은 true(HTML 이스케이프를 수행)로 덮어써지게 되니 헷갈리지 않도록 주의할 필요가 있다.

## 5.12.9. 출력값 이스케이프

HTML 이스케이프나 자바스크립트 이스케이프를 적용한 값을 출력할 때는 〈spring:escapeBody〉 요소를 사용한다(표 5.58).

▶ HTML 이스케이프만 수행하는 JSP 구현 예

```
<spring:escapeBody htmlEscape="true">${message}</spring:escapeBody>
```

▶ 자바스크립트 이스케이프만 수행하는 JSP 구현 예

```
<script>
    var message = "<spring:escapeBody javaScriptEscape='true'>${message}</spring:escapeBody>";
    // 생략
</script>
```

▶ HTML 이스케이프 + 자바스크립트 이스케이프를 모두 수행하는 JSP 구현 예

```
<button type="submit"
    onclick="return confirm('<spring:escapeBody htmlEscape=\'true\'
        javaScriptEscape=\'true\'>${message}</spring:escapeBody>')">
    종료</button>
```

표 5.58 ⟨spring:escapeBody⟩ 요소 속성

| 속성명 | 설명 |
| --- | --- |
| htmlEscape | HTML 이스케이프 여부를 지정한다. HTML 이스케이프를 하는 경우에는 true를 지정한다. 생략하면 페이지에 설정돼 있는 기본값이 적용된다. |
| javaScriptEscape | 자바스크립트 이스케이프 여부를 지정한다. 자바스크립트 이스케이프를 하는 경우에는 true를 지정한다. |

## 5.12.10. SpEL 실행 결과의 취득

SpEL(Spring Expression Language)의 실행 결과를 출력하려면 ⟨spring:eval⟩ 요소를 사용한다(표 5.59). ⟨spring:eval⟩ 요소를 사용하면 JSP의 EL로 표현할 수 없는 처리를 하거나, DI 컨테이너에 등록돼 있는 빈에 접근할 수 있다. SpEL에 대한 자세한 내용은 2장 2.5절 '스프링 표현 언어'를 참고하자.

다음은 DI 컨테이너에서 관리되는 빈에 접근하기 위해 SpEL을 사용한 예이다.

▶ 빈 정의 예

```
@Component
public class AppSettings {

    @Value("${passwordValidDays:90}")
    int passwordValidDays;

    public int getPasswordValidDays() {
```

```
            return passwordValidDays;
    }
}
```

▶ JSP 구현 예

```
<spring:message code="guidance.passwordValidPolicy">
    <spring:argument>
        <spring:eval expression="@appSettings.passwordValidDays"/>
    </spring:argument>
</spring:message>
```

▶ HTML 출력 예

같은 패스워드를 사용할 수 있는 기간은 90일입니다.

표 5.59 〈spring:eval〉 요소의 주요 속성

| 속성명 | 설명 |
|---|---|
| expression | SpEL을 지정한다. DI 컨테이너에서 관리되는 빈에 접근하려면 '@ + 빈의 이름'을 지정한다. |

## 5.12.11. 요청 매핑 정보와 연계한 URL 생성

스프링 MVC의 요청 매핑 정보(@RequestMapping)와 연계해서 URL을 생성할 때는 spring:mvcUrl 함수를 사용한다(표 5.60). spring:mvcUrl 함수를 사용하면 컨트롤러에 구현된 핸들러 메서드를 호출하는 것처럼 URL을 조립할 수 있다.

▶ 컨트롤러 구현 예

```
@RequestMapping("/menu")
@Controller
public class MenuController {

    @RequestMapping(method = RequestMethod.GET)
    public String view() {
        return "welcome/menu";
    }

}
```

▶ JSP 구현 예

```
<a href="${spring:mvcUrl('MC#view').build()}">메뉴로 이동</a>
```

▶ HTML 출력 예

```
<a href="/menu/">메뉴로 이동</a>
```

표 5.60 spring:mvcUrl 함수의 인수

| 인수 위치 | 설명 |
| --- | --- |
| 1 | 요청 매핑 정보(@RequestMapping)의 이름을 지정한다. @RequestMapping의 name 속성에 지정한 값이 요청 매핑 정보의 이름이 된다. 만약 name 속성을 생략했다면 '컨트롤러 클래스의 단축명(클래스명의 대문자 부분을 붙인 값) + '#' + 핸들러 메서드의 이름'이 요청 매핑 정보의 이름이 된다. |

spring:mvcUrl 함수를 호출하면 org.springframework.web.servlet.mvc.method.annotation. MvcUriComponentsBuilder.MethodArgumentBuilder 클래스의 인스턴스가 반환된다. Method ArgumentBuilder에는 다음과 같은 메서드가 준비돼 있다(표 5.61).

표 5.61 MethodArgumentBuilder 메서드

| 메서드명 | 설명 |
| --- | --- |
| arg | 핸들러 메서드의 매개변수에 전달하는 값(URL 템플릿의 경로 변수 값과 요청 파라미터 값)을 지정한다. 첫 번째 인수에 인수의 위치(0부터 시작)를, 두 번째 인수에 전달할 값을 지정한다. |
| build | URL을 생성한다. 요청 매핑 정보와 핸들러 메서드의 매개변수에 전달한 값을 토대로 URL이 만들어진다. 이때 URL은 UTF-8로 URL 인코딩된다. |
| buildAndExpand | 경로 변수 값을 지정해 URL을 만든다. 요청 매핑 정보와 핸들러 메서드의 매개변수에 전달한 값, 그리고 경로 변수 값을 토대로 URL이 만들어진다. 이때 URL은 UTF-8로 URL 인코딩된다. URL 템플릿에서 경로 변수에 삽입하는 값을 모든 핸들러 메서드의 매개변수에 전달할 때는 build 메서드를 사용하면 된다. |

## ■ 핸들러 메서드의 매개변수 지정

핸들러 메서드의 매개변수에 지정한 애너테이션(@PathVariable이나 @RequestParam 등)과 연계해서 URL을 생성한다. 다음은 핸들러 메서드의 매개변수에 전달한 값을 URL 템플릿의 경로 변수에 삽입해서 URL을 만든 예다.

▶ 컨트롤러 구현 예

```
@RequestMapping("/users")
@Controller
public class UserController {
    @RequestMapping(path = "{userId}", method = RequestMethod.GET)
    public String viewDetail(@PathVariable String userId, Model model) {
        // 생략
```

```
        return "user/detail";
    }
}
```

▶ JSP 구현 예

```
<!-- URI 템플릿의 경로 변수에 인수값을 삽입 -->
<a href="${spring:mvcUrl('UC#viewDetail').arg(0, userId).build()}">
    <c:out value="${userId}"/>
</a>
```

▶ HTML 출력 예

```
<a href="/users/A0000001">
    A0000001
</a>
```

@DateTimeFormat과 같은 포맷 지정용 애너테이션과 연동해서 URL을 만들 수 있다.

메모

## 5.13. 예외 처리

예외 처리는 애플리케이션을 개발할 때 빼놓을 수 없는 중요한 요소 중 하나다. 여기서는 웹 애플리케이션에서 발생할 수 있는 예외 처리 방법에 대해 설명한다.

### 5.13.1. 예외의 종류

예외 처리 방법을 설명하기 전에 웹 애플리케이션에서 발생할 수 있는 예외를 정리해 두자.

웹 애플리케이션에서 발생하는 예외는 크게 다음의 세 가지로 분류된다. 애플리케이션 개발자는 이 예외에 대해 적절하게 오류 처리를 할 수 있어야 한다.

- **시스템 예외**

  처리를 계속할 수 없는 예외(애플리케이션 자체의 버그, 의존 라이브러리의 버그, 미들웨어 및 하드웨어의 고장, 시스템 리소스의 고갈, 네트워크 장애 등)는 시스템 예외로 분류된다. 시스템 예외가 발생한 경우에는 시스템 사용자에게 시스템 오류 화면을 표시하고 시스템 운영자에게는 시스템 장애가 발생했다는 것을 알릴 수 있도록 구현해야 한다.

- **잘못된 요청 예외**

  잘못된 요청으로 발생하는 예외(존재하지 않는 경로의 요청, 바인딩 오류, 입력값 검사 오류 등)는 잘못된 요청 예외로 분류된다. 잘못된 요청 예외가 발생한 경우에는 시스템 사용자에게 요청 내용이 잘못됐다는 것을 알릴 수 있도록 구현해야 한다.

- **애플리케이션 예외**

  비즈니스 규칙을 위반했을 때 발생하는 예외(사용자 등록 시 ID 중복 오류, 재고 부족 오류 등)는 애플리케이션 예외로 분류된다. 애플리케이션 오류가 발생한 경우에는 애플리케이션 요구사항에 정해져 있는 오류 처리 내용을 구현해야 한다.

## 5.13.2. 예외의 발생 장소와 그에 따른 처리 방법

스프링 MVC를 사용한 웹 애플리케이션에서는 다음과 같은 장소에서 예외가 발생할 수 있으며, 예외 처리 방법도 발생 장소에 따라 달라진다(그림 5.18).

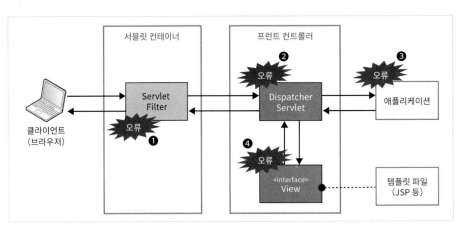

그림 5.18 예외 발생 장소

❶ **서블릿 필터**

　　서블릿 필터를 사용해서 공통 기능을 구현할 때는 서블릿 필터에서 발생하는 예외를 처리할 수 있어야 한다. 이러한 예외는 서블릿 컨테이너가 제공하는 오류 페이지 기능(web.xml의 <error-page> 요소)을 사용해서 예외 처리를 한다.

❷ DispatcherServlet

　　스프링 MVC를 사용할 때는 프런트 컨트롤러에서 프레임워크 기능을 활용할 때 발생하는 오류에 대해서도 예외 처리를 할 수 있어야 한다. 이러한 예외는 스프링 MVC가 제공하는 HandlerExceptionResolver를 사용해서 예외 처리를 한다.

❸ **애플리케이션(컨트롤러, 서비스, 리포지토리 등)**

스프링 MVC를 사용할 때는 컨트롤러에서 비즈니스 로직과 같은 애플리케이션 기능을 수행하다 발생하는 오류에 대해서도 예외 처리를 할 수 있어야 한다. 이러한 예외는 프로그램 안에서 try ~ catch 구문과 스프링 MVC가 제공하는 HandlerExceptionResolver를 사용해서 예외 처리를 한다.

❹ **뷰(JSP 등)**

뷰를 통해 클라이언트에 응답할 데이터를 만들 때는 뷰에서 발생하는 오류에 대해서도 예외 처리를 할 수 있어야 한다. 이러한 예외는 서블릿 컨테이너의 오류 페이지 기능(web.xml의 〈error-page〉 요소)을 사용해서 예외 처리를 한다.

■ **예외 처리 방법**

스프링 MVC 기반의 웹 애플리케이션에서 발생하는 예외는 서블릿 컨테이너의 오류 페이지 기능이나 스프링 MVC의 예외 핸들러 기능 중 어느 하나를 이용해서 처리한다.

메모

사용하는 라이브러리에 따라 라이브러리 자체에서 예외 처리 메커니즘을 제공하는 경우도 있다. 이럴 때는 시스템이나 애플리케이션의 요구사항에 맞춰 예외 처리 방법을 적절히 구현해줘야 한다.

## 5.13.3. 서블릿 컨테이너의 오류 페이지 기능 활용

서블릿 컨테이너는 서블릿 컨테이너까지 전달된 예외나 응답 오류(HttpServletResponse의 sendError 메서드 호출)를 처리하고 이동할 페이지를 지정하는 기능을 제공한다.

오류가 발생했을 때 이동할 페이지는 web.xml의 〈error-page〉 요소에 설정한다.

▶ 상태 코드를 사용한 이동 대상 페이지 설정 예

```
<error-page>
    <error-code>500</error-code> ————————————————————————— ❶
    <location>/WEB-INF/error/systemError.jsp</location> ——————————— ❷
</error-page>
```

❶ 상태 코드를 사용해 이동 대상 페이지를 지정할 때는 〈error-code〉 요소에 상태 코드를 설정한다. 〈error-code〉에는 오류를 나타내는 계열의 응답 코드(4xx 또는 5xx)를 지정할 수 있다.

❷ 〈location〉 요소로 이동 대상 페이지를 지정한다.

▶ 예외 타입을 사용한 이동 대상 페이지의 설정 예

```
<error-page>
    <exception-type>java.lang.Exception</exception-type> ——————————— ❸
    <location>/WEB-INF/error/systemError.jsp</location>
</error-page>
```

❸ 예외 타입을 사용해 이동 대상을 지정할 때는 〈exception-type〉 요소에 예외 타입을 설정한다.

▶ 기본 이동 대상의 설정 예(서블릿 3.1 이상인 경우)

```
<error-page> ——————————————————————————————————————— ❹
    <location>/WEB-INF/error/defaultError.jsp</location>
</error-page>
```

❹ 기본 이동 대상을 지정할 때는 〈location〉 요소만 지정해 〈error-page〉 요소를 정의한다.

메모

일반 사용자에게 서비스되는 애플리케이션에서는 서블릿 컨테이너의 오류 페이지 기능을 사용해 기본 이동 대상을 지정하는 것을 적극 권장한다.

기본 이동 대상을 지정하지 않았을 때 오류가 발생하면 애플리케이션 서버가 제공하는 기본 오류 페이지가 표시된다. 톰캣과 같은 일부 애플리케이션 서버에서는 애플리케이션 서버의 컴포넌트 정보나 예외의 스택 트레이스(Stack Trace)가 표시될 수 있다. 이와 같은 내부 정보가 일반 사용자들에게 노출되면 애플리케이션 서버나 프레임워크의 보안 취약점을 노린 공격을 받을 위험이 커질 수 있다.

### ■ 오류 페이지에서 사용할 수 있는 오류 정보

오류 페이지로 지정한 이동 대상에서는 다음과 같은 오류 정보를 요청 스코프에서 꺼내올 수 있다(표 5.62).

표 5.62 오류 페이지에서 사용할 수 있는 요청 스코프 속성

| 속성명 | 타입 | 설명 |
| --- | --- | --- |
| javax.servlet.error.status_code | Integer | 응답 상태 코드 |
| javax.servlet.error.exception_type | Class | 예외 객체 타입 |
| javax.servlet.error.message | String | 예외 메시지 |
| javax.servlet.error.exception | Throwable | 예외 객체 |
| javax.servlet.error.request_uri | String | 예외가 발생한 요청 URI |
| javax.servlet.error.servlet_name | String | 예외가 발생한 요청에 할당된 서블릿 이름 |

### ■ 예외 클래스와 타입 계층

예외 타입을 사용해서 오류 페이지를 정의한 경우에는 발생한 예외 클래스와 예외 페이지에서 정의한 예외 타입이 타입 계층 상에서 가장 가까운 내용이 적용된다.

▶ 타입 계층을 고려해서 이동 대상을 지정한 예

```
<error-page>
    <exception-type>java.lang.Exception</exception-type>
    <location>/WEB-INF/systemError.jsp</location>
</error-page>

<error-page>
    <exception-type>java.io.IOException</exception-type>
    <location>/WEB-INF/ioError.jsp</location>
</error-page>
```

위와 같은 예에서는 java.io.FileNotFoundException(IOException의 서브클래스)이 발생하면 /WEB-INF/ioError.jsp가 이동 대상 페이지가 된다.

### ■ 근원 예외 정보를 사용한 오류 처리

서블릿 컨테이너에 전달된 예외가 javax.servlet.ServletException(또는 ServletException의 서브클래스)이라서 예외 타입에 대응하는 오류 페이지가 정의돼 있지 않은 경우에는 예외를 유발한 근원 예외(ServletException의 getRootCause 메서드의 반환값)에 대응하는 오류 페이지가 적용된다.

반대로 말하면 ServletException(또는 ServletException의 서브클래스)이나 java.lang.Exception에 대한 오류 페이지를 정의한 경우에는 근원 예외 정보를 사용한 오류 처리를 할 수 없다.

## 5.13.4. 스프링 MVC의 예외 핸들러 활용

스프링 MVC는 프런트 컨트롤러와 컨트롤러 이후의 애플리케이션 기능에서 발생하는 예외를 처리하기 위해 org.springframework.web.servlet.mvc.method.annotation.HandlerExceptionResolver 인터페이스와 이것을 구현한 기본 구현 클래스를 제공한다. 스프링 MVC에서는 다음과 같은 세 가지 구현 클래스가 기본으로 적용된다(표 5.63).

표 5.63 기본으로 적용되는 HandlerExceptionResolver 구현 클래스

| 클래스명 | 설명 |
| --- | --- |
| ExceptionHandlerExceptionResolver | @ExceptionHandler를 붙인 메서드를 구현해서 예외를 처리하는 예외 핸들러 |
| ResponseStatusExceptionResolver | @ResponseStatus를 붙인 예외 클래스를 작성해서 예외를 처리하는 예외 핸들러. @ResponseStatus에 지정한 상태 코드를 사용해 HttpServletResponse의 sendError 메서드가 호출된다. |
| DefaultHandlerExceptionResolver | 스프링 MVC의 프런트 컨트롤러에서 발생하는 예외를 처리하기 위한 예외 핸들러. 예외 클래스에 대응하는 상태 코드를 사용해 HttpServletResponse의 sendError 메서드가 호출된다. |

스프링 MVC에서 발생한 예외는 DispatcherServlet이 포착한 후, HandlerExceptionResolver의 resolveException 메서드에서 예외 처리 과정을 거치게 된다. resolveException 메서드 안에서는 ModelAndView 클래스 객체를 반환하는 방법으로 다음 이동 대상 뷰를 결정하고, 이동 후의 뷰에서 필요로 하는 정보를 전달한다(그림 5.19). 이때 오류 화면으로 이동할 때는 일반적인 화면 방식과 마찬가지로 ViewResolver가 사용된다.

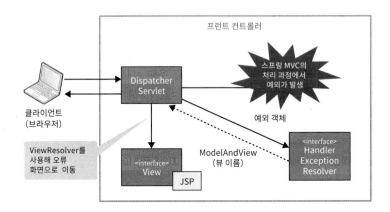

그림 5.19 스프링 MVC의 예외 핸들러 구조

메모

스프링 MVC의 처리 과정에서 에러(java.lang.Error 클래스나 그 서브클래스)가 발생하면 org.spring framework.web.util.NestedServletException에 래핑된 예외가 서블릿 컨테이너에 전달된다. 즉, 에러 (java.lang.Error)는 스프링 MVC의 예외 핸들러를 사용하더라도 오류 처리를 하지 못한다[39]

---

**39**   스프링 4.3부터 Error나 Throwable을 처리할 수 있다.

## ■ HandlerExceptionResolver 적용 순서

HandlerExceptionResolver는 ExceptionHandlerExceptionResolver, ResponseStatusException Resolver, DefaultHandlerExceptionResolver 순서로 적용된다. 다만, 이들 중 어느 하나의 resolveException 메서드에서 예외가 처리되고 나면 이후의 HandlerExceptionResolver는 동작하지 않는다. 만약 모든 HandlerExceptionResolver에서 예외가 처리되지 않는 경우에는 org.springframework.web.util.NestedServletException(ServletException의 서브클래스)로 래핑된 예외가 서블릿 컨테이너로 전달된다.

## ■ DefaultHandlerExceptionResolver에서 처리되는 예외

DefaultHandlerExceptionResolver에서 처리되는 예외 클래스와 이에 대응하는 상태 코드와의 관계는 다음과 같다(표 5.64).

표 5.64 기본적으로 적용되는 HandlerExceptionResolver 구현 클래스

| 클래스명 | 설명 | 응답 코드 |
|---|---|---|
| NoSuchRequestHandlingMethodException | 요청에 대응할 핸들러 메서드가 발견되지 않았을 때 발생하는 예외. MultiActionController[21]를 상속해서 컨트롤러를 만든 경우에 발생한다. | 404 |
| HttpRequestMethodNotSupportedException | 지원하지 않는 HTTP 메서드가 호출됐을 때 발생하는 예외. 응답의 Allow 헤더에 지원하는 HTTP 메서드 목록이 설정된다. | 405 |
| HttpMediaTypeNotSupportedException | 요청의 Content-Type에 지정한 미디어 타입이 지원되지 않을 때 발생하는 예외. 응답의 Accept 헤더에 지원하는 미디어 타입 목록이 설정된다. | 415 |
| HttpMediaTypeNotAcceptableException | 요청의 Accept 헤더에 지정한 미디어 타입으로 응답이 지원되지 않는 경우에 발생하는 예외 | 406 |
| MissingPathVariableException | @PathVariable로 경로 변수 값을 구할 때 URI 템플릿에 경로 변수가 없을 때 발생하는 예외 | 500 |
| MissingServletRequestParameterException | 필수 요청 파라미터가 지정되지 않았을 때 발생하는 예외. @RequestParam으로 요청 파라미터 값을 가져올 때 발생한다. | 404 |
| ServletRequestBindingException | @RequestMapping의 params 속성으로 요청을 매핑할 때 params 속성에 대응하는 요청 파라미터가 존재하지 않을 때 발생한다. | 400 |
| ConversionNotSupportedException | 스프링의 형 변환 메커니즘에서 변환할 수 없는 타입이 있을 때 발생하는 예외 | 500 |

| 클래스명 | 설명 | 응답 코드 |
|---|---|---|
| TypeMismatchException | 요청 파라미터 값이 형 변환에 실패했을 때 발생하는 예외. 예를 들어, @RequestParam를 통해 요청 파라미터 값을 Integer로 받아야 하는 상황에서 요청 파라미터 값에 숫자가 아닌 다른 타입의 값이 지정되면 이 예외가 발생한다. | 400 |
| HttpMessageNotReadableException | HttpMessageConverter를 통해 요청 본문(JSON이나 XML 등)을 읽지 못했을 때 발생하는 예외 | 400 |
| HttpMessageNotWritableException | HttpMessageConverter를 통해 요청 본문(JSON이나 XML 등)을 쓰지 못했을 때 발생하는 예외 | 500 |
| MethodArgumentNotValidException | @RequestBody나 @RequestPart를 지정해서 가져온 객체에서 바인딩 오류(입력값 검사 오류)가 발생할 때 나는 예외 | 400 |
| MissingServletRequestPartException | 필수적으로 입력돼야 할 업로드 파일이 지정되지 않았을 때 발생하는 예외. @RequestPart를 통해 업로드 파일을 가져올 때 발생한다. | 400 |
| BindException | 폼 객체에서 입력값 검사 오류가 발생했을 때 나는 예외. 핸들러 메서드 매개변수에 BindingResult를 지정하면 이 예외가 발생하지 않는다. | 400 |
| NoHandlerFoundException | 요청에 대응하는 핸들러 메서드가 발견되지 않았을 때 발생하는 예외. 기본 설정에서는 핸들러 메서드를 못찾아도 예외가 발생하지 않는다. 예외를 발생시키려면 DispatcherServlet의 throwExceptionIfNoHandlerFound 속성을 true(기본값은 false)로 설정해야 한다. | 404 |

## 5.13.5. @ExceptionHandler 메서드 활용

DefaultHandlerExceptionResolver에서 처리되지 않는 예외를 처리하려면 @org.springframework.web.bind.annotation.ExceptionHandler를 붙인 메서드를 구현하면 된다.

@ExceptionHandler가 붙은 메서드는 컨트롤러 클래스나 ControllerAdvice 클래스(@ControllerAdvice가 붙은 클래스)에 구현할 수 있다. 컨트롤러 고유의 예외 처리는 컨트롤러 클래스에 구현하고 애플리케이션 전체에서 필요로 하는 공통적인 예외 처리는 ControllerAdvice 클래스에 구현하는 것이 일반적이다.

예외 처리 내용이 '이동 대상의 뷰 지정'과 '응답 코드 지정'만이라면 스프링 MVC에서 제공하는 org.
springframework.web.servlet.handler.SimpleMappingExceptionResolver를 활용해 볼 수 있다.
SimpleMappingExceptionResolver를 사용하려면 SimpleMappingExceptionResolver를 빈으로 정의한
다음, DI 컨테이너에 등록해야 한다. 적용 순서를 바꾸고 싶다면 SimpleMappingExceptionResolver의 order
프로퍼티를 조절하면 된다. order 프로퍼티를 생략하면 가장 우선순위가 낮은 ExceptionHandlerException
Resolver로 DI 컨테이너에 등록된다.

## ■ 공통적인 예외 처리의 구현

애플리케이션 전체에서 공통적으로 발생하는 예외를 처리하려면 예외 처리용 ControllerAdvice 클래
스를 작성하고 @ExceptionHandler 메서드를 구현한다.

▶ 공통적인 예외 처리 구현 예

```
package com.example;

import org.springframework.http.HttpStatus;
import org.springframework.web.bind.annotation.*;

@ControllerAdvice ─────────────────────────────────────────── ❶
public class GlobalExceptionHandler {

    @ExceptionHandler ─────────────────────────────────────── ❷
    @ResponseStatus(HttpStatus.INTERNAL_SERVER_ERROR) ──────── ❸
    public String handleException(Exception e) {
        // 오류 처리를 한다.
        return "error/systemError"; ──────────────────────────── ❹
    }
}
```

❶ 공통적인 예외 처리를 위해 @ControllerAdvice를 붙인 클래스를 구현한다.

❷ @ExceptionHandler를 붙인 메서드를 구현하다. 처리할 예외 클래스는 메서드 매개변수나 @ExceptionHandler의
value 속성에 지정한다. 이 예에서는 처리할 예외 클래스를 메서드의 매개변수에 지정하고 있다.

❸ 클라이언트에 응답할 상태 코드를 지정한다. 이 예에서는 500(Internal Server Error)을 지정하고 있다. 상태 코드를 생략
하면 기본값은 200(OK)이 된다.

❹ 오류 처리를 위해 다음에 이동할 뷰 이름을 반환한다. 이 예에서는 시스템 오류 화면으로 이동하기 위한 뷰 이름('error/
systemError')을 반환한다.

이 예에서는 handleException이라는 메서드를 하나만 구현하고 있지만 상황에 따라 여러 개의 메서드를 구현할 수 있다. 그리고 애너테이션을 사용하고 있기 때문에 특별히 클래스명이나 메서드명에 대한 명명법과 같은 제약은 없다.

### ■ @ExceptionHandler 메서드의 매개변수

@ExceptionHandler 메서드의 매개변수에는 다음과 같은 타입을 지정할 수 있다(표 5.65).

표 5.65 @ExceptionHandler 메서드에 지정 가능한 주요 타입

| 클래스명 | 설명 |
| --- | --- |
| Exception | 발생한 예외 객체[22] |
| HandlerMethod | 요청에 대응하는 HandlerMethod 객체 |
| java.util.Locale | 클라이언트 로캘 |
| java.util.TimeZone / java.time.ZoneId | 클라이언트 시간대. ZoneId는 Java SE 8 이상에서 사용 가능 |
| java.security.Principal | 클라이언트의 인증된 사용자 정보를 가지고 있는 인터페이스 |

메모    핸들러 메서드의 매개변수와 마찬가지로 서블릿 API(HttpServletRequest, HttpServletResponse, HttpSession)나 저수준 자바 API(InputStream, Reader, OutputStream, Writer)의 타입도 지정할 수 있지만 이러한 API를 남발해서 사용하면 애플리케이션의 유지보수가 힘들어질 수 있다. 애플리케이션 요구사항이 충족되지 않는 경우에 한해서만 이러한 API를 사용하자.

### ■ @ExceptionHandler 메서드의 반환값

@ExceptionHandler 메서드의 반환값으로 다양한 객체를 지정할 수 있다. 스프링 MVC가 기본적으로 지원하는 주요 타입은 다음과 같다(표 5.66).

표 5.66 스프링 MVC가 기본적으로 지원하는 반환값의 주요 타입

| 형 | 설명 |
| --- | --- |
| String | 이동 대상의 뷰 이름을 반환한다. |
| ModelAndView | 이동 대상의 뷰 이름과 이동 대상에 연계할 데이터(Model)를 반환한다. |
| void | HttpServletResponse에 직접 응답 데이터를 쓰는 경우에는 void로 지정한다. |
| ResponseEntity<?> | 응답 헤더와 응답 본문에 직렬화 객체를 반환한다. 반환한 객체는 HttpMessageConverter를 사용해 임의의 형식으로 직렬화된다 |

그리고 핸들러 메서드와 마찬가지로 @ModelAttribute나 @ResponseBody를 메서드에 지정해 임의의 객체를 Model에 저장하거나 응답 본문에 직렬화할 수 있다.

## 5.13.6. @ResponseStatus를 지정한 예외 클래스의 활용

예외 처리 내용이 상태 코드만 설정하는 것이라면 @org.springframework.web.bind.annotation. ResponseStatus를 붙인 예외 클래스를 구현하면 된다.

▶ @ResponseStatus를 붙인 예외 클래스의 구현 예

```
@ResponseStatus(HttpStatus.NOT_FOUND)
public class ResourceNotFoundException extends RuntimeException {
    // 생략
}
```

위의 예외 클래스가 스프링 MVC로 전달되면 응답 상태 코드에 404(Not Found)가 설정된다. 한편 @ResponseStatus는 부모 클래스나 원인이 되는 예외 클래스에 지정할 수도 있다.

# 6장

## RESTful 웹 서비스 개발

5장에서는 '화면으로 응답하는 웹 애플리케이션'을 구현하는 방법을 배웠다. 이번 장에서는 '데이터만 응답하는 웹 애플리케이션'으로, RESTful 웹 서비스(REST API)를 개발할 때 필요한 컴포넌트(컨트롤러, 리소스 클래스)를 구현하는 방법에 대해 자세히 살펴보자.

우선 REST API 아키텍처를 소개한 후 '도서 정보'를 다루는 REST API를 소재로 삼아 스프링 MVC를 이용한 REST API 구현 방법을 배워보자. 그리고 마지막에는 스프링이 제공하는 HTTP 클라이언트(RestTemplate)를 이용해 '도서 정보'를 다루기 위한 REST API를 호출하는 방법을 살펴볼 것이다.

메모

REST API를 개발할 때는 5장 '웹 애플리케이션 개발'에서 배운 지식이 필요하다. 5장 5.1절 '웹 애플리케이션의 종류'부터 5.5절 '요청 데이터 취득', 그리고 5.7절 '입력값 검사'를 미리 읽어두면 이번 장을 쉽게 진행할 수 있을 것이다.

## 6.1. REST API 아키텍처

REST API에 대한 구체적인 개발 방법을 설명하기 전에 먼저 REST API[1]가 무엇인지 살펴보자. REST는 'REpresentational State Transfer'의 약자이며, 클라이언트와 서버 사이에서 데이터를 주고받는 애플리케이션을 만들기 위한 아키텍처 스타일 중의 하나다.

REST 아키텍처 스타일에서 가장 중요한 것은 '리소스'라는 개념이다. REST API는 데이터베이스 등에서 관리되는 정보에서 클라이언트에 제공할 정보를 '리소스'의 형태로 추출한다. 추출된 리소스는 웹에 공개되고 리소스에 접근(CRUD 조작)하기 위한 수단으로 'REST API'를 제공한다.

### 6.1.1. Resource Oriented Architecture(ROA)

ROA는 RESTful 웹 애플리케이션을 구축하기 위한 구체적인 아키텍처를 정의하고 있다. 이 절에서는 ROA의 중요한 특징 7가지를 소개하고 REST API를 설계하거나 개발할 때 고려해야 할 사항을 설명할 것이다.

#### ■ 웹의 리소스로 공개

클라이언트에 제공할 정보는 웹에서 리소스로 공개한다. 이는 HTTP 프로토콜을 사용해 리소스에 접근할 수 있다는 것을 의미한다.

---

1  (옮긴이) DEVIEW 2017에서 REST에 관한 흥미로운 발표가 있었으니 꼭 한번 참고하자. '그런 REST API로 괜찮은가', 이응준.
https://deview.kr/2017/schedule/212

## ■ URI를 통한 리소스 식별

웹에 공개할 리소스에는 그 리소스를 고유하게 식별할 수 있는 URI(Universal Resource Identifier)를 할당해 같은 네트워크에 연결돼 있다면 어디서든 같은 리소스에 접근할 수 있게 한다.

> 리소스에 할당할 URI로는 '리소스의 종류를 나타내는 명사'와 '리소스를 고유하게 식별할 수 있는 값(ID 등)'을 조합하는 것이 일반적이다. https://api.github.com/users/spring-projects를 예로 들어 설명하면 'users' 부분이 '리소스 종류'에 해당하고, 'spring-projects' 부분이 '리소스를 고유하게 식별할 수 있는 값'이 된다.

## ■ HTTP 메서드를 통한 리소스의 조작

리소스에 대한 CRUD 조작은 HTTP 메서드(GET, POST, PUT, DELETE 등)를 용도에 맞게 잘 나눠서 구현해야 한다. REST API를 만들 때 자주 사용하는 HTTP 메서드는 다음과 같이 4가지가 있다(표 6.2).

표 6.1 자주 사용되는 HTTP 메서드와 역할

| HTTP 메서드 | 설명 |
| --- | --- |
| GET | URI에 지정된 리소스를 가져온다. |
| POST | 리소스를 생성하고 생성된 리소스에 접근할 수 있는 URI를 받아온다. |
| PUT | URI에 지정한 리소스를 생성하거나 갱신한다. |
| DELETE | URI에 지정한 리소스를 삭제한다. |

이 밖에도 HEAD, PATCH, OPTIONS 같은 HTTP 메서드가 있지만 GET, POST, PUT, DELETE에 비교하면 사용 빈도는 낮다.

## ■ 적절한 포맷을 사용

리소스 포맷으로는 읽기 쉽고 데이터 구조를 잘 표현하는 JSON이나 XML과 같은 포맷을 사용한다. 일반적으로는 JSON이나 XML을 사용하지만 REST API 자체는 특정 포맷을 사용하도록 규정하지 않기 때문에 애플리케이션의 요구사항에 따라 적절한 포맷을 선택하면 된다.

▶ 리소스 포맷의 예(깃허브에서 제공하는 사용자 정보 중에서 일부를 발췌)

```
{
    "login": "spring-projects",
    "id": 317776,
    "avatar_url": "https://avatars.githubusercontent.com/u/317776?v=3",
```

```
    "type": "Organization",
    "site_admin": false,
    "name": "Spring",
    "company": null,
    "public_repos": 177,
    "created_at": "2010-06-29T18:58:02Z",
    "updated_at": "2015-09-282017-05-10T10:38:45Z"
}
```

### ■ 적절한 HTTP 상태 코드를 사용

클라이언트에 응답을 할 때는 HTTP 상태 코드를 설정해줘야 한다. HTTP 상태 코드는 서버 측의 처리 결과를 알려주기 위한 것으로, 의미하는 내용은 표 6.2와 같다. 서버 측의 처리 결과에 따라 적절한 반응을 보여줘야 하는 클라이언트 애플리케이션의 입장에서는, REST API가 응답하는 HTTP 상태 코드의 정확성이 상당히 중요하다. 참고로 HTTP 상태 코드는 어떤 경우에 어떤 코드가 사용되는지가 RFC 문서에 정의돼 있으므로 클라이언트가 서버의 상태를 오판하는 것을 미연에 방지할 수 있다.

표 6.2 HTTP 상태 코드 분류

| 분류 | 설명 |
| --- | --- |
| 1xx | 요청을 접수하고 처리를 계속하고 있음을 알리는 응답 코드 |
| 2xx | 요청을 접수하고 처리가 완료됐음을 알리는 응답 코드 |
| 3xx | 요청을 완료하기 위해 추가적인 처리(리다이렉트 등)가 필요함을 알리는 응답 코드 |
| 4xx | 요청에 결함이 있으므로 처리를 중단함을 알리는 응답 코드 |
| 5xx | 요청에 대해 서버가 제대로 처리하지 못함을 알리는 응답 코드 |

### ■ 클라이언트와 서버 간의 무상태 통신

서버는 클라이언트가 요청한 데이터만으로 처리를 한다. 이 말은 애플리케이션 서버가 HTTP 세션과 같은 공유 메모리를 사용하지 않고 요청 데이터만으로 리소스를 조작하는 것을 의미한다. 무상태(stateless) 통신을 구현할 때는 애플리케이션의 상태(화면 등의 상태)를 클라이언트 측의 애플리케이션(DOM 및 자바스크립트 변수 등)에서 관리해야 한다.

■ 연관된 리소스에 대한 링크

리소스에는 관련된 다른 리소스나 서브 리소스에 대한 하이퍼미디어 링크(URI)를 포함할 수 있다. 이 것은 관련된 리소스끼리 서로 링크를 가짐으로써 링크만 따라가면 연관된 모든 리소스에 접근할 수 있게 만드는 것을 의미한다.

한편 리소스에 하이퍼미디어 링크(URI)를 만들고 그 링크를 따라가는 방식으로 다른 리소스에 접근하는 아키텍처를 HATEOAS(Hypermedia as the Engine of Application State)라 한다. HATEOAS 아키텍처를 이용하면 클라이언트가 리소스에 접근할 때 필요한 URI를 미리 알아야 할 필요가 없으므로 클라이언트와 서버 간의 결합도를 낮출 수 있는 효과가 있다.

▶ 하이퍼미디어 링크(URI)를 포함한 리소스의 예

```
{
    "login": "spring-projects",
    "id": 317776,
    "_links": {
        "self": {
            "href": "https://localhost:8080/users/spring-projects"
        },
        "users": {
            "href": "https://localhost:8080/users"
        }
    }
}
```

## 6.1.2. 프레임워크의 아키텍처

REST API는 스프링 MVC를 활용해서 구현한다. 스프링 MVC의 아키텍처는 앞서 4.3절 '스프링 MVC 아키텍처'에서 다뤘는데, REST API를 사용할 때는 프레임워크 내부에서 다음과 같은 형태로 처리된다 (그림 6.1).

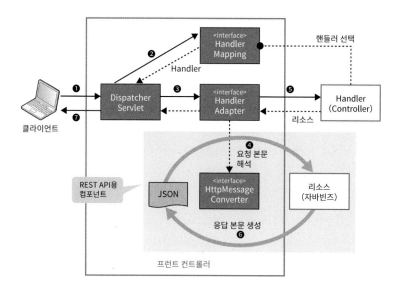

**그림 6.1** REST API용 프레임워크 아키텍처

❶ DispatcherServlet 클래스는 클라이언트에서 요청을 받는다.

❷ DispatcherServlet 클래스는 HandlerMapping 인터페이스의 getHandler 메서드를 호출하고 요청을 처리할 핸들러 객체(REST API용 컨트롤러)를 가져온다.

❸ DispatcherServlet 클래스는 HandlerAdapter 인터페이스의 handle 메서드를 호출해서 핸들러 객체의 메서드 호출을 의뢰한다.

❹ HandlerAdapter 인터페이스의 구현 클래스는 HttpMessageConverter 메서드를 호출하고 요청 본문 데이터를 리소스 클래스 객체로 변환한다.

❺ HandlerAdapter 인터페이스의 구현 클래스는 핸들러 객체에 구현돼 있는 메서드를 호출해서 요청을 처리한다.

❻ HandlerAdapter 인터페이스의 구현 클래스는 HttpMessageConverter 메서드를 호출하고 핸들러 객체에서 반환된 리소스 클래스 객체를 응답 본문에 기록한다.

❼ DispatcherServlet 클래스는 클라이언트에 응답을 반환한다.

화면으로 응답하는 웹 애플리케이션과 다른 점은 다음의 두 가지다.

- 응답 본문을 생성하기 위한 뷰를 사용하지 않는다.
- '요청 본문 해석'과 '응답 본문 생성'은 HttpMessageConverter라는 컴포넌트에서 처리해준다.

### ■ HttpMessageConverter 활용

스프링 MVC는 스프링 웹에서 제공되는 `org.springframework.http.converter.HttpMessage`
`Converter`를 사용해 요청 본문을 자바 객체로 변환하고 자바 객체를 응답 본문으로 변환한다. 특히 이
장의 마지막에 소개할 REST 클라이언트(`RestTemplate` 클래스)는 `HttpMessageConverter`를 사용해
자바 객체를 요청 본문으로 변환하고 응답 본문을 자바 객체로 변환할 때 사용된다.

REST API와 REST API 클라이언트 모두를 스프링으로 개발한다면 다음과 같은 구조가 된다(그림
6.2).

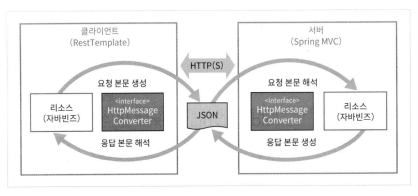

그림 6.2 HttpMessageConverter의 활용

스프링은 다양한 `HttpMessageConverter`의 구현 클래스를 제공한다. 만약 주고받을 데이터가 일반적
인 리소스 형식(JSON이나 XML 등)이면 스프링이 제공하는 구현 클래스만 사용해도 충분히 변환할 수
있다(표 6.3, 표 6.4).

표 6.3 의존 라이브러리가 필요없는 주요 HttpMessageConverter 구현 클래스

| 클래스명 | 설명 |
| --- | --- |
| `ByteArrayHttpMessageConverter` | '본문(임의의 미디어 타입) ↔ 바이트 배열' 변환용 클래스 |
| `StringHttpMessageConverter` | '본문(텍스트 형식의 미디어 타입) ↔ String' 변환용 클래스 |
| `ResourceHttpMessageConverter` | '본문(임의의 미디어 타입) ↔ `org.springframework.core.io.Resource` 구현 클래스' 변환용 클래스 |
| `AllEncompassingFormHttpMessageConverter` | '본문(폼 형식 또는 멀티파트 형식의 미디어 타입) ↔ `org.springframe` `work.util.MultiValueMap`' 변환용 클래스. 멀티파트 형식을 사용할 때 는 `MultiValueMap`에서 본문으로의 변환은 할 수 있으나, 그 반대인 본문 에서 `MultiValueMap`으로의 변환은 지원하지 않는다. |

표 6.4 의존 라이브러리가 필요한 주요 HttpMessageConverter 구현 클래스

| 분류 | 설명 |
| --- | --- |
| MappingJackson2HttpMessageConverter | FasterXML Jackson Databind[1]를 이용한 '본문(JSON 형식의 미디어 타입) ↔ 임의의 자바빈즈' 변환용 클래스 |
| GsonHttpMessageConverter | Google Gson[2]을 이용한 '본문(JSON 형식의 미디어 타입)] ↔ 임의의 자바빈즈' 변환용 클래스 |
| MappingJackson2XmlHttpMessageConverter | FasterXML Jackson XML Databind[3]를 이용한 '본문(XML 형식의 미디어 타입) ↔ 임의의 자바빈즈' 변환용 클래스 |
| Jaxb2RootElementHttpMessageConverter | 자바 표준의 JAXB2를 사용한 '본문(XML 형식의 미디어 타입) ↔ 임의의 자바빈즈' 변환용 클래스 |

어떤 HttpMessageConverter가 사용되는지는 본문 형식(미디어 타입)과 변환 대상이 되는 자바 클래스의 종류에 따라 달라질 수 있다.

■ 리소스 클래스

이 책에서는 리소스를 표현하는 자바 클래스를 '리소스 클래스[5]'라 부른다. Entity와 같은 도메인 객체를 리소스 클래스로 쓰기도 하지만, 이 책에서는 도메인 객체와는 별개로 다른 클래스를 만들어서 쓴다는 전제로 설명한다.

예를 들어, 다음과 같은 JSON 형식의 리소스를 다루는 경우를 생각해 보자.

▶ JSON 형식 리소스의 예

```
{
    "login": "spring-projects",
    "id": 317776,
    "name": "Spring",
    "blog": "http://spring.io/projects"
}
```

이 경우에는 다음과 같은 리소스 클래스를 만들면 된다.

---

2   https://github.com/FasterXML/jackson

3   https://github.com/google/gson

4   https://github.com/FasterXML/jackson-dataformat-xml

5   Java EE의 JAX-RS(Java API for RESTful Web Services)에서 다루는 '리소스 클래스'와는 별개다. JAX-RS 리소스 클래스는 스프링 MVC에서 말하는 컨트롤러와 같은 역할을 한다.

▶ 리소스 클래스의 구현 예

```java
import java.io.Serializable;

public class UserResource implements Serializable {

    private static final long serialVersionUID = -3106927618180228823L;
    private String login;
    private Integer id;
    private String name;
    private String blog;
    // 생략
}
```

# 6.2. 애플리케이션 설정

이번 절에서는 본격적으로 REST API를 개발하는 데 필요한 설정에 대해 설명한다. 4장 4.2절 '첫 번째 스프링 MVC 애플리케이션'과 5장 5.2절 '애플리케이션 설정'에서 소개했던 스프링 MVC의 기본적인 설정 방법이 여기서도 그대로 활용된다.

## 6.2.1. 라이브러리 설정

앞 절에서 스프링이 제공하는 HttpMessageConverter의 구현 클래스에 대해 소개했다. HttpMessage Converter의 구현 클래스 중에는 다른 라이브러리에 의존할 수 있는데, 그런 경우에는 반드시 해당 라이브러리가 클래스패스 상에 있어야 한다.

이 예에서는 리소스 형식으로 JSON을 사용하고, 'FasterXML Jackson Databind'를 의존 라이브러리에 추가했다.

▶ pom.xml 설정 예

```xml
<dependency>                                                          ❶
    <groupId>com.fasterxml.jackson.core</groupId>
    <artifactId>jackson-databind</artifactId>
</dependency>
```

❶ 의존 라이브러리로 FasterXML Jackson Databind를 지정한다. jackson-databind를 사용하면 JSON과 자바빈즈를 서로 변환할 수 있다.

## 6.2.2. 서블릿 컨테이너 설정

기본적으로 4장 4.2절 '첫 번째 스프링 MVC 애플리케이션'과 5장 5.2절 '애플리케이션 설정'에서 소개한 설정으로 REST API를 개발한다.

### ■ HiddenHttpMethodFilter 적용

REST API를 제공할 때는 HTTP 메서드로 PUT, PATCH, DELETE 등을 사용하지만 웹 브라우저와 같은 REST 클라이언트에서는 GET과 POST만 지원하는 경우가 있다. 이런 클라이언트를 지원해야 한다면 스프링 웹에서 제공하는 org.springframework.web.filter.HiddenHttpMethodFilter 클래스를 사용하자.

HiddenHttpMethodFilter를 사용하면 클라이언트와의 물리적인 통신에서 POST 메서드를 사용하더라도 서블릿 컨테이너 내부에서는 요청 파라미터에 지정한 메서드로 처리한 것처럼 만들 수 있다. 기본적으로 '_method'라는 이름의 요청 파라미터를 받아 HTTP 메서드로 인식하게 되는데, 만약 클라이언트에서 '_method=put'이라는 요청 파라미터를 보냈다면 서블릿 컨테이너에서는 PUT 메서드로 처리한 것처럼 흉내를 낸다.

▶ HiddenHttpMethodFilter 정의 예(web.xml)

```
<filter>
    <filter-name>HiddenHttpMethodFilter</filter-name>
    <filter-class>org.springframework.web.filter.HiddenHttpMethodFilter</filter-class>
</filter>
<filter-mapping>
    <filter-name>HiddenHttpMethodFilter</filter-name>
    <url-pattern>/*</url-pattern>
</filter-mapping>
```

## 6.2.3. 프런트 컨트롤러 설정

기본적으로 4장 4.2절 '첫 번째 스프링 MVC 애플리케이션'이나 5장 5.2절 '애플리케이션 설정'에서 소개한 설정으로 REST API를 개발한다. 단, REST API를 개발할 때는 ViewResolver에 대한 설정은 필요없다.

### ■ HttpMessageConverter의 적용

스프링 MVC의 설정에서 자바 기반 설정 방식의 `@EnableWebMvc`나 XML 기반 설정 방식의 `<mvc:annotation-driven>` 요소를 사용하면 스프링이 제공하는 `HttpMessageConverter`가 자동으로 적용된다. 그래서 `HttpMessageConverter`를 제공되는 그대로 이용해도 된다면, 특별히 또 다른 것을 설정할 필요가 없다.

### ■ HttpMessageConverter의 커스터마이징

기본적으로 적용되는 `HttpMessageConverter`의 설정을 바꾸고 싶거나 직접 확장한 `HttpMessageConverter`의 구현 클래스를 적용해야 하는 경우에는 다음과 같은 방법으로 빈을 정의할 수 있다.

▶ 자바 기반 설정 방식으로 빈을 정의한 예

```
@EnableWebMvc
@Configuration
public class WebMvcConfig extends WebMvcConfigurerAdapter {
    @Bean
    public MappingJackson2HttpMessageConverter mappingJackson2HttpMessageConverter() {
        return new MappingJackson2HttpMessageConverter(
                Jackson2ObjectMapperBuilder.json().indentOutput(true).build());
    }

    @Override ─────────────────────────────────────────────────┐❶
    public void extendMessageConverters(                        │
            List<HttpMessageConverter<?>> converters) { ────────┘
        converters.add(0, mappingJackson2HttpMessageConverter()); ──────❷
    }
}
```

❶ `WebMvcConfigurerAdapter`의 `extendMessageConverters` 메서드를 오버라이드한다. 메서드 매개변수에는 기본 `HttpMessageConverter`가 저장된 리스트가 전달된다.

❷ 인수로 받은 리스트의 첫 번째 요소에 임의의 `HttpMessageConverter`를 추가한다.

기본 `HttpMessageConverter`를 적용하고 싶지 않다면 `extendMessageConverters` 메서드가 아닌 `configureMessageConverters` 메서드를 오버라이드한다.

▶ XML 파일를 이용한 빈 정의 예

```xml
<bean id="mappingJackson2HttpMessageConverter"
    class="org.springframework.http.converter.json.MappingJackson2HttpMessageConverter">
    <property name="objectMapper">
        <bean
            class="org.springframework.http.converter.json.Jackson2ObjectMapperFactoryBean">
            <property name="indentOutput" value="true" />
        </bean>
    </property>
</bean>

<mvc:annotation-driven>
    <mvc:message-converters> ──────────────────────────────────────── ❶
        <ref bean="mappingJackson2HttpMessageConverter" /> ──────────── ❷
    </mvc:message-converters>
</mvc:annotation-driven>
```

❶ <mvc:message-converters> 요소를 추가한다.

❷ <mvc:message-converters>에서 <bean> 요소나 <ref> 요소를 사용해서 커스터마이징한 HttpMessageConverter
를 지정한다. <mvc:message-converters> 요소에서 지정한 HttpMessageConverter가 우선 적용되고 이후에 기본
HttpMessageConverter가 적용된다.

메모    기본 HttpMessageConverter를 적용하고 싶지 않다면 <mvc:message-converters> 요소의 register-
defaults 속성을 false로 지정한다.

# 6.3. @RestController 구현

여기서는 REST API를 개발하기 위한 구체적인 구현 방법을 설명한다.

REST API를 개발할 때 만들어야 하는 주요 컴포넌트는 컨트롤러 클래스와 리소스 클래스 두 가지다.
이번 절에서는 먼저 컨트롤러 클래스를 만드는 방법에 대해 알아보자.

## 6.3.1. 컨트롤러에서 구현할 처리의 전체 구조

구체적인 작성 방법을 설명하기 전에 컨트롤러 클래스에서 구현할 주요 처리의 전체 구조를 파악해 두
자. 컨트롤러 클래스에서 구현하는 처리는 크게 다음의 두 가지로 분류할 수 있다.

- 메서드 시그니처를 참조해서 프런트 컨트롤러가 처리하는 '선언형' 처리
- 컨트롤러 클래스의 메서드 안에서 처리를 구현하는 '프로그래밍형' 처리

컨트롤러에서 구현하는 주요 처리는 다음과 같다(표 6.5).

표 6.5 컨트롤러에서 구현하는 주요 처리

| 분류 | 처리 |
| --- | --- |
| 선언형 | 요청 매핑 |
| | 요청 데이터(리소스) 취득 |
| | 입력값 검사 수행 |
| 프로그래밍형 | 비즈니스 로직 호출 |
| | 응답 데이터(리소스) 반환 |

기본적인 내용은 '화면으로 응답하는 웹 애플리케이션'을 개발할 때 구현하는 컨트롤러와 비슷하지만 다음의 두 가지가 다르다.

- 요청 데이터와 응답 데이터는 HttpMessageConverter를 통해 가져오고, 반환한다.
- 입력값 검사에 대한 오류 처리는 예외 핸들러에서 공통으로 수행한다.

이런 차이점을 실제 소스코드를 통해 확인할 수 있도록 '화면으로 응답하는 웹 애플리케이션'의 컨트롤러와 비교해보자. 차이가 나는 부분에는 ★ 표시를 붙였다.

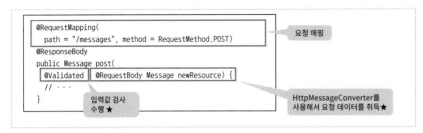

그림 6.3 선언형 처리

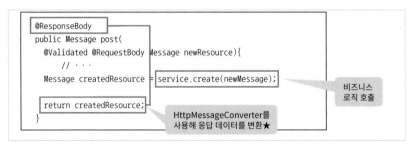

그림 6.4 프로그래밍형 처리

구체적으로는 다음과 같은 차이가 있다.

- 요청 데이터를 요청 본문 형태로 받아낼 인수에 @RequestBody를 붙인다.

- 응답할 데이터를 반환하되, 그 결과가 응답 본문 형태가 되도록 메서드에 @ResponseBody를 붙인다(@Controller 대신 @RestController를 사용하면 생략할 수 있다).

- 입력값 검사 결과는 BindingResult로 받아 처리하는 대신 예외로 받아 처리한다.

메모

REST API에서 오류가 발생할 때는 오류 통지 전용 메시지(JSON 등)로 응답하는 것이 일반적인데, 입력값 검사 오류도 예외는 아니다. 입력값 검사 오류를 처리하는 방법에는 '예외 핸들러를 이용해 공통으로 처리하는 방법'과 'BindingResult를 이용해 개별적으로 처리하는 방법'이 있는데, 오류 통지 전용 메시지로 하려면 첫 번째 '예외 핸들러를 이용해 공통으로 처리하는 방법'을 권장한다. 이 책에서 소개하는 REST API의 구현 방법은 '예외 핸들러를 이용해 공통으로 처리하는 방법'을 전제로 한다. 예외 처리를 구현하는 상세한 방법에 대해서는 6.5절 '예외 처리'에서 자세히 설명한다.

## 6.3.2. 컨트롤러 클래스 작성

컨트롤러에서 구현할 처리 내용을 전체적인 관점에서 파악했다면 이제는 실제로 컨트롤러를 구현하는 방법을 살펴보자.

기본적인 부분은 '화면으로 응답하는 웹 애플리케이션'을 개발할 때 만드는 컨트롤러와 비슷하지만 @Controller 대신 @org.springframework.web.bind.annotation.RestController를 사용한다.

▶ 컨트롤러 클래스의 구현 예

```
package example.api;
// 생략
@RestController ─────────────────────────────────────────── ❶
```

```
@RequestMapping("books") ─────────────────────────────────── ❷
public class BooksRestController {
}
```

❶ POJO로 클래스를 만들고 @RestController를 붙인다. @RestController는 @Controller와 @ResponseBody를 합친
애너테이션이다.

❷ 컨트롤러 클래스가 대응할 리소스 경로 정보(URI 경로 부분)를 @RequestMapping에 지정한다. 이 컨트롤러 클래스에서 구
현될 핸들러 메서드(REST API)는 http://localhost:8080/{contextPath}/books라는 URI에 반응하게 된다.

## 6.3.3. REST API(핸들러 메서드) 작성

지금부터 REST API를 만드는 방법을 소개하겠다. @RestController를 붙여준 컨트롤러 클래스에
REST API용 메서드(핸들러 메서드)를 만들어준다. 여기서는 '도서 정보'를 다루는 REST API를 스프링
MVC를 사용해서 개발하는 방법을 살펴볼 것이다.

### ■ 리소스 클래스 작성

REST API를 작성하기 전에 리소스 클래스(REST API에서 다룰 리소스를 표현하는 자바 클래스)를 작
성한다. 리소스 클래스를 만드는 방법에 대해서는 6.4절 '리소스 클래스 구현'에서 자세히 설명한다.

다음은 JSON을 사용해서 도서 정보를 표현한 것이다. 실제로는 더 많은 정보를 담아야 하지만 설명을
간단히 하기 위해 다음 세 가지 정보만 담았다.

▶ 도서 정보를 표현하는 리소스 형식

```
{
    "bookId": "9791158390747",
    "name": "슬랙으로 협업하기",
    "publishedDate": "2017-08-10"
}
```

▶ 도서 정보를 표현하는 리소스 클래스 구현 예

```
public class BookResource implements Serializable {

    private static final long serialVersionUID = 5535788271499457190L;
    private String bookId;
    private String name;
    private java.time.LocalDate publishedDate;
    // 생략

}
```

여기서 중요한 것은 JSON 필드명과 자바빈즈 프로퍼티명을 똑같이 맞추는 것이다. 참고로 프로퍼티 타입에는 String 외의 타입도 사용할 수 있다. 이번 절에서는 출판일(publishedDate)을 Java SE 8부터 추가된 JSR 310:Date and Time API의 날짜/시간 타입(java.time.LocalDate)을 사용했다. Date and Time API를 사용하려면 의존 라이브러리에 jackson-datatype-jsr310을 추가해야 한다.

▶ pom.xml 설정 예

```xml
<dependency>
    <groupId>com.fasterxml.jackson.datatype</groupId>
    <artifactId>jackson-datatype-jsr310</artifactId>
</dependency>
```

### ■ Book 리소스 취득

다음은 특정 Book의 리소스 정보를 REST API를 통해 가져오는 예다. 이 예에서는 특정 Book 리소스를 가리킬 때 URI 형식(URI 템플릿)으로 http://localhost:8080/{contextPath}/books/{bookId}를 사용한다. 이때 {bookId} 부분을 '경로 변수'라고 하며, REST API 상에서 특정 Book 리소스를 지정할 수 있는 고유한 키 값(도서 ID)이 들어가는 자리다.

▶ 리소스 취득용 REST API의 구현 예

```java
@Autowired
BookService bookService;

@RequestMapping(path="{bookId}",method=RequestMethod.GET) ————————————— ❶ ❷
public BookResource getBook(@PathVariable String bookId) { —————————————— ❸
    Book book = bookService.find(bookId); ——————————————————————————— ❹
    BookResource resource = new BookResource(); ————————————————————— ❺
    resource.setBookId(book.getBookId());
    resource.setName(book.getName());
    resource.setPublishedDate(book.getPublishedDate());
    return resource; ——————————————————————————————————————————— ❻
}
```

❶ @RequestMapping을 사용해 요청을 매핑한다. 이 예에서는 도서 ID를 받기 위한 경로 변수 {bookId}를 path 속성에 지정했다. 참고로 @RestController를 사용하기 때문에 @ResponseBody는 생략됐다.

❷ 리소스를 가져오는 REST API의 HTTP 메서드는 GET을 사용한다.

❸ @PathVariable를 사용해 경로 변수 {bookId}에서 도서 ID를 가져온다.

❹ 비즈니스 로직을 호출한다. 여기서는 경로 변수를 통해 받아온 도서 ID로 도서 정보(Book)를 요청한다.

❺ 비즈니스 로직을 호출해서 가져온 도서 정보를 Book 리소스로 변환한다.

❻ Book 리소스를 반환하고 정상적으로 처리됐다는 의미로 HTTP 상태 코드 '200 OK'를 응답한다.

실제로 사용 가능한 애플리케이션을 만들 때는 도서 정보를 관리할 테이블을 만들어서 CRUD 작업을 해야겠지만, 여기서는 편의상 인메모리(In-memory)로 구현한 서비스 클래스⁶를 만들어서 동작을 확인한다. 이때 도서 정보를 표현하는 Book 클래스의 구조는 BookResource 클래스와 같다.

▶ BookService 서비스 클래스를 인메모리 방식으로 구현한 예

```java
package example.domain.service;

// 생략
@Service
public class BookService {
    private final Map<String, Book> bookRepository = new ConcurrentHashMap<>();

    @PostConstruct
    public void loadDummyData() {
        Book book = new Book();
        book.setBookId("9791158390747");
        book.setName("슬랙으로 협업하기");
        book.setPublishedDate(LocalDate.of(2017, 8, 10));
        bookRepository.put(book.getBookId(), book);
    }

    public Book find(String bookId) {
        Book book = bookRepository.get(bookId); // Map에서 취득
        return book;
    }
}
```

애플리케이션 서버를 기동하고 http://localhost:8080/books/9791158390747과 같이 GET 메서드로 접근하면 다음과 같은 JSON 형식의 응답이 반환된다.

▶ curl을 이용해 API를 호출하는 방법과 응답 예

```
$ curl http://localhost:8080/books/9791158390747
{"bookId":"9791158390747","name":"슬랙으로 협업하기","publishedDate":[2017, 8, 10]}
```

---

**6** (옮긴이) 여기서 인메모리로 구현했다는 말은 인메모리 데이터베이스 제품을 사용했다는 의미가 아니라 소스코드 상에서 하드코딩해서 데이터가 있는 것처럼 페이크(fake) 처리한 것을 의미한다.

JSON은 반환됐지만 publishedDate 값이 원하던 형태가 아니다. publishedDate를 원하는 형태(ISO 8601의 확장 형식)로 받으려면 포맷을 지정해야 한다. 포맷을 지정하는 방법은 몇 가지 있지만 여기서는 Jackson에서 제공하는 @com.fasterxml.jackson.annotation.JsonFormat을 사용해 개별적으로 포맷을 지정한다. 애플리케이션 전체의 포맷을 지정하는 방법은 뒤에 나올 6.4절 '리소스 클래스 구현'에서 소개한다.

▶ @JsonFormat을 이용한 형식 지정 예

```java
public class BookResource implements Serializable {
    // 생략
    @JsonFormat(pattern = "yyyy-MM-dd")  // ISO 8061 확장 형식(yyyy-MM-dd) 지정을 추가
    private LocalDate publishedDate;
    // 생략
}
```

애플리케이션 서버를 재기동하고 다시 REST API를 호출하면 다음과 같은 형태로 JSON이 반환된다.

▶ 포맷을 지정한 후의 응답 예

```json
{
    "bookId": "9791158390747",
    "name": "슬랙으로 협업하기",
    "publishedDate": "2017-08-10"
}
```

### ■ 리소스 생성

새로운 Book 리소스를 추가하는 REST API는 다음과 같이 구현한다.

▶ 리소스 작성용 REST API의 구현 예

```java
@RequestMapping(method = RequestMethod.POST) ──────────────────────────── ❶
public ResponseEntity<Void> createBook(
        @Validated @RequestBody BookResource newResource) { ──────────── ❷ ❸

    Book newBook = new Book(); ─────────────────────────────────────── ❹
    newBook.setName(newResource.getName());
    newBook.setPublishedDate(newResource.getPublishedDate());

    Book createdBook = bookService.create(newBook); ─────────────────── ❺

    String resourceUri = ─────────────────────────────────────────────── ❻
            "http://localhost:8080/books/" + createdBook.getBookId(); ──┘
```

```
        return ResponseEntity.created(URI.create(resourceUri)).build();  ─────────── ❼
}
```

❶ @RequestMapping을 사용해 요청을 매핑한다. 리소스를 생성하는 REST API의 HTTP 메서드에는 POST를 지정한다.

❷ 리소스 클래스 타입의 인수에 @RequestBody를 붙여 요청 본문의 데이터(JSON)를 받아낸다.

❸ 리소스 클래스 타입의 인수에 @Validated를 붙여 리소스 객체에 대한 입력값 검사를 한다.

❹ Book 리소스를 도서 정보로 변환하기 위해 도서 정보 객체를 만든다.

❺ 비즈니스 로직을 호출해서 도서 정보를 생성한다.

❻ 작성한 도서 정보에 접근하기 위한 URI를 생성한다. 여기서 생성한 URI는 Location 헤더에 설정된다.

❼ Location 헤더를 설정하고 리소스가 정상적으로 만들어졌다는 의미로 HTTP 상태 코드인 '201 Created'를 응답한다. 응답 헤더를 설정해야 할 때는 ResponseEntity를 반환하면 된다. ResponseEntity의 created 메서드를 사용하면 인수에 지정한 URI가 Location 헤더에 들어가고, '201 Created'가 HTTP 상태 코드에 설정된다. 만약 응답 본문이 필요없을 때는 BodyBuilder의 build 메서드를 호출해서 ResponseEntity 객체를 생성한다.

메모

이 예에서는 Location 헤더에 설정할 URI 정보에 'http://localhost:8080'을 하드코딩하고 있다. 이 정보는 환경에 따라 달라지는 값이기 때문에 개발자의 로컬 환경에서만 동작하는 애플리케이션이 될 수 있다. 이렇게 특정 환경에 따라 달라지는 환경 의존적인 값을 처리할 때는 @Value를 활용해 프로퍼티의 URI 정보를 읽어오게 할 수 있다. 한편 스프링 프레임워크는 이보다 더 지능적인 방법을 제공하는데, 구체적인 방법은 뒤에 나올 6.3.5절 'URI 조립'에서 자세히 살펴보자.

REST API의 동작을 확인하기 위해 앞서 인메모리로 구현한 서비스 클래스에 다음 메서드를 추가해 보자.

▶ BookService 서비스 클래스에 create 메서드를 추가한 예

```
public Book create(Book book) {
    String bookId = UUID.randomUUID().toString();
    book.setBookId(bookId);
    bookRepository.put(bookId, book);  // Map에 추가
    return book;
}
```

애플리케이션 서버를 재기동하고 http://localhost:8080/books의 POST 메서드를 실행해 보자. 이때 요청 콘텐츠 형식에는 application/json을 지정하고, 요청 본문에는 다음과 같은 JSON 정보를 지정한다.

▶ 요청 본문에 설정하는 JSON

```
{"name":"러닝! Angular 4","publishedDate":"2017-11-23"}
```

리소스 생성에 성공하면 다음과 같은 HTTP 응답이 반환된다. HTTP 응답 코드에는 '201 Created'가 설정되고 Location 헤더에는 생성한 Book 리소스에 접근하기 위한 URI가 설정된 것을 확인할 수 있다.

▶ curl을 이용해 API를 호출하는 방법과 응답 예

```
$ curl -D - -H "Content-type: application/json" -X POST -d '{"name":"러닝! Angular 4",
"publishedDate": "2017-11-23"}' http://localhost:8080/books
HTTP/1.1 201 Created
Location: http://localhost:8080/books/c1c3da32-16e9-4288-9dc9-4866f2e4407a
...
```

이후에 Location 헤더에 설정됐던 URI에 GET 메서드를 호출하면 앞서 생성된 Book 리소스를 가져올 수 있다[7].

▶ 응답 예

```
{
    "bookId": "c1c3da32-16e9-4288-9dc9-4866f2e4407a",
    "name": "러닝! Angular 4",
    "publishedDate": "2017-11-23"
}
```

## ■ 리소스 갱신

특정 Book 리소스를 갱신하는 REST API는 다음과 같이 구현한다.

▶ 리소스 갱신용 REST API의 구현 예

```
@RequestMapping(path = "{bookId}", method = RequestMethod.PUT) ————————————— ❶
@ResponseStatus(HttpStatus.NO_CONTENT) ————————————————————————————————— ❷
public void put(@PathVariable String bookId,
        @Validated @RequestBody BookResource resource) {

    Book book = new Book();
    book.setBookId(bookId);
    book.setName(resource.getName());
    book.setPublishedDate(resource.getPublishedDate());
```

---

**7** (옮긴이) 이 예에서는 도서 ID를 UUID로 동적으로 생성하고 있기 때문에 실제 도서를 식별하기 위한 ISBN 코드와는 다른 형태로 나온다.

```
    bookService.update(book); ─────────────────────────────────────────── ❸
}
```

❶ @RequestMapping을 사용해 요청을 매핑한다. 리소스를 갱신하는 REST API의 HTTP 메서드에는 PUT을 지정한다.

❷ 응답할 HTTP 상태 코드를 지정한다. 메서드에 @ResponseStatus를 붙여주면 임의의 HTTP 상태 코드를 응답할 수 있다. 이 예에서는 서버에서 클라이언트로 반환할 콘텐츠가 없다는 의미로(본문이 공백) '204 No Content'를 응답하고 있다. 만약 갱신된 콘텐츠를 반환하고 싶다면 갱신된 Book 리소스를 반환하며 '200 OK'로 응답하면 된다.

❸ 비즈니스 로직을 호출하고 도서 정보를 갱신한다.

작성한 REST API의 동작을 확인하기 위해 앞서 만들어둔 BookService 서비스 클래스에 다음과 같은 메서드를 추가하자.

▶ BookService 서비스 클래스에 update 메서드를 추가한 예

```
public Book update(Book book) {
    return bookRepository.put(book.getBookId(), book);  // Map을 갱신;
}
```

애플리케이션 서버를 재기동하고 갱신하고 싶은 Book 리소스의 URI에 대해 PUT 메서드를 호출해보자. 이때 요청 콘텐츠 형식에는 application/json을 지정하고 요청 본문에는 다음과 같은 JSON 정보를 지정한다. 이 예에서는 도서명에 '(실무 예제로 배우는 앵귤러 4 핵심 가이드)' 문구를 추가하고 출판일을 '2017-11-23'에서 '2017-11-24'로 변경했다.

▶ 요청 본문에 설정하는 JSON

```
{"bookId":"c1c3da32-16e9-4288-9dc9-4866f2e4407a","name":"러닝! Angular 4(실무 예제로 배우는 앵
굴러 4 핵심 가이드)","publishedDate":"2017-11-24"}
```

리소스 갱신이 성공하면 다음과 같은 HTTP 응답이 반환된다. HTTP 응답 코드에 '204 No Content'가 설정된 것을 확인할 수 있다.

▶ curl을 이용해 API를 호출하는 방법과 응답 예

```
curl -D - -H "Content-type: application/json" -X PUT -d '{"bookId":" c1c3da32-16e9-4288-9dc9-
4866f2e4407a","name":"러닝! Angular 4(실무 예제로 배우는 앵굴러 4 핵심 가이드)","publishedDa
te":"2017-11-24"}' http://localhost:8080/books/c1c3da32-16e9-4288-9dc9-4866f2e4407a
HTTP/1.1 204 No Content
...
```

이것만으로는 실제로 갱신됐는지 알 수 없으므로 갱신된 데이터를 가져와서 확인해보자.

▶ 응답 예

```
{
    "bookId": "c1c3da32-16e9-4288-9dc9-4866f2e4407a",
    "name": "러닝! Angular 4",
    "publishedDate ": "2017-11-24"
}
```

응답을 보면 도서명과 출판일이 갱신된 것을 확인할 수 있다.

### ■ 리소스 삭제

특정 Book 리소스를 삭제하는 REST API는 다음과 같이 구현한다.

▶ 리소스 삭제용 REST API 구현 예

```
@RequestMapping(path = "{bookId}", method = RequestMethod.DELETE) ─────────── ❶
@ResponseStatus(HttpStatus.NO_CONTENT) ────────────────────────────────── ❷
public void delete(@PathVariable String bookId) { ───────────────────── ❸
    bookService.delete(bookId); ───────────────────────────────────── ❹
}
```

❶ @RequestMapping을 사용해 요청을 매핑한다. 리소스를 삭제하는 REST API의 HTTP 메서드에는 DELETE를 지정한다.

❷ 응답할 HTTP 상태 코드를 지정한다. 리소스를 삭제한 이후에는 응답할 리소스가 없어지기 때문에 '204 No Content'로 응답하는 것이 일반적이다. 만약 삭제된 콘텐츠를 반환하고 싶다면 삭제할 Book 리소스를 반환하며 '200 OK'로 응답하면 된다.

❸ 비즈니스 로직을 호출하고 도서 정보를 삭제한다.

작성한 REST API의 동작을 확인하기 위해 앞서 만들어둔 BookService 서비스 클래스에 다음 메서드를 작성하자.

▶ BookService 서비스 클래스에 delete 메서드를 추가한 예

```
public Book delete(String bookId) {
    return bookRepository.remove(bookId);  // Map에서 삭제
}
```

애플리케이션 서버를 재기동하고 삭제하려는 Book 리소스의 URI에 대해 DELETE 메서드를 호출해보자. 리소스 삭제가 성공하면 다음과 같은 HTTP 응답이 반환된다. HTTP 상태 코드에 '204 No Content'가 설정된 것을 확인할 수 있다.

▶ curl을 이용해 API를 호출하는 방법과 응답 예

```
$ curl -D - -X DELETE http://localhost:8080/books/c1c3da32-16e9-4288-9dc9-4866f2e4407a
HTTP/1.1 204 No Content
...
```

이것만으로는 실제로 삭제됐는지 알 수 없으므로 삭제된 데이터를 가져와서 확인해보자. 현재 구현대로라면 삭제된 리소스를 가져올 때 NullPointerException이 발생하고 시스템 오류가 발생하기 때문에 '404 Not Found'를 응답하도록 코드를 수정해야 한다.

▶ '404 Not Found'를 응답하도록 예외 클래스를 구현한 예

```
@ResponseStatus(HttpStatus.NOT_FOUND) ─────────────────────────────── ❶
public class BookResourceNotFoundException extends RuntimeException {
    public BookResourceNotFoundException(String bookId) {
        super("Book is not found (bookId = " + bookId + ")");
    }
}
```

❶ @ResponseStatus는 예외 클래스에도 붙여줄 수 있다. 해당 예외가 발생했을 때 반환하고 싶은 HTTP 상태 코드를 지정한다.

▶ Book 리소스를 가져오는 REST API(getBook)의 변경 부분

```
Book book = bookService.find(bookId);
// 도서 정보가 없는 경우에는 예외를 던진다.
if (book == null) {
    throw new BookResourceNotFoundException(bookId);
}
```

애플리케이션 서버를 재기동한 후 '리소스 생성 → 리소스 삭제 → 삭제하려는 리소스를 취득'의 과정을 차례로 수행해보면 '404 Not Found'로 응답하는 것을 확인할 수 있다.

▶ 응답 헤더의 출력 예

```
$ curl -D - http://localhost:8080/books/c1c3da32-16e9-4288-9dc9-4866f2e4407a
HTTP/1.1 404 Not Found
...
```

여기서 소개한 예외 처리 방법은 비교적 간단한 방식이었다. REST API의 본격적인 예외 처리 메커니즘에 대해서는 6.5절 '예외 처리'에서 자세히 설명한다.

### ■ 리소스 검색

이제까지는 리소스를 고유하게 식별할 수 있는 ID를 이용해 CRUD 조작을 할 수 있도록 API를 구현해 봤다. 하지만 경우에 따라서는 REST API에서 ID가 아닌 다른 조건으로 리소스를 조작해야 할 수도 있다. 대표적인 예가 리소스를 검색하는 API다. 이때는 URI에 포함된 ID를 대신해서 검색 조건을 요청으로 전송하고 서버 측에서는 해당 조건을 받아서 처리해줘야 한다.

Book 리소스를 검색하는 REST API는 다음과 같이 구현한다. 먼저 Book 리소스의 검색 조건을 받기 위한 클래스를 만든다. 5장 '웹 애플리케이션 개발'에서 소개한 것처럼 검색 조건을 받는 방법에는 다음의 두 가지가 있다.

- @RequestParam을 사용해 개별적으로 가져온다.
- 폼 클래스와 같이 검색 조건을 담을 수 있는 자바빈즈를 만들어 요청 파라미터를 바인드한다.

어떤 방법을 사용해도 상관은 없지만, 입력값 검사를 생각한다면 검색 조건을 담을 수 있는 클래스를 만드는 것이 나을 수 있다.

▶ Book 리소스의 검색 조건을 담을 클래스의 구현 예

```java
public class BookResourceQuery implements Serializable {
    private static final long serialVersionUID = -3946462769436598529L;
    private String name;
    @DateTimeFormat(iso = DateTimeFormat.ISO.DATE) ─────────────────────────── ❶
    private LocalDate publishedDate;
    // 생략
}
```

❶ ISO 날짜 형식을 지원하기 위해 @DateTimeFormat을 지정한다.

Book 리소스의 검색 조건을 담기 위한 클래스를 만들었다면, 이번에는 REST API를 구현한다.

▶ Book 리소스를 검색하는 REST API 구현 예

```java
@RequestMapping(method = RequestMethod.GET) ───────────────────────────────── ❶
public List<BookResource> searchBooks(@Validated BookResourceQuery query) { ──── ❷❸

    BookCriteria criteria = new BookCriteria();
    criteria.setName(query.getName());
    criteria.setPublishedDate(query.getPublishedDate());

    List<Book> books = bookService.findAllByCriteria(criteria); ───────────────── ❹
```

```
    return books.stream().map(book -> {
        BookResource resource = new BookResource();
        resource.setBookId(book.getBookId());
        resource.setName(book.getName());
        resource.setPublishedDate(book.getPublishedDate());
        return resource;
    }).collect(Collectors.toList());  ─────────────────────── ❺ ❻
}
```

❶ @RequestMapping을 사용해 요청을 매핑한다. 리소스를 검색할 REST API HTTP 메서드에는 GET을 지정한다.

❷ 메서드 파라미터에 Book 리소스의 검색 조건을 담을 수 있는 클래스를 지정한다.

❸ 검색 조건을 담을 클래스 인수에 @Validated를 붙여 입력값 검사를 하게 만든다.

❹ 비즈니스 로직을 호출하고 검색 조건과 일치하는 도서 정보를 받아온다. 검색 조건을 비즈니스 로직에 전달하기 위해 POJO 형태인 BookCriteria에 요청 파라미터 정보를 옮겨 넣는다.

❺ 조건에 일치한 도서 정보 목록을 Book 리소스의 목록으로 변환한다.

❻ Book 리소스의 목록을 반환하고 정상적으로 처리됐다는 의미로 HTTP 상태 코드 '200 OK'를 응답한다.

작성한 REST API의 동작을 확인하기 위해 앞서 만들어둔 BookService 서비스 클래스에 검색 메서드를 추가한다. '이름'은 부분 일치하고 '출판일'은 완전히 일치하는 것을 추출한 다음, '출판일'을 기준으로 오름차순으로 정렬한다. 이때 도서 정보의 검색 조건을 담고 있는 BookCriteria 클래스는 BookResourceQuery 클래스와 같은 구조를 하고 있다.

▶ BookService 서비스 클래스에 검색 메서드를 추가한 예

```java
public List<Book> findAllByCriteria(BookCriteria criteria) {
    return bookRepository.values().stream().filter(book ->
            (criteria.getName() == null
                    || book.getName().contains(criteria.getName()))&&
            (criteria.getPublishedDate() == null
                    || book.getPublishedDate().equals(criteria.getPublishedDate())))
            .sorted((o1, o2) -> o1.getPublishedDate().compareTo(o2.getPublishedDate()))
            .collect(Collectors.toList());
}
```

애플리케이션 서버를 재기동하고 Book 리소스를 검색해보자. 먼저 URI에 'http://localhost:8080/books'를 지정하고 검색 조건 없이 검색하면 모든 Book 리소스를 가져올 수 있다. 참고로 애플리케이션 서버를 재기동하고 나면 도서 정보가 한 건밖에 없으므로 리소스를 더 추가한 다음 검색해보자.

▶ 검색 조건 없이 검색한 경우의 응답 예

```
[
    {
        "bookId": "9791158390747",
        "name": "슬랙으로 협업하기",
        "publishedDate": "2017-08-10"
    },
    {
        "bookId": "c1c3da32-16e9-4288-9dc9-4866f2e4407a",
        "name": "러닝! Angular 4",
        "publishedDate": "2017-11-23"
    }
]
```

다음은 URI에 'http://localhost:8080/books?name=슬랙으로+협업하기'를 지정해서 Book 리소스를 검색해 보자.

▶ 검색 조건을 지정한 경우 응답 예

```
[
    {
        "bookId": "9791158390747",
        "name": "슬랙으로 협업하기",
        "publishedDate": "2017-08-10"
    }
]
```

마지막으로 URI에 'http://localhost:8080/books?publishedDate=1999-01-01'과 같은 실제 데이터에 없는 날짜로 검색한 후, 결과를 확인해보자.

▶ 검색 조건에 일치하는 리소스가 없는 경우의 응답 예

```
[]
```

## 6.3.4. CORS 지원

CORS는 Cross-Origin Resource Sharing의 약자로 웹 페이지에서 AJAX(XMLHttpRequest)를 사용할 때, 다른 도메인의 서버 리소스(JSON 등)에 접근하기 위한 메커니즘이다. CORS의 자세한 내용은 W3C 홈페이지[8]에서 확인하자.

---

여기서는 스프링 프레임워크 4.2 버전에서 추가된 CORS 기능에 대해 설명한다. 스프링이 제공하는 CORS 기능에서는 CORS 요청이 타당한지 확인하고, 필요에 따라 CORS 제어용 응답 헤더를 붙여준다.

CORS를 지원하는 리소스를 지정하는 방법은 다음 두 가지가 있다.

- 빈을 정의하는 방식으로 애플리케이션 단위로 설정한다.
- @org.springframework.web.bind.annotation.CrossOrigin을 사용해 컨트롤러와 핸들러 메서드 단위로 설정한다.

스프링의 기본 구현에서는 CORS 요청이 부적절한 경우 HTTP 상태 코드를 'Forbidden 403'으로 설정해 오류를 응답한다. 그리고 스프링 웹에서 제공하는 org.springframework.web.filter.CorsFilter를 사용하면 스프링 MVC에서 관리하지 않는 리소스에 대해서도 CORS 기능을 적용할 수 있다.

## ■ 애플리케이션 단위로 CORS 설정

먼저 빈을 정의해서 애플리케이션 단위로 CORS를 설정하는 방법을 소개한다.

다음 예에서는 /api 이하의 리소스에 대해 CORS를 허용하고 있다. CORS 설정을 한 다음, /api 이하의 리소스에 대해 AJAX로 접근하면 응답으로 CORS 제어용 응답 헤더가 설정되어 돌아온다.

▶ 리소스에 접근할 때 돌아오는 응답 헤더의 예

```
Access-Control-Allow-Origin: http://example.com:8080
Access-Control-Allow-Credentials: true
Vary: Origin
```

▶ 자바 기반 설정 방식으로 빈을 정의한 예

```
@Configuration
@EnableWebMvc
public class WebMvcConfig extends WebMvcConfigurerAdapter {

    @Override
    public void addCorsMappings(CorsRegistry registry) {
        registry.addMapping("/api/**");                              ❶
    }
}
```

❶ WebMvcConfigurerAdapter 클래스의 addCorsMappings 메서드를 오버라이드하고 CorsRegistry 클래스의 addMapping 메서드를 사용해 CORS 기능을 사용할 경로를 지정한다.

▶ XML 기반 설정 방식으로 빈을 정의한 예(api-servlet.xml)

```
<mvc:cors>
    <mvc:mapping path="/api/**" /> ——————————————————————————— ❶
</mvc:cors>
```

❶ `<mvc:cors>` 요소에 `<mvc:mapping>` 요소를 정의하고 path 속성에 CORS 기능을 적용할 경로를 지정한다.

### ■ 컨트롤러/핸들러 메서드 단위로 CORS 설정

이어서 `@CrossOrigin`을 사용해 컨트롤러/핸들러 메서드 단위로 CORS 설정을 적용하는 방법을 소개한다.

▶ @CrossOrigin을 사용한 컨트롤러 클래스의 구현 예

```
@CrossOrigin ————————————————————————————————————————————— ❶
@RequestMapping("books")
@RestController
public class BooksRestController {

    @CrossOrigin(maxAge = 900) ———————————————————————————— ❷
    @RequestMapping(path = "{bookId}", method = RequestMethod.GET)
    public BookResource getBook(@PathVariable String bookId) {
        // 생략
    }
}
```

❶ 클래스에 `@CrossOrigin`을 지정하면 클래스의 모든 핸들러 메서드에 대해 CORS 설정이 적용된다.

❷ 메서드에 `@CrossOrigin`을 지정하면 클래스에서 지정한 설정을 커스터마이징할 수 있다. 물론 클래스에 `@CrossOrigin`을 지정하지 않고 메서드에만 지정할 수도 있다.

메모 클래스와 메서드 양쪽에서 `@CrossOrigin`을 지정한 경우 속성에 지정한 값은 기본적으로 병합되지만 allowCredentials 속성과 maxAge 속성의 값은 이전 값을 덮어쓰고 재정의된다. 이때 앞서 설명한 애플리케이션 단위에서 설정(글로벌 설정)한 것도 같은 방식으로 병합되거나 덮어쓰기된다.

### ■ CORS 기능 옵션

CORS와 관련된 설정은 자바 기반 설정 방식이나 XML 기반 설정 방식, 그리고 `@CrossOrigin`과 같은 애너테이션 기반의 설정 방식으로 제어할 수 있다. 여기서는 그중에서도 자바 기반 설정 방식을 사용한 예를 살펴보자 (표 6.6).

표 6.6 CORS 기능 옵션을 지정하는 자바 기반 설정 방식의 메서드

| 메서드명 | 설명 |
|---|---|
| allowedOrigins | 접근을 허용할 오리진(도메인)을 지정한다. 기본적으로 무제한이라는 의미로 '*'이 적용된다. |
| allowedMethods | 접근을 허용할 HTTP 메서드를 지정한다. 이 메서드에서 지정한 값이 preflight[26] 요청에 대한 응답으로 Access-Control-Allow-Methods 헤더에 설정된다. 기본적으로 GET, HEAD, POST가 허용된다. 단 @CrossOrigin을 사용한 경우에는 @RequestMapping의 method 속성에 지정한 값이 사용된다. |
| allowedHeaders | CORS 요청으로 허용할 헤더를 지정한다. preflight 요청이 들어올 때 이 값으로 점검하고, preflight 요청에 대한 응답으로 Access-Control-Allow-Headers 헤더에 설정된다. 기본적으로는 무제한이라는 의미로 '*'가 적용된다. |
| exposedHeaders | CORS 요청으로 허용할 헤더의 화이트 리스트(WhiteList)를 지정한다. 이 메서드에서 지정한 헤더가 응답의 Access-Control-Expose-Headers 헤더에 설정된다. |
| allowCredentials | 인증 정보(쿠키나 Basic 인증)를 취급할지 여부를 결정한다. 기본적으로 인증 정보를 취급한다는 의미로 true가 적용된다. true를 지정하면 응답의 Access-Control-Allow-Credentials 헤더에 설정되고, 응답의 Access-Control-Allow-Origin 헤더에는 요청의 Origin 헤더가 설정된다. |
| maxAge | 클라이언트(웹 브라우저)가 preflight 요청에 대한 응답을 캐시할 시간(초 단위)을 지정한다. 이 메서드에서 지정한 값이 preflight 요청에 대한 응답의 Access-Control-Max-Age 헤더에 설정된다. 기본값으로 1800초(30분)가 적용된다. |

## 6.3.5. URI 조립

6.3.3절의 '리소스 생성'에서 조금 다뤘지만 스프링은 URI를 생성하는 컴포넌트(org.springframework.web.util.UriComponentsBuilder)를 제공한다. 그리고 스프링 MVC에서 핸들러 메서드의 정의 정보와 연동해서 URI를 생성하는 컴포넌트(org.springframework.web.servlet.mvc.method.annotation.MvcUriComponentsBuilder)도 제공한다. UriComponentsBuilder는 서블릿 환경과 스프링 MVC 구조에 의존하지 않는 범용적인 컴포넌트로 MvcUriComponentsBuilder 안에서도 이용된다.

■ UriComponentsBuilder를 이용한 URI 생성

먼저 UriComponentsBuilder를 이용해 URI를 생성하는 방법을 소개한다. UriComponentsBuilder를 이용하면 다음과 같은 두 가지 작업을 간단하게 할 수 있다.

- 프로토콜, 호스트명, 포트 번호, 컨텍스트 경로와 같이 환경에 의존하는 부분의 은폐
- URI 템플릿을 사용한 URI 조립

6.3.3절 'REST API(핸들러 메서드) 작성'에서는 소스코드에 `http://localhost:8080/`과 같은 환경에 의존적인 값이 하드코딩돼 있었는데, 여기에 `UriComponentsBuilder`를 활용하면 환경에 의존적인 값을 소스코드에서 제거해서 환경 변화에 유연한 코드를 만들 수 있다.

▶ UriComponentsBuilder를 이용한 URI 생성

```
@RequestMapping(method = RequestMethod.POST)
public ResponseEntity<Void> createBook(
        @Validated @RequestBody BookResource newResource,
        UriComponentsBuilder uriBuilder) { ────────────────────────────── ❶
    // 생략
    URI resourceUri = uriBuilder.path("books/{bookId}") ───────────────── ❷
            .buildAndExpand(createdBook.getBookId()) ──────────────────── ❸
            .encode() ─────────────────────────────────────────────────── ❹
            .toUri(); ─────────────────────────────────────────────────── ❺
    return ResponseEntity.created(resourceUri).build();
}
```

❶ 핸들러 메서드 매개변수에 `UriComponentsBuilder`를 정의한다. 서블릿 환경에서 사용하는 `UriComponentsBuilder`( `org.springframework.web.servlet.support.ServletUriComponentsBuilder`) 객체가 인수에 설정된다.

❷ path 메서드를 사용해 REST API를 호출하기 위한 URI 템플릿을 만든다. 이 예에서는 URI 템플릿에 'books/{bookId}'를 지정하고 있다. 여기서는 실행 환경에 의존하는 값을 포함하지 않는 것이 중요하다.

❸ buildAndExpand 메서드를 사용해 URI 템플릿의 경로 변수인 '{bookId}'에 들어갈 값을 설정한다.

❹ encode 메서드를 사용해 URI 인코딩을 한다. 이 예에서는 문자 코드로 UTF-8를 사용하고 있지만 다른 문자 코드도 이용할 수 있다.

❺ toUri 메서드를 사용해 URI를 생성한다.

메모

ServletUriComponentsBuilder는 URI를 조립할 때 Forwarded, X-Forwarded-Proto, X-Forwarded-Host, X-Forwarded-Port, X-Forwarded-Prefix와 같은 헤더를 참조한다. 그래서 클라이언트와 애플리케이션 서버 사이에 로드 밸런서(Load Balancer)나 웹 서버 등이 존재하더라도 클라이언트가 무리없이 접근할 수 있는 URI를 만들수 있다.

### ■ MvcUriComponentsBuilder를 이용한 URI 생성

다음으로 `MvcUriComponentsBuilder`를 이용해 URI를 생성하는 방법을 소개한다. `MvcUriComponents Builder`를 이용하면 핸들러 메서드의 정의 정보(요청 매핑이나 메서드 매개변수 정보)와 연동해서 URI를 조립할 수 있기 때문에 `UriComponentsBuilder`를 이용할 때보다 다음과 같은 점이 우수하다.

- 작성할 URI의 템플릿을 의식할 필요가 없다.

- 타입에 안전하다.

그럼 실제로 어떻게 구현되는지 살펴보자.

▶ MvcUriComponentsBuilder를 이용한 URI 생성 예

```
@RequestMapping(path = "{bookId}", method = RequestMethod.GET)
public BookResource getBook(@PathVariable String bookId) {
    // 생략
}

@RequestMapping(method = RequestMethod.POST)
public ResponseEntity<Void> createBook(
        @Validated @RequestBody BookResource newResource,
        UriComponentsBuilder uriBuilder) {
    // 생략
    URI resourceUri = MvcUriComponentsBuilder.relativeTo(uriBuilder) ——————————— ❶
            .withMethodCall(on(BooksRestController.class)
                    .getBook(createdBook.getBookId())) ————————————— ❷
            .build().encode().toUri();

    return ResponseEntity.created(resourceUri).build();
}
```

❶ MvcUriComponentsBuilder의 relativeTo 메서드를 사용해 인수로 받은 UriComponentsBuilder를 '기본 URL'을 조립하기 위한 객체로 활용한다.

❷ on 메서드는 URI를 생성할 때 필요한 컨트롤러의 목(mock) 객체를 만드는 MvcUriComponentsBuilder의 static 메서드다. on 메서드로 만들어진 목 객체의 @RequestMapping이 붙은 메서드를 호출하면, 그때 사용된 경로와 경로 변수가 조합된 컨트롤러를 얻을 수 있다. 즉, 이 예에서는 목 객체의 getBook을 호출하면서 경로 변수 값을 인자로 받아 '/books/{bookId}'와 같은 경로를 만들어낼 수 있다.

## 6.4. 리소스 클래스 구현

리소스 클래스는 JSON이나 XML 형식의 데이터를 자바빈즈로 표현한 클래스다. 스프링 MVC는 리소스 클래스를 통해 서버와 클라이언트 사이의 리소스 상태를 연계하는 역할을 한다(그림 6.5). Entity와 같은 클래스를 리소스 클래스로 사용하는 방법도 있지만 이 책에서는 전용 클래스를 작성하는 것을 전제로 설명한다.

도메인 객체와는 다른 클래스를 만드는 것을 전제로 하는 이유는 클라이언트와의 입출력에서 다루는 리소스 정보와 업무 처리에서 다루는 도메인 객체의 정보가 반드시 일치하는 것은 아니기 때문이다. 리소스 클래스와 도메인 객체 클래스를 미리 분리해 두면 REST API에서 다루는 리소스 정보가 변경되거나 업무 처리에서 다루는 도메인 객체 정보가 변경되더라도 그로 인한 영향 범위를 최소화할 수 있다. 클래스를 분리하면 객체를 변환하는 처리 과정이 필요하지만 빈 변환용 오픈소스 라이브러리[9]를 사용하면 간단히 변환할 수 있다. 리소스 클래스를 따로 만들지에 대한 여부는 상황에 따라 달라질 수 있으므로 애플리케이션의 특성을 고려해서 결정한다.

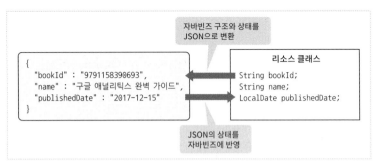

그림 6.5 리소스 클래스와 JSON 형식의 리소스 연계

JSON과 자바 객체 간의 정보 매핑은 상당히 직관적이라서 어렵지 않게 알아볼 수 있다. JSON은 자바 클래스보다 다양한 타입의 필드를 표현하지는 못하지만, 문자열이나 숫자, 불린값(true 또는 false)의 타입을 다룰 수 있고, 리스트나 중첩된 객체와 같은 복잡한 구조도 표현할 수 있다(그림 6.6, 그림 6.7).

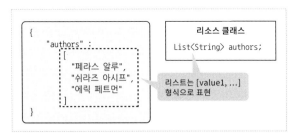

그림 6.6 리스트의 표현 방법

---

**9** Dozer(http://dozer.sourceforge.net)나 Apache Commons BeanUtils(http://commons.apache.org/proper/commons-beanutils/) 등. 스프링 프레임워크에도 `org.springframework.beans.BeanUtils`라는 유틸리티 클래스가 있다.

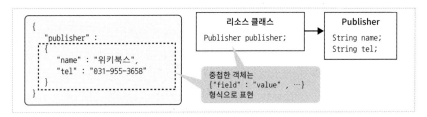

그림 6.7 중첩된 객체의 표현 방법

## 6.4.1. 리소스 클래스 작성

리소스 클래스는 자바빈즈 클래스로 작성한다.

여기서는 이번 장 초반부터 사용한 도서 정보를 예로 들어 리소스 클래스의 작성 방법을 설명한다.

▶ 도서 정보 리소스(JSON) 예

```
{
    "bookId": "9791158390747",
    "name": "슬랙으로 협업하기",
    "authors": [ "노승헌" ],
    "publishedDate": "2017-08-10",
    "publisher": {
        "name": "위키북스",
        "tel": "031-955-3658"
    }
}
```

이와 같은 JSON을 사용하기 위해 다음과 같은 자바빈즈 클래스를 만든다.

▶ 도서 정보를 표현하는 리소스 클래스의 구현 예

```
import java.io.Serializable;
import java.time.LocalDate;
import java.util.List;

public class BookResource implements Serializable {  ─────────────────  ❶
    private static final long serialVersionUID = 7070361791820300580L;
    private String bookId;  ─────────────────────────────────────────  ❷
    private String name;
    private List<String> authors;  ──────────────────────────────────  ❸
    private LocalDate publishedDate;  ───────────────────────────────  ❹
    private BookPublisher publisher;  ───────────────────────────────  ❺
```

```
    // 생략

    public static class Publisher implements Serializable { ─────────────────── ❺
        private static final long serialVersionUID = 7303861536821292739L;
        private String name;
        private String tel;
        // 생략
    }
}
```

❶ JSON 정보와 연계할 자바빈즈 클래스를 만든다. 클래스명에 특별히 제한은 없지만 접미사를 'Resource'로 명명하면 구별하기 쉽다.

❷ JSON 필드명과 같은 이름으로 프로퍼티를 만든다. 만약 이름이 다를 때는 Jackson 애너테이션(@JsonProperty)에서 이름을 매핑해야 한다.

❸ 객체를 여러 개 다뤄야 할 때는 컬렉션 프레임워크의 클래스(java.util.List 등)를 사용한다.

❹ 프로퍼티 타입에 적절한 타입을 지정한다. 여기서는 Java SE 8에서 추가한 Date and Time API의 java.time.LocalDate를 사용하고 있다. Date and Time API 클래스를 사용하기 위해서는 의존 라이브러리를 추가해야 한다. 라이브러리를 추가하는 방법은 다음에 설명한다.

❺ 중첩되는 데이터를 자바빈즈로 만든다. 이 예에서는 중첩되는 정보를 내부 클래스로 정의하고 있는데, 반드시 내부 클래스로 정의할 필요는 없고, 일반적인 클래스를 사용해도 상관없다.

BookResource 클래스의 객체를 REST API에서 반환하면 다음과 같은 JSON 형식의 응답이 만들어진다. 다만 아쉽게도 publishedDate가 원하는 형태로 포맷되지 않았다. 여기엔 두 가지 원인이 있다.

- Date and Time API 클래스를 지원하는 의존 라이브러리가 추가되지 않음
- 포맷이 지정되지 않음

▶ 실제로 반환되는 JSON

```
{
    "bookId": "9791158390747",
    "name": "슬랙으로 협업하기",
    "authors": [ "노승헌" ],
    "publishedDate": {
        "year": 2017,
        "month": "AUGUST",
        "monthValue": 8,
        "dayOfMonth": 10,
        "dayOfWeek": "THURSDAY",
```

```
        "era": "CE",
        "dayOfYear": 222,
        "leapYear": false,
        "chronology": {
            "calendarType": "iso8601"
        }
    },
    "publisher": {
        "name": "위키북스",
        "tel": "031-955-3658"
    }
}
```

## 6.4.2. Jackson을 이용한 포맷 제어

여기서는 Jackson을 이용해 JSON의 포맷을 제어하는 방법을 몇 가지 소개한다.

- JSON에 들여쓰기를 설정하는 방법
- 언더스코어('_')로 구분되는 JSON 필드를 다루는 방법
- Java SE 8에서 추가된 Date and Time API 클래스를 지원하는 방법
- 날짜/시간 타입의 포맷을 지정하는 방법

이 책에서는 지면 관계상 모두 소개할 수 없지만 Jackson에는 포맷을 제어하기 위한 애너테이션(@JsonProperty, @JsonIgnore, @JsonInclude, @JsonIgnoreProperties, @JsonPropertyOrder, @JsonSerialize, @JsonDeserialize 등)과 직렬화 및 역직렬화 처리를 커스터마이징할 때 필요한 추상 클래스(JsonSerializer, JsonDeserializer) 등이 제공된다. 이러한 애너테이션이나 클래스를 이용하면 다양한 포맷에 대응할 수 있다.

### ■ 스프링이 제공하는 Jackson 지원 클래스

구체적인 포맷 제어 방법을 설명하기 전에 스프링이 제공하는 Jackson 지원 클래스를 소개한다.

Jackson은 com.fasterxml.jackson.databind.ObjectMapper라는 클래스를 사용해 JSON과 자바 객체를 서로 변환할 수 있다. ObjectMapper에는 기본 동작 방식을 커스터마이징하기 위한 다양한 옵션이 준비돼 있으며 스프링이 제공하는 지원 클래스를 이용하면 ObjectMapper를 직접 다루는 것보다 더 간단하게 옵션을 지정할 수 있다.

스프링이 제공하는 헬퍼 클래스(helper class)는 다음 두 가지다.

- org.springframework.http.converter.json.Jackson2ObjectMapperBuilder
- org.springframework.http.converter.json.Jackson2ObjectMapperFactoryBean

첫 번째는 빌더 패턴을 사용해 ObjectMapper를 만드는 클래스로서 자바 기반 설정 방식으로 빈을 정의할 때 이용한다. 두 번째는 스프링이 제공하는 FactoryBean을 사용해 ObjectMapper를 만드는 클래스로서 주로 XML 기반 설정 방식으로 빈을 정의할 때 사용한다.

▶ Jackson2ObjectMapperBuilder의 이용 예

```
@Bean
ObjectMapper objectMapper() {
    return Jackson2ObjectMapperBuilder.json()
            // 여기에 옵션을 지정
            .build();
}
```

▶ Jackson2ObjectMapperFactoryBean의 이용 예

```
<bean id="objectMapper"
    class="org.springframework.http.converter.json.Jackson2ObjectMapperFactoryBean">
    <!-- 여기에 옵션을 지정 -->
</bean>
```

### ■ JSON에 들여쓰기를 설정하는 방법

ObjectMapper의 기본 동작 방식은 JSON에 들여쓰기나 개행을 포함하지 않기 때문에 기본 설정으로 만들어진 JSON 정보는 읽기 어렵다는 단점이 있다. 생성되는 JSON의 크기가 조금 커져도 괜찮다면 JSON에 들여쓰기와 개행을 포함하도록 Jackson 설정을 변경하자.

▶ 자바 기반 설정 방식을 이용한 ObjectMapper 빈 정의 예

```
@Bean
ObjectMapper objectMapper() {
    return Jackson2ObjectMapperBuilder.json()
            .indentOutput(true) ─────────────────────────────── ❶
            .build();
}
```

▶ XML을 이용한 ObjectMapper 빈 정의 예

```
<bean id="objectMapper"
    class="org.springframework.http.converter.json.Jackson2ObjectMapperFactoryBean">
```

```
    <property name="indentOutput" value="true"/> ──────────────────── ❶
</bean>
```

❶ indentOutput 속성을 true로 지정한다.

## ■ Date and Time API 클래스를 지원하는 방법

Java SE 8에서 추가된 Date and Time API 클래스를 지원하려면 Jackson에서 제공하는 라이브러리 (jackson-datatype-jsr310)를 추가해야 한다.

▶ pom.xml 정의 예

```
<dependency>
    <groupId>com.fasterxml.jackson.datatype</groupId>
    <artifactId>jackson-datatype-jsr310</artifactId>
</dependency>
```

jackson-datatype-jsr310을 의존 라이브러리에 추가하면 Date and Time API 클래스를 다룰 수 있다. 다만 포맷을 지정하지 않으면 예상대로 결과가 나오지 않을 수 있다.

▶ jackson-datatype-jsr310 적용 후(포맷을 지정하지 않은 상태) 반환된 JSON

```
{
    "bookId": "9791158390747",
    "name": "슬랙으로 협업하기",
    "authors": [ "노승헌" ],
    "publishedDate": [ 2017, 8, 10 ],
    "publisher": {
        "name": "위키북스",
        "tel": "031-955-3658"
    }
}
```

## ■ 날짜/시간 타입의 포맷을 지정하는 방법

날짜/시간 타입의 포맷은 ObjectMapper에서 지정한다.

▶ 자바 기반 설정 방식을 이용한 ObjectMapper의 빈 정의 예

```
@Bean
ObjectMapper objectMapper() {
    return Jackson2ObjectMapperBuilder.json()
        .indentOutput(true)
```

```
        .dateFormat(new StdDateFormat()) ─────────────────────── ❶
        .build();
}
```

▶ XML을 이용한 ObjectMapper의 빈 정의 예

```
<bean id="objectMapper"
    class="org.springframework.http.converter.json.Jackson2ObjectMapperFactoryBean">
    <property name="indentOutput" value="true"/>
    <property name="dateFormat">
        <bean class="com.fasterxml.jackson.databind.util.StdDateFormat"/> ─────── ❶
    </property>
</bean>
```

❶ dateFormat 프로퍼티에 java.text.DateFormat 인스턴스를 지정한다. ISO 8601의 날짜/시간 형식을 지원하려면 Jackson에서 제공하는 com.fasterxml.jackson.databind.util.StdDateFormat을 사용하면 된다.

▶ StdDateFormat을 적용한 후에 반환되는 JSON

```
{
    "bookId": "9791158390747",
    "name": "슬랙으로 협업하기",
    "authors": [ "노승헌" ],
    "publishedDate": "2017-08-10",
    "publisher": {
        "name": "위키북스",
        "tel": "031-955-3658"
    }
}
```

publishedDate 값이 ISO 8601의 날짜/시간 형식(yyyy-MM-dd)으로 됐다. StdDateFormat을 적용하면 다음과 같은 포맷을 사용할 수 있다.

- java.time.LocalDate은 yyyy-MM-dd(예: 2017-05-10)

- java.time.LocalDateTime은 yyyy-MM-dd'T'HH:mm:ss.SSS(예: 2017-05-10T08:00:00.000)

- java.time.ZonedDateTime은 yyyy-MM-dd'T'HH:mm:ss.SSS'Z'(예: 2017-05-10T08:00:00.000+09:00)

- java.time.LocalTime은 HH:mm:ss.SSS(예: 08:00:00.000)

메모

@com.fasterxml.jackson.annotation.JsonFormat을 이용하면 프로퍼티 단위로 포맷을 지정할 수도 있다.

```
@JsonFormat(pattern = "yyyy/MM/dd")
private LocalDate publishedDate;
```

# 6.5. 예외 처리

이번 절에서는 REST API에서 발생한 예외를 처리하는 방법을 설명한다. 예외 처리를 하기 위한 기본적인 메커니즘에 대해서는 5장 '웹 애플리케이션 개발'을 참조하자.

## 6.5.1. REST API 오류 응답

REST API에서 오류가 발생한 경우 REST API에서 다룰 수 있는 리소스 형식(JSON 등)으로 응답하는 것이 일반적이다. 예를 들어, 깃허브(GitHub)[10]의 REST API에서는 다음과 같은 JSON이 반환된다.

▶ 오류 응답용 JSON 예

```json
{
    "message": "Not Found",
    "documentation_url": "https://developer.github.com/v3"
}
```

이 절에서는 깃허브의 REST API와 같은 형식으로 응답하는 방법을 소개하면서 REST API에서 발생하는 예외를 어떻게 처리하는지 살펴볼 것이다.

예외 처리의 구현 방법을 설명하기 전에 오류 정보를 담을 자바빈즈를 만들어 두자.

▶ 오류 정보를 담을 자바빈즈의 구현 예

```java
package com.example.api;

import com.fasterxml.jackson.annotation.JsonProperty;

import java.io.Serializable;

public class ApiError implements Serializable {
    private static final long serialVersionUID = -8172536311626933035L;

    private String message;

    @JsonProperty("documentation_url")
    private String documentationUrl;

    // 생략
}
```

---

## 6.5.2. 스프링 MVC의 예외 핸들러 구현

REST API용 예외 처리 클래스를 구현하는 방법을 소개한다. 스프링 프레임워크에는 REST API만을 위해 따로 만들어진 예외 처리 메커니즘은 없지만 REST API용 예외 처리 클래스를 만들 때 도움이 되는 클래스(org.springframework.web.servlet.mvc.method.annotation.ResponseEntityException Handler)를 제공한다.

### ■ 예외 핸들러 클래스 생성

먼저 스프링 MVC를 위한 예외 핸들러 클래스를 만든다.

▶ 예외 핸들러 클래스의 구현 예

```
package com.example.api;

import org.springframework.web.bind.annotation.ControllerAdvice;
import org.springframework.web.servlet.mvc.method.annotation.ResponseEntityExceptionHandler;

@ControllerAdvice
public class ApiExceptionHandler extends ResponseEntityExceptionHandler {  ─────────── ❶
}
```

❶ REST API용 예외 클래스를 작성한다. ResponseEntityExceptionHandler를 상속받고 클래스에 @ControllerAdvice 를 붙인다[11].

ResponseEntityExceptionHandler에는 스프링 MVC에서 발생하는 예외를 처리하기 위한 @Exception Handler 메서드가 구현돼 있다. 그래서 위와 같이 핸들러를 만들면 프레임워크 내에서 발생하는 예외를 가로채서 처리할 수 있다. 다만 지금과 같이 단지 ResponseEntityExceptionHandler 클래스를 상속받기만 한 것이라면 오류가 발생하더라도 오류 내용이 표시되지 않는 텅빈 내용이 응답된다. 그래서 원하는 내용으로 오류가 표시되게 하려면 다음과 같은 추가 작업이 필요하다.

### ■ 오류 정보를 응답 본문에 출력하기 위한 구현

ResponseEntityExceptionHandler를 상속한 클래스를 그대로 사용하면 오류가 발생해도 응답 본문이 빈 상태가 된다. 응답 본문에 오류 정보를 표시하려면 handleExceptionInternal 메서드를 오버라이드해야 한다.

---

**11** 스프링 4.3부터 @ControllerAdvice와 @ResponseBody를 합친 @RestControllerAdvice가 추가됐다.

▶ 오류 정보를 출력하도록 예외 처리 클래스를 구현한 예

```java
@ControllerAdvice
public class ApiExceptionHandler extends ResponseEntityExceptionHandler {

    private ApiError createApiError(Exception ex) {                    ❶
        ApiError apiError = new ApiError();
        apiError.setMessage(ex.getMessage());  // 메시지 해결 방법은 재검토하자.
        apiError.setDocumentationUrl("http://example.com/api/errors");
        return apiError;
    }

    @Override
    protected ResponseEntity<Object> handleExceptionInternal(Exception ex,
            Object body, HttpHeaders headers, HttpStatus status,
            WebRequest request) {
        ApiError apiError = createApiError(ex);
        return super.handleExceptionInternal(ex, apiError, headers, status,
                request);                                              ❷
    }

}
```

❶ 오류 정보를 담을 객체를 만드는 메서드를 추가한다. 이 예에서는 클라이언트에 반환할 메시지에 예외 객체의 메시지를 설정하고 있는데, 오류 메시지를 가져오는 방법은 애플리케이션의 요구사항에 맞게 바꿔줄 수 있다. 예외 객체에 설정돼 있는 메시지는 애플리케이션의 내부 정보를 포함하고 있을 가능성이 높기 때문에 클라이언트에 표시할 메시지로는 부적절할 수 있다.

❷ 부모 클래스의 handleExceptionInternal 메서드를 호출하고 ResponseEntity를 반환한다.

만약 지원하지 않는 HTTP 메서드로 리소스에 접근하면 다음과 같은 오류 응답으로 '405 Method Not Allowed'가 발생한다.

▶ 지원하지 않는 HTTP 메서드를 사용한 경우의 오류 응답

```
{
    "message": "Request method 'PUT' not supported",
    "documentation_url": "http://example.com/api/errors"
}
```

이 예에서 사용된 예외 메시지는 클라이언트에 그대로 전달돼도 큰 무리없는 내용이지만, 만약 요청 본문에 부적절한 JSON 정보가 들어가거나, 입력값 검사 오류에 실패할 데이터가 포함된 경우에는 예외 메시지만 보고도 Jackson이나 스프링을 사용하고 있다는 것을 알 수 있어 의도치 않게 내부 구현 정보가 노출될 위험이 있다.

### ■ 오류 메시지를 가져오는 방법

내부 정보를 노출시킬 소지가 있는 시스템적인 예외 메시지를 좀 더 사용자 친화적인 메시지로 변환하려면 어떻게 하는 것이 좋을까? 이렇게만 하라는 정답은 없지만 다음과 같은 구현 방법을 생각해볼 수 있다.

▶ 예외 메시지를 변환하는 예외 핸들러 클래스를 구현한 예

```java
@ControllerAdvice
public class ApiExceptionHandler extends ResponseEntityExceptionHandler {

    private final Map<Class<? extends Exception>, String> messageMappings =          ❶
            Collections.unmodifiableMap(new LinkedHashMap() {
                {
                    put(HttpMessageNotReadableException.class,
                        "Request body is invalid");
                }
            });

    private String resolveMessage(Exception ex, String defaultMessage) {            ❷
        return messageMappings.entrySet().stream()
                .filter(entry -> entry.getKey().isAssignableFrom(ex.getClass()))
                .findFirst().map(Map.Entry::getValue).orElse(defaultMessage);
    }

    private ApiError createApiError(Exception ex) {
        ApiError apiError = new ApiError();
        apiError.setMessage(resolveMessage(ex, ex.getMessage()));                   ❸
        apiError.setDocumentationUrl("http://example.com/api/errors");
        return apiError;
    }

    // 생략
}
```

❶ 예외 클래스와 오류 메시지를 매핑한다.

❷ 오류 메시지를 가져오기 위한 메서드를 추가한다. 이 메서드는 발생한 예외 타입에 매핑된 오류 메시지를 반환한다. 만약 매핑된 메시지가 없다면 인수에 지정한 기본 메시지를 반환한다.

❸ 오류 메시지를 가져오는 메서드가 호출되도록 수정한다.

다시 요청 본문에 부적절한 JSON을 지정해서 REST API를 호출해보면 사전에 정의해둔 예외 메시지 정보에 따라 적절한 오류 메시지가 반환된다.

▶ 메시지 변환을 구현한 후의 오류 응답 '400 Bad Request'

```json
{
    "message": "Request body is invalid",
    "documentation_url": "http://example.com/api/errors"
}
```

## 6.5.3. 처리할 예외 클래스의 추가

ResponseEntityExceptionHandler는 기본적으로 프레임워크가 가정하고 있는 에외에 대해서만 처리할 수 있다. 그래서 개발자가 직접 만든 예외 클래스나 의존 라이브러리에서 발생하는 예외 클래스, 혹은 시스템 예외에 해당하는 예외 클래스는 제대로 처리하지 못한다. 그래서 이런 예외까지 처리하기 위해서는 예외 처리 방식을 사용자 정의로 구현해줘야 한다.

### ■ 사용자 정의 예외의 처리

애플리케이션을 개발할 때는 요구사항에 맞는 애플리케이션 전용 예외 클래스를 만들어서 쓰는 것이 일반적이다. 사용자 정의 예외 클래스에 대한 예외 처리는 다음과 같이 구현한다.

▶ 사용자 정의 예외의 처리 방법

```
@ExceptionHandler ───────────────────────────────────── ❶
public ResponseEntity<Object> handleBookNotFoundException(
        BookNotFoundException ex, WebRequest request) { ─────── ❷
    return handleExceptionInternal(ex, null, null, HttpStatus.NOT_FOUND, request); ─── ❸
}
```

❶ 사용자 정의 예외 클래스를 처리하기 위한 @ExceptionHandler 메서드를 추가한다.

❷ 메서드 매개변수에 처리하고 싶은 예외 클래스를 선언한다. 인수에 선언한 클래스에 할당 가능(형변환 가능)한 예외가 발생하면 이 메서드로 예외가 처리된다.

❸ 예외 객체와 HTTP 상태 코드를 인수로 주고 ResponseEntity를 만들기 위한 메서드(handleExceptionInternal)를 호출한다.

### ■ 시스템 예외의 처리

시스템 예외를 처리할 때는 오류 메시지에 설정할 내용에 주의한다. 시스템 예외가 발생했을 때 표시할 오류 응답 메시지에는 실제로 발생한 예외의 메시지를 사용하는 대신, 오류의 원인을 특정할 수 없는 사용자 친화적인 고정된 문구를 사용하는 것이 좋다.

▶ 시스템 예외의 처리 방법

```
@ExceptionHandler
public ResponseEntity<Object> handleSystemException(Exception ex, WebRequest request) {
    ApiError apiError = createApiError(ex, "System error is occurred");  ─────────── ❶
    return super.handleExceptionInternal(
            ex, apiError, null, HttpStatus.INTERNAL_SERVER_ERROR, request);
}

// 생략

private ApiError createApiError(Exception ex, String defaultMessage) {  ─────────── ❷
    ApiError apiError = new ApiError();
    apiError.setMessage(resolveMessage(ex, defaultMessage));
    apiError.setDocumentationUrl("http://example.com/api/errors");
    return apiError;
}
```

❶ 기본 메시지에 고정 문구를 사용한다. 이 예에서는 'System error is occurred'를 사용했다.

❷ 오류 정보를 생성하는 메서드에는 기본 메시지를 인수로 받을 수 있도록 수정했다.

## 6.5.4. 입력값 검사 예외의 처리

REST API를 사용할 때 입력값 검사 오류가 발생하면 org.springframework.web.bind.Method
ArgumentNotValidException이나 org.springframework.validation.BindException이 던져지고,
Response EntityExceptionHandler에서 구현된 @ExceptionHandler 메서드가 오류를 처리한다.

입력값 검사 예외를 처리할 때는 스프링을 사용한다는 내부 정보가 노출되면 안 되기 때문에 발생한 예
외 메시지를 그대로 응답으로 보내는 것은 적절하지 않다. 한편 입력값 검사 오류가 발생하면 어느 항
목에 어떤 오류가 있는지를 클라이언트에게 알려줄 필요도 있다.

여기서는 MethodArgumentNotValidException에 대한 예외 처리 방법을 소개하는데, BindException
도 같은 방식으로 처리할 수 있다.

### ■ 적절한 오류 메시지로 변환

먼저 예외 메시지를 있는 그대로 출력하지 않도록 예외 클래스에 대응하는 오류 메시지를 만들어서 매
핑한다.

▶ 예외 클래스에 대응하는 오류 메시지의 매핑 예

```java
private final Map<Class<? extends Exception>, String> messageMappings = Collections
    .unmodifiableMap(new LinkedHashMap() {
        {
            // 생략
            put(MethodArgumentNotValidException.class,
                    "Request value is invalid"); // 매핑 추가
        }
    });
```

## ■ 매핑 정의를 추가한 후의 오류 응답 예

```json
{
    "message": "Request value is invalid",
    "documentation_url": "http://example.com/api/errors"
}
```

매핑 정의를 추가해서 적절한 오류 메시지가 출력됐다.

## ■ 상세 오류 정보의 출력

다음은 어느 항목에 어떤 오류가 있는지 JSON에 출력하는 방법이다. JSON에 상세한 오류 정보를 전달하려면 그 정보를 담을 클래스가 필요하다.

▶ 상세한 오류 정보를 담을 클래스를 구현한 예

```java
public class ApiError implements Serializable {

    private static class Detail implements Serializable {  ──────────── ❶
        private static final long serialVersionUID = -7530877632611198945L;
        private final String target;
        private final String message;

        private Detail(String target, String message) {
            this.target = target;
            this.message = message;
        }

        public String getTarget() {
            return target;
        }
    }
```

```
            public String getMessage() {
                return message;
            }
        }

        // 생략

        @JsonInclude(JsonInclude.Include.NON_EMPTY) ──────────────── ❷
        private final List<Detail> details = new ArrayList<>();

        public void addDetail(String target, String message) {
            details.add(new Detail(target, message));
        }

        public List<Detail> getDetails() {
            return details;
        }

        // 생략
}
```

❶ 상세 오류 정보를 담을 클래스를 만든다. 이 예에서는 ApiError의 정적 내부 클래스로 만들었다.

❷ 상세 오류 정보를 리스트로 담을 프로퍼티를 추가한다. 이 예에서는 상세 오류 정보가 없을 때 details 필드가 JSON에 출력되지 않게 하려고 Jackson이 제공하는 @JsonInclude를 사용하고 있다. 만약 상세 오류 정보를 리스트에 추가하려면 addDetail 메서드를 호출하면 된다.

▶ 상세한 오류 정보를 추가하는 구현 예

```
@Autowired ──────────────────────────────────────────────── ❶
MessageSource messageSource;


@Override ───────────────────────────────────────────────── ❷
protected ResponseEntity<Object> handleMethodArgumentNotValid(
        MethodArgumentNotValidException ex, HttpHeaders headers,
        HttpStatus status, WebRequest request) {
    ApiError apiError = createApiError(ex, ex.getMessage());
    ex.getBindingResult().getGlobalErrors().stream() ──────────┐ ❸
        .forEach(e -> apiError.addDetail(e.getObjectName(), getMessage(e, request))); ─┘
    ex.getBindingResult().getFieldErrors().stream() ───────────┐ ❹
        .forEach(e -> apiError.addDetail(e.getField(), getMessage(e, request))); ──┘
    return super.handleExceptionInternal(ex, apiError, headers, status, request);
}
```

```
private String getMessage(MessageSourceResolvable resolvable, WebRequest request) {
    return messageSource.getMessage(resolvable, request.getLocale());
}
```

❶ 오류 메시지를 가져오기 위한 컴포넌트(MessageSource)를 DI한다.

❷ ResponseEntityExceptionHandler의 handleMethodArgumentNotValid 메서드를 오버라이드한다. BindException 을 처리하고 싶다면 handleBindException 메서드를 오버라이드하면 된다.

❸ 객체에 연결된 오류 객체(org.springframework.validation.ObjectError)를 상세 오류 정보에 추가한다.

❹ 필드에 연결된 오류 객체(org.springframework.validation.FieldError)를 상세 오류 정보에 추가한다.

▶ 상세 오류 정보를 출력한 오류 응답의 예

```
{
    "message": "Request value is invalid",
    "details": [
        {
            "target": "name",
            "message": "may not be null"
        }
    ],
    "documentation_url": "http://example.com/api/errors"
}
```

응답 내용을 확인하면 어떤 항목에서 어떤 오류가 발생했는지 알 수 있다. 이 예에서는 JSON의 name 필드에 값이 지정되지 않았다는 것을 알 수 있다.

## 6.5.5. 서블릿 컨테이너에 전달된 오류의 응답

여기까지 스프링 MVC의 예외 처리 메커니즘을 이용해 예외를 처리하는 방법을 소개했다. 그럼 서블릿 컨테이너에 전달된 오류(서블릿 필터에서 발생한 예외나 HttpServletResponse의 sendError 메서드 를 이용한 오류 응답)는 어떻게 처리하면 좋을까?

5장 5.13절 '예외 처리'에서 설명했지만 서블릿 컨테이너로 전달된 오류는 서블릿 컨테이너의 오류 페 이지 기능(web.xml의 <error-page> 요소)을 이용해 처리한다. '화면으로 응답하는 웹 애플리케이션'에 서는 JSP와 같은 템플릿 파일을 사용해서 오류 화면(HTML)을 응답하는 것이 일반적인데, JSON을 반 환하는 REST API용 애플리케이션에서도 템플릿 파일을 사용하면 되는 것일까?

물론 템플릿 파일을 이용해 JSON을 만들어 표시할 수도 있다. 혹은 스프링 MVC의 예외 핸들러에서 정상적인 응답을 JSON으로 처리했던 것처럼, 오류 정보를 담은 클래스를 HttpMessageConverter를 사용해 JSON으로 변환하려는 독자도 있을 것이다. 이럴 때는 오류 페이지 기능을 활용하되, 오류가 발생했을 때 이동할 경로를 오류 페이지의 접근 경로를 지정하는 대신, 오류를 처리할 컨트롤러의 접근 경로로 바꿔주면 된다.

▶ 오류 응답용 컨트롤러의 구현 예

```java
package com.example.api;

import org.springframework.http.HttpStatus;
import org.springframework.web.bind.annotation.RequestMapping;
import org.springframework.web.bind.annotation.RestController;

import javax.servlet.http.HttpServletRequest;
import javax.servlet.RequestDispatcher;

@RestController
public class ApiErrorPageController {
    @RequestMapping("/error")                                          ─❶
    public ApiError handleError(HttpServletRequest request) {

        String message;                                                ─❷
        Exception ex = (Exception) request
                .getAttribute(RequestDispatcher.ERROR_EXCEPTION);
        Integer statusCode = (Integer) request
                .getAttribute(RequestDispatcher.ERROR_STATUS_CODE);
        if (ex != null) {
            message = ex.getMessage(); // 메시지를 가져오는 방법은 후에 더 개선해야 한다.
        } else {                       // 우선은 예외 메시지를 사용한다.
            if (Arrays.asList(HttpStatus.values()).stream()
                    .anyMatch(status -> status.value() == statusCode)) {
                message = HttpStatus.valueOf(statusCode).getReasonPhrase();
            } else {
                message = "Custom error(" + statusCode + ") is occurred";
            }
        }

        ApiError apiError = new ApiError();                             ─❸
        apiError.setMessage(message);
        apiError.setDocumentationUrl("http://example.com/api/errors");
        return apiError;
    }
}
```

❶ 오류 응답용 오류 정보를 반환할 핸들러 메서드를 추가한다.

❷ 요청 스코프에 저장된 예외 객체와 HTTP 상태 코드를 통해서 오류 정보에 설정할 메시지를 얻어온다. 예외 객체에 설정된 메시지는 애플리케이션의 내부 정보를 포함하고 있을 가능성이 있기 때문에 사용자에게 노출될 오류 메시지로는 부적절할 수 있다. 예외 객체를 참조해서 오류 메시지를 가져오는 부분은 앞서 살펴본 스프링 MVC의 예외 핸들러와 공유하는 것이 좋다.

❸ 오류 정보를 반환한다.

web.xml의 〈error-page〉 요소를 이용해 예외 클래스나 HTTP 상태 코드에 맞는 이동 대상 정보를 지정한다. 이동 대상에는 오류 응답용 정보를 반환하는 핸들러 메서드가 호출될 수 있는 경로(/error)를 지정하면 된다.

▶ 오류 처리 정의 예(web.xml)

```
<!-- 예외 클래스 지정 및 오류 처리 정의 예 -->
<error-page>
    <exception-type>java.lang.Exception</exception-type>
    <location>/error</location>
</error-page>

<!-- HTTP 상태 코드 지정 및 오류 처리 정의 예 -->
<error-page>
    <error-code>404</error-code>
    <location>/error</location>
</error-page>
```

애플리케이션 서버가 지원하는 서블릿 API 버전이 3.1 이상이라면, 서블릿 컨테이너의 기본 오류 페이지를 커스터마이징할 수 있다. 이 메커니즘을 이용하면 〈exception-type〉 요소나 〈error-code〉 요소를 사용해 이동 대상을 하나씩 지정하는 수고를 덜 수 있다.

▶ 기본 오류 페이지를 변경하는 예(web.xml)

```
<error-page>
    <location>/error</location>
</error-page>
```

## 6.6. REST 클라이언트 구현

앞 절에서는 REST API를 만드는 방법을 설명했다. 이번 절에서는 반대로 스프링 기반 자바 애플리케이션에서 REST API를 호출하는 방법을 살펴보자.

자바 애플리케이션에서 REST API를 호출하는 방법으로는 다음의 두 가지가 있다.

- 서드파티의 HTTP 클라이언트 라이브러리를 사용한다.

- JDK 1.1부터 추가된 java.net.HttpURLConnection 클래스를 사용한다.

스프링 기반의 자바 애플리케이션에서는 이들 중 어떤 방식을 사용하는 것이 좋을까? 스프링 프레임워크 3.0.0 이전에는 서드파티 라이브러리나 Java SE의 HttpURLConnection 클래스를 직접 사용해야 했지만 3.0.0 버전부터는 org.springframework.web.client.RestTemplate이라는 HTTP 클라이언트용 클래스가 추가되어 RestTemplate을 사용하는 것이 일반적이다.

## 6.6.1. RestTemplate이란?

RestTemplate은 REST API를 호출할 때 사용할 메서드를 제공하는 클래스다. 클래스명에 'Rest'가 있어서 오해할 수 있지만, 엄밀히 말하자면 RestTemplate은 REST API만을 위한 전용 클래스가 아니다. RestTemplate이 스프링 프레임워크가 제공하는 HTTP 클라이언트 기능의 진입점이 되는 클래스로서 REST API와 궁합이 잘 맞는 메서드도 많이 갖추고 있다.

예를 들어, 깃허브에 공개된 스프링 프로젝트의 사용자 정보를 RestTemplate을 이용해서 가져오려면 다음과 같이 구현하면 된다.

▶ RestTemplate 구현 예

```
// 인스턴스 생성
RestTemplate restTemplate = new RestTemplate();

// 깃허브의 REST API를 호출해서 사용자 정보를 취득
GitHubUser resource = restTemplate.getForObject(
        "https://api.github.com/users/{username}", GitHubUser.class, "spring-projects");

// 사용자 정보에서 로그인명을 취득
System.out.println(resource.getLogin());
```

RestTemplate 인스턴스를 생성하는 부분을 제외하면 RestTemplate 메서드를 호출하는 한 줄의 코드만으로 다음의 네 가지 처리를 해낼 수 있다.

- 요청 URI 조립

- HTTP 요청 전송

- HTTP 응답 수신

- 응답 본문을 자바 객체로 변환

아마 이 내용을 본 독자 중에는 이를 처리하는 데 서드파티의 HTTP 클라이언트를 직접 사용해도 되지 않을까?라고 생각하는 분도 있을 것이다. 물론 다른 라이브러리로 같은 기능을 구현할 수는 있다. 그럼에도 불구하고 '왜 RestTemplate을 사용하는 것일까?'라는 의문에 대해서는 RestTemplate이 채택한 아키텍처를 설명하면서 그 이유를 찾아보자.

메모

REST API 호출을 비동기로 수행하려면 org.springframework.web.client.AsyncRestTemplate을 사용한다. AsyncRestTemplate의 사용법에 대해서는 스프링 레퍼런스 페이지[12]를 참조하자.

### ■ RestTemplate 아키텍처

RestTemplate은 다음과 같은 아키텍처를 채택하고 있다(그림 6.8).

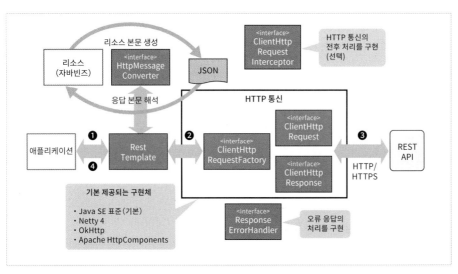

그림 6.8 RestTemplate 아키텍처

RestTemplate 메서드를 호출할 때의 처리 흐름을 간략하게 설명한다.

❶ 애플리케이션은 RestTemplate의 메서드를 호출해서 REST API 호출을 의뢰한다.

❷ RestTemplate은 HttpMessageConverter를 사용해 자바 객체를 메시지(JSON 등)로 변환하고 ClientHttp RequestFactory에서 가져온 ClientHttpRequest에게 메시지 전송을 의뢰한다.

❸ ClientHttpRequest는 Java SE의 표준 클래스나 서드파티 라이브러리의 클래스를 사용해 HTTP 프로토콜로 메시지를 전송한다.

❹ RestTemplate은 REST API로부터 응답받은 메시지를 HttpMessageConverter를 사용해 자바 객체로 변환한 후, 애플리케이션에 반환한다.

여기서 눈여겨봐야 할 부분은 실제로 HTTP 통신을 할 때는 Java SE에서 제공하는 표준 클래스나 서드파티에서 제공하는 라이브러리의 클래스를 활용한다는 점이다. 즉 내부 구현 클래스는 교체할 수 있는 구조로 돼 있기 때문에 HTTP 통신을 하는 구현 클래스가 바뀌더라도 RestTemplate 메서드를 호출하는 클래스(애플리케이션 소스코드)에는 전혀 영향을 주지 않는다. 이런 특징은 애플리케이션 개발자가 HTTP 통신을 처리하는 구체적인 방법을 모르더라도, RestTemplate의 사용법만 알면 REST API를 호출할 수 있다는 큰 장점이 된다.

## ■ RestTemplate을 구성하는 컴포넌트

RestTemplate을 구성하는 클래스나 인터페이스에 대해 살펴보자. 애플리케이션 개발자는 RestTemplate의 사용법만 알고 있으면 되지만, 애플리케이션 설계자라면 컴포넌트의 역할도 알아두는 것이 좋다. 왜냐하면 엔터프라이즈 애플리케이션을 개발하는 실제 현장에서는 독자적인 메시지 형식을 지원해야 하거나, 공통 처리를 추가하고, 오류 처리 과정을 확장하는 것처럼 커스터마이징할 일이 많기 때문이다.

- **org.springframework.http.converter.HttpMessageConverter**
  HTTP 본문 메시지와 자바빈즈를 서로 변환하기 위한 인터페이스다.

- **org.springframework.http.client.ClientHttpRequestFactory**
  요청을 전송할 객체(org.springframework.http.client.ClientHttpRequest 인터페이스를 구현)를 만들기 위한 인터페이스다. 응답은 org.springframework.http.client.ClientHttpResponse 인터페이스를 구현한 클래스가 수신한다. 스프링 프레임워크는 Java SE 표준[13], Netty 4[14], OkHttp[15], Apache HttpComponents[16]를 활용한 HTTP 통신 구현 클래스를 제공한다.

- **org.springframework.http.client.ClientHttpRequestInterceptor**
  HTTP 통신 전후의 공통 처리를 통합하기 위한 인터페이스다. 이것을 활용하면 요청 헤더(인증 헤더, 요청 추적 헤더 등)의 추가, 통신 과정의 로그 기록, 통신 처리의 재시도와 같은 공통적인 처리를 RestTemplate에 통합할 수 있다.

---

13 https://docs.oracle.com/javase/8/docs/api/java/net/HttpURLConnection.html
14 http://netty.io/
15 http://square.github.io/okhttp/
16 http://hc.apache.org/index.html

- **org.springframework.web.client.ResponseErrorHandler**

  애플리케이션에서 에러가 발생하면 그 오류가 어떤 유형인지 판단하고, 그 오류 상황에 맞는 적절한 조치를 해야 한다. 이때 이 인터페이스를 구현하면 되는데, 스프링 프레임워크는 HTTP 상태 코드의 400번대 오류를 처리할 수 있는 구현 클래스(org.springframework.web.client.DefaultResponseErrorHandler)를 제공하고 있다.

## 6.6.2. RestTemplate 설정

다음은 RestTemplate을 사용하기 위해 필요한 설정 방법을 설명한다.

### ■ 라이브러리 설정

RestTemplate을 제공하는 스프링 웹(Spring Web) 모듈을 의존 라이브러리에 추가한다.

▶ pom.xml 설정

```
<dependency>
    <groupId>org.springframework</groupId>
    <artifactId>spring-web</artifactId>
</dependency>
```

리소스 형식이 JSON인 경우에는 Jackson 모듈을 의존 라이브러리에 추가한다.

▶ pom.xml 설정 예

```
<dependency>
    <groupId>com.fasterxml.jackson.core</groupId>
    <artifactId>jackson-databind</artifactId>
</dependency>
```

### ■ RestTemplate을 DI 컨테이너에 등록

RestTemplate을 사용하려면 RestTemplate을 DI 컨테이너에 등록해야 한다.

▶ 자바 기반 설정 방식으로 빈을 정의한 예

```
@Bean
RestTemplate restTemplate() {
    return new RestTemplate();
}
```

▶ XML 기반 설정 방식으로 빈을 정의한 예

```
<bean id="restTemplate" class="org.springframework.web.client.RestTemplate"/>
```

■ RestTemplate 이용

RestTemplate을 소스코드에서 사용할 때는 org.springframework.web.client.RestOperations 인터페이스의 타입으로 주입받는다. 인터페이스로 취급하면 모듈의 결합도를 낮출 수 있다.

▶ RestTemplate의 DI 예

```
@Autowired
RestOperations restOperations;
```

## 6.6.3. REST API 호출

앞서 살펴본 내용으로 RestTemplate을 사용할 준비는 끝났다. 이제 REST API를 호출하는 방법을 소개한다. RestTemplate에는 REST API를 호출하기 위해 다음과 같은 메서드가 준비돼 있다(표 6.7).

표 6.7 RestTemplate에서 제공되는 메서드

| 메서드명 | 설명 |
| --- | --- |
| getForObject | GET 메서드를 사용해 리소스를 가져오기 위한 메서드. 응답 본문을 임의의 자바 객체로 변환해서 가져올 때 사용한다. |
| getForEntity | GET 메서드를 사용해 리소스를 가져오기 위한 메서드. 응답을 ResponseEntity로 가져올 때 사용한다. |
| headForHeaders | HEAD 메서드를 사용해 리소스 헤더 정보를 가져오기 위한 메서드 |
| postForLocation | POST 메서드를 사용해 리소스를 만들기 위한 메서드. 만들어진 리소스에 접근하기 위한 URI만 가져올 때 사용한다. |
| postForObject | POST 메서드를 사용해 리소스를 만들기 위한 메서드. 응답 본문을 임의의 자바 객체로 변환해서 가져올 때 사용한다. |
| postForEntity | PUT 메서드를 사용해 리소스를 만들기 위한 메서드. 응답을 ResponseEntity로 가져올 때 사용한다. |
| put | PUT 메서드를 사용해 리소스를 만들거나 갱신하기 위한 메서드 |
| delete | DELETE 메서드를 사용해 리소스를 삭제하기 위한 메서드 |
| optionsForAllow | OPTIONS 메서드를 사용해 '호출 가능한 HTTP 메서드(REST API) 목록'을 가져오기 위한 메서드 |
| exchange | 임의의 HTTP 메서드를 사용해 리소스에 접근하기 위한 메서드. 요청 헤더에 임의의 헤더 값을 설정할 때 사용한다. |
| execute | 임의의 HTTP 메서드를 사용해 리소스에 접근하기 위한 메서드. HttpMessageConverter를 사용하지 않고 본문을 읽거나 쓸 때 사용한다. |

메모　org.springframework.http.ResponseEntity는 HTTP 응답의 본문부와 헤더부의 정보를 다뤄야 할 때 사용하는 클래스다. 본문부는 임의의 자바빈즈로 변환되고, 헤더부는 org.springframework.http.HttpHeaders로 변환된다.

여기서는 6.3절 '@RestController 구현'에서 살펴본 적이 있는 Book 리소스를 관리하는 REST API를 예로 들어 RestTemplate의 사용 방법을 설명하겠다.

▶ Book 리소스 형식

```
{
    "bookId" : "9791158390747",
    "name" : "슬랙으로 협업하기",
    "publishedDate" : "2017-08-10"
}
```

## ■ 리소스 취득

REST API를 호출해서 리소스를 가져올 때는 getForObject, getForEntity, exchange, execute 중 하나를 사용한다.

▶ getForObject 사용 예

```
String resource = restOperations.getForObject(  ─────────────────────❶
        "http://localhost:8080/books/9791158390747",
        String.class);  ─────────────────────────────

System.out.println(resource);
```

❶ getForObject 메서드를 사용해 REST API를 호출한다. 첫 번째 인수에 REST API의 URI, 두 번째 인수에 응답 본문의 내용을 담을 자바 클래스를 지정한다.

표준 출력 내용을 확인하면 {"bookId":"9791158390747","name":"슬랙으로 협업하기","publishedDate":"2017-08-10"}이라는 JSON 형식의 문자열을 볼 수 있다. 단 리소스를 문자열로 가져오면 특정 필드값만 선택적으로 가져올 수 없다. 만약 특정 필드 값만 가져오고 싶다면 리소스 클래스(자바빈즈)를 만든 다음, 응답 본문의 변환 대상 클래스로 지정하고, 변환 후에 필요한 값만 꺼내오면 된다.

▶ 리소스 클래스의 구현 예

```
public class BookResource implements Serializable {
    private static final long serialVersionUID = 7070361791820300580L;
    private String bookId;
```

```
    private String name;
    private java.time.LocalDate publishedDate;
    // 생략
}
```

▶ getForObject 사용 예

```
BookResource resource = restOperations.getForObject(
        "http://localhost:8080/books/9791158390747",
        BookResource.class);

System.out.println(resource.getName());
```

표준 출력 내용을 확인하면 '슬랙으로 협업하기'라는 name 필드 값만 가져올 수 있다.

## ■ 리소스 생성

REST API를 호출해서 리소스를 만들 때는 postForLocation, postForObject, postFor Entity, exchange, execute 중 하나를 사용한다.

POST 메서드로 리소스가 정상적으로 만들어지면, 응답에는 HTTP 상태 코드 '201(Created)'가 설정되고, Location 헤더에는 '만들어진 리소스에 접근할 수 있는 URI'가 설정되는 것이 일반적인 REST API의 사양이다.

▶ postForLocation 사용 예

```
BookResource resource = new BookResource(); ─────────────────────── ❶
resource.setName("러닝! Angular 4");
resource.setPublishedDate(LocalDate.of(2017, 11, 23));

URI createdResourceUri = restOperations.postForLocation(
    "http://localhost:8080/books", resource); ──────────────────── ❷

System.out.println(createdResourceUri);
```

❶ 요청 본문에 정보를 담기 위한 리소스 클래스의 객체를 만든다.

❷ postForLocation 메서드를 사용해 REST API를 호출한다. 첫 번째 인수에는 REST API의 URI를 지정하고, 두 번째 인수에는 요청 본문의 내용을 담은 리소스 클래스를 지정한다.

표준 출력된 내용을 보면 Location 헤더 값(http://localhost:8080/books/c1c3da32-16e9-4288-9dc9-4866f2e4407a)을 정상적으로 읽어왔다는 것을 알 수 있다.

### ■ 요청 헤더 설정

요청 헤더를 설정할 때는 스프링 4.1부터 추가된 org.springframework.http.RequestEntity의 빌더 패턴 메서드를 사용하는 것이 일반적이다.

▶ 빌드 패턴 메서드의 사용 예

```
BookResource resource = new BookResource();
// 생략
RequestEntity<BookResource> requestEntity = RequestEntity ──────────────────── ❶
        .post(URI.create("http://localhost:8080/books")) ──────────────────
        .contentType(MediaType.APPLICATION_JSON) ────────────────────────── ❷
        .header("X-Track-Id", UUID.randomUUID().toString()) ─────────────── ❸
        .body(resource); ───────────────────────────────────────────────── ❹

ResponseEntity<Void> responseEntity = restOperations
        .exchange(requestEntity, Void.class); ─────────────────────────── ❺
```

❶ 호출할 REST API의 URI와 HTTP 메서드를 지정해 RequestEntity 빌더 객체를 가져온다. 빌더 객체를 가져오기 위한 메서드는 HTTP 메서드마다 준비돼 있다.

❷ Accept, Accept-Charset, If-Modified-Since, If-None-Match, Content-Type, Content-Length 헤더를 설정할 때는 빌더에 미리 준비돼 있는 전용 메서드(accept, acceptCharset, ifModifiedSince, ifNoneMatch, contentType, contentLength)를 사용한다.

❸ 임의의 헤더를 사용할 때는 빌더의 header 메서드를 사용한다.

❹ 요청 본문이 필요할 때는 빌더의 body 메서드를 호출해서 RequestEntity 객체를 만든다. 요청 본문이 필요하지 않을 때는 빌더의 build 메서드를 호출한다.

❺ exchange 메서드를 사용해 REST API를 호출한다. 첫 번째 인수에 ❹에서 생성한 RequestEntity를 지정하고, 두 번째 인수에 응답 본문을 담기 위한 자바빈즈를 지정한다.

### ■ HTTP 상태와 응답 헤더 취득

HTTP 상태와 응답 헤더를 가져올 때는 org.springframework.http.ResponseEntity를 반환하는 메서드(xxxForEntity와 exchange)로 REST API를 호출한다.

▶ REST API 호출 예

```
BookResource resource = new BookResource();
// 생략
ResponseEntity<Void> responseEntity = restOperations.postForEntity( ─────────── ❶
    "http://localhost:8080/books", resource, Void.class); ────────────────
```

```
HttpStatus httpStatus = responseEntity.getStatusCode();  ──────────── ❷
HttpHeaders responseHeaders = responseEntity.getHeaders();  ──────────── ❸
```

❶ postForEntity 메서드를 사용해 REST API를 호출하고 응답을 ResponseEntity로 받는다.

❷ ResponseEntity의 getStatusCode 메서드를 호출해 HTTP 상태를 가져온다.

❸ ResponseEntity의 getHeaders 메서드를 호출해 응답 헤더를 가져온다.

### ■ URI 템플릿 활용

URI를 지정할 때 URI 템플릿을 활용하는 방법을 설명한다.

지금까지 설명한 내용에서는 URI에 http://localhost:8080/books/9791158390747과 같이 완성된 URI를 지정했지만 URI 템플릿을 이용하면 http://localhost:8080/books/{bookId}와 같이 URI에 변수를 지정할 수 있다. 위의 URI를 예로 들어 설명하면 'http://local host:8080/books/' 부분이 고 정부, '9791158390747' 부분이 가변부가 되며, 이때 가변부를 변수로 취급할 수 있다.

▶ URI 템플릿을 이용해 REST API를 호출하는 구현 예

```
String bookId = "9791158390747";

BookResource resource = restOperations.getForObject(
    "http://localhost:8080/books/{bookId}",  ──────────── ❶
        BookResource.class, bookId);  ──────────── ❷
```

❶ REST API를 호출할 때 지정하는 URI에 URI 템플릿을 사용한다. 이 예에서는 'http://localhost:8080/books/{book-Id}'를 사용했다.

❷ 메서드의 마지막 인수(가변 인수)에 URI 템플릿에 넣을 변수 값을 지정한다. 이 예에서는 bookId의 값을 지정하고 있다.

RequestEntity 빌더 패턴의 메서드를 사용할 때는 org.springframework.web.util.UriComponents Builder나 org.springframework.web.util.UriTemplate 클래스를 사용해 URI 템플릿을 다룬다.

▶ UriComponentsBuilder를 이용해 URI 템플릿을 다루는 구현 예

```
RequestEntity<Void> requestEntity = RequestEntity
            .get(UriComponentsBuilder
                    .fromUriString("http://localhost:8080/books/{bookId}")
                    .buildAndExpand(bookId).encode().toUri())
            .header("X-Track-Id", UUID.randomUUID().toString()).build();
```

**메모** 변수값을 지정할 때는 가변 인수(배열)를 사용해 위치(인덱스)로 지정하는 방법과 Map을 사용해 변수명으로 지정하는 방법을 사용할 수 있다.

### ■ 기타 리소스 조작

이 책에서는 지면 관계상 리소스의 갱신(put)이나 삭제(delete), 리소스 헤더 정보의 취득(headFor Headers), 호출할 수 있는 HTTP 메서드의 목록 취득(optionsForAllow)에 대해서는 다루지 않았다. 이러한 조작들도 이 절에서 배운 방법으로 호출이 가능하니 필요할 때 시험해보기 바란다.

## 6.6.4. 오류 응답 처리

RestTemplate의 기본 구현에는 HTTP 상태 코드가 400 이상인 오류 응답이 나올 때 다음과 같은 예외가 발생한다(표 6.8).

표 6.8 오류 응답이 나올 때 발생하는 예외

| HTTP 상태 코드 | 예외 클래스 |
|---|---|
| 사용자 정의 상태 코드 | org.springframework.web.client.UnknownHttpStatusCodeException |
| 클라이언트 오류 계열의 상태 코드 (4xx) | org.springframework.web.client.HttpClientErrorException |
| 서버 오류 계열의 상태 코드 (5xx) | org.springframework.web.client.HttpServerErrorException |

이러한 예외는 런타임 예외(RuntimeException)를 상속하기 때문에 예외 처리를 할 의무가 없다. 따라서 애플리케이션의 요구사항에 따라 적절히 예외 처리를 하면 된다. 참고로 예외 처리를 하는 기본 동작 방식은 ResponseErrorHandler의 구현 클래스를 만들어서 커스터마이징할 수 있다.

## 6.6.5. 타임아웃 지정

서버와의 통신에서 타임아웃을 지정하고 싶다면 다음과 같이 빈을 정의한다.

▶ 자바 기반 설정 방식으로 빈을 정의한 예

```
@Bean
RestTemplate restTemplate() {
    SimpleClientHttpRequestFactory requestFactory = new SimpleClientHttpRequestFactory();
    requestFactory.setConnectTimeout(5000); ─────────────────────────── ❶
    requestFactory.setReadTimeout(3000); ─────────────────────────────── ❷
    RestTemplate restTemplate = new RestTemplate(requestFactory);
```

```
        return restTemplate;
}
```

▶ XML 기반 설정 방식으로 빈을 정의한 예

```
<bean id="clientHttpRequestFactory"
    class="org.springframework.http.client.SimpleClientHttpRequestFactory">
    <property name="connectTimeout" value="5000" /> ─────────────── ❶
    <property name="readTimeout" value="3000" /> ─────────────────── ❷
</bean>

<bean id="restTemplate" class="org.springframework.web.client.RestTemplate">
    <constructor-arg ref="clientHttpRequestFactory" />
</bean>
```

❶ connectTimeout 프로퍼티에 서버와의 타임아웃 시간(밀리초)을 설정한다. 타임아웃 시간을 초과하면 org.spring
  framework.web.client.ResourceAccessException이 발생한다.

❷ readTimeout 프로퍼티에 응답 데이터의 읽기 타임아웃 시간(밀리초)을 설정한다. 타임아웃 시간을 초과하면 Resource
  AccessException이 발생한다.

# 7장

## 스프링 MVC 응용

4장에서 6장까지 스프링 MVC의 기능을 활용해 웹 애플리케이션을 개발하기 위한 기본적인 방법을 배웠다. 일반적인 웹 애플리케이션을 개발할 때는 여기에 추가해서 세션 관리, 파일 업로드, 화면이나 메시지의 국제화, 공통 처리, 정적 리소스의 캐시 등도 고려해야 한다. 경우에 따라서는 웹 애플리케이션에서 대량의 데이터를 처리해야 할 수도 있고, SSE(Server-Sent Events)로 대표되는 푸시(Push) 형 작업을 위해 요청과 응답을 서로 다른 스레드에서 처리하는 비동기 처리를 해야 할 수도 있다.

이번 장에서는 이러한 요구사항을 스프링 MVC를 이용해 구현하는 방법을 소개한다.

# 7.1. HTTP 세션 이용

이번 절에서는 스프링 MVC에서 `javax.servlet.http.HttpSession` 객체(이후 HTTP)를 이용하는 방법을 설명한다.

웹 애플리케이션에서 위저드 방식으로 여러 화면에 걸쳐서 입력한 데이터나 온라인 쇼핑몰의 장바구니처럼 담아둔 상품 데이터를 취급하려면 여러 요청이 같은 데이터를 공유할 수 있어야 한다. 이처럼 여러 요청에 걸쳐 데이터를 공유하는 방법은 몇 가지 있지만 HTTP 세션을 이용하는 것이 가장 쉬운 방법이다. 단 HTTP 세션에 데이터를 저장하면 새로 열리는 창이나 탭에도 같은 HTTP 세션을 사용하기 때문에 탭이나 창마다 서로 다른 데이터를 필요로 하는 경우에는 사용할 수 없는 단점이 있다. 그래서 HTTP 세션은 아무렇게나 사용하는 것이 아니라 애플리케이션이나 시스템의 요구사항을 고려해서 사용 여부를 결정해야 한다.

스프링 MVC에서 HTTP 세션에 데이터를 관리할 때는 다음의 세 가지 방법을 이용할 수 있다(표 7.1).

표 7.1 HTTP 세션에서 데이터를 관리하는 방법

| HTTP 세션 이용 방법 | 설명 |
| --- | --- |
| 세션 속성(@SessionAttributes) 이용 | 스프링 MVC의 `org.springframework.ui.Model`에 추가한 객체를 `HttpSession` API를 직접 사용하지 않고 HTTP 세션에서 관리한다. |
| 세션 스코프 빈 이용 | HTTP 세션에 관리하고 싶은 객체를 DI 컨테이너에 세션 스코프 빈으로 등록해서 `HttpSession` API를 직접 사용하지 않고 HTTP 세션에서 관리한다. |
| HttpSession API 이용 | `HttpSession` API(`setAttribute`, `getAttribute`, `removeAttribute` 등)를 직접 사용해서 대상 객체를 HTTP 세션에서 관리한다. |

스프링 MVC는 컨트롤러의 핸들러 메서드 매개변수로 HttpSession 객체를 받을 수 있지만 가능한 한 HttpSession API를 직접 사용하지 않는 방법(스프링 MVC의 서블릿 API의 추상화 구조)을 이용하자. 참고로 이 책에서는 HttpSession API를 직접 사용하는 방법에 대해서는 따로 소개하지 않는다.

## 7.1.1. 세션 속성(@SessionAttributes)

@org.springframework.web.bind.annotation.SessionAttributes는 하나의 컨트롤러에서 여러 요청 간에 데이터를 공유하는 경우에 효과적인 방법이다. 입력 화면이 여러 페이지로 나눠진 형태로 구성되거나 복잡한 프로세스를 따라 화면을 이동해야 하는 경우에는 @SessionAttributes로 폼 객체를 세션에서 관리하는 방법을 검토해 보자(그림 7.1). 폼 객체를 세션에 저장하면 애플리케이션의 설계나 구현이 단순해질 수 있다. 만약 입력 화면, 확인 화면, 완료 화면을 각각 별도의 페이지로 구성되는 비교적 단순한 화면 흐름이라면 HTTP 세션을 사용하지 않고 HTML 폼의 hidden 요소에 데이터를 가지고 다니는 방법도 고려해볼 수 있다.

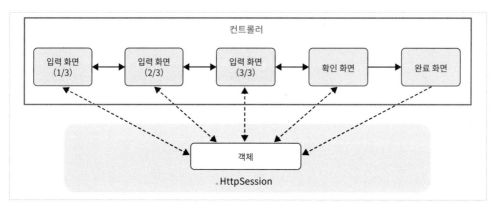

그림 7.1 세션 속성(@SessionAttributes) 이용 예

### ■ 세션에 관리할 객체를 지정하는 방법

@SessionAttributes에 HTTP 세션에서 관리할 대상 객체를 지정한다. 관리 대상 객체를 지정하는 방법에는 다음 두 가지가 있다.

- **클래스명 지정**: 관리 대상이 되는 클래스명을 types 속성에 지정한다.
- **속성명 지정**: 관리 대상이 되는 객체명을 names 속성에 지정한다.

▶ 세션에 관리할 객체를 클래스명으로 지정한 예

```
@Controller
@RequestMapping("/accounts")
@SessionAttributes(types = AccountCreateForm.class) ───────────────────── ❶
public class AccountCreateController {
    // 생략
}
```

❶ HTTP 세션에 저장할 객체의 클래스를 @SessionAttributes의 types 속성에 지정한다. @ModelAttribute 애너테이션
  이 붙은 메서드나 Model의 addAttribute 메서드를 통해 Model에 추가한 객체 중에 types 속성에서 지정한 클래스의 객
  체가 있다면 그 객체를 HTTP 세션에 저장한다.

@SessionAttributes의 names 속성을 이용해 세션에 저장할 객체의 속성명을 지정할 수도 있다. 이 방법은 같은 클래스로 만들어지는 객체 중 세션에서 관리할 것과 관리하지 않을 것이 섞인 경우에 사용할수 있다.

▶ 세션에 관리할 객체를 속성명으로 지정한 예

```
@Controller
@RequestMapping("/accounts")
@SessionAttributes(names = "password")
public class AccountCreateController {
    // 생략
}
```

### ■ 세션에 객체를 저장하고 저장된 객체를 이용하는 방법

@SessionAttributes를 이용해 특정 객체를 HTTP 세션 안에 관리하고 싶다면 일단 그 객체를 Model에 저장한다. 이후 Model에 저장한 객체 중에서 HTTP 세션에 관리하겠다고 지정한 객체만 HTTP 세션에 저장(익스포트)되고, 반대로 HTTP 세션에 관리되는 객체 중에서 HTTP 세션에 관리하겠다고 지정한 객체가 Model에 저장(임포트)된다. 이러한 메커니즘 덕분에 핸들러 메서드나 뷰에서는 사용할 객체의 스코프를 복잡하게 생각하지 않아도 된다.

Model에 객체를 저장하는 방법에는 @ModelAttribute 메서드를 이용하는 방법과 Model API를 이용하는 방법이 있는데, 여기서는 @ModelAttribute 메서드를 이용하는 방법을 예로 들었다.

▶ 객체를 HTTP 세션에 저장하는 예

```java
@Controller
@RequestMapping("/accounts")
@SessionAttributes(types = AccountCreateForm.class)
public class AccountCreateController {

    @ModelAttribute("accountCreateForm") ──────────────────────────────── ❶
    public AccountCreateForm setUpAccountCreateForm() {
        return new AccountCreateForm();
    }

    // 생략

}
```

❶ @ModelAttribute 메서드에서 반환한 객체가 Model에 저장된다. 이 객체는 @SessionAttributes에 지정한 types 에 해당하므로 HTTP 세션에도 저장된다. 이 예에서는 스프링 MVC의 명명 규칙에 따라 AccountCreateFor의 객체를 accountCreate Form이라는 이름으로 세션에 저장하고 있다.

메모

@ModelAttribute의 value 속성을 생략하면 @ModelAttribute 메서드에서 반환되는 객체의 이름을 만드는 처리가 @ModelAttribute 메서드가 호출될 때마다 수행된다. 이 예와 같이 인스턴스를 생성만 하는 간단한 처리라면 큰 문제가 안 될 수 있지만, 데이터베이스와 같은 외부 리소스에 접근하는 상황에서는 성능 저하로 이어질 수 있다. 이런 문제는 @ModelAttribute의 value 속성에 객체 이름을 명시적으로 지정하는 방법으로 예방할 수 있다.

Model에서 객체를 가져오려면 핸들러 메서드에 객체를 받기 위한 인수를 선언한다.

▶ Model에서 객체를 꺼내올 때의 구현 예

```java
@RequestMapping(path = "create", method = RequestMethod.POST)
public String create(@Validated AccountCreateForm from, ─────────────────── ❶
    BindingResult result,
    @ModelAttribute("password") String password, ───────────────────────── ❷
    RedirectAttributes redirectAttributes) {
    // 생략
    return "redirect:/accounts/create?complete";
}
```

❶ Model에서 객체를 받기 위한 인수를 선언한다. 인수에는 클래스명의 첫 글자를 소문자로 바꾼 이름과 같은 이름의 객체가 설정된다. 이 예에서는 이름이 accountCreateForm인 객체가 인수에 설정된다.

❷ Model에서 가져올 객체의 이름을 @ModelAttribute의 value 속성에 지정할 수 있다. 만약 @ModelAttribute를 지정한 상태에서 해당 객체가 Model(HTTP 세션)에 존재하지 않을 때는 org.springframework.web.HttpSessionRequiredException이 발생한다.[17]

## ■ 세션에 저장된 객체의 삭제

HTTP 세션에 저장한 객체를 삭제할 때는 컨트롤러의 핸들러 메서드에서 org.springframework.web.bind.support.SessionStatus의 setComplete 메서드를 호출한다.

▶ 세션에 저장된 객체를 삭제하는 예

```
@RequestMapping(path = "create", params = "complete", method = RequestMethod.GET)
public String createComplete(SessionStatus sessionStatus) {
    sessionStatus.setComplete();  ─────────────────────────────❶
    return "account/createComplete";
}
```

❶ SessionStatus의 setComplete 메서드를 호출하고 세션 처리가 완료됐음을 표시한다.

SessionStatus의 setComplete을 호출하면 내부적으로는 다음과 같은 동작들이 실행된다.

- @SessionAttributes에 관리되던 객체가 모두 삭제된다.

- SessionStatus의 setComplete 메서드를 호출한 직후에 바로 객체가 삭제되는 것은 아니고, 단지 세션 처리가 완료됐다는 표시만 한다. 실제로는 핸들러 메서드의 처리가 완료된 후에 프레임워크가 내부적으로 HTTP 세션에서 객체를 삭제한다.

- 핸들러 메서드가 종료된 후에 HTTP 세션에서 객체가 삭제되긴 하지만, 뷰와의 데이터 연계 영역(Model)에는 같은 객체가 남아 있다. 그래서 setComplete을 호출한 직후에 이동한 뷰에서는 HTTP 세션에서 삭제한 객체를 Model에서 참조할 수 있다.

## ■ 뷰에서 접근하는 방법

뷰에서 HTTP 세션에 저장한 객체에 접근할 때는 HTTP 세션을 사용하지 않을 때와 마찬가지 방법으로 접근할 수 있다. 이것은 Model에 저장한 객체가 request(요청 스코프)에도 저장되기 때문이다. 만약 JSP를 뷰로 사용할 때는 EL에서 ${속성명}으로 지정하기만 하면 된다.

---

**17** 스프링 4.3부터는 @ModelAttribute에 binding 속성이 추가됐다. binding 속성을 false로 지정하면 Model에서 가져온 객체에 요청 파라미터의 값이 다시 한번 바인딩되어 의도치 않게 값이 덮어 써지는 것을 막을 수 있다.

▶ 뷰(JSP)에서 접근하는 예

```
이메일 주소: <c:out value="${accountCreateForm.email}"/>
```

## 7.1.2. 세션 스코프 빈

세션 스코프 빈은 여러 컨트롤러에 걸쳐 화면을 이동해야 할 때 컨트롤러 간에 데이터를 공유하는 매개체 역할을 한다(그림 7.2). 다양한 유스케이스에 걸쳐 데이터를 공유해야 한다면 세션 스코프 빈을 사용할 것을 검토해보자.

한편 세션 스코프 빈을 통해 관리되는 객체의 라이프 사이클은 HTTP 세션 자체의 라이프 사이클과 똑같다.

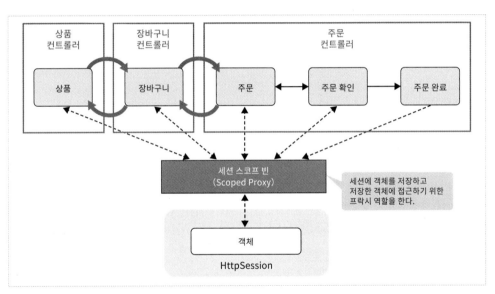

그림 7.2 세션 스코프 빈의 이용 예

### ■ 세션 스코프 빈 정의

HTTP 세션에서 관리할 객체를 DI 컨테이너에 세션 스코프 빈으로 등록한다. 이때 스코프트 프락시 (Scoped Proxy)가 활성화되게 정의한다. 스코프트 프락시는 스코프 수명이 긴(예: 싱글턴 스코프) 빈에 스코프 수명이 짧은(예: 세션 스코프나 요청 스코프) 빈을 인젝션하기 위한 메커니즘을 제공한다.

▶ 애너테이션 기반 설정 방식을 이용한 세션 스코프 빈 정의

```
@Component
@Scope(value = "session", proxyMode = ScopedProxyMode.TARGET_CLASS) ─────────────── ❶
public class Cart implements Serializable {
    // 생략
}
```

▶ 자바 기반 설정 방식을 이용한 세션 스코프 빈 정의

```
@Bean
@Scope(value = "session", proxyMode = ScopedProxyMode.TARGET_CLASS) ─────────────── ❷
public Cart cart() {
    return new Cart();
}
```

▶ XML 기반 설정 방식을 이용한 세션 스코프 빈 정의

```
<beans:bean id="cart" class="com.example.domain.Cart" scope="session"> ─────────────── ❸
    <aop:scoped-proxy proxy-target-class="true" />
</beans:bean>
```

❶ @Scope 애너테이션의 value 속성에 'session'을 지정해 세션 스코프 빈을 정의한다. 또한 proxyMode 속성에 ScopedProxyMode.TARGET_CLASS를 지정해 스코프트 프락시가 활성화된다.[18]

❷ <beans:bean> 요소의 scope 속성에 'session'을 지정해 세션 스코프 빈을 정의한다.

❸ <aop:scoped-proxy>의 proxy-target-class에 true를 지정해 스코프트 프락시가 활성화된다.

메모    JPA의 Entity 클래스를 세션 스코프 빈으로 정의하면 JPA API에서 세션 스코프 빈을 제대로 처리하지 못하는 경우가 있다. 제대로 처리하지 못할 때는 JPA의 Entity 클래스를 세션 스코프 빈으로 정의하지 말고 Entity 클래스를 감싼 래핑 클래스를 세션 스코프 빈으로 정의하는 방법을 검토해 보자.

## ■ 세션 스코프 빈 이용

세션 스코프 빈을 사용할 때는 다른 빈과 마찬가지로 인젝션받아서 쓰면 된다.

▶ 세션 스코프 빈의 이용

```
@Controller
@RequestMapping("/items")
```

---

18   스프링 4.3부터는 @SessionScope로 대체할 수 있다.

```
public class ItemController {
    @Autowired
    Cart cart;                                                               ❶
    // 생략
}

@Controller
@RequestMapping("/cart")
public class CartController {
    @Autowired
    Cart cart;                                                               ❶
    // 생략
}

@Controller
@RequestMapping("/orders")
public class OrderController {
    @Autowired
    Cart cart;                                                               ❶
    // 생략
}
```

❶ 세션 스코프 빈을 컨트롤러에 인젝션한다. 인젝션된 세션 스코프 빈의 메서드를 호출하면 같은 객체의 메서드를 호출하는 효과가 있기 때문에 여러 컴포넌트에서 세션 스코프의 데이터를 공유할 수 있다.

## ■ 뷰에서 접근하는 방법

뷰에서 세션 스코프 빈에 접근할 때는 SpEL을 이용해 DI 컨테이너에서 세션 스코프 빈을 꺼내온다.

▶ 뷰(JSP)에서 접근하는 예

```
<spring:eval var="cart" expression="@cart" />                               ❶
<c:forEach var="cartItem" items="${cart.cartItems}">
    <!-- 생략 -->
</c:forEach>
```

❶ SpEL(<spring:eval> 요소)을 이용해 세션 스코프 빈을 참조한 다음, 페이지 스코프 변수에 저장한다. expression 속성에는 '@+Bean명'을 지정한다. 페이지 스코프 변수에 저장하고 나면 @SessionAttributes를 사용하는 것과 같은 방법으로 HTTP 세션에 저장한 객체에 접근할 수 있다.

## 7.2. 파일 업로드

이번 절에서는 파일을 업로드하는 방법을 설명한다. 스프링 MVC에서 파일 업로드를 할 때는 다음 방법 중 하나를 사용한다.

- **서블릿 표준 업로드 기능**

  서블릿 3.0에서 지원하는 파일 업로드 기능과 스프링 웹에서 제공하는 컴포넌트를 이용해 파일을 업로드한다. 이 방법은 서블릿 버전이 3.0 이상인 애플리케이션 서버를 사용할 수 있을 때 이용한다.

- **Apache Commons FileUpload[19] 업로드 기능**

  파일 업로드용 라이브러리인 Apache Commons FileUpload와 스프링 웹에서 제공하는 컴포넌트를 이용해 파일을 업로드한다. 이 방법은 서블릿 버전이 3.0 미만인 경우나 서블릿 표준 파일 업로드 기능으로는 요청 파라미터나 파일명이 깨지는 경우에 이용한다.

### 7.2.1. 파일 업로드 구조

먼저 스프링 MVC와 스프링 웹에서 제공하는 파일 업로드 구조를 소개한다(그림 7.3).

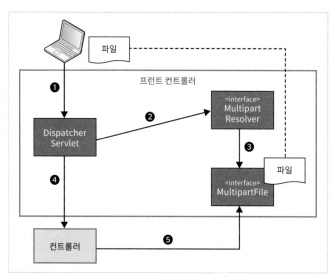

그림 7.3 파일 업로드 구조

---

**19** https://commons.apache.org/proper/commons-fileupload/

❶ 업로드할 파일을 선택하고 업로드를 실행한다.

❷ DispatcherServlet은 org.springframework.web.multipart.MultipartResolver 인터페이스의 메서드를 호출해서 멀티파트 요청을 해석한다.

❸ MultipartResolver 구현 클래스는 멀티파트 요청을 해석한 후, 업로드 데이터를 담을 org.springframework.web.multipart.MultipartFile을 생성한다.

❹ DispatcherServlet은 컨트롤러의 처리 메서드를 호출한다. ❸에서 생성한 MultipartFile 객체는 컨트롤러의 인수나 폼 객체에 바인드받는다.

❺ 컨트롤러는 MultipartFile 객체의 메서드를 통해 업로드된 파일의 내용이나 메타 정보를 가져온다.

스프링이 제공하는 컴포넌트가 서블릿이나 Apache Commons FileUpload의 API를 감춰주기 때문에 내부적으로 서블릿 표준이나 Apache Commons FileUpload 중 어느 쪽을 이용해도 컨트롤러를 같은 방식으로 구현할 수 있다. 참고로 이 책에서는 서블릿 표준 업로드 기능을 이용하는 방법을 소개한다.

## 7.2.2. 파일 업로드 기능 설정

서블릿 표준과 스프링이 제공하는 파일 업로드 기능을 이용하려면 파일 업로드와 관련된 설정과 스프링 MVC를 연계하기 위한 설정이 필요하다.

### ■ 파일 업로드 기능을 이용하기 위한 설정

서블릿 표준의 파일 업로드 기능을 이용하기 위해 web.xml에 〈multipart-config〉 요소를 추가한다.

▶ web.xml 설정 예

```
<web-app
    xmlns="http://xmlns.jcp.org/xml/ns/javaee"
    xmlns:xsi="http://www.w3.org/2001/XMLSchema-instance"
    xsi:schemaLocation="http://xmlns.jcp.org/xml/ns/javaee
        http://xmlns.jcp.org/xml/ns/javaee/web-app_3_1.xsd"
    version="3.1">
    <!-- 생략 -->
    <servlet>
        <servlet-class>org.springframework.web.servlet.DispatcherServlet</servlet-class>
        <multipart-config />  ─────────────────────────────────────────  ❶
    </servlet>
    <!-- 생략 -->
</web-app>
```

❶ 서블릿 표준의 파일 업로드 기능을 사용하는 서블릿 〈servlet〉 요소에 〈multipart-config〉 요소를 추가한다.

서블릿 표준의 파일 업로드 기능을 별다른 설정 없이 사용하면 업로드할 수 있는 파일 크기가 무제한이
된다. 파일 크기를 제한하고 싶다면 파일 단위의 최대 크기, 업로드 요청 전체의 최대 크기, 임시 파일
을 생성하는 임계치 크기와 같은 세 가지 설정을 추가해야 한다.

▶ 〈multipart-config〉 요소를 설정한 예

```
<multipart-config>
    <max-file-size>5242880</max-file-size> ───────────────── ❶
    <max-request-size>27262976</max-request-size> ─────────── ❷
    <file-size-threshold>1048576</file-size-threshold> ────── ❸
</multipart-config>
```

❶ 파일 하나의 최대 바이트 수를 지정한다. 기본값은 -1(제한 없음)이다.

❷ 멀티파트 요청 전체의 최대 바이트 수를 지정한다. 기본값은 -1(제한 없음)이다.

❸ 전송된 파일의 크기가 이 크기를 넘어서면 메모리에 있던 파일 내용을 임시 파일로 만든다. 기본값은 0(항상 파일에 출력)
이다.

크기 제한을 설정한 상태에서 크기 제한을 넘으면 org.springframework.web.multipart.Multipart
Exception이 발생한다. 만약 크기 제한 에러를 처리하고 싶다면 MultipartException을 catch로 잡
으면 된다.

메모

크기 제한을 초과하면 MultipartException이 발생한다고 설명했지만 스프링 MVC의 DispatcherServlet
이전에 요청 파라미터에 접근하게 되면 MultipartException이 발생하지 않을 수 있다.

예를 들어 스프링 시큐리티의 CSRF 방지용 서블릿 필터를 적용한 후, 톰캣에서 크기 제한을 초과하게 되면
MultipartException이 아니라 CSRF 오류가 발생한다. 이런 현상은 톰캣이 요청 파라미터 값을 null로 처
리하기 때문인데, 이러한 내부 동작들은 서블릿 API의 사양으로 정해져 있는 것이 아니기 때문에 애플리케이션
서버에 따라 다르게 동작할 수 있다.

그렇다면 애플리케이션 서버와 상관없이 크기 제한을 초과했을 때 반드시 MultipartException을 발생시키
고 싶다면 어떻게 해야 할까? 이럴 때는 스프링 웹에서 제공하는 org.springframework.web.multipart.
support.MultipartFilter를 사용하면 된다. MultipartFilter를 사용하면 요청 파라미터에 접근하기 전에
멀티파트 요청을 해석할 수 있기 때문에 크기 제한을 초과했을 때 반드시 MultipartException을 발생하게 만
들 수 있다. 단 MultipartFilter는 스프링 시큐리티의 FilterChain보다 이전에 정의해야 한다.

■ 스프링 MVC와 연계하기 위한 설정

서블릿 표준의 파일 업로드 기능과 스프링 MVC를 연계하려면 서블릿 표준용 MultipartResolver를 스프링의 DI 컨테이너에 정의하면 된다. 이때 빈 이름은 'multipartResolver'로 지정한다.

▶ 자바 기반 설정 방식을 이용한 빈 정의

```java
@Bean
public MultipartResolver multipartResolver() {
    return new StandardServletMultipartResolver();
}
```

▶ XML 기반 설정 방식을 이용한 빈 정의

```xml
<bean
    id="multipartResolver"
    class="org.springframework.web.multipart.support.StandardServletMultipartResolver">
</bean>
```

## 7.2.3. 업로드 데이터의 취득

업로드한 파일의 데이터는 org.springframework.web.multipart.MultipartFile을 폼 객체로 바인드하면 접근 가능해진다. 스프링 MVC에서는 javax.servlet.http.Part를 핸들러 메서드의 매개변수로 받을 수 있지만 다음과 같은 이유로 MultipartFile을 폼 객체로 바인드받는 방법이 더 나을 수 있다.

- 특정 업로드 기능의 API(서블릿 API)에 의존하지 않는다.
- Bean Validation 기능으로 입력값 검사를 할 수 있다.

그러면 실제로 파일을 업로드해 보자.

■ 폼 클래스 작성

업로드 데이터를 받기 위한 프로퍼티를 폼 클래스에 정의한다.

▶ 폼 클래스 구현

```java
public class FileUploadForm implements Serializable {
    private MultipartFile file; ──────────────────────────────────────❶
    // 생략
}
```

❶ MultipartFile 타입의 프로퍼티를 정의한다.

## ■ 뷰 구현

뷰에서는 HTML 폼에서 멀티파트 요청을 전송한다. 다음은 뷰로 JSP를 사용할 때 구현하는 예다.

▶ 멀티파트 요청을 전송할 때의 JSP 구현 예

```
<form:form modelAttribute="fileUploadForm" enctype="multipart/form-data">          ❶
    파일 : <form:input path="file" type="file" /><br>                                ❷
    <form:button>업로드</form:button>
</form:form>
```

❶ <form:form> 요소의 enctype 속성에 'multipart/form-data'를 지정한다.

❷ <form:input> 요소의 type 속성에 'file'을 지정하고 파일 업로드용 필드를 생성한다.

## ■ 컨트롤러 구현

폼 객체에서 MultipartFile을 꺼내온 후, 파일을 저장할 때 필요한 데이터를 가져온다.

▶ 컨트롤러 구현 예

```
@RequestMapping("/file/upload")
@Controller
public class FileUploadController {
    // 생략
    @RequestMapping(method = RequestMethod.POST)
    public String upload(FileUploadForm form) {

        MultipartFile file = form.getFile();

        String contentType = file.getContentType();                             ❶
        String parameterName = file.getName();                                  ❷
        String originalFilename = file.getOriginalFilename();                   ❸
        long fileSize = file.getSize();                                         ❹

        try (InputStream content = file.getInputStream()) {                     ❺
        // 업로드된 데이터를 저장
        // 생략
        }

        return "redirect:/file/upload?complete";
    }
```

```
    // 생략

}
```

❶ 콘텐츠 타입 정보를 가져온다.

❷ 요청 파라미터의 이름을 가져온다.

❸ 파일 이름을 가져온다.

❹ 파일 크기를 가져온다.

❺ 파일 내용을 java.io.InputStream을 사용해 가져온다.

위에서 설명한 메서드 외에도 MultipartFile에는 다음과 같은 메서드가 준비돼 있다.

- 업로드 데이터를 바이트 배열로 가져오는 메서드(getBytes)
- 업로드 데이터가 비어 있는지 판단하는 메서드(isEmpty)
- 업로드 데이터를 지정한 파일에 복사하는 메서드(transferTo)

**메모**    업로드 데이터의 메타 정보(콘텐츠 형식, 파일 크기, 파일명 등)에 대해 입력값 검사를 해야 하는 경우에는 MultipartFile에서 가져온 값을 검사할 수 있도록 Bean Validation의 유효성 검사기(javax.validation.ConstraintValidator 구현 클래스)를 구현해야 한다.

## 7.3. 비동기 요청의 구현

이번 절에서는 서블릿 3.0에서 지원하는 비동기 메커니즘을 이용해 비동기 처리를 구현하는 방법을 설명한다.

### 7.3.1. 비동기 요청의 동작 방식

스프링 MVC에서는 다음과 같은 두 가지 패턴의 처리 방식을 지원한다.

### ■ 비동기 실행이 종료된 후에 HTTP 응답을 하는 패턴

이 패턴은 부하가 커서 시간이 많이 걸리는 처리를 애플리케이션 서버가 관리하는 스레드에서 분리된 스레드에서 실행하게 만들어서 애플리케이션 서버를 더 효율적으로 동작하게 만들고 싶을 때 사용한다. 실제로 HTTP 응답은 비동기 처리가 완료된 후에 나오기 때문에 클라이언트 측에서 보면 동기 처리를 한 것처럼 보일 수 있다(그림 7.4).

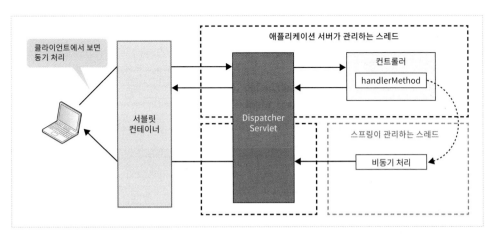

그림 7.4 비동기 실행이 종료된 후에 HTTP 응답을 하는 패턴

스프링 MVC에서는 이와 같은 패턴의 비동기 처리를 할 때, 다음의 두 가지 방법을 사용할 수 있다.

- **스프링 MVC의 스레드에서 비동기 처리를 하는 방법**

  이 방식은 컨트롤러의 핸들러 메서드에서 `java.util.concurrent.Callable` 타입을 반환한다. 그 밖에도 `org.springframework.web.context.request.async.WebAsyncTask` 타입을 반환하게 만들 수도 있다.

- **스프링 MVC 외의 스레드에서 비동기 처리를 하는 방법**

  이 방식은 컨트롤러의 핸들러 메서드에서 `org.springframework.web.context.request.async.DeferredResult` 타입을 반환한다. 그 밖에도 다음과 같은 타입을 반환하게 만들 수도 있다.[20]

  - `org.springframework.util.concurrent.ListenableFuture`
  - `java.util.concurrent.CompletableFuture`

---

## ■ 비동기 실행이 처리되는 중에 HTTP 응답을 하는 패턴

이 패턴은 서버에서 임의의 타이밍에 데이터를 전송(Push)하고 싶을 때 사용한다. 서버 측은 비동기 처리를 시작한 시점에 일단 HTTP 응답을 하고 그 후 비동기 처리 중의 임의의 타이밍에 응답 데이터를 전송한다(그림 7.5). 이 패턴을 사용할 때는 클라이언트가 분할 응답(Transfer-Encoding: chunked')을 지원해야 한다.

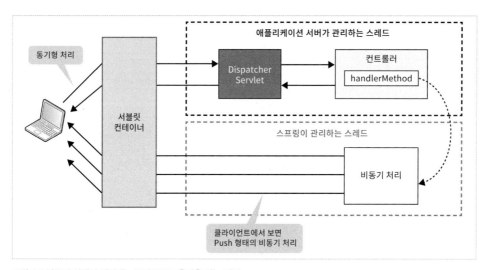

그림 7.5 비동기 실행이 처리되는 중에 HTTP 응답을 하는 패턴

스프링 MVC는 이 패턴의 비동기 처리를 지원하기 위해 다음 두 가지 구조를 제공한다.

- **롱 폴링(Long Polling)을 이용한 비동기 처리**

  이 방식은 핸들러의 메서드에서 org.springframework.web.servlet.mvc.method.annotation.ResponseBodyEmitter 타입을 반환한다.

- **SSE(Server-Sent Events)[21]에 따른 비동기 처리**

  이 방식은 핸들러의 메서드에서 org.springframework.web.servlet.mvc.method.annotation.SseEmitter 타입을 반환한다. 클라이언트가 'Content-Type: text/event-stream' 같은 SSE를 지원해야 한다.

Push 형태의 비동기 처리는 아니지만, HTTP Streaming을 구현하기 위해 OutputStream에 직접 데이터를 쓰는 방식도 있다. 이 방식은 핸들러의 메서드에서 org.springframework.web.servlet.mvc.method.annotation. StreamingResponseBody 타입을 반환한다.

## 7.3.2. 비동기 기능을 활성화하기 위한 설정

서블릿 컨테이너와 스프링 MVC 설정을 비동기 처리가 가능하게 수정한다.

### ▪ 서블릿 컨테이너의 비동기 기능 활성화

서블릿 컨테이너의 설정을 변경해서 서블릿 표준의 비동기 기능을 활성화한다.

▶ web.xml 정의 예

```
<filter>
    <filter-name>CharacterEncodingFilter</filter-name>
    <filter-class>org.springframework.web.filter.CharacterEncodingFilter</filter-class>
    <async-supported>true</async-supported> ─────────────────────────────── ❶
    <!-- 생략 -->
</filter>
<filter-mapping>
    <filter-name>CharacterEncodingFilter</filter-name>
    <url-pattern>/*</url-pattern>
    <dispatcher>REQUEST</dispatcher>
    <dispatcher>ASYNC</dispatcher> ───────────────────────────────────────── ❷
</filter-mapping>
<!-- 생략 -->
<servlet>
    <servlet-name>appServlet</servlet-name>
    <servlet-class>org.springframework.web.servlet.DispatcherServlet </servlet-class>
    <!-- 생략 -->
    <async-supported>true</async-supported> ──────────────────────────────── ❸
</servlet>
```

❶ <async-supported> 요소를 true로 설정해서 서블릿 필터의 비동기 기능을 활성화한다.

❷ 서블릿 필터의 처리 대상에 비동기 요청을 포함하고 싶은 경우에는 <dispatcher> 요소에 ASYNC를 설정한다.

❸ <async-supported> 요소에 true로 설정해서 DispatcherServlet의 비동기 기능을 활성화한다.

### ■ 스프링 MVC에서의 비동기 기능 활성화

스프링 MVC의 설정을 변경해서 서블릿 표준의 비동기 기능과 연계한다.

▶ 자바 기반 설정 방식을 이용한 빈 정의

```
@Configuration
@EnableWebMvc ─────────────────────────────────────────────── ❶
@ComponentScan("com.example.app")
public class WebMvcConfig extends WebMvcConfigurerAdapter {
    @Override ──────────────────────────────────────────────── ❷
    public void configureAsyncSupport(AsyncSupportConfigurer configurer) {
        configurer.setDefaultTimeout(5000);
    }
}
```

❶ @EnableWebMvc를 붙여주면 비동기 실행 기능이 자동으로 활성화된다.

❷ 비동기 기능의 설정 내용을 커스터마이징할 때는 WebMvcConfigurerAdapter의 configureAsyncSupport 메서드를 오버라이드한다. 타임아웃 시간(밀리초)은 요구사항에 맞게 커스터마이징한다.

이 내용을 XML 기반 설정 방식으로 표현하면 다음과 같다.

▶ XML 기반 설정 방식을 이용한 빈 정의

```
<mvc:annotation-driven>
    <mvc:async-support default-timeout="5000" />
</mvc:annotation-driven>
```

메모

스프링 MVC가 관리하는 스레드에서 비동기 처리할 때는 요구사항에 맞게 TaskExecutor를 커스터마이징하자. 기본적으로 사용되는 TaskExecutor는 요청마다 새로운 스레드를 생성하는 구현 클래스(SimpleAsyncTaskExecutor)로 돼 있다.

```
@Override
public void configureAsyncSupport(AsyncSupportConfigurer configurer) {
    configurer.setDefaultTimeout(5000);
    // 스레드 풀을 이용하도록 커스터마이징한 TaskExecutor를 설정한다.
    configurer.setTaskExecutor(mvcTaskExecutor());
}

@Bean
public TaskExecutor mvcTaskExecutor() {
    ThreadPoolTaskExecutor executor = new ThreadPoolTaskExecutor();
    executor.setCorePoolSize(5);
```

```
        executor.setMaxPoolSize(10);
        executor.setQueueCapacity(25);
        return executor;
    }
```

이 내용을 XML 기반 설정 방식으로 표현하면 다음과 같다.

```xml
<task:executor id="mvcTaskExecutor" pool-size="5-10" queue-capacity="25" />
<mvc:annotation-driven>
    <mvc:async-support default-timeout="5000" task-executor="mvcTaskExecutor" />
</mvc:annotation-driven>
```

## 7.3.3. 비동기 처리의 구현

이 책에서는 비동기 처리의 구현 방법으로 다음 두 가지를 소개한다.

- CompletableFuture를 이용한 비동기 처리
- SseEmitter를 이용한 Push 형태의 비동기 처리

### ■ @Async 이용

이 책에서 설명하는 비동기 처리 방식은 스프링 MVC가 아닌 다른 스레드에서도 사용 가능한 방식이다. 스프링 프레임워크는 특정 메서드를 다른 스레드에서 실행하게 만들 수 있는데, 단지 다른 스레드로 실행하려는 메서드에 @org.springframework.scheduling.annotation.Async를 붙여주기만 하면 된다.

```java
@Async  // 다른 스레드에서 실행된다.
public void save(InputStream in, File file) {
    // 생략
}
```

이 방식을 사용하려면 다음과 같은 빈 정의를 해야 한다.

▶ 자바 기반 설정 방식을 이용한 빈 정의

```java
@Configuration
@EnableAsync ────────────────────────────────────────── ❶
public class AsyncConfig {
    @Bean ──────────────────────────────────────────── ❷
    public TaskExecutor taskExecutor() {
        ThreadPoolTaskExecutor executor = new ThreadPoolTaskExecutor(); ──
```

```
        executor.setCorePoolSize(5);
        executor.setMaxPoolSize(10);
        executor.setQueueCapacity(25);
        return executor;
    }
}
```

❶ @EnableAsync를 붙여주면 @Async를 이용한 비동기 기능이 활성화된다.

❷ @Async가 기본적으로 사용하는 TaskExecutor는 요청마다 새로운 스레드를 생성하는 구현 클래스(SimpleAsync
   TaskExecutor)다. 사용하는 TaskExecutor를 커스터마이징할 때는 'taskExecutor'라는 빈의 이름으로 빈을 정의한다.
   이 예에서는 스레드 풀을 사용하도록 커스터마이징한 TaskExecutor를 빈으로 정의하고 있다.

메모    TaskExecutor는 org.springframework.scheduling.annotation.AsyncConfigurerSupport 클래스
      (AsyncConfigurer 인터페이스의 구현 클래스)를 상속해서 커스터마이징할 수 있다. AsyncConfigurer에는
      비동기 처리 과정에서 잡히지 않은 예외를 처리하는 구조(AsyncUncaughtExceptionHandler)를 커스터마이
      징하기 위한 메서드도 준비돼 있다. 기본적으로 SimpleAsyncUncaughtExceptionHandler라는 클래스(ERROR
      레벨에서 로그를 출력하는 클래스)가 사용된다.

이것을 XML 기반 설정 방식으로 표현하면 다음과 같다.

▶ XML 기반 설정 방식을 이용한 빈 정의

```
<task:annotation-driven />
<task:executor id="taskExecutor" pool-size="5-10" queue-capacity="25" />
```

## ■ CompletableFuture를 이용한 비동기 처리 구현

CompletableFuture를 이용해 비동기 처리를 구현하는 예는 다음과 같다. 다음 예제에서는 파일 업로
드를 비동기로 처리하고, 비동기 처리가 종료되면 'upload/complete'라는 이름의 뷰로 이동한다.

▶ 핸들러 메서드를 구현한 예

```
@Autowired
AsyncUploader asyncUploader;

@RequestMapping(path = "upload", method = RequestMethod.POST) ─────────────────── ❶
public CompletableFuture<String> upload(MultipartFile file) {
    return asyncUploader.upload(file);  // 비동기 처리를 호출
}
```

▶ 비동기 처리를 구현한 예

```java
@Component
public class AsyncUploader {

    @Autowired
    UploadService uploadService;

    @Async ─────────────────────────────────────────────── ❷
    public CompletableFuture<String> upload(MultipartFile file) {

        uploadService.upload(file);  // 별도의 스레드에 실행할 만큼 무거운 처리

        return CompletableFuture.completedFuture("upload/complete"); ──────── ❸
    }

}
```

❶ 핸들러 메서드의 반환값으로 CompletableFuture를 반환한다. 타입 파라미터에는 컨트롤러가 반환하는 타입을 지정하면 되는데, 이 예에서는 이동할 뷰의 이름을 반환하고 있기 때문에 String 타입을 사용했다.

❷ 다른 스레드에서 수행하고 싶은 내용을 별도의 메서드로 만든 다음, @Async 애너테이션을 붙여준다.

❸ @Async 애너테이션이 지정된 메서드의 반환값은 컨트롤러가 반환하는 타입을 CompletableFuture의 타입 파라미터로 설정한 것을 사용한다.

## ■ SseEmitter를 이용한 Push 형태의 비동기 처리 구현

SseEmitter를 이용해 Push 형태의 비동기 처리를 구현하는 예는 다음과 같다. 다음 예제에서는 1초 간격으로 세 가지 이벤트를 비동기 방식으로 클라이언트에 전송한다.

▶ 핸들러 메서드의 구현 예

```java
@Autowired
GreetingMessageSender greetingMessageSender;

@RequestMapping(path = "greeting", method = RequestMethod.GET) ─────────── ❶
public SseEmitter greeting() throws IOException, InterruptedException {
    SseEmitter emitter = new SseEmitter();
    greetingMessageSender.send(emitter);    // 비동기 처리를 호출
    return emitter;
}
```

▶ Push 형태의 비동기 처리의 구현 예

```
@Component
public class GreetingMessageSender {
    @Async ──────────────────────────────────────────────────── ❷
    public void send(SseEmitter emitter) throws IOException, InterruptedException {

        // 1초 간격으로 이벤트를 전송한다
        emitter.send(emitter.event()
            .id(UUID.randomUUID().toString()).data("Good Morning!"));
        TimeUnit.SECONDS.sleep(1);

        emitter.send(emitter.event()
            .id(UUID.randomUUID().toString()).data("Hello!"));
        TimeUnit.SECONDS.sleep(1);

        emitter.send(emitter.event()
            .id(UUID.randomUUID().toString()).data("Good Night!"));

        // 비동기 처리를 종료한다.
        emitter.complete();
    }
}
```

❶ 핸들러 메서드의 반환값으로 SseEmitter를 반환한다.

❷ @Async를 부여한 메서드에서 이벤트를 전송한다. 클라이언트에 전송되는 이벤트는 핸들러 메서드의 반환값인 SseEmit-
   ter 객체의 메서드를 사용한다.

브라우저(구글 크롬)에서 요청을 보내보면 1초 간격으로 이벤트가 발생해 그 결과가 브라우저에 반영
된다. 최종적으로는 다음과 같은 데이터가 표시된다.

```
id:97ad5039-3b3c-4898-b66a-a836f1d3948c
data:"Good Morning!"

id:c616a134-d820-40fc-92e6-1c9c1541b064
data:"Hello!"

id:82930673-83fe-4c3f-ad53-975eb9503fcf
data:"Good Night!"
```

## 7.3.4. 비동기 처리에서의 예외 처리

기본적으로는 비동기 처리를 한다고 해서 비동기 처리만을 위한 특별한 예외 처리 방법이 있는 것은 아니다. 최종적으로는 스프링 MVC의 ExceptionResolver가 예외를 처리하기 때문에 비동기 처리 중에 예외가 발생하면 ExceptionResolver가 처리할 수 있는 형태로만 예외가 전달되면 된다. 다만 핸들러 메서드의 반환값으로 DeferredResult를 사용하는 경우에는 예외를 전달하는 방법이 조금 달라지는데, 반환할 DeferredResult의 setErrorResult 메서드의 인수에 발생한 예외를 설정하면 된다. 이렇게만 하면 이후에는 스프링 MVC의 ExceptionResolver에서 예외를 알아서 처리하게 된다.

▶ DeferredResult 사용 시 예외 처리의 구현 예

```
@Async
public void upload(MultipartFile file, DeferredResult<String> deferredResult) {
    try {
        // 생략
        deferredResult.setResult("upload/complete");
    } catch (Exception e) {
        deferredResult.setErrorResult(e);  // 발생한 예외를 DeferredResult에 설정한다.
    }
}
```

## 7.3.5. 비동기 실행에 대한 공통 처리 구현

비동기 처리 과정에서 공통적인 처리를 구현하고 싶다면 org.springframework.web.context.request.async.CallableProcessingInterceptor나 org.springframework.web.context.request.async.DeferredResultProcessingInterceptor 인터페이스의 구현 클래스를 만들면 된다. 이 인터페이스에는 다음과 같은 5가지 메서드가 준비돼 있으며 스프링 MVC가 이 메서드들을 호출할 타이밍을 제어한다(표 7.2).

표 7.2 CallableProcessingInterceptor와 DeferredResultProcessingInterceptor 메서드

| 메서드명 | 설명 |
| --- | --- |
| beforeConcurrentHandling | 비동기 실행을 시작하기 직전에 호출된다. |
| preProcess | 비동기 실행을 시작한 직후에 호출된다. |
| postProcess | 비동기 실행의 처리 결과나 예외 객체가 설정된 직후에 호출된다. |
| handleTimeout | 비동기 실행이 타임아웃될 때 호출된다. |
| afterCompletion | 비동기 실행의 처리가 종료될 때 호출된다. |

CallableProcessingInterceptor나 DeferredResultProcessingInterceptor를 구현할 때는 빈으로 구현돼 있는 Adapter 클래스(CallableProcessingInterceptorAdapter나 DeferredResultProcessingInterceptorAdapter)를 상속한 다음, 구현이 필요한 메서드만 오버라이드하는 것이 좋다. 다음은 비동기 처리 중에 타임아웃이 발생했을 때, 타임아웃용 뷰로 이동하기 위한 구현 예다.

▶ CallableProcessingInterceptor 구현 예

```
public class CustomCallableProcessingInterceptor
        extends CallableProcessingInterceptorAdapter {
    @Override
    public <T> Object handleTimeout(NativeWebRequest request, Callable<T> task) {
        return "error/timeoutError";
    }
}
```

▶ DeferredResultProcessingInterceptor 구현 예

```
public class CustomDeferredResultProcessingInterceptor
        extends DeferredResultProcessingInterceptorAdapter {
    @Override
    public <T> boolean handleTimeout(NativeWebRequest request, DeferredResult<T> deferredResult) {
        deferredResult.setResult((T) "error/timeoutError");
        return false;
    }
}
```

이렇게 만든 클래스를 스프링 MVC에서 인식할 수 있도록 설정한다.

▶ 자바 기반 설정 방식으로 빈을 정의한 예

```
@Override
public void configureAsyncSupport(AsyncSupportConfigurer configurer) {
    // 생략
    configurer.registerCallableInterceptors(new CustomCallableProcessingInterceptor());
    configurer.registerDeferredResultInterceptors(new CustomDeferredResultProcessingInterceptor());
}
```

이것을 XML 기반 설정 방식으로 표현하면 다음과 같다.

▶ XML 기반 설정 방식으로 빈을 정의한 예

```
<mvc:async-support default-timeout="5000" task-executor="mvcAsyncTaskExecutor">
    <mvc:callable-interceptors>
        <bean class="com.example.async.CustomCallableProcessingInterceptor" />
    </mvc:callable-interceptors>
```

```
    <mvc:deferred-result-interceptors>
        <bean class="com.example.async.CustomDeferredResultProcessingInterceptor" />
    </mvc:deferred-result-interceptors>
</mvc:async-support>
```

# 7.4. 공통 처리의 구현

이번 절에서는 컨트롤러의 핸들러 메서드 호출 전후에 공통 처리를 실행하는 방법을 설명한다.

## 7.4.1. 서블릿 필터 이용

스프링 MVC(DispatcherServlet)의 호출 전후에 공통된 처리를 실행하려면 `javax.servlet.Filter` 인터페이스의 구현 클래스를 만들면 된다. `javax.servlet.Filter`를 직접 구현해도 되지만 여기서는 스프링에서 제공하는 지원 클래스를 이용하는 방법을 소개한다(표 7.3).

표 7.3 스프링 프레임워크에서 제공하는 서블릿 필터 지원 클래스

| 클래스명 | 설명 |
| --- | --- |
| GenericFilterBean | 서블릿 필터의 초기화 파라미터를 서블릿 필터 클래스의 프로퍼티에 바인드하는 기반 클래스 |
| OncePerRequestFilter | 같은 요청에 대해서 단 한 번만 처리가 수행되는 것을 보장하는 기반 클래스. Generic FilterBean 을 상속하고 있으며. 스프링이 제공하는 서블릿 필터는 이 클래스의 자식 클래스로 만들어진다. |

다음은 SLF4J(https://www.slf4j.org/)의 MDC(Mapped Diagnostic Contexts)에 클라이언트의 원격 주소를 설정하는 서블릿 필터의 구현 예다. 기본적으로 MDC의 키는 'X-Forwarded-For'이지만 서블릿 필터의 초기화 파라미터에서 커스터마이징할 수 있다.

▶ 스프링에서 제공하는 지원 클래스를 이용한 구현 예

```java
public class ClientInfoMdcPutFilter extends OncePerRequestFilter {

    private static final String FORWARDED_FOR_HEADER_NAME = "X-Forwarded-For";

    private String mdcKey = FORWARDED_FOR_HEADER_NAME; ─────────────────────❶

    public void setMdcKey(String mdcKey) {
        this.mdcKey = mdcKey;
    }

    public void getMdcKey() {
        return mdcKey;
    }
```

```
    protected final void doFilterInternal(HttpServletRequest request, ──────────────❷
            HttpServletResponse response, FilterChain filterChain)
            throws ServletException, IOException {
        String remoteIp = Optional
                .ofNullable(request.getHeader(FORWARDED_FOR_HEADER_NAME))
                .orElse(request.getRemoteAddr());
        MDC.put(mdcKey, remoteIp);
        try {
            filterChain.doFilter(request, response);
        } finally {
            MDC.remove(mdcKey);
        }
    } ──────────────────────────────────────────────────────────────
}
```

❶ MDC 키를 담을 프로퍼티를 정의하고 서블릿 필터의 초기화 파라미터에서 덮어쓸 수 있게 한다.

❷ 공통 처리는 doFilterInternal 메서드에 구현한다.

작성한 서블릿 필터 클래스를 서블릿 컨테이너에 등록한다.

▶ web.xml 정의 예

```
<filter>
    <filter-name>clientInfoPutFilter</filter-name>
    <filter-class>com.example.ClientInfoMdcPutFilter</filter-class>
    <init-param> ──────────────────────────────────────────────────❶
        <param-name>mdcKey</param-name>
        <param-value>remoteIp</param-value>
    </init-param> ─────────────────────────────────────────────────
</filter>
<filter-mapping>
    <filter-name>clientInfoPutFilter</filter-name>
    <url-pattern>/*</url-pattern>
</filter-mapping>
```

❶ 서블릿 필터의 초기화 파라미터를 사용해 MDC 키를 커스터마이징한다. 파라미터명은 서블릿 필터 클래스의 프로퍼티명
　과 일치시킨다. 이 예에서는 MDC의 키로 'remoteIp'를 사용하고 있다.

## ■ DI 컨테이너에서 관리되는 빈 인젝션

서블릿 필터에서 DI 컨테이너에서 관리되는 빈을 이용하려면 서블릿 필터를 DI 컨테이너에 등록하고
DelegatingFilterProxy를 통해 서블릿 필터가 동작하게 만든다. DelegatingFilter Proxy는 DI 컨
테이너에 등록된 서블릿 필터에 처리를 위임하는 서블릿 필터 클래스다.

▶ 필터에 DI 컨테이너에서 관리되는 빈을 인젝션한 예

```
@Component ──────────────────────────────────────────────────── ❶
public class ClientInfoMdcPutFilter extends OncePerRequestFilter {
    @Autowired
    MessageSource messageSource; ──────────────────────────────── ❷
    // 생략
}
```

▶ web.xml 정의 예

```
<filter>
    <filter-name>clientInfoPutFilter</filter-name> ──────────────┐
    <filter-class>org.springframework.web.filter.DelegatingFilterProxy</filter-class> ─┤ ❸
</filter>
```

❶ 서블릿 필터를 DI 컨테이너에 등록한다.

❷ 이용할 빈을 인젝션한다.

❸ 서블릿 필터의 이름은 DI 컨테이너에 등록한 서블릿 필터의 빈 이름을 지정한다. 기본적으로 서블릿 필터 이름과 일치하는 빈에
처리를 위임하지만 위임 대상이 되는 빈을 DelegatingFilterProxy의 targetBeanName 프로퍼티로 지정할 수도 있다.

## ■ 스프링에서 제공하는 서블릿 필터

스프링 웹과 스프링 MVC에서는 다음과 같은 서블릿 필터를 제공한다(표 7.4). CharacterEncodingFilter
는 반드시 사용해야 하지만 그 밖의 클래스는 애플리케이션의 요구사항에 맞게 적절히 골라 쓰도록 하자.

표 7.4 스프링 프레임워크에서 제공하는 서블릿 필터

| 클래스명 | 설명 |
|---|---|
| CorsFilter | CORS 연계용 클래스 |
| HttpPutFormContentFilter | HTML 폼으로부터의 요청(application/x-www-form-urlencoded)에서 PUT과 PATCH 메서드를 사용하기 위한 클래스 |
| HiddenHttpMethodFilter | 실제로 요청된 HTTP 메서드 대신 hidden 파라미터로 지정된 메서드로 처리하는 것처럼 만들어주는 클래스[27] |
| CharacterEncodingFilter | 요청과 응답의 문자 인코딩을 지정하기 위한 클래스 |
| RequestContextFilter | HttpServletRequest와 HttpServletResponse를 스레드 로컬에 설정하기 위한 클래스 |
| ResourceUrlEncodingFilter | 정적 리소스에 접근하기 위한 URL을 ResourceResolver와 연계해서 만들어주는 클래스 |
| MultipartFilter | 멀티파트 요청을 분석하기 위한 클래스 |
| ShallowEtagHeaderFilter | ETag 제어를 하는 클래스 |
| ServletContextRequestLoggingFilter | 요청 데이터를 서블릿 컨테이너의 로그에 출력하는 클래스 |
| CommonsRequestLoggingFilter | 요청 데이터를 Apache Commons Logging(JCL)의 API를 통해 로그에 출력하는 클래스 |

## 7.4.2. HandlerInterceptor 이용

컨트롤러에서 처리되는 내용 중에서 공통으로 처리하고 싶은 내용이 있다면 org.springframework.web.servlet.HandlerInterceptor 인터페이스를 구현하는 클래스를 만들면 된다. HandlerInterceptor는 요청 경로에 대해 이를 받아줄 핸들러 메서드가 결정된 후에야 호출되기 때문에 애플리케이션에서 허용하는 요청에 대해서만 공통 처리를 할 수 있다(그림 7.6).

HandlerInterceptor에는 다음과 같은 세 가지 메서드가 준비돼 있으며, 스프링 MVC가 이 메서드들을 호출할 타이밍을 제어한다(표 7.5).

표 7.5 HandlerInterceptor 메서드

| 클래스명 | 설명 |
| --- | --- |
| preHandle | 컨트롤러의 핸들러 메서드를 실행하기 전에 호출된다. 핸들러 메서드가 호출되지 않게 하고 싶을 때는 메서드 반환값으로 false를 반환한다. |
| postHandle | 컨트롤러의 핸들러 메서드가 정상적으로 종료된 후에 호출된다. 이 메서드는 핸들러 메서드에서 예외가 발생하면 호출되지 않는다. |
| afterCompletion | 컨트롤러의 핸들러 메서드의 처리가 종료된 후에 호출된다. 이 메서드는 핸들러 메서드에서 예외가 발생하더라도 호출된다. |

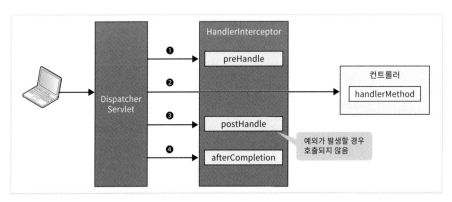

그림 7.6 HandlerInterceptor의 호출 타이밍

다음은 컨트롤러의 핸들러 메서드가 정상적으로 종료될 때 로그를 출력하는 구현 예다.

▶ HandlerInterceptor의 구현 예

```
public class SuccessLoggingInterceptor extends HandlerInterceptorAdapter { ──────────── ❶

    private static final Logger logger = LoggerFactory
            .getLogger(SuccessLoggingInterceptor.class);
```

```
@Override ─────────────────────────────────────────────────── ❷
public void postHandle(HttpServletRequest request, HttpServletResponse response,
    Object handler, ModelAndView modelAndView) {
  if (logger.isInfoEnabled()) {
    HandlerMethod handlerMethod = (HandlerMethod) handler;
    Method method = ((HandlerMethod) handler).getMethod();
    logger.info("[SUCCESS CONTROLLER] {}.{}",
      method.getDeclaringClass().getSimpleName(), method.getName();
  }
} ──────────────────────────────────────────────────────────
}
```

❶ org.springframework.web.servlet.handler.HandlerInterceptorAdapter를 상속받아 HandlerInterceptor의
구현 클래스를 만든다. 인터페이스 기능에 대한 기본적인 구현은 상속을 받은 상태이므로, 꼭 필요한 메서드만 오버라이드
해서 구현하면 된다.

❷ 정상적으로 종료한 후에 공통 처리를 하고 싶다면 postHandle 메서드를 오버라이드해서 필요한 내용을 구현한다.

이렇게 만든 HandlerInterceptor의 구현 클래스를 스프링 MVC에서 사용할 수 있도록 등록해보자.
다음은 '/resources/' 이하의 경로를 제외한 모든 경로에 대해 HandlerInterceptor를 적용한 예다.

▶ 자바 기반 설정 방식으로 빈을 정의한 예

```
@Configuration
@EnableWebMvc
public class WebMvcConfig extends WebMvcConfigurerAdapter {
    @Override
    public void addInterceptors(InterceptorRegistry registry) {
        registry.addInterceptor(new SuccessLoggingInterceptor())
                .includePathPatterns("/**") // 적용 대상 경로를 지정
                .excludePathPatterns("/resources/**"); // 제외 경로를 지정
    }
}
```

▶ XML 기반 설정 방식으로 빈을 정의한 예

```
<mvc:interceptors>
    <mvc:interceptor>
        <mvc:mapping path="/**" /> <!-- 적용 대상 경로를 지정 -->
        <mvc:exclude-mapping path="/resources/**" /> <!-- 제외 경로를 지정 -->
        <bean class="com.example.interceptor.SuccessLoggingInterceptor" />
    </mvc:interceptor>
</mvc:interceptors>
```

## 7.4.3. @ControllerAdvice 이용

컨트롤러 클래스에는 핸들러 메서드(@RequestMapping을 부여한 메서드)와 별도로 컨트롤러 전용의 특수한 메서드(@InitBinder 메서드, @ModelAttribute 메서드, @ExceptionHandler 메서드)를 구현할 수 있다. 이 메서드를 여러 컨트롤러 클래스에서 공유하려면 @ControllerAdvice를 붙인 클래스를 만들면 된다.[22]

다음은 예외 처리 기능을 모든 컨트롤러 클래스에 공유하는 예다.

▶ @ControllerAdvice 클래스의 구현 예

```
@ControllerAdvice ──────────────────────────────────────────────────── ❶
public class GlobalExceptionHandler {
    private static final Logger logger = LoggerFactory.getLogger(GlobalExceptionHandler.class);

    @ExceptionHandler
    @ResponseStatus(HttpStatus.INTERNAL_SERVER_ERROR)
    public String handleSystemException(Exception e) {
        logger.error("System Error occurred.", e);
        return "error/system";
    }
}
```

❶ 클래스 레벨에 @ControllerAdvice를 부여한다. 모든 컨트롤러에 적용할 때는 애너테이션 속성을 지정하지 않아도 된다.

@ControllerAdvice에서 구현한 처리 내용의 적용 범위는 애너테이션 속성으로 유연하게 지정할 수 있다(표 7.6).

표 7.6 @ControllerAdvice 속성

| 속성명 | 설명 |
|---|---|
| basePackages | 지정한 패키지에 속한 컨트롤러에 대해 공통 처리가 적용된다. |
| value | basePackages와 같다. |
| basePackageClasses | 지정한 클래스나 인터페이스가 저장된 패키지에 속한 컨트롤러에 대해 공통 처리가 적용된다. |
| annotations | 지정한 애너테이션이 붙은 컨트롤러에 대해 공통 처리가 적용된다. |
| assignableTypes | 지정한 클래스나 인터페이스로 할당 가능(형변환 가능)한 컨트롤러에 대해 공통 처리가 적용된다. |

---

**22**  스프링 4.3부터는 @ControllerAdvice와 @ResponseBody를 통합한 @RestControllerAdvice가 추가됐다.

## 7.4.4. HandlerMethodArgumentResolver 이용

컨트롤러의 핸들러 메서드 매개변수에 스프링 MVC가 지원하지 않는 독자적인 타입을 사용하고 싶다면 org.springframework.web.method.support.HandlerMethodArgumentResolver 인터페이스를 구현해서 커스터마이징하면 된다.

다음은 HTTP 요청 헤더나 쿠키 등에 설정된 공통 항목을 자바빈즈 형태로 만들어 핸들러 메서드의 인수로 사용한 예다.

▶ 공통 항목을 가지고 있는 자바빈즈의 구현 예

```java
public class CommonRequestData {
    private String userAgent;
    private String sessionId;
    // 생략
}
```

▶ HandlerMethodArgumentResolver 구현 예

```java
public class CommonRequestDataMethodArgumentResolver
        implements HandlerMethodArgumentResolver {

    @Override                                                                    ❶
    public boolean supportsParameter(MethodParameter parameter) {
        return CommonRequestData.class.isAssignableFrom(parameter.getParameterType());
    }

    @Override                                                                    ❷
    public Object resolveArgument(MethodParameter parameter,
            ModelAndViewContainer mavContainer, NativeWebRequest webRequest,
            WebDataBinderFactory binderFactory) throws Exception {

        HttpSession session = webRequest.getNativeRequest(HttpServletRequest.class).getSession(false);

        String userAgent = webRequest.getHeader(HttpHeaders.USER_AGENT);
        String sessionId = Optional.ofNullable(session).map(HttpSession::getId).orElse(null);

        CommonRequestData commonRequestData = new CommonRequestData();
        commonRequestData.setUserAgent(userAgent);
        commonRequestData.setSessionId(sessionId);
        return commonRequestData;
    }
}
```

❶ 처리 가능한 인수 타입인지 판단한다. 이 메서드에서 true를 반환하면 resolveArgument 메서드가 호출된다.

❷ 핸들러의 메서드 매개변수에 전달할 객체를 생성한다.

이렇게 만든 HandlerMethodArgumentResolver 구현 클래스를 스프링 MVC에 적용한다.

▶ 자바 기반 설정 방식을 이용한 빈 정의

```
@Configuration
@EnableWebMvc
public class WebMvcConfig extends WebMvcConfigurerAdapter {
    @Override
    public void addArgumentResolvers(List<HandlerMethodArgumentResolver> argumentResolvers) {
        argumentResolvers.add(new CommonRequestDataMethodArgumentResolver())
    }
}
```

▶ XML 기반 설정 방식을 이용한 빈 정의

```
<mvc:annotation-driven>
    <mvc:argument-resolvers>
        <bean class="com.example.CommonRequestDataMethodArgumentResolver" />
    </mvc:argument-resolvers>
</mvc:annotation-driven>
```

이제 컨트롤러의 핸들러 메서드 매개변수에 공통 항목을 담은 자바빈즈를 사용하면 된다.

▶ 핸들러 메서드 구현 예

```
@RequestMapping("/")
public String home(CommonRequestData commonRequestData) {
    System.out.println("userAgent : " + commonRequestData.getUserAgent());
    System.out.println("sessionId : " + commonRequestData.getSessionId());
    return "home";
}
```

메모

기본적으로 지원되지 않는 타입을 핸들러 메서드의 반환값으로 사용하고 싶을 때는 HandlerMethodReturn
ValueHandler 인터페이스의 구현 클래스를 만들면 된다. 다만 HandlerMethodReturnValueHandler의 구현
클래스를 직접 만드는 일은 매우 드문 경우라서 이 책에서는 구현 방법을 따로 설명하지 않는다.

# 7.5. 정적 리소스

이번 절에서는 스프링 MVC 애플리케이션에서 정적 리소스(HTML 파일, CSS 파일, 자바스크립트 파일이나 이미지 파일 등)에 접근하는 방법을 설명한다. Java EE를 준수하는 웹 애플리케이션에서는 정적 리소스를 웹 애플리케이션의 문서 루트상의 임의의 디렉터리에 저장할 수 있다. 웹 애플리케이션의 문서 루트는 메이븐이나 그레이들 프로젝트를 사용하는 경우 src/main/webapp이다.

예를 들어, 다음과 같은 디렉터리에 CSS 파일을 저장한다면 http://localhost:8080/context-path/static/css/app.css라는 URL로 접근할 수 있다(그림 7.7).

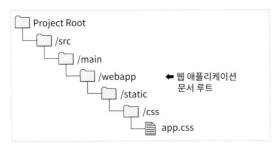

그림 7.7 Java EE를 준수하는 웹 애플리케이션에서의 정적 리소스의 저장 예

## 7.5.1. 기본 서블릿과 DispatcherServlet의 공존

서블릿 사양에서는 루트 경로(/)에 매핑되는 서블릿을 '기본 서블릿'이라 부르며, 기본 서블릿을 통해 웹 애플리케이션의 문서 루트 이하의 파일에 접근할 수 있다. 간혹 스프링 MVC 애플리케이션에서는 DispatcherServlet을 루트 경로에 매핑하는 스타일을 자주 볼 수 있는데 그렇게 하면 웹 애플리케이션의 문서 루트 이하의 파일에는 더 이상 접근할 수 없게 된다. 이런 현상을 피하려면 DispatcherServlet이 받은 요청을 기본 서블릿에 전송하는 기능(그림 7.8)을 활성화하면 된다.

▶ 자바 기반 설정 방식을 이용한 빈 정의

```
@Configuration
@EnableWebMvc
public class WebMvcConfig extends WebMvcConfigurerAdapter {
    @Override
    public void configureDefaultServletHandling(DefaultServletHandlerConfigurer configurer) {
        configurer.enable();
    }
}
```

▶ XML 기반 설정 방식을 이용한 빈 정의

```
<mvc:default-servlet-handler/>
```

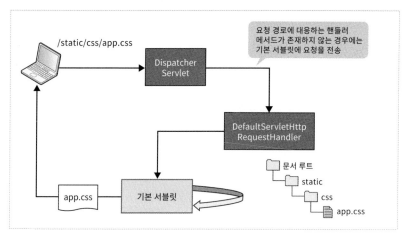

그림 7.8 기본 서블릿과 DispatcherServlet이 공존할 때의 흐름

## 7.5.2. 스프링 MVC 독자적인 정적 리소스의 취급 방법

스프링 MVC에는 정적 리소스를 다루기 위한 독자적인 방법을 제공하는데, 이때 `org.springframework.`
`web.servlet.resource.ResourceHttpRequestHandler`라는 클래스를 사용한다. `ResourceHttp`
`RequestHandler`를 사용하면 정적 리소스를 저장해둔 임의의 디렉터리에 대해 파일 접근이나 HTTP
캐시를 손쉽게 할 수 있다.

### ■ 임의의 디렉터리에 저장된 파일에 접근

`ResourceHttpRequestHandler`는 요청된 경로와 리소스의 물리적인 저장 경로를 매핑하는 역할을 한
다. 리소스의 저장 경로에는 클래스패스의 디렉터리나 웹 애플리케이션의 문서 루트 디렉터리, 혹은 임
의의 디렉터리도 지정할 수 있다.

▶ 자바 기반 설정 방식을 이용한 매핑 정의

```
@Configuration
@EnableWebMvc
public class WebMvcConfig extends WebMvcConfigurerAdapter {
    // 생략
    @Override
    public void addResourceHandlers(ResourceHandlerRegistry registry) {
        // 요청 경로와 리소스의 물리적인 저장 경로를 매핑
        registry.addResourceHandler("/static/**")
```

```
        .addResourceLocations("classpath:/static/");
    }
}
```

▶ XML을 이용한 매핑 정의

```
<mvc:resources mapping="/static/**" location="classpath:/static/" />
```

예를 들어, 다음과 같이 클래스패스의 디렉터리에 CSS 파일을 저장했다면 http://localhost:8080/
context-path/static/css/app.css와 같은 방법으로 파일에 접근할 수 있다(그림 7.9).

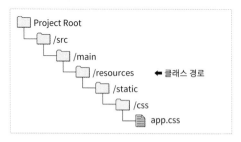

그림 7.9 정적 리소스 저장 예

## ■ HTTP 캐시 제어

ResourceHttpRequestHandler에는 HTTP 캐시를 제어하는 기능이 있어서 HTTP 요청의 If-Modi
fied-Since 헤더 값과 리소스의 최종 수정 일시를 비교한 후, 만약 리소스가 갱신되지 않았다면 HTTP
상태 304(Not Modified)를 반환한다. 기본 구현에서는 캐시의 유효기간이 설정되지 않으므로 캐시에
대한 동작은 브라우저의 사양에 의존한다. 캐시의 유효기간을 설정하려면 다음과 같이 빈을 정의한다.

▶ 자바 기반 설정 방식을 이용해 캐시 유효기간을 지정한 예

```
@Override
public void addResourceHandlers(ResourceHandlerRegistry registry) {
    registry.addResourceHandler("/static/**")
        .addResourceLocations("classpath:/static/")
        .setCachePeriod(604800);  // 유효기간을 초 단위로 지정(604800=7일)
}
```

▶ XML 기반 설정 방식을 이용한 캐시 유효기간 지정

```
<mvc:resources mapping="/static/**" location="classpath:/static/"
    cache-period="604800" />
```

유효기간을 지정하면 Cache-Control 헤더의 max-age 속성에 지정한 값이 출력된다. 또한 유효기간에
0을 설정하면 Cache-Control 헤더에는 no-store 속성이 출력된다.

메모

Cache-Control 헤더에 출력하는 속성을 세밀하게 제어하려면 CacheControl 클래스(org.springframework. http.CacheControl)를 사용하면 된다.

```
@Override
public void addResourceHandlers(ResourceHandlerRegistry registry) {
    registry.addResourceHandler("/static/**")
            .addResourceLocations("classpath:/static/")
            .setCacheControl(CacheControl.maxAge(7, TimeUnit.DAYS).cachePublic());
}
```

또한 XML 기반 설정 방식으로 설정할 때는 mvc:cache-control 요소를 사용하면 된다.

## ■ ResourceResolver와 ResourceTransformer의 활용

ResourceHttpRequestHandler는 정적 리소스에 접근하는 다양한 방법을 제공한다. 그중에는 버전 정보가 포함된 경로로 정적 리소스에 접근하는 방법과 Gzip으로 압축된 정적 리소스에 접근하는 방법, 그리고 WebJars로 관리되는 정적 리소스에 대해 버전 번호를 은폐시켜 접근하는 방법이 있다. 이러한 기능은 org.springframework.web.servlet.resource.ResourceResolver 인터페이스와 org.spring framework.web.servlet.resource.ResourceTransformer 인터페이스의 구현 클래스를 통해 제공된다.

- **ResourceResolver 인터페이스**
  이 인터페이스는 정적 리소스에 접근할 수 있도록 URL과 서버 상의 물리적인 정적 리소스를 매핑하는 역할을 한다.

- **ResourceTransformer 인터페이스**
  이 인터페이스는 정적 리소스의 콘텐츠 데이터를 변환하는 역할을 한다.

이 두 가지 인터페이스를 구현하는 클래스에는 다음과 같은 것이 있다(표 7.7, 표 7.8).

표 7.7 ResourceResolver 주요 구현 클래스

| 클래스명 | 설명 |
|---|---|
| VersionResourceResolver | 버전 정보를 포함한 URL 경로와 서버 상의 물리적인 정적 리소스를 매핑할 때 사용한다. 버저닝(Versioning) 방법으로는 콘텐츠 데이터의 MD5 해시값을 사용하는 방법과 특정 버전 정보를 명시하는 방법을 지원한다. |
| GzipResourceResolver | URL에 대응하는 정적 리소스로 gzip 파일(.gz)을 사용할 수 있게 한다. |
| WebJarsResourceResolver | WebJars의 URL에서 버전 부분을 은폐하는 역할을 한다. |

표 7.8 ResourceTransformer 주요 구현 클래스

| 클래스명 | 설명 |
|---|---|
| CssLinkResourceTransformer | CSS 파일의 경로를 URL로 변환한다. |
| AppCacheManifestTransformer | HTML5의 AppCache manifest 파일 경로를 URL로 변환하고 manifest 파일의 주석에 콘텐츠의 해시값을 추가한다. |

### ■ 버전 정보를 포함한 경로로 정적 리소스 접근

ResourceResolver와 ResourceTransformer의 활용 사례로 버전 정보가 포함된 경로로 정적 리소스에 접근하는 방법을 소개한다. 이 예에서는 버저닝할 때 콘텐츠 데이터의 MD5 해시값을 사용한다.

우선 ResourceResolver의 구현 클래스로 VersionResourceResolver를 적용해보자.

▶ VersionResourceResolver 적용 예

```
@Override
public void addResourceHandlers(ResourceHandlerRegistry registry) {
    registry.addResourceHandler("/static/**")
            .addResourceLocations("classpath:/static/")
            .resourceChain(true) ─────────────────────────── ❶
            .addResolver(new VersionResourceResolver()
                    .addContentVersionStrategy("/**")); ───── ❷
}
```

❶ ResourceResolver나 ResourceTransformer의 실행 결과를 캐시할지 결정한다. 캐시하고 싶다면 true를 지정하면 되는데, 만약 변경이 자주 발생하는 로컬 개발 환경이라면 false로 설정해서 사용하는 편이 좋다.

❷ VersionResourceResolver를 추가한 후, addContentVersionStrategy 메서드로 버저닝을 적용할 리소스 패턴을 설정한다. 예제에서는 /static/ 하위의 모든 리소스가 버전 정보를 포함한 경로의 형태로 접근할 수 있다. 한편 VersionResourceResolver를 추가하면 CssLinkResourceTransformer도 자동으로 추가된다.

다음은 org.springframework.web.servlet.resource.ResourceUrlEncodingFilter를 서블릿 컨테이너에 등록한 후, 정적 리소스에 접근하기 위한 경로를 JSP 태그 라이브러리나 타임리프 다이얼렉트(dialect) 등에서 사용할 수 있게 만든 예다.

▶ web.xml 정의 예

```
<filter>
    <filter-name>ResourceUrlEncodingFilter</filter-name>
    <filter-class>
```

```
        org.springframework.web.servlet.resource.ResourceUrlEncodingFilter
    </filter-class>
</filter>
<filter-mapping>
    <filter-name>ResourceUrlEncodingFilter</filter-name>
    <url-pattern>/*</url-pattern>
</filter-mapping>
```

이렇게 하면 뷰에서 태그 라이브러리를 사용해 정적 리소스에 접근할 수 있는 URL을 만들 수 있다.

▶ 뷰(JSP)에서 경로를 설정한 예

```
<!-- 태그 라이브러리에서는 버전 정보가 없는 경로가 기재돼 있다. -->
<link href="<c:url value='/static/css/app.css'/>" type="text/css" rel="stylesheet" />
```

▶ HTML에서 경로가 변환된 결과

```
<!-- 버전 정보가 포함된 경로로 변환된다. -->
<link href="/static/css/app-f5100c1673b440e00b7839d189c43636.css" type="text/css" rel="stylesheet" />
```

이때 CSS 파일 안에 다른 정적 리소스의 경로가 포함돼 있다면 CssLinkResourceTransformer를 통해 버전 정보를 포함한 URL로 변환된다.

▶ CSS에서 경로를 설정한 예

```
/* 원본 CSS 파일에는 버전 정보가 없는 경로가 기재돼 있다. */
@import url(/static/css/fw.css);
body {
    background-image: url("/static/images/body-background.png");
}
```

▶ CSS에서 경로가 변환된 결과

```
/* 버전 정보가 포함된 경로로 변환된다. */
@import url(/static/css/fw-01e21f21ded830ac657f4afbc17e6495.css);
body {
    background-image: url("/static/images/body-background-d41d8cd98f00b204e9800998ecf8427e.png");
}
```

## 7.6. 국제화

이번 절에서는 화면에 표시할 라벨이나 메시지를 특정 국가의 언어로 고정하지 않고 로캘을 사용해서 다른 국가의 언어나 해당 지역에서 사용하는 단위로 변경하는 방법을 설명한다.

### 7.6.1. 로캘 결정

애플리케이션에서 로캘을 사용할 때는 org.springframework.web.servlet.LocaleResolver 인터페이스의 구현 클래스를 활용한다. 스프링 MVC는 로캘 정보를 어디서 가져오느냐에 따라 다음과 같은 다양한 구현 클래스를 제공하는데, 기본적으로 AcceptHeaderLocaleResolver를 사용한다(표 7.9).

표 7.9 스프링에서 제공하는 LocaleResolver의 구현 클래스

| 클래스명 | 설명 |
| --- | --- |
| AcceptHeaderLocaleResolver | HTTP 요청의 Accept-Language 헤더에 설정된 로캘 정보를 활용한다. 로캘을 변경하고 싶다면 사용자가 브라우저의 언어 설정을 바꾸면 된다. |
| SessionLocaleResolver | HTTP 세션에 저장된 로캘 정보를 활용한다. 로캘 변경은 뒤에 설명할 LocaleChange Interceptor에서 처리한다. |
| CookieLocaleResolver | 쿠키에 저장된 로캘 정보를 활용한다. 로캘 변경은 뒤에 설명할 LocaleChange Interceptor에서 처리한다. |
| FixedLocaleResolver | JVM이나 OS의 로캘 정보나 애플리케이션에서 설정한 로캘 정보를 활용한다. 애플리케이션에서 로캘을 고정해서 사용하고 싶을 때 이 방법을 쓴다. |

만약 클라이언트에서 로캘을 특별히 지정하지 않았다면 기본 로캘이 적용되는데 LocaleResolver에 지정한 기본 로캘, JVM에 지정한 로캘, OS에 지정한 로캘 순서로 로캘이 결정된다.

### 7.6.2. 로캘 활용

화면에 표시되는 라벨이나 메시지는 MessageSource 인터페이스를 사용해서 표시할 문자열을 가져온다. JSP를 뷰로 사용하는 경우에는 스프링 MVC에서 제공하는 ⟨spring:message⟩ 같은 태그 라이브러리로 문자열을 표시할 수 있으며, 이때 사용할 로캘은 LocaleResolver가 결정한다.

▶ JSP 구현 예

```
<spring:message code="title.home"/>
```

핸들러 메서드에서 로캘에 의존하는 처리가 필요할 경우 핸들러 메서드의 매개변수로 `java.util.Locale` 객체를 받을 수 있다.

```
@RequestMapping(path = "make", params = "scope=daily")
public String makeDailyReport(Locale locale) {
    // 로캘에 의존하는 처리를 한다.
    return "report/complete"
}
```

만약 핸들러 메서드 이외의 곳에서 로캘에 의존하는 처리가 필요할 때는 `org.springframe work.web.servlet.support.RequestContextUtils`의 `getLocale(HttpServletRequest)` 메서드를 사용하면 로캘에 손쉽게 접근할 수 있다.

## 7.6.3. UI를 이용한 로캘 전환

여기서는 UI 화면에서 로캘을 변경하는 방법을 설명한다. 로캘 변경은 `org.springframe work.web.servlet.i18n.LocaleChangeInterceptor`를 이용해 간단히 처리할 수 있다.

### ▪ LocaleResolver의 빈 정의

먼저 로캘을 저장할 수 있도록 `LocaleResolver`의 빈을 정의한다. 다음은 로캘을 쿠키에 저장하기 위해 `CookieLocaleResolver`를 사용한 예다.

▶ 자바 기반 설정 방식을 이용한 CookieLocaleResolver의 빈 정의

```
@Bean ──────────────────────────────────────────────── ❶
public LocaleResolver localeResolver() {
    CookieLocaleResolver resolver = new CookieLocaleResolver();
    resolver.setCookieName("locale"); ───────────────────────── ❷
    resolver.setDefaultLocale(Locale.KOREA); ───────────────── ❸
    return resolver;
}
```

❶ CookieLocaleResolver를 localeResolver라는 이름으로 빈으로 정의한다.

❷ cookieName 프로퍼티에 로캘을 저장하기 위해 쿠키명을 설정한다. 따로 정해주지 않으면 기본값이 적용되는데 스프링 프레임워크를 사용한다는 것을 유추할 수 있는 이름(`org.springframework.web.servlet.i18n.CookieLocaleResolver.LOCALE`)이 사용되기 때문에 가능하면 다른 이름으로 바꿀 것을 권한다.

❸ 기본 로캘을 지정한다.

쿠키명과 기본 로캘 이외의 프로퍼티에 대해서는 애플리케이션의 요구사항에 따라 적절히 설정하자.

이것을 XML로 표현하면 다음과 같다.

▶ XML 기반 설정 방식을 이용한 CookieLocaleResolver의 빈 정의

```
<bean id="localeResolver"
    class="org.springframework.web.servlet.i18n.CookieLocaleResolver">
    <property name="cookieName" value="locale"/>
    <property name="defaultLocale" value="ko"/>
</bean>
```

## ▪ LocaleChangeInterceptor의 빈 정의

다음은 UI 화면에서 로캘을 변경할 때 필요한 LocaleChangeInterceptor 빈을 정의한다. Locale
ChangeInterceptor는 요청 파라미터에서 로캘 정보를 가져온 다음, 그 정보를 LocaleResolver를 통
해 쿠키나 HTTP 세션 등에 저장하는 역할을 한다.

▶ 자바 기반 설정 방식을 이용한 LocaleChangeInterceptor의 빈 정의

```
@Configuration
@EnableWebMvc
public class WebMvcConfig extends WebMvcConfigurerAdapter {
    @Override                                                      ❶
    public void addInterceptors(InterceptorRegistry registry) {
        registry.addInterceptor(new LocaleChangeInterceptor())
            .includePathPatterns("/**")
            .excludePathPatterns("/resources/**")
            .excludePathPatterns("/**/*.html");
    }
}
```

❶ addInterceptors 메서드를 오버라이드하고 LocaleChangeInterceptor를 스프링 MVC가 인식할 수 있도록 설정한다.
이때 로캘을 지정하기 위한 요청 파라미터 이름의 기본값은 'locale'이다.

이것을 XML로 표현하면 다음과 같다.

▶ XML 기반 설정 방식을 이용한 LocaleChangeInterceptor의 빈 정의

```
<mvc:interceptors>
    <mvc:interceptor>
        <mvc:mapping path="/**" />
        <mvc:exclude-mapping path="/resources/**" />
```

```
        <mvc:exclude-mapping path="/**/*.html" />
        <bean class="org.springframework.web.servlet.i18n.LocaleChangeInterceptor" />
    </mvc:interceptor>
</mvc:interceptors>
```

### ■ 로캘 전환용 화면 요소 표시

마지막으로 로캘을 변경하기 위한 화면 요소(링크, 버튼, 셀렉트 박스 등)를 출력한다. 다음은 링크로
로캘을 변경하게 만든 예다.

▶ 로캘 전환을 링크로 수행하는 경우

```
<a href="?locale=en">English</a> ─────────────────────────────── ❶
<a href="?locale=ko">Korean</a> ─────────┘
```

❶ 요청 파라미터로 로캘을 설정하기 위해 요청 파라미터('locale')를 지정한다.

이 링크를 클릭하면 LocaleChangeInterceptor가 호출되고 요청 파라미터에서 지정한 로캘이 스프링
MVC가 사용할 로캘에 반영된다.

# 8장

# 스프링 테스트

7장까지 배운 내용으로 스프링 프레임워크 기반의 웹 애플리케이션을 만들 수 있게 됐다. 이번 장에서는 스프링 프레임워크가 제공하는 테스트 지원 모듈을 활용해 스프링 기반의 애플리케이션을 테스트하는 방법을 알아보자.

이 장에서는 DI 컨테이너에 등록된 빈의 테스트 방법, 데이터베이스를 사용할 때의 테스트 방법, 스프링 MVC를 사용할 때의 테스트 방법에 대해 살펴보겠다. 이어서 9장에서는 스프링 시큐리티를 사용할 때 테스트하는 방법도 소개하고 있으므로 함께 읽어 보자.

## 8.1. 스프링 테스트란?

스프링 테스트(Spring Test)[1]는 스프링 프레임워크에서 동작하도록 만든 클래스(@Controller, @Service, @Repository, @Component 등이 붙은 클래스)를 테스트하는 모듈이다. 개발한 클래스는 크게 단위 테스트와 통합 테스트로 나눠서 테스트하는 것이 일반적이고, 테스트하는 목적과 관점이 서로 다르다.

단위 테스트는 테스트할 클래스의 구현 내용만 테스트한다. 단위 테스트를 할 때는 테스트할 클래스가 의존하는 다른 컴포넌트를 목(mock)이나 스텁(stub)으로 만들어, 테스트 대상 클래스의 실행 결과가 다른 컴포넌트의 실행 내용에 좌우되지 않게 한다. 반면 통합 테스트를 할 때는 기본적으로 목이나 스텁은 사용하지 않고 실제 운영 환경에서 사용될 클래스를 통합해서 테스트한다. 여기서 중요한 점은 스프링 테스트를 활용한 통합 테스트는 시스템이나 애플리케이션 전체가 의도한대로 정확하게 동작하는지를 검증하는 것이 아니라, 개발자가 작성한 클래스가 스프링 프레임워크에서 정확하게 동작하는지 검증하는 테스트라는 것이다.

스프링 테스트는 이러한 관점에서 테스트를 지원하기 위한 메커니즘이나 편리한 기능을 제공하며, 스프링 기반의 엔터프라이즈 애플리케이션을 개발할 때는 빼놓을 수 없는 중요한 모듈 중의 하나다. 또한 스프링 테스트 외에도 스프링 시큐리티나 스프링 부트를 위한 테스트용 컴포넌트도 제공되고 있어, 스프링이 테스트를 얼마나 중요하게 생각하고 있는지를 가늠하게 해준다.

구체적인 테스트 방법을 설명하기 전에 스프링 테스트가 어떤 기능을 제공하는지 간단히 살펴보자. 스프링 테스트는 주로 다음과 같은 기능을 제공한다.

---

1    http://docs.spring.io/spring/docs/current/spring-framework-reference/htmlsingle/#testing

- JUnit[2], TestNG[3]라는 테스팅 프레임워크를 사용해서 스프링의 DI 컨테이너를 동작시키는 기능
- 트랜잭션을 테스트 상황에 맞게 제어하는 기능
- 애플리케이션 서버를 사용하지 않고 스프링 MVC의 동작을 재현하는 기능
- 테스트 데이터를 적재하기 위해 SQL을 실행하는 기능
- RestTemplate을 이용해 HTTP 요청에 대한 임의 응답을 보내는 기능[4]

또한 서블릿 API나 스프링이 제공하는 API의 목 클래스와 같은 지원 클래스도 제공하고 있다. 이들 클래스 중 일부는 단위 테스트에도 이용할 수 있다.

## 8.2. DI 컨테이너와 빈 테스트

이번 절에서는 DI 컨테이너에서 관리되는 빈(@Controller, @Service, @Repository, @Component 등이 붙은 클래스)을 테스트하는 방법을 살펴본다. 이번 절의 주요 내용은 DI 컨테이너와 연계된 통합 테스트지만 단위 테스트에 대해서도 간단히 설명한다.

한편 이 책에서는 테스팅 프레임워크로 JUnit을 사용하는 것을 전제로 한다.

▶ pom.xml의 설정 예

```
<dependency>
    <groupId>junit</groupId>
    <artifactId>junit</artifactId>
    <scope>test</scope>
</dependency>
```

## 8.2.1. 빈에 대한 단위 테스트

여기서 말하는 단위 테스트는 스프링의 DI 컨테이너 기능을 사용하지 않고, 테스트 대상 클래스에서 구현한 로직만 테스트하는 것을 의미한다. 예를 들어, 외부 참조 없이 하드코딩된 고정 메시지를 반환하는 클래스를 JUnit으로 테스트할 때는 다음과 같이 한다.

---

**2**  http://junit.org/

**3**  http://testng.org/

**4**  이 책에서는 다루지 않기 때문에 자세한 내용은 다음 페이지를 참조하자.
http://docs.spring.io/spring/docs/current/spring-framework-reference/htmlsingle/#spring-mvc-test-client

▶ 고정 메시지를 반환하는 클래스

```
package com.example.domain;

import org.springframework.stereotype.Service;

@Service
public class MessageService {
    public String getMessage() {
        return "Hello!!";
    }
}
```

▶ 고정 메시지를 반환하는 클래스의 JUnit 테스트 케이스

```
import org.junit.*;

import static org.junit.Assert.*;
import static org.hamcrest.core.Is.*;

public class MessageServiceTest {
    @Test
    public void testGetMessage() {
        MessageService service = new MessageService();
        String actualMessage = service.getMessage();
        assertThat(actualMessage, is("Hello!!"));
    }
}
```

실제로는 고정 메시지를 반환하는 클래스는 만들 일이 거의 없고 메시지 코드에 따라 동적으로 메시지를 가져오는 클래스를 사용하는 것이 일반적이다. 이번에는 스프링이 제공하는 MessageSource 인터페이스를 이용해 외부에서 메시지를 가져오는 구현 클래스를 테스트해 보자.

▶ MessageSource에서 메시지를 취득하는 클래스

```
import org.springframework.beans.factory.annotation.Autowired;
import org.springframework.context.MessageSource;
import org.springframework.stereotype.Service;

import java.util.Locale;

@Service
public class MessageService {
```

```
    @Autowired
    MessageSource messageSource;
    public String getMessageByCode(String code) {
        return messageSource.getMessage(code, null, Locale.getDefault());
    }
}
```

실제 운영 환경이라면 MessageSource에 ResourceBundleMessageSource를 사용해 외부에 정의된 메시지를 가져오는 것이 정상이다. 단, 단위 테스트 환경에서는 의존 컴포넌트인 MessageSource를 모의화(Mocked)해서 테스트를 해보자. 의존 컴포넌트를 모의화하면 테스트 조건을 쉽게 만들 수 있어서 테스트 코드를 효율적으로 기술할 수 있다. 여기서 소개한 예는 처리 내용이 너무 단순해서 모의화를 하는 장점을 체감하긴 어렵다. 하지만 의존 컴포넌트의 반환값에 따라 복잡한 분기 처리를 하는 경우라면 의존 컴포넌트에서 반환값을 자유롭게 제어할 수 있는 목 구조가 상당히 유용하게 활용될 수 있다.

이 책에서는 의존 컴포넌트를 모의화하는 데 Mockito[5]를 사용한다.

▶ pom.xml의 설정 예

```xml
<dependency>
    <groupId>org.mockito</groupId>
    <artifactId>mockito-core</artifactId>
    <scope>test</scope>
</dependency>
```

다음은 Mockito를 사용해 MessageSource를 모의화한 테스트 케이스다.

▶ MessageSource에서 메시지를 가져오는 클래스의 JUnit 테스트 케이스

```java
import static org.hamcrest.core.Is.*;
import static org.junit.Assert.*;
import static org.mockito.Mockito.*;

import java.util.Locale;

import org.junit.*;
import org.junit.runner.RunWith;
import org.mockito.*;
import org.mockito.runners.MockitoJUnitRunner;
```

---

5    http://mockito.org/

```
import org.springframework.context.MessageSource;

@RunWith(MockitoJUnitRunner.class)
public class MessageServiceTest { ─────────────────────────────── ❶
    @InjectMocks
    MessageService service;

    @Mock
    MessageSource mockMessageSource;

    @Test
    public void testGetMessageByCode() {
        doReturn("Hello!!").when(mockMessageSource) ───────────── ❷
                .getMessage("greeting", null, Locale.getDefault());
        // 테스트를 한다.
        String actualMessage = service.getMessageByCode("greeting");
        assertThat(actualMessage, is("Hello!!"));
    }
}
```

❶ MockitoJUnitRunner를 이용해 테스트할 컴포넌트(@InjectMocks를 부여한 컴포넌트)에 모의화한 컴포넌트(@Mock이나 @Spy를 붙인 컴포넌트)를 인젝션할 수 있게 한다.

❷ MessageSource의 목을 설정한다. 여기서는 'greeting'이라는 코드가 지정될 때 'Hello!!'를 반환하게 한다.

## 8.2.2. DI 컨테이너에서 관리되는 빈에 대한 통합 테스트

단위 테스트를 통과한 클래스는 스프링의 DI 컨테이너에 등록된 후, 다른 컴포넌트까지 통합된 상태에서 테스트를 더 해야 한다. 기본적으로는 데이터베이스와 같은 외부 리소스의 접근까지 포함해서 테스트하는 것이 바람직한 통합 테스트지만, 각종 제약으로 인해 완벽한 조건에서 테스트하기 어렵다면 편의상 외부 시스템이나 외부 사이트와 연계되는 부분을 목(Mock)이나 스텁(Stub)으로 대체해도 된다.

그럼 실제로 JUnit에서 DI 컨테이너를 기동한 후, DI 컨테이너 안에 관리되는 빈을 테스트해보자.

### ■ 빈 정의 파일 작성

먼저 DI 컨테이너를 생성할 때 사용할 빈 정의 파일을 만든다. 빈 정의 파일에는 MessageService 클래스를 컴포넌트 스캔하기 위한 설정을 해야 하고, MessageService 클래스가 의존하는 MessageSource의 빈도 정의해야 한다.

▶ 자바 기반 설정 방식을 이용한 빈 정의

```java
import org.springframework.context.MessageSource;
import org.springframework.context.annotation.*;
import org.springframework.context.support.ResourceBundleMessageSource;

@Configuration
@ComponentScan("com.example.domain") // 컴포넌트 스캔을 활성화
public class AppConfig {

    @Bean // MessageSource의 빈 정의
    public MessageSource messageSource() {
        ResourceBundleMessageSource messageSource = new ResourceBundleMessageSource();
        messageSource.setBasenames("messages");
        return messageSource;
    }

}
```

▶ XML 기반 설정 방식을 이용한 빈 정의(src/main/resources/applicationContext.xml)

```xml
<?xml version="1.0" encoding="UTF-8"?>
<beans
    xmlns="http://www.springframework.org/schema/beans"
    xmlns:xsi="http://www.w3.org/2001/XMLSchema-instance"
    xmlns:context="http://www.springframework.org/schema/context"
    xsi:schemaLocation="
        http://www.springframework.org/schema/beans
        http://www.springframework.org/schema/beans/spring-beans.xsd
        http://www.springframework.org/schema/context
        http://www.springframework.org/schema/context/spring-context.xsd
    ">

    <!-- 컴포넌트 스캔을 활성화 -->
    <context:component-scan base-package="com.example.domain" />

    <!-- MessageSource의 빈 정의 -->
    <bean id="messageSource"
        class="org.springframework.context.support.ResourceBundleMessageSource">
        <property name="basenames">
            <list>
                <value>messages</value>
            </list>
        </property>
```

```
    </bean>

</beans>
```

ResourceBundleMessageSource가 읽어 들일 프로퍼티 파일(messages.properties)은 클래스패스 바로 아래에 생성한다.

▶ messages.properties 정의 예

```
greeting=Hello!!
```

## ■ 테스트 케이스 작성과 실행

다음으로 통합 테스트용 테스트 케이스를 만든다. 통합 테스트용 테스트 케이스를 만들 때는 스프링 테스트 모듈을 의존 라이브러리에 추가해야 한다.

▶ pom.xml 설정

```
<dependency>
    <groupId>org.springframework</groupId>
    <artifactId>spring-test</artifactId>
    <scope>test</scope>
</dependency>
```

▶ 통합 테스트용 테스트 케이스 클래스

```
import org.junit.Test;
import org.junit.runner.RunWith;
import org.springframework.beans.factory.annotation.Autowired;
import org.springframework.test.context.ContextConfiguration;
import org.springframework.test.context.junit4.SpringJUnit4ClassRunner;
import com.example.config.AppConfig;

import static org.hamcrest.core.Is.*;
import static org.junit.Assert.*;

@RunWith(SpringJUnit4ClassRunner.class) ─────────────────────────── ❶
@ContextConfiguration(classes = AppConfig.class) ──────────────────── ❷
public class MessageServiceIntegrationTest {

    @Autowired
    MessageService service; ───────────────────────────────────────── ❸

    @Test
    public void testGetMessageByCode() {
```

```
        String actualMessage = service.getMessageByCode("greeting"); ─────────── ❹
        assertThat(actualMessage, is("Hello!!"));
    }

}
```

❶ @RunWith의 value 속성에 JUnit에서 테스트용 DI 컨테이너를 동작시키기 위한 Runner 클래스를 지정한다[6].

❷ @ContextConfiguration의 classes 속성에 DI 컨테이너가 사용하는 설정 클래스를 지정한다.

❸ @Autowired를 사용해 DI 컨테이너에 등록할 테스트 대상 빈을 인젝션한다.

❹ 인젝션된 빈의 메서드를 호출해서 DI 컨테이너에 의해 의존 관계가 결합된 컴포넌트를 테스트한다.

XML 기반 설정 방식으로 빈을 정의한 경우에는 @ContextConfiguration의 locations 속성에 설정 파일을 지정하면 된다.

▶ XML 기반 설정 방식으로 빈을 정의했을 때의 테스트 클래스 작성 예

```
// 생략
@ContextConfiguration(locations = "/applicationContext.xml")
public class MessageServiceIntegrationTest {
    // 생략
}
```

이 테스트 케이스를 실행했을 때 클래스패스 상의 messages.properties에서 메시지 'Hello!!'를 가져 왔다면 테스트는 성공이다. 테스트는 성공했지만 정말 프로퍼티 파일에서 메시지를 가져온 것인지 확 신할 수 없다면 messages.properties의 메시지 정의를 'greeting=Bonjour!!'로 바꿔서 다시 테스트 해 보자. 만약 바뀐 메시지로 테스트가 실패하면 제대로 컴포넌트가 통합된 것이다.

## 8.2.3. 스프링 TestContext 프레임워크

스프링 테스트에서는 테스팅 프레임워크에서 동작하는 테스트용 프레임워크의 기능을 '스프링 TestContext 프레임워크(Spring TestContext Framework)'라고 부른다. 스프링 TestContext 프레임워크를 이용 하면 스프링이 제공하는 애너테이션과 자바 표준 애너테이션, 스프링 테스트가 제공하는 테스트용 애 너테이션 등을 사용해 테스트 케이스를 만들 수 있다.

---

**6** 　스프링 4.3부터는 SpringJunit4ClassRunner 클래스의 별칭 클래스로 SpringRunner 클래스가 추가됐다.

이 책에서는 스프링 TestContext 프레임워크 자체의 아키텍처[7]에 대해서는 설명을 생략하는 대신 스프링 TestContext 프레임워크의 대표적인 사용법을 중심으로 설명한다.

### ■ 스프링 JUnit 러너와 룰

스프링 테스트는 JUnit에서 스프링 TestContext 프레임워크를 동작시키기 위한 지원 클래스로서 org.springframework.test.context.junit4.SpringJUnit4ClassRunner를 제공한다. JUnit으로 테스트할 때는 @RunWith의 value 속성에 'SpringJUnit4ClassRunner.class'를 지정하면 된다. 단 @RunWith에는 하나의 Runner 클래스만 지정할 수 있기 때문에 JUnit이 제공하는 Runner 클래스(Theories, Parameterized, Categories 등)나 Mockito와 같은 서드파티에서 제공하는 Runner 클래스를 함께 사용할 수 없다. 다른 러너와 스프링 TestContext 프레임워크를 함께 사용하려면 스프링 프레임워크 4.2 버전에서 추가된 org.springframework.test.context.junit4.rules.SpringClassRule과 org.springframework.test.context.junit4.rules.SpringMethodRule를 활용하면 된다.

▶ SpringClassRule과 SpringMethodRule의 사용 예

```
@RunWith(MockitoJUnitRunner.class)  // 다른 러너 클래스 지정
@ContextConfiguration(classes = AppConfig.class)
public class MessageServiceIntegrationTest {
    @ClassRule
    public static final SpringClassRule SPRING_CLASS_RULE = new SpringClassRule();

    @Rule
    public final SpringMethodRule springMethodRule = new SpringMethodRule();

    // 생략
}
```

## 8.2.4. DI 컨테이너의 설정

스프링 TestContext 프레임워크에 DI 컨테이너를 생성하려면 스프링 테스트에서 제공하는 @org.springframework.test.context.ContextConfiguration을 테스트 케이스 클래스에 붙여주고, @ContextConfiguration의 classes 속성이나 locations 속성에 빈 정의 파일을 지정한다.

---

**7**    스프링 TestContext 프레임워크 자체의 아키텍처에 대해서는 http://docs.spring.io/spring/docs/current/spring-framework-reference/htmlsingle/#testcontext-framework의 'Key abstractions'와 'TestExecutionListener configuration'을 참조하자.

▶ 자바 기반 설정 방식을 이용한 빈 정의

```
// 생략
@ContextConfiguration(classes = AppConfig.class)
public class MessageServiceIntegrationTest {
    // 생략
}
```

▶ XML 기반 설정 방식을 이용한 빈 정의

```
// 생략
@ContextConfiguration(locations = "/applicationContext.xml")
public class MessageServiceIntegrationTest {
    // 생략
}
```

이 책에서는 비교적 사용 빈도가 높은 classes 속성과 locations 속성을 활용했는데, 그 밖에도 TestContext 프레임워크의 동작 방식을 커스터마이징할 수 있는 다양한 속성이 준비돼 있으므로 필요한 경우 활용해보자.

## ■ 기본적인 테스트 환경 설정

@ContextConfiguration의 classes 속성과 locations 속성은 생략할 수 있다. 만약 따로 설정하지 않았다면 테스트 케이스 클래스 안에 내부 클래스로 정의된 static 설정 클래스의 정보를 사용하거나 명명 규칙을 만족하는 XML 파일의 정보를 사용한다.

▶ static 설정 클래스(내부 클래스)의 작성 예

```
@RunWith(SpringJUnit4ClassRunner.class)
@ContextConfiguration ──────────────────────────────── ❶
public class MessageServiceIntegrationTest {

    @Configuration
    static class LocalContext { ─────────────────────── ❷
        // 빈 정의 생략
    }

    // 생략
}
```

❶ @ContextConfiguration의 classes 속성과 locations 속성을 생략한다[8].

---

8    스프링 4.3부터는 @ContextConfiguration 자체를 지정하는 것도 생략할 수 있다.

❷ @Configuration을 붙여서 static 설정 클래스를 만든다.

XML 파일로 설정할 때는 명명 규칙을 지켜야 하는데, 예를 들어 테스트 케이스의 클래스명이 com.example.domain.MessageServiceIntegrationTest라면 com/example/domain/MessageServiceIntegrationTest-context.xml이라는 이름의 XML 파일이 클래스패스에 있어야 한다.

## ■ 웹 애플리케이션의 테스트 환경 설정

@ContextConfiguration를 사용하는 방법 외에도 @org.springframework.test.context.web.WebAppConfiguration을 사용하는 방법이 있는데, 이 방식을 사용하면 웹 애플리케이션 전용 DI 컨테이너(WebApplicationContext)를 만들 수 있다. WebApplicationContext를 사용하면 war 파일 안에 있는 파일에 접근할 수 있는 것처럼 @WebAppConfiguration을 사용하면 프로젝트의 src/main/webapp 디렉터리가 웹 애플리케이션의 루트 디렉터리로 인식된다. 이 경로는 메이븐이나 그레이들이 정한 표준 웹 애플리케이션의 루트 디렉터리와도 같아서, 만약 이미 메이븐이나 그레이들을 사용하고 있다면 특별히 따로 설정해줄 것은 없다.

그 밖에도 @WebAppConfiguration을 사용하면 웹 애플리케이션 전용 DI 컨테이너(WebApplicationContext)뿐만 아니라, 서블릿 API를 사용한 각종 목 객체(MockServletContext, MockHttpSession, MockHttpServletRequest, MockHttpServletResponse)도 테스트 케이스 클래스에 주입해서 활용할 수 있다. 이러한 목 객체는 테스트를 위한 사전 설정 작업이나 테스트 결과를 검증해야 할 때, 서블릿 API를 써야 하는 상황에서 유용하게 활용할 수 있다. 한편 MockServletContext는 테스트 케이스의 메서드 간에 공유되는 반면, 그 밖의 목 객체는 테스트 케이스의 메서드마다 새로운 객체가 만들어진다.

▶ 각종 목 객체의 인젝션 예

```
// 생략
@WebAppConfiguration
public class WebApplicationIntegrationTest {
    @Autowired
    MockServletContext mockServletContext;  // 테스트 케이스의 메서드 간에 공유됨

    @Autowired
    MockHttpSession mockSession;

    @Autowired
    MockHttpServletRequest mockRequest;
```

```
    @Autowired
    MockHttpServletResponse mockResponse;

    // 생략
}
```

## 8.2.5. DI 컨테이너의 라이프사이클 제어

스프링 TestContext 프레임워크에서 생성된 DI 컨테이너는 테스트를 시작할 때 기동된 자바 VM이 테스트를 완료하고 종료될 때까지 캐시되기 때문에 테스트 케이스 간에 공유해서 쓸 수 있다[9].

### ■ DI 컨테이너의 캐시

기본적으로 같은 테스트 케이스 클래스의 테스트 메서드 간에는 같은 DI 컨테이너가 사용된다. 심지어 테스트 케이스의 클래스가 다른 경우에도 @ContextConfiguration에 지정한 속성 값[10]이 같으면 캐시된 DI 컨테이너가 사용된다. 캐시를 활성화하면 DI 컨테이너를 생성하는 시간이 단축되기 때문에 테스트 시간도 줄어들게 된다.

메모

@ContextConfiguration에 빈 정의 파일을 여러 개 지정할 때는 지정하는 순서에 유의해야 한다. 사용되는 파일들이 같은 파일이라 하더라도 지정하는 순서가 달라지면 앞서 캐시된 DI 컨테이너를 사용하지 못하고 새로운 컨테이너를 만들면서 따로 캐시를 하게 된다. 이처럼 순서를 다르게 쓰기만 해도 불필요한 DI 컨테이너가 만들어지면서 테스트 시간이 길어지거나 사용 가능한 메모리가 줄어들게 되므로 주의가 필요하다.

### ■ DI 컨테이너의 파기

기본적으로 테스트에 사용되는 DI 컨테이너는 자바 VM이 시작할 때 만들어지고, 종료할 때 파기된다. 이런 동작 방식은 @org.springframework.test.annotation.DirtiesContext를 이용해 제어를 할 수 있는데, 만약 테스트 케이스의 클래스 단위로 DI 컨테이너를 제어하고 싶다면 클래스 레벨에 @DirtiesContext를 붙인 후, classMode 속성에 파기 타이밍을 지정하면 된다. DI 컨테이너를 파기하는 타이밍에는 다음 네 가지를 지정할 수 있다.

---

9    스프링 4.3부터는 최대 캐시 수(기본값은 32)가 설정되고, 최대 캐시 수를 초과하면 LRU(Least Recently Used) 방식으로 캐시가 파기된다.

10   캐시 키로 사용되는 속성 값은 다음 URL을 참조하자.
     http://docs.spring.io/spring/docs/current/spring-framework-reference/htmlsingle/#testcontext-ctx-management-caching

- 테스트 케이스 클래스의 테스트가 종료된 후(기본값)

- 테스트 케이스 클래스의 테스트가 실행되기 전

- 테스트 케이스 클래스의 각 메서드가 실행되기 전

- 테스트 케이스 클래스의 각 메서드가 종료된 후

▶ 테스트 케이스 클래스의 모든 테스트가 종료한 타이밍에 파기하는 예

```
// 생략
@DirtiesContext
public class MessageServiceIntegrationTest {
    // 생략
}
```

테스트 메서드로 @DirtiesContext를 적용하고 싶다면, 원하는 메서드에 @DirtiesContext를 붙이고 methodMode 속성에 파기할 타이밍을 지정하면 된다. methodMode 속성을 생략하면 기본적으로 테스트 메서드가 종료된 후에 DI 컨테이너를 파기한다.

▶ 테스트 메서드가 종료된 타이밍에 파기하는 예

```
@Test
@DirtiesContext
public void testGetMessageByCode() {
    // 생략
}
```

## 8.2.6. 프로파일 지정

스프링의 프로파일 기능을 사용한 애플리케이션은 @org.springframework.test.context.Active Profiles를 사용해서 테스트한다. @ActiveProfiles를 이용하면 테스트를 할 때 원하는 프로파일을 지정할 수 있다.

java.sql.DataSource는 스프링의 프로파일 기능을 이용해서 환경에 따라 다른 구현 클래스를 골라 쓸 수 있는데, 이런 상황을 테스트하기 위해 @ActiveProfiles를 사용해보자. 다음은 개발자의 로컬 환경에서는 내장형 데이터베이스 H2를 사용하고, 그 밖의 환경(테스트 환경이나 프로덕션 환경)에서는 애플리케이션 서버의 데이터 소스를 사용하는 예다.

▶ 스프링의 프로파일 기능을 이용한 빈 정의(개발자의 로컬 환경)

```
@Configuration
@Profile("dev") // 개발자 로컬 환경을 위한 빈 정의
public class DevContext {
    @Bean
    public DataSource dataSource() {
        return new EmbeddedDatabaseBuilder().setType(EmbeddedDatabaseType.H2).build();
    }
}
```

▶ 스프링의 프로파일 기능을 이용한 빈 정의(기본값)

```
@Configuration
@Profile("default") // 기본값(개발자 로컬 환경 외)의 빈 정의
public class DefaultContext {
    @Bean
    public DataSource dataSource() throws NamingException {
        JndiTemplate jndiTemplate = new JndiTemplate();
        return jndiTemplate.lookup("jdbc/dataSource", DataSource.class);
    }
}
```

JUnit에서 테스트를 실행할 때는 애플리케이션 서버의 데이터 소스를 사용할 수 없기 때문에 @Active
Profiles를 사용해 DevContext가 활성화되게 한다.

▶ 테스트를 실행할 때 적용할 프로파일 지정

```
// 생략
@ActiveProfiles("dev") // 적용하고 싶은 프로파일명을 지정
public class AccountServiceIntegrationTest {
    // 생략
}
```

애플리케이션을 실행할 때나 테스트를 실행할 때 적용할 프로파일을 명시적으로 지정하지 않았다면
'default'라는 이름의 프로파일이 기본으로 적용된다. 만약 앞서 예를 든 빈 정의 예에서 프로파일을
생략한다면 DefaultContext가 활성화되고 애플리케이션 서버의 데이터 소스를 사용하게 된다.

## 8.2.7. 테스트용 프로퍼티 값 지정

시스템 프로퍼티(자바 VM의 -D 옵션)나 프로퍼티 파일에서 값을 가져오는 클래스가 있다면 프로
퍼티 값을 다양하게 바꿔보면서 테스트할 필요가 있다. 이런 상황에서는 @org.springframework.

test.context.TestPropertySource를 활용하면 된다. @TestPropertySource를 사용하면 테스트 케이스의 클래스 단위로 테스트할 프로퍼티 값을 설정해줄 수 있다. 다음은 테스트할 대상 클래스로 failureCountToLock의 값을 프로퍼티에서 가져오거나, 없으면 기본 값으로 5를 사용하는 예다.

▶ 프로퍼티 값을 가져오는 클래스의 구현 예

```
public class AuthenticationService {
    @Value("${auth.failureCountToLock:5}")
    int failureCountToLock;
    // 생략
}
```

이런 클래스를 테스트하기 위해 사용할 프로퍼티 값을 지정하는 방법에는 다음의 두 가지가 있다.

- 애너테이션에 지정한다.
- 프로퍼티 파일에 지정한다.

### ■ 애너테이션에 지정하는 방법

@TestPropertySource의 properties 속성에 프로퍼티 값을 직접 지정한다.

▶ 프로퍼티 값을 직접 지정할 때의 정의

```
// 생략
@TestPropertySource(properties = "auth.failureCountToLock=3")
public class AuthenticationServiceIntegrationTest {
    // 생략
}
```

### ■ 프로퍼티 파일에 지정하는 방법

테스트할 때 사용할 프로퍼티 파일을 @TestPropertySource의 locations 속성에 지정한다.

▶ 프로퍼티 파일에 지정할 때의 정의

```
// 생략
@TestPropertySource(locations = "/test.properties")
public class AuthenticationServiceIntegrationTest {
    // 생략
}
```

▶ 프로퍼티 파일의 정의(classpath:test.properties)

```
auth.failureCountToLock=3
```

이때 @TestPropertySource의 locations 속성과 properties 속성을 생략하면 명명 규칙을 만족하는 프로퍼티 파일이 사용된다. 예를 들어, 테스트 케이스의 클래스가 com.example.domain.AuthenticationIntegrationTest인 경우, 클래스패스 상의 com/example/domain/AuthenticationIntegrationTest.properties가 프로퍼티 파일로 사용된다.

## 8.3. 데이터베이스 테스트

이 절에서는 데이터베이스에 접근하는 빈을 테스트하는 방법을 설명한다. 데이터베이스에 접근하는 빈을 테스트할 때는 다음과 같은 작업이 필요하다.

- 테스트용 데이터 소스 설정
- 테스트 데이터 적재
- 테스트 케이스용 트랜잭션 제어
- 데이터 검증

### 8.3.1. 테스트 데이터 소스 설정

먼저 테스트용 데이터 소스를 설정한다. 일반적인 웹 애플리케이션에서는 애플리케이션 서버에서 관리하는 데이터 소스를 JNDI를 통해 가져오기 때문에 JUnit을 실행할 때 그대로 이용하면 오류가 발생한다.

▶ 일반적으로 사용하는 데이터 소스의 정의 예

```
@Configuration
@ComponentScan("com.example.domain")
public class AppConfig {
    @Bean
    public DataSource dataSource() throws NamingException {
        JndiTemplate jndiTemplate = new JndiTemplate();
        return jndiTemplate.lookup("jdbc/dataSource", DataSource.class);
    }
    // 생략
}
```

이러한 경우에는 테스트용 데이터 소스를 정의하고 JUnit을 실행할 때 사용할 데이터 소스를 교체하면 된다. 테스트용 빈 정의 파일을 준비한 후, 그 안에서 테스트용 데이터 소스를 정의한다. 테스트할 때 테스트용 데이터 소스로 교체되게 하려면, 실제로 사용할 데이터 소스의 빈 이름과 같은 이름으로 테스트용 데이터 소스를 정의해야 한다.

▶ 테스트용 데이터 소스의 정의

```
@Configuration
public class TestConfig {
    @Bean
    public DataSource dataSource() { // 실제로 사용할 데이터 소스의 빈과 같은 이름을 사용
        return new EmbeddedDatabaseBuilder().setType(EmbeddedDatabaseType.H2)
                .setScriptEncoding("UTF-8").addScript("schema.sql").build();
    }
}
```

▶ classpath:schema.sql 정의 예

```
CREATE TABLE account (
    id CHAR(3) PRIMARY KEY,
    name VARCHAR(128)
);
```

@ContextConfiguration에 빈 정의 파일을 지정할 때는 실제로 사용할 빈 정의 파일을 먼저 지정한 다음, 테스트용 빈 정의 파일을 지정한다.

▶ @ContextConfiguration에서 빈 정의 파일을 지정하는 예

```
// 생략
@ContextConfiguration(classes = {AppConfig.class, TestConfig.class})
public class AccountRepositoryTest {
    // 생략
}
```

이렇게 빈을 정의하면 테스트용 빈 정의 파일의 내용이 앞에 정의된 빈의 정보를 덮어쓰기 때문에 실제로 사용할 데이터 소스 빈을 테스트용으로 교체하는 효과가 있다. 여기서는 자바 기반 설정 방식으로 예를 들었지만, XML 기반 설정 방식도 비슷한 방법으로 빈을 교체할 수 있다.

## 8.3.2. 테스트 데이터 적재

데이터베이스에 접근하는 테스트를 하려면 테스트 시나리오를 만족하는 테스트 데이터를 사전에 준비해 둬야 한다. 테스트 데이터를 적재할 때는 스프링 테스트가 제공하는 @org.springframework.test.context.jdbc.Sql을 사용할 수 있다. @Sql을 사용하면 테스트 케이스의 메서드를 호출하기 전

에 임의의 SQL을 실행할 수 있다. 또한 SQL이 실행되는 타이밍을 테스트 케이스의 메서드가 종료된 후로 바꿀 수도 있다. @Sql 동작을 좀 더 세밀하게 커스터마이징하고 싶다면 config 속성에 @org.springframework.test.context.jdbc.SqlConfig를 지정하면 된다.

@Sql은 클래스 레벨과 메서드 레벨에 모두 사용할 수 있다. 클래스 레벨에 @Sql을 지정하면 그 내용이 모든 메서드에 적용되고, 만약 클래스와 메서드에 모두 @Sql이 지정돼 있다면 메서드에 지정한 @Sql이 우선하게 된다.

▶ @Sql을 이용해 테스트 데이터를 적재하는 예

```java
package com.example.domain;

// 생략
@Sql("/account-delete.sql")
public class AccountRepositoryTest {

    @Autowired
    AccountRepository accountRepository;

    // 클래스 레벨에 지정한 account-delete.sql이 실행된다.
    // 데이터를 지운 후에 테스트가 실행된다.
    @Test
    public void testCreate() {
        Account account = new Account();
        account.setId("001");
        account.setName("이순신");
        accountRepository.create(account);
        // 생략
    }

    // 메서드에 지정한 account-delete.sql과 account-insert-data.sql이 실행된다.
    // 데이터를 지운 후에 데이터를 등록하고 테스트가 실행된다.
    @Test
    @Sql({"/account-delete.sql", "/account-insert-data.sql"})
    public void testFindOne() {
        Account account = accountRepository.findOne("001");
        // 생략
    }

}
```

▶ classpath:account-delete.sql 작성 예

```
DELETE FROM account;
```

▶ classpath:account-insert.sql 작성 예

```
INSERT INTO account (id, name) VALUES ('001', '이순신');
INSERT INTO account (id, name) VALUES ('002', '김유신');
```

이때 실행할 SQL 파일을 지정하지 않고 생략한 경우에는 명명 규칙을 만족하는 SQL 파일이 사용된다. 예를 들어 클래스에 @Sql이 설정돼 있고 테스트 케이스의 클래스가 com.example.domain.Account RepositoryTest인 경우, 클래스패스 상의 com/example/domain/AccountRepositoryTest. sql이 SQL 파일로 사용된다. 또한 메서드 레벨에 @Sql을 지정하고 테스트 케이스의 메서드명이 'testFindOne'인 경우 클래스패스의 com/example/domain/AccountRepositoryTest.testFindOne. sql이 SQL 파일로 사용된다. 여기서는 SQL 파일을 지정하는 방법을 소개했지만 statements 속성에 SQL을 직접 지정할 수도 있다.

@Sql에는 Java SE 8에서 추가된 @Repeatable이 붙어 있기 때문에 Java SE 8 이상의 환경에서는 같은 위치에 여러 개를 지정할 수 있다. 만약 Java SE 7 이전의 환경이라면 @org.springframework.test.context. jdbc.SqlGroup을 사용해 여러 개의 @Sql을 지정할 수 있다.

## 8.3.3. 테스트 케이스를 위한 트랜잭션 제어

앞서 @Sql을 이용해 테스트 데이터를 적재하는 방법을 소개했는데, 기본적으로는 테스트 데이터를 적재할 때 사용하는 트랜잭션과 테스트 대상에서 데이터 처리에서 사용하는 트랜잭션은 서로 영향을 주지 않도록 분리돼 있다. 그래서 테스트 데이터를 적재하기 위한 SQL이 실행되면 일단 한 번 커밋되고, 이후에 테스트 케이스에서 데이터를 처리하는 메서드가 호출된다. 이때 테스트 대상이 되는 빈이 트랜잭션 관리 대상이라면 실행한 메서드가 정상적으로 종료될 때 테스트한 SQL이 커밋된다.

이렇게 테스트 데이터를 적재하는 트랜잭션과 테스트를 수행하는 트랜잭션을 분리하는 방식이나 테스트 대상이 정상적으로 종료될 때 트랜잭션이 커밋되는 방식 자체는 특별히 문제가 없다. 다만 주의해야 할 점은 테스트를 하기 전에 적재돼 있어야 할 레코드가 삭제돼 있거나, 레코드의 상태가 바뀌어 있지 않게 해야 한다는 점이다. 특히 같은 데이터베이스를 여러 테스트 환경에서 공유한다면 JUnit을 실행하는 와중에 또 다른 테스트에서 데이터를 변경할 수도 있기 때문에 각별한 주의가 필요하다.

이러한 사고를 미연에 방지하려면 JUnit으로 테스트하기 위한 테스트 전용 데이터베이스를 별도로 준비하거나 스프링 테스트가 제공하는 테스트용 트랜잭션 기능을 활용하면 된다.

■ 트랜잭션 경계의 이동

테스트를 실행하기 전의 상태로 복원하는 가장 확실한 방법은 테스트 데이터의 적재와 테스트 자체를 같은 트랜잭션 내에서 실행하고, 테스트가 끝나면 그 트랜잭션을 롤백하는 것이다. 스프링 테스트에서는 JUnit을 실행할 때 트랜잭션의 경계를 테스트 케이스의 메서드 실행 전으로 이동시키는 메커니즘을 제공한다. 이 메커니즘을 이용하면 @Sql에서 지정한 SQL 파일의 실행과 테스트를 같은 트랜잭션 안에서 처리할 수 있다. 그리고 그 테스트 케이스가 종료되면 그 트랜잭션을 롤백시킬 수 있다.

트랜잭션 경계를 테스트 케이스의 메서드 실행 전으로 이동하려면 스프링이 제공하는 @Transactional을 클래스나 메서드에 붙여주면 된다. @Transactional을 클래스 레벨에 지정하면 테스트 케이스 클래스 안에 있는 모든 테스트 케이스 메서드의 트랜잭션 경계를 이동시킬 수 있다.

▶ 트랜잭션 경계를 테스트 케이스의 메서드 실행 전으로 이동하는 예

```
@Test
@Transactional  // 메서드 레벨에 지정
public void testCreate() {
    // 생략
}
```

메모

테스트 대상의 트랜잭션의 전파 방식이 REQUIRES_NEW(항상 새 트랜잭션을 생성한 후, 실행한다)인 경우에는 트랜잭션 경계를 테스트 케이스의 메서드 실행으로 이동해도 같은 트랜잭션 안에서 실행되지 않는다. 그래서 일부 트랜잭션 전파 방식이 REQUIRES_NEW로 돼 있는 처리가 있다면, 해당 부분의 내용은 트랜잭션 경계 이동과 상관없이 커밋된다.

■ 트랜잭션 경계에서의 롤백과 커밋의 제어

@Transactional을 이용해서 트랜잭션 경계를 테스트 케이스의 메서드 실행 전으로 이동시켰다면, 기본적으로 테스트가 종료될 때 그 트랜잭션이 롤백된다. 대부분의 경우에는 기본 동작 방식에 문제가 없겠지만 트랜잭션을 커밋해야 하는 경우가 있다면 스프링 프레임워크 4.2 버전부터 추가된 @org.springframework.test.annotation.Commit을 클래스나 메서드에 지정해야 한다. @Commit을 클래스 레벨로 지정하면 테스트 케이스 클래스의 모든 테스트 케이스 메서드에서 트랜잭션이 커밋된다.

▶ 테스트 케이스의 메서드가 종료된 후에 트랜잭션을 커밋하는 경우

```
// 생략
@Transactional
@Commit
public class AccountRepositoryTest {
    // 생략
}
```

클래스 레벨에 @Commit을 지정한 상황에서 특정 메서드만 롤백하고 싶다면 메서드에 @org.spring
framework.test.annotation.Rollback을 지정해주면 된다.

▶ 특정 메서드만 롤백하고 싶은 경우

```
// 생략
@Transactional
@Commit
public class AccountRepositoryTest {
    // 생략
    @Test
    @Rollback  // 메서드 레벨에 지정
    public void testCreate() {
        // 생략
    }
    // 생략
}
```

### ■ 영속성 컨텍스트 플러시

트랜잭션 경계를 테스트 케이스의 메서드 실행 전으로 이동한 상태에서 JPA나 하이버네이트를 이용해
갱신 테스트를 해야 한다면, 영속성 컨텍스트를 명시적으로 플러시(flush)하는 방법으로 SQL이 실행되
게 만들어야 한다. 이것은 JPA나 하이버네이트가 Entity에 대한 갱신 처리를 영속성 컨텍스트라고 하
는 인메모리 영역에 쌓아 뒀다가 트랜잭션을 커밋할 때 SQL을 실행하는 방식으로 동작하기 때문이다.
트랜잭션 경계를 테스트 케이스의 메서드 실행 전으로 이동한 상황에서는 기본적으로 트랜잭션이 롤백
되기 때문에 SQL이 미처 실행되지 못하고 테스트가 끝날 가능성이 있다.

▶ JPA를 이용할 때 플러시하는 방법

```
@Autowired
EntityManager entityManager; ───────────────────────────────────── ❶
// 생략
@Test
```

```
@Transactional
public void testCreate() {
    // 생략
    accountRepository.create(account);
    entityManager.flush(); ──────────────────────────────── ❷
    // 생략
}
```

❶ EntityManager를 인젝션한다.

❷ assert를 실행하기 전에 EntityManager의 flush 메서드를 호출해서 SQL을 명시적으로 실행한다.

또한 이 장에서 곧 소개할 마이바티스를 배치 모드로 이용하는 경우에도 이와 비슷하게 축적된 SQL을 명시적으로 플러시할 필요가 있다.

▶ 마이바티스를 이용할 때 플러시하는 방법

```
@Autowired
SqlSession sqlSession; ──────────────────────────────────── ❶
// 생략
@Test
@Transactional
public void testCreate() {
    // 생략
    accountRepository.create(account);
    sqlSession.flushStatements(); ─────────────────────────── ❷
    // 생략
}
```

❶ SqlSession을 인젝션한다.

❷ assert를 실행하기 전에 SqlSession의 flushStatements 메서드를 호출해서 SQL을 명시적으로 실행한다.

## 8.3.4. 데이터 검증

데이터를 등록하거나, 수정하거나, 혹은 삭제하는 것과 같이 데이터의 값을 갱신하는 처리를 테스트할 때는 그 결과가 데이터베이스에 제대로 반영됐는지 검증해볼 필요가 있다. 이때는 스프링이 제공하는 org.springframework.jdbc.core.JdbcTemplate을 사용해 데이터베이스에서 레코드를 가져온 다음, 그 레코드가 기대한 값과 일치하는지 확인하면 된다.

▶ JdbcTemplate 정의

```
@Configuration
public class TestConfig {
    // 생략
    @Bean
    public JdbcTemplate jdbcTemplateForAssertion(DataSource dataSource) {
        return new JdbcTemplate(dataSource);
    }
    // 생략
}
```

▶ JdbcTemplate을 이용한 레코드 검증

```
@Autowired
@Qualifier("jdbcTemplateForAssertion")
JdbcTemplate jdbcTemplate;
// 생략
@Test
public void testCreate() {
    Account account = new Account();
    account.setId("001");
    account.setName("이순신");
    accountRepository.create(account);

    // JdbcTemplate을 이용해 등록한 레코드를 데이터베이스에서 취득
    Map<String, Object> createdAccount =
            jdbcTemplate.queryForMap("SELECT id, name FROM account WHERE id = '001'");

    // 취득한 레코드의 유효성 검증
    assertThat(createdAccount.get("id"), is("001"));
    assertThat(createdAccount.get("name"), is("이순신"));
}
```

단 @Transactional을 사용해 트랜잭션 경계를 테스트 케이스의 메서드 실행 전으로 이동한 경우에는 JdbcTemplate에서 사용하는 DataSource와 테스트 대상 컴포넌트에서 사용하는 DataSource를 같은 DataSource로 설정해야 한다. 만약 다른 DataSource를 설정해 버리면 JDBC 연결이 공유되지 않기 때문에 JdbcTemplate을 통해 가져온 레코드에 처리 결과가 반영되지 않는다.

## 8.4. 스프링 MVC 테스트

이번 절에서는 스프링 MVC의 컨트롤러를 테스트하는 방법을 설명한다. 컨트롤러에 대한 테스트를 이야기하면 항상 나오는 질문이 있는데, 그것은 바로 '컨트롤러에 대한 단위 테스트가 과연 필요한가?'라는 것이다. 컨트롤러의 주요 역할은 요청 경로와 처리 내용의 매핑, 입력값 검사, 요청한 데이터의 취득, 비즈니스 로직(Service) 호출, 다음 이동 화면의 제어와 같은 기능을 하기 때문에, 정작 컨트롤러 자체에는 단위 테스트가 필요할 만한 비즈니스 로직이 존재하지 않는다. 우선 요청 경로와 처리 내용의 매핑이나 요청 데이터의 취득, 입력값 검사와 같은 부분은 스프링 MVC의 프레임워크 기능을 사용해야만 그 처리 결과가 제대로 됐는지 검증할 수 있다. 결국 이런 상황을 고려한다면 컨트롤러의 테스트는 일반적인 단위 테스트의 형태가 아니라, 스프링 MVC의 프레임워크 기능까지 통합된 상태인 통합 테스트의 관점으로 보는 것이 맞다.

그럼 스프링 MVC의 프레임워크 기능과 통합한 상태에서 컨트롤러를 테스트하려면 어떻게 해야 할까? 가장 전통적인 방법은 웹 애플리케이션을 애플리케이션 서버에 배포하고 E2E(End to End)로 테스트하는 방법이다. E2E 테스트는 뷰가 생성한 응답 데이터(HTML 등)의 유효성을 검증할 수 있다는 장점이 있는 반면, 다음과 같은 단점도 있다.

- 애플리케이션 서버나 데이터베이스를 반드시 기동해야 한다.
- 트랜잭션이 커밋되기 때문에 테스트를 실시하기 이전의 상태로 되돌릴 수 없다.
- 회귀 테스트를 실행하기 위해 Selenium 등을 활용해 테스트 케이스를 구현해야 한다.

스프링 테스트는 E2E 테스트의 단점을 해소하면서 스프링 MVC와 통합한 상태의 컨트롤러를 테스트하기 위해 org.springframework.test.web.servlet.MockMvc 클래스를 제공한다.

## 8.4.1. MockMvc란?

MockMvc는 웹 애플리케이션을 애플리케이션 서버에 배포하지 않고도 스프링 MVC의 동작을 재현할 수 있는 클래스다(그림 8.1 참고).

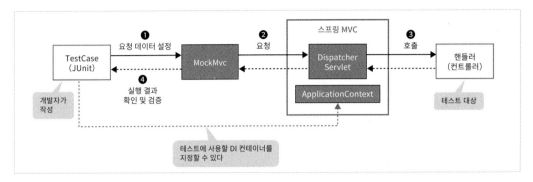

그림 8.1 MockMvc를 사용할 때의 처리 흐름

❶ 테스트 케이스의 메서드는 DispatcherServlet에 요청할 데이터(요청 경로나 요청 파라미터 등)를 설정한다.

❷ MockMvc는 DispatcherServlet에 요청을 보낸다. 이때 사용할 DispatcherServlet은 테스트용으로 확장된 org. springframework.test.web.servlet.TestDispatcherServlet이다.

❸ DispatcherServlet은 요청을 받아 매핑 정보를 보고 그에 맞는 핸들러(컨트롤러) 메서드를 호출한다.

❹ 테스트 케이스 메서드는 MockMvc가 반환하는 실행 결과를 받아 실행 결과가 맞는지 검증한다.

MocMvc는 다음과 같은 두 가지 모드로 사용할 수 있다.

- 사용자 정의 DI 컨테이너와 연계하는 모드
- 단독 모드

스프링 MVC의 설정도 테스트 범위에 포함하고 싶다면 사용자 정의 DI 컨테이너와 연계하는 모드를 사용한다.

메모

이 책에서는 다루지 않지만 스프링 테스트는 MockMvc와 HtmlUnit[11]을 연계할 수도 있다. HtmlUnit과 연계하면 템플릿 엔진(타임리프, 프리마커 등)이 생성한 HTML 내용을 손쉽게 검증할 수 있다. 심지어 Selenium WebDriver나 Geb과 연계하면 페이지 객체 패턴(Page Object Pattern)을 활용해 가독성과 재사용성이 높은 테스트 케이스를 만들 수 있다. 구체적인 사용법은 스프링 프레임워크 레퍼런스인 'HtmlUnit Integration'[12]을 참조하자.

---

11  http://htmlunit.sourceforge.net
12  http://docs.spring.io/spring/docs/current/spring-framework-reference/htmlsingle/#spring-mvc-test-server-htmlunit

## 8.4.2. MockMvc 설정

조금 전에 소개했듯이 MockMvc에는 두 가지 모드가 있으며, 각각 설정 방법이 다르다.

### ■ 사용자 정의 DI 컨테이너와 연계하는 모드

이 모드에서는 스프링 MVC의 설정을 적용한 DI 컨테이너를 만든 다음, 이 DI 컨테이너를 사용해 스프링 MVC의 동작을 재현한다. 이 모드를 사용하면 애플리케이션 서버에 배포한 것과 거의 같은 느낌으로 테스트를 할 수 있다.

▶ 사용자 정의 DI 컨테이너와 연계할 때의 설정

```
// 생략
import org.springframework.test.web.servlet.MockMvc;
import org.springframework.test.web.servlet.setup.MockMvcBuilders;

@RunWith(SpringJUnit4ClassRunner.class)
@ContextHierarchy({ ─────────────────────────────────── ❶
        @ContextConfiguration(classes = AppConfig.class),
        @ContextConfiguration(classes = WebMvcConfig.class) })
@WebAppConfiguration ─────────────────────────────────── ❷
public class WelcomeControllerTest {
    @Autowired
    WebApplicationContext context; ───────────────────── ❸

    MockMvc mockMvc;

    @Before
    public void setupMockMvc() {
        this.mockMvc = MockMvcBuilders.webAppContextSetup(context).build(); ── ❹
    }
    // 생략
}
```

❶ 테스트용 DI 컨테이너를 만들 때 사용할 빈 정의 파일을 지정한다. 4장 '스프링 MVC 기초'에서 소개한 웹 애플리케이션용 애플리케이션 컨텍스트와 DispatcherServlet용 애플리케이션 컨텍스트에서의 계층 관계를 재현하려면 @org.springframework.test.context.ContextHierarchy를 사용한다. 만약 계층 관계가 필요없다면 @ContextConfiguration을 사용한다.

❷ @WebAppConfiguration을 사용해서 테스트할 DI 컨테이너를 웹 애플리케이션 전용 DI 컨테이너로 만든다.

❸ 테스트할 때 사용할 애플리케이션 컨텍스트(DI 컨테이너)를 인젝션한다.

❹ 테스트할 때 사용할 애플리케이션 컨텍스트를 지정해 MockMvc를 생성한다.

## ■ 단독 모드

단독 모드에서는 스프링 MVC의 설정을 스프링 테스트 측에서 처리하고, 스프링 테스트가 생성된 DI 컨테이너를 사용해 스프링 MVC의 동작을 재현한다. 스프링 테스트의 각종 설정은 테스트 케이스 측에서 커스터마이징할 수 있다. 이 모드를 이용하면 스프링 MVC의 기능을 이용하면서도 단위 테스트 관점에서 컨트롤러 테스트를 할 수 있다.

▶ 단독 모드의 설정 예

```java
// DI 컨테이너를 생성하기 위한 애너테이션은 필요없다.
public class WelcomeControllerTest {
    MockMvc mockMvc;

    @Before
    public void setupMockMvc() {
        this.mockMvc = MockMvcBuilders.standaloneSetup(new WelcomeController()).build();
    }
    // 생략
}
```

❶ 테스트 대상의 컨트롤러를 지정해 MockMvc를 생성한다. 필요에 따라 StandaloneMockMvcBuilder 메서드를 호출하고 스프링 테스트의 설정을 커스터마이징한다.

다음은 테스트 대상 컨트롤러가 다른 컴포넌트에 의존할 때, 의존 컴포넌트를 모의화해서 테스트하는 설정 예다. 여기서는 Mockito를 사용해 의존 컴포넌트를 모의화했다.

▶ 의존 컴포넌트를 모의화하는 설정 예

```java
MockMvc mockMvc;

@InjectMocks
MessageRestController controller; ─────────────────────────── ❶

@Mock
MessageService mockMessageService; ─────────────────────────── ❷

@Before
public void setupMockMvc() {
```

```
    MockitoAnnotations.initMocks(this); ─────────────────────────────── ❸
    this.mockMvc = MockMvcBuilders.standaloneSetup(controller).build(); ───── ❹
}
```

❶ 테스트 대상의 컨트롤러에 @InjectMocks를 지정한다.

❷ 모의화하는 컴포넌트에 @Mock이나 @Spy를 지정한다.

❸ 테스트 대상의 컨트롤러(@InjectMocks를 붙인 컴포넌트)에 대해 모의화한 컴포넌트(@Mock이나 @Spy를 붙인 컴포넌트)
를 인젝션한다. 한편 MockitoAnnotations.initMocks(this);를 호출하는 대신 테스트 케이스 클래스에 @RunWith(
MockitoJUnitRunner.class)를 붙여주면 같은 효과를 얻을 수 있다.

❹ 테스트 대상의 컨트롤러를 지정해 MockMvc를 생성한다.

## ■ 서블릿 필터 추가

MockMvc에는 서블릿 필터를 추가할 수 있다. 서블릿 필터를 추가하고 테스트하면 애플리케이션 서버에
배포했을 때와 비슷한 느낌으로 검증할 수 있다.

▶ 서블릿 필터의 추가

```
@Before
public void setupMockMvc() {
    this.mockMvc = MockMvcBuilders.webAppContextSetup(context)
            // 서블릿 필터 추가
            .addFilters(new CharacterEncodingFilter("UTF-8")).build();
}
```

## ■ static 메서드의 임포트

테스트 케이스를 만들기에 앞서 MockMvc를 지원하는 static 메서드를 임포트한다.

▶ static 메서드의 임포트

```
// 생략
import static org.springframework.test.web.servlet.request.MockMvcRequestBuilders.*; ─── ❶
import static org.springframework.test.web.servlet.result.MockMvcResultMatchers.*; ───── ❷
import static org.springframework.test.web.servlet.result.MockMvcResultHandlers.*; ───── ❸
// 생략
public class WelcomeControllerTest {
    // 생략
}
```

❶ 요청 데이터를 설정할 때 사용할 static 메서드를 임포트한다.

❷ 실행 결과를 검증할 때 사용할 static 메서드를 임포트한다.

❸ 실행 결과를 로그 등으로 출력할 때 사용할 static 메서드를 임포트한다.

## 8.4.3. 테스트 실행

테스트를 실행할 때는 컨트롤러를 호출할 때 필요한 요청 데이터를 설정한 후, MockMvc에 요청을 의뢰한다. 다음은 Welcome 페이지(index.jsp)를 표시하는 간단한 컨트롤러를 테스트하는 예다.

▶ 테스트 대상 컨트롤러

```
@Controller
public class WelcomeController {
    // GET /에 매핑
    @RequestMapping(path = "/", method = RequestMethod.GET)
    public String home() {
        return "index";
    }
}
```

▶ 'GET /'에 대한 테스트의 구현

```
// 생략
@Test
public void testHome() throws Exception {
    mockMvc.perform(get("/"))                                          ❶
            .andExpect(status().isOk())                                ❷
            .andExpect(forwardedUrl("/WEB-INF/index.jsp"));
}
```

❶ MockMvc의 perform 메서드를 호출해서 DispatcherServlet에 요청을 의뢰한다. MockMvcRequestBuilders를 사용해 설정한 요청 데이터를 perform 메서드의 인수로 전달한다. MockMvcRequestBuilders는 get, post, fileUpload와 같은 메서드를 제공한다.

❷ perform 메서드에서 반환된 org.springframework.test.web.servlet.ResultActions 메서드를 호출하고 실행 결과를 검증한다. 이 예에서는 HTTP 상태 코드와 이동 대상 JSP의 경로를 검증하고 있다.

## 8.4.4. 요청 데이터 설정

요청 데이터를 설정할 때는 org.springframework.test.web.servlet.request.MockHttpServlet RequestBuilder나 org.springframework.test.web.servlet.request.MockMultipartHttpServlet RequestBuilder의 팩토리 메서드(Factory method)를 사용한다(표 8.1, 표 8.2).

표 8.1 MockHttpServletRequestBuilder의 주요 메서드

| 메서드명 | 설명 |
|---|---|
| param / params | 요청 파라미터를 설정한다. |
| header / headers | 요청 헤더를 설정한다. contentType이나 accept와 같은 특정 헤더를 설정할 수 있는 메서드도 제공된다. |
| cookie | 쿠키를 설정한다. |
| content | 요청 본문을 설정한다. |
| requestAttr | 요청 스코프에 객체를 설정한다. |
| flashAttr | 플래시 스코프에 객체를 설정한다. |
| sessionAttr | 세션 스코프에 객체를 설정한다. |

표 8.2 MockMultipartHttpServletRequestBuilder의 주요 메서드

| 메서드명 | 설명 |
|---|---|
| file | 업로드 파일을 지정한다. |

▶ 요청 데이터의 설정 예

```
@Test
public void testBooks() throws Exception {
    mockMvc.perform(get("/books")
            .param("name", "Spring")
            .accept(MediaType.APPLICATION_JSON)
            .header("X-Track-Id", UUID.randomUUID().toString()))
            .andExpect(status().isOk());
}
```

## 8.4.5. 실행 결과의 검증

실행 결과를 검증할 때는 org.springframework.test.web.servlet.ResultActions의 andExpect 메서드를 사용한다. andExpect 메서드의 인수에는 실행 결과를 검증하는 org.springframework.test.web.servlet.ResultMatcher를 지정한다. 스프링 테스트는 MockMvcResultMatchers의 팩토리 메서드를 사용해 다양한 ResultMatcher를 제공한다(표 8.3).

표 8.3 MockMvcResultMatchers의 주요 메서드

| 메서드명 | 설명 |
|---|---|
| status | HTTP 상태 코드를 검증한다. |
| header | 응답 헤더의 상태를 검증한다. |
| cookie | 쿠키 상태를 검증한다. |
| content | 응답 본문 내용을 검증한다. jsonPath나 xpath와 같은 특정 콘텐츠를 위한 메서드도 제공한다. |
| view | 컨트롤러가 반환한 뷰 이름을 검증한다. |
| forwardedUrl | 이동 대상 경로를 검증한다. 패턴으로 검증할 때는 forwardedUrlPattern 메서드를 사용한다. |
| redirectedUrl | 리다이렉트 대상의 경로 또는 URL을 검증한다. 패턴으로 검증할 때는 redirectedUrlPattern 메서드를 사용한다. |
| model | 스프링 MVC의 모델 상태를 검증한다. |
| flash | 플래시 스코프의 상태를 검증한다. |
| request | 서블릿 3.0부터 지원되는 비동기 처리의 상태나 요청 스코프의 상태, 세션 스코프의 상태를 검증한다. |

메모

MockMvc에서 뷰나 HttpMessageConverter가 생성한 응답 본문을 검증할 수 있지만, JSP를 뷰로 사용할 때는 응답 본문이 언제나 비어있기 때문에 그 결과가 맞는지 검증할 수 없다.

▶ 실행 결과의 검증 예

```
@Test
public void testBooks() throws Exception {
    mockMvc.perform(get("/books")
            .andExpect(status().isOk())
            .andExpect(content().string("[{\"bookId\":\"9791158390747\",\"name\":\"슬랙으로 협업
하기\"}]"));
}
```

메모

스프링 테스트가 제공하는 ResultMatcher에 원하는 검증 방법이 없다면 다음 중 한 가지 방법으로 검증 로직을 직접 구현할 수 있다.

- 독자적인 ResultMatcher를 작성한다.
- ResultActions의 andReturn 메서드를 호출해서 org.springframework.test.web.servlet. MvcResult를 가져온 다음, 테스트 케이스 안에 검증 로직을 구현한다.

만약 이 검증 로직이 여러 다른 테스트 케이스에서도 재사용이 가능하다고 판단되면 ResultMatcher를 구현할 것을 고려해보자.

## 8.4.6. 실행 결과 출력

실행 결과를 로그로 출력할 때는 org.springframework.test.web.servlet.ResultActions의 andDo 메서드를 사용한다. andDo 메서드의 인수에는 실행 결과를 처리할 수 있는 org.springframework. test.web.servlet.ResultHandler를 지정한다. 스프링 테스트는 MockMvc ResultHandlers의 팩토 리 클래스를 통해 다양한 ResultHandler를 제공한다.

표 8.4 MockMvcResultHandlers의 주요 메서드

| 메서드명 | 사용 예 |
|---|---|
| log | 실행 결과를 디버깅 레벨에서 로그로 출력한다. 로그를 출력할 때 사용되는 로거의 이름은 org. springframework.test.web.servlet.result다. |
| print | 실행 결과를 임의의 출력 대상에 출력한다. 출력 대상을 지정하지 않으면 기본적으로 표준 출력(System. out)이 출력 대상이 된다. |

▶ 실행 결과를 로그로 출력하는 구현 예

```
@Test
public void testBooks() throws Exception {
    mockMvc.perform(get("/books")
            .andExpect(status().isOk())
            .andDo(log());
}
```

# 9장

# 스프링 시큐리티

8장에서는 스프링 기반의 애플리케이션을 테스트하는 방법을 배웠다. 이렇게 해서 스프링 프레임워크를 활용한 웹 애플리케이션을 어느 정도 개발하고 테스트를 할 수 있게 됐다. 하지만 아직까지는 이렇게 만든 웹 애플리케이션을 실제 운영 환경으로 배포하진 못한다. 왜냐하면 보안과 관련된 처리가 전혀 이뤄지지 않았기 때문이다. 이번 장에서는 스프링 프로젝트가 제공하는 '스프링 시큐리티'의 기능을 이용해 웹 애플리케이션에 보안 기능을 넣는 방법을 자세히 설명하겠다.

먼저 스프링 시큐리티의 설정 방법과 아키텍처에 대해 설명한 후, 보안 기능의 기본인 인증과 인가를 살펴본다. 그리고 보안을 강화하는 데 필요한 CSRF 대책과 세션 관리, 브라우저의 보안 기능과 연계(보안 헤더 출력)하는 방법에 대해 설명한다. 마지막에는 스프링 시큐리티에서 제공하는 테스트용 모듈을 이용해 보안 기능이 제대로 동작하는지를 테스트하는 방법을 소개한다.

## 9.1. 스프링 시큐리티란?

스프링 시큐리티는 애플리케이션에 보안 기능을 구현할 때 사용하는 프레임워크로서, 주로 서블릿 컨테이너에 배포하는 웹 애플리케이션의 보안 기능을 구현할 때 활용한다.

### 9.1.1. 스프링 시큐리티의 특징

스프링 시큐리티에는 다음과 같은 두 가지 특징이 있다.

- **다양한 옵션을 제공**
  스프링 시큐리티는 기본 구현 클래스의 동작 방식을 커스터마이징할 수 있는 다양한 옵션을 제공한다. 그래서 기본 동작 방식이 보안 요구사항에 부합하지 않더라도 옵션 값을 변경하는 방법으로 요구사항을 충족하도록 설정할 수 있다.

- **다양한 확장점을 제공**
  스프링 시큐리티는 동작 방식을 커스터마이징할 수 있는 다양한 확장점을 제공한다. 그래서 기본 동작 방식이 보안 요구사항에 부합하지 않더라도 확장 클래스를 만드는 방법으로 요구사항을 충족할 수 있다.

### 9.1.2. 기본적인 보안 기능

스프링 시큐리티는 기본적인 보안 기능으로 인증과 인가라는 두 가지 기능을 제공한다(표 9.1).

표 9.1 기본적인 보안 기능

| 기능 | 설명 |
| --- | --- |
| 인증 기능 | 애플리케이션 사용자의 정당성을 확인한다. |
| 인가 기능 | 애플리케이션의 리소스나 처리에 대해 접근을 제어한다. |

### 9.1.3. 강화된 보안 기능

스프링 시큐리티는 인증과 인가라는 기본적인 기능 외에도 웹 애플리케이션의 보안을 강화하기 위한 기능을 제공한다(표 9.2).

표 9.2 강화된 보안 기능

| 기능 | 설명 |
| --- | --- |
| 세션 관리 기능 | 세션 하이재킹(session hijacking)이나 세션 고정(session fixation) 공격으로부터 사용자를 보호하고, 세션의 라이프 사이클(생성, 파기, 타임아웃)을 제어한다. |
| CSRF 방지 기능 | 크로스 사이트 요청 변조(Cross-Site Request Forgery: CSRF) 공격으로부터 사용자를 보호한다. |
| 브라우저의 보안 기능과의 연계 기능 | 브라우저의 보안 기능과 연계해서 브라우저 기능을 악용한 공격에서 사용자를 보호할 수 있는 보안 헤더를 출력한다. |

그 밖에도 스프링 시큐리티는 여기서 소개하지 않는 다양한 기능을 제공한다. 이 책에서는 지면 관계상 모든 기능을 다루지 않는다. 스프링 시큐리티가 제공하는 모든 기능을 알고 싶다면 스프링 시큐리티 레퍼런스 문서[1]를 참조하자.

## 9.2. 스프링 시큐리티의 설정

스프링 시큐리티를 자세히 설명하기 전에 웹 애플리케이션에 스프링 시큐리티를 적용하기 위한 설정 방법을 알아보자.

---

1　http://docs.spring.io/spring-security/site/docs/current/reference/htmlsingle/

## 9.2.1. 라이브러리의 설정

우선 스프링 시큐리티가 제공하는 라이브러리를 개발 프로젝트에 적용한다.

▶ pom.xml 정의

```xml
<dependency>
    <groupId>org.springframework.security</groupId>
    <artifactId>spring-security-web</artifactId>
</dependency>
<dependency>
    <groupId>org.springframework.security</groupId>
    <artifactId>spring-security-config</artifactId>
</dependency>
<dependency>
    <groupId>org.springframework.security</groupId>
    <artifactId>spring-security-taglibs</artifactId>
</dependency>
```

## 9.2.2. 스프링 시큐리티의 빈 정의

다음으로 스프링 시큐리티의 컴포넌트를 빈으로 정의한다.

### ■ 설정 클래스의 작성

자바 기반 설정 방식을 사용할 때는 다음과 같이 클래스를 만든다.

▶ 설정 클래스의 작성 예

```java
package springbook.config;

import org.springframework.security.config.annotation.web.builders.*;
import org.springframework.security.config.annotation.web.configuration.*;

@EnableWebSecurity ────────────────────────────────────── ❶
public class WebSecurityConfig extends WebSecurityConfigurerAdapter { ───── ❷
    @Override
    public void configure(WebSecurity web) {
        web.ignoring().antMatchers("/resources/**"); ──────────────── ❸
    }
}
```

❶ 클래스에 @EnableWebSecurity를 지정한다. @EnableWebSecurity를 지정하면 스프링 시큐리티가 제공하는 설정 클래스가 임포트되고 스프링 시큐리티를 이용할 때 필요한 컴포넌트의 빈이 자동으로 정의된다.

❷ 부모 클래스로 WebSecurityConfigurerAdapter 클래스를 지정한다. WebSecurityConfigurerAdapter 클래스를 상속하면 기본적으로 적용되는 빈의 정의를 간단히 커스터마이징할 수 있다.

❸ 보안 기능이 필요없는 리소스(CSS나 자바스크립트)에는 스프링 시큐리티를 적용하지 않는다.

이렇게 만든 설정 클래스를 사용해 DI 컨테이너가 만들어지도록 정의한다.

▶ web.xml의 설정 예

```xml
<listener>
    <listener-class>
        org.springframework.web.context.ContextLoaderListener
    </listener-class>
</listener>
<context-param>
    <param-name>contextClass</param-name>
    <param-value>
        org.springframework.web.context.support.AnnotationConfigWebApplicationContext
    </param-value>
</context-param>
<context-param>
    <!-- contextConfigLocation에 작성한 설정 클래스를 지정 -->
    <param-name>contextConfigLocation</param-name>
    <param-value>springbook.config.WebSecurityConfig</param-value>
</context-param>
```

## ■ XML 파일 작성

XML 기반 설정 방식을 사용할 때는 다음과 같은 파일을 작성한다.

▶ XML 파일(security-context.xml)의 작성 예

```xml
<?xml version="1.0" encoding="UTF-8"?>
<beans
    xmlns="http://www.springframework.org/schema/beans" ──────────────────── ❶
    xmlns:xsi="http://www.w3.org/2001/XMLSchema-instance"
    xmlns:sec="http://www.springframework.org/schema/security"
    xsi:schemaLocation="
        http://www.springframework.org/schema/beans
        http://www.springframework.org/schema/beans/spring-beans.xsd
        http://www.springframework.org/schema/security
```

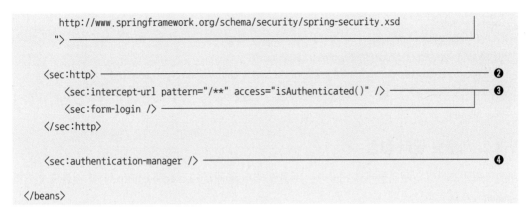

```
            http://www.springframework.org/schema/security/spring-security.xsd
        ">

    <sec:http>                                                                    ❷
        <sec:intercept-url pattern="/**" access="isAuthenticated()" />            ❸
        <sec:form-login />
    </sec:http>

    <sec:authentication-manager />                                                ❹

</beans>
```

❶ 스프링 시큐리티가 제공하는 XML 네임스페이스를 활성화한다. 이 예에서는 sec라는 이름을 할당하고 있다. XML 네임스페이스를 이용하면 스프링 시큐리티의 컴포넌트를 빈으로 간단히 정의할 수 있다.

❷ <sec:http> 요소를 정의한다. <sec:http> 요소를 정의하면 스프링 시큐리티를 이용할 때 필요한 컴포넌트의 빈이 자동으로 정의된다.

❸ 이 예에서는 보안 설정이 제대로 적용됐는지 확인하기 쉽도록 요청되는 모든 경로에 인증을 하도록 만들었다. 인증 방식으로는 폼 기반 인증 기능을 사용한다.

❹ <sec:authentication-manager> 요소를 정의해 인증용 컴포넌트를 빈으로 정의한다. 이 요소를 정의하지 않으면 서버를 기동할 때 오류가 발생한다.

보안 기능이 필요없는 리소스(CSS나 자바스크립트)에 대해서는 다음과 같이 빈을 정의해서 스프링 시큐리티가 인증을 하지 않게 만든다. 만약 <sec:http> 요소가 여러 개 정의돼 있다면 정의한 순서대로 경로 패턴을 매칭하기 때문에 위에서 설정한 ❷의 <sec:http> 요소보다 다음 설정을 순서상 먼저 기술해야 한다.

▶ 스프링 시큐리티가 인증하지 않도록 하기 위한 빈 정의 예

```
<!-- 인증이 필요없는 리소스에 대한 경로 패턴을 지정 -->
<sec:http pattern="/resources/**" security="none" />
```

이렇게 만든 XML 파일을 사용해 DI 컨테이너가 만들어지도록 정의한다.

▶ web.xml의 설정 예

```
<listener>
    <listener-class>
        org.springframework.web.context.ContextLoaderListener
    </listener-class>
</listener>
```

```
<context-param>
    <!-- contextConfigLocation에 작성한 XML 파일을 지정 -->
    <param-name>contextConfigLocation</param-name>
    <param-value>classpath:/META-INF/spring/security-context.xml</param-value>
</context-param>
```

## 9.2.3. 서블릿 필터 설정

마지막으로 스프링 시큐리티에서 제공하는 서블릿 필터 클래스(FilterChainProxy)를 서블릿 컨테이너에 등록한다.

▶ web.xml의 설정 예

```
<filter> ──────────────────────────────────────────── ❶
    <filter-name>springSecurityFilterChain</filter-name>
    <filter-class>
        org.springframework.web.filter.DelegatingFilterProxy
    </filter-class>
</filter> ──────────────────────────────────────────
<filter-mapping> ──────────────────────────────────── ❷
    <filter-name>springSecurityFilterChain</filter-name>
    <url-pattern>/*</url-pattern>
</filter-mapping> ─────────────────────────────────────
```

❶ 스프링 프레임워크가 제공하는 DelegatingFilterProxy를 사용해 DI 컨테이너에서 관리되는 빈(FilterChain Proxy)을 서블릿 컨테이너에 등록한다. 서블릿 필터의 이름으로 DI 컨테이너에서 관리되는 빈의 이름 (springSecurityFilterChain)을 지정한다. 이 빈은 9.2.2절 '스프링 시큐리티의 빈 정의'에서 설명한 설정에 의해 자동으로 DI 컨테이너에 추가된다.

❷ 스프링 시큐리티를 적용할 URL 패턴을 지정한다. 이 예에서는 모든 요청에 대해 스프링 시큐리티를 적용한다.

서블릿 필터 클래스를 서블릿 컨테이너에 등록했다면 이제 애플리케이션 서버를 기동하자. 설정이 제대로 됐다면 최상위 페이지에 접근할 때 스프링 시큐리티가 제공하는 로그인 화면이 표시될 것이다(그림 9.1).

**Login with Username and Password**

User: _____
Password: _____
[Login]

그림 9.1 스프링 시큐리티가 제공하는 기본 로그인 화면

서블릿 3.0 이상의 서블릿 컨테이너에서는 서블릿 컨테이너의 초기화를 자바 코드로 할 수 있다. 스프링 시큐리티에는 서블릿 컨테이너를 자바 코드로 초기화할 수 있는 지원 클래스로 AbstractSecurityWebApplicationInitializer를 제공한다. 이 클래스는 다음과 같은 초기화 작업을 자동으로 수행한다.

- ContextLoaderListener를 서블릿 컨테이너에 등록
- 스프링 시큐리티의 서블릿 필터 클래스를 서블릿 컨테이너에 등록

## 9.3. 스프링 시큐리티의 아키텍처

각 기능을 자세히 설명하기 전에 스프링 시큐리티의 아키텍처와 이를 구성하는 주요 컴포넌트의 역할을 살펴보자.

여기서 소개하는 내용은 스프링 시큐리티가 제공하는 기본 동작과 설정 방식을 그대로 활용하고 있기 때문에 개발자가 일부러 스프링 시큐리티를 의식할 필요는 없다. 그래서 아키텍처보다 각 기능의 사용법을 먼저 알고 싶은 독자라면 이번 절을 건너뛰어도 상관없다. 단, 여기서 다루는 내용은 스프링 시큐리티의 기본 동작을 커스터마이징할 때 반드시 이해해둘 필요가 있기 때문에 애플리케이션 설계자를 목표로 하는 독자라면 꼭 읽어두길 바란다.

### 9.3.1. 스프링 시큐리티의 모듈 구성

먼저 스프링 시큐리티가 제공하는 모듈을 소개한다. 스프링 시큐리티는 컴포넌트 역할에 따라 모듈이 분리돼 있으며 일반적인 웹 애플리케이션에 보안 기능을 갖출 때 필요한 모듈은 다음 4가지다(표 9.3).

표 9.3 일반적인 웹 애플리케이션에서 필요한 보안 모듈

| 모듈명 | 설명 |
| --- | --- |
| spring-security-core | 인증과 인가 기능을 구현하기 위한 핵심적인 컴포넌트로 구성됨 |
| spring-security-web | 웹 애플리케이션의 보안 기능을 구현하기 위한 컴포넌트로 구성됨 |
| spring-security-config | 각 모듈에서 제공하는 컴포넌트의 설정을 지원하기 위한 컴포넌트로 구성됨(자바 기반 설정 방식을 지원하는 클래스나 XML 네임스페이스를 해석하는 클래스 등) |
| spring-security-taglibs | 인증 정보나 인가 정보를 사용하기 위한 JSP 태그 라이브러리로 구성됨 |

이 책에서는 지면 관계상 따로 사용법을 소개하지 않지만 표 9.3 외의 다음과 같은 모듈도 제공한다.

- 일반적인 인증 방법(LDAP, OpenID[2], CAS[3] 등)을 지원하기 위한 모듈
- ACL(Access Control List)을 사용한 도메인 객체의 인가를 제어하는 모듈
- 스프링의 웹소켓 기능에 보안 기능을 구현하기 위한 모듈
- 스프링 시큐리티를 활용한 코드를 테스트하기 위한 모듈

메모

스프링 시큐리티의 모듈은 아니지만 OAuth 2.0[4]를 사용해 API의 인가 기능을 구현하기 위한 모듈(spring-security-oauth2[5])이 별도의 프로젝트에서 라이브러리로 제공된다.

## 9.3.2. 프레임워크 아키텍처

스프링 시큐리티는 서블릿 필터의 메커니즘을 활용해 웹 애플리케이션의 보안 기능을 지원하는 아키텍처를 채택하고 있으며, 다음과 같은 흐름으로 동작한다(그림 9.2).

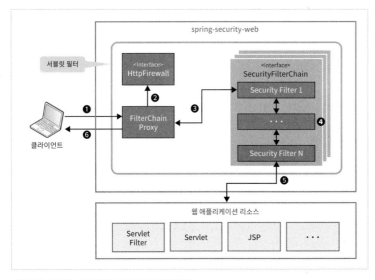

그림 9.2 스프링 시큐리티의 프레임워크 아키텍처

---

2    OpenID는 하나의 ID로 여러 사이트에 로그인할 수 있게 만들어주는 체계다.
3    CAS는 OSS로 제공되는 싱글 사인온(Single Sign-On)용 서버 컴포넌트다. 자세한 내용은 다음 페이지를 참조하자.
     https://www.apereo.org/projects/cas
4    OAuth 2.0은 OAuth 1.0의 약점(서명과 인증 절차의 복잡성, 모바일 및 데스크톱 클라이언트 애플리케이션의 미대응 등)을 개선한 버전으로 OAuth 1.0과는 호환되지 않는다.
5    자세한 내용은 다음 페이지를 참조하자.
     http://projects.spring.io/spring-security-oauth/

❶ 클라이언트는 웹 애플리케이션에 요청을 보낸다.

❷ 스프링 시큐리티의 FilterChainProxy 클래스(서블릿 필터)가 요청을 받은 다음, HttpFirewall 인터페이스의 메서드를 호출해서 HttpServletRequest와 HttpServletResponse에 대한 방화벽 기능을 수행한다.

❸ FilterChainProxy 클래스는 SecurityFilterChain에 설정돼 있는 보안 필터 클래스에 처리를 위임한다. 이 필터는 실제로 서블릿 필터 형태로 만들어져 있다.

❹ SecurityFilterChain에는 여러 보안 필터가 연쇄적으로 연결된 형태로 설정돼 있으며, 앞의 보안 필터가 정상적으로 처리되면 뒤이은 보안 필터가 뒤이어 호출되는 방식으로 동작한다.

❺ 마지막 보안 필터의 처리가 정상적으로 종료되면 뒤이어 남은 서블릿 필터나 서블릿이 실행되어 웹 애플리케이션의 리소스에 접근할 수 있게 된다.

❻ FilterChainProxy 클래스는 웹 애플리케이션에서 반환한 리소스를 클라이언트에 전달한다.

프레임워크에서 주요 기능을 처리하는 컴포넌트[6]는 다음과 같다.

## ■ FilterChainProxy

FilterChainProxy 클래스는 프레임워크의 진입점 역할을 하는 서블릿 필터 클래스다. 이 클래스는 프레임워크에서 처리되는 전체 흐름을 제어하고 보안 기능과 같은 추가 기능을 필터에 위임하는 방식으로 동작한다.

## ■ HttpFirewall

HttpFirewall 인터페이스는 HttpServletRequest와 HttpServletResponse에 대한 방화벽 기능을 추가하기 위한 인터페이스다. 기본적으로 DefaultHttpFirewall 클래스가 사용되고, 디렉터리 탐색 공격이나 인가되지 않은 요청을 차단하는 역할을 한다.

## ■ SecurityFilterChain

SecurityFilterChain 인터페이스는 FilterChainProxy가 받은 요청에 적용할 보안 필터 목록을 관리하기 위한 인터페이스다. 기본적으로 DefaultSecurityFilterChain 클래스가 사용되고 요청 패턴별로 보안 필터 목록을 관리한다.

예를 들어, 다음과 같이 빈을 정의하면 지정한 경로 패턴마다 다른 보안 기능을 적용할 수 있다.

---

6   자세한 내용은 다음 페이지를 참조하자.
    http://docs.spring.io/spring-security/site/docs/current/reference/htmlsingle/#security-filter-chain

▶ 자바 기반 설정 방식을 이용한 빈 정의

```
@EnableWebSecurity
public class WebSecurityConfig {
    @Configuration
    @Order(1)
    public static class UiWebSecurityConfig extends WebSecurityConfigurerAdapter {
        @Override
        protected void configure(HttpSecurity http) throws Exception {
            http.antMatcher("/ui/**");
            // 생략
        }
    }

    @Configuration
    @Order(2)
    public static class ApiWebSecurityConfig extends WebSecurityConfigurerAdapter {
        @Override
        protected void configure(HttpSecurity http) throws Exception {
            http.antMatcher("/api/**");
            // 생략
        }
    }
}
```

▶ XML 기반 설정 방식을 이용한 빈 정의

```
<sec:http pattern="/ui/**">
    <!-- 생략 -->
</sec:http>

<sec:http pattern="/api/**">
    <!-- 생략 -->
</sec:http>
```

## ■ 보안 필터

보안 필터는 보안 기능을 제공하는 서블릿 필터 클래스다. 스프링 시큐리티는 이러한 보안 필터를 체인 형태로 연결해서 웹 애플리케이션에 필요한 보안 기능을 하도록 만들어져 있다. 여기서는 인증과 인가 기능을 구현하는 데 필요한 핵심 클래스[7]를 소개하겠다(표 9.4).

---

**7**　자세한 내용은 다음 페이지를 참조하자.
　　http://docs.spring.io/spring-security/site/docs/current/reference/htmlsingle/#core-web-filters

표 9.4 핵심 보안 필터

| 클래스명 | 설명 |
|---|---|
| SecurityContextPersistenceFilter | 인증 정보를 요청 처리 과정 전반에서 공유할 수 있게 만든다. 기본 구현에서는 HttpSession에 인증 정보를 저장해서 공유하는 방식을 쓴다. |
| UsernamePasswordAuthenticationFilter | 요청 파라미터에서 지정한 사용자명과 패스워드를 사용해 인증을 처리한다. 폼 인증을 수행할 때 사용한다. |
| LogoutFilter | 로그아웃 처리를 한다. |
| FilterSecurityInterceptor | HTTP 요청(HttpServletRequest)의 인가를 처리한다. |
| ExceptionTranslationFilter | FilterSecurityInterceptor에서 발생한 예외를 처리하고 클라이언트에 반환할 응답을 만든다. 기본적인 구현 방식에서는 인증되지 않은 사용자는 인증을 하도록 유도하고, 이미 인증된 사용자라면 인가 오류가 발생했다는 것을 알려준다. |

## 9.4. 인증 처리

인증 처리는 애플리케이션을 이용하는 사용자의 정당성을 확인하기 위한 기능이다. 가장 일반적인 인증 방법은 애플리케이션을 사용할 수 있는 사용자 정보를 데이터 저장소에 등록해 두고, 이용자가 입력한 인증 정보(사용자명과 패스워드 등)와 대조하는 방법이다. 이용자로부터 인증 정보를 입력받는 방식에도 여러 가지가 있어서 HTML 입력 폼을 사용하는 방식이나 RFC에서 정해진 HTTP 표준 인증 방식(Basic 인증이나 Digest 인증 등)을 이용하는 간단한 방법이 있는가 하면, OpenID 인증이나 싱글 사인온 인증과 같은 인증 방식을 이용하기도 한다.

이번 절에서는 HTML 입력 폼에서 입력한 인증 정보와 관계형 데이터베이스에 저장된 사용자 정보를 대조해서 인증 처리를 구현하는 예를 살펴보고, 이를 통해 스프링 시큐리티의 인증 기능에 대해 알아보자.

### 9.4.1. 인증 처리 메커니즘

먼저 스프링 시큐리티가 제공하는 인증 처리 메커니즘을 설명한다. 스프링 시큐리티는 다음과 같은 흐름으로 인증 처리를 한다(그림 9.3).

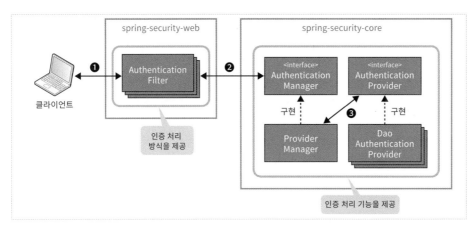

그림 9.3 인증 처리 과정의 개념도

❶ 클라이언트는 인증이 필요한 리소스 경로에 접근할 때, 자격정보(사용자명과 패스워드)를 요청 파라미터로 한다.

❷ 인증 필터(Authentication Filter)는 요청 파라미터에서 자격정보를 구한 다음, AuthenticationManager 클래스의 인증 메서드를 호출한다.

❸ ProviderManager(AuthenticationManager의 기본 구현 클래스)는 실제 인증 처리를 AuthenticationProvider 인터페이스의 구현 클래스에 위임한다.

메모

인증 필터와 AuthenticationProvider의 구현 클래스는 여러 개가 제공되어 요구사항에 맞는 구현 클래스를 골라 쓸 수 있게 돼 있다. 만약 스프링 시큐리티가 제공하는 인증 방식이 원하는 방식과 다르다면 인증 필터나 AuthenticationProvider를 직접 구현하고, 그것을 스프링 시큐리티에 포함시킴으로써 독자적인 인증 처리를 할 수도 있다.

## ■ 인증 필터

인증 필터는 인증 처리 방식에 대한 구현을 제공하는 서블릿 필터다. 이 책에서는 폼 인증용 서블릿 필터 클래스(UsernamePasswordAuthenticationFilter)를 사용하는 것을 전제로 설명하고 있는데, 스프링 시큐리티에는 그 밖에도 Basic 인증, Digest 인증, Remember Me 인증과 같은 다양한 서블릿 필터 클래스가 제공된다.

## ■ AuthenticationManager

AuthenticationManager는 인증 처리를 수행하기 위한 인터페이스다. 스프링 시큐리티에서 제공하는 기본 구현(ProviderManager)에서는 실제 인증 처리를 AuthenticationProvider에 위임하고 반환되는 인증 결과를 처리하는 구조로 돼 있다.

■ AuthenticationProvider

AuthenticationProvider는 인증 처리 기능을 구현하기 위한 인터페이스다. 이 책에서는 사용자의 자
격정보와 상태 정보를 확인하기 위해 DaoAuthenticationProvider를 사용하는 것을 전제로 설명하고
있다. 그 외에도 스프링 시큐리티는 인증 방식별로 그에 맞는 다양한 구현 클래스를 제공한다.

## 9.4.2. 폼 인증

스프링 시큐리티는 다음과 같은 흐름으로 폼 인증을 수행한다(그림 9.4).

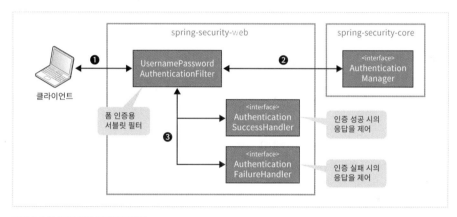

그림 9.4 폼 인증 처리 과정의 개념도

❶ 클라이언트는 폼 인증이 필요한 리소스 경로에 접근할 때 자격정보(사용자명과 패스워드)를 요청 파라미터로 전송한다.

❷ UsernamePasswordAuthenticationFilter 클래스는 요청 파라미터에서 자격정보를 구한 다음, Authentication
  Manager를 통해 해당 이용자가 인증된 사용자인지 확인한다.

❸ UsernamePasswordAuthenticationFilter 클래스는 AuthenticationManager에서 반환된 인증 결과를 보고 인증
  에 성공한 경우에는 AuthenticationSuccessHandler 메서드를 호출하고, 인증에 실패한 경우에는 Authentication
  FailureHandler 메서드를 호출해서 화면을 이동시킨다.

■ 폼 인증의 적용

폼 인증을 사용할 때는 다음과 같이 빈을 정의한다.

▶ 자바 기반 설정 방식을 이용한 빈 정의

```
@EnableWebSecurity
public class WebSecurityConfig extends WebSecurityConfigurerAdapter {
    @Override
    protected void configure(HttpSecurity http) throws Exception {
        // 생략
        http.formLogin(); ────────────────────────────────────────── ❶
    }
}
```

❶ formLogin 메서드를 호출하면 폼 인증이 활성화되고 FormLoginConfigurer 인스턴스가 반환된다. FormLogin
Configurer에는 폼 인증에서 사용하는 컴포넌트 동작을 커스터마이징하기 위한 메서드가 정의된다.

▶ XML 기반 설정 방식을 이용한 빈 정의

```
<sec:http>
    <!-- 생략 -->
    <sec:form-login /> ─────────────────────────────────────────── ❷
</sec:http>
```

❶ <sec:form-login> 요소를 정의하면 폼 인증이 활성화된다. <sec:form-login> 요소에는 폼 인증에서 사용하는 컴포넌트
의 동작 방식을 커스터마이징하기 위한 속성이 제공된다.

## ■ 기본 동작

스프링 시큐리티의 기본 구현에서는 '/login' 경로에 GET 메서드를 호출하면 스프링 시큐리티가 제
공하는 기본 로그인 폼이 표시된다. 로그인 폼에 필요한 정보를 입력한 다음 로그인 버튼을 누르면 '/
login' 경로에 대한 POST 메서드가 실행되어 인증 처리를 한다.

## ■ 로그인 폼의 작성

스프링 시큐리티는 폼 인증용 로그인 폼을 기본적으로 제공하지만 그대로 이용하는 경우는 거의 없을
것이다. 여기서는 직접 만든 로그인 폼을 스프링 시큐리티에 적용하는 방법을 소개한다.

먼저 로그인 폼을 표시할 JSP 파일을 만든다. 여기서는 스프링 MVC의 ViewResolver가 사용하는 기본
경로(src/main/webapp/views/) 바로 아래에 JSP 파일을 배치한 후, 스프링 MVC를 통해 로그인 폼이
표시된다고 가정한다.

▶ 로그인 폼을 표시하기 위한 JSP(loginForm.jsp)

```jsp
<%@ page contentType="text/html;charset=UTF-8" pageEncoding="UTF-8"%>
<%@ taglib prefix="c" uri="http://java.sun.com/jsp/jstl/core"%>
<%@ taglib prefix="sec" uri="http://www.springframework.org/security/tags"%>
<%@ taglib prefix="form" uri="http://www.springframework.org/tags/form"%>
<%-- 생략 --%>
<div id="wrapper">
    <h3>로그인 폼</h3>
    <c:if test="${param.containsKey('error')}">  ────────────────── ❶
        <span style="color: red;">
            <c:out value="${SPRING_SECURITY_LAST_EXCEPTION.message}"/>
        </span>
    </c:if>  ──────────────────
    <c:url var="loginUrl" value="/login" />  ────────────────── ❷
    <form:form action="${loginUrl}">
        <table>
            <tr>
                <td><label for="username">사용자명</label></td>
                <td><input type="text" id="username" name="username"></td>
            </tr>
            <tr>
                <td><label for="password">패스워드</label></td>
                <td><input type="password" id="password" name="password"></td>
            </tr>
            <tr>
                <td> </td>
                <td><button>로그인</button></td>
            </tr>
        </table>
    </form:form>
</div>
<%-- 생략 --%>
```

❶ 인증 오류를 표시하기 위한 영역을 만든다. 인증 오류가 발생하면 세션이나 요청 스코프에 'SPRING_SECURITY_LAST_EX-CEPTION'이라는 속성명으로 예외 객체가 저장된다.

❷ 사용자명과 패스워드를 입력하기 위한 로그인 폼을 만든다. 이 예에서는 사용자명을 'username', 패스워드를 'password'라는 요청 파라미터로 전송한다.

다음은 인증 처리용 컨트롤러를 만들고 로그인 폼을 표시하기 위한 핸들러 메서드를 구현한다.

▶ 로그인 폼을 표시하기 위한 핸들러 메서드

```
@Controller
public class AuthenticationController {

    @RequestMapping(path = "/login", method = RequestMethod.GET)
    public String viewLoginForm(){
        return "loginForm"; ─────────────────────────────────── ❶
    }
}
```

❶ 로그인 폼의 뷰 이름('loginForm')을 반환한다. ViewResolver는 로그인 폼의 JSP(src/main/webapp/views/loginForm.jsp)를 찾아준다.

마지막으로 작성한 로그인 폼을 스프링 시큐리티에 적용하기 위해 다음과 같은 빈을 정의한다.

▶ 자바 기반 설정 방식을 이용한 빈 정의

```
@Override
protected void configure(HttpSecurity http) throws Exception {
    // 생략
    http.formLogin()
            .loginPage("/login") ──────────────────────────── ❶
            .permitAll(); ────────────────────────────────── ❷
    http.authorizeRequests()
            .anyRequest().authenticated();
}
```

❶ loginPage 메서드를 호출할 때 로그인 폼을 표시하기 위한 경로를 지정한다. 익명의 사용자가 인증이 필요한 리소스에 접근하면, 여기서 지정한 경로로 리다이렉트해서 로그인 폼이 표시된다. loginPage 메서드의 인수가 변경되면 인증 경로(loginProcessingUrl)도 함께 변경된다.

❷ permitAll 메서드를 호출해서 모든 이용자가 로그인 폼에 접근할 수 있게 만든다.

메모    익명 사용자에게 로그인 폼에 대한 접근 권한을 주지 않으면 로그인 폼을 표시할 때 인증 오류가 발생해서 리다이렉트 루프(redirect loop)가 발생한다.

▶ XML 기반 설정 방식을 이용한 빈 정의

```
<sec:http>
    <sec:form-login
        login-page="/login"/> ──────────────────────────────── ❶
```

```
    <sec:intercept-url pattern="/login" access="permitAll"/> ————————————— ❷
    <sec:intercept-url pattern="/**" access="isAuthenticated()"/>
</sec:http>
```

❶ login-page 속성에 로그인 폼을 표시할 경로를 지정한다.

❷ 모든 사용자에게 로그인 폼에 대한 접근 권한을 부여한다.

### ■ 기본 동작의 커스터마이징

폼 인증 처리 방식을 커스터마이징해서 인증 경로와 자격정보를 보내는 요청 파라미터명을 변경해보
자. 다음 예에서는 인증 경로를 '/authenticate', 사용자명의 요청 파라미터를 'uid', 패스워드의 요청
파라미터를 'pwd'로 변경했다.

▶ 자바 기반 설정 방식을 이용한 빈 정의

```java
@Override
protected void configure(HttpSecurity http) throws Exception {
    // 생략
    http.formLogin()
            // 생략
            .loginProcessingUrl("/authenticate")
            .usernameParameter("uid")
            .passwordParameter("pwd")
            .permitAll();
}
```

▶ XML 기반 설정 방식으로 빈을 정의한 예

```xml
<sec:http>
    <!-- 생략 -->
    <sec:form-login
        login-processing-url="/authentication"
        username-parameter="uid"
        password-parameter="pwd" />
</sec:http>
```

## 9.4.3. 인증이 성공했을 때의 응답

스프링 시큐리티는 인증이 성공했을 때의 응답을 처리하기 위해 AuthenticationSuccessHandler라는
인터페이스와 구현 클래스를 제공한다.

표 9.5 AuthenticationSuccessHandler의 구현 클래스[8]

| 클래스명 | 설명 |
|---|---|
| SavedRequestAwareAuthenticationSuccessHandler | 인증 전에 접근을 시도한 URL로 리다이렉트한다(기본적으로 사용되는 구현 클래스). |
| SimpleUrlAuthenticationSuccessHandler | 생성자에 지정한 URL(defaultTargetUrl)로 리다이렉트나 포워드한다. |

## ■ 기본 동작

스프링 시큐리티의 기본 구현에서는 인증 전에 접근 시도한 요청을 HTTP 세션에 저장해 뒀다가 인증이 성공한 후에 저장된 요청을 복원해서 리다이렉트한다. 인증된 사용자가 리다이렉트되는 경로에 접근 권한이 있으면 페이지가 표시되고, 접근 권한이 없으면 인증 오류가 발생한다. 이런 동작을 구현한 것이 SavedRequestAwareAuthenticationSuccessHandler 클래스다. 참고로 처음부터 로그인 폼을 명시적으로 요청했을 때는 인증 처리가 성공한 후에 웹 애플리케이션의 루트 경로('/')로 이동한다.

## ■ 기본 동작 방식의 커스터마이징

인증이 성공했을 때의 이동하는 기본 경로를 커스터마이징해보자. 다음 예는 인증이 성공했을 때 이동할 기본 경로를 '/menu'로 변경한 것이다.

▶ 자바 기반 설정 방식을 이용한 빈 정의

```
@Override
protected void configure(HttpSecurity http) throws Exception {
    // 생략
    http.formLogin()
            .defaultSuccessUrl("/menu")
            .permitAll();
}
```

▶ XML 기반 설정 방식을 이용한 빈 정의

```
<sec:http>
    <!-- 생략 -->
    <sec:form-login default-target-url="/menu" />
</sec:http>
```

---

8    스프링 시큐리티 4.1부터 포워드 전용 FowardAuthenticationSuccessHandler가 추가됐다.

이 책에서는 따로 설명하지 않았지만 AuthenticationSuccessHandler를 직접 지정할 수도 있다[9].

## 9.4.4. 인증이 실패했을 때의 응답

스프링 시큐리티는 인증이 실패했을 때의 응답을 처리하기 위해 AuthenticationFailureHandler라는 인터페이스와 구현 클래스를 제공한다(표 9.6).

표 9.6 AuthenticationFailureHandler의 구현 클래스[10]

| 클래스명 | 설명 |
| --- | --- |
| SimpleUrlAuthenticationFailureHandler | 생성자에 지정한 URL(defaultFailureUrl)로 리다이렉트나 포워드한다(기본적으로 사용되는 구현 클래스). |
| ExceptionMappingAuthenticationFailureHandler | 인증 예외와 이동 대상의 URL을 매핑한다. 스프링 시큐리티는 오류의 원인마다 발생하는 예외 클래스가 바뀌기 때문에 이 구현 클래스를 사용하면 오류의 종류에 따라 이동 대상을 바꿀 수 있다. |
| DelegatingAuthenticationFailureHandler | 인증 예외와 AuthenticationFailureHandler를 매핑할 수 있는 구현 클래스다. ExceptionMappingAuthenticationFailureHandler와 비슷하지만 인증 예외마다 AuthenticationFailureHandler를 지정할 수 있기 때문에 더 유연한 동작을 지원할 수 있다. |

### ■ 기본 동작 방식

스프링 시큐리티의 기본 구현에서는 로그인 폼을 표시하는 경로에 error라는 쿼리 파라미터가 붙은 URL로 리다이렉트하게 돼 있다. 예를 들어, 로그인 폼을 표시하기 위한 경로가 '/login'이라면 인증에 실패했을 때 '/login?error'로 리다이렉트된다.

### ■ 기본 동작 방식의 커스터마이징

인증이 실패했을 때의 이동하는 경로를 커스터마이징해보자. 다음 예는 인증이 실패했을 때 이동하는 기본 경로를 '/loginFailure'로 변경한 것이다.

▶ 자바 기반 설정 방식을 이용한 빈 정의

```
@Override
protected void configure(HttpSecurity http) throws Exception {
```

9　(옮긴이) http://bit.ly/2Bkqapv
10　스프링 시큐리티 4.1부터 포워드 전용 FowardAuthenticationFailureHandler가 추가됐다.

```
    // 생략
    http.formLogin()
            .failureUrl("/loginFailure")
            .permitAll();
}
```

▶ XML 기반 설정 방식을 이용한 빈 정의

```
<sec:http>
    <!-- 생략 -->
    <sec:form-login
        authentication-failure-url="/loginFailure" />
</sec:http>
```

이 책에서는 따로 설명하지 않았지만 AuthenticationFailureHandler를 직접 지정할 수도 있다[11].

## 9.4.5. 데이터베이스 인증

스프링 시큐리티는 다음과 같은 흐름으로 데이터베이스를 사용한 인증을 한다(그림 9.5).

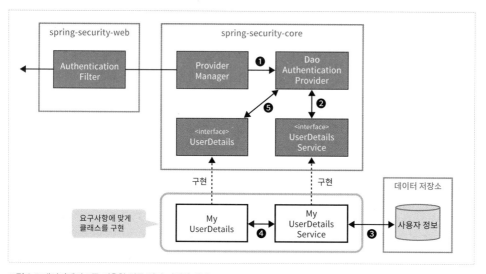

그림 9.5 데이터베이스를 이용한 인증 처리 과정의 개념도

---

**11** (옮긴이) http://bit.ly/2BzGuVO

❶ 스프링 시큐리티는 클라이언트로부터 인증 의뢰를 받아 DaoAuthenticationProvider에 인증 처리를 위임한다.

❷ DaoAuthenticationProvider는 UserDetailsService에게 사용자 정보를 가져오게 한다.

❸ UserDetailsService 구현 클래스는 데이터 저장소에서 사용자 정보를 가져온다.

❹ UserDetailsService 구현 클래스는 데이터 저장소에서 가져온 사용자 정보를 사용해 UserDetails를 만든다.

❺ DaoAuthenticationProvider는 UserDetailsService에서 반환된 UserDetails와 클라이언트가 제공한 인증 정보를 대조해서 이용자가 정당한 사용 권한을 가지고 있는지 확인한다. 만약 정당한 권한을 가진 사용자가 아니라면 인증 오류를 발생시킨다.

메모

스프링 시큐리티는 관계형 데이터베이스에서 JDBC를 통해 사용자 정보를 가져오기 위한 구현 클래스를 제공한다.

- org.springframework.security.core.userdetails.User
- org.springframework.security.core.userdetails.jdbc.JdbcDaoImpl

이 구현 클래스는 최소한의 인증 기능(패스워드와 유효한 사용자 여부 확인)만 제공하기 때문에 실제 운영할 애플리케이션에서 이것을 그대로 쓰기엔 다소 무리가 있다. 이 책에서는 UserDetails와 UserDetailsService의 구현 클래스를 만드는 방법을 소개한다.

### ■ UserDetails 작성

UserDetails는 인증 처리에 필요한 자격정보(사용자명과 패스워드)와 사용자의 상태 정보를 제공하기 위한 인터페이스로서 다음과 같은 메서드가 정의돼 있다. AuthenticationProvider로 DaoAuthenticationProvider를 사용한다고 가정하고 애플리케이션의 요구사항에 맞게 UserDetails의 구현 클래스를 만들어보자.

▶ UserDetails 인터페이스

```
public interface UserDetails extends Serializable {
    String getUsername(); ───────────────────────────── ❶
    String getPassword(); ───────────────────────────── ❷
    boolean isEnabled(); ────────────────────────────── ❸
    boolean isAccountNonLocked(); ───────────────────── ❹
    boolean isAccountNonExpired(); ──────────────────── ❺
    boolean isCredentialsNonExpired(); ──────────────── ❻
    Collection<? extends GrantedAuthority> getAuthorities(); ── ❼
}
```

❶ 사용자명을 반환하는 메서드

❷ 등록된 패스워드를 반환하는 메서드. 이 메서드에서 반환된 패스워드와 클라이언트에서 전달된 패스워드가 서로 다르다면 DaoAuthenticationProvider가 BadCredentialsException을 발생시킨다.

❸ 유효한 패스워드인지 판단하는 메서드. 유효하다면 true를 반환하고, 유효하지 않다면 DaoAuthenticationProvider가 DisabledException을 발생시킨다.

❹ 계정의 잠금 상태를 판단하는 메서드. 잠겨있지 않다면 true를 반환하고, 잠겨 있다면 DaoAuthenticationProvider가 LockedException을 발생시킨다.

❺ 계정의 유효 기간 상태를 판단하는 메서드. 유효 기간 안에 있다면 true를 반환하고, 유효 기간이 지났다면 DaoAuthenticationProvider가 AccountExpiredException을 발생시킨다.

❻ 자격정보의 유효 기간 상태를 판단하는 메서드. 유효 기간 안에 있다면 true를 반환하고, 유효 기간이 만료됐다면 DaoAuthenticationProvider가 CredentialsExpiredException을 발생시킨다.

❼ 사용자가 가진 권한 리스트를 반환하는 메서드. 이 메서드는 인가 처리를 할 때 필요하다.

▶ UserDetails 인터페이스를 구현한 예

```java
public class AccountUserDetails implements UserDetails {          ❶

    private final Account account;
    private final Collection<GrantedAuthority> authorities;

    public AccountUserDetails(
        Account account, Collection<GrantedAuthority> authorities) {
        this.account = account;                                   ❷
        this.authorities = authorities;
    }

    public String getPassword() {                                 ❸
        return account.getPassword();
    }
    public String getUsername() {
        return account.getUsername();
    }
    public boolean isEnabled() {
        return account.isEnabled();
    }
    public Collection<GrantedAuthority> getAuthorities() {
        return authorities;
    }
```

```
    public boolean isAccountNonExpired() { ─────────────────────────●4
        return true;
    }
    public boolean isAccountNonLocked() {
        return true;
    }
    public boolean isCredentialsNonExpired() {
        return true;
    }

    public Account getAccount() { ──────────────────────────────────●5
        return account;
    }
}
```

❶ UserDetails 인터페이스를 구현한 클래스를 만든다.

❷ 사용자 정보와 권한 정보를 프로퍼티 형태로 담아낸다.

❸ UserDetails 인터페이스에 정의된 메서드를 구현한다.

❹ 이 예에서는 계정 잠금, 계정의 유효기간 만료, 자격정보의 유효기간 만료 확인에 대해 모두 OK(true)를 반환하도록 구현돼 있다.

❺ 인증에 성공한 이후의 처리 과정에서 계정 정보를 활용할 수 있도록 접근자 메서드를 제공한다.

스프링 시큐리티는 UserDetails의 구현 클래스로 User 클래스를 제공한다. User 클래스를 상속하면 자격 정보와 사용자 상태 정보를 손쉽게 다룰 수 있다.

▶ User 클래스를 상속한 UserDetails 구현 클래스의 작성 예

```
public class AccountUserDetails extends User {

    private final Account account;

    public AccountUserDetails(Account account, boolean accountNonExpired,
            boolean credentialsNonExpired, boolean accountNonLocked,
            Collection<GrantedAuthority> authorities) {
        super(account.getUsername(), account.getPassword(), account.isEnabled(),
                true, true, true, authorities);
        this.account = account;
    }
```

```
    public Account getAccount() {
        return account;
    }


}
```

## ■ UserDetailsService 작성

UserDetailsService는 자격정보와 사용자 상태 정보를 데이터 저장소에서 가져오기 위한 인터페이스로서 다음과 같은 메서드가 정의돼 있다. AuthenticationProvider로 DaoAuthenticationProvider를 사용한다고 가정하고 애플리케이션의 요구사항에 맞게 UserDetailsService의 구현 클래스를 만들어보자. 다음은 데이터베이스에서 계정 정보를 검색한 후, UserDetails의 인스턴스를 만드는 예다.

▶ UserDetailsService 인터페이스

```
public interface UserDetailsService {
    UserDetails loadUserByUsername(String username) throws UsernameNotFoundException; ——— ❶
}
```

❶ 사용자명으로 UserDetails를 가져오는 메서드.

▶ UserDetailsService 인터페이스를 구현한 예

```
@Service
public class AccountUserDetailsService implements UserDetailsService {
    @Autowired
    AccountRepository accountRepository;

    @Transactional(readOnly = true)
    public UserDetails loadUserByUsername(String username)
            throws UsernameNotFoundException {
        Account account = Optional
                .ofNullable(accountRepository.findOne(username)) ————————————————————— ❶
                .orElseThrow(() -> new UsernameNotFoundException("user not found."));
        return new AccountUserDetails(account, getAuthorities(account)); ——————————————— ❷
    }

    private Collection<GrantedAuthority> getAuthorities(Account account) { ————————————— ❸
        if (account.isAdmin()) {
            return AuthorityUtils.createAuthorityList("ROLE_USER", "ROLE_USER",
                    "ROLE_ADMIN");
```

```
        } else {
            return AuthorityUtils.createAuthorityList("ROLE_USER");
        }
    }
}
```

❶ 데이터베이스에서 계정 정보를 검색한다. 계정 정보가 없는 경우 UsernameNotFoundException이 발생한다.

❷ 계정 정보가 있는 경우 UserDetails를 생성한다.

❸ 사용자가 가진 권한 정보(롤)를 가져온다. 여기서 생성한 권한 정보는 인가 처리에서 사용된다.

스프링 시큐리티에서 인가 처리를 할 때는 'ROLE_'로 시작하는 권한 정보를 롤로 취급한다. 따라서 리소스에 대한 권한 제어를 롤 기반으로 할 때는 권한 정보에 반드시 ROLE_ 접두사를 붙여야 한다.[12]

## ■ 인증 처리 적용

앞서 만든 UserDetailsService를 사용해 인증 처리를 하려면 AuthenticationManagerBuilder에 UserDetailsService를 적용해야 한다.

▶ 자바 기반 설정 방식을 이용한 빈 정의

```
@EnableWebSecurity
public class WebSecurityConfig extends WebSecurityConfigurerAdapter {

    @Autowired
    UserDetailsService userDetailsService;

    @Autowired                                                          ❶
    void configureAuthenticationManager(AuthenticationManagerBuilder auth)
            throws Exception {
        auth.userDetailsService(userDetailsService)                     ❷
                .passwordEncoder(passwordEncoder());                    ❸
    }

    @Bean
```

---

```
    PasswordEncoder passwordEncoder() {  ─────────────────────────── ❸
        return new BCryptPasswordEncoder();
    } ─────────────────────────────────────────────────────────

}
```

❶ AuthenticationManager의 빈을 정의하기 위한 메서드를 구현한다.[13]

❷ AuthenticationManagerBuilder에 앞서 만든 UserDetailsService를 설정한다.

❸ PasswordEncoder를 설정한다. 이 예에서는 패스워드를 BCrypt 알고리즘으로 해시화하는 BCryptPasswordEncoder를 사용한다. 패스워드 해시화에 대해서는 9.4.6절 '패스워드 해시화'에서 설명한다.

▶ XML 기반 설정 방식을 이용한 빈 정의

```
<sec:authentication-manager> ─────────────────────────────────────── ❶
    <sec:authentication-provider user-service-ref="accountUserDetailsService"> ── ❷
        <sec:password-encoder ref="passwordEncoder" /> ──────────────── ❸
    </sec:authentication-provider>
</sec:authentication-manager> ─────────────────────────────────────
<bean id="passwordEncoder"
    class="org.springframework.security.crypto.bcrypt.BCryptPasswordEncoder" /> ───── ❸
```

❶ AuthenticationManager의 빈을 정의한다.

❷ AuthenticationProvider에 앞서 만든 UserDetailsService의 빈을 설정한다.

❸ PasswordEncoder를 설정한다.

## 9.4.6. 패스워드 해시화

패스워드를 데이터베이스에 저장할 때는 패스워드를 평문 그대로 저장하지 않고 해시화한 값으로 저장하는 것이 일반적이다. 스프링 시큐리티는 패스워드를 해시화하기 위한 인터페이스(Password Encoder)와 구현 클래스를 제공하고 있으며 인증 정보와 연계해서 동작하도록 만들어져 있다(표 9.7).

---

**13** 스프링 시큐리티 4.1부터는 DI 컨테이너에 등록한 UserDetailsService와 PasswordEncoder를 자동으로 찾아서 사용하도록 개선되어 빈을 명시적으로 정의할 필요가 없다.

표 9.7 PasswordEncoder 구현 클래스[14]

| 클래스명 | 설명 |
| --- | --- |
| BCryptPasswordEncoder | Bcrypt 알고리즘으로 패스워드를 해시화하거나 일치 여부를 확인한다. |
| StandardPasswordEncoder | SHA-256 알고리즘으로 패스워드를 해시화하거나 일치 여부를 확인한다. |
| NoOpPasswordEncoder | 해시화하지 않는 구현 클래스. 테스트용 클래스이므로 실제 애플리케이션에서는 사용하지 않는다. |

PasswordEncoder는 패스워드를 해시화하기 위한 메서드(encode)와 패스워드의 일치 여부를 확인하기 위한 메서드(matches)가 제공되는데, 패스워드를 데이터베이스에 저장할 때나 해시화된 패스워드와 해시화되지 않은 평문 패스워드의 일치 여부를 확인할 때 사용한다.

메모

스프링 시큐리티에는 org.springframework.security.crypto.password와 org.springframework.security.authentication.encoding이라는 두 개의 패키지에 PasswordEncoder 인터페이스가 있는데 그 중에서도 org.springframework.security.authentication.encoding 패키지의 PasswordEncoder는 사용을 권하지 않는다(deprecated). 이 책에서는 디플리케이트된 PasswordEncoder에 대해 설명하지 않지만, 구현하려는 보안 요구사항을 충족하는 구현 클래스가 있다면 사용 여부를 면밀히 검토해볼 필요가 있다.

## ▪ BCryptPasswordEncoder

BCryptPasswordEncoder는 BCrypt 알고리즘으로 패스워드를 해시화하고 평문 패스워드와 일치 여부를 확인하는 구현 클래스다. 솔트(Salt)에는 16바이트 크기의 난수(java.security.SecureRandom)가 사용되고 기본적으로 1024(2의 10승)번 스트레칭(stretching)을 수행한다.

메모

'솔트'는 패스워드에 추가하는 문자열이다. 패스워드에 솔트를 추가해서 실제 패스워드보다 자릿수를 길게 만들면 레인보우 크랙(Rainbow Crack)과 같은 방법으로 패스워드를 해석하는 것을 어렵게 만들 수 있다. 한편 '스트레칭'은 해시값의 계산을 반복하는 것이다. 스트레칭을 많이 해서 패스워드를 해석하는 데 필요한 시간을 늘려주면 패스워드의 무차별 대입과 같은 공격을 저지시킬 수 있다. 한편 스트레칭 횟수가 많아지면 패스워드의 암호는 강해지지만 서버가 암복호화를 하는 부하 또한 증가한다. 스트레칭을 할 때는 성능 요건도 고려해서 횟수를 결정하자.

---

14 스프링 시큐리티 4.1에서 SCrypt와 PBKDF2 알고리즘을 사용해 패스워드를 해시화하는 PasswordEncoder가 추가됐다.

## 9.4.7. 인증 이벤트 처리

스프링 시큐리티는 스프링 프레임워크가 제공하는 이벤트 통지 메커니즘을 이용해 인증 처리 결과를 다른 컴포넌트로 전달할 수 있다. 이 메커니즘을 이용하면 다음과 같은 보안 요구사항을 스프링 시큐리티를 사용하는 것으로 충족시킬 수 있다.

- 인증의 성공이나 실패와 같은 인증 이력을 데이터베이스나 로그에 저장하고 싶은 경우
- 패스워드가 연속으로 일정 횟수 이상 틀렸을 때 계정을 잠그고 싶은 경우

인증 이벤트는 다음과 같은 방식으로 통지된다(그림 9.6).

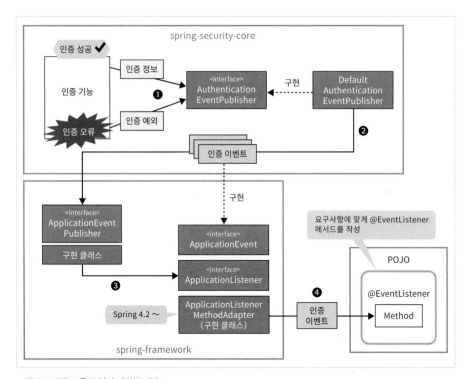

그림 9.6 이벤트 통지 처리 과정의 개념도

❶ 스프링 시큐리티의 인증 기능은 인증 결과(인증 정보나 인증 예외)를 AuthenticationEventPublisher에 전달해서 인증 이벤트의 통지를 의뢰한다.

❷ AuthenticationEventPublisher의 기본 구현 클래스는 인증 결과에 대한 인증 이벤트를 인스턴스로 만든 다음, ApplicationEventPublisher에 전달해서 이벤트 통지를 의뢰한다.

❸ ApplicationEventPublisher의 구현 클래스는 ApplicationListener 인터페이스의 구현 클래스에 이벤트를 통지한다.

❹ ApplicationListener의 구현 클래스 중 하나인 ApplicationListenerMethodAdaptor는 @org.springframework. context.event.EventListener가 붙은 메서드를 호출하는 방법으로 이벤트를 통지한다.

메모

스프링 4.1까지는 ApplicationListener 인터페이스의 구현 클래스를 만들어야 이벤트를 받을 수 있었지만 스프링 프레임워크 4.2 버전부터는 POJO에 @EventListener를 붙인 메서드를 구현하기만 하면 이벤트를 받을 수 있게 됐다. 그리고 이전과 마찬가지로 ApplicationListener의 구현 클래스를 만드는 방법으로도 이벤트를 받는 방법도 여전히 사용할 수 있다.

### ■ 인증 성공 이벤트

인증이 성공할 때 스프링 시큐리티가 통지하는 주요 이벤트는 다음과 같다(표 9.8). 이 세 가지 이벤트는 중간에 오류가 발생하지 않는 한, 이 순서대로 모두 통지된다.

표 9.8 인증이 성공할 때 통지되는 이벤트 클래스

| 이벤트 클래스 | 설명 |
|---|---|
| AuthenticationSuccessEvent | AuthenticationProvider에 의한 인증 처리가 성공했음을 통지한다. 이 이벤트 정보를 활용하면 클라이언트가 올바른 인증 정보를 가지고 있다는 것을 알 수 있다. 단 다음 인증 처리에서 오류가 발생할 가능성이 있다. |
| SessionFixationProtectionEvent | 세션 고정 공격에 대비한 처리(세션 ID의 변경)가 성공했음을 통지한다. 이 이벤트 정보를 활용하면 변경 후의 세션 ID를 알 수 있다. |
| InteractiveAuthenticationSuccessEvent | 인증 처리가 모두 성공했음을 통지한다. 이 이벤트 정보를 활용하면 화면 이동을 제외한 모든 인증 처리가 성공했다는 것을 알 수 있다. |

### ■ 인증 실패 이벤트

인증이 실패했을 때 스프링 시큐리티가 통지하는 주요 이벤트는 다음과 같다(표 9.9). 인증에 실패한 상황에 따라 다음 중 한 가지 이벤트가 통지된다.

표 9.9 인증이 실패했을 때 통지되는 이벤트 클래스

| 이벤트 클래스 | 설명 |
|---|---|
| AuthenticationFailureBadCredentialsEvent | BadCredentialsException이 발생했음을 통지한다. |
| AuthenticationFailureDisabledEvent | DisabledException이 발생했음을 통지한다. |
| AuthenticationFailureLockedEvent | LockedException이 발생했음을 통지한다. |

| 이벤트 클래스 | 설명 |
|---|---|
| AuthenticationFailureExpiredEvent | AccountExpiredException이 발생했음을 통지한다. |
| AuthenticationFailureCredentialsExpiredEvent | CredentialsExpiredException이 발생했음을 통지한다. |
| AuthenticationFailureServiceExceptionEvent | AuthenticationServiceException이 발생했음을 통지한다. |

## ■ 이벤트 리스너 작성

인증 이벤트가 발생했을 때 어떤 처리가 실행되게 하려면 DI 컨테이너에 등록된 빈에 @EventListener
가 붙은 메서드를 만든 다음, 그 안에 하고 싶은 처리 내용을 구현하면 된다.

▶ 이벤트 리스너를 구현한 예

```
@Component
public class AuthenticationEventListeners {

    private static final Logger log = LoggerFactory
            .getLogger(AuthenticationEventListeners.class);

    @EventListener ─────────────────────────────────── ❶
    public void handleBadCredentials(
            AuthenticationFailureBadCredentialsEvent event) { ───── ❷
        log.info("Bad credentials is detected. username : {}",
                event.getAuthentication().getName());
        // 생략
    }

}
```

❶ @EventListener를 붙인 메서드를 만든다.

❷ 메서드의 인수에 처리하고 싶은 인증 이벤트 클래스를 지정한다.

이 예는 클라이언트의 인증 정보에 문제가 있을 때 발생하는 AuthenticationFailureBadCredentials
Event를 처리하고 있다. 다른 이벤트도 이와 같은 방식으로 처리할 수 있다.

## 9.4.8. 로그아웃

스프링 시큐리티는 다음과 같은 흐름으로 로그아웃을 처리한다(그림 9.7).

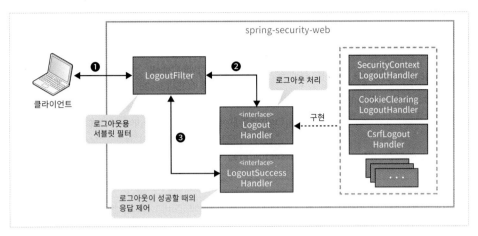

그림 9.7 로그아웃 처리 과정의 개념도

❶ 클라이언트는 로그아웃을 처리하는 경로로 요청을 보낸다.

❷ LogoutFilter는 LogoutHandler의 메서드를 호출해서 로그아웃 처리를 한다.

❸ LogoutFilter는 LogoutSuccessHandler의 메서드를 호출해서 화면을 이동한다.

LogoutHandler의 구현 클래스는 여러 개가 있는데 각각 다음과 같은 역할을 맡고 있다.

표 9.10 LogoutHandler의 주요 구현 클래스

| 클래스명 | 설명 |
| --- | --- |
| SecurityContextLogoutHandler | 인증 정보를 제거하고 세션을 파기한다. |
| CookieClearingLogoutHandler | 지정한 쿠키를 삭제하기 위한 응답을 보낸다. |
| CsrfLogoutHandler | CSRF 방지용 토큰을 파기한다. |

이 LogoutHandler는 스프링 시큐리티가 제공하는 빈이 LogoutFilter에 자동으로 설정되기 때문에 기본적으로는 애플리케이션 개발자가 직접 의식하며 구현해줄 필요는 없다.

### ■ 로그아웃 처리 적용

로그아웃 처리를 적용하려면 다음과 같은 빈을 정의해야 한다.

▶ 자바 기반 설정 방식을 이용한 빈 정의

```
@Override
protected void configure(HttpSecurity http) throws Exception {
    // 생략
    http.logout() ─────────────────────────────────────── ❶
            .permitAll(); ──────────────────────────────── ❷
}
```

❶ logout 메서드를 호출하면 로그아웃 기능이 활성화되어 LogoutConfigurer 인터페이스가 반환된다. LogoutConfigurer에는 로그아웃용 컴포넌트를 커스터마이징하기 위한 메서드가 제공된다.

❷ permitAll 메서드를 호출해서 익명 사용자를 포함한 모든 사용자가 로그아웃과 로그아웃 후에 이동할 경로에 대해 접근이 가능하게 만들어준다.

메모

익명 사용자에 로그아웃 후에 이동할 경로에 대한 접근 권한을 주지 않으면 로그아웃 후에 오류가 발생하기 때문에 의도하지 않은 오동작이 발생할 수 있다.

▶ XML 기반 설정 방식을 이용한 빈 정의

```
<sec:http>
    <!-- 생략 -->
    <sec:logout /> ─────────────────────────────────────── ❶
</sec:http>
```

❶ 로그아웃 기능을 활성화한다. 로그아웃 경로에 대한 접근 권한을 설정할 때는 <sec:intercept-url> 요소를 사용한다. <sec:inter cept-url> 요소에 대해서는 9.5.4절 '웹 리소스에 대한 인가(XML 기반 설정 방식)'를 참조한다.

## ■ 기본 동작 방식

스프링 시큐리티의 기본 구현에서는 '/logout'이라는 경로에 접근하면 로그아웃된다. 로그아웃되면 로그인 사용자의 인증 정보가 제거되고, 세션이 파기되며, CSRF 방지 기능을 사용하고 있다면 CSRF 방지용 토큰이 파기된다.

▶ 로그아웃 처리를 호출하기 위한 JSP의 구현 예

```
<%@ taglib prefix="c" uri="http://java.sun.com/jsp/jstl/core" %>
<%@ taglib prefix="sec" uri="http://www.springframework.org/security/tags" %>
<%-- 생략 --%>
```

```
<form action="<c:url value='/logout'/>" method="post">  ────────────────  ❶
    <sec:csrfInput />  ───────────────────────────────────  ❷
    <button>로그아웃</button>
</form>  ────────────────────────────────────────────────
```

❶ 로그아웃용 폼을 만든다.

❷ CSRF 방지용 토큰값을 요청 파라미터에 포함한다. <sec:csrfInput> 요소에 대해서는 9.6절 'CSRF 방지'에서 설명한다.

메모

CSRF 방어 기능을 사용할 때는 CSRF 방지용 토큰값을 POST 메서드로 전송해야 한다.

### ■ 기본 동작 방식의 커스터마이징

로그아웃 처리를 하기 위한 '로그아웃 경로'를 변경해보자. 다음 예는 로그아웃 경로를 '/auth/logout'
으로 변경한 것이다.

▶ 자바 기반 설정 방식을 이용한 빈 정의

```
@Override
protected void configure(HttpSecurity http) throws Exception {
    // 생략
    http.logout()
            .logoutUrl("/auth/logout")
            .permitAll();
}
```

▶ XML 기반 설정 방식을 이용한 빈 정의

```
<sec:http>
    <!-- 생략 -->
    <sec:logout logout-url="/auth/logout" />
</sec:http>
```

## 9.4.9. 로그아웃이 성공했을 때의 응답

스프링 시큐리티는 로그아웃이 성공했을 때의 응답을 처리하기 위해 LogoutSuccessHandler 인터페이
스와 구현 클래스를 제공한다.

표 9.11 AuthenticationFailureHandler 구현 클래스[15]

| 클래스명 | 설명 |
| --- | --- |
| SimpleUrlLogoutSuccessHandler | 지정한 URL(defaultTargetUrl)로 리다이렉트한다(기본적으로 사용됨) |
| HttpStatusReturningLogoutSuccessHandler | 지정한 HTTP 상태로 응답한다. |

## ■ 기본 동작 방식

스프링 시큐리티의 기본 구현에서는 로그인 폼을 표시하는 경로에 'logout'이라는 쿼리 파라미터가 붙은 URL로 리다이렉트하게 돼 있다. 예를 들어, 로그인 폼을 표시하기 위한 경로가 '/login'이라면 로그아웃이 성공했을 때 '/login?logout'으로 리다이렉트된다.

## ■ 기본 동작 방식의 커스터마이징

로그아웃이 성공한 후, 이동할 경로를 변경해보자. 다음 예는 로그아웃이 성공했을 때 이동할 경로를 'logoutSuccess'로 변경한 것이다.

▶ 자바 기반 설정 방식을 이용한 빈 정의

```
@Override
protected void configure(HttpSecurity http) throws Exception {
    // 생략
    http.logout()
            .logoutSuccessUrl("/logoutSuccess")
            .permitAll(); // 생략
}
```

▶ XML 기반 설정 방식을 이용한 빈 정의

```
<sec:http>
    <!-- 생략 -->
    <sec:logout logout-success-url="/logoutSuccess" />
    <!-- 생략 -->
</sec:http>
```

이 책에서는 따로 설명하지 않았지만 LogoutSuccessHandler를 직접 지정할 수도 있다[16].

---

**15**  스프링 시큐리티 4.1부터 DelegatingLogoutSuccessHandler가 추가되어 요청 패턴마다 LogoutSuccessHandler를 지정할 수 있다.
**16**  (옮긴이) http://bit.ly/2B0bUFG

## 9.4.10. 인증 정보에 대한 접근

인증된 사용자의 인증 정보는 스프링 시큐리티의 기본 구현에서는 세션에 저장된다. 세션에 저장된 인증 정보는 요청마다 SecurityContextPersistenceFilter 클래스에 의해 SecurityContextHolder라는 클래스에 저장되어 같은 스레드에서 실행되고 있다면 소스코드의 어디서든 인증 정보에 접근할 수 있다.

### ■ 자바 코드에서 접근

일반적인 업무 애플리케이션에서는 누가, 언제, 어떤 데이터에, 어떻게 접근했는지를 기록하는 감사 로그를 남길 필요가 있다. 이런 요구사항을 충족하기 위해서는 '누가'에 해당하는 정보를 인증 정보에서 가져와야 한다.

▶ 자바 코드에서 인증 정보에 접근하는 예

```
Authentication authentication =
        SecurityContextHolder.getContext().getAuthentication(); ─────────── ❶

String userUuid = null;
if (authentication.getPrincipal() instanceof AccountUserDetails) {
    AccountUserDetails userDetails =
            AccountUserDetails.class.cast(authentication.getPrincipal()); ─────────── ❷
    userUuid = userDetails.getAccount().getUserUuid(); ─────────── ❸
}
```

❶ SecurityContextHolder에서 인증 정보(Authentication 객체)를 가져온다.

❷ getPrincipal 메서드를 호출해서 UserDetails 객체를 가져온다. 인증되지 않은 경우(익명 사용자인 경우)에는 익명 사용자임을 나타내는 문자열이 반환되므로 주의할 필요가 있다.

❸ UserDetails에서 처리에 필요한 정보를 가져온다. 이 예에서는 사용자를 고유하게 식별하기 위한 값(UUID)을 가져오고 있다.

메모

스프링 시큐리티의 기본 구현에서는 인증 정보를 스레드 로컬 변수에 저장하기 때문에 요청을 받은 스레드와 같은 스레드면 어디서나 접근할 수 있다. 이런 메커니즘은 상당히 편리하긴 하지만 인증 정보를 필수로 하는 클래스가 SecurityContextHolder 클래스를 직접 사용하기 때문에 남용할 경우 컴포넌트의 결합도를 낮추는 데 방해가 될 수 있다.

### ■ JSP에서 접근

일반적인 웹 애플리케이션에서는 로그인한 사용자의 정보를 화면에 표시해야 할 수 있다. 이런 요구사항을 충족하기 위해서는 인증 정보에서 로그인한 사용자의 정보를 가져와야 한다.

▶ JSP로부터 인증 정보에 접근하는 예

```
<%@ taglib prefix="sec" uri="http://www.springframework.org/security/tags" %>
<%-- 생략 --%>
반갑습니다.
<sec:authentication property="principal.account.lastName"/> ──────────── ❶
님.
```

❶ 스프링 시큐리티에서 제공되는 <sec:authentication> 요소를 이용해 인증 정보(Authentication 객체)를 가져온다.
property 속성에 접근하고 싶은 프로퍼티의 경로를 지정하면 되는데, 중첩된 객체에 접근하고 싶다면 프로퍼티명을 '.'으
로 연결하면 된다.

## 9.4.11. 인증 처리와 스프링 MVC의 연계

스프링 시큐리티는 스프링 MVC와 연계하기 위한 기능을 제공한다. 여기서는 인증 처리와 스프링
MVC를 연계하는 방법에 대해 소개한다.

스프링 시큐리티는 인증 정보(UserDetails)를 스프링 MVC의 컨트롤러 메서드에 전달하기 위해 Au
thenticationPrincipalArgumentResolver라는 클래스를 제공한다. AuthenticationPrincipal
ArgumentResolver를 사용하면 컨트롤러의 메서드 파라미터로 UserDetails 인터페이스나 그 구현 클
래스의 인스턴스를 받을 수 있다.

AuthenticationPrincipalArgumentResolver를 스프링 MVC에 적용하기 위한 빈 정의는 다음과 같다.

▶ 자바 기반 설정 방식을 이용한 빈 정의

```
@EnableWebSecurity  // 애너테이션을 붙여주면 스프링 MVC에 자동으로 적용된다.
public class WebSecurityConfig extends WebSecurityConfigurerAdapter {
    // 생략
}
```

▶ XML 기반 설정 방식을 이용한 빈 정의(스프링 MVC용 XML 파일)

```
<mvc:annotation-driven>
    <mvc:argument-resolvers>
        <bean class="org.springframework.security.web.method.annotation.AuthenticationPrincipal
ArgumentResolver" />
    </mvc:argument-resolvers>
</mvc:annotation-driven>
```

인증 정보(UserDetails)를 컨트롤러의 메서드에서 사용하려면 인증 정보를 받기 위한 인수를 선언하고 @org.springframework.security.core.annotation.AuthenticationPrincipal을 붙여준다.

▶ 인증 정보(UserDetails)를 사용하는 메서드의 구현 예[17]

```
@RequestMapping(method = RequestMethod.GET)
    public String view(@AuthenticationPrincipal AccountUserDetails userDetails, //인증 정보를 받는다.
            Model model) {
        model.addAttribute(userDetails.getAccount());
        return "profile";
    }
```

## 9.4.12. 오류 메시지

인증에 실패하면 스프링 시큐리티가 제공하는 오류 메시지를 표시해야 한다. 이 오류 메시지는 내용을 변경하거나 표시되지 않게 만들 수 있다.

### ■ 오류 메시지 변경

인증에 실패할 때 표시되는 오류 메시지를 다른 내용으로 변경하고 싶을 때는 MessageSource로 읽어들일 프로퍼티 파일에 스프링 시큐리티가 제공하는 메시지 키를 추가한 후, 메시지를 원하는 내용으로 바꾸면 된다.

▶ 메시지의 정의 예(messages.properties)

```
AbstractUserDetailsAuthenticationProvider.badCredentials = 입력한 인증 정보에 오류가 있습니다.
AbstractUserDetailsAuthenticationProvider.credentialsExpired = 인증 정보의 이용 기간이 만료됐습니다.
AbstractUserDetailsAuthenticationProvider.disabled = 잘못된 계정입니다.
AbstractUserDetailsAuthenticationProvider.expired = 계정 이용 기간이 만료됐습니다.
AbstractUserDetailsAuthenticationProvider.locked = 계정이 잠겨 있습니다.
```

여기서는 DaoAuthenticationProvider를 사용할 때 발생하는 인증 오류 메시지를 변경하는 예를 들었다. 스프링 시큐리티에는 이 밖에도 다양한 메시지가 제공되는데, 스프링 시큐리티의 메시지 내용이 궁금하다면 spring-security-core 모듈의 jar 파일 안에 있는 org/springframework/security/messages.properties 파일을 확인해 보자.

---

**17** 스프링 시큐리티 4.1부터 UserDetails가 가지고 있는 객체를 인수로 받을 수 있게 됐다. 이 책의 예제로 대체하면 Account를 인수로 받을 수 있다.

메모

MessageSource에서 프로퍼티 파일을 읽을 때는 ISO 8859-1(기본 문자 코드)로 읽기 때문에 멀티바이트 문자는 유니코드 형식(\udddd)으로 변환해야 한다. 만약 프로퍼티 파일을 임의의 문자 코드로 읽게 하고 싶다면 MessageSource의 defaultEncoding 프로퍼티에 원하는 문자 코드를 지정하면 된다.

### ■ 시스템 오류가 발생할 때의 메시지

인증을 처리하는 과정에서 예기치 않은 오류(시스템 오류 등)가 발생하면 InternalAuthenticationServiceException이라는 예외가 던져진다. InternalAuthenticationServiceException이 가지고 있는 메시지에는 시스템 수준의 오류 원인 메시지가 포함될 수 있기 때문에 화면에 그대로 표시하는 것은 바람직하지 않다.

시스템 오류의 예외 메시지를 화면에 표시되지 않게 하려면 ExceptionMappingAuthenticationFailureHandler나 DelegatingAuthenticationFailureHandler를 사용해 InternalAuthenticationServiceException이 발생했을 때 이동할 화면을 시스템 오류 화면으로 설정하는 것이 좋다.

## 9.5. 인가 처리

인가 처리는 애플리케이션에서 사용자가 접근할 수 있는 리소스를 제어하기 위한 기능이다. 가장 일반적인 인가 방법은 각 리소스에 대한 접근 정책을 미리 정의해 두고, 사용자가 리소스에 접근하려고 할 때 접근 정책을 확인해서 허용 여부를 결정하는 방법이다.

접근 정책에는 어떤 리소스에 어떤 사용자가 접근할 수 있는지를 정의한다. 스프링 시큐리티에서는 웹 리소스, 자바 메서드, 도메인 객체[18]에 대한 접근 정책을 정의할 수 있다.

이번 절에서는 웹 리소스와 자바 메서드에 대한 인가 처리를 적용하는 예를 살펴보면서 스프링 시큐리티의 인가 기능에 대해 알아보도록 하자.

### 9.5.1. 인가 처리 구조

먼저 스프링 시큐리티에서 제공하는 인가 처리의 동작 방식을 살펴보자. 스프링 시큐리티는 다음과 같은 흐름으로 인가를 처리한다(그림 9.8).

---

**18** 이 책에서는 지면 관계상 도메인 객체에 대한 인가 처리는 다루지 않는다. 관심 있는 분은 다음 페이지를 참조하자.
http://docs.spring.io/spring-security/site/docs/current/reference/htmlsingle/#domain-acls

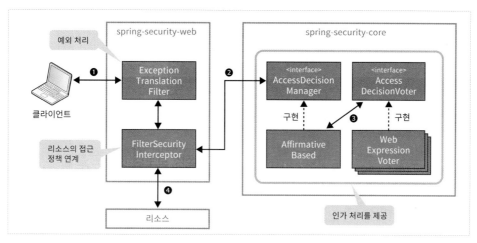

그림 9.8 인가 처리 과정의 개념도

❶ 클라이언트가 임의의 리소스에 접근한다.

❷ FilterSecurityInterceptor 클래스는 AccessDecisionManager 인터페이스의 메서드를 호출하고 리소스에 대한 접근 가능 여부를 확인한다.

❸ AffirmativeBased 클래스(기본적으로 사용되는 AccessDecisionManager의 구현 클래스)는 AccessDecisionVoter 인터페이스의 메서드를 호출하고 접근 가능 여부에 대한 투표 결과를 받는다.

❹ FilterSecurityInterceptor는 AccessDecisionManager가 허용할 때만 리소스의 접근을 허락한다.

### ■ ExceptionTranslationFilter

ExceptionTranslationFilter는 인가 과정(AccessDecisionManager)에서 발생한 예외를 처리하고 클라이언트에 적절한 응답을 하기 위한 서블릿 필터다. 기본 구현에서는 인증되지 않은 사용자가 접근할 경우 인증 페이지를 표시해서 로그인을 유도하고, 인증된 사용자이긴 하나 해당 리소스에 접근 권한이 없는 경우에는 인증 오류를 통지하는 응답을 반환한다.

### ■ FilterSecurityInterceptor

FilterSecurityInterceptor는 HTTP 요청에 대한 인가 처리를 적용하기 위한 서블릿 필터로서 실제 인가 처리는 AccessDecisionManager에 위임한다. AccessDecisionManager의 메서드를 호출할 때는 클라이언트가 접근하려고 한 웹 리소스의 접근 정책을 연계해야 한다.

### ■ AccessDecisionManager

AccessDecisionManager는 접근하려고 하는 리소스에 대해 접근 권한이 있는지 검사하는 인터페이스다. 스프링 시큐리티의 기본 구현 클래스에서는 AccessDecisionVoter라는 인터페이스의 메서드를 호출해서 접근 권한을 부여할지 투표받는 구조로 돼 있으며, 이때 사용되는 구현 클래스는 Affirmative Based다. AffirmativeBased 클래스는 단 하나의 AccessDecisionVoter라도 '부여'로 투표하면 접근 권한을 부여하는 구현 클래스다.

### ■ AccessDecisionVoter

AccessDecisionVoter는 접근하려고 하는 리소스에 대한 접근 정책을 참조해서 접근 권한을 부여할지 여부를 투표(부여, 거부, 기권)하는 인터페이스다. 스프링 시큐리티는 다양한 구현 클래스를 제공했지만 스프링 시큐리티 4.0부터는 WebExpressionVoter가 기본 적용되도록 통일됐다. WebExpressionVoter는 표현 언어(Expression Language; EL)를 활용해 사용자가 가진 권한 정보와 요청 정보(HttpServletRequest)를 참조해서 투표하는 구현 클래스다.

## 9.5.2. 접근 정책을 기술하는 방법

인가 처리를 적용하는 방법을 설명하기 전에 접근 정책을 기술하는 방법을 먼저 소개한다.

스프링 시큐리티에서는 접근 정책을 지정할 때 스프링 표현 언어(SpEL)[19]를 사용할 수 있다. 꼭 SpEL을 사용해야 하는 것은 아니지만 이 책에서는 표현식을 활용해 접근 정책을 기술하는 방법을 살펴볼 것이다.

### ■ 공통 표현식

스프링 시큐리티에서 제공하는 공통적인 표현식은 다음과 같다(표 9.12).

표 9.12 스프링 시큐리티가 제공하는 공통 표현식

| 표현식 | 설명 |
|---|---|
| hasRole(String role) | 로그인한 사용자가 인수에 지정한 롤을 가지고 있는 경우 true를 반환한다. |
| hasAnyRole(String... roles) | 로그인한 사용자가 인수에 지정한 롤 중 하나를 가지고 있는 경우 true를 반환한다. |

---

**19** SpEL의 사용법에 대해서는 이 책에서 소개하고 있지만 더 자세한 사용법에 대해서는 다음 페이지를 참조하자.
http://docs.spring.io/spring/docs/current/spring-framework-reference/htmlsingle/#expressions

| 표현식 | 설명 |
|---|---|
| isAnonymous() | 로그인하지 않은 익명 사용자인 경우 true를 반환한다. |
| isRememberMe() | Remember Me 인증을 통해 로그인한 사용자인 경우 true를 반환한다. |
| isAuthenticated() | 이미 인증된 사용자인 경우 true를 반환한다. |
| isFullyAuthenticated() | Remember Me 인증이 아닌 일반적인 인증 방법으로 로그인한 사용자인 경우 true를 반환한다. |
| permitAll | 항상 true를 반환한다. |
| denyAll | 항상 false를 반환한다. |
| principal | 인증된 사용자의 사용자 정보(UserDetails 인터페이스를 구현한 클래스의 객체)를 반환한다. |
| authentication | 인증된 사용자의 인증 정보(Authentication 인터페이스를 구현한 클래스의 객체)를 반환한다. |

### ■ 웹 표현식

스프링 시큐리티에서 제공하는 웹 애플리케이션용 표현식은 다음과 같다(표 9.13).

표 9.13 스프링 시큐리티에서 제공하는 웹 애플리케이션용 표현식

| 표현식 | 설명 |
|---|---|
| hasIpAddress(String ipAddress) | 인수에 지정한 IP 주소 체계에 클라이언트의 IP 주소가 일치하는 경우에 true를 반환한다. |

## 9.5.3. 웹 리소스에 대한 인가(자바 기반 설정 방식)

이번에는 자바 기반 설정 방식을 이용해 웹 리소스에 대한 접근 정책을 정의하는 방법을 살펴보자.

### ■ 접근 정책을 적용할 웹 리소스의 지정

먼저 접근 정책을 적용할 리소스(HTTP 요청)를 지정한다. 접근 정책을 적용할 리소스는 Expression InterceptUrlRegistry 클래스의 다음 메서드를 호출해서 지정한다(표 9.14).

표 9.14 접근 정책을 적용할 리소스를 지정하는 주요 메서드

| 메서드명 | 설명 |
|---|---|
| antMatchers | ant 형식으로 지정한 경로 패턴과 일치하는 리소스를 적용 대상으로 한다. |
| regexMatchers | 정규 표현식으로 지정한 경로 패턴과 일치하는 리소스를 적용 대상으로 한다. |
| requestMatchers | 지정한 RequestMatcher 인터페이스 구현과 일치하는 리소스를 적용 대상으로 지정한다. |
| anyRequest | 기타 리소스를 적용 대상으로 지정한다. |

▶ ExpressionInterceptUrlRegistry 클래스의 메서드를 사용한 예

```
@Override
protected void configure(HttpSecurity http) throws Exception {
    // 생략
    http.authorizeRequests()
            .antMatchers("/admin/accounts/**").hasRole("ACCOUNT_MANAGER")
            .antMatchers("/admin/**").hasRole("ADMIN")
            .anyRequest().authenticated();
}
```

이 예처럼 각 리소스별로 서로 다른 접근 정책을 지정할 수는 있지만 여러 개의 정의를 지정할 때는 순서에 주의해야 한다. 왜냐하면 스프링 시큐리티가 정의된 순서대로 요청을 매칭하는데, 처음에 매칭된 정의가 사용되기 때문이다. 예를 들어, '/admin/accounts/1'이라는 경로에 접근할 경우 이 예의 세 패턴에 모두 해당되지만 처음으로 일치한 것은 '/admin/accounts/**'이므로 'hasRole("ACCOUNT_MANAG-ER")'라는 접근 정책이 적용된다.

## ■ 접근 정책의 지정

다음으로 접근 정책을 지정한다. 접근 정책을 지정할 때는 AuthorizedUrl 클래스의 메서드를 사용한다. 앞의 예와 같이 ExpressionInterceptUrlRegistry 클래스에서 접근 청책을 적용할 리소스를 지정하는 메서드를 호출하면 AuthorizedUrl의 인스턴스를 얻을 수 있다. AuthorizedUrl의 메서드를 호출하면 그 메서드 이름과 같은 표현식이 접근 정책으로 설정되고, 설정된 표현식의 결과가 true라면 그 리소스에 대한 접근이 허용된다.

▶ AuthorizedUrl 클래스의 메서드를 사용한 예

```
protected void configure(HttpSecurity http) throws Exception {
    // 생략
    http.authorizeRequests()
            .antMatchers("/admin/accounts/**").hasRole("ACCOUNT_MANAGER")
            .antMatchers("/admin/configurations/**")
                .access("hasIpAddress('127.0.0.1') and hasRole('CONFIGURATION_MANAGER')")
            .antMatchers("/admin/**").hasRole("ADMIN")
            .anyRequest().authenticated();
```

메모

스프링 시큐리티 4.1부터는 웹 리소스에 대한 경로 변수 값을 참조한 인가 제어가 지원되어 다음과 같은 형태로 접근 정책을 지정할 수 있다.

▶ 경로 변수를 참조한 웹 리소스의 인가 제어 설정

```
@Override
protected void configure(HttpSecurity http) throws Exception {
    // 생략
    http.authorizeRequests()
        .antMatchers("/users/{username}")
            .access("isAuthenticated() and (hasRole('ADMIN') or (#username ==
principal.username))")
        .anyRequest().authenticated();
}
```

## 9.5.4. 웹 리소스에 대한 인가(XML 기반 설정 방식)

이번에는 XML 기반 설정 방식으로 웹 리소스에 대한 접근 정책을 정의하는 방법을 살펴보자.

### ■ 접근 정책을 적용할 웹 리소스의 지정

먼저 접근 정책을 적용할 리소스(HTTP 리소스)를 지정한다. 접근 정책을 적용할 리소스는 `<sec:intercept-url>` 요소의 다음 속성을 사용해 지정한다(표 9.15).

표 9.15 접근 정책을 적용할 리소스를 지정하기 위한 속성

| 속성명 | 설명 |
|--------|------|
| pattern | Ant 형식이나 정규 표현식으로 지정한 경로 패턴에 일치하는 리소스를 적용 대상으로 한다. |
| method | 지정한 HTTP 메서드(GET, POST 등)를 사용해 접근할 경우에 적용 대상으로 한다. |

▶ pattern 속성 정의

```
<sec:http>
    <!-- 생략 -->
    <sec:intercept-url pattern="/admin/accounts/**" access="hasRole('ACCOUNT_MANAGER')" />
    <sec:intercept-url pattern="/admin/**" access="hasRole('ADMIN')" />
    <sec:intercept-url pattern="/**" access="authenticated()" />
</sec:http>
```

자바 기반 설정 방식을 사용했을 때와 마찬가지로 XML 기반 설정 방식에서도 접근 정책을 지정하는 경우에도 정의 순서에 주의할 필요가 있다.

### ■ 접근 정책의 지정

다음으로 접근 정책을 지정한다. 접근 정책은 `<sec:intercept-url>` 요소의 access 속성에 지정한다. access 속성에 지정한 표현식의 결과가 true라면 리소스에 대한 접근이 허용된다. 9.5.3절 '자바 기반 설정 방식'에서 봤던 AuthorizedUrl 클래스의 메서드 사용 예를 빈 정의 파일로 표현하면 다음과 같다.

▶ access 속성 정의

```
<sec:http>
    <!-- 생략 -->
    <sec:intercept-url pattern="/admin/accounts/**" access="hasRole('ACCOUNT_MANAGER')" />
    <sec:intercept-url pattern="/admin/configurations/**"
        access="hasIpAddress(127.0.0.1') and hasRole('CONFIGURATION_MANAGER')" />
    <sec:intercept-url pattern="/admin/**" access="hasRole('ADMIN')" />
    <sec:intercept-url pattern="/**" access="isAuthenticated()" />
    <!-- 생략 -->
</sec:http>
```

## 9.5.5. 메서드에 대한 인가

스프링 시큐리티는 스프링 AOP를 이용해 애플리케이션 컨텍스트에서 관리되는 빈의 메서드에 대한 인가 처리 기능을 제공한다. 메서드에 대한 인가 처리 기능을 이용하면 메서드의 인수나 반환값의 객체 상태를 참조할 수 있기 때문에 더욱 세밀한 접근 정책을 정의할 수 있다.

메서드에 대한 인가 기능을 사용하려면 AOP 기능을 활성화한 다음, 접근 정책을 클래스나 메서드의 애너테이션으로 정의하면 된다. 스프링 시큐리티가 지원하는 애너테이션은 다음과 같다.

- @PreAuthorize, @PostAuthorize, @PreFilter, @PostFilter: 스프링 시큐리티의 애너테이션
- @Secured: 스프링 시큐리티의 애너테이션
- JSR 250(javax.annotation.security 패키지)의 애너테이션(@RolesAllowed 등)

이 책에서는 접근 정책을 지정할 때 표현식을 사용할 수 있는 @PreAuthorize와 @PostAuthorize를 소개한다[20].

---

**20**   스프링 시큐리티 4.1부터 접근 정책을 지정하는 애너테이션을 메타 애너테이션으로 사용할 수 있다.

### ■ 메서드 인가 기능의 활성화

먼저 메서드에 대한 인가 처리를 수행하는 AOP를 활성화한다.

▶ 자바 기반 설정 방식을 이용한 빈 정의

```
@EnableGlobalMethodSecurity(prePostEnabled = true) ──────────────── ❶ ❷
public class MethodSecurityConfig {
}
```

> ❶ 설정 클래스에 @EnableGlobalMethodSecurity를 붙여주면 메서드 호출에 대한 인가 처리를 수행하는 AOP가 활성화
> 된다.

> ❷ prePostEnabled 속성에 true를 지정한다. prePostEnabled 속성에 true를 지정하면 표현식을 사용해 접근 정책을 정
> 의할 수 있는 애너테이션(@PreAuthorize나 @PostAuthorize 등)이 활성화된다.

▶ XML 기반 설정 방식을 이용한 빈 정의

```
<sec:global-method-security pre-post-annotations="enabled" /> ──────────── ❶ ❷
```

> ❶ <sec:global-method-security> 요소를 사용하면 메서드 호출에 대한 인가 처리를 수행하는 AOP가 활성화된다.

> ❷ pre-post-annotations 속성에 'enabled'를 지정한다. 이 설정으로 표현식을 사용해 접근 정책을 정의할 수 있는 애너테
> 이션이 활성화된다.

### ■ 메서드 실행 전에 적용할 접근 정책을 지정하는 방법

메서드가 실행되기 전에 적용할 접근 정책을 지정할 때는 @PreAuthorize를 사용한다.

@PreAuthorize의 value 속성에 지정한 표현식의 결과가 true라면 메서드 실행이 인가된다. 다음 예는
관리자 외의 사용자가 타인의 계정 정보에 접근할 수 없도록 정의하고 있다.

▶ @PreAuthorize 정의 예

```
@PreAuthorize("hasRole('ADMIN') or (#username == principal.username)")
public Account findOne(String username) {
    return accountRepository.findOne(username);
}
```

이 예에서의 핵심은 표현식 안에서 메서드의 인수에 접근하는 부분으로, 구체적으로는 #username 부
분이 이에 해당한다. 이와 같이 표현식에서 '# + 인수명' 형식으로 표현식을 지정하면 메서드의 인수에
접근할 수 있다.

스프링 시큐리티는 클래스의 디버깅 정보로부터 인수명을 알아내는데, 애너테이션(@org.springframe work.security.access.method.P)을 사용해 인수명을 명시적으로 지정할 수도 있다. 다음 상황에 해당 한다면 애너테이션을 사용해 명시적으로 변수명을 지정해보자.

- 인수의 디버깅 정보를 사용하지 못한다.
- 표현식 안에서 실제 변수명과는 다른 이름으로 접근한다(예: 단축명).

▶ @P의 사용 예

```
@PreAuthorize("hasRole('ADMIN') or (#username == principal.username)")
public Account findOne(@P("username") String username) {
    return accountRepository.findOne(username);
}
```

Java SE 8부터 추가된 컴파일 옵션(-parameters)을 사용하면 메서드의 매개변수에 리플렉션용 메타데이터가 생성되기 때문에 굳이 애너테이션을 지정하지 않더라도 인수명이 무엇인지 알 수 있게 됐다.

## ■ 메서드 실행 후에 적용될 접근 정책을 지정하는 방법

메서드가 실행된 후에 적용될 접근 정책을 지정할 때는 @PostAuthorize를 사용한다. @PostAuthorize 의 value 속성에 지정된 표현식의 결과가 true라면 메서드의 실행 결과가 정상적으로 반환된다. 다음 예는 다른 부서의 사용자 계정 정보는 접근할 수 없도록 정의하고 있다.

▶ @PostAuthorize의 정의 예

```
@PreAuthorize("hasRole('DEPARTMENT_MANAGER')")
@PostAuthorize("(returnObject == null) "
        + "or (returnObject.departmentCode == principal.account.departmentCode)")
public Account findOne(String username) {
    return accountRepository.findOne(username);
}
```

이 예에서의 핵심은 표현식 안에서 메서드의 반환값에 접근하는 부분으로 구체적으로는 returnOb-ject.departmentCode 부분이 이에 해당한다. 이와 같이 표현식에서 returnObject를 지정하면 메서드의 반환값에 접근할 수 있다.

## 9.5.6. JSP 화면 항목에 대한 인가

스프링 시큐리티에서는 JSP 태그 라이브러리를 사용해 JSP의 화면 항목에 대한 인가 처리를 할 수 있다. 여기서는 가장 간단한 형태의 접근 정책을 예로 들어 JSP의 화면 항목에 대한 인가 처리 방법을 설명한다.

## ■ 접근 정책 정의

먼저 JSP 태그 라이브러리를 사용해 JSP의 화면 항목에 대한 접근 정책을 정의한다. 이 예는 특정 영역의 표시를 인가하는 조건(접근 정책)을 JSP에 정의한 것이다.

▶ JSP 태그 라이브러리를 이용해 접근 정책을 정의

```
<%@ taglib prefix="sec" uri="http://www.springframework.org/security/tags" %>
<sec:authorize access="hasRole('ADMIN')"> ❷ ─────────────────────────── ❶
    <h2>관리자 메뉴</h2>
    <!-- 생략 -->
</sec:authorize> ─────────────
```

❶ 접근 정책을 적용하고 싶은 부분을 〈sec:authorize〉 요소로 묶는다.

❷ access 속성에 접근 정책을 정의한다. access 속성에 지정한 표현식의 결과가 true라면 〈sec:authorize〉 요소 안에 구현한 JSP가 처리된다. 이 예에서는 '관리자 역할을 가졌다면 표시를 인가한다'라는 접근 정책을 정의하고 있다.

## ■ 웹 리소스에 지정한 접근 정책과의 연동

버튼이나 링크 등(서버에 요청을 수반하는 화면 항목)에 대한 접근 정책은 요청 대상의 웹 리소스에 정의한 접근 정책과 연동할 수 있다.

▶ 웹 리소스의 접근 정책이 연계된 JSP 구현

```
<ul>
    <sec:authorize url="/admin/accounts"> ❷ ─────────────────────────── ❶
        <li><a href="<c:url value='/admin/accounts' />">계정 관리</a></li>
    </sec:authorize> ─────────────
</ul>
```

❶ 버튼이나 링크를 출력하는 부분을 〈sec:authorize〉 요소로 묶는다.

❷ url 속성에 웹 리소스에 접근하기 위한 URL을 지정한다. url 속성에 지정한 웹 리소스 경로에 대한 접근 권한이 있다면 〈sec:authorize〉 요소 안에 구현한 JSP가 처리된다. 여기서는 '/admin/accounts'라는 URL이 할당된 웹 리소스에 접근 가능할 때, 화면 표시를 인가하는 접근 정책을 정의하고 있다. 이런 방식은 웹 리소스에 정의된 접근 정책 자체에 대해 직접 의식할 필요가 없다는 장점이 있다.

예를 들어, 위의 웹 리소스에 다음과 같은 접근 정책이 정의돼 있다면 'ROLE_ACCOUNT_MANAGER'라는 롤을 가진 사용자에게만 '계정 관리' 링크가 표시된다.

```
http.authorizeRequests()
        .antMatchers("/admin/accounts/**").hasRole("ACCOUNT_MANAGER")
```

## 9.5.7. 인가 오류가 발생할 때의 응답

스프링 시큐리티는 리소스에 대한 접근이 거부됐을 때 다음과 같은 흐름으로 처리하고 오류를 응답한다(그림 9.9).

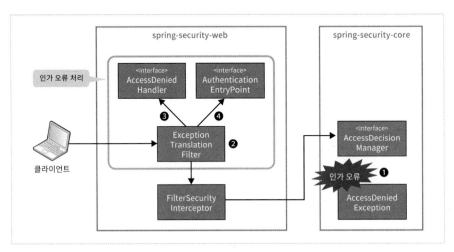

그림 9.9 인가 오류 처리 과정의 개념도

❶ 스프링 시큐리티는 리소스나 메서드에 대한 접근을 거부하기 위해 AccessDeniedException을 던진다.

❷ ExceptionTranslationFilter 클래스는 AccessDeniedException을 포착한 후, AccessDeniedHandler나 AuthenticationEntryPoint에게 응답 처리를 위임한다.

❸ 인증된 사용자가 접근 거부됐다면 AccessDeniedHandler 인터페이스의 메서드를 호출해서 오류 응답을 한다.

❹ 인증되지 않은 사용자가 접근 거부됐다면 AuthenticationEntryPoint 인터페이스의 메서드를 호출해서 오류 응답을 한다.

### ■ AccessDeniedHandler

AccessDeniedHandler 인터페이스는 인증된 사용자의 접근이 거부됐을 때 오류 응답을 하기 위한 인터페이스다. 스프링 시큐리티는 AccessDeniedHandler 인터페이스의 구현 클래스로 다음과 같은 클래스를 제공한다(표 9.16).

표 9.16 스프링 시큐리티가 제공하는 AccessDeniedHandler 구현 클래스

| 클래스명 | 설명 |
| --- | --- |
| AccessDeniedHandlerImpl | HTTP 응답 코드에 403(Forbidden)을 설정하고 지정한 오류 페이지로 이동한다. 오류 페이지를 지정하지 않았다면 기본적으로 HTTP 응답 코드에 403(Forbidden)을 설정하고 오류 응답 처리(HttpServletResponse#sendError)를 한다. |

| 클래스명 | 설명 |
|---|---|
| DelegatingAccessDeniedHandler | AccessDeniedException과 AccessDeniedHandler 인터페이스의 구현 클래스를 매핑한 후, AccessDeniedException에 대응하는 AccessDeniedHandler의 구현 클래스에 처리를 위임한다. |

스프링 시큐리티의 기본 구현에서는 오류 페이지를 따로 지정하지 않았을 때 AccessDeniedHandler Impl이 사용된다.

■ AuthenticationEntryPoint

AuthenticationEntryPoint 인터페이스는 인증되지 않은 사용자의 접근이 거부됐을 때 오류 응답을 하기 위한 인터페이스다. 스프링 시큐리티는 AuthenticationEntryPoint 인터페이스의 구현 클래스로 다음과 같은 클래스를 제공한다(표 9.17).

표 9.17 스프링 시큐리티가 제공하는 주요 AuthenticationEntryPoint 구현 클래스

| 클래스명 | 설명 |
|---|---|
| LoginUrlAuthenticationEntryPoint | 로그인을 유도하기 위해 폼 인증용 로그인 화면을 표시한다. |
| DelegatingAuthenticationEntryPoint | RequestMatcher와 AuthenticationEntryPoint 인터페이스의 구현 클래스를 매핑한 후, HTTP 요청에 대응하는 AuthenticationEntryPoint의 구현 클래스에 처리를 위임한다. |

스프링 시큐리티의 기본 구현에서는 인증 방식(폼 인증, Basic 인증, Digest 인증 등)에 대응하는 AuthenticationEntryPoint의 구현 클래스가 사용된다.

■ 인가 오류가 발생할 때의 화면 이동

스프링 시큐리티의 기본 구현에서는 사용자 인증이 실패하면 애플리케이션 서버의 오류 페이지가 표시된다. 이렇게 애플리케이션 서버가 제공하는 오류 페이지를 직접 노출하게 되면 불필요한 시스템 정보를 노출시킬 수가 있기 때문에 보안 측면에서 바람직하지 않다. 이런 경우에는 사용자 친화적인 별도의 오류 화면을 표시하는 것이 좋은데, 사용자 정의로 오류 페이지를 지정하려면 다음과 같은 빈을 정의하면 된다.

▶ 자바 기반 설정 방식을 이용한 빈 정의

```
@Override
protected void configure(HttpSecurity http) throws Exception {
    // 생략
```

```
    http.exceptionHandling()
            .accessDeniedPage("/WEB-INF/views/accessDeniedError.jsp"); ──────── ❶
    // 생략
}
```

❶ ExceptionHandlingConfigurer의 accessDeniedPage 메서드를 호출하고 인가 오류에 대한 오류 페이지를 지정한다.

▶ XML 기반 설정 방식을 이용한 빈 정의

```
<sec:http>
    <!-- 생략 -->
    <sec:access-denied-handler error-page="/WEB-INF/views/accessDeniedError.jsp" /> ──── ❶
<!-- 생략 -->
</sec:http>
```

❶ error-page 속성에 인가 오류에 대한 오류 페이지를 지정한다.

## ■ 기본 동작의 커스터마이징

인가 오류가 발생할 때 직접 커스터마이징한 AuthenticationEntryPoint와 AccessDeniedHandler로 교체하는 방법을 알아보자. 이 예에서는 AuthenticationEntryPoint와 AccessDeniedHandler의 빈 정의가 별도로 되어 있다고 가정한다.

▶ 자바 기반 설정 방식을 이용한 빈 정의

```
@Override
protected void configure(HttpSecurity http) throws Exception {
    // 생략
    http.exceptionHandling()
            .authenticationEntryPoint(authenticationEntryPoint()) ──────── ❶
            .accessDeniedHandler(accessDeniedHandler()); ──────── ❷
    // 생략
}
```

❶ authenticationEntryPoint 메서드의 인수에 커스터마이징한 AuthenticationEntryPoint를 지정한다.

❷ accessDeniedHandler 메서드를 인수에 커스터마이징한 AccessDeniedHandler를 지정한다.

▶ XML 기반 설정 방식을 이용한 빈 정의

```
<sec:http entry-point-ref="authenticationEntryPoint"> ──────── ❶
    <!-- 생략 -->
    <sec:access-denied-handler ref="accessDeniedHandler" /> ──────── ❷
```

```
    <!-- 생략 -->
</sec:http>
```

❶ entry-point-ref 속성에 커스터마이징한 AuthenticationEntryPoint를 지정한다.

❷ access-denied-handler 속성에 커스터마이징한 AccessDeniedHandler를 지정한다.

## 9.6. CSRF 방지

이번 절에서는 스프링 시큐리티가 제공하는 CSRF(크로스 사이트 요청 변조)[21] 방지 기능을 설명한다.

### 9.6.1. 스프링 시큐리티의 CSRF 대책

스프링 시큐리티는 세션 단위로 무작위로 만든 토큰 값(CSRF 토큰)을 발급한 다음, 그 토큰을 요청 파라미터(HTML 폼의 hidden 항목)에 포함시켜서 전송하는 방법으로 그 요청이 정상적인 페이지에서 오는 것인지, 아니면 공격자가 준비한 웹 페이지에서 오는 것인지를 판단하는 기능이 있다. 스프링 시큐리티의 기본 구현에서는 POST, PUT, DELETE, PATCH와 같은 HTTP 메서드를 사용한 요청에 대해 CSRF 토큰을 검사한다.

### 9.6.2. CSRF 방지 기능의 적용

CSRF 방지 기능은 스프링 프레임워크 3.2부터 추가된 기능으로, 스프링 시큐리티 4.0부터는 기본 적용되는 기능이다. 그래서 CSRF 방지 기능을 활성화하기 위해 특별히 뭔가를 정의할 필요는 없다. 대신 CSRF 방지 기능을 적용하고 싶지 않을 때는 명시적으로 비활성화해야 한다.

▶ 자바 기반 설정 방식을 이용한 CSRF 기능의 비활성화

```
@Override
protected void configure(HttpSecurity http) throws Exception {
    // 생략
    http.csrf().disable();  // disable 메서드로 비활성화
}
```

---

21 CSRF에 대한 자세한 내용은 Open Web Application Security Project(OWASP)가 발행하는 문서를 참조하자.
https://www.owasp.org/images/2/2c/OWASP_Top_10_-_2013_Final_-_Korean.pdf

▶ XML 기반 설정 방식을 이용한 CSRF 기능의 비활성화

```
<sec:http>
    <!-- 생략 -->
    <sec:csrf disabled="true"/> <!-- disabled 속성에 true를 지정해 비활성화 -->
</sec:http>
```

## ▪ HTML 폼을 사용할 때의 토큰 값 연계

HTML 폼으로 요청을 전송할 때는 스프링 시큐리티가 제공하는 <sec:csrfInput> 요소를 사용한다. <sec:csrfInput> 요소는 HTML 형식으로 변환될 때 CSRF 토큰 값을 전달하는 hidden 항목이 된다.

▶ JSP 구현 예

```
<%@ taglib prefix="sec" uri="http://www.springframework.org/security/tags" %>

<form action="<c:url value='/login' />" method="post">
    <!-- 생략 -->
    <sec:csrfInput /> <!-- hidden 항목으로 CSRF 토큰값을 포함 -->
    <!-- 생략 -->
</form>
```

▶ HTML 출력 예

```
<form action="/login" method="post">
    <!-- 생략 -->
    <!-- CSRF 토큰 값의 hidden 항목 -->
    <input type="hidden" name="_csrf" value="63845086-6b57-4261-8440-97a3c6fa6b99" />
    <!-- 생략 -->
</form>
```

## ▪ Ajax를 사용할 때의 연계

Ajax로 요청을 전송할 때는 스프링 시큐리티가 제공하는 <sec:csrfMetaTags> 요소를 사용한다. <sec:csrfMetaTags> 요소는 HTML 형식으로 변환될 때 CSRF 토큰 값을 전달하는 <meta> 요소가 된다. <meta> 요소에 설정된 값들은 Ajax 통신을 할 때 요청 헤더에 설정되어 전달된다.

▶ JSP 구현 예

```
<%@ taglib prefix="sec" uri="http://www.springframework.org/security/tags" %>

<head>
    <!-- 생략 -->
    <sec:csrfMetaTags /> <!-- HTML의 meta 요소로 CSRF 토큰 정보를 출력 -->
```

```
    <!-- 생략 -->
</head>
```

▶ HTML 출력 예

```
<head>
    <!-- 생략 -->
    <meta name="_csrf_parameter" content="_csrf" />
    <meta name="_csrf_header" content="X-CSRF-TOKEN" /> <!-- 헤더명 -->
    <meta name="_csrf" content="63845086-6b57-4261-8440-97a3c6fa6b99" /> <!-- 토큰 값 -->
    <!-- 생략 -->
</head>
```

▶ 자바스크립트(jQuery) 구현 예

```
$(function() {
    var headerName = $("meta[name='_csrf_header']").attr("content");
    var tokenValue = $("meta[name='_csrf']").attr("content");
    $(document).ajaxSend(function(e, xhr, options) {
        xhr.setRequestHeader(headerName, tokenValue);  // CSRF 토큰값의 설정
    });
});
```

## 9.6.3. 토큰 검사 오류가 발생할 때의 응답

CSRF 토큰 검사에서 오류가 발생하면 스프링 시큐리티는 AccessDeniedHandler 인터페이스를 사용해 오류 상황을 알린다.

CSRF 토큰 검사에서 오류가 발생했을 때 전용 오류 페이지로 이동하고 싶다면, 스프링 시큐리티가 제공하는 DelegatingAccessDeniedHandler 클래스를 이용해 예외 유형에 대응할 AccessDenied Handler를 만들어주면 된다(표 9.18).

표 9.18 CSRF 토큰 검사에서 사용되는 예외 클래스

| 클래스명 | 설명 |
| --- | --- |
| InvalidCsrfTokenException | 클라이언트에서 전달한 토큰값과 서버 측에서 가지고 있는 토큰값이 일치하지 않을 때 발생한다. |
| MissingCsrfTokenException | 서버 측에 토큰값이 저장돼 있지 않을 때 발생한다. |

## 9.6.4. CSRF 방지 기능과 스프링 MVC와의 연계

스프링 시큐리티에는 스프링 MVC와 연계하기 위해 만들어진 컴포넌트가 있다. 예를 들어, `CsrfRequestDataValueProcessor`는 스프링 MVC의 `<form:form>` 요소를 사용할 때, HTML 폼에 CSRF 토큰값을 hidden 항목으로 추가하는 기능을 제공한다.

CSRF 방지 기능이 활성화되면 `CsrfRequestDataValueProcessor`가 스프링 MVC에 자동으로 적용되기 때문에 개발자가 명시적으로 정의를 추가해줄 필요가 없다.

HTML 폼을 만들 때 단지 `<form:form>` 요소를 사용하기만 하면 된다.

▶ JSP 구현 예

```
<%@ taglib prefix="form" uri="http://www.springframework.org/tags/form" %>

<c:url var="loginUrl" value="/login"/>
<form:form action="${loginUrl}">
    <!-- 생략 -->
</form:form>
```

▶ HTML 출력 예

```
<form id="command" action="/login" method="post">
    <!-- 생략 -->
    <div>
        <input type="hidden" name="_csrf" value="63845086-6b57-4261-8440-97a3c6fa6b99" />
    </div>
</form>
```

메모

스프링 MVC와 연계할 수 있는 `RequestDataValueProcessor` 인터페이스의 구현 클래스는 단 하나뿐이다. 그래서 DispatcherServlet이 관리하는 ApplicationContext에 RequestDataValueProcessor를 구현한 빈이 추가로 등록돼 있으면 CsrfRequestDataValueProcessor는 스프링 MVC에 적용되지 않고, 결과적으로 `<form:form>` 요소를 사용하더라도 CSRF 토큰값의 hidden 항목이 추가되지 않는다. 만약 RequestDataValueProcessor 인터페이스의 구현 클래스를 여러 개 사용해야 한다면, 각 RequestDataValueProcessor 인터페이스의 구현 클래스가 다른 구현 클래스에게 처리를 위임하는 방식으로 구현해야 한다.

## 9.7. 세션 관리

이번 절에서는 스프링 시큐리티가 제공하는 세션 관리 기능을 설명한다.

### 9.7.1. 세션 관리 기능의 적용

세션 관리 기능을 사용할 때는 다음과 같이 빈을 정의한다.

▶ 자바 기반 설정 방식을 이용한 빈 정의

```java
@Override
protected void configure(HttpSecurity http) throws Exception {
    // 생략
    http.sessionManagement(); ─────────────────────────────────── ❶
}
```

❶ sessionManagement 메서드를 호출해서 SessionManagementConfigurer 인스턴스를 가져온다. SessionManagement
  Configurer에는 세션 관리 기능을 커스터마이징할 수 있는 메서드가 정의돼 있다. WebSecurityConfigurerAdapter를
  상속하고 있다면 sessionManagement 메서드가 부모 클래스에서 호출되므로 세션 관리 기능은 기본적으로 활성화된 상
  태가 된다.

▶ XML 기반 설정 방식을 이용한 빈 정의

```xml
<sec:http>
    <!-- 생략 -->
    <sec:session-management /> ─────────────────────────────────── ❶
</sec:http>
```

❶ <sec:session-management> 요소를 지정한다. 이 요소를 지정하면 세션 관리 기능이 활성화된다.

REST API와 같이 세션을 사용하지 않을 때는 세션 생성 규칙을 'stateless'로 변경해야 한다.

▶ 자바 기반 설정 방식을 이용한 빈 정의

```java
http.sessionManagement()
        .sessionCreationPolicy(SessionCreationPolicy.STATELESS);
```

▶ XML 기반 설정 방식을 이용한 빈 정의

```xml
<sec:http create-session="stateless">
    <!-- 생략 -->
</sec:http>
```

한편 세션 생성 규칙으로는 다음과 같은 옵션을 선택할 수 있다(표 9.19).

표 9.19 세션 작성 규칙

| 옵션 | 설명 |
| --- | --- |
| always | 세션이 존재하지 않는 경우 무조건 새로운 세션을 생성한다. 이 옵션을 지정하면 스프링 시큐리티에서 세션을 사용하지 않더라도 세션이 만들어진다. |
| ifRequired | 세션이 존재하지 않는 경우 세션에 객체를 저장하려고 하면 그때 새로운 세션을 만들어서 이용한다(기본 동작 방식). |
| never | 세션이 존재하지 않는 경우 새로 세션을 만들거나 이용하지 않는다. 다만 이미 세션이 존재하는 경우에는 기존의 세션을 이용한다. |
| stateless | 세션 존재 여부와 관계없이 세션을 만들거나 하지 않는다. |

메모

세션 생성 규칙에 'stateless'를 지정했을 때의 동작 방식은 자바 기반 설정 방식을 사용할 때와 XML 기반 설정 방식을 사용할 때 사이에 미묘한 차이가 있다. 자바 기반 설정 방식에서는 이미 세션이 존재할 때 로그인 처리가 성공하면 뒤에 설명할 세션 고정 공격 방지 기능에서 옵션 'none'만 아니면 새로운 세션을 만들게 된다.[22]

## 9.7.2. URL 재작성의 억제 기능

URL 재작성(URL Rewriting)을 하면 URL에 세션 ID가 노출되기 때문에 세션 ID를 탈취당할 위험이 있다. 스프링 시큐리티는 URL 재작성을 억제하는 기능을 제공하는데, 스프링 시큐리티 4.0부터는 이 기능이 기본으로 적용된다.

메모

서블릿 3.0 이상의 서블릿 컨테이너를 사용한다면, 서블릿의 표준 사양만으로도 URL 재작성을 억제할 수 있다.

▶ web.xml의 정의 예

```xml
<session-config>
    <!-- 생략 -->
    <tracking-mode>COOKIE</tracking-mode>
</session-config>
```

### 9.7.3. 세션 고정 공격의 방지 기능

세션 관리 기능을 사용하면 기본적으로 세션 고정 공격의 방지 기능이 활성화된다. 이 기능이 활성화되면 로그인이 성공했을 때 새로운 세션 ID를 발급하기 때문에 공격자가 사전에 제공한 세션 ID는 사용되지 않는다. 세션 고정 공격을 방지하는 방법은 다음과 같은 옵션으로 선택할 수 있다(표 9.20).

표 9.20 세션 고정 공격에 대한 방지 옵션

| 옵션 | 설명 |
| --- | --- |
| changeSessionId | 서블릿 3.1부터 추가된 HttpServletRequest#changeSessionId 메서드를 사용해 세션 ID를 변경한다(서블릿 3.1 이상의 컨테이너에서는 기본 동작 방식). |
| migrateSession | 로그인 전에 사용하던 세션을 파기하고 새로운 세션을 생성한다. 로그인 전에 세션에 저장돼 있던 객체는 새로운 세션에 옮겨진다(서블릿 3.0 이상의 컨테이너에서는 기본 동작 방식). |
| newSession | migrateSession과 같은 방법으로 세션 ID를 변경하지만 로그인 전에 저장돼 있던 객체는 새로운 세션에 옮기지 않는다. |
| none | 세션 ID를 변경하지 않는다. |

다음은 세션 고정 공격에 대한 방지 옵션을 'newSession'으로 설정한 예다.

▶ 자바 기반 설정 방식을 이용한 빈 정의

```
http.sessionManagement().sessionFixation().newSession();
```

▶ XML 기반 설정 방식을 이용한 빈 정의

```
<sec:session-management session-fixation-protection="newSession"/>
```

### 9.7.4. 다중 로그인 제어

스프링 시큐리티는 같은 사용자명(로그인 ID)을 이용한 다중 로그인을 제어할 수 있는 기능을 제공한다. 이 기능을 기본 구현으로 사용할 때는 몇 가지 제약과 주의할 점이 있다. 이 책에서는 이러한 제약과 주의 사항만 소개하고 구체적인 사용법은 지면 관계상 다루지 않는다. 구체적인 사용법을 알고 싶다면 스프링 시큐리티의 레퍼런스 페이지[23]를 참조하자.

---

23  • 18.3 Concurrency Control
       http://docs.spring.io/spring-security/site/docs/current/reference/htmlsingle/#concurrent-sessions
     • Concurrent Session Control
       http://docs.spring.io/spring-security/site/docs/current/reference/htmlsingle/#ns-concurrent-sessions
     • 38.1.33 <concurrency-control>
       http://docs.spring.io/spring-security/site/docs/current/reference/htmlsingle/#nsa-concurrency-control

스프링 시큐리티가 제공하는 기본 구현(org.springframework.security.core.session.Session RegistryImpl)에서는 사용자별 세션 정보를 애플리케이션 서버의 메모리에 관리한다. 따라서 애플리케이션 서버를 여러 대 운용하는 시스템에서는 사용할 수 없다.

그리고 애플리케이션 서버를 중지하거나 재시작하면 메모리에서 관리하고 있던 세션 정보는 사라진다. 애플리케이션 서버 제품에 따라 중지나 재시작을 할 때 세션 상태를 저장하거나 복원하는 기능을 제공하기도 하지만, 실제 세션 상태와 스프링 시큐리티가 관리하는 세션 정보가 불일치할 수도 있다.

## 9.7.5. 유효하지 않은 세션을 사용한 요청의 감지

스프링 시큐리티는 유효하지 않은 세션을 사용한 요청을 감지하는 기능을 제공한다. 유효하지 않은 세션을 사용한 요청의 대부분은 세션 타임아웃 이후에 보내진 요청들이다.

다음은 유효하지 않은 세션을 감지했을 때 '/error/invalidSession'으로 이동하는 예다.

▶ 자바 기반 설정 방식을 이용한 빈 정의

```
http.sessionManagement().invalidSessionUrl("/error/invalidSession");
```

▶ XML 기반 설정 방식을 이용한 빈 정의

```
<sec:session-management invalid-session-url="/error/invalidSession"/>
```

## 9.8. 브라우저 보안 기능과의 연계

이번 절에서는 브라우저가 제공하는 보안 기능과 연계하는 방법을 설명한다.

최근의 주요 브라우저들은 브라우저의 기능이 악용되지 않도록 몇 가지 보안 기능을 제공한다. 브라우저에서 제공하는 보안 기능 중 일부는 서버 측에서 보낸 HTTP 응답 헤더로 제어할 수 있다.

스프링 시큐리티는 보안 관련 응답 헤더를 출력하는 기능으로 웹 애플리케이션의 보안을 강화해줄 수 있다.

## 9.8.1. 보안 헤더 출력 기능의 적용

보안 헤더 출력 기능은 스프링 프레임워크 3.2부터 추가된 기능으로 스프링 시큐리티 4.0부터는 기본적으로 적용되기 시작했다. 따라서 보안 헤더 출력 기능을 활성화하기 위해 개발자가 특별히 해줄 일은 없다.

다만 보안 헤더 출력 기능을 사용하지 않는다면 명시적으로 비활성화를 해줘야 한다.

▶ 자바 기반 설정 방식을 이용한 비활성화

```
@Override
protected void configure(HttpSecurity http) throws Exception {
    // 생략
    http.headers().disable();  // disable 메서드를 호출해서 비활성화
}
```

▶ XML 기반 설정 방식을 이용한 비활성화

```
<sec:http>
    <!-- 생략 -->
    <sec:headers disabled="true"/> <!-- disabled 속성에 true를 설정해서 무효화 -->
</sec:http>
```

## 9.8.2. 기본적으로 지원하는 보안 헤더

스프링 시큐리티에서 기본적으로 지원하는 응답 헤더는 다음과 같다[24].

- **Cache-Control(Pragma, Expires)**
  콘텐츠의 캐시 방법을 지시하기 위한 헤더다. 보호된 콘텐츠가 브라우저에 캐시되지 않게 함으로써 권한이 없는 사용자가 보호된 콘텐츠를 볼 위험을 줄일 수 있다.

- **X-Frame-Options**
  프레임(<frame> 또는 <iframe> 요소)에서 콘텐츠 표시를 인가할지 여부를 지시하기 위한 헤더다. 프레임에서 콘텐츠가 표시되지 않게 함으로써 클릭재킹(Clickjacking)을 통한 기밀 정보 유출을 줄일 수 있다.

- **X-Content-Type-Options**
  콘텐츠의 종류를 결정하는 방법을 지시하기 위한 헤더다. 일부 브라우저에서는 Content-Type 헤더의 값을 무시하고 콘텐츠 내용을 보고 결정한다. 콘텐츠의 종류를 결정할 때 콘텐츠의 내용을 보이지 않게 함으로써 크로스 사이트 스크립팅을 통한 공격 위험을 줄일 수 있다.

---

**24** 스프링 시큐리티 4.1부터 'Content Security Policy(CSP)'와 'HTTP Public Key Pinning(HPKP)'용 응답 헤더가 지원된다.

- **X-XSS-Protection**

  브라우저의 XSS 필터를 사용해 유해 스크립트를 검출할 방법을 지시하는 헤더다. XSS 필터를 활성화해서 유해 스크립트를 검출하게 만들면 크로스 사이트 스크립팅을 통한 공격 위험을 줄일 수 있다.

- **Strict-Transport-Security**

  HTTPS로 접근한 후에 다시 HTTP로 접근하려 하면, HTTPS로 다시 접근하도록 지시하는 헤더다. HTTPS로 접근한 후 HTTP가 사용되지 않게 함으로써 중간자 공격이라는 공격 수법을 통해 악의적인 사이트로 유인되는 위험을 줄일 수 있다.

모든 헤더가 출력된 예는 다음과 같다.

▶ 보안 헤더 출력 예

```
Cache-Control: no-cache, no-store, max-age=0, must-revalidate
Pragma: no-cache
Expires: 0
X-Frame-Options: DENY
X-Content-Type-Options: nosniff
X-XSS-Protection: 1; mode=block
Strict-Transport-Security: max-age=31536000 ; includeSubDomains
```

## 9.8.3. 보안 헤더 선택

출력할 보안 헤더를 선택하고 싶을 때는 다음과 같이 빈을 정의한다. 이 예는 스프링 시큐리티가 제공하는 모든 보안 헤더를 출력하고 있는데, 실제 사용할 때는 필요한 것만 지정해서 쓰도록 하자.

▶ 자바 기반 설정 방식을 이용한 빈 정의

```
http.headers()
        .defaultsDisabled()                          ❶
        .cacheControl().and()                        ❷
        .frameOptions().and()                        ❸
        .contentTypeOptions().and()                  ❹
        .xssProtection().and()                       ❺
        .httpStrictTransportSecurity();              ❻
```

▶ XML 기반 설정 방식을 이용한 빈 정의

```
<sec:headers defaults-disabled="true">              ❶
    <sec:cache-control/>                             ❷
    <sec:frame-options/>                             ❸
    <sec:content-type-options/>                      ❹
    <sec:xss-protection/>                            ❺
```

```
    <sec:hsts/> ──────────────────────────────────── ❻
</sec:headers>
```

❶ 우선 기본적으로 적용되는 헤더 출력 컴포넌트를 비활성화한다.

❷ Cache-Control(Pragma, Expires) 헤더를 출력하는 컴포넌트를 등록한다.

❸ X-Frame-Options 헤더를 출력하는 컴포넌트를 등록한다.

❹ X-Content-Type-Options 헤더를 출력하는 컴포넌트를 등록한다.

❺ X-XSS-Protection 헤더를 출력하는 컴포넌트를 등록한다.

❻ Strict-Transport-Security 헤더를 출력하는 컴포넌트를 등록한다.

참고로 불필요한 것만 비활성화하는 방법도 있다.

▶ 자바 기반 설정 방식을 이용한 빈 정의

```
http.headers().cacheControl().disable();  // disable 메서드를 호출해 비활성화
```

▶ XML 기반 설정 방식으로 빈을 정의한 예

```
<sec:cache-control disabled="true"/> <!-- disabled 속성에 true를 설정해 비활성화 -->
```

이 예에서는 Cache-Control 관련 헤더만 출력되지 않게 했다.

## 9.9. 스프링 시큐리티 테스트

이번 절에서는 스프링 시큐리티를 활용해 개발한 코드를 테스트하는 방법에 대해 알아보자. 스프링 시큐리티 테스트(Spring Security Test)는 다음과 같은 기능을 제공함으로써 스프링 시큐리티를 활용한 코드를 쉽게 테스트할 수 있게 만들어준다.

- MockMvc[25]를 사용해 '인증 처리'나 '인가 처리' 등을 테스트하는 기능
- 테스트할 때 적용할 인증 정보를 애너테이션으로 지정할 수 있는 기능

한편 스프링 시큐리티 테스트는 스프링 테스트의 기능을 활용해 만들어졌다.

---

25  스프링 MVC 애플리케이션의 통합 테스트를 지원하는 클래스다. 자세한 내용은 8장 '스프링 테스트'에서 설명하고 있다.

## 9.9.1. 스프링 시큐리티 테스트의 설정

먼저 스프링 시큐리티 테스트를 스프링 테스트에 적용하는 방법을 설명한다.

### ■ 의존 라이브러리 추가

스프링 시큐리티 테스트를 의존 라이브러리로 추가한다.

▶ pom.xml 설정 예

```
<dependency>
    <groupId>org.springframework.security</groupId>
    <artifactId>spring-security-test</artifactId>
    <scope>test</scope>
</dependency>
```

### ■ 스프링 시큐리티의 서블릿 필터 추가

MockMvc 기능을 사용할 때는 MockMvc에 스프링 시큐리티의 서블릿 필터를 추가해야 한다. 서블릿 필터를 추가하려면 SecurityMockMvcConfigurers의 springSecurity 메서드를 사용한다.

▶ 스프링 시큐리티의 서블릿 필터 추가

```
import static org.springframework.security.test.web.servlet.setup.SecurityMockMvcConfigurers.*;
// 생략
@Before
public void setupMockMvc() {
    this.mockMvc = MockMvcBuilders.webAppContextSetup(webApplicationContext)
            // 스프링 시큐리티의 서블릿 필터를 추가
            .apply(springSecurity()).build();
}
```

또한 MockMvc가 이용하는 DI 컨테이너에는 스프링 시큐리티의 빈이 등록돼 있어야 한다. 다음은 WebSecurityConfig에서 스프링 시큐리티의 빈을 정의했다고 가정한 예다.

▶ 스프링 시큐리티의 빈을 등록한 설정 클래스의 예

```
// 생략
@ContextHierarchy({
        @ContextConfiguration(classes = { AppConfig.class, WebSecurityConfig.class }),
        @ContextConfiguration(classes = WebMvcConfig.class) })
@WebAppConfiguration
public class WebSecurityTest {
    /* 생략 */
}
```

### ■ static 메서드 임포트

MockMvc 기능을 사용할 때는 MockMvc를 사용한 테스트를 위해 다음과 같은 static 메서드를 임포트해 둔다.

▶ static 메서드를 임포트하는 예

```
// 생략
import static org.springframework.security.test.web.servlet.request.SecurityMockMvcRequestBuild
ers.*; ──────────────────────────────────────────────────── ❶
import static org.springframework.security.test.web.servlet.request.SecurityMockMvcRequestPostP
rocessors.*; ──────────────────────────────────────────────── ❷
import static org.springframework.security.test.web.servlet.response.SecurityMockMvcResultMatch
ers.*; ──────────────────────────────────────────────────── ❸
// 생략
public class WebSecurityTest {
    /* 생략 */
}
```

❶ 스프링 시큐리티의 기능을 호출할 때 필요한 요청 데이터를 설정하기 위한 static 메서드를 임포트한다.

❷ 스프링 시큐리티의 기능을 호출할 때 필요한 요청 데이터와 객체의 상태를 설정하기 위한 static 메서드를 임포트한다.

❸ 스프링 시큐리티의 기능을 호출한 후, 한 결과를 검증하기 위한 static 메서드를 임포트한다.

## 9.9.2. 인증 처리의 테스트

스프링 시큐리티 테스트는 폼 인증, Basic 인증, Digest 인증, X.509 인증, 로그아웃과 같은 인증 기능을 테스트할 수 있는 기능을 제공한다. 이 책에서는 그중에서도 가장 많이 사용되는 폼 인증과 로그아웃 테스트를 하는 방법을 소개한다.

### ■ 폼 인증 테스트

폼 인증에 대한 테스트를 할 때는 로그인 처리를 할 경로에 '사용자명'과 '패스워드'를 전송한 다음, 인증 처리가 제대로 됐는지 검증한다.

▶ 인증이 성공하는 패턴의 테스트 케이스를 구현한 예

```
@Test
public void testFormLogin() throws Exception {
    mockMvc.perform(formLogin().user("user").password("validPassword")) ─────────── ❶
            .andExpect(status().isFound()).andExpect(redirectedUrl("/")) ─────────── ❷
            .andExpect(authenticated().withRoles("USER")); ──────────────── ❸
}
```

❶ SecurityMockMvcRequestBuilders의 formLogin 메서드를 사용하고 '로그인 처리를 하는 경로(기본값:/login)'와 '사용자명(기본 파라미터명=username)', '패스워드(기본 파라미터명=password)'를 지정해 요청을 보낸다. 이때 CSRF 토큰값도 함께 전송된다.

❷ 인증 처리가 성공할 때의 리다이렉트 경로가 맞는지 검증한다.

❸ SecurityMockMvcResultMatchers의 authenticated 메서드를 사용해 인증 정보의 상태를 검증한다. 이 예에서는 인증 정보의 롤이 맞게 설정돼 있는지 검증하고 있다. 한편 인증이 실패하는 패턴의 테스트 케이스에서는 unauthenticated 메서드를 사용해 인증 정보가 생성되지 않았다는 것을 검증해야 한다.

### ■ 로그아웃 테스트

로그아웃 기능을 테스트할 때는 로그아웃 처리를 할 경로에 요청을 전송한 다음, 로그아웃 처리가 제대로 됐는지 검증한다.

▶ 로그아웃 처리에 대한 테스트 케이스의 구현 예

```
@WithMockUser ─────────────────────────────────────── ❶
@Test
public void testLogout() throws Exception {
    mockMvc.perform(logout()) ──────────────────────── ❷
            .andExpect(status().isFound()).andExpect(redirectedUrl("/login?logout")) ─── ❸
            .andExpect(unauthenticated()); ─────────── ❹
}
```

❶ 로그아웃 처리에서 인증 정보가 파기된 것을 검증하기 위해 인증된 상태로 설정해 둔다. @WithMockUser에 대해서는 다음 절인 9.9.3절 '인가 처리 테스트'에서 설명한다.

❷ SecurityMockMvcRequestBuilders의 logout 메서드를 사용해 '로그아웃 처리를 하는 경로(기본값: /logout)'를 지정하고 요청을 보낸다. 이때 CSRF 토큰값도 함께 전송된다.

❸ 로그아웃 처리가 성공할 때의 리다이렉트 경로가 맞는지 검증한다.

❹ SecurityMockMvcResultMatchers의 unauthenticated 메서드를 사용해 인증 정보가 파기됐는지 검증한다.

## 9.9.3. 인가 처리의 테스트

인가 처리를 테스트할 때는 스프링 시큐리티가 인가 처리를 하기 전에 테스트 케이스의 사전 조건을 충족하도록 인증 정보를 설정해 둬야 한다. 스프링 시큐리티 테스트는 인증 정보를 설정하기 위해 다음의 두 가지 방법을 제공한다.

- 애너테이션을 이용한 인증 정보 설정
- MvcMock가 확장 포인트로 제공하는 RequestPostProcessor를 이용한 인증 정보 설정

## ▪ 애너테이션을 이용한 인증 정보 설정

메서드의 인가 테스트에 `MockMvc`를 사용하지 않을 때는 애너테이션을 이용해 테스트용 인증 정보를 설정한다. 스프링 시큐리티 테스트에서 제공하는 애너테이션은 다음의 두 가지로, 모두 `org.springframework.security.test.context.support` 패키지에 속해 있다(표 9.21).

표 9.21 스프링 시큐리티 테스트에서 제공하는 애너테이션[26]

| 애너테이션 | 설명 |
| --- | --- |
| @WithMockUser | 애너테이션 속성에서 지정한 '사용자명'과 '패스워드', '롤'과 같은 정보를 활용해 UserDetails를 만들고, 테스트할 때 사용할 인증 정보에 설정한다. UserDetails 구현 클래스에는 스프링 시큐리티에서 제공하는 org.springframework.security.core.userdetails.User가 사용된다. |
| @WithUserDetails | 애너테이션 속성에서 지정한 '사용자명'에 대응하는 UserDetails를, DI 컨테이너에 등록된 UserDetailsService에서 읽어 들여 테스트할 때 사용할 인증 정보에 설정한다. |

▶ 테스트 대상 메서드의 구현 예

```
@Service
public class MessageService {
    @PreAuthorize("hasRole('ADMIN')") // 관리자 사용자만 접근할 수 있는 메서드
    public Message create(String message) {
        // 생략
    }
}
```

▶ @WithMockUser 사용 예

```
@Autowired
MessageService service; ─────────────────────────────────────── ❶

@WithMockUser(username = "admin", roles = "ADMIN") ───────────── ❷
@Test // 관리자 역할이므로 오류는 발생하지 않음
public void testCreateByAdminRole() {
    Message createdMessage = service.create("Message1");
    // 생략
}
```

❶ 테스트할 빈을 인젝션한다.

❷ @WithMockUser를 사용해 관리자 역할의 사용자로 테스트한다.

---

**26** 스프링 시큐리티 4.1부터 익명 사용자용 인증 정보를 설정하는 @WithAnonymousUser가 추가됐다.

▶ @WithUserDetails 사용 예

```
@WithUserDetails("user") ─────────────────────────────────────── ❶
@Test(expected = AccessDeniedException.class) // 허용되지 않는 역할이라서 오류가 발생함
public void testCreateByUserRole() {
    service.create("Message2");
}
```

❶ @WithUserDetails를 사용해 일반 사용자로 테스트한다.

한편, 아무런 애너테이션도 지정하지 않고 메서드를 호출하면 인증 정보를 가져올 수 없기 때문에 org.springframework.security.authentication.AuthenticationCredentialsNotFoundException이 발생한다.

### ■ RequestPostProcessor를 이용한 인증 정보 설정

웹 리소스에 대한 인가 테스트를 할 때는 애너테이션을 이용한 인증 정보 설정 방법 외에도 MockMvc의 RequestPostProcessor를 사용해 인증 정보를 설정할 수 있다.

▶ RequestPostProcessor의 사용 예

```
@Test
public void testPostMessageByAdminRole() throws Exception {
    mockMvc.perform(post("/messages").with(user("admin").roles("ADMIN"))) ─────── ❶
            .andExpect(status().isOk());
}
```

❶ SecurityMockMvcRequestPostProcessors의 user 메서드를 사용해 인증 정보에 설정할 UserDetails를 설정한다.

user 메서드 외에도 Authentication 객체를 직접 설정하는 authentication 메서드나 Security Context 객체를 직접 설정하는 securityContext 메서드도 제공된다.

## 9.9.4. CSRF 토큰 검사 대상에 대한 요청 테스트

스프링 시큐리티의 CSRF 기능을 활성화했다면 POST, PUT, DELETE, PATCH의 HTTP 메서드를 사용한 요청에 대해 CSRF 토큰 검사를 수행해야 한다. 따라서 이러한 메서드를 사용하는 요청을 테스트하려면 유효한 CSRF 토큰값을 요청 파라미터나 요청 헤더에 포함해야 한다.

▶ 유효한 CSRF 토큰값을 전송하기 위한 구현

```
@WithMockUser
@Test
public void testCreateAccount() throws Exception {
    mockMvc.perform(post("/accounts").with(csrf()))  ────────────────────────── ❶
            .andExpect(status().isOk());
}
```

❶ SecurityMockMvcRequestPostProcessors의 csrf 메서드를 이용해 유효한 CSRF 토큰값을 요청 파라미터에 설정한다. 토큰값을 요청 헤더에 설정하고 싶다면 csrf().asHeader() 메서드를 사용하면 된다. 또한 csrf().useInvalidToken()을 사용해 명시적으로 무효한 CSRF 토큰을 만들어서 테스트해볼 수도 있다.

# 10장

## 스프링 데이터 JPA

3장에서는 스프링 JDBC가 SQL을 통해 데이터베이스와 연동하는 방법을 소개했다. 이 장에서는 스프링 데이터 JPA(Spring Data JPA)가 SQL 대신 JPA(Java Persistence API)를 통해 데이터베이스와 연동하는 방법을 설명하겠다.

이를 위해 우선 Java EE 표준인 JPA의 개요와 사용법에 대해 알아보자. JPA를 이해한 후에는 스프링 데이터 JPA를 사용해 보면서 스프링 기반 애플리케이션에서 JPA가 어떻게 활용되는지 확인해보자.

## 10.1. JPA란?

JPA(Java Persistence API)는 자바 표준 ORM(Object-Relational Mapping, Object-Relational Mapper)으로, 2006년에 발표된 Java EE 5 사양에서 채택됐다. 이 책에서는 지면 관계상 ORM이나 JPA에 대해서 스프링 데이터 JPA를 사용하는 데 꼭 필요한 정도로만 다룰 것이다.

### 10.1.1. ORM과 JPA의 개념

ORM의 개념을 한마디로 설명하면 관계형 데이터베이스(이하 데이터베이스)에 데이터를 읽고 쓰는 처리를 객체에 데이터를 읽고 쓰는 방식으로 구현하는 기술이다. 상용 시스템을 개발할 때는 애플리케이션에서 다루는 데이터를 데이터베이스에 저장하는 것이 일반적이다. 자바에서 SQL을 실행하는 프로그램을 한번이라도 직접 만들어 본 적이 있다면 다음과 같은 불만을 가져본 적이 있을 것이다.

- 데이터베이스에 표현된 테이블 간의 관계를 자바 객체 간의 참조 관계로 표현하는 것이 어렵다.
- SQL을 사용할 때, 입출력할 값을 담을 객체(Data Transfer Object라는 클래스)를 너무 많이 만든다.
- 테이블 이름만 다른 비슷비슷한 SQL을 너무 많이 만든다.
- SQL에서 읽고 쓰는 테이블 칼럼과 자바 객체의 프로퍼티를 매핑하는 것은 기계적이고 소모적인 작업이다.

프로그래밍 언어는 객체지향 언어인 데 반해 데이터베이스나 SQL은 객체지향이 아니기 때문에 이러한 문제는 언제든지 발생할 수 있다. 이러한 객체지향 언어와 관계형 데이터베이스 사이의 간극을 메우려는 사상이 ORM이다. ORM은 객체와 데이터베이스를 매핑하는 역할을 대신해 준다. 그래서 프로그램 개발자가 객체에 접근하기 위한 코드를 개발하면 결과적으로 데이터베이스의 테이블에도 접근할 수 있게 되고, 이제까지 데이터베이스를 의식하면서 짜야 했던 번거로운 코드에서 해방되어 보다 비즈니스 로직에 집중할 수 있게 된다.

앞에서 설명한 것처럼 JPA는 자바 표준의 ORM으로 현재는 Java EE의 핵심적인 구성 요소다. 표준화가 진행될 당시 자바용 ORM은 하이버네이트가 인기를 끌고 있었기 때문에 JPA는 하이버네이트의 기본 사상을 이어받아 사양이 책정됐다. JPA 1.0이 Java EE 5에서 책정된 후 JPA 2.0(Java EE 6), JPA 2.1(Java EE 7)과 사양 및 구현과 함께 거듭 업데이트되고 있다.

JPA는 다른 Java EE의 구성 요소와 결합도가 낮은 부분이 많은데, 예를 들어 EJB(Enterprise JavaBeans) 컨테이너를 지원하지 않는 톰캣에서도 JPA 구현만 추가하면 이용할 수 있다. 일부 JPA 구현이 OSS로 제공되기 때문에 이용하기도 쉽다(표 10.1). JPA 구현을 일반적으로 '영속화 프로바이더'라고 부르기도 한다.

표 10.1 OSS로 제공되는 주요 JPA 구현

| 제품명 | 특징 |
| --- | --- |
| EclipseLink | JPA 참조 구현체. GlassFish에서 사용된다. |
| Hibernate ORM | JPA의 기반이 된 하이버네이트의 JPA 구현. JBoss/WildFly에서 사용된다. |
| Apache OpenJPA | 아파치 소프트웨어 재단에서 개발된 JPA 구현. Apache TomEE에서 사용된다. |
| DataNucleus | Google AppEngine에서 사용된다. |

자세한 내용은 나중에 설명하겠지만 JPA의 매력을 잘 알 수 있는 예를 소개한다. 다음 코드에서는 데이터베이스에서 한 건의 레코드를 조회한다. 첫 번째는 기존 스프링 JDBC를 사용한 예고, 두 번째는 JPA를 사용한 예다.

▶ 스프링 JDBC를 사용한 코드

```
public Room getRoomById(String roomId) {
    String sql = "SELECT room_id, room_name, capacity FROM room WHERE room_id = ?";
    RowMapper<Room> rowMapper = new BeanPropertyRowMapper<Room>(Room.class);
    return getJdbcTemplate().queryForObject(sql, rowMapper, roomId);
}
```

▶ JPA를 사용한 코드 예

```
@PersistenceContext
EntityManager entityManager;

public Room getRoomById(String roomId) {
    return entityManager.find(Room.class, roomId);
}
```

JPA를 사용한 경우 스프링 JDBC에서는 필요했던 SQL이 없어진 데다 데이터베이스의 칼럼과 자바 객체와의 매핑이 감춰진 것을 알 수 있다. 그럼 JPA가 어떤 구조로 SQL이나 데이터베이스 정의를 은폐하고 JPA가 언제 어떻게 데이터베이스에 접근하는지 살펴보자. 따라서 핵심은 Entity와 EntityManager다. 이 예에서는 Room 클래스가 Entity가 여기에 해당한다.

## 10.1.2. Entity

데이터베이스에서 영속적으로 저장된 데이터를 자바 객체로 매핑한 것을 Entity라 한다. Entity는 메모리 상에 자바 객체의 인스턴스 형태로 존재하며, 이후에 설명할 EntityManager에 의해 데이터베이스의 데이터와 동기화된다. Entity는 POJO를 이용한 클래스로 기술할 수 있지만 Entity임을 JPA 구현에 인식시키거나 매핑에 필요한 정보를 추가하기 위해 JPA가 제공하는 애너테이션을 사용해야 한다.

메모

애너테이션을 사용하지 않고 XML 파일에서 Entity 매핑을 정의할 수도 있다. 이 책에서는 애너테이션을 사용한 경우만 소개한다.

JPA에서는 객체를 고유하게 식별하기 위한 기본키를 Entity 프로퍼티와 테이블에 갖게 할 필요가 있다. 이 기본키에 의해 Entity와 데이터베이스에 영속화된 데이터가 연결된다. Entity의 구현 예로 room 테이블에 대한 Entity 클래스 정의를 다음과 같이 나타낸다(표 10.2).

표 10.2 room 테이블

| 칼럼 | 타입 | PK | FK |
| --- | --- | --- | --- |
| room_id | INT NOT NULL | ○ | |
| roomName | VARCHAR(10) | | |
| capacity | INT | | |

▶ Entity 클래스의 구현 예

```
package com.example.domain.model;

import javax.persistence.Column;
import javax.persistence.Entity;
import javax.persistence.GeneratedValue;
import javax.persistence.Id;
import javax.persistence.Table;
```

```
@Entity ─────────────────────────────────────────────── ❶
@Table(name = "room") ────────────────────────────────── ❷
public class Room implements Serializable { ──────────── ❸
    @Id ──────────────────────────────────────────────── ❹
    @GeneratedValue ──────────────────────────────────── ❺
    @Column(name = "room_id") ────────────────────────── ❻
    private Integer roomId;

    @Column(name = "room_name")
    private String roomName;

    @Column(name = "capacity")
    private Integer capacity;

    // 생략
}
```

❶ @javax.persistence.Entity 애너테이션을 부여하고 Entity 클래스임을 나타낸다.

❷ @javax.persistence.Table 애너테이션을 부여하고 매핑할 테이블명을 지정한다. 생략한 경우 클래스명을 대문자로 한 이름의 테이블(이번 경우는 'ROOM')에 매핑된다.

❸ JPA 측에서는 Entity가 Serializable일 필요는 없지만 확장성을 고려해서 Serializable로 지정하고 있다.

❹ @javax.persistence.Id 애너테이션을 부여하고 기본키임을 나타낸다. 기본키가 복합키로 된 경우에는 @javax.persistence.EmbeddedId를 사용해 대응할 수 있다.

❺ @javax.persistence.GeneratedValue 애너테이션을 부여해 기본키 생성을 JPA에 맡길 수 있다. strategy 속성에 GenerationType을 지정해 생성 방법(시퀀스를 사용한다. 키 생성용 테이블을 사용한다 등)을 지정할 수 있지만 기본적으로는 GenerationType.AUTO, 즉 사용하는 데이터베이스의 최적의 키 생성 방법이 자동으로 선택된다.

❻ @javax.persistence.Column 애너테이션을 부여하고 매핑되는 칼럼명을 지정한다. 생략한 경우 프로퍼티명을 대문자로 한 이름의 칼럼(이번 경우에는 'ROOMID')에 매핑된다.

설명에서 알 수 있듯이 JPA에서는 Entity와 영속화된 데이터 간의 매핑에는 기본 규칙이 있어 기본값과 다른 경우에 @Table이나 @Column 등의 애너테이션에 매핑 룰을 지정한다. 그래서 JPA 기본 매핑 규칙에 따라 테이블의 물리 설계를 하면 매핑 규칙 설정을 줄일 수 있다. 이러한 설정 사상을 'Configuration by Exception(예외적인 상황에서만 명시적으로 설정한다)'이라 한다. 또한 자바와 데이터베이스의 형변환도 JDBC 표준 매핑 규칙에 따라 수행하기 때문에 기본적으로는 설정이 필요없다. 또한 JPA에는 이 책에서 다 소개할 수 없을 만큼 많은 애너테이션을 통해 Entity 설정을 할 수 있다. 흥미가 있는 분은 JPA 서적이나 레퍼런스를 살펴보자.

### 10.1.3. EntityManager

Entity를 필요에 따라 데이터베이스와 동기화하는 역할을 담당하는 것이 EntityManager다. EntityManager에는 영속성 컨텍스트(Persistence Context)라는 Entity를 관리하기 위한 영역이 있다. 애플리케이션이 데이터베이스의 데이터에 접근하는 경우에는 반드시 EntityManager를 통해 영속성 컨텍스트의 Entity를 취득하거나 새로 생성한 Entity를 영속성 컨텍스트에 등록해야 한다. 이를 통해 EntityManager가 Entity 변경을 추적할 수 있어 적절한 타이밍에 데이터베이스와 동기화한다(그림 10.1).

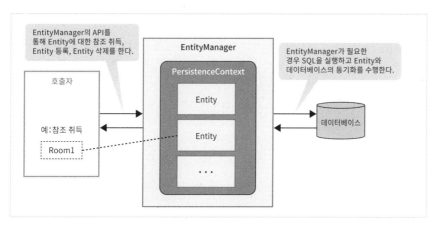

그림 10.1 Entity와 EntityManager의 관계

EntityManager는 Entity의 상태를 변경하거나 데이터베이와의 동기화를 위한 API(메서드)를 제공한다. 대표적인 API를 소개한다(표 10.3).

표 10.3 EntityManager가 제공하는 대표적인 API

| 메서드명 | 설명 |
| --- | --- |
| `<T> T find(java.lang.Class<T> entityClass, java.lang.Object primaryKey)` | 기본키를 지정해서 Entity를 검색하고 반환한다. 영속성 컨텍스트에 해당하는 Entity가 존재하지 않는 경우 데이터베이스에 SQL(SELECT 문)을 발행해 해당 데이터를 취득하고 Entity를 생성해서 반환한다. |
| `void persist(java.lang.Object entity)` | 애플리케이션에서 생성한 인스턴스를 Entity로 영속성 컨텍스트에서 관리한다. SQL의 INSERT 문에 해당하지만 persist 메서드를 실행한 시점에는 데이터베이스의 SQL은 실행되지 않고 영속성 컨텍스트에 축적된다. |
| `<T> T merge(T entity)` | 영속성 컨텍스트에서 관리되고 있지만 분리 상태(나중에 설명하겠다)가 된 Entity를 영속성 컨텍스트에서 다시 관리한다. 관리 상태(나중에 설명하겠다)의 경우에는 차이점을 추적할 수 없기 때문에 데이터베이스에 변경을 반영하기 위한 SQL(UPDATE 문)이 영속성 컨텍스트에 축적된다. |

| 메서드명 | 설명 |
|---|---|
| void remove(java.lang.Object entity) | Entity를 영속성 컨텍스트 및 데이터베이스에서 삭제한다. persist 메서드나 merge 메서드와 마찬가지로 데이터베이스에 SQL(DELETE 문)이 즉시 발행되지 않고 영속성 컨텍스트에 축적된다. |
| void flush() | 영속성 컨텍스트에 축적된 모든 Entity의 변경 정보를 데이터베이스에 강제적으로 동기화한다. 일반적으로 데이터베이스에 반영하는 작업은 트랜잭션을 커밋할 때 하지만 커밋 이전에 반영할 필요가 있는 경우에 사용한다. |
| void refresh(java.lang.Object entity) | Entity의 상태를 데이터베이스의 데이터로 강제로 변경한다. 데이터베이스에 반영되지 않은 Entity에 대해 변경된 사항은 덮어쓰게 된다. |
| <T> TypedQuery<T> createQuery(java.lang. String qlString, java.lang.Class<T> resultClass) | 기본키 이외의 것으로 데이터베이스에 접근하는 경우에는 JPA용 쿼리를 실행해 Entity를 취득하거나 변경할 수 있다. 이 API는 쿼리를 작성하기 위한 API 중 하나로서 비슷한 API가 여러 개 제공된다(자세한 내용은 나중에 설명한다). |
| void detach(java.lang.Object entity) | Entity를 영속성 컨텍스트에서 삭제하고 분리 상태로 만든다. 이 Entity에 대해 변경된 모든 사항은 merge 메서드를 실행하지 않는 한 데이터베이스에 반영되지 않는다. |
| void clear() | 영속성 컨텍스트에서 관리되는 모든 Entity를 분리 상태로 만든다. |
| boolean contains(java.lang.Object entity) | Entity가 영속성 컨텍스트에서 관리되는지를 반환한다. |

여기서 핵심은 영속성 컨텍스트가 데이터베이스의 캐시와 같은 역할을 하고 있으며 EntityManager에 대한 작업이 수행되더라도 즉시 데이터베이스에 반영되지 않는다는 것이다. 다시 말해 SQL이 발행되지 않는다는 점이다. 트랜잭션이 커밋되어 종료되거나 애플리케이션에서 강제적으로 flush 메서드를 호출한 타이밍에 영속성 컨텍스트에 축적된 Entity의 변경 사항이 데이터베이스에 반영된다.

EntityManager는 JPA 구현이 제공하는 EntityManagerFactory에 의해 생성된다. 그러나 Java EE의 EJB 컨테이너를 사용하는 경우에는 @javax.persistence.PersistenceContext 애너테이션을 필드에 추가하면 EJB 컨테이너가 생성한 EntityManager를 취득할 수 있기 때문에 애플리케이션이 직접 EntityManagerFactory를 사용할 필요는 없다. 스프링을 사용하는 경우에도 EJB 컨테이너와 마찬가지로 EntityManager를 주입하는 기능이 제공된다.

영속성 컨텍스트는 트랜잭션마다 준비되기 때문에 Entity는 같은 트랜잭션에서만 공유되고 다른 트랜잭션에서 처리 중인 Entity는 보여지지 않는다. 당연히 여러 트랜잭션에 걸쳐 Entity를 관리할 수도 없다.

나중에 소개할 스프링 데이터 JPA에서는 EntityManager의 존재가 감춰져서 사용자가 EntityManager를 직접 조작할 필요가 없다. 그러나 EntityManager가 배후에 존재한다는 점이나 다음에 소개할 Entity의 상태를 제대로 이해하지 않으면 예기치 않은 동작을 일으키는 경우가 있기 때문에 주의할 필요가 있다.

## 10.1.4. Entity 상태

JPA에서는 Entity의 상태를 다음과 같이 정의한다(표 10.4).

표 10.4 Entity 상태

| 상태 | 설명 |
| --- | --- |
| new 상태 | 새로운 Entity의 인스턴스가 생성되고 영속성 컨텍스트에 등록되지 않은 상태. 이 시점에서 Entity는 단지 자바 객체이며 EntityManager는 아무것도 하지 않음 |
| 관리 상태 | 영속성 컨텍스트에 Entity가 등록된 상태. EntityManager에 의해 데이터베이스와의 동기화가 활성화된다. |
| 분리 상태 | 관리 상태였던 Entity가 영속성 컨텍스트에서 분리된 상태. new 상태와 마찬가지로 이 상태에서는 데이터베이스와 동기화되지 않지만 관리 상태로 되돌릴 수단이 제공된다. |
| 삭제된 상태 | 데이터베이스에서 삭제되는 것이 예정된 상태. EntityManager가 데이터베이스의 데이터를 삭제하고 종료될 때까지 이 상태가 계속된다. |

각 상태의 변화와 전환을 일으키는 주요 트리거는 다음 그림과 같다(그림 10.2). EntityManager가 제공하는 각 API는 Entity 상태에 따라 실행 여부가 나뉘기 때문에 JPA 사용자는 Entity가 어떤 상태인지 제대로 파악하고 있어야 한다. 특히 중요한 것은 트랜잭션이 종료되면 영속성 컨텍스트의 모든 Entity가 분리 상태로 전환된다는 점이다. 여러 트랜잭션을 횡단하거나 트랜잭션 외부에서 Entity에 접근하는 경우에는 Entity가 분리 상태로 돼 있고 데이터베이스와 동기화되지 않은 상태라는 점에 주의한다.

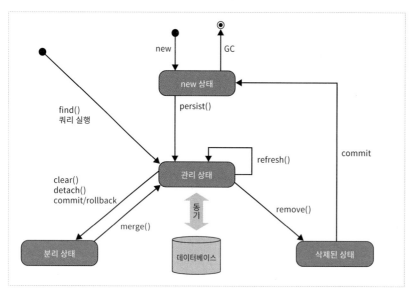

그림 10.2 Entity 상태 이동

## 10.1.5. 연관관계

관계형 데이터베이스에서는 연관된 테이블 간의 관계를 정의할 수 있는데 이때 테이블 간의 연결 고리 역할을 하는 칼럼을 외부 키로 정의하게 된다. JPA에서는 데이터베이스의 연관관계를 Entity 간의 참조 관계로 매핑한다. 이 같은 연관관계가 제대로 매핑되게 하려면 EntityManager가 각 Entity 간의 관계를 사전에 제대로 인식할 필요가 있는데, 이를 위해 연관관계를 명시적으로 정의하기 위한 몇 가지 기법이 준비돼 있다. 연관관계는 두 객체 간의 카디널리티(일대일, 일대다, 다대다)와 방향에 따라 다음과 같은 유형으로 분류할 수 있다.

- 단방향 일대일
- 양방향 일대일
- 단방향 일대다
- 단방향 다대일
- 양방향 일대다/다대일
- 단방향 다대다
- 양방향 다대다

예를 들어, 하나의 주문이 상품마다 명세서를 여러 주문 명세서로 관리하는 경우에는 주문과 주문 명세서의 관계는 양방향 일대다/다대일, 주문 명세서와 상품의 관계는 단방향 다대일이다. 관계도 Configuration by Exception 사상에 따라 JPA가 프로퍼티 타입 등에서 관계를 추측해서 인식하지만 명시적으로 관계를 정의하는 것도 가능하다. 이 책에서는 앞에서 설명한 room 테이블과 새로 등장하는 equipment 테이블을 통해 애너테이션을 이용해 Entity 간의 관계를 정의하는 방법을 소개한다(표 10.5).

표 10.5 equipment 테이블

| 칼럼 | 타입 | PK | FK |
|---|---|---|---|
| equipment_id | INT NOT NULL | ○ | |
| room_id | INT | | ○ |
| equipment_name | VARCHAR(30) | | |
| equipment_count | INT | | |
| equipment_remarks | VARCHAR(100) | | |

equipment 테이블에 room에 대한 관계를 연결하기 위한 외부 키 room_id를 준비하고 있다. 같은 room(방)에는 여러 equipment(비품)가 놓여져 있지만 같은 비품이 여러 방에 배치되는 것은 불가능하기 때문에 room과 equipment는 일대다/다대일의 관계다. 어떤 방에 어떤 비품이 놓여있는지 궁금하지만 반대로 비품이 어느 방에 놓여있는지 궁금한 경우도 있다. 이러한 경우에는 양방향 일대다/다대일의 관계를 양쪽 Entity에 설정한다.

▶ 다대일 관계를 맺는 Entity 클래스의 구현 예

```java
@Entity
@Table(name = "equipment")
public class Equipment implements Serializable {
    @Id
    @GeneratedValue
    @Column(name = "equipment_id")
    private Integer equipmentId;

    @Column(name = "equipment_name")
    private String equipmentName;

    @ManyToOne ─────────────────────────────────── ❶
    @Column(name = "room_id") ───────────────────── ❷
    private Room room; ──────────────────────────── ❸
```

```
@Column(name = "equipment_count")
private Integer equipmentCount;

@Column(name = "equipment_remarks")
private String equipmentRemarks;

// 생략
}
```

❶ 양방향 관계이기 때문에 equipment에서 room에 접근 가능하며 다대일의 관계다. 이 경우 room에 참조를 나타내는 프로
퍼티를 준비하고 @javax.persistence.ManyToOne 애너테이션을 부여한다.

❷ 연결된 room을 특정하기 위한 외부 키의 칼럼을 @javax.persistence.ManyToOne 애너테이션에 연결하고 @javax.
persistence.JoinColumn으로 설정한다.

❸ equipment에서 보면 room은 일에 해당하기 때문에 Room 클래스로 room 프로퍼티를 준비한다.

▶ 일대다 관계를 맺는 Entity 클래스의 구현 예

```
@Entity
@Table(name = "room")
public class Room implements Serializable {
    @Id
    @GeneratedValue
    @Column(name = "room_id")
    private Integer roomId;

    @Column(name = "room_name")
    private String roomName;

    @Column(name = "capacity")
    private Integer capacity;

    @OneToMany(mappedBy = "room", cascade = CascadeType.ALL) ────────────── ❶
    private List<Equipment> equipments; ─────────────────────────────── ❷

    // 생략
}
```

❶ room에서 본 equipment는 일대다이기 때문에 @javax.persistence.OneToMany 애너테이션을 부여하고 equipment
에 일대다 관계를 설정한다. 양방향 관계의 경우 외부 키 정보, 즉 room과 equipment 간의 관계를 맺고 있는 Equipment
프로퍼티명(이 예제의 경우는 room)을 mappedBy 요소에 지정할 수 있다. ❷와 마찬가지로 @javax.persistence.

JoinColumn에서 외부 키에 의해 관계를 설정할 수도 있지만 중복 설정이 되기 때문에 피하는 것이 좋다. 또한 cascade 속성을 지정하면 자신에 대한 조작을 관련 Entity에도 전파할 수 있다.

❷ room에서 본 equipment는 다이기 때문에 List 타입으로 equipments 프로퍼티를 준비해야 한다.

메모

일대다의 다 관계를 저장하는 프로퍼티 타입에는 컬렉션 타입을 사용할 수 있지만 List 타입이 아닌 Set 타입을 사용한 경우에는 주의할 필요가 있다. JPA 구현으로 하이버네이트를 사용하고 Set 타입을 사용한 경우 분리 상태에 있는 Entity의 동일성 평가를 제대로 하려면 Entity의 equals 메서드와 hashCode 메서드를 재정의해야 한다[1].

다음으로 애플리케이션이 연관관계 정보를 이용해 관련 Entity를 가져오는 방법을 살펴보자.

▶ 연관관계가 있는 Entity를 가져오는 예

```
@PersistenceContext
EntityManager entityManager;

@Transactional(readOnly = true)
public List<Equipment> getEquipmentsInRoom(Integer roomId) {
    Room room = entityManager.find(Room.class, roomId); ─────────────── ❶
    return room.getEquipments(); ─────────────────────────────────── ❷
}

@Transactional(readOnly = true)
public Room getRoomOfEquipment(Integer equipmentId) {
    Equipment equipment = entityManager.find(Equipment.class, equipmentId); ─── ❸
    return equipment.getRoom(); ──────────────────────────────────── ❹
}
```

❶ 기본키를 검색 조건으로 사용해 데이터베이스에서 room을 가져온다.

❷ room과 관련된 equipment 목록을 접근자 메서드를 통해 가져온다. equipments 프로퍼티에는 연관관계가 정의돼 있기 때문에 외부 키의 room_id와 연결된 equipment의 모든 레코드가 데이터베이스에서 조회된다. 데이터베이스에 접근하거나 프로퍼티에 데이터를 저장하는 것은 JPA에서 알아서 처리하기 때문에 사용자는 단지 접근자 메서드만 호출하면 된다.

❸ 기본키를 검색 조건으로 사용해 equipment를 데이터베이스에서 가져온다.

❹ equipment에서 볼 때 room은 최대 1개만 연관관계를 맺을 수 있기 때문에 가져온 결과는 1개의 room이나 null이 된다.

---

1　https://access.redhat.com/documentation/en-US/JBoss_Enterprise_Application_Platform/4.3/html/Hibernate_Reference_Guide/Persistent_Classes-implementing_equals_and_hashCode.html

이처럼 연관관계를 가진 Entity 본체에서 프로퍼티에 접근하는 것만으로도 연관관계에 있는 다른 Entity에 접근할 수 있는 것이 JPA의 큰 강점이다. 실제로는 내부적으로 다음 중 한 시점에서 연관관계에 있는 Entity 데이터를 가져오기 위한 SQL이 실행된다.

- ❷, ❹와 같이 Entity와 매핑된 프로퍼티에 처음 접근할 때 SQL을 실행할 수 있으며, 이를 Lazy 페치라고 한다.
- ❶, ❸과 같이 본체 Entity에서 EntityManager의 API가 사용될 때 SQL을 실행할 수 있으며, 이를 Eager 페치라고 한다.

이처럼 SQL을 실행해서 데이터를 가져오는 과정을 JPA에서는 '페치(fetch)'라고 한다. 기본적으로 @OneToOne, @ManyToOne은 Eager 페치를 사용하고, 그 밖의 경우에는 Lazy 페치를 사용한다. 만약 연관된 Entity를 페치하는 방법을 명시적으로 지정하고 싶다면 연관관계를 정의하는 애너테이션에서 fetch 속성을 사용하면 된다. 다음은 연관관계를 가진 equipments를 Eager 페치로 읽어오는 설정이다.

▶ 페치 방법의 지정

```
@OneToMany(mappedBy = "room", cascade = CascadeType.ALL, fetch = FetchType.EAGER)
private List<Equipment> equipments;
```

## 10.1.6. JPQL(Java Persistence Query Language)

지금까지 EntityManager가 제공하는 API를 사용해 기본키를 지정한 후 데이터베이스를 조회하거나 갱신하는 방법을 살펴봤다. 하지만 일반적인 애플리케이션을 개발할 때는 기본키를 지정하지 않고도 데이터베이스의 데이터를 처리해야 하는 일이 많은데, 예를 들어 전체 목록을 조회하거나 특정 검색에 대한 결과를 표시해야 할 때, 혹은 일괄적으로 데이터를 갱신해야 하는 경우가 여기에 해당한다. 그래서 JPA에서는 기본키를 지정해 데이터베이스를 조작하는 방법 외에도 기본키를 사용하지 않는 처리 방법도 함께 제공한다. JPA는 이러한 처리를 위해 SQL과 같은 유연한 쿼리를 가능하게 하는 기법을 몇 가지 제공하고 있으며, 다음과 같은 특징이 있다.

표 10.6 JPQL 쿼리를 기술하는 방법

| 방법 | 설명 |
| --- | --- |
| JPQL(Java Persistence Query Language) | SQL처럼 JPA 독자적인 쿼리 언어를 써서 Entity를 가져오거나 값을 변경할 때 사용한다. SQL이 데이터를 입출력할 때 테이블이나 테이블의 행과 열로 표현하는 반면, JPQL은 Entity나 Entity의 컬렉션, 그리고 Entity의 프로퍼티명으로 표현한다는 점이 다르다. |
| Criteria Query | JPQL와 개념은 비슷하나 좀 더 객체지향적으로 기술하는 방법으로, JPA 2.0에서 추가됐다. JPQL은 문자열로 기술되기 때문에 타입 검사를 컴파일 시점에 할 수 없어 타입 불일치 같은 오류가 잠재적으로 발생할 수 있다. 한편 Criteria Query는 문자열이 아니라 Builder 패턴의 CriteriaQuery 객체를 이용해 자바 코드처럼 쿼리를 기술하기 때문에 컴파일 시점에 타입 검사를 할 수 있어 쿼리 작성 과정에서 발생하는 실수를 미연에 방지할 수 있다. |

| 방법 | 설명 |
|------|------|
| Native Query | SQL을 직접 기술해서 Entity를 취득하거나 갱신하는 방법으로, 성능 등의 다양한 이유로 데이터베이스 제품에 의존적인 최적화된 기능이 필요할 때 이 방법을 사용한다. |

이 책에서는 JPQL을 활용하는 방법에 한해서 소개하겠다. JPQL에는 SQL에 비해 많은 기능이 있지만 여기서는 기본적인 JPQL의 사용 예를 보면서 JPQL의 사용법을 살펴보겠다.

▶ JPQL 이용 예

```
@PersistenceContext
EntityManager entityManager;

@Transactional(readOnly = true)
public List<Room> getRoomsByName(String roomName) {
    String jpql = "SELECT r FROM Room r WHERE r.roomName = :roomName"; ──────── ❶
    TypedQuery<Room> query = entityManager.createQuery(jpql, Room.class); ──────── ❷
    query.setParameter("roomName", roomName); ──────────────── ❸
    return query.getResultList(); ─────────────────────── ❹
}
```

❶ 이 예에서는 room 테이블의 모든 레코드를 Entity로 읽어 들이기 위한 JPQL을 기술하고 있다. SQL로 대체하면 SELECT * FROM room r WHERE r.room_name = ?처럼 되고 테이블 이름 'room'과 칼럼명 'room_name', *를 사용하게 되는데 JPQL에서는 이것들을 Entity명이나 그것의 프로퍼티명으로 대체한다. SQL의 * 대신 JPQL에서는 Entity의 별명을 사용한다.

❷ EntityManager에서 제공되는 API를 사용해 문자열의 JPQL을 TypedQuery로 컴파일한다. 엄밀히 말하면 다르지만 JDBC의 PreparedStatement에 해당한다.

❸ JPQL에 설정한 바인드 변수(':변수명' 형식)에 바인드 값을 설정한다.

❹ 쿼리를 실행한다. 여기서는 데이터베이스의 데이터를 조회하는 SELECT 쿼리를 실행한다. 조회 결과를 List 타입으로 취득하고 싶은 경우에는 TypedQuery.getResultList 메서드를 사용한다.

메모

이 예에서는 문자열 객체로부터 TypedQuery를 생성하지만 JPQL의 수가 늘어나면 문자열 객체 관리가 번거로워진다. Named Query라는 JPA 기능을 이용하면 JPQL에 이름을 붙여 관리할 수 있고 @NamedQuery 애너테이션에 JPQL을 기술할 수 있게 된다. 관계가 강한 Entity에 애너테이션을 부여하고 정리하면 JPQL을 관리하기가 쉬워진다.

JPA에서는 Entity를 통해 SQL 존재를 감추면서 한편으로는 자유로운 고급 쿼리 기능을 제공함으로 써 기능성을 해치지 않게 한다. 한편 쿼리를 생성하고 매개변수를 바인드해서 쿼리를 실행하는 구조는 JDBC로 되돌아가는 것처럼 보여 JPA의 장점이 훼손됐다고 느끼는 사람도 있을 것이다. 지금부터 소개 하는 스프링 데이터 JPA를 이용하면 JPA 쿼리를 사용할 때의 번거로움이 조금 해소된다.

## 10.2. JPA를 이용한 데이터베이스 접근 기초

이번 절에서는 JPA를 사용하는 데 필수적인 기본적인 데이터베이스 조작 방법을 구체적으로 살펴보 겠다.

### 10.2.1. JPA에 의한 CRUD 작업

먼저 EntityManager에서 제공하는 Entity 조작 API를 이용해 Entity에 대해 CRUD 작업을 해보겠다.

▶ JPA를 이용한 CRUD 조작

```
@Service
public class RoomServiceImpl implements RoomService {

    @PersistenceContext
    EntityManager entityManager; ─────────────────────────── ❶

    @Transactional(readOnly = true) ─────────────────────────── ❷
    public Room getRoom(Integer id) {
        Room room = entityManager.find(Room.class, id); ─────────── ❸
        if (room == null) {
            // 검색 대상이 없을 때 처리할 내용 (생략)
        }
        return room;
    }

    @Transactional
    public Room createRoom(String roomName, Integer capacity) {
        Room room = new Room();
        room.setRoomName(roomName);
        room.setCapacity(capacity);
        entityManager.persist(room); ─────────────────────────── ❹
        return room;
    }

    @Transactional
```

```
    public Room updateRoomName(Integer id, String roomName) {
        Room room = getRoom(id); ─────────────────────────── ❺
        room.setRoomName(roomName);
        return room;
    }

    @Transactional
    public void deleteRoom(Integer id) {
        Room room = getRoom(id); ────────────────────────────── ❻
        entityManager.remove(room); ───────────────────────────── ❼
    }
}
```

❶ JPA 구현이 제공하는 EntityManager를 주입한다. 이 인스턴스가 EJB 컨테이너에서 관리되지 않는 경우에도 스프링의 DI 기능에 따라 @PersistenceContext를 통해 EntityManager를 주입할 수 있다. 다만 10.5절 '스프링 데이터 JPA 설정'에서 설명한 방법으로 스프링이 JPA 구현을 인지할 수 있는 타입으로 설정할 필요가 있다.

❷ 스프링이 제공하는 트랜잭션 관리 기능인 @Transactional 애너테이션을 통해 JPA 트랜잭션 관리를 선언적으로 한다. 다만 10.5절 '스프링 데이터 JPA 설정'에서 설명한 방법으로 트랜잭션을 설정할 필요가 있다. 스프링 기능을 사용하지 않고 JPA 트랜잭션을 관리하는 경우 EntityManager.getTransaction 메서드로 EntityTransaction을 취득하고 명령적으로 트랜잭션을 시작 및 종료한다.

❸ find 메서드로 Entity를 1건 취득한다. 취득한 Entity는 관리 상태가 된다. 대상 Entity가 존재하지 않는 경우에는 null이 반환된다.

❹ persist 메서드로 새롭게 생성한 new 상태의 Entity를 관리 상태로 전환한다. persist 메서드가 호출된 시점에는 데이터베이스에 반영되지 않는다. 메서드가 호출된 후 Entity에 대한 변경 사항을 포함해서 트랜잭션이 종료될 때 데이터베이스에 반영된다.

❺ Entity의 내용을 변경하기 위해 기본키를 지정해 Entity를 영속성 컨텍스트에서 취득한다. 취득한 Entity는 이미 관리 상태이므로 트랜잭션이 종료될 때 변경 사항이 데이터베이스에 반영된다.

❻ Entity 삭제를 위해 기본키를 지정해 Entity를 영속성 컨텍스트에서 취득한다. 삭제하려면 대상 Entity가 관리 상태로 돼 있어야 하기 때문이다.

❼ 관리 상태의 Entity를 remove 메서드로 삭제한다. Entity는 삭제된 상태가 되고 트랜잭션이 종료될 때 데이터베이스의 레코드가 삭제된다.

## 10.2.2. JPA의 JPQL을 활용한 데이터 접근

JPQL을 사용해 SQL을 실행하는 방법을 다시 살펴보자. 여기서는 조금 더 응용한 예로 JOIN FETCH 절을 사용해 관계 Entity를 읽어오는 쿼리를 작성해 보겠다(그림 10.3).

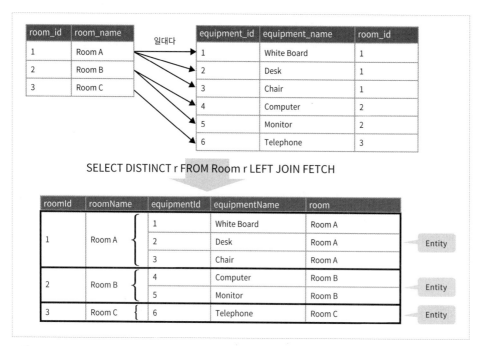

그림 10.3 JOIN FETCH 절을 이용해 관계 Entity 읽어오기

앞에서 관계를 맺는 Entity에 대해 SELECT 문의 JPQL을 실행한 경우 관계 Entity 프로퍼티의 데이터가 읽어 들이는 시점은 페치 종류에 따라 달라진다고 소개한 바 있다. 하지만 관계 Entity의 프로퍼티를 읽을 때면 페치 종류와는 상관없이 SQL이 실행되고 설상가상으로 Lazy 페치를 하게 될 때는 관계 Entity의 개수만큼 SQL이 실행될 수도 있다. 특히 Entity의 건수가 많다면 대량의 SQL이 실행되어 성능 저하가 발생할 우려가 있다.

JPQL에서는 데이터를 조회할 때 JPQL에 JOIN FETCH 절을 사용하면 본체 Entity와 관계 Entity를 결합한 후, 본체 Entity와 관계 Entity 모두를 한 번의 SQL 실행으로 읽어 들일 수 있다. JOIN FETCH는 관계 Entity에 지정한 페치의 종류와 관계없이 적용할 수 있다. 원래 JPQL에서는 SQL처럼 SELECT 절에 JOIN이나 LEFT JOIN 절을 추가해서 Entity를 결합할 수 있지만 FETCH를 지정하지 않는 한 관계 Entity 프로퍼티에 읽어 들이지 않는다. JOIN FETCH를 사용할 때 주의할 점은 일대다나 다대다 관계의 Entity인 경우에는 그 수만큼 본체 Entity가 중복으로 반환된다는 것이다. 이러한 중복을 피하려면 DISTINCT 절을 추가한다.

▶ JOIN FETCH를 이용해 관계 Entity 읽어오기

```
@Service
public class RoomServiceImpl implements RoomService {
    // 생략

    @Transactional(readOnly = true)
    public List<Room> getRoomsByFetch(String roomName) {
        String jpql = "SELECT DISTINCT r FROM Room r "    ──────────────── ❶
                + "LEFT JOIN FETCH r.equipments "
                + "WHERE r.roomName = :roomName";
        TypedQuery<Room> query = entityManager.createQuery(jpql, Room.class); ─── ❷
        query.setParameter("roomName", roomName);         ──────────────── ❸
        return query.getResultList();                     ──────────────── ❹
    }
}
```

❶ 쿼리 내용 자체는 앞에서 설명한 roomName 프로퍼티가 인수와 일치하는 Room을 취득하지만 LEFT JOIN FETCH r.equipments를 추가해서 데이터를 읽어온다.

❷ TypedQuery를 생성한다.

❸ 쿼리에 매개변수를 바인드한다.

❹ 쿼리를 실행한다. 즉시 딱 한 번 SQL이 실행되고 room과 그 프로퍼티인 equipments에 데이터를 읽어 들인다.

## ■ 데이터베이스 갱신

데이터베이스를 참조하는 SELECT 문의 JPQL 사용법을 소개했지만 데이터베이스를 갱신하는 INSERT, UPDATE, DELETE를 사용한 JPQL을 실행하는 것도 가능하다. 데이터를 변경하는 쿼리를 실행하는 것은 대량의 데이터를 갱신할 때 성능 면에서 효과적인 수단이다. 대량의 데이터를 갱신하고 싶은 경우 Entity를 1건씩 관리 상태로 갱신해버리면 성능 저하의 원인이 되기 때문에 일반적인 쿼리를 사용한다.

▶ JPQL로 데이터를 변경하는 예

```
@Service
public class RoomServiceImpl implements RoomService {
    // 생략

    @Transactional
    public Integer updateCapacityAll(Integer capacity) {
        String jpql = "UPDATE Room r SET r.capacity = :capacity"; ──────────── ❶
        Query query = entityManager.createQuery(jpql);            ──────────── ❷
        query.setParameter("capacity", capacity);                ──────────── ❸
```

```
        return query.executeUpdate(); ─────────────────────────────────── ❹
    }
}
```

❶ UPDATE 문의 JPQL을 정의한다. 데이터를 조회하는 쿼리와 마찬가지로 SQL에 대한 데이터베이스의 테이블명이나 칼럼명 대신 Entity 이름이나 프로퍼티명을 지정한다.

❷ Query를 생성한다. 데이터를 변경하는 경우에는 TypedQuery 대신 Query를 사용한다.

❸ 쿼리에 매개변수를 바인드한다. 데이터를 조회하는 쿼리와 차이는 없다.

❹ 데이터를 변경하는 쿼리를 실행하는 경우 TypedQuery.executeUpdate 메서드를 사용한다. UPDATE 문의 SQL과 마찬가지로 갱신된 레코드 건수가 int 타입의 반환값으로 반환된다. Entity 조작과 달리 SQL은 바로 실행된다.

다만 데이터를 변경하는 JPQL을 실행한 경우에는 이미 관리 상태로 된 Entity에 변경 사항이 반영되지 않는다. 이미 관리 상태로 돼 있는 Entity에 변경 사항을 반영하고 싶은 경우에는 JPQL을 실행한후 refresh 메서드를 호출해야 한다.

## 10.2.3. 배타 제어

웹 애플리케이션에서는 동시에 여러 트랜잭션이 실행되는 것이 일반적이다. 그래서 데이터베이스에 대한 갱신 처리에서는 배타 제어를 고려해야 한다. 당연히 JPA에는 배타 제어하는 기능이 있다. 데이터베이스의 배타 제어 방법에는 낙관적 잠금(optimistic lock)과 비관적 잠금(pessimistic lock)이 있으며시스템 요구사항이나 처리 특성을 고려해서 방식을 선택하는 것이 일반적이다. JPA 2.0에서 비관적 잠금이 추가되어 현재 JPA에서는 낙관적 잠금과 비관적 잠금이 모두 지원된다.

### ■ 낙관적 잠금

▶ 낙관적 잠금의 사용 예

```
@Entity
@Table(name = "room")
public class Room implements Serializable {
    // 생략


    @Version ──────────────────────────────────────────────────────── ❶
    @Column(name = "version")
    private Integer version; ──────────────────────────────────────── ❷


    // 생략
}
```

❶ 낙관적 잠금을 사용하는 경우 대상 Entity가 서로 구분되도록 반드시 버저닝해야 한다. 버저닝하려면 버저닝 전용 프로퍼티를 준비하고 @javax.persistence.Version 애너테이션을 부여한다.

❷ 버저닝을 하기 위한 프로퍼티를 준비한다. 타입은 Integer 같은 정수형 외에도 Timestamp를 사용할 수 있다. 버저닝을 위해 JPA 내부에서 이 프로퍼티가 갱신되기 때문에 애플리케이션에서 직접 이 프로퍼티를 갱신하는 것은 금지된다.

```
@Service
public class RoomServiceImpl implements RoomService {
    @PersistenceContext
    private EntityManager entityManager;

    // 생략

    @Transactional
    public void updateRoomWithOptimisticLock(Integer id, String roomName, Integer capacity) {
        Room room = entityManager.find(Room.class, id);
        entityManager.lock(room, LockModeType.OPTIMISTIC);  ──────────────────❸
        // 갱신 처리 (생략)
        // 낙관적 잠금이 실패할 경우 트랜잭션이 종료되는 시점에 OptimisticLockException이 발생한다.
    }
}
```

❸ 낙관적 잠금을 활성화한다. EntityManager.lock 메서드 외에도 EntityManager.find 메서드의 인수에 LockModeType을 지정해 락을 활성화할 수도 있다. 쿼리에 대해 락을 활성화하는 경우에는 TypedQuery.setLockMode 메서드를 사용한다. 다만 활성화할 수 있는 쿼리는 데이터를 조회하는 쿼리로 제한된다.

낙관적 잠금은 잠금 대상 Entity의 버저닝에 의해 구현된다. 따라서 Entity에 @Version 애너테이션을 부여한 프로퍼티가 반드시 있어야 한다. 갱신 작업이 정상적으로 처리된 경우에는 트랜잭션마다 버전이 증가한다. 만약 다른 트랜잭션에 의해 같은 행에 갱신이 완료된 경우에는 데이터베이스에 갱신 정보를 반영하려고 한 시점(트랜잭션 종료 시점 등)에서 예상한 버전과 다른 버전이 감지되고 JPA 구현이 OptimisticLockException을 발생시킨다. 또한 트랜잭션이 종료될 때 낙관적 잠금에 실패한 경우는 OptimisticLockException을 래핑한 RollbackException이 발생한다.

메모

JPA 구현이 하이버네이트인 경우 트랜잭션이 종료될 때 낙관적 잠금이 실행된 경우 JPA에서 규정돼 있는 OptimisticLockException이 아니라 하이버네이트 고유 예외인 org.hibernate.StaleObjectStateException이 발생한다. flush( )를 사용할 때 낙관적 잠금에 실패한 경우에는 OptimisticLockException이 발생한다.

JPA 사양에서는 트랜잭션이 종료될 때 오류가 발생하면 RollbackException이 발생하지만 다음에 설명할 스프링에서 제공하는 JpaTransactionManager를 이용해 트랜잭션 제어를 하면 스프링에서 제공하는 OptimisticLockingFailureException으로 변환된다. 이것은 10.4.3절 '예외 변환'에서 소개하는 예외 변환 구조가 JpaTransactionManager에도 포함돼 있기 때문이다.

## ■ 비관적 잠금

▶ 비관적 잠금의 사용 예

```java
@Service
public class RoomServiceImpl implements RoomService {
    @PersistenceContext
    private EntityManager entityManager;

    // 생략

    @Transactional
    public void updateRoomWithPessimisticLock(Integer id, String roomName, Integer capacity) {
        Room room = entityManager.find(Room.class, id);
        try {
            entityManager.lock(room, LockModeType.PESSIMISTIC_READ); ─────────────── ❶
        } catch (PessimisticLockException e) { ─────────────────────────────── ❷
            // 락을 거는 과정에서 실패한 경우
            // 생략
        } catch (LockTimeoutException e) { ─────────────────────────────────── ❸
            // 락을 거는 과정에서 시간이 초과한 경우(트랜잭션 자체는 롤백되지 않음)
            // 생략
        }
        // 갱신 처리(생략)
    }
}
```

❶ 비관적 잠금을 확보한다. 낙관적 잠금과 마찬가지로 EntityManager.find 메서드나 EntityManager.createQuery 메서드에서 비관적 잠금을 확보할 수 있다.

❷ 비관적 잠금 처리에 실패한 경우 PessimisticLockException이 발생한다.

❸ 비관적 잠금 처리 과정에서 타임아웃이 발생한 경우에는 LockTimeoutException이 발생한다. JPA에서는 이 예외에 한해 트랜잭션 롤백 처리를 하지 않기 때문에 예외를 포착한 후, 트랜잭션을 계속 이어 나갈 수 있다.

비관적 잠금은 낙관적 잠금과 달리 Entity 버저닝은 불필요하지만 버저닝하는 옵션도 제공된다. 또한 비관적 잠금에는 공유 잠금과 배타적 잠금의 두 종류가 있어 각 잠금 옵션을 LockModeType에서 선택할 수 있다(표 10.7).

표 10.7 비관적 잠금의 종류

| 비관적 잠금의 종류 | LockModeType의 값 | 설명 |
| --- | --- | --- |
| 공유 잠금 | LockModeType.PESSIMISTIC_READ | 읽기 잠금을 취득하고 다른 트랜잭션에서 변경하거나 삭제하는 것을 방지한다. 잠금된 엔터티가 실제로 변경/삭제될 때까지는 다른 트랜잭션이 공유 잠금을 취득하거나 읽을 수 있다. |
| 배타적 잠금 | LockModeType.PESSIMISTIC_WRITE | 쓰기 잠금을 취득하고 다른 트랜잭션에서 읽거나 변경, 삭제하는 것을 방지한다. 다른 트랜잭션은 공유 잠금, 배타적 잠금을 취득할 수 없다. |
| 배타적 잠금 (버전 갱신 있음) | LockModeType.PESSIMISTIC_FORCE_ INCREMENT | LockModeType.PESSIMISTIC_WRITE와 마찬가지로 쓰기 잠금을 취득하지만 동시에 Entity의 버저닝 프로퍼티가 증가한다. |

요구사항에 맞게 비관적 잠금의 종류를 분류하지만 데이터베이스 제품에 따라 한쪽밖에 지원하지 않는 경우도 있어서 사양대로 비관적 잠금을 적용할지 미리 확인해 둔다.

메모

예를 들어, 데이터베이스로 Oracle을 사용하고 JPA 구현에 하이버네이트를 사용한 경우에는 어떤 비관적 잠금 방식을 사용하더라도 SELECT ... FOR UPDATE라는 SQL이 발행되어 배타적 잠금이 된다. 한편 데이터베이스로 PostgreSQL를 사용하고 공유 잠금이 설정된 경우에는 SELECT ... FOR SHARE가 발행되어 JPA의 사양대로 공유 잠금이 적용된다.

## 10.3. 스프링 데이터 JPA

지금까지 설명한 내용으로 JPA의 큰 그림은 이해할 수 있었을 것이다. 그리고 JPA의 편리함과 동시에 상태를 파악하거나 쿼리를 작성하는 방법이나 코딩하는 방법 등의 JPA를 사용할 때의 불편함에 대해서도 함께 다뤘다. 다행스럽게도 이러한 불편함은 이제부터 설명할 스프링 데이터 JPA를 이용하면 상당 부분 줄일 수 있다.

## 10.3.1. 스프링 데이터란?

스프링 데이터 JPA를 설명하기에 앞서 스프링 데이터(Spring Data)에 대해 간단히 소개하겠다. 스프링 데이터는 데이터베이스나 캐시 서버 등의 데이터에 접근하기 위한 코드를 줄이는 것을 목적으로 하는 스프링 프로젝트다. 스프링은 DDD(Domain-Driven Design, 도메인 주도 설계)에서의 데이터 접근 계층을 구현하기 위한 구성 요소인 Repository를 구현하는 것을 권장한다. 스프링 프레임워크에서는 Repository인 것을 표시하기 위한 애너테이션인 @Repository가 제공될 뿐 구현은 애플리케이션 개발자에게 맡겨져 있었다. 스프링 데이터는 이러한 Repository 구현을 최소한으로 하기 위한 기능을 제공하는 프레임워크다.

데이터베이스 계층인 Repository의 구현은 사용하는 데이터 영속화 계층의 아키텍처나 제품에 따라 다르다. 스프링 데이터는 그것들을 망라하기 위해 데이터 영속화 계층의 종류별로 프로젝트가 만들어지고 개발이 진행되고 있다. 데이터 영속화 계층의 종류에 의존하지 않는 공통적인 클래스는 'Spring Data Commons'라는 프로젝트에 집약돼 있다. 이러한 프로젝트 중에는 다음과 같은 것이 포함돼 있다.[2]

- Spring Data JPA
- Spring Data MongoDB
- Spring Data Redis
- Spring Data Solr
- Spring Data GemFire
- Spring Data REST

이러한 프로젝트를 총괄한 것이 스프링 데이터다. 그래서 스프링 데이터 프로젝트를 다른 프로젝트들을 포괄한다는 의미로 엄브렐라 프로젝트라고 부른다.

메모    스프링 데이터 프로젝트군에는 스프링 데이터 REST(Spring Data REST)라는 프로젝트가 있다. 스프링 데이터 REST를 이용하면 스프링 데이터 JPA 등을 통해 취득한 데이터를 REST API로 공개할 수 있다.

---

**2**    (옮긴이) 스프링 데이터에서는 관련 프로젝트를 모듈이라고 부르기도 한다.
http://projects.spring.io/spring-data/

## 10.3.2. 스프링 데이터 JPA란?

스프링 데이터 JPA는 스프링 데이터 프로젝트의 하나로 JPA를 이용해 데이터에 접근하기 위한 Reposi tory를 구현하는 데 걸리는 부하를 최소화한다. 스프링 데이터 JPA를 이용하면 Repository 인터페이스를 작성하고 애너테이션이나 메서드를 정의하는 것만으로 Entity를 참조하거나 갱신하는 것이 가능하다. 또한 JPA 이벤트 리스너를 활용하는 스프링 데이터 JPA의 자체 기능으로 데이터를 생성 또는 변경한 사용자나 날짜/시간 등의 감시 정보를 자동으로 Entity에 바인딩하는 기능도 있다.

# 10.4 스프링 데이터 JPA 아키텍처

## 10.4.1. 내부 처리 흐름

여기서는 스프링 데이터 JPA를 올바르게 사용할 수 있도록 스프링 데이터 JPA 내부에서 어떤 처리가 이뤄지고 있는지 살펴보겠다.

먼저 JPA를 이용해 데이터 접근을 하는 경우와의 차이점을 설명한다. JPA를 이용해 데이터 접근을 할 때는 EntityManager의 API 호출 등을 사용자가 직접 구현했다. 스프링 데이터 JPA는 이러한 구현을 프레임워크 내부에 래핑해서 사용자에게 감춘다. 따라서 사용자는 EntityManager의 API를 직접 호출하지 않고 그 대신 스프링 데이터 JPA가 제공하는 API를 호출한다. EntityManager의 API를 호출하는 코드는 스프링 데이터 JPA가 제공하는 SimpleJpaRepository 클래스나 그 상위 클래스에 작성돼 있다.

다음은 사용자가 어떻게 스프링 데이터 JPA의 API를 호출하는지 살펴보겠다.

사용자는 어떤 Entity의 데이터에 접근하기 위해 해당 Entity 전용 Repository 인터페이스를 작성한다. 작성한 Repository 인터페이스는 스프링 데이터 JPA가 제공하는 JpaRepository 인터페이스를 상속하게 한다. JpaRepository 인터페이스는 앞에서 설명한 SimpleJpaRepository 클래스가 제공하는 API를 인터페이스화한 것이기 때문에 작성한 Repository 인터페이스에 SimpleJpaRepository가 잘 갖춰진 API가 상속된다. 어떤 Entity에 대해 애플리케이션에서 데이터 접근을 하는 경우 대응하는 Repository 인터페이스를 통해 스프링 데이터 JPA의 각 API를 호출한다.

그러나 이대로는 사용자가 작성한 Repository와 SimpleJpaRepository 클래스 간에 직접적인 연결이 없기 때문에 SimpleJpaRepository 클래스의 데이터 접근을 위한 구현이 애플리케이션에서 호출되는 것은 아니다. 다음은 SimpleJpaRepository 클래스의 구현이 호출되는 구조를 보여준다(그림 10.4).

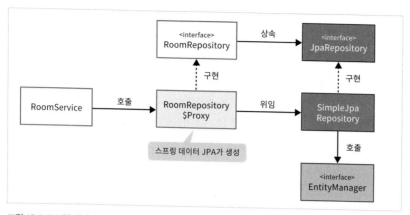

그림 10.4 스프링 데이터 JPA의 처리 흐름과 클래스 구조

스프링 데이터 JPA는 DI 컨테이너를 초기화하는 시점에 사용자가 직접 만든 Repository 인터페이스에 대해 SimpleJpaRepository로 처리를 위임하는 프락시 클래스를 생성하고 그 인스턴스를 DI 컨테이너에 빈으로 등록한다. 애플리케이션의 입장에서는 스프링 데이터 JPA가 생성한 프락시 클래스가 DI되고, 이 프락시 클래스의 메서드가 실행될 때 실제로는 SimpleJpaRepository가 처리하는 방식으로 동작한다. 이렇게 프락시 패턴을 적용한 설계는 언뜻 보기에 복잡해 보이지만 이런 구조를 활용함으로써 부모 클래스를 단 하나만 가질 수 있는 자바의 상속 관계의 제약을 극복할 수 있고 뒤에 설명할 Repository의 커스터마이징도 가능해진다.

이와 같은 프락시 클래스가 생성되려면 사용자가 직접 개발한 Repository 인터페이스가 다음 조건을 만족해야 한다.

- 인터페이스가 스캔 대상 패키지 아래에 있을 것
- 클래스 에너테이션에 @org.springframework.data.repository.NoRepositoryBean 애너테이션이 설정돼 있지 않을 것

위의 두 조건을 일단 충족한 다음

- org.springframework.data.repository.Repository를 상속할 것
- 클래스 애너테이션으로 @org.springframework.data.repository.RepositoryDefinition 애너테이션이 설정돼 있을 것

위의 두 조건 중 하나를 충족하면 된다.

## 10.4.2. JpaRepository

앞에서 설명한 것처럼 JpaRepository를 상속한 Repository 인터페이스의 메서드에 접근하는 것만으로 JPA를 통한 데이터 접근이 가능하다. 도메인 주도 설계의 사상에 따라 일반적으로 Repository 인터페이스는 Entity의 타입마다 작성한다. 지금까지 사용해 온 Room을 취급하는 Repository 인터페이스를 정의하는 예는 다음과 같다.

▶ Repository 인터페이스의 정의 예

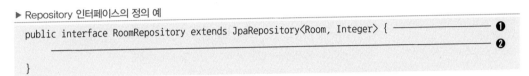

```
public interface RoomRepository extends JpaRepository<Room, Integer> {
}
```

❶ 취급하고 싶은 Entity 타입과 그것의 기본키 타입을 제네릭으로 지정한 Repository 인터페이스를 정의한다.

❷ 스프링 데이터 JPA가 표준으로 제공하는 메서드만 이용하는 경우에는 메서드를 정의할 필요가 없다.

그럼 애플리케이션에서 호출할 수 있는 JpaRepository가 표준으로 제공하는 메서드를 살펴보자. JpaRepository가 표준으로 제공하는 메서드 구현은 스프링 데이터 JPA의 SimpleJpaRepository에 기술돼 있다(표 10.8).

표 10.8 JpaRepository가 제공하는 API

| JpaRepository 메서드 | 설명 | 실행될 가능성이 있는 EntityManager 메서드 |
|---|---|---|
| `<S extends T> S save(S entity)<S extends T> List<S> save(Iterable <S> entities)` | 지정된 Entity에 대한 저장 작업을 EntityManager가 나중에 처리할 수 있게 모아둔다. Entity의 기본키가 설정돼 있지 않다면 EntityManager의 persist 메서드가 호출되고, 값이 설정돼 있다면 merge 메서드가 호출된다. | `persist()` 혹은 `merge()` |
| `void flush()` | EntityManager에 모아둔 Entity에 대한 저장 작업을 실행해 데이터베이스에 저장한 내용이 반영되게 한다. | `flush()` |
| `T saveAndFlush(T entity)` | 지정된 Entity에 대한 저장 작업을 EntityManager가 처리하도록 모아둔 다음, 그 저장 작업을 실행해 데이터베이스에 저장 결과가 반영되게 한다. | `save()` 및 `flush()`를 참조 |
| `void delete(T entity) void delete(Iterable<? extends T> entities)` | 지정된 Entity에 대한 삭제 작업을 EntityManager가 처리하도록 모아둔다. | `remove()`, `contains()`, `merge()` |
| `void delete(ID id)` | 기본키를 지정한 Entity에 대한 삭제 작업을 EntityManager가 처리하도록 모아둔다. 삭제 대상이 되는 Entity가 존재하지 않는다면 EmptyResultDataAccessException이 발생한다. | `remove()`, `contains()`, `merge()`, `find()` |

| JpaRepository 메서드 | 설명 | 실행될 가능성이 있는 EntityManager 메서드 |
| --- | --- | --- |
| void deleteAll() | 데이터베이스의 모든 Entity를 삭제하는 작업을 Entity Manager가 처리하도록 모아둔다. 삭제를 할 때 데이터베이스의 모든 레코드를 영속성 컨텍스트에 읽어 들여야 하기 때문에 만약 삭제 건수가 많다면 deleteAllInBatch 메서드(나중에 설명)를 사용하는 것이 좋다. | delete(Iterable<? extends T> entities)을 참조 |
| void deleteInBatch(Iterable<T> entities) void deleteAllInBatch() | 삭제 대상에 해당하는 모든 Entity를 영속성 컨텍스트로 읽어 들이지 않고 데이터베이스에서 삭제한다. 단, 이 메서드를 호출하기 전에 이미 EntityManager에서 관리되고 있는 Entity는 데이터베이스와 동기화되지 않은 상태이기 때문에 삭제 후에도 findOne 메서드로 검색될 수 있으니 주의할 필요가 있다. | createQuery(), TypedQuery. executeUpdate() |
| T findOne(ID id) | 기본키로 Entity를 데이터베이스에서 찾아오기 위한 메서드로, EntityManager.find()의 경우와 비슷하게 이미 관리 상태인 Entity라면 굳이 데이터베이스 접근이 발생하지 않는다. | find() |
| List<T> findAll() List<T> findAll(Sort sort) List<T> findAll(Iterable<ID> ids) | 모든 혹은 지정된 여러 기본키에 해당하는 Entity를 데이터베이스에서 가져온다. findOne 메서드와 달리 대상 Entity가 관리 상태에 있는 경우에도 데이터베이스 접근이 발생한다. Sort를 지정한 경우에는 정렬 순서를 지정할 수 있으며 발행된 SQL의 SELECT 문에 ORDER BY 절이 추가된다. 기본키를 지정한 경우에는 발행된 SQL의 SELECT 문에 IN 절이 추가된다. Oracle과 같이 IN 절에 지정할 수 있는 값의 수가 제한되는 데이터베이스를 사용할 때는 주의가 필요하다. | createQuery(), TypedQuery. getResultList() |
| Page<T> findAll(Pageable pageable) | 지정한 페이지(정렬 순서, 페이지 번호, 페이지에 표시할 건수)에 해당하는 Entity만 데이터베이스에서 가져온다. 주로 웹 애플리케이션에서 페이지 처리를 하고 싶을 때 사용한다. | createQuery(), TypedQu ery. getResultList() |
| boolean exists(ID id) | 기본키를 지정해 Entity가 데이터베이스에 존재하는지 확인한다. 대상 Entity가 관리 상태에 있는 경우라도 데이터베이스 접근이 발생한다. | createQuery(), TypedQuery. getSingleResult() |
| long count() | 데이터베이스 상의 모든 Entity의 건수를 취득한다. 반드시 데이터베이스 접근이 발생한다. | createQuery(), TypedQuery. getSingleResult() |

이처럼 EntityManager를 사용하면 이전에는 쿼리를 실행해야만 할 수 있었던 전체 검색도 JpaRepository에서 제공하는 메서드를 실행하는 형태로 대신할 수 있다. 더 나아가 EntityManager를 은폐시키는 방법으로 Entity의 내부적인 관리 상태를 의식하지 않아도 되게 만들어 사용자의 정신적 부담을 줄여주는 효과도 볼 수 있다. 예를 들어, save 메서드에서는 저장할 Entity가 관리 상태인지 아닌지에 따

라 내부 처리를 달리하기 때문에 new 상태의 Entity라고 하더라도 관리 상태 여부를 의식하지 않고 바로 사용할 수가 있다.

그러나 일반적인 애플리케이션 개발에 필요한 데이터베이스 접근에는 상세한 검색 조건 등이 포함되는 경우가 많기 때문에 JpaRepository가 제공하는 메서드만으로는 부족하다. JPA에서는 쿼리를 기술하고 데이터 접근을 처리하는 방법을 제공하며, 당연히 스프링 데이터 JPA도 쿼리를 실행하는 기능이 있다. 스프링 데이터 JPA에서 JPQL 쿼리를 실행하는 두 가지 방법에 대해서는 나중에 소개하겠다.

## 10.4.3. 예외 변환

스프링 프레임워크에서는 @Repository가 지정된 빈에서 발생한 예외를 비검사 예외인 DataAccess Exception으로 변환하는 구조를 제공한다. 스프링 데이터 JPA에서는 Repository가 프락시 클래스로 생성되므로 프락시 클래스에 대해 같은 예외 변환 구조가 적용된다. 따라서 JPA 구현에서 발생한 JPA 예외는 모든 DataAccessException을 상속한 비검사 예외에 래핑되어 호출된 곳으로 던져진다. 이 때문에 JPA를 사용하더라도 기존의 JDBC에서의 데이터 접근과 동일하게 예외 처리를 구현할 수 있다. 이 구조는 나중에 설명할 @EnableJpaRepositories 또는 〈jpa:repositories〉 요소를 통해 활성화된다.

데이터베이스 접근 시 발생하는 예외로는 네트워크 장애나 SQL 작성 오류 등을 생각할 수 있으며, 기본적으로 비즈니스 로직에서 처리하지 않고 공통적인 시스템 오류로 처리한다. 그러나 무결성 제약 위반과 같은 오류에 대해서는 비즈니스 로직에서 예외 처리를 하는 경우가 많다. 이러한 경우에는 DataAccessException을 상속한 예외를 포착한 후, 각 오류마다 필요한 예외 처리를 기술하면 된다(표 10.9).

표 10.9 비즈니스 로직에서 처리할 가능성이 있는 대표적인 DataAccessException 예외

| 예외 클래스명 | 설명 |
| --- | --- |
| org.springframework.dao.DuplicateKeyException | 데이터를 변경할 때 무결성 제약 위반이 발생한 경우에 이 예외로 변환된다. |
| org.springframework.dao.PessimisticLockingFailureException | JPA의 비관적 잠금 취득에 실패하고 JPA 구현이 javax.persistence.PessimisticLockException을 발생시킨 경우에 이 예외로 변환된다. |
| org.springframework.dao.OptimisticLockingFailureException | JPA의 낙관적 잠금에 실패하고 JPA 구현이 javax.persistence.OptimisticLockException을 발생시킨 경우에 이 예외로 변환된다. |

DuplicateKeyException이나 OptimisticLockingFailureException 등의 일부 예외는 SQL이 실제로 실행되는 시점(트랜잭션을 종료할 때 등)에서 발생하기 때문에 Repository의 메서드 호출에 대해 try-catch 절을 구현해도 예외를 포착하지 못할 수 있다. 이러한 예외를 비즈니스 로직에서 처리하고 싶은 경우에는 flush 메서드를 호출하고 SQL을 강제로 실행해야 한다.

▶ SQL을 강제로 실행하고 예외를 처리

```
try {
    roomRepository.saveAndFlush(room);
} catch (OptimisticLockingFailureException e) {
    // 오류 처리(생략)
}
```

**메모** 데이터베이스 접근에서 발생한 예외는 데이터베이스나 JPA 구현에 의존하지 않고 같은 사건에 대해 같은 예외로 변환되는 것이 이상적이지만 실제로는 데이터베이스나 JPA 구현에 따라 다른 예외로 변환되는 경우가 있다. 예를 들어, 하이버네이트 4.3.x를 사용한 경우 데이터를 갱신할 때 발생한 무결성 제약 위반 예외는 org.springframework.dao.DataIntegrityViolationException으로 변환된다.

## 10.5. 스프링 데이터 JPA 설정

이번 절에서는 JPA 구현으로 하이버네이트를 이용해 스프링 데이터 JPA를 이용할 수 있는 상태로 만들기 위한 설정 순서를 소개한다.

### 10.5.1. 의존 라이브러리 정의

스프링 데이터 JPA의 의존관계를 pom.xml의 〈dependencies〉에 추가한다. 이 책에서는 JPA 구현으로 하이버네이트를, 데이터베이스로 H2를 사용한다.

▶ pom.xml 설정 예

```
<dependencies>
    <!-- 생략 -->
    <dependency>
        <groupId>org.springframework.data</groupId>
        <artifactId>spring-data-jpa</artifactId>
    </dependency>
```

```
    <dependency>
        <groupId>org.hibernate</groupId>
        <artifactId>hibernate-core</artifactId>
    </dependency>
    <dependency>
        <groupId>org.hibernate</groupId>
        <artifactId>hibernate-entitymanager</artifactId>
    </dependency>
</dependencies>
```

> **메모**　이 책을 집필하던 당시 하이버네이트의 최신 버전은 5.x다. 스프링 프레임워크 4.2 버전에서는 하이버네이트 5를 지원하지만 이 책에서는 하이버네이트 4.3을 이용한다. 이것은 이 책을 집필하던 당시의 스프링 IO 플랫폼의 최신 버전(2.0)이 하이버네이트 4.3에 의존하기 때문이다.

## 10.5.2. 데이터 소스 정의

지금까지 보아온 스프링 JDBC에서의 데이터 소스 정의와 같다. 스프링 데이터 JPA를 위해 설정해야 할 항목은 특별히 없다.

## 10.5.3. EntityManagerFactory 정의

JPA에서 설명은 생략했지만 JPA에서는 EntityManager를 생성할 때 EntityManagerFactory를 사용한다. 스프링 데이터 JPA는 EntityManagerFactory를 DI 컨테이너 상에서 다룰 수 있어야 하기 때문에 스프링이 제공하는 LocalContainerEntityManagerFactoryBean을 사용해 DI 컨테이너 상에 EntityManagerFactory가 만들어지게 한다. 이 빈은 이름이 너무 길어 어떤 역할을 하는지 파악하기 어려울 수 있는데 간단히 EntityManagerFactory를 만들기 위한 FactoryBean이라 생각하면 된다. JPA를 설정할 때는 보통 persistence.xml이라는 설정 파일을 만들어야 하는데 LocalEntityManagerFactoryBean을 사용하면 같은 설정 내용을 빈 정의 형태로 대신할 수 있다. 그래서 이 방법을 사용하면 더 이상 persistence.xml을 따로 만들지 않아도 되고, 이 책에서도 persistence.xml을 만들지 않는 방법으로 진행하겠다. 한편 LocalContainerEntityManagerFactoryBean에서는 다양한 JPA 구현체가 나름의 방법으로 제공하는 독자적인 설정 부분을 JpaVendorAdapter 인터페이스의 구현 클래스 형태로 만들 수 있게 돼 있다.

**메모**

LocalContainerEntityManagerFactoryBean이나 JpaVendorAdapter는 로컬, 즉 애플리케이션에 EntityManagerFactory를 작성하는 것을 가정한다. 따라서 지원되는 JPA 구현은 하이버네이트, EclipseLink, OpenJPA 뿐이며, 각 애플리케이션 서버에 포함된 JPA 구현은 지원하지 않는다. 애플리케이션 서버에서 제공하는 JPA 구현을 사용하는 경우에는 JNDI 등을 이용해 EntityManagerFactory를 취득하고 DI 컨테이너에서 접근할 수 있도록 빈으로 만들어둬야 한다.

▶ 자바 기반 설정 방식을 이용한 빈 정의

```java
@Configuration
public class JpaConfig {
    @Autowired
    private DataSource dataSource;

    @Bean
    public JpaVendorAdapter jpaVendorAdapter() {
        HibernateJpaVendorAdapter vendorAdapter = new HibernateJpaVendorAdapter();  ──── ❶
        vendorAdapter.setDatabase(Database.H2);  ──────────────────────── ❷
        vendorAdapter.setShowSql(true);  ──────────────────────────── ❸
        return vendorAdapter;
    }

    @Bean
    public LocalContainerEntityManagerFactoryBean entityManagerFactory(DataSource dataSource) {
        LocalContainerEntityManagerFactoryBean factory  ─────────────── ❹
                = new LocalContainerEntityManagerFactoryBean();  ───────┘
        factory.setDataSource(dataSource);  ──────────────────────── ❺
        factory.setPackagesToScan("com.example.domain.model");  ───────── ❻
        factory.setJpaVendorAdapter(jpaVendorAdapter());  ──────────── ❼
        return factory;
    }
}
```

▶ XML 기반 설정 방식을 이용한 빈 정의

```xml
<bean id="jpaVendorAdapter"
    class="org.springframework.orm.jpa.vendor.HibernateJpaVendorAdapter">  ──── ❶
    <property name="database" value="H2" />  ─────────────────────── ❷
    <property name="showSql" value="true" />  ──────────────────── ❸
</bean>

<bean id="entityManagerFactory"
    class="org.springframework.orm.jpa.LocalContainerEntityManagerFactoryBean">  ──── ❹
```

```
    <property name="dataSource" ref="dataSource" />  ────────────────── ❺
    <property name="packagesToScan" value="com.example.domain.model" />  ── ❻
    <property name="jpaVendorAdapter" ref="jpaVendorAdapter" />  ───────── ❼
</bean>
```

❶ JPA 구현의 독자적인 설정을 하기 위해 JpaVendorAdapter 인터페이스를 구현한 클래스의 빈을 정의한다. 이번에는 하이버네이트를 사용하기 때문에 하이버네이트 전용 구현 클래스인 HibernateJpaVendorAdapter의 빈을 정의한다.

❷ 사용하는 데이터베이스 제품을 설정한다. 하이버네이트는 여기서 지정한 데이터베이스 제품에 대응하는 SQL을 구성한다. 이번에는 H2를 지정한다.

❸ 하이버네이트가 데이터베이스에 대해 발행하는 SQL을 콘솔에 출력하는 기능을 활성화한다. 하이버네이트가 어떤 SQL을 구성하는지 확인할 때 이용하면 좋다.

❹ LocalContainerEntityManagerFactoryBean을 정의하고 지정된 JPA 구현이 제공하는 EntityManagerFactory가 빈으로서 DI 컨테이너에서 관리되게 한다. 기본 상태에서는 스프링 데이터 JPA가 'entityManagerFactory'라는 빈의 EntityManagerFactory를 사용하기 때문에 빈의 이름을 지정할 때는 주의할 필요가 있다.

❺ JPA 영속화 처리에서 사용하는 데이터 소스를 설정한다.

❻ Entity 클래스가 정의돼 있는 패키지를 지정한다. 여기서 지정한 패키지 바로 아래에 있는 Entity 클래스만 EntityManager로 취급된다.

❼ ❶에서 정의한 JpaVendorAdapter를 지정한다.

## 10.5.4. JpaTransactionManager 정의

스프링을 이용해 JPA의 트랜잭션 관리를 하는 경우에는 JPA용 JpaTransactionManager를 사용한다. JpaTransactionManager는 JPA에서 제공하는 트랜잭션 제어용 API(EntityTransaction의 API)를 스프링의 PlatformTransactionManager 인터페이스를 통해 호출하기 위해 제공되는 구현 클래스다. 로컬 트랜잭션을 사용하는 경우에는 다음과 같이 설정한다. 이 설정 덕분에 @Transactional 애너테이션을 메서드에 지정하는 것만으로 JPA의 트랜잭션 관리가 가능해진다.

▶ 자바 기반 설정 방식을 이용한 빈 정의

```
@Configuration
@EnableTransactionManagement
public class JpaConfig {
    // 생략
    @Bean
    public PlatformTransactionManager transactionManager(
            EntityManagerFactory entityManagerFactory) {
```

```
        JpaTransactionManager jpaTransactionManager = new JpaTransactionManager();
        jpaTransactionManager.setEntityManagerFactory(entityManagerFactory);
        return jpaTransactionManager;
    }
}
```

▶ XML 기반 설정 방식을 이용한 빈 정의

```
<tx:annotation-driven />

<bean id="transactionManager"
    class="org.springframework.orm.jpa.JpaTransactionManager">
    <property name="entityManagerFactory" ref="entityManagerFactory" />
</bean>
```

메모

애플리케이션 서버가 제공하는 JTA(Java Transaction API)를 사용하기 위해 트랜잭션 관리자인 JtaTransactionManager를 이용할 수도 있다. 다만 JPA 구현에 따라 각 제품의 차이를 흡수하기 위한 설정이 필요하다. 하이버네이트의 경우 LocalContainerEntityManagerFactoryBean.jpaProperty에 hibernate.transaction.jta.platform이라는 키로 애플리케이션 서버를 지정해야 한다.

## 10.5.5. 스프링 데이터 JPA 활성화

스프링 데이터 JPA를 이용해 Repository 인터페이스에서 프락시 클래스를 생성하려면 다양한 빈이나 초기 설정이 필요하다. 이러한 초기 설정의 대부분은 기본값에서 변경할 필요가 없기 때문에 초기 설정을 하는 방법이 스프링 데이터 JPA에서 제공된다.

▶ 자바 기반 설정 방식을 이용한 빈 정의

```
@Configuration
@EnableTransactionManagement
@EnableJpaRepositories("com.example.domain.repository") ————————————————————————— ❶
public class JpaConfig {
    // 생략
}
```

❶ @EnableJpaRepositories를 통해 스프링 데이터 JPA의 초기 설정을 한다. Repository 인터페이스나 커스텀 Repository 클래스가 저장돼 있는 패키지명을 지정하고 있다.

▶ XML 기반 설정 방식을 이용한 빈 정의

```xml
<?xml version="1.0" encoding="UTF-8"?>
<beans
    xmlns="http://www.springframework.org/schema/beans"
    xmlns:jpa="http://www.springframework.org/schema/data/jpa"
    xmlns:xsi="http://www.w3.org/2001/XMLSchema-instance"
    xsi:schemaLocation="http://www.springframework.org/schema/beans
        http://www.springframework.org/schema/beans/spring-beans.xsd
        http://www.springframework.org/schema/data/jpa
        http://www.springframework.org/schema/data/jpa/spring-jpa.xsd">  ──────────── ❶


    <!-- 생략 -->

    <jpa:repositories base-package="com.example.domain.repository" />  ──────────── ❷

</beans>
```

❶ 스프링 데이터 JPA의 XML 스키마 정의를 포함시킨다. 여기서는 네임스페이스에 'jpa'를 지정한다.

❷ `<jpa:repositories>` 요소를 정의하고 스프링 데이터 JPA의 초기 설정을 한다. Repository 인터페이스나 커스텀 Repository 클래스가 저장된 패키지명을 지정하고 있다.

이 예에서는 @EnableJpaRepositories와 `<jpa:repositories>` 요소에 패키지명을 설정한 것 외에는 모두 기본값을 사용하고 있으며, 그 밖에도 다음과 같은 설정이 가능하다.

- 프락시를 생성하는 대상의 Repository 인터페이스명의 접미사를 지정하는 repositoryImplementationPostfix 속성 (repository-impl-postfix 속성)
- EntityManagerFactory 빈의 이름을 변경하기 위한 entityManagerFactoryRef 속성(entity-manager-factory-ref 속성)
- TransactionManager 빈의 이름을 변경하기 위한 transactionManagerRef 속성(transaction-manager-ref 속성)

메모

XML을 이용해 정의하는 경우 DI 컨테이너에 있는 빈에 대해 @javax.persistence.PersistenceContext 를 통한 EntityManager 주입을 가능하게 하려면 원래대로라면 아래와 같은 설정이 필요하지만 `<jpa:repositories>` 요소로 인해 설정이 불필요하다.

▶ XML 기반 설정 방식을 이용한 빈 정의

```xml
<context:annotation-config/>
```

## 10.5.6. Open EntityManager in View 패턴 설정

스프링을 활용해 웹 애플리케이션을 구축하는 주제에 대해서는 다른 장에서 설정했지만 JPA를 웹 애플리케이션에서 이용할 때 주의할 점이 있다.

JPA에는 Entity 데이터가 필요할 때까지 데이터베이스 접근을 수행하지 않는 Lazy 페치라는 것이 있다고 소개했다. Lazy 페치는 원래 불필요한 데이터를 데이터베이스에서 가져오는 것을 피할 수 있기에 매우 유용한 기능이다. 그러나 트랜잭션이 종료되고 분리 상태로 된 Entity는 Lazy 페치를 할 수 없기 때문에 예상한 값을 취득할 수 없는 문제가 발생한다. 웹 애플리케이션에서는 화면을 렌더링하기 전에 트랜잭션을 종료해 버리는 패턴이 일반적이기 때문에 화면을 렌더링할 때 Entity에 접근하면 이 문제가 발생한다. 물론 Lazy 페치를 사용하지 않는 것으로 문제를 해결할 수도 있지만 'Open EntityManager in View' 패턴이라는 방법을 사용하면 Lazy 페치를 웹 화면을 렌더링할 때 사용할 수 있다. Open EntityManager in View 패턴은 트랜잭션이 종료된 후에도 EntityManager를 닫지 않고 Entity를 관리 상태로 유지하고 웹 화면의 렌더링이 끝날 때까지 Lazy 페치가 가능하게 하는 방법이다.

스프링에서는 Open EntityManager in View 패턴을 구현하기 위한 클래스를 WebRequestInterceptor와 ServletFilter의 두 가지 형태로 제공한다.

- OpenEntityManagerInViewInterceptor
- OpenEntityManagerInViewFilter

이 둘의 차이는 Lazy 페치가 가능한 상태를 어디까지 연장하느냐다. OpenEntityManagerInViewFilter 쪽이 연장하는 기간이 길고 ServletFilter에서도 Lazy 페치가 가능하다. 그러나 일반적으로 JSP나 타임리프 등에서 렌더링할 때 Entity에 참조하는 것이 대부분이라서 이 경우 OpenEntityManagerInViewInterceptor로 충분한 기간을 얻을 수 있다. 또한 WebRequestInterceptor 쪽이 ServletFilter보다 설정의 유연성이 높기 때문에 이 책에서는 OpenEntityManagerInViewInterceptor를 사용하는 설정을 소개한다. 불필요한 오버헤드를 줄이기 위해 Lazy 페치가 확실하게 발생하지 않는 정적 리소스(HTML 파일, CSS 파일, 이미지 등)는 제외한다.

▶ 자바 기반 설정 방식을 이용한 빈 정의

```
@Configuration
public class WebApplicationConfig extends WebMvcConfigurerAdapter {

    // 생략
```

```
    @Bean
    public OpenEntityManagerInViewInterceptor openEntityManagerInViewInterceptor() {
        return new OpenEntityManagerInViewInterceptor();
    }

    @Override
    public void addInterceptors(InterceptorRegistry registry) {
        registry.addWebRequestInterceptor(openEntityManagerInViewInterceptor())
                .addPathPatterns("/**").excludePathPatterns("/**/*.html")
                .excludePathPatterns("/**/*.js")
                .excludePathPatterns("/**/*.css")
                .excludePathPatterns("/**/*.png");
    }

}
```

▶ XML 기반 설정 방식을 이용한 빈 정의

```
<mvc:interceptors>
    <mvc:interceptor>
        <mvc:mapping path="/**" />
        <mvc:exclude-mapping path="/**/*.html" />
        <mvc:exclude-mapping path="/**/*.js" />
        <mvc:exclude-mapping path="/**/*.css" />
        <mvc:exclude-mapping path="/**/*.png" />
        <bean class="org.springframework.orm.jpa.support.OpenEntityManagerInViewInterceptor" />
    </mvc:interceptor>
</mvc:interceptors>
```

메모

나중에 소개할 스프링 부트의 spring-boot-starter-data-jpa를 사용하면 이번 절에서 소개한 설정의 대부분이 자동으로 설정된다.

## 10.6. Repository 생성과 활용

이제 스프링 데이터 JPA를 이용할 준비가 끝났다. 다음으로 데이터베이스에 접근하기 위해 Repository 인터페이스를 작성하고 애플리케이션에서 Repository를 이용하는 방법을 설명한다.

## 10.6.1. 스프링 데이터 JPA 표준의 CRUD 작업

스프링 데이터 JPA에서의 구현은 JPA만으로 구현했을 때와 큰 차이는 없다. 다만 스프링 데이터 JPA를 사용하는 경우에도 Entity 상태를 항상 의식해야 한다. EntityManager가 Repository로 대체되는 것과 그에 따라 조작하는 메서드명이 변경되는 것이 특히 큰 차이다. 또한 JPA에서는 쿼리를 기술해야 했던 모든 Entity의 목록 취득 등이 Repository 메서드 하나로 취득할 수 있게 되어 코드의 가독성이 좋아진다.

▶ CRUD 작업의 구현

```java
@Service
public class RoomServiceImpl implements RoomService {
    @Autowired
    RoomRepository roomRepository;                                              ❶

    @Transactional(readOnly = true)                                             ❷
    public Room getRoom(Integer id) {
        Room room = roomRepository.findOne(id);                                 ❸
        if (room == null) {
            // 대상 room이 존재하지 않는 경우(생략)
        }
        return room;
    }

    @Transactional(readOnly = true)
    public List<Room> getRoomsAll() {
        return roomRepository.findAll(new Sort(Direction.ASC, "roomId"));        ❹
    }

    @Transactional
    public Room createRoom(String roomName, Integer capacity) {
        Room room = new Room();
        room.setRoomName(roomName);
        room.setCapacity(capacity);
        return roomRepository.save(room);                                       ❺
    }

    @Transactional
    public Room updateRoomName(Integer id, String roomName) {
        Room room = getRoom(id);                                                ❻
        room.setRoomName(roomName);
        return room;
    }
```

```
    @Transactional
    public void deleteRoom(Integer id) {
        roomRepository.delete(id); ————————————————————————————————— ❼
    }
}
```

❶ RoomRepository 인터페이스를 바탕으로 생성된 프락시 클래스의 인스턴스를 주입한다. Entity 조작은 이 Repository 인터페이스를 통해 이뤄진다.

❷ @Transactional 애너테이션을 통해 JPA 트랜잭션 관리를 한다.

❸ 기본키를 지정해 findOne 메서드를 실행하고 Entity를 한 건 취득한다. 취득된 Entity는 관리 상태가 된다. 대상 Entity 가 존재하지 않는 경우 null이 반환된다.

❹ findAll 메서드를 실행하고 데이터베이스의 모든 Entity를 취득한다. Sort에 의해 반환 결과를 특정 프로퍼티로 정렬할 수 있다. 이 예에서는 roomId 프로퍼티로 오름차순 정렬을 하고 있다. 데이터 건수가 많을 것으로 예상되는 경우에는 페이지 처리(나중에 설명) 등을 사용해 메모리 고갈을 피할 방법을 적용한다.

❺ 새로 만들어져서 new 상태인 Entity를 save 메서드를 통해 관리 상태가 되게 만든다. 단, save 메서드가 호출된 시점에 바로 데이터베이스의 정보가 갱신되는 것은 아니다. 메서드가 호출된 후부터 이 Entity에 대한 다양한 변경 사항까지 모두 포함해서 트랜잭션이 종료될 때 비로소 데이터베이스의 정보가 갱신된다.

❻ Entity의 내용을 변경하기 위해 기본키를 지정해 Entity를 취득한다. 취득한 Entity는 이미 관리 상태이기 때문에 save 메서드를 실행하지 않아도 데이터베이스에 반영된다.

❼ 기본키를 지정해 delete 메서드를 실행하고 Entity를 삭제된 상태로 전환한다. 트랜잭션을 종료할 때 데이터베이스의 레코드가 삭제된다.

## 10.6.2. JPQL을 활용한 데이터 접근

JPA만으로 JPQL을 실행할 때는 쿼리 문자열에서 TypedQuery를 생성하고 TypedQuery에 매개변수를 바인드한 다음, TypedQuery를 실행해야 그 결과를 얻어낼 수 있었는데 이 과정들을 하나하나 코드로 작성해야 했다. 반면 스프링 데이터 JPA를 사용하면 쿼리를 실행할 때 메서드를 구현하는 것과 같이 코드로 구현하지 않아도 된다. 즉, 쿼리를 애너테이션이나 메서드명, 혹은 인수명의 형태로 선언적으로 기술할 수 있기 때문에 가독성도 좋고 테스트도 쉬워진다.

여기서는 JPQL을 통해 데이터 접근을 수행하는 두 가지 방법을 소개한다. 첫 번째 방법은 @Query 애너테이션을 사용하는 방법이다. 스프링 데이터 JPA의 기본 설정에서는 쿼리 메서드에 @Query 애너테이션이 정의된 경우 그쪽이 우선시된다.

두 번째 방법은 Repository 인터페이스의 메서드명으로 쿼리를 생성하는 방법이다. 이 방법을 강제로 이용하고 싶은 경우 @EnableJpaRepositories의 queryLookupStrategy 속성 또는 〈jpa:repositories〉의 query-lookup-strategy 속성으로 변경할 수 있다.

## ■ @Query를 사용하는 방법

▶ @Query 사용 예

```
public interface RoomRepository extends JpaRepository<Room, Integer> {
    @Query("SELECT r FROM Room r WHERE r.roomName = :roomName") ──────────── ❶
    List<Room> findByRoomName(@Param("roomName") String roomName); ─────────── ❷

    @Query("UPDATE Room r SET r.capacity = :capacity") ─────────────────── ❸
    Integer updateCapacityAll(@Param("capacity") Integer capacity); ───────── ❹
}
```

❶ @org.springframework.data.jpa.repository.Query 애너테이션을 메서드에 추가하고 실행하고 싶은 JPQL을 기술한다.

❷ JPQL을 실행할 메서드를 정의한다. @Query 애너테이션을 사용하는 경우 메서드명에 제약은 없지만 메서드명에 통일성을 주기 위해 나중에 소개할 메서드명의 명명 규약에 따라 이름을 지정하는 것이 일반적이다. JPQL에 바인드 변수가 있는 경우에는 메서드 매개변수에 @org.springframework.data.repository.query.Param 애너테이션을 추가해서 메서드 매개변수를 JPQL에 바인드할 수 있다. 여기서는 조건에 일치하는 Entity를 목록으로 취득하기 위해 반환값 타입을 List 타입으로 지정하고 있다.

❸ 데이터를 조회하는 JPQL와 마찬가지로 @org.springframework.data.jpa.repository.Query 애너테이션에서 데이터를 변경하는 JPQL를 기술하는 것이 가능하다. 다만 이러한 성격의 JPQL을 실행한 경우에는 이미 관리 상태로 돼 있는 Entity에 대한 변경 사항이 반영되지 않는다는 점에 주의할 필요가 있다.

❹ 데이터를 조회하는 JPQL과 같다. UPDATE 쿼리는 갱신 건수를 반환하기 때문에 Integer를 반환값으로 사용하고 있다.

그 밖에 주목해야 할 점은 각 조작 메서드의 반환값 타입을 유연하게 선택할 수 있게 돼 있어 Collection이나 Iterator는 물론 비동기로 반환값을 얻기 위한 Future, Java SE 8의 Optional, Stream이나 CompletableFuture에도 대응할 수 있다는 점이다. 쿼리 메서드를 정의할 때 반환형을 자유롭게 선택할 수 있으며, 스프링 데이터 JPA가 반환형에 맞게 쿼리 결과를 변환해서 반환한다.

메모　스프링 데이터 JPA에서는 비동기 객체를 반환형으로 정의해 비동기로 쿼리 결과를 취득할 수 있다. 비동기로 실행하는 경우 쿼리 메서드에 @Async 애너테이션을 부여한다. 또한 @EnableAsync를 이용해 스프링의 비동기 메서드 실행 옵션을 활성화해야 한다.

@Query 애너테이션에 기술하는 JPQL은 스프링 데이터 JPA 자체적으로 확장된다. 일례로 JPQL의 LIKE 절을 쓰기 쉽게 만들기 위한 확장이 있다. JPQL에서는 LIKE 절에 와일드카드 문자로 %를 사용하지만 LIKE 절에 바인드 파라미터를 지정하는 경우 %를 사용할 수 없다. 그러나 스프링 데이터 JPA는 @Query에서 JPQL를 기술하는 것에 한해 그 같은 표기를 허용하고 있다. 스프링 데이터 JPA 내부에서 JPA를 준수하는 JPQL로 변환하고 있다.

▶ @Query에서 허용되는 JPQL의 예

```
SELECT * FROM room r WHERE r.room_name LIKE %:roomName
```

또 다른 하나는 독자적인 확장으로 JPQL에서 SpEL을 사용해 Entity명을 포함할 수 있다는 것이다. 나중에 소개할 커스텀 메서드와 조합해서 Entity명만 다른 JPQL을 공통화할 수 있다.

▶ SpEL을 포함하는 JPQL의 예

```
@Query("SELECT e FROM #{#entityName} e WHERE e.createdDate = :createdDate")
List<T> findByCreatedDate(@Param("createdDate") DateTime createdDate);
```

JPQL 확장은 아니지만 @Query 애너테이션의 nativeQuery 속성을 true로 지정해서 Native Query(즉, SQL)를 실행할 수 있다.

```
@Query(value = "SELECT * FROM room r WHERE r.room_name = :roomName", nativeQuery =
true) List<Room> findByRoomName(@Param("roomName") String roomName);
```

### ■ 메서드명으로부터 쿼리를 생성하는 방법

▶ 메서드명으로부터 쿼리를 생성하는 예

```
public interface RoomRepository extends JpaRepository<Room, Integer> {
    List<Room> findByRoomNameAndCapacity(String roomName, Integer capacity); ——————❶
}
```

❶ 메서드명의 접두사가 find ... By, read ... By, query ... By, count ... By, get ... By 중 한 가지 패턴에 일치하는 경우 메서드명으로부터 SELECT 문의 JPQL을 생성하는 대상이 된다. By 이후 부분에는 SELECT 문의 조건(WHERE 절)에 지정하고자 하는 Entity 프로퍼티명을 지정한다. 조건 부분에는 And 또는 Or를 사용해 여러 프로퍼티를 지정할 수 있다. JPQL의 매개변수는 인수의 순서대로 바인드된다.

쿼리 메서드명의 규칙으로 앞에서 소개한 것 외에 다음과 같은 규칙이 있다.

- find ... By, read ... By, query ... By, count ... By, get ... By의 ... 부분에는 DISTINCT 절을 사용하기 위해 'Distinct'를 삽입할 수 있다.

  예: findDistinctRoomByEquipmentName(String equipmentName)

- By 이후에는 And나 Or 외에 Between, LessThan, GreaterThan, Like 등을 사용할 수 있다.

  예: findByCapacityBetween(Integer capacityFrom, Integer capacityTo)

- 프로퍼티가 문자열인 경우 Entity의 속성명 바로 뒤에 IgnoreCase 또는 메서드 이름 끝에 AllIgnoreCase를 붙일 수 있다

  예: findByRoomNameIgnoreCaseAndCapacity()

- OrderBy 〈프로퍼티명〉 Asc 또는 OrderBy 〈프로퍼티명〉 Desc를 통해 순서를 지정할 수 있다.

  예: findByRoomNameAndCapacityOrderByRoomNameAsc()

- 중첩된 프로퍼티명의 경계를 _로 명시적으로 구분할 수 있다

  예: findByRoomRoomName(String roomName)과 findByRoom_RoomName(String roomName)은 같은 의미다.

@Query와 마찬가지로 반환형은 유연하게 정의할 수 있다. 다만 비교적 단순한 쿼리를 기술하는 데는 편리한 반면, 데이터를 조회하는 쿼리만 사용할 수 있다거나, 쿼리가 길어지면 메서드명도 길어져 가독성이 떨어질 수 있다는 점, 통합된 테이블에서 데이터를 가져오는 쿼리를 만드는 것이 까다롭다는 점, 그 밖에도 Native Query를 쓸 수 없다는 점은 감안해야 한다.

스프링 데이터 JPA를 이용해 쿼리를 실행하는 방법은 여러 가지가 있지만 이 책에서는 다음과 같은 방법에 대해서 상세한 설명을 생략한다.

- Named Query를 읽어 들이는 방법
- 서드파티의 QueryDSL를 사용하는 방법
- Specification 인터페이스를 구현하는 CriteriaQuery를 작성하는 방법

## 10.6.3. 배타 제어

JPA는 EntityManager에서 배타 제어용 API를 제공한다. 스프링 데이터 JPA에서는 배타 제어 여부를 Repository의 쿼리 메서드에 @org.springframework.data.jpa.repository.Lock 애너테이션을 지정해서 선언할 수 있다. 새롭게 추가하는 쿼리 메서드뿐만 아니라 findAll 등의 스프링 데이터 JPA에서 제공하는 메서드에 대해서도 메서드 정의를 재정의함으로써 @Lock을 부여할 수 있다.

@Lock 애너테이션의 value 속성에는 JPA의 LockModeType을 그대로 지정할 수 있다. 아래 예의 비관적 잠금뿐 아니라 낙관적 잠금에 의한 @Version 프로퍼티의 증가도 LockModeType.OPTIMISTIC을 지정해 구현할 수 있다. JPA가 제공하는 배타 제어에 대해서는 이미 소개했기 때문에 여기서는 설명을 생략한다.

▶ 비관적 잠금의 정의

```java
public interface RoomRepository extends JpaRepository<Room, Integer> {
    // 생략

    @Lock(LockModeType.PESSIMISTIC_WRITE)
    List<Room> findAll();
}
```

## 10.6.4. 페이지 처리

웹 애플리케이션 등의 온라인 애플리케이션에서는 대량의 데이터를 전부 가져와서 화면에 표시하는 것은 성능 측면이나 사용성 측면에서 피해야 한다. 검색 결과 등을 표시하는 일반적인 방법은 '페이지 처리'라는 방식이다. 이것은 여러 페이지에 데이터를 목록화하고 현재 열람하고 있는 페이지에 표시할 데이터만 데이터베이스에서 가져온다.

페이지 처리를 사용하는 경우 원래대로라면 쿼리에 취득하는 데이터의 시작 위치나 건수, 정렬 조건을 지정해야 하지만 스프링 데이터 JPA에는 해당 쿼리에 자동으로 추가하는 기능을 제공한다. 이 기능을 사용하려면 사용 중인 Repository가 PagingAndSortingRepository를 상속해야 한다. 이 책에서 구현 예로 사용하는 JpaRepository는 PagingAndSortingRepository를 상속하기 때문에 페이지 처리를 이용할 수 있다.

▶ 페이지 처리의 사용

```java
public interface RoomRepository extends JpaRepository<Room, Integer> {
    // 생략
    @Query("SELECT r FROM Room r WHERE r.roomName = :roomName")
    Page<Room> findByRoomName(@Param("roomName") String roomName, Pageable pageable); ──── ❶
}
```

❶ 쿼리 메서드 매개변수에 Pageable 타입의 인수를 추가해 페이지 처리를 지원할 수 있다.

```java
@Service
public class RoomServiceImpl implements RoomService {
```

```
// 생략

@Transactional
public List<Room> searchRoomByNameAsc(String roomName, int page, int size) {
    Sort sort = new Sort(Direction.ASC, "roomName");  ──────────────── ❷
    Pageable pageable = new PageRequest(page, size, sort);  ─────────── ❸
    Page<Room> rooms = roomRepository.findByRoomName(roomName, pageable);  ─── ❹
    return rooms.getContent();  ──────────────────────────── ❺
}
}
```

❷ 취득 결과의 정렬 규칙을 지정하기 위해 Sort를 정의한다. 여기서는 roomName 프로퍼티를 오름차순으로 가져오도록 지정하고 있다.

❸ 가져오고 싶은 데이터의 페이지 번호, 페이지당 건수, 정렬 규칙을 지정해 Pageable을 작성한다. 스프링 데이터 JPA는 Pageable 객체로부터 쿼리 조건 부분을 생성한다.

❹ 생성한 Pageable 객체를 지정해 쿼리 메서드를 호출하고 Page<T> 타입으로 목록을 가져온다. Page<T>에는 결과 목록이 List 타입으로 저장돼 있으며, 현재 페이지 번호, 전체 페이지 수, 페이지당 건수 등 페이지 처리에 필요한 정보가 담겨 있다.

❺ 결과의 목록만 필요한 경우에는 Page<T>.getContent 메서드를 이용해 List<T> 타입으로 취득할 수 있다. 실제로 웹 애플리케이션에서는 다른 페이지 정보가 필요하므로 Page 객체 그대로 화면 렌더링을 처리하는 곳으로 전달하는 것이 일반적이다.

메모    스프링 데이터는 웹 애플리케이션 프레임워크인 스프링 MVC와의 페이지 처리 연계를 지원한다. 스프링 MVC의 HandlerMethodArgumentResolver라는 구조를 사용해 요청에 포함된 페이지나 정렬 규칙 정보를 Pageable 객체로 변환하는 기능을 스프링 데이터가 제공한다. 애플리케이션은 요청에서 생성된 Pageable 객체를 취득할 수 있기 때문에 위의 예제에서처럼 Pageable을 생성할 필요가 없어진다.

▶ 자바 기반 설정 방식을 이용한 빈 정의

```
@Configuration
@SpringDataWebConfiguration
public class WebApplicationConfig extends WebMvcConfigurerAdapter {
    // 생략
}
```

▶ XML 기반 설정 방식을 이용한 빈 정의

```
<mvc:annotation-driven>
    <mvc:argument-resolvers>
```

```
        <bean class="org.springframework.data.web.PageableHandlerMethodArgumentResolver" />
    </mvc:argument-resolvers>
  </mvc:annotation-driven>
```

## 10.6.5. Repository에 커스터마이징한 메서드 추가

스프링 데이터 JPA가 제공하는 JpaRepository 등에서 표준으로 제공되지 않는 조작에 대해서는 쿼리 메서드를 추가해서 확장하는 방법을 소개했다. 그러나 동적으로 쿼리 내용을 변경하는 것과 같이 프로그램적인 처리가 필요한 경우에는 Repository 인터페이스의 쿼리 메서드를 추가하는 것만으로는 대응할 수 없다. 그래서 스프링 데이터 JPA에서는 Repository의 쿼리 메서드에 사용자가 작성한 커스텀 메서드의 구현을 연결하기 위한 수단을 제공한다(그림 10.5).

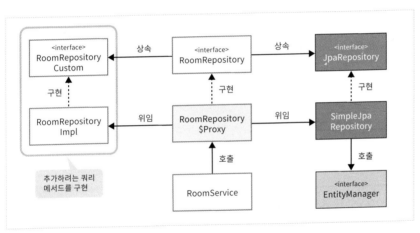

그림 10.5 Repository에 커스텀 메서드 추가

위 그림과 같이 추가하고 싶은 메서드를 정의한 인터페이스(RoomRepositoryCustom)와 그 구현 클래스(RoomRepositoryImpl)를 만든다. 이번에는 메서드를 추가하고 싶었던 RoomRepository 인터페이스가 메서드를 추가한 RoomRepositoryCustom 인터페이스를 상속하게 만든다. 편의상 이렇게 만들어진 커스텀 메서드를 구현한 클래스, XxxRepositoryImpl을 커스텀 Repository 클래스라 부르기로 하자. 다음은 커스텀 Repository 클래스와 그 인터페이스를 구현하는 방법이다.

▶ 커스텀 메서드의 정의

```
public interface RoomRepositoryCustom {                          ❶
    List<Room> findByCriteria(RoomCriteria criteria);           ❷
}
```

❶ 커스텀 Repository 클래스의 인터페이스를 작성한다. POJO를 이용한 인터페이스라도 상관없다. 인터페이스명에 제약은 없지만, 관례상 'Repository 인터페이스명+Custom'으로 지정한다.

❷ 커스텀 메서드를 정의한다.

```
public class RoomRepositoryImpl implements RoomRepositoryCustom { ─────────────── ❸

    @PersistenceContext
    private EntityManager entityManager; ───────────────────────────────── ❹

    public List<Room> findByCriteria(RoomCriteria criteria) { ──────────────── ❺
        // 생략
    return rooms;
    }
}
```

❸ 커스텀 Repository 클래스를 구현한다. 클래스명에는 제약이 있으며, 기본적으로 'Repository 인터페이스명+Impl'로 지정해야 한다.

❹ 커스텀 메서드에서는 JPA 조작을 EntityManager에 직접 할 필요가 있기 때문에 EntityManager에 접근할 수 있도록 주입한다.

❺ 커스텀 메서드를 구현한다. RoomRepository.findByCriteria 메서드를 호출하면 이 구현이 실행된다.

```
public interface RoomRepository extends JpaRepository<Room, Integer>, RoomRepositoryCustom { ❻
    // 생략
}
```

❻ Repository 인터페이스가 커스텀 Repository 인터페이스를 상속하게 만든다. 이렇게 하면 이 애플리케이션에서는 커스터마이징된 Repository 인터페이스의 메서드를 호출할 수 있게 된다.

## 10.6.6. 감사 정보의 부여

정보 보안에 대한 규제가 심한 오늘날에는 데이터베이스의 데이터에 감사 정보를 추가해서 기록하라는 요구사항이 많아지고 있다. 어떤 정보를 감사 정보로 남길 것인가는 상황에 따라 다르지만 스프링 데이터에는 기본적인 감사 정보를 추가하는 기능이 있다.

▶ 감사 정보를 부여하는 Entity 예

```
@Entity
@Table(name = "room")
@EntityListeners(AuditingEntityListener.class) ──────────────────────────── ❶
```

```
public class Room implements Serializable {
    // 생략

    @CreatedBy ─────────────────────────────────────────── ❷
    @Column(name = "created_by")
    private String createdBy;

    @CreatedDate ───────────────────────────────────────── ❸
    @Column(name = "created_date")
    private LocalTime createdDate;

    @LastModifiedBy ────────────────────────────────────── ❹
    @Column(name = "last_modified_by")
    private String lastModifiedBy;

    @LastModifiedDate ──────────────────────────────────── ❺
    @Column(name = "last_modified_date")
    private LocalTime lastModifiedDate;

    // 생략
}
```

❶ 스프링 데이터가 제공하는 감사 기록용 EventListener를 등록한다.

❷ 데이터 작성자 정보를 저장하는 프로퍼티를 @CreatedBy 애너테이션으로 지정한다. 타입은 임의지만 나중에 설명할 AuditorAware로 취급하는 타입과 맞출 필요가 있다.

❸ 데이터 작성 일시를 저장하는 프로퍼티를 @CreatedDate 애너테이션으로 지정한다. 타입으로는 Java SE 8의 LocalTime 을 사용하고 있지만 다른 Java SE 8의 Date And Time API의 타입, JodaTime의 DateTime, 기존 java.util.Date나 Calendar, Long이나 long을 지원한다.

❹ 데이터의 마지막 갱신자 정보를 저장하는 프로퍼티를 @LastModifiedBy 애너테이션으로 지정한다. 타입에 대해서는 @ CreatedBy와 같다.

❺ 데이터의 마지막 갱신 일시를 저장하는 프로퍼티를 @LastModifiedDate 애너테이션으로 지정한다. 타입에 대해서는 @ CreatedDate와 같다.

이 기능은 JPA의 EntityListeners라는 구조를 사용해 Entity에 대한 이벤트를 감지하고 감사 로그를 출력한다. 그래서 @EntityListeners 애너테이션을 감사 대상 Entity에 부여하고 스프링 데이터가 제공하는 감사 기록을 수행하는 이벤트 리스너를 등록한다.

JPA의 EntityListener를 정의할 경우 각 Entity 클래스에 대해 @EntityListeners 애너테이션을 부여하는 방법 외에도 JPA에 규정돼 있는 자바 객체와 데이터베이스의 매핑을 정의하는 XML 파일(orm.xml)에 정의하는 방법도 있다. 후자의 경우 XML 파일의 크기가 증가하지만 모든 Entity에 대해 일괄적으로 EventListener를 등록할 수 있다.

▶ orm.xml에 EntityListener를 정의

```xml
<?xml version="1.0" encoding="UTF-8"?>
<entity-mappings
    xmlns="http://java.sun.com/xml/ns/persistence/orm"
    xmlns:xsi="http://www.w3.org/2001/XMLSchema-instance"
    xsi:schemaLocation="http://java.sun.com/xml/ns/persistence/orm
    http://java.sun.com/xml/ns/persistence/orm_2_0.xsd"
    version="2.0">

    <persistence-unit-metadata>
        <persistence-unit-defaults>
            <entity-listeners>
                <entity-listener
                    class="org.springframework.data.jpa.domain.support.AuditingEntityListener"/>
            </entity-listeners>
        </persistence-unit-defaults>
    </persistence-unit-metadata>
</entity-mappings>
```

그리고 Entity에 감사 정보와 관련된 애너테이션을 지정하는 방식으로 감사 정보로 저장할 프로퍼티를 지정할 수 있다. 이 감사 정보는 데이터베이스에 기록될 정보이며, 필요에 따라 칼럼명을 지정할 수 있다. 애너테이션 대신 Auditable 인터페이스나 그 구현 클래스인 AbstractAuditable을 Entity가 상속하는 방법도 사용 가능한데, 스프링 데이터에 대한 결합도를 줄이고 싶다면 애너테이션을 사용할 것을 권장한다.

한편 애너테이션만 지정한다고 해서 감사 정보로 기록될 데이터 자체가 알아서 만들어지는 것은 아니다. 이 정보가 만들어지려면 AuditorAware 인터페이스를 구현한다.

다음은 데이터를 갱신한 사용자의 이름을 데이터의 등록자와 마지막 수정자 같은 감사 정보로 활용하기 위해 AuditorAware를 구현하는 예다. 여기서는 예를 쉽게 들기 위해 여러 사람이 함께 쓰는 일반적인 웹 애플리케이션 형태가 아니라 OS 상에서 혼자 쓰는 독립형 애플리케이션으로 제한한다. 그래서 사용자명 정보를 OS의 사용자명으로 전제하고 있으며 이 정보는 시스템 프로퍼티에서 가져오게 했다.

▶ AuditorAware 인터페이스의 구현 예

```
UserAuditorAware implements AuditorAware<String> {

    @Value("#{ systemProperties['user.name'] }")
    private String userName;

    @Override
    public String getCurrentAuditor() {
        return userName;
    }
}
```

작성한 AuditorAware의 구현을 사용하려면 빈이나 설정이 필요하므로 자바 기반 설정 방식 또는 XML
로 빈을 정의한다.

▶ 자바 기반 설정 방식을 이용한 빈 정의

```
@Configuration
@EnableTransactionManagement
@EnableJpaRepositories("com.example.domain.repository")
@EnableJpaAuditing  // AuditorAware 타입의 빈을 검출한다.
public class JpaConfig {
    // 생략

    @Bean
    public AuditorAware<String> auditorAware() {
        return new OsUserAuditorAware();
    }
}
```

▶ XML 기반 설정 방식을 이용한 빈 정의

```
<jpa:auditing auditor-aware-ref="auditorAware" />
<bean id="auditorAware" class="com.example.domain.service.OsUserAuditorAware" />
```

이렇게 정의한 후 RoomRepository.save 메서드를 실행하면 room의 createdBy나 lastModifiedBy 같
은 각 속성에 OS 사용자명이 저장된 것을 확인할 수 있다.

메모

@CreatedBy나 @LastModifiedBy를 지정하는 프로퍼티의 타입으로는 임의의 객체 타입을 지정할 수 있어
AuditorAware 인터페이스에 제네릭으로 지정할 수 있다. 감사 정보 기록의 응용으로 9장에서 소개한 스프
링 시큐리티에서 관리하는 임의의 사용자 정보(여기서는 User 객체라 한다)를 감사 정보로 저장하기 위한
AuditorAware 구현 예제를 소개하겠다.

▶ AuditorAware 인터페이스의 구현 예

```java
public class SpringSecurityAuditorAware implements AuditorAware<User> {

    @Override
    public User getCurrentAuditor() {
        Authentication authentication = SecurityContextHolder.getContext().getAuthentication();
        if (authentication == null || !authentication.isAuthenticated()) {
            return null;
        }
        return ((UserDetails) authentication.getPrincipal()).getUser()
    }
}
```

# 11장

# 스프링 + 마이바티스

스프링 기반 애플리케이션에서 데이터 접근을 수행하는 기본적인 방법은 3장에서, JPA를 활용하는 방법에 대해서는 10장에서 소개했다. 그러나 일반적인 애플리케이션 개발 현장에서는 이것만으로는 부족한 경우가 많아 이번 장에서 소개하는 마이바티스를 비롯한 SQL 기반의 데이터 액세스 프레임워크가 필수적이다.

이번 장에서는 스프링 기반의 애플리케이션에서 마이바티스를 활용하는 방법을 소개하겠다. 먼저 마이바티스의 개념 및 스프링과의 연계 라이브러리에서 제공하는 기능과 스프링과 연계 구조에 대해 간략하게 살펴보겠다. 다음으로 마이바티스를 이용해 CRUD 같은 기본적인 데이터 접근을 수행하는 방법을 소개하고 동적으로 조합하는 SQL 등을 응용한 마이바티스의 기능을 이용하는 방법을 설명하겠다.

## 11.1. 마이바티스란?

마이바티스(MyBatis)[1]는 SQL과 자바 객체를 매핑하는 사상에서 개발된 데이터베이스 접근용 프레임워크다.

3장에서 '데이터 접근(Tx, JDBC)'을 소개한 것처럼 스프링 기능을 이용해 SQL을 실행할 수 있는 것을 확인했다. 그러나 규모가 큰 애플리케이션의 경우 SQL이 수백 개가 넘는 경우가 많아 SQL 자체의 체계적인 관리 방법이나 SQL의 입출력 데이터와 자바 객체의 효율적인 변환 방법 등 스프링의 기능만으로는 해결할 수 없는 새로운 과제가 발생했다.

그 과제를 해결한 것으로 10장에서 소개한 스프링 데이터 JPA가 있지만 SQL에 익숙한 개발자가 보면 JPA는 다루기 어렵거나 기존 시스템의 SQL이나 비즈니스 로직, 데이터베이스 스키마 등의 자산을 활용하지 못하는 등 요구사항과 일치하지 않는 경우가 있다.

마이바티스는 SQL 기반으로 데이터베이스 접근을 수행하는 기존 방법을 받아들이고 앞에서 설명한 규모가 큰 애플리케이션 개발에서 발생하는 과제를 해결하는 구조를 제공한다. 마이바티스를 사용함으로써 다음과 같은 이점을 누릴 수 있다.

- SQL의 체계적인 관리, 선언적 정의(설정 파일, 애너테이션)
- 자바 객체와 SQL 입출력 값의 투명한 바인딩
- 동적 SQL 조합

---

[1] http://mybatis.github.io/mybatis-3/

데이터베이스 접근용 프레임워크로는 데이터베이스에서 관리하는 레코드와 객체를 매핑하는 사상에서 개발된 하이버네이트 ORM이나 JPA 등이 유명하다. 이것들은 'ORM'으로 분류되지만, 마이바티스는 SQL과 객체를 매핑하기 위한 'SQL Mapper'라고 부르는 것이 정확한 표현이다. 마이바티스의 깃허브 페이지에서도 'MyBatis SQL Mapper Framework for Java'라는 이름으로 돼 있다.

마이바티스의 가장 큰 특징은 SQL을 설정 파일이나 애너테이션에 선언적으로 정의해서 자바로 작성된 비즈니스 로직에서 SQL 자체를 감출 수 있다는 점이다. Mapper 인터페이스로 불리는 POJO 인터페이스가 SQL을 감추는 역할을 담당하고 있으며 Mapper 인터페이스의 메서드와 SQL의 양쪽을 연결하고 있다. 그래서 자바로 작성된 비즈니스 로직에서는 Mapper 인터페이스를 호출하는 것만으로 연결된 SQL을 실행할 수 있다.

마이바티스에서는 Mapper 인터페이스에 연결돼 있는 SQL을 정의하는 방법으로 '매핑 파일'과 '애너테이션'의 두 종류가 지원된다. 각각의 특징(표 11.1)과 그림(그림 11.1)을 참고하자. 이 책에서는 두 가지 모두를 이용하는 방법을 설명하겠다.

표 11.1 SQL 지정 방법

| SQL 지정 방법 | 설명 |
| --- | --- |
| 매핑 파일 | 마이바티스의 모태인 iBATIS 시대부터 지원된 전통적인 지정 방법. 마이바티스 기능을 완벽하게 이용할 수 있다. |
| 애너테이션 | 마이바티스 3부터 지원된 방법으로 개발의 용이성을 우선시할 때 효과적인 방법. SQL 지정은 간단하지만 애너테이션의 표현력과 유연성의 제약 탓에 복잡한 SQL이나 매핑을 지정할 때는 적합하지 않다. 또한 표준 기능은 지원하지만 매핑 파일에서 표현할 수 있는 모든 것이 지원되는 것은 아니다. |

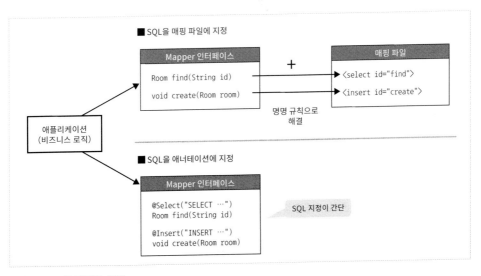

그림 11.1 SQL을 지정하는 방법

## 11.1.1. 마이바티스와 스프링 연동

스프링 프레임워크에서 마이바티스를 사용하는 경우 마이바티스 프로젝트에서 제공되는 MyBatis-Spring[2]이라는 라이브러리를 사용한다. 이 라이브러리를 이용해 마이바티스 컴포넌트를 스프링의 DI 컨테이너에서 관리할 수 있게 된다. 또한 MyBatis-Spring을 사용함으로써 다음과 같은 이점을 얻을 수 있다. 이 책에서는 MyBatis-Spring 사용을 전제로 스프링 기반 애플리케이션에서 마이바티스를 이용하는 방법을 소개한다.

- 스프링의 트랜잭션 제어를 이용하기 때문에 마이바티스의 API에 의존한 트랜잭션 제어를 할 필요가 없다.
- 마이바티스의 초기화 처리를 MyBatis-Spring이 수행하므로 기본적으로 마이바티스의 API를 직접 사용할 필요가 없다.
- 마이바티스와 JDBC에서 발생한 예외가 스프링이 제공하는 데이터 접근 예외로 변환되기 때문에 마이바티스와 JDBC의 API에 의존한 예외 처리를 할 필요가 없다.
- 스레드 안전한 Mapper 객체를 생성할 수 있으므로 Mapper 객체를 다른 빈에 DI해서 사용할 수 있다.

## 11.1.2. 마이바티스와 MyBatis-Spring의 주요 컴포넌트

마이바티스의 구체적인 사용법을 소개하기 전에 마이바티스 및 MyBatis-Spring의 주요 컴포넌트의 역할을 소개한다(표 11.2, 표 11.3).

표 11.2 마이바티스의 주요 컴포넌트

| 컴포넌트/설정 파일 | 설명 |
|---|---|
| 마이바티스 설정 파일 | 마이바티스의 동작 설정을 지정하는 XML 파일. |
| 매퍼(Mapper) 인터페이스 | 매핑 파일이나 애너테이션에 정의한 SQL에 대응하는 자바 인터페이스. 마이바티스는 실행할 때 Mapper 인터페이스의 구현 클래스(이후 Mapper 객체로 표기)를 프락시로 인스턴스화하기 때문에 개발자는 Mapper 인터페이스의 구현 클래스를 작성할 필요는 없다. |
| 매핑 파일 | SQL과 객체의 매핑 정의를 기술하는 XML 파일. SQL을 애너테이션에 지정하는 경우에는 사용하지 않음. |
| org.apache.ibatis.session. SqlSession | SQL 발행이나 트랜잭션 제어용 API를 제공하는 컴포넌트. 마이바티스를 이용해 데이터베이스에 접근할 때 가장 중요한 역할을 하는 컴포넌트다. 스프링 프레임워크에서 사용하는 경우에는 마이바티스 측의 트랜잭션 제어 API는 사용하지 않음 |

2 http://www.mybatis.org/spring/

| 컴포넌트/설정 파일 | 설명 |
|---|---|
| org.apache.ibatis.session.<br>SqlSessionFactory | SqlSession을 생성하기 위한 컴포넌트. |
| org.apache.ibatis.session.<br>SqlSessionFactoryBuilder | 마이바티스 설정 파일을 읽어 들여 SqlSessionFactory를 생성하기 위한 컴포넌트. |

표 11.3 MyBatis-Spring 주요 컴포넌트

| 컴포넌트/설정 파일 | 설명 |
|---|---|
| org.mybatis.spring.<br>SqlSessionFactoryBean | SqlSessionFactory를 구축하고 스프링의 DI 컨테이너에 객체를 저장하기 위한 컴포넌트. |
| org.mybatis.spring.<br>SqlSessionTemplate | 스프링 트랜잭션 관리하에 마이바티스 표준의 SqlSession을 취급하기 위한 컴포넌트로 스레드 안전하게 구현돼 있다. 이 클래스는 SqlSession 인터페이스를 구현하고 있으며 SqlSession으로 동작(실제 처리는 마이바티스 표준의 SqlSession에 위임)하는 것도 지원한다. |
| org.mybatis.spring.mapper.<br>MapperFactoryBean | 스프링 트랜잭션 관리하에 SQL을 실행하는 Mapper 객체를 빈으로 생성하기 위한 컴포넌트. 스프링의 DI 컨테이너에서 빈으로 취급할 수 있으므로 임의의 빈에 주입해서 SQL을 실행하는 것이 간단해진다. |

마이바티스와 MyBatis-Spring 구조를 더 잘 이해할 수 있도록 주요 컴포넌트가 어떤 흐름으로 데이터베이스에 접근하는지 살펴보자.

자세한 코드 작성과 설정 방법에 대해서는 나중에 설명하겠다. 여기서는 마이바티스를 이용한 데이터 접근에 대해 개략적으로 설명하겠다.

각 컴포넌트가 어떻게 작용하는지를 다음과 같은 두 단계로 나눠서 단계별로 설명한다.

- 애플리케이션을 시작할 때 수행하는 빈 생성 처리
- 요청마다 수행하는 데이터 접근 처리

### ■ 애플리케이션을 시작할 때 수행하는 빈 생성 처리

애플리케이션 시작할 때 수행하는 빈 생성 처리는 다음과 같은 흐름으로 진행된다(그림 11.2).

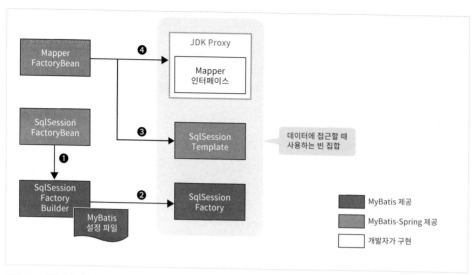

그림 11.2 애플리케이션을 시작할 때 수행하는 빈 생성 처리 흐름

❶ SqlSessionFactoryBean을 빈으로 정의함으로써 스프링의 FactoryBean 구조로 SqlSessionFactoryBuilder를 사용해 SqlSessionFactory가 빈으로 생성된다. 이때 DI 컨테이너에 빈이 된 데이터 소스를 인젝션해서 조작 대상 데이터베이스를 지정할 수 있다.

❷ SqlSessionFactoryBuilder는 마이바티스 설정 파일의 정의에 따라 SqlSessionFactory를 생성한다. 생성된 SqlSessionFactory는 스프링의 DI 컨테이너에 의해 관리된다.

❸ MapperFactoryBean은 SqlSessionTemplate을 생성하고 스프링의 트랜잭션 관리하에 마이바티스 표준의 SqlSession을 취급할 수 있게 한다.

❹ MapperFactoryBean은 스프링의 트랜잭션 관리하에 SQL을 실행하는 Mapper 객체를 생성한다. 프락시화된 Mapper 객체는 SqlSessionTemplate을 이용함으로써 스프링의 트랜잭션 관리하에 SQL을 실행한다. 또한 생성된 Mapper 객체는 스프링의 DI 컨테이너에 싱글턴 빈으로 등록되기 때문에 애플리케이션 측에서 사용하는 경우 Service 클래스 등의 빈에 DI 해서 사용한다.

## ■ 요청마다 수행하는 데이터 접근 처리

요청마다 수행하는 데이터 접근 처리는 다음과 같은 흐름으로 진행된다(그림 11.3).

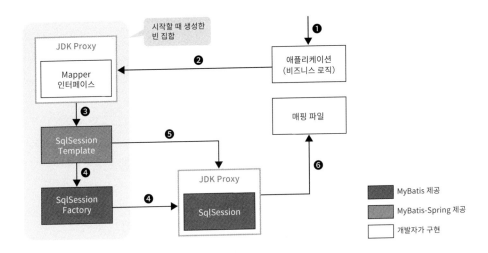

그림 11.3 요청마다 수행하는 데이터 접근 처리 흐름

❶ 애플리케이션은 클라이언트의 요청을 받아 비즈니스 로직을 실행한다.

❷ 애플리케이션(비즈니스 로직)은 DI 컨테이너에 의해 DI된 Mapper 객체의 메서드를 호출한다.

❸ Mapper 객체는 호출된 메서드에 대응하는 SqlSession(구현 클래스는 SqlSessionTemplate)의 메서드를 호출한다.

❹ SqlSessionTemplate은 SqlSessionFactory를 통해 마이바티스 표준 SqlSession을 취득한다. 마이바티스의 세계에 서는 여러 SQL을 같은 트랜잭션에서 조작하는 경우 같은 SqlSession을 공유해서 사용해야 한다. SqlSessionTemplate 은 SqlSessionFactory를 통해 취득한 SqlSession을 실행 중인 트랜잭션에 할당함으로써 같은 트랜잭션에서 같은 SqlSession이 사용되도록 제어하며 이때 JDK 표준의 동적 프락시 구조가 이용된다.

❺ SqlSessionTemplate는 프락시화된 SqlSession을 통해 마이바티스 표준 SqlSession 메서드를 호출해 애플리케이션 에서 호출된 Mapper 객체의 메서드에 대응하는 SQL 실행을 의뢰한다.

❻ 마이바티스 표준 SqlSession은 Mapper 객체의 메서드에 대응하는 SQL을 매핑 파일에서 취득하고 실행한다. 전달된 인 수나 SQL 반환값 등의 변환도 이때 이뤄진다. 또한 매핑 파일에서 읽어 들인 SQL과 매핑 정의 정보는 캐시되는 구조로 돼 있다.

## 11.1.3. MyBatis-Spring 예외 처리

마이바티스 및 JDBC 드라이버에서 발생한 예외는 org.springframework.dao.DataAccessException 을 상속한 비검사 예외로 래핑되어 던져진다. 이 구조에 의해 스프링 표준 JdbcTemplate을 사용해 데 이터에 접근할 때와 마찬가지로 예외 처리를 구현할 수 있다. 대부분의 경우 DataAccessException은 시스템 예외로 취급되지만 무결성 제약 위반 오류, 잠금 오류, 타임아웃 오류 등의 일부 오류에 대해서는 애플리케이션 요구사항에 맞게 개별적으로 처리해야 하는 경우가 있다. 그러한 경우에는 오류 내용에 대응하는 DataAccessException의 하위 클래스를 포착하고 오류 처리를 구현하자. 예를 들어, 무결성 제약 위반을 처리하고 싶은 경우 org.springframework.dao.DuplicateKeyException을 포착함으로써 구현할 수 있다. 또한 예외 처리의 자세한 내용에 대해서는 3장 3.4절 '데이터 접근 시의 오류 처리'에서 자세히 설명하고 있다.

MyBatis—Spring은 org.mybatis.spring.MyBatisExceptionTranslator라는 클래스에서 DataAccess Exception로 변환하며, SqlSessionTemplate이 예외를 포착했을 때 호출되는 구조다.

## 11.2. 스프링 + 마이바티스 설정

이번 절에서는 마이바티스를 스프링 프레임워크에서 사용하기 위한 설정 방법을 소개한다.

### 11.2.1. 라이브러리 설정

마이바티스 및 MyBatis—Spring 라이브러리(jar 파일)를 개발 중인 메이븐 프로젝트에 적용한다. 또한 스프링의 JDBC 관련 컴포넌트가 저장된 스프링 JDBC도 필요하다.

▶ pom.xml 설정

```xml
<dependency>
    <groupId>org.mybatis</groupId>
    <artifactId>mybatis</artifactId>
    <version>3.4.5</version>
</dependency>
<dependency>
    <groupId>org.mybatis</groupId>
    <artifactId>mybatis-spring</artifactId>
    <version>1.3.1</version>
</dependency>
<dependency>
    <groupId>org.springframework</groupId>
    <artifactId>spring-jdbc</artifactId>
</dependency>
```

또한 데이터베이스로 H2를 이용하는 경우 다음 정의를 추가하자.

▶ pom.xml 설정

```xml
<dependency>
    <groupId>com.h2database</groupId>
    <artifactId>h2</artifactId>
    <scope>runtime</scope>
</dependency>
```

## 11.2.2. 스프링과 마이바티스를 연계하기 위한 설정

여기서는 스프링과 마이바티스를 연계하기 위한 설정 방법을 설명한다. 스프링과 마이바티스를 연계하기 위한 지점은 다음과 같다.

- 스프링의 DI 컨테이너에 데이터 소스의 빈을 등록한다.
- 스프링의 DI 컨테이너에 트랜잭션 관리자의 빈을 등록한다.
- 애너테이션(@Transactional) 기반의 애너테이션 제어를 활성화한다.
- 스프링의 DI 컨테이너에 SqlSessionFactory의 빈을 등록한다.
- Mapper 인터페이스의 스캔 기능을 활성화한다.

스프링과 마이바티스를 연계하기 위한 빈 정의의 예는 다음과 같다.

▶ 자바 기반 설정 방식을 이용한 빈 정의

```java
@Configuration
@ComponentScan("com.example.domain")
@EnableTransactionManagement ─────────────────────────────── ❶
@MapperScan("com.example.domain.mapper") ──────────────────── ❷
public class AppConfig {

    @Bean ──────────────────────────────────────────────────── ❸
    public DataSource dataSource() {
        return new EmbeddedDatabaseBuilder()
                .setType(EmbeddedDatabaseType.H2)
                .addDefaultScripts().build();
    }

    @Bean ──────────────────────────────────────────────────── ❹
    public PlatformTransactionManager transactionManager() {
        return new DataSourceTransactionManager(dataSource());
    }
```

```
    @Bean ─────────────────────────────────────────────────────────── ❺
    public SqlSessionFactoryBean sqlSessionFactory() {
        SqlSessionFactoryBean sessionFactoryBean = new SqlSessionFactoryBean();
        sessionFactoryBean.setDataSource(dataSource()); ──────────────── ❻
        sessionFactoryBean.setConfigLocation(
                new ClassPathResource("/mybatis-config.xml")); ───────── ❼
        return sessionFactoryBean;
    }
}
```

❶ @org.springframework.transaction.annotation.EnableTransactionManagement를 부여하고 애너테이션(@Transactional) 기반의 트랜잭션 제어를 활성화한다.

❷ @org.mybatis.spring.annotation.MapperScan을 부여하고 Mapper 인터페이스의 스캔을 활성화한다. 스캔을 활성화함으로써 value 속성에 지정한 기본 패키지 바로 아래에 존재하는 Mapper 인터페이스를 마이바티스가 검출하고 마이바티스 객체를 빈으로 생성한다.

❸ 데이터 소스의 빈을 생성한다. 데이터 소스의 종류와 상관없다.

❹ 트랜잭션 관리자의 빈을 정의한다.

❺ org.mybatis.spring.SqlSessionFactoryBean의 빈을 정의한다. 이로써 SqlSessionFactoryBean을 이용해 SqlSessionFactory가 생성된다.

❻ 데이터 소스를 설정한다. 마이바티스 처리 중에 SQL을 발행하면 여기서 지정한 데이터 소스에서 커넥션이 취득된다.

❼ 마이바티스 설정 파일을 지정한다.

▶ XML 기반 설정 방식을 이용한 빈 정의

```xml
<?xml version="1.0" encoding="UTF-8"?>
<beans
    xmlns="http://www.springframework.org/schema/beans"
    xmlns:jdbc="http://www.springframework.org/schema/jdbc"
    xmlns:tx="http://www.springframework.org/schema/tx"
    xmlns:xsi="http://www.w3.org/2001/XMLSchema-instance"
    xmlns:context="http://www.springframework.org/schema/context"
    xmlns:mybatis="http://mybatis.org/schema/mybatis-spring"
    xsi:schemaLocation="http://www.springframework.org/schema/beans
        http://www.springframework.org/schema/beans/spring-beans.xsd
        http://www.springframework.org/schema/jdbc
        http://www.springframework.org/schema/jdbc/spring-jdbc.xsd
        http://www.springframework.org/schema/tx
        http://www.springframework.org/schema/tx/spring-tx.xsd
        http://www.springframework.org/schema/context
```

```
        http://www.springframework.org/schema/context/spring-context.xsd
        http://mybatis.org/schema/mybatis-spring
        http://mybatis.org/schema/mybatis-spring.xsd"> ─────────────────── ❶

    <context:component-scan base-package="com.example.domain" />

    <tx:annotation-driven /> ─────────────────────────────────── ❷

    <mybatis:scan base-package="com.example.domain.mapper" /> ──────── ❸

    <jdbc:embedded-database type="H2" id="dataSource"> ───────────┐
        <jdbc:script location="classpath:/schema.sql" />          │ ❹
        <jdbc:script location="classpath:/data.sql" />            │
    </jdbc:embedded-database> ───────────────────────────────────┘

    <bean id="transactionManager" ───────────────────────────────┐
        class="org.springframework.jdbc.datasource.DataSourceTransactionManager"> │ ❺
        <property name="dataSource" ref="dataSource" />          │
    </bean> ──────────────────────────────────────────────────────┘

    <bean id="sqlSessionFactory" ────────────────────────────────┐
        class="org.mybatis.spring.SqlSessionFactoryBean">         │
        <property name="dataSource" ref="dataSource" />          │ ❻
        <property name="configLocation" value="classpath:/mybatis-config.xml" /> │
    </bean> ──────────────────────────────────────────────────────┘
</beans>
```

❶ 마이바티스의 빈 정의용 네임스페이스와 스키마를 추가한다.

❷ 애너테이션(@Transactional) 기반의 트랜잭션 제어를 활성화한다.

❸ Mapper 인터페이스의 스캔을 활성화한다.

❹ 데이터 소스의 빈을 정의한다.

❺ 트랜잭션 관리자의 빈을 정의한다.

❻ SqlSessionFactoryBean의 빈을 정의한다.

메모

Mapper 인터페이스를 스캔할 때 지정하는 기본 패키지에는 Mapper 이외의 인터페이스가 저장되지 않게 한다. 마이바티스의 기본 동작 방식은 지정된 패키지 바로 아래에 있는 인터페이스를 모두 스캔하기 때문에 이 경우 Mapper가 아닌 인터페이스에서 생성된 빈이 DI 컨테이너에 등록된다. 만약 Mapper 인터페이스 이외의 인터페이스를 패키지에서 분리할 수 없는 경우에는 @MapperScan의 annotationClass 속성과 markerInterface 속성에 임의의 애너테이션이나 인터페이스를 지정함으로써 스캔 대상 Mapper 인터페이스를 줄일 수 있다.

## 11.2.3. 마이바티스 설정

마이바티스를 설정할 때는 마이바티스 설정 파일을 사용한다. 스프링과 연계하는 경우 대부분의 설정을 스프링의 빈 정의로 설정할 수 있기 때문에 마이바티스 설정 파일에 반드시 설정해야 할 항목은 없다. 기본 동작 방식을 변경하고 싶은 경우에 설정하도록 한다. 마이바티스를 설정할 때는 여러 설정 항목이 존재하기 때문에 자세한 내용은 마이바티스 레퍼런스의 'Configuration'[3] 부분을 참고하자. 여기서는 애플리케이션 특성에 의존하는 않는 설정 항목(어느 애플리케이션에서도 일반적으로 설정하는 것이 바람직한 설정 항목)에 대해 설명한다.

- **NULL 값과 JDBC 타입의 매핑 설정**

  사용 중인 데이터베이스(JDBC 드라이버)에 의해 칼럼 값을 null로 설정하면 오류가 발생한다. 이것은 마이바티스의 기본 값이 JDBC 타입의 OTHER 타입으로 매핑되기 때문에 JDBC 드라이버가 null 값의 설정이라고 인식할 수 있는 JDBC 타입을 지정해서 해결할 수 있다.

- **페치 크기**

  여러 행의 검색 결과를 반환할 때 처리 성능에 영향을 미치게 하는 페치 크기 기본값을 설정한다. 기본값을 설정하지 않는 경우 페치 크기는 JDBC 드라이버의 구현에 의존하기 때문에 애플리케이션의 요구사항에 따라 기본값을 설정하자.

- **TypeAlias**

  TypeAlias는 매핑 파일에서 지정하는 자바 클래스에 대한 별칭(단축명)을 할당하는 기능이다. TypeAlias를 사용하지 않는 경우 자바 클래스를 완전한 클래스명(FQCN)으로 지정해야 한다. TypeAlias를 사용하면 기술 효율의 향상, 기술 실수 줄임, 매핑 파일 가독성 향상 등의 효과를 기대할 수 있다.

위의 내용을 바탕으로 마이바티스 설정 파일은 다음과 같다.

▶ mybatis-config.xml

```xml
<?xml version="1.0" encoding="UTF-8" ?>
<!DOCTYPE configuration
  PUBLIC "-//mybatis.org//DTD Config 3.0//EN"
  "http://mybatis.org/dtd/mybatis-3-config.dtd">
<configuration>
    <settings>
        <setting name="jdbcTypeForNull" value="NULL" />  ──────────── ❶
        <setting name="defaultFetchSize" value="100" />  ──────────── ❷
    </settings>
</configuration>
```

---

**3**    http://www.mybatis.org/mybatis-3/configuration.html

```
    <typeAliases>
        <package name="com.example.domain.model" />  ─────────────────────── ❸
    </typeAliases>
</configuration>
```

❶ jdbcTypeForNull에 NULL 값의 JDBC 타입을 지정한다. 이렇게 설정하면 자바의 null 값을 JDBC의 NULL 타입으로 취급하게 된다.

❷ defaultFetchSize에 기본 페치 크기를 지정한다. 마이바티스 3.3에서 지원되는 설정으로 페치 크기의 기본값을 정의할 수 있다. 매핑 파일의 <setting> 요소에서 SQL 단위로 개별적으로 페치 크기를 지정한 경우는 그것이 우선시된다.

❸ 매핑 파일 안에서 반복적으로 사용되는 패키지명을 TypeAlias로 정의한다. <package> 요소의 name 속성에 지정한 패키지 바로 아래에 저장된 클래스는 클래스명이 별칭으로 작용해 FQCN을 기술할 때 생략할 수 있다. 일반적으로 반환값의 타입을 지정하기 위해 반환형이 존재하는 패키지명을 반복적으로 기술하는 경우가 많기 때문에 여기서는 해당 패키지명을 지정하고 있다.

> 메모
>
> 마이바티스 설정은 위에서 설명한 SqlSessionFactoryBean을 통해 지정할 수 있지만 MyBatis-Spring 1.2에서는 <settings> 요소에 지정하는 설정이 지원되지 않았다. 그러나 MyBatis-Spring 1.3.0부터 <settings> 요소에 지정하는 설정도 SqlSessionFactoryBean을 통해 지정할 수 있게 되어 마이바티스 설정 파일을 이용할 필요가 없어졌다. 물론 원래대로 마이바티스 설정 파일을 이용할 수도 있다.

## 11.3. 기본적인 CRUD 조작

이번 절에서는 마이바티스를 이용해 기본적인 CRUD 조작을 구현하는 방법을 소개한다. 지금까지 소개해온 것처럼 마이바티스를 이용해 SQL을 실행하기 위해서는 Mapper 인터페이스에 메서드를 정의하고 정의한 메서드에 대응하는 SQL이 작성된 매핑 파일을 작성하거나 애너테이션을 부여할 필요가 있다. 게다가 Mapper 인터페이스의 메서드와 SQL을 연결할 뿐만 아니라 Mapper 인터페이스의 인수, 반환값과 SQL의 입출력 데이터의 매핑이나 변환 규칙 등을 지정할 필요가 있다.

그리고 기본적인 규칙을 설명하고 Mapper 인터페이스와 SQL을 연결하는 방법을 소개하겠다.

### 11.3.1. Mapper 인터페이스 작성

먼저 Mapper 인터페이스를 작성한다.

▶ Mapper 인터페이스 작성 예

```
package com.example.domain.mapper;  ──────────────────────────────── ❶
```

```
public interface MeetingRoomMapper {
    // 생략
}
```

❶ Mapper 인터페이스는 일반적인 자바 인터페이스로 만들면 되고 패키지 경로는 @MapperScan이나 <mybatis:scan> 요소
   에서 설정한 패키지 아래에 있으면 된다.


## 11.3.2. 매핑 파일 작성

다음으로 매핑 파일을 작성한다. 매핑 파일의 파일명은 'Mapper 인터페이스명.xml'이며, Mapper 인터
페이스의 패키지와 같은 계층의 클래스패스에 위치한다(그림 11.4). 이렇게 함으로써 마이바티스가 자
동으로 매핑 파일을 읽어 들인다. 또한 애너테이션을 사용해 SQL과 객체의 매핑 정의를 지정하는 경우
에는 매핑 파일을 작성할 필요가 없다.

▶ 매핑 파일의 예

```
<?xml version="1.0" encoding="UTF-8"?>
<!DOCTYPE mapper PUBLIC "-//mybatis.org//DTD Mapper 3.0//EN"
    "http://mybatis.org/dtd/mybatis-3-mapper.dtd">
<mapper namespace="com.example.domain.mapper.MeetingRoomMapper">————————————❶
    <!-- 생략 -->
</mapper>
```

❶ namespace 속성에 Mapper 인터페이스의 완전한 클래스명(FQCN)을 지정한다.

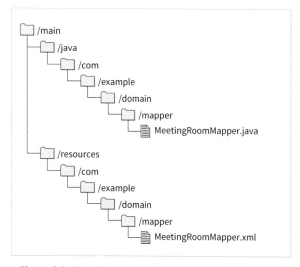

```
/main
  /java
    /com
      /example
        /domain
          /mapper
            MeetingRoomMapper.java
  /resources
    /com
      /example
        /domain
          /mapper
            MeetingRoomMapper.xml
```

그림 11.4 매핑 파일의 위치

메모

매핑 파일은 XML 형식이기 때문에 SQL에 '<'나 '>'를 직접 기술할 수 없다. 이것은 엔터티 참조 문자(&lt;나 &gt; 등)로 대체할 수도 있지만 가독성은 좋지 않다. 숫자나 날짜/시간을 비교할 때 '<'나 '>'를 기술하고 싶은 경우 SQL 가독성을 고려해서 CDATA 섹션을 활용하자. CDATA 섹션은 일반 텍스트로 판단되기 때문에 '<'나 '>'를 직접 기술할 수 있다.

▶ CDATA 섹션 활용

```
<![CDATA[
    capacity >= 50
]]>
```

### 11.3.3. SQL에 값을 삽입하는 방법

CRUD 조작의 구현 방법을 설명하기 전에 SQL에 값을 삽입하는 방법을 소개한다. 마이바티스는 SQL에 값을 삽입하는 방법으로 다음과 같은 방법을 지원한다(표 11.4).

표 11.4 SQL에 값을 삽입하는 방법

| 방법 | 변수 구문 | 설명 |
|---|---|---|
| 바인드 변수를 이용해 삽입 | #{변수명} | SQL을 조합한 후 java.sql.PreparedStatement 바인드 변수를 이용해 삽입한다. |
| 대체 변수를 이용해 삽입 | ${변수명} | SQL을 조합하는 시점에 문자열로 대체한다. 테이블명이나 ORDER 절의 칼럼명 등 java.sql.PreparedStatement 바인드 변수는 대체할 수 없는 부분을 대체하고 싶은 경우에 사용한다. |

### ■ 바인드 변수 이용

사용자의 입력값을 SQL에 삽입하는 경우 바인드 변수를 사용한다.

▶ 마이바티스 바인드 변수의 사용 예

```
SELECT
    room_id AS roomId,
    room_name AS roomName,
    capacity
FROM
    meeting_room
WHERE
    room_id = #{roomId}  /* 마이바티스 바인드 변수 */
```

마이바티스 바인드 변수는 java.sql.PreparedStatement의 바인드 변수로 변환되어 PreparedStatement의 API를 사용해 값을 삽입하는 구조다.

▶ 바인드 변수를 이용할 때 생성되는 SQL 예

```
SELECT
    room_id AS roomId,
    room_name AS roomName,
    capacity
FROM
    meeting_room
WHERE
    room_id = ?  /* PreparedStatement 바인드 변수로 변환 */
```

### ■ 대체 변수 이용

SQL 내용에 따라 테이블명이나 칼럼명을 변수로 취급하고 싶을 때가 있다. 그러한 경우에는 앞에서 설명한 바인드 변수가 아닌 대체 변수를 사용한다.

▶ 마이바티스 대체 변수의 사용 예

```
SELECT
    room_id,
    room_name,
    capacity
FROM
    meeting_room
ORDER BY
    ${orderByColumn}  /* 마이바티스 대체 변수 */
```

마이바티스 대체 변수는 SQL을 생성할 때 문자열로 대체하는 구조로 돼 있다.

▶ 대체 변수를 이용할 때 생성되는 SQL의 예

```
SELECT
    room_id,
    room_name,
    capacity
FROM
    meeting_room
ORDER BY
    room_name  /* 문자열로 대체 */
```

메모     대체 변수를 사용하는 경우 SQL 인젝션에 대한 대책이 필요하다. 대체 변수에는 반드시 안전한 값(비즈니스 로직에서 지정하는 고정값, 입력값 검사된 값)을 설정하자.

## 11.3.4. 삽입값의 연계 방법

바인드 변수나 대체 변수로 사용하는 값은 Mapper 인터페이스의 메서드 매개변수를 통해 SQL 측에
연계하는 구조로 돼 있으며, 매개변수로 전달할 객체의 종류나 매개변수의 수에 따라 구현 방법이 미묘
하게 다르다.

### ■ 매개변수가 하나이고 String 등의 자바 기본 데이터 타입인 경우

메서드 매개변수가 하나이고 Integer나 String 등의 자바 기본 데이터 타입인 경우(자바빈이 아닌 경
우)에는 SQL에 삽입하는 값이 하나로 정해지기 때문에 메서드 매개변수명과 바인드 변수명을 맞출 필
요 없이 임의의 이름을 사용할 수 있다. 다음 예제에서는 #{roomId}으로 지정하고 있지만 #{value}로
지정해도 문제가 없다. 대체 변수를 사용하는 경우도 마찬가지로 #{roomId}나 #{value} 등의 임의의
이름을 사용할 수 있다.

▶ Mapper 메서드 정의 예

```
public interface MeetingRoomMapper {
    MeetingRoom findOne(String roomId);
}
```

▶ SQL 작성 예

```
SELECT room_id, room_name, capacity FROM meeting_room WHERE room_id = #{roomId}
```

### ■ 매개변수가 하나이고 자바빈즈인 경우

메서드 매개변수가 하나이고 자바빈즈인 경우 자바빈즈의 프로퍼티명을 그대로 바인드 변수나 대체 변
수의 변수명으로 SQL에 삽입할 수 있다.

▶ 자바빈 정의 예

```
public class MeetingRoom {
    private String roomId;
    private String roomName;
    private int capacity;
    // 생략
}
```

▶ Mapper 메서드의 정의 예

```
public interface MeetingRoomMapper {
    void create(MeetingRoom meetingRoom);
}
```

▶ SQL 작성 예

```
INSERT INTO meeting_room (room_id, room_name, capacity)
    VALUES (#{roomId}, #{roomName}, #{capacity})
```

### ■ 매개변수가 두 개 이상인 경우

메서드 매개변수명은 자바로 컴파일될 때 가공될 가능성이 있기 때문에 마이바티스에서는 메서드 매개변수의 이름으로 바인드 변수나 대체 변수를 매핑할 수 없다. 따라서 메서드 매개변수가 두 개 이상인 경우에는 마이바티스가 SQL에 삽입하는 값을 고유하게 정할 수 있도록 @org.apache.ibatis. annotations.Param을 사용해 메서드 매개변수에 변수명을 명시적으로 할당한다.

▶ Mapper 메서드 정의 예

```
public interface MeetingRoomMapper {
    void create(
        @Param("roomId") String roomId,
        @Param("roomName") String roomName,
        @Param("capacity") int capacity);
}
```

▶ SQL 기술 예

```
INSERT INTO meeting_room (room_id, room_name, capacity)
    VALUES (#{roomId}, #{roomName}, #{capacity})
```

매개변수가 자바빈인 경우 '@Param에서 지정한 변수명.프로퍼티명'의 형식으로 메서드 매개변수를 SQL에 삽입할 수 있다.

▶ 자바빈 정의 예

```
public class MeetingRoomCriteria {
    private Integer capacity;
    // 생략
}
```

▶ Mapper 메서드의 정의 예

```
public interface MeetingRoomMapper {
    List<MeetingRoom> findAllByCriteria(
            @Param("criteria") MeetingRoomCriteria criteria,
            @Param("orderByColumn") String orderByColumn);
}
```

▶ SQL 작성 예

```
SELECT room_id, room_name, capacity FROM meeting_room
WHERE capacity >= #{criteria.capacity} ORDER BY ${orderByColumn}
```

메모

@Param을 생략한 경우 매개변수를 선언한 순서대로 'param1', 'param2', 'param3'이라는 기계적인 변수명이 할
당된다. 물론 기계적으로 할당된 변수를 사용할 수도 있지만 유지보수 용이성 및 가독성이 나빠질 수 있기 때문
에 기본적으로는 이용하지 않는 것이 좋다.

### ■ 마이바티스에서 제공하는 클래스의 특별 취급

마이바티스에서 제공하는 다음 클래스는 매개변수의 수에 포함되지 않는다.

- org.apache.ibatis.session.RowBounds
- org.apache.ibatis.session.ResultHandler

즉, 이러한 클래스를 제외한 매개변수의 수가 하나이면 @Param을 사용할 필요가 없다.

▶ Mapper 메서드의 정의 예

```
public interface MeetingRoomMapper {
    List<MeetingRoom> findRangeByCapacity(int capacity, RowBounds rowBounds);
    void collectByCapacity(int capacity, ResultHandler resultHandler);
}
```

▶ SQL 작성 예

```
SELECT room_id, room_name, capacity FROM meeting_room WHERE capacity >= #{capacity}
```

## 11.3.5. SELECT(Read) 조작 구현

데이터베이스에서 레코드를 취득하고 자바 객체로 변환하는 경우 Mapper 인터페이스에 SELECT 문을
발행하기 위한 메서드를 정의하고 매핑 파일 또는 애너테이션을 사용해 SQL과 객체의 매핑 정의를 기
술한다.

▶ Mapper 인터페이스의 정의

```
public interface MeetingRoomMapper {
    MeetingRoom findOne(String roomId); ─────────────────────────────── ❶ ❷
```

```
    long count();  ────────────────────────────────────────────────  ❸
    List<MeetingRoom> findAll();  ──────────────────────────────────  ❹
}
```

❶ 검색 조건은 메서드의 매개변수로 받는다. 매개변수로 받은 값은 SQL에 바인드 변수(#{바인드 변수명})를 지정해 삽입할 수 있다.

❷ SELECT 문을 통해 데이터를 취득한 결과는 Mapper 인터페이스의 메서드의 반환값을 통해 받을 수 있다. 취득하는 데이터가 여러 칼럼인 경우에는 반환값의 타입을 자바빈으로 지정하고 각 열을 자바빈 프로퍼티에 매핑해서 반환할 필요가 있다.

❸ SELECT 문의 취득 항목이 하나인 경우에는 취득 항목에 대응하는 타입(String이나 long 등)을 반환한다.

❹ 검색 결과가 여러 건이 될 가능성이 있는 경우에는 java.util.List나 java.util.Map에 저장하고 반환한다.

▶ 매핑 파일 구현

```
<mapper namespace="com.example.domain.mapper.MeetingRoomMapper">
    <select id="findOne" parameterType="string" resultType="MeetingRoom">  ─────  ❶
        SELECT
            room_id AS roomId,
            room_name AS roomName,
            capacity
        FROM
            meeting_room
        WHERE
            room_id = #{roomId}
    </select>  ────────────────────────────────────────────────

    <select id="count" resultType="_long">  ─────────────────────────  ❶
        SELECT COUNT(*) FROM meeting_room
    </select>  ────────────────────────────────────────────────

    <select id="findAll" resultType="MeetingRoom">  ────────────────────  ❶
        SELECT
            room_id AS roomId,
            room_name AS roomName,
            capacity
        FROM
            meeting_room
        ORDER BY
            room_id
    </select>  ────────────────────────────────────────────────

</mapper>
```

❶ `<select>` 요소에 SELECT 문을 기술한다. id 속성에는 'Mapper 인터페이스에 정의한 메서드의 메서드명', parameterType 속성에는 '메서드 매개변수의 클래스(또는 별칭)', resultType 속성에는 '검색 결과를 매핑하는 클래스(또는 별칭)'를 지정한다. 또한 parameterType 속성은 생략할 수 있고 그 경우에는 실제로 메서드 매개변수의 타입을 동적으로 판단한다.

매핑 파일을 사용하지 않고 애너테이션을 사용해 SQL을 지정하는 경우 `@org.apache.ibatis.annotations.Select`를 사용한다. 매핑 파일에 기술하는 방법과 마찬가지로 바인드 변수나 대체 변수 구조나 SQL 결과를 반환값으로 반환할 수 있다.

▶ 애너테이션을 이용한 SQL 지정

```
@Select("SELECT room_id AS roomId, room_name "
        + "AS roomName, capacity "
        + "FROM meeting_room "
        + "WHERE room_id = #{roomId}")
MeetingRoom findOne(String roomId);
```

### ■ ResultSet과 자바빈의 묵시적 매핑

SQL 실행 결과를 자바 비즈니스 객체 측에서 받으려면 Mapper 인터페이스의 메서드의 반환값으로 값을 취득한다. 이때 SQL 실행 결과와 반환값이 되는 객체 간의 매핑은 마이바티스에 의해 자동으로 이뤄진다. 구체적으로는 SQL 실행 결과인 ResultSet에 포함되는 칼럼명과 메서드 반환값의 자바빈 타입의 프로퍼티명과 일치한 경우 그 프로퍼티에 해당 칼럼 값을 저장한다. 테이블 칼럼명과 프로퍼티명이 일치하지 않는 경우에도 AS 절을 이용해 ResultSet의 칼럼명과 프로퍼티명을 일치시킴으로써 자동 매핑 대상으로 지정할 수 있다. 또한 _로 구분된 칼럼명(예: room_id)과 소문자 낙타 표기법(lower camel case)의 프로퍼티명(예: roomId)을 자동 매핑 대상으로 삼고 싶은 경우에는 마이바티스 설정의 mapUnderscoreToCamelCase 프로퍼티 값을 true로 지정해 대응할 수 있다.

▶ 마이바티스 설정 파일의 설정 예

```
<settings>
    <setting name="mapUnderscoreToCamelCase" value="true"/>
</settings>
```

### ■ ResultSet과 자바빈의 명시적 매핑

AS 절을 이용한 자동 매핑은 간단하고 편리하지만 몇 가지 잠재적인 문제를 포함하고 있다.

- SQL과 매핑 정의가 긴밀하게 결합된다(tightly coupled).

- 같은 SQL이 여러 개 있으면 매핑 정의도 중복된다.

- 복잡한 매핑(중첩된 자바빈에 매핑 등)은 할 수 없다.

이러한 문제는 〈resultMap〉 요소나 @Results 등을 사용해 명시적으로 매핑하는 방법으로 해결할 수 있다.

▶ 매핑 파일을 이용한 명시적 매핑

```
<resultMap id="roomResultMap" type="MeetingRoom">  ─────────────────────────────  ❶
    <id column="room_id" property="roomId" />
    <result column="room_name" property="roomName" />
</resultMap>  ─────────────────────────

<select id="findOne" parameterType="string" resultMap="roomResultMap">  ─────────────  ❷
    SELECT
        room_id,
        room_name,
        capacity
    FROM
        meeting_room
    WHERE
        room_id = #{roomId}
</select>  ─────────────────
```

❶ 〈resultMap〉 요소에 ResultSet의 칼럼명과 자바빈의 프로퍼티의 매핑 정의를 기술한다. 매핑을 정의할 때는 〈id〉나 〈result〉 요소 등을 사용한다. id 속성에는 '매핑 정의 식별자', type 속성에는 '검색 결과를 매핑하는 클래스(또는 별칭)'를 지정한다. 칼럼의 매핑을 정의할 때는 기본키인 칼럼과 그 밖의 칼럼에 사용하는 요소가 달라 기본키 칼럼에는 〈id〉를, 그 밖의 칼럼에는 〈result〉를 사용한다. 각 column 속성에는 ResultSet의 칼럼명을, property 속성에는 매핑 대상인 자바빈 타입의 프로퍼티명을 지정한다.

❷ resultMap 속성에 '매핑 정의의 식별자'를 지정한다.

매핑 정의를 사용하지 않고 애너테이션을 사용해 SQL을 지정하는 경우 @org.apache.ibatis.annotations.Results나 @org.apache.ibatis.annotations.Result를 사용한다.

애너테이션으로 지정하는 경우 기본키 칼럼 여부와 관계없이 같은 @Result를 사용하고 id 속성에 기본키 칼럼 여부를 지정한다.

▶ 애너테이션을 이용한 명시적 매핑

```
@Results({
        @Result(column = "room_id", property = "roomId", id = true),
        @Result(column = "room_name", property = "roomName")
})
@Select("SELECT room_id, room_name, capacity FROM meeting_room WHERE room_id = #{roomId}")
MeetingRoom findOne(String roomId);
```

## 11.3.6. INSERT(Create) 조작 구현

데이터베이스에 레코드를 등록하는 경우 Mapper 인터페이스에 INSERT 문을 발생시키기 위한 메서드를 정의하고 매핑 파일 또는 애너테이션을 사용해 SQL과 객체의 매핑 정의를 기술한다.

▶ Mapper 인터페이스의 구현

```
public interface MeetingRoomMapper {
    void create(MeetingRoom meetingRoom); ──────────────────── ❶ ❷
}
```

❶ 등록할 정보를 가진 객체(자바빈)를 메서드의 매개변수로 받는다. 매개변수가 하나이고 자바빈이기 때문에 매개변수로 받은 자바빈이 가지고 있는 값은 SQL에 바인드 변수(#{자바빈 프로퍼티명})를 지정해 삽입할 수 있다.

❷ 등록할 때 반환값은 기본적으로 void로 지정한다. SELECT한 결과를 INSERT하도록 SQL을 발행하는 경우에는 등록 건수나 등록 여부(불린값)를 반환할 수도 있다.

▶ 매핑 파일의 구현

```
<mapper namespace="com.example.domain.mapper.MeetingRoomMapper">
    <insert id="create" parameterType="MeetingRoom"> ─────────────┐
        INSERT INTO meeting_room (room_id, room_name, capacity)      ❶
        VALUES (#{roomId}, #{roomName}, #{capacity})
    </insert> ──────────────────────────────────────────────────┘
</mapper>
```

❶ <insert> 요소에 INSERT 문을 기술한다.

매핑 파일을 사용하지 않고 애너테이션을 이용해 SQL을 지정하는 경우 @org.apache.ibatis.annotations.Insert를 사용한다.

▶ 애너테이션을 이용한 SQL 지정

```
@Insert("INSERT INTO meeting_room (room_id, room_name, capacity) "
        + "VALUES (#{roomId}, #{roomName}, #{capacity})")
void create(MeetingRoom meetingRoom);
```

## ■ 키 취득 기능의 활용

추가하는 레코드의 기본키에 설정하는 값을 시퀀스나 기본키를 관리하는 테이블에서 가져오는 경우가 있다. 그런 경우에는 마이바티스에서 제공하는 키 취득 기능을 이용할 수 있다. 이 기능을 이용하면 기본키에 설정하는 값을 가져오는 처리(기본키의 SELECT 처리)를 자바 비즈니스 로직에서 분리할수 있다.

▶ 매핑 파일의 구현

```
<insert id="create" parameterType="MeetingRoom">
    <selectKey keyProperty="roomId" order="BEFORE" resultType="string"> ──────────❶
        SELECT RANDOM_UUID()
    </selectKey> ─────────────────────────────────────────────
    INSERT INTO meeting_room (room_id, room_name, capacity)
    VALUES (#{roomId}, #{roomName}, #{capacity}) ──────────────────────────────❷
</insert>
```

❶ <selectKey> 요소에 키를 생성하기 위한 SQL을 기술한다. keyProperty 속성에 '취득한 키 값을 저장하는 프로퍼티명', order 속성에 '키 생성용 SQL을 실행하는 시점('BEFORE' 또는 'AFTER')', resultType 속성에 'SQL을 발행하고 취득하는 키 값의 타입'을 지정한다. 이 예에서는 INSERT 문을 발행하기 전에 '키를 생성하기 위한 SQL(SELECT RANDOM_UUID())'을 실행하고 MeetingRoom 객체의 roomId 프로퍼티에 값을 지정한다.

❷ ❶에서 생성한 기본키는 자바빈의 프로퍼티에 설정되기 때문에 바인드 변수를 사용해 INSERT 문에 삽입할 수 있다.

매핑 파일을 사용하지 않고 애너테이션을 이용해 SQL을 지정하는 경우에는 @org.apache.ibatis.annotations.SelectKey를 사용한다.

▶ 애너테이션을 이용한 키 취득 방법 지정

```
@SelectKey(statement = "SELECT RANDOM_UUID()", keyProperty = "roomId",
        before = true, resultType = String.class)
@Insert("INSERT INTO meeting_room (room_id, room_name, capacity) "
        + "VALUES (#{roomId}, #{roomName}, #{capacity})")
void create(MeetingRoom meetingRoom);
```

### ■ ID 칼럼 이용

마이바티스는 JDBC 드라이버를 통해 기본키 생성 기능과 연계하는 구조도 제공한다. 이 구조를 이용하면 INSERT할 때 데이터베이스 측에서 채번된 기본키를 인수로 전달한 자바빈의 프로퍼티를 통해 취득할 수 있다.

▶ 매핑 파일의 구현

```
<insert id="create" parameterType="MeetingRoom" useGeneratedKeys="true" keyProperty="roomId"> ❶
    INSERT INTO meeting_room (room_name, capacity)
    VALUES (#{roomName}, #{capacity})
</insert>
```

❶ useGeneratedKeys 속성에 'true', keyProperty 속성에 '채번된 키 값을 저장하는 프로퍼티명'을 지정한다.

매핑 파일을 사용하지 않고 애너테이션을 이용해 SQL을 지정하는 경우 @org.apache.ibatis.annotations.Options를 사용한다.

▶ 애너테이션을 이용한 키 취득 방법 지정

```
@Options(useGeneratedKeys = true, keyProperty = "roomId")
@Insert("INSERT INTO meeting_room (room_name, capacity) VALUES (#{roomName}, #{capacity})")
void create(MeetingRoom meetingRoom);
```

## 11.3.7. UPDATE 조작 구현

데이터베이스에 레코드를 갱신하는 경우 Mapper 인터페이스에 UPDATE 문을 발행하기 위한 메서드를 정의하고 매핑 파일이나 애너테이션을 이용해 SQL과 객체 매핑 정의를 기술한다. 기본적으로 INSERT 조작과 같지만 INSERT에서는 생략한 SQL이 반환하는 갱신 건수를 Mapper 인터페이스의 반환값으로 반환하게 한다.

▶ Mapper 인터페이스의 구현

```
public interface MeetingRoomMapper {
    boolean update(MeetingRoom meetingRoom); ─────────────────────────── ❶❷
}
```

❶ 갱신할 정보를 담은 객체(자바빈)를 메서드의 매개변수로 받는다. 매개변수로 받은 자바빈이 가지고 있는 값은 SQL에 바인드 변수(#{자바빈 속성명})를 지정해 삽입한다.

❷ 반환값은 기본키나 고유키로 갱신해서 건수가 1건인 경우에는 boolean을 사용하고, 그 밖의 경우에는 int나 long과 같은 숫자를 사용한다. 만약 갱신된 건수를 확인할 필요가 없다면 void로 지정해도 된다.

▶ 매핑 파일의 구현

```
<mapper namespace="com.example.domain.mapper.MeetingRoomMapper">
    <update id="update" parameterType="MeetingRoom">──────────────── ❶
        UPDATE meeting_room SET
            room_name = #{roomName},
            capacity = #{capacity}
        WHERE
            room_id = #{roomId}
    </update>─────────────────────────────────────────
</mapper>
```

❶ <update> 요소에 UPDATE 문을 기술한다.

매핑 파일을 사용하지 않고 애너테이션을 이용해 SQL을 지정하는 경우에는 @org.apache.ibatis. annotations.Update를 사용한다.

▶ 애너테이션을 이용한 SQL 지정

```
@Update("UPDATE meeting_room "
        + "SET room_name = #{roomName}, capacity = #{capacity} "
        + "WHERE room_id = #{roomId}")
boolean update(MeetingRoom meetingRoom);
```

## 11.3.8. DELETE 조작 구현

데이터베이스의 레코드를 삭제하는 경우 Mapper 인터페이스에 DELETE 문을 발생하기 위한 메서드를 정의하고 매핑 파일 또는 애너테이션을 이용해 SQL과 객체 매핑 정의를 기술한다.

▶ Mapper 인터페이스의 구현

```
public interface MeetingRoomMapper {
    boolean delete(String roomId); ────────────────────────── ❶❷
}
```

❶ 삭제 조건은 메서드 매개변수로 받는다. 매개변수로 받은 값은 SQL에 바인드 변수(#{바인드 변수명})를 지정해 삽입한다.

❷ 반환값은 기본키나 고유키로 삭제해서 건수가 1건인 경우에는 boolean을 사용하고 그 밖의 경우에는 int나 long과 같은 숫자를 사용한다. 만약 갱신된 건수를 확인할 필요가 없다면 void로 지정해도 된다.

▶ 매핑 파일의 구현

```
<mapper namespace="com.example.domain.mapper.MeetingRoomMapper">
    <delete id="delete" parameterType="string"> ─────────────────────────── ❶
        DELETE FROM meeting_room
        WHERE
            room_id = #{roomId}
    </delete> ──────────────────────────────────────────────────────
</mapper>
```

❶ <delete> 요소에 DELETE 문을 기술한다.

매핑 파일을 사용하지 않고 애너테이션을 이용해 SQL을 지정하는 경우에는 @org.apache.ibatis.an notations.Delete를 사용한다.

▶ 애너테이션을 이용한 SQL 지정

```
@Delete("DELETE FROM meeting_room WHERE room_id = #{roomId}")
boolean delete(String roomId);
```

## 11.3.9. Mapper 객체 활용

Mapper 인터페이스를 통해 데이터베이스에 접근하는 경우 마이바티스가 동적으로 생성한 Mapper 객체를 Service 클래스 등에 DI하고, DI한 Mapper 객체의 메서드를 호출한다.

▶ Mapper 인터페이스의 활용

```
@Transactional ──────────────────────────────────────────── ❶
@Service
public class MeetingRoomService {
    @Autowired
    MeetingRoomMapper meetingRoomMapper; ──────────────────── ❷

    public void create(MeetingRoom meetingRoom) {
        meetingRoomMapper.create(meetingRoom); ─────────────── ❸
    }
}
```

❶ @Transactional을 부여하고 스프링의 트랜잭션 관리하에서 SQL이 실행되게 하는 MyBatis-Spring을 적용해 스프링의 트랜잭션 관리 구조를 마이바티스에서도 이용할 수 있다.

❷ @MapperScan 또는 <spring:scan> 요소를 사용해 스캔하고 빈이 된 Mapper 객체를 인젝션한다.

❸ DI한 Mapper 객체의 메서드를 호출하면 매핑 파일 또는 애너테이션에 지정한 SQL이 스프링의 트랜잭션 관리하에 실행된다.

# 11.4. 마이바티스를 이용한 CRUD 조작

이번 절에서는 마이바티스를 이용해 CRUD 조작을 하는 방법을 알아보자.

## 11.4.1. 매핑 파일로부터 동적 SQL 조립

하나의 애플리케이션에 비슷한 SQL을 대량으로 정의하는 것을 피하고자 애플리케이션을 실행할 때 동적으로 SQL을 조립하는 방법을 사용하는 경우가 있다.

예를 들어, 고객 정보를 검색하는 SQL에서 검색 조건의 입력 상황에 따라 WHERE 절을 추가하는 경우 등이 여기에 해당한다. 앞에서 설명한 대체 변수를 사용해 SQL 구문을 자바 애플리케이션 측에서 변경할 수도 있지만 복잡한 조립을 하기에는 역부족이다. 마이바티스는 동적 SQL을 조립하는 구조를 지원하고 있으며 SQL 조립 규칙을 매핑 파일에 정의할 수 있다. 마이바티스에서 제공하는 동적으로 SQL을 조립하기 위한 XML 요소는 다음과 같다. 또한 마이바티스 표준 기능에서는 OGNL(Object-Graph Navigation Language)[4] 기반의 표현식을 지원한다.

표 11.5 동적으로 SQL을 조립하기 위한 대표적인 SQL 요소

| 요소명 | 설명 |
| --- | --- |
| ⟨where⟩ | WHERE 절 앞뒤에 내용을 더 추가하거나 삭제할 때 사용하는 요소 |
| ⟨if⟩ | 조건을 만족할 때만 SQL을 조립할 수 있게 만드는 요소 |
| ⟨choose⟩ | 여러 선택 항목에서 조건에 만족할 때만 SQL을 조립할 수 있게 만드는 요소 |
| ⟨foreach⟩ | 컬렉션이나 배열에 대해 반복 처리를 하기 위한 요소 |
| ⟨set⟩ | SET 절 앞뒤에 내용을 더 추가하거나 삭제할 때 사용하는 요소. |

### ▪ ⟨where⟩, ⟨if⟩ 구현 예

⟨where⟩ 요소는 요소에서 SQL이 조립된 경우에 WHERE을 삽입한다. 또한 요소에서 조립된 SQL이 AND 또는 OR로 시작한 경우에는 이 문자를 삭제한다. 또한 ⟨where⟩ 요소는 단독으로 이용할 수 없고 다른 요소(⟨if⟩, ⟨choose⟩, ⟨foreach⟩ 등)와 함께 이용한다.

---

**4**    (옮긴이) OGN은 오픈소스로 된 자바 친화적인 표현 언어로 자바 오브젝트의 프로퍼티를 다루거나 메서드를 호출할 수도 있다.

⟨if⟩ 요소는 지정한 조건과 일치하는 경우에만 SQL을 조립한다. 다음은 ⟨where⟩와 ⟨if⟩ 요소를 조합했을 때의 구현 예다.

▶ Mapper 메서드의 정의

```
List<MeetingRoom> findByCriteria(MeetingRoomCriteria criteria);
```

▶ SQL 기술 예

```
<select id="findByCriteria" parameterType="MeetingRoomCriteria" resultType="MeetingRoom">
    SELECT
        room_id, room_name, capacity
    FROM
        meeting_room
    <where> ─────────────────────────────────────────────── ❶
        <if test="roomId != null"> ──────────────────── ❷
            AND room_id like #{roomId} || '%'
        </if>
        <if test="roomName != null"> ──────────────── ❷
            AND room_name like #{roomName} || '%'
        </if>
        <if test="capacity != null"> ──────────────── ❷
            AND
         <![CDATA[
            capacity >= #{capacity}
         ]]>
        </if>
    </where> ─────────────────────────────────────────────
    ORDER BY
        room_id
</select>
```

❶ ⟨where⟩ 요소 안에 WHERE 절을 조립하기 위한 동적 SQL을 구현한다. 상황에 따라 WHERE 절의 유무가 바뀌는 경우에 이용한다.

❷ 동적으로 포함하거나 생략하고 싶은 SQL 일부를 ⟨if⟩ 요소 안에 기술한다. 그 조건식을 test 속성에 OGNL 형식으로 기술하고, 조건식이 성립되는 경우에 요소로 둘러싸인 부분의 SQL이 WHERE 절과 함께 포함된다. 조건식에는 자바빈의 프로퍼티명과 @Param으로 지정한 변수명을 지정해 메서드 매개변수로 전달한 객체에 접근할 수 있다. 이 예에서는 메서드 매개변수인 MeetingRoomCriteria 클래스의 각 프로퍼티에 검색 조건이 입력된 경우에 WHERE 절의 조건을 추가하고 있다.

### ■ ⟨choose⟩의 구현 예

⟨choose⟩ 요소는 여러 선택 사항 가운데 조건과 일치하는 하나를 선택해 SQL 문을 조립한다. ⟨choose⟩ 요소는 선택 사항을 나타내는 ⟨when⟩ 요소와 ⟨otherwise⟩ 요소를 조합해서 이용한다.

▶ Mapper 메서드의 정의

```
List<MeetingRoom> findByCapacityClass(@Param("capacityClass") String capacityClass);
```

▶ SQL 기술 예

```
<select id="findByCapacityClass" parameterType="string" resultType="MeetingRoom">
    SELECT
        room_id, room_name, capacity
    FROM
        meeting_room
    <where>
        <choose>                                                              ❶
            <when test="capacityClass == 'small'">                            ❷
                <![CDATA[
                  capacity < 50
                ]]>
            </when>
            <when test="capacityClass == 'middle'">                           ❷
                <![CDATA[
                  capacity >= 50 AND capacity < 100
                ]]>
            </when>
            <otherwise>                                                       ❸
                <![CDATA[
                  capacity >= 100
                ]]>
            </otherwise>
        </choose>
    </where>
    ORDER BY
        room_id
</select>
```

❶ ⟨choose⟩ 요소 안에 ⟨when⟩ 요소와 ⟨otherwise⟩ 요소를 지정해 SQL 조립 조건을 지정한다.

❷ ⟨when⟩ 요소의 test 속성에 조건을 지정한다. 조건과 일치하는 ⟨when⟩ 요소의 SQL이 WHERE 절과 함께 포함된다.

❸ ⟨otherwise⟩ 요소에 모든 ⟨when⟩ 요소와 일치하지 않는 경우에 포함하고 싶은 SQL을 지정한다.

## ■ ⟨foreach⟩ 구현 예

⟨foreach⟩ 요소는 컬렉션이나 배열에 대해 반복 처리를 한다. ⟨foreach⟩ 요소를 이용하면 검색 조건의 개수가 가변적인 SQL을 구축할 수 있다.

▶ Mapper 메서드의 정의

```
List<MeetingRoom> findByRoomIds(List<String> roomIds);
```

▶ SQL 기술 예

```
<select id="findByRoomIds" parameterType="list" resultType="MeetingRoom">
    SELECT
        room_id, room_name, capacity
    FROM
        meeting_room
    <where>
        <if test="list != null">                                              ❶
            <foreach item="id" index="index" collection="list"
                open="room_id IN ("separator="," close=")">                   ❷
                #{id}
            </foreach>
        </if>
    </where>
    ORDER BY
        room_id
</select>
```

❶ 반복 처리 대상에 해당하는 컬렉션 또는 배열에 대해 NULL 체크를 한다. null인 경우에는 ⟨if⟩ 요소에서 SQL이 조립되지
않으며, ⟨where⟩ 요소의 기능에 의해 WHERE 절 자체가 출력되지 않는다.

❷ ⟨foreach⟩ 요소를 사용해 컬렉션이나 배열을 반복 처리해서 동적 SQL을 조립한다.

- collection 속성에는 처리 대상 컬렉션 또는 배열을 지정한다.

- item 속성에는 반복 처리 중인 요소를 저장하는 변수를 지정한다.

- open 속성에는 반복 처리 앞에 삽입할 문자열을 지정한다. 이번에는 IN 절을 조립하기 위해 'room_id IN('을 지정하고
있다.

- separator 속성에는 요소 사이의 구분 문자열을 지정한다. 이번에는 IN 절을 조립하기 위해 ','를 지정하고 있다.

- close 속성에는 반복 처리 끝에 삽입할 문자열을 지정한다. 이번에는 IN 절을 조립하기 위해 ')'을 지정하고 있다.

## ■ ⟨set⟩ 구현 예

⟨set⟩ 요소는 SET 절을 생성하고 끝에 붙는 쉼표를 제거한다. ⟨set⟩ 요소를 이용하면 UPDATE 문의 갱
신 항목을 동적으로 변경할 수 있다. ⟨where⟩ 요소와 마찬가지로 다른 요소(⟨if⟩, ⟨choose⟩ 등)와 조
합해서 사용한다.

▶ Mapper 메서드의 정의

```
boolean update(MeetingRoom meetingRoom);
```

▶ SQL 기술 예

```
<update id="update" parameterType="MeetingRoom">
    UPDATE
        meeting_room
    <set> ─────────────────────────────────────────────── ❶
        room_name = #{roomName},
        <if test="capacity > 0"> ───────────────────── ❷
            capacity = #{capacity}
        </if>
    </set> ─────────────────────────────────────────────
    WHERE
        room_id = #{roomId}
</update>
```

❶ <set> 요소에 SET 절을 조립하기 위한 동적 SQL을 구현한다. <set> 요소에서 조립한 SQL에 따라 SET 절을 부여하거나
끝에 붙는 쉼표를 제거하는 등의 작업이 이뤄진다.

❷ 동적 SQL을 조립한다.

## 11.4.2. SQL 빌더 클래스를 이용한 SQL 문 조립

지금까지는 매핑 파일 또는 CRUD 조작에 대응하는 애너테이션(@Select, @Insert, @Update, @
Delete)에 SQL을 기술했지만 마이바티스는 자바 코드에 SQL을 기술하는 구조도 지원한다. 자바 코드
에 SQL을 기술하는 경우 CRUD 조작에 대응하는 Provider 애너테이션(@SelectProvider, @Insert
Provider, @UpdateProvider, @DeleteProvider)과 흔히 SQL 빌더 클래스라고 하는 org.apache.
ibatis.jdbc.SQL 클래스를 사용한다. 이 구조를 이용하면 SQL과 객체 매핑에 애너테이션을 사용할
때 애너테이션에서는 표현하기 어려운 SQL(동적 SQL 등)을 조립할 수 있다.

▶ Provider 애너테이션의 활용

```
public interface MeetingRoomMapper {

    @SelectProvider(type = MeetingRoomSqlProvider.class, method = "findByCriteria") ─── ❶
    MeetingRoom findByCriteria(MeetingRoomCriteria criteria);

    class MeetingRoomSqlProvider { ──────────────────────────────────── ❷
        public String findByCriteria(final MeetingRoomCriteria criteria) { ───────── ❸
```

```
        return new SQL() {
            { ──────────────────────────────────────────────────── ④
                SELECT("room_id AS roomId, room_name AS roomName, capacity");
                FROM("meeting_room");
                if (criteria.getRoomId() != null) {
                    WHERE("room_id like #{roomId} || '%'");
                }
                if (criteria.getRoomName() != null) {
                    WHERE("room_name like #{roomName} || '%'");
                }
                if (criteria.getCapacity() != null) {
                    WHERE("capacity >= #{capacity}");
                }
                ORDER_BY("room_id");
            }
        }.toString(); ──────────────────────────────────────────────
    }
}
```

❶ Provider 애너테이션의 type 속성에 'SQL을 생성하는 메서드가 실행되고 있는 클래스', method 속성에 'SQL을 생성하는 메서드명'을 지정한다.

❷ SQL을 생성하기 위한 클래스를 작성한다. SQL 생성 처리를 여러 Mapper 인터페이스에서 공유할 필요가 없는 경우에는 Mapper 인터페이스의 내부 클래스로 작성하면 된다.

❸ SQL을 조립하기 위한 메서드를 구현한다.

- Mapper 메서드 매개변수는 SQL을 조립하는 메서드 매개변수로 받을 수 있다.
- 반환값으로 SQL을 반환한다.

❹ 마이바티스에서 제공하는 SQL 클래스와 static 메서드를 이용해 SQL을 조립한다.

메모

마이바티스에서 제공하는 SQL 클래스를 이용하면 간단한 문자열 연결을 통해 SQL을 조립하는 것보다 안전하고 효율적으로 SQL을 조립할 수 있다. SQL 클래스의 자세한 내용은 마이바티스 공식 사이트[5]를 참조하자.

---

## 11.4.3. 일대일과 일대다 매핑

지금까지는 취득한 레코드를 하나의 객체에 매핑하는 방법을 소개했다. 여기서는 일대일 또는 일대다 관계를 맺는 테이블의 레코드를 취득하고 관계 테이블의 레코드를 중첩된 4개의 객체에 매핑하는 방법을 소개한다. 이 경우 지금까지 설명해온 방법만으로 구현하려면 다음과 같은 구현이 필요하다.

▶ 지금까지 설명한 방법으로 구현하는 경우

```
//기준 테이블의 레코드를 취득하기 위한 Mapper 메서드를 호출한다.
MeetingRoom meetingRoom = meetingRoomMapper.findOne(meetingRoomId);

//관계 테이블의 레코드를 취득하기 위한  Mapper 메서드를 호출한다.
List<ReservableRoom> reservableRooms = meetingRoomMapper.findReservableRooms(meetingRoomId);

//기준 테이블의 객체에 관계 테이블의 객체를 연결한다.
meetingRoom.setReservableRooms(reservableRooms);
```

물론 이 예처럼 자바 코드에서 '기준 테이블의 객체'와 '관계 테이블의 객체'를 연결하도록 처리하는 방법도 좋지만 마이바티스 기능을 이용해 매핑 파일에 적절하게 정의하면 다음과 같이 Mapper 메서드 호출을 한 번에 끝낼 수 있다.

▶ 마이바티스 기능을 이용해 구현하는 경우

```
MeetingRoom meetingRoom = meetingRoomMapper.findOne(meetingRoomId);
```

### ■ 기준 테이블과 관계 테이블의 레코드를 따로 가져와서 매핑하는 방법

먼저 기준 테이블과 관계 테이블의 레코드를 따로 가져와서 매핑하는 방법을 소개한다. 이 방법은 앞에서 설명한 자바 레코드로 구현한 '관계 테이블의 레코드를 취득하기 위한 Mapper 메서드를 호출한다'와 '기준 테이블의 객체에 관계 테이블의 객체를 연결한다'의 두 가지 처리를 매핑 정의로 기술하는 방법이다.

▶ 기준 테이블과 관계 테이블의 레코드를 따로 가져올 때의 매핑 정의

```
<select id="findOne" parameterType="string" resultMap="meetingRoomResultMap"> ──────── ❶
    SELECT
        room_id, room_name, capacity
    FROM
        meeting_room
    WHERE
        room_id = #{roomId}
</select>
```

```
<resultMap id="meetingRoomResultMap" type="MeetingRoom">                          ❷
    <id property="roomId" column="room_id" />
    <result property="roomName" column="room_name" />
    <collection property="reservableRooms" column="room_id"                     ❸
        javaType="ArrayList" select="findReservableRooms" />
</resultMap>

<select id="findReservableRooms"
    parameterType="string" resultMap="reservableRoomResultMap">                  ❹
    SELECT
        room_id, reserved_date
    FROM
        reservable_room
    WHERE
        room_id = #{roomId}
    ORDER BY
        reserved_date
</select>

<resultMap id="reservableRoomResultMap" type="ReservableRoom">                   ❺
    <result property="roomId" column="room_id" />
    <result property="reservedDate" column="reserved_date" />
</resultMap>
```

❶ 기준 테이블에서 레코드를 가져오기 위한 SQL을 정의한다.

❷ 기준 테이블에서 가져온 검색 결과에 대한 매핑을 정의한다.

❸ 관계 테이블에서 레코드를 취득하고 검색 결과를 객체에 매핑한다.

　　일대일 관계인 경우에는 〈association〉 요소를, 일대다 관계인 경우에는 〈collection〉 요소를 사용한다. 여기서는 일대
　　다 관계를 맺는 테이블에서 가져온 레코드를 매핑하는 예를 보여준다.

　　· property 속성에 관계 객체를 가지고 있는 프로퍼티명을 지정한다.

　　· column 속성에 관계 테이블에서 레코드를 검색할 때의 검색 키를 가지고 있는 칼럼명을 지정한다. 여기서 지정한 칼럼
　　　의 값이 자식 레코드를 검색할 때의 바인드 변수로 전달된다.

　　· javaType 속성에 컬렉션의 자바 클래스를 지정한다.

　　· select 속성에 관계 레코드를 검색할 때 사용하는 SQL의 sqlId를 지정한다.

❹ 관계 테이블에서 레코드를 취득하기 위한 SQL을 정의한다.

❺ 관계 테이블에서 가져온 검색 결과에 대한 매핑을 정의한다.

이 방법은 간단하고 이해하기 쉽지만 발행하는 SQL 횟수가 관계 테이블의 수에 의존하기 때문에 성능 관점에서 보면 적절한 방법은 아니다. 성능을 최우선시하는 경우에는 다음에 설명하는 '테이블 조인을 이용한 관계 객체 매핑'을 사용하는 방안을 검토해 보자.

관계 테이블에서 레코드를 가져올 때의 검색 키가 여러 개인 경우에는 column 속성을 지정하는 방법이 조금 특별하다.

▶ 관계 테이블에서 레코드를 취득할 때 검색 키가 여러 개인 경우의 매핑 정의

```
<resultMap id="reservableRoomResultMap" type="ReservableRoom">
    <result property="roomId" column="room_id"/>
    <result property="reservedDate" column="reserved_date"/>
    <collection property="reservations"
        column="{roomId=room_id, reservedDate=reserved_date}"
        javaType="ArrayList" select="findReservations" />  ─────────────────❶
</resultMap>

<select id="findReservations" resultType="Reservation">
    SELECT
        reservation_id, room_id, reserved_date, start_time, end_time
    FROM
        reservation
    WHERE
        room_id = #{roomId}
    AND
        reserved_date = #{reservedDate}
    ORDER BY
        start_time
</select>
```

❶ 검색 키가 여러 개인 경우에는 column 속성에 {바인드 변수명=칼럼명, 바인드 변수명=칼럼명}과 같은 형식으로 값을 지정한다. 이 예에서는 room_id 칼럼의 값에는 roomId를, reserved_date 칼럼의 값에는 reservedDate가 바인딩되도록 설정하고 있다. 이렇게 만들어진 바인드 변수는 관련 레코드를 가져오는 SQL에서 사용된다.

기준 테이블과 관계 테이블의 레코드를 각각 가져오는 경우라면 관계 테이블의 레코드가 지금 당장 필요한지, 아니면 지금은 필요없는지를 확인할 필요가 있다. 만약 관계 테이블의 정보를 지금 당장 사용하지 않는 경우라면 관계 테이블의 레코드를 가져올 때 Lazy 페치로 처리할 수 있기 때문이다.

▶ 관계 테이블의 레코드를 Lazy 페치하는 경우의 매핑 정의

```
<collection property="reservations"
    column="{roomId=room_id, reservedDate=reserved_date}"
    javaType="ArrayList" select="findReservations"
    fetchType="lazy"/>
```

❶ fetchType 속성에 'lazy'를 지정한다. fetchType 속성을 생략한 경우 마이바티스 설정(lazyLoadingEnabled)의 설정 값이 활성화된다.

### ■ 테이블 조인을 이용해 관계 객체를 매핑하는 방법

다음으로 기준 테이블과 관계 테이블을 외부 조인으로 결합한 레코드를 매핑하는 방법을 알아보자. 이 방법은 기준 객체와 관계 객체를 만드는 데 필요한 모든 레코드를 단 한 번의 SQL을 실행해서 가져온 다음, 그 레코드에 대한 매핑 정보를 정의하는 방식이다.

▶ 테이블 조인을 이용한 관계 객체의 매핑 정의

```
<select id="selectJoinMeetingRoom"                                   ❶
    parameterType="string" resultMap="meetingRoomResultMap">
    SELECT
        mr.room_id, mr.room_name,
        rr.room_id AS rsv_room_id, rr.reserved_date
    FROM
        meeting_room mr
        LEFT OUTER JOIN reservable_room rr
            ON mr.room_id = rr.room_id
    WHERE
        mr.room_id = #{id}
</select>

<resultMap id="meetingRoomResultMap" type="MeetingRoom">          ❷
    <id property="roomId" column="room_id"/>
    <result property="roomName" column="room_name"/>
    <collection property="reservableRooms" javaType="ArrayList"   ❸
        ofType="ReservableRoom">
        <result property="roomId" column="rsv_room_id"/>
        <result property="reservedDate" column="reserved_date"/>
    </collection>
</resultMap>
```

❶ 기준 객체와 관계 객체를 생성하는 데 필요한 모든 레코드를 취득하는 SQL(외부 조인을 이용한 SQL)을 정의한다.

❷ 외부 조인으로 취득한 검색 결과에 대한 매핑을 정의한다.

❸ 관계 테이블에서 취득한 검색 결과를 관계 객체에 매핑한다. 일대일 관계인 경우에는 〈association〉 요소를, 일대다 관계 인 경우에는 〈collection〉 요소를 사용한다. 여기서는 일대다 관계를 맺는 테이블에서 가져온 레코드를 매핑하는 경우를 보여준다.

- property 속성에 관계 객체를 가지고 있는 프로퍼티명을 지정한다.
- javaType 속성에 컬렉션의 자바 클래스를 지정한다.
- ofType 속성에 컬렉션에 저장된 관계 객체의 자바 클래스를 지정한다.

이 방법은 SQL 실행을 한 번에 할 수 있기 때문에 SQL 실행 횟수를 줄이고 싶은 경우에 효과적인 방법 이다. 다만 일대다 관계에 있는 테이블의 개수와 관계 테이블에서 취득되는 레코드의 개수가 많은 경우 에는 관계 테이블 개수와 카디널리티에 비례해서 ResultSet 건수가 증가한다는 점을 염두에 두자. 예 를 들어, JDBC 드라이버의 페치 크기가 1건으로 돼 있으면 데이터베이스에서 1건마다 검색 결과를 페 치하게 되므로 SQL 실행 횟수를 줄이는 효과가 사라지는 경우가 있다.

## 11.4.4. RowBounds를 이용한 범위 검색

마이바티스에서는 검색 범위를 지정하는 org.apache.ibatis.session.RowBounds라는 클래스를 제공 한다. RowBounds를 이용하면 검색 조건에 일치하는 데이터의 일부를 가져올 수 있다.

▶ Mapper 인터페이스 정의

```
public interface MeetingRoomMapper {
    List<MeetingRoom> findAll(RowBounds rowBounds);                            ❶
}
```

▶ 매핑 파일 정의

```
<select id="findAll" resultType="MeetingRoom">                                 ❷
    SELECT
        room_id, room_name, capacity
    FROM
        meeting_room
    ORDER BY
        room_id
</select>
```

▶ Mapper 메서드 호출

```
RowBounds rowBounds = new RowBounds(5, 5);                                     ❸
List<MeetingRoom> meetingRooms = mapper.findAll(rowBounds);
```

❶ Mapper 인터페이스의 메서드 매개변수에 RowBounds를 정의한다.

❷ SQL에서는 RowBounds를 의식할 필요가 없다.

❸ 검색 범위를 지정하기 위해 '취득 시작 위치까지 건너뛸 건수(offset)'와 '최대 취득 건수(limit)'를 생성자 인수로 지정해 RowBounds 객체를 생성한다. 이 예에서는 5번째까지 요소를 스킵하고 6번째에서 최대로 5개의 요소(6~10 번째)를 담은 List가 반환된다.

메모

RowBounds는 검색 결과(ResultSet)의 커서를 이동시키면서 데이터를 탐색하기 때문에 검색 결과 건수가 제한된 데이터를 다룰 때보다 메모리 소모량이 많고 커서 이동으로 인한 성능 저하를 유발할 수 있다.

커서 이동 처리는 JDBC의 결과 집합 타입에 따라 다음의 두 가지 종류가 지원되며 기본 동작 방식은 JDBC 드라이버의 기본 결과 집합 타입에 따라 달라진다.

- 결과 집합 타입이 FORWARD_ONLY인 경우에는 ResultSet#next( )를 반복적으로 호출해서 취득 범위 밖의 데이터를 건너뛴다.
- 결과 집합 타입이 SCROLL_SENSITIVE 또는 SCROLL_INSENSITIVE인 경우에는 ResultSet#absolute(int)를 호출해서 취득 범위 밖의 데이터를 건너뛴다.

ResultSet#absolute(int)를 이용해 메모리 고갈이나 성능 저하를 최소화할 수 있지만 JDBC 드라이버의 구현에 의존한다는 점을 염두에 두자. 검색 조건과 일치하는 데이터의 건수가 많아질 경우 RowBounds를 사용한 범위 검색이 아니라 SQL로 취득 범위를 좁히는 방안을 검토해 보자.

## 11.4.5. ResultHandler를 이용한 검색 결과 처리

스프링 JDBC의 RowCallbackHandler와 비슷한 기능으로 마이바티스에서는 org.apache.ibatis. session.ResultHandler라는 인터페이스를 제공한다. 사용 목적도 비슷한데, 예를 들어 조회한 결과를 파일 형태로 출력하거나 결과 값을 검증하거나 결괏값을 재가공해야 할 때 활용할 수 있다.

▶ Mapper 인터페이스 정의

```
public interface MeetingRoomMapper {
    void collectAll(ResultHandler<MeetingRoom> resultHandler); ─────────────── ❶
}
```

▶ 매핑 파일 정의

```
<select id="collectAll" resultType="MeetingRoom"> ─────────────────────── ❷
    SELECT
        room_id, room_name, capacity
    FROM
```

```
        meeting_room
    ORDER BY
        room_id
</select>
```

▶ Mapper 메서드 호출

```
meetingRoomMapper.collectAll(context -> {                                    ❸
    int resultPosition = context.getResultCount();
    MeetingRoom meetingRoom = context.getResultObject();
    // 생략
});
```

❶ Mapper 인터페이스의 메서드 매개변수에 ResultHandler를 정의한다. 메서드 반환값은 void로 지정한다.

❷ SQL에서는 ResultHandler를 의식할 필요가 없다.

❸ ResultHandler 객체를 지정하고 Mapper 메서드를 호출하면 한 건씩 ResultHandler의 handleResult 메서드가 콜백된다. 또한 ResultHandler는 함수형 인터페이스로 취급되기 때문에 람다식을 사용해 handleResult 메서드를 구현할 수 있다.

# 12장

# 스프링 + 타임리프

웹 애플리케이션을 작성하는 방법에 대해서는 4장에서 6장에 걸쳐 소개했다. 또한 5장에서는 뷰에 JSP를 사용하는 것을 전제로 설명했다. 그러나 최근에는 13장에서 소개하는 스프링 부트를 비롯해 뷰에 JSP 대신 템플릿 엔진인 타임리프(Thymeleaf)[1]를 사용하는 경우가 많아지고 있다.

이번 장에서는 뷰에 타임리프를 사용하는 방법을 간략하게 소개하겠다. 먼저 타임리프 자체와 스프링과 연동해서 개발할 때 필수적인 연계 라이브러리의 개요를 소개한다. 다음으로 4장에서 작성한 애플리케이션을 가져와 뷰를 타임리프로 바꾸는 방법을 살펴보면서 타임리프가 제공하는 각종 기능과 템플릿 문법을 자세히 설명하겠다.

## 12.1. 타임리프란?

타임리프는 웹 애플리케이션과 친화성이 높은 템플릿 엔진이다. 템플릿 엔진은 뼈대가 되는 문서(템플릿)에 가변 데이터를 삽입함으로써 동적으로 문서를 생성하는 구조다. 이 구조는 MVC 프레임워크의 모델과 뷰를 나누는 사상과 친화성이 높아 종종 MVC 프레임워크의 뷰로 활용된다.

타임리프의 특징은 템플릿을 XHTML이나 HTML5를 준수하는 형태로 기술할 수 있다는 것이다. 일반적인 웹 애플리케이션은 화면의 표현 형식으로 HTML을 이용하는 경우가 많기 때문에 타임리프는 웹 애플리케이션에 적합한 템플릿 엔진이라고 할 수 있다.

자바의 일반적인 웹 애플리케이션의 뷰에 자주 사용되는 JSP와 타임리프를 비교한 내용을 간단히 소개하겠다.

JSP는 브라우저가 의식하지 못하는 태그 라이브러리 등이 포함되기 때문에 개발 중에 JSP를 직접 브라우저에서 정확히 표시하기가 어렵다는 문제가 있었다. 특히 디자이너와 프로그래머가 분업하고 자바언어를 이용한 개발을 잘 모르는 디자이너가 화면 디자인을 담당하는 경우 애플리케이션 서버에 배포하는 작업이 어려워 업무에 지장을 초래하거나 디자이너가 작성한 HTML과 그것을 바탕으로 프로그래머가 작성한 JSP를 이중 관리할 수밖에 없는 경우가 있다.

한편 타임리프 템플릿은 HTML5를 준수하기 때문에 템플릿을 브라우저에서 직접 표시하거나 HTML을 디자이너와 프로그래머 사이에서 공유할 수가 있다. 이것은 앞에서 언급한 디자이너와의 분업 개발

---

**1**    http://www.thymeleaf.org/

시 큰 장점으로 작용한다. 한편 타임리프는 JSP와 비교하면 역사가 짧고 관련 지식을 갖춘 프로그래머가 아직 적다는 것이 단점이다.

**메모** 이 책에서 다루는 타임리프 2에서 지원되는 템플릿 형식은 'XML/XHTML/HTML5'다. 그러나 2016년 5월에 발표된 타임리프 3에서는 지원되는 형식이 늘어났다. 타임리프 3에 대한 자세한 내용은 타임리프 공식 사이트 및 마이그레이션 가이드[2]를 참조하자. 또한 타임리프 3을 이용하는 경우 이 책에서 소개하는 공식 레퍼런스 URL에 대해서도 적절하게 "3.0"으로 바꾸자.

## 12.1.1. 타임리프 템블릿

타임리프는 XHTML이나 HTML5 등으로 작성된 템플릿을 DOM(Document Object Model)으로 변환하고 처리하는 구조로 돼 있으며, '처리 대상의 DOM 노드'와 'DOM 노드에 적용하는 처리'를 th 네임스페이스 속성(th 속성)을 사용해 지정한다.

th 속성이 지정된 DOM 노드는 '프로세서'라는 컴포넌트에 의해 DOM 조작(추가, 삭제, 변경)이 이뤄진다. th 속성의 속성값에는 OGNL[3]이라는 표현 언어를 지정할 수 있고 식 안에서 사용자 정의 객체나 타임리프가 제공하는 묵시적 객체에 접근할 수 있다.

타임리프에서는 DOM 조작을 수행하는 프로세서, th 속성의 속성값에 지정된 식을 해석하는 컴포넌트, 묵시적 객체를 생성하는 컴포넌트 등을 총칭해서 다이얼렉트(dialect)라고 하며 기본적으로 StandardDialect 클래스가 사용된다.

다이얼렉트는 확장 가능한 구조로 돼 있으며, 이 책에서 소개하는 thymeleaf-spring4를 사용하는 경우 StandardDialect 클래스를 상속한 SpringStandardDialect 클래스가 사용된다.

또한 새로운 다이얼렉트를 추가하는 것도 가능해서 이 책에서는 템플릿 레이아웃 정의를 지원하는 Thymeleaf Layout Dialect, 스프링 시큐리티와의 연계를 지원하는 Spring Security Dialect를 추가해서 이용하는 방법을 소개한다.

---

2    http://www.thymeleaf.org/doc/articles/thymeleaf3migration.html

3    http://commons.apache.org/proper/commons-ognl/

## 12.1.2. 타임리프와 스프링 연계

타임리프와 스프링 프레임워크를 연계할 때는 타임리프에서 제공하는 thymeleaf-spring4 모듈을 이용한다. thymeleaf-spring4를 쓰면 스프링 MVC가 JSP용으로 제공하는 태그 라이브러리 같은 기능을 타임리프에서도 이용할 수 있다. 이용 가능한 대표적인 기능은 다음과 같다.

- 타임리프가 관리하는 템플릿을 스프링 MVC의 뷰로 취급할 수 있다.
- 템플릿에서 스프링 EL을 이용할 수 있다.
- 템플릿과 폼 클래스 및 입력값 검사 결과를 바인드할 수 있다.
- 스프링이 관리하는 메시지 리소스를 이용해 다국어 지원을 할 수 있다.

이 책에서는 thymeleaf-spring4 모듈을 이용한다고 가정하고 스프링 기반 애플리케이션에서 타임리프를 이용하는 방법을 설명하겠다.

# 12.2.  스프링 + 타임리프 설정

## 12.2.1. 라이브러리 설정

타임리프 및 thymeleaf-spring4의 라이브러리(jar 파일)를 개발 중인 메이븐 프로젝트에 적용한다.

▶ pom.xml 설정

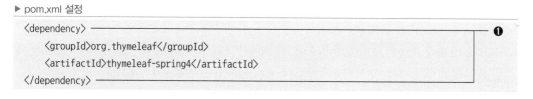

```
<dependency>                                                    ❶
    <groupId>org.thymeleaf</groupId>
    <artifactId>thymeleaf-spring4</artifactId>
</dependency>
```

❶ thymeleaf-spring4 라이브러리를 지정한다. 메이븐이 thymeleaf-spring4 버전에 맞는 타임리프 관련 의존 라이브러리를 가져오기 때문에 타임리프 자체에 대한 의존 관계 설정을 따로 하지 않아도 된다.

## 12.2.2. 스프링과 타임리프를 연계하기 위한 설정

이제 스프링과 타임리프를 연계하기 위한 설정을 살펴보자. 이 예에서는 4장 4.2절 '첫 번째 스프링 MVC 애플리케이션'의 소스를 기반으로 하며, 추가로 설정할 부분은 스프링 MVC의 뷰를 결정하는 ViewResolver의 구현체를 thymeleaf-spring4에서 제공되는 ThymeleafViewResolver로 대체하는 것이다.

▶ 자바 기반 설정 방식을 이용한 빈 정의

```java
package example.config;

import org.springframework.context.annotation.Bean;
import context.annotation.Configuration;
import org.thymeleaf.spring4.SpringTemplateEngine;
import org.thymeleaf.spring4.view.ThymeleafViewResolver;
import thymeleaf.templateresolver.ServletContextTemplateResolver;


@Configuration                                                          ➊
public class ThymeleafConfig {

    @Bean                                                              ➋
    public ServletContextTemplateResolver templateResolver() {
        ServletContextTemplateResolver resolver = new ServletContextTemplateResolver();
        resolver.setPrefix("/WEB-INF/templates/");
        resolver.setSuffix(".html");
        resolver.setTemplateMode("HTML5");
        resolver.setCharacterEncoding("UTF-8");
        return resolver;
    }

    @Bean                                                              ➌
    public SpringTemplateEngine templateEngine() {
        SpringTemplateEngine engine = new SpringTemplateEngine();
        engine.setTemplateResolver(templateResolver());
        return engine;
    }

    @Bean                                                              ➍
    public ThymeleafViewResolver thymeleafViewResolver() {
        ThymeleafViewResolver resolver = new ThymeleafViewResolver();
        resolver.setTemplateEngine(templateEngine());
        resolver.setCharacterEncoding("UTF-8");
        resolver.setOrder(1);
        return resolver;
    }
}

@Configuration
@EnableWebMvc
@ComponentScan("example.app")
```

```
@Import(ThymeleafConfig.class) ─────────────────────────────────── ❺
public class WebMvcConfig extends WebMvcConfigurerAdapter {
    // 생략
}
```

❶ 뷰로 타임리프를 이용하기 위한 설정을 하는 설정 클래스를 정의한다. 뷰에 관한 설정의 독립성을 높이기 위해 타임리프
용 설정 클래스를 별도 클래스에 분리해서 정의한다. XML로 빈을 정의하는 경우도 마찬가지로 XML 파일을 분리해 두면
좋다.

❷ WEB-INF 디렉터리 바로 아래 등의 서블릿 컨테이너 내의 리소스에서 템플릿을 가져올 때 필요한 설정을 한다. org.thyme
leaf.templateresolver.ServletContextTemplateResolver는 서블릿 컨테이너의 리소스에서 템플릿을 읽어 들인
다. 템플릿이 위치한 장소에 따라 TemplateResolver를 바꿀 수 있다. 예를 들어, 스프링이 관리하는 리소스에서 템플릿을
가져오기 위한 SpringResourceTemplateResolver를 선택하는 것도 가능하다. 여기서는 템플릿 파일이 위치한 곳, 타임
리프의 템플릿 모드 및 템플릿 파일의 문자 인코딩을 지정하고 있다.

❸ 템플릿 엔진으로 thymeleaf-spring4에서 제공하는 org.thymeleaf.spring4.SpringTemplateEngine을 사용
한다. 이 구현을 사용함으로써 템플릿이 스프링 MVC와 연계하는 것이 가능해진다. ❷에서 정의한 ServletContext
TemplateResolver는 템플릿 엔진 내부에서 사용되기 때문에 연결해 둔다.

❹ 스프링 MVC의 뷰를 결정하는 ViewResolver의 구현체를 타임리프가 확장한 org.thymeleaf.spring4.view.Thyme
leafViewResolver로 대체한다. 뷰 렌더링에 사용하는 템플릿 엔진으로 ❸에서 정의한 빈을 설정한다. 아울러 출력 데이
터의 문자 인코딩과 ViewResolver 우선순위를 설정한다. 스프링 MVC는 빈으로 정의돼 있는 ViewResolver를 자동으로
인식하기 때문에 이러한 빈 정의만으로 스프링 MVC에 적용된다.

❺ ❶에서 정의한 타임리프의 설정 클래스를 임포트한다. 4.2절 '첫 번째 스프링 MVC 애플리케이션'의 WebMvcConfig 클래
스에 새롭게 추가하는 형태로 임포트하고 있기 때문에 뷰에 JSP를 병용할 수도 있지만 ❹의 우선순위 설정 때문에 타임리
프의 뷰가 우선한다.

또한 빈 정의를 XML에서 표현하면 다음과 같다.

▶ XML 기반 설정 방식을 이용한 빈 정의

```
<bean id="templateResolver" ─────────────────────────────────── ❷
        class="org.thymeleaf.templateresolver.ServletContextTemplateResolver">
    <property name="prefix" value="/WEB-INF/templates/" />
    <property name="suffix" value=".html" />
    <property name="templateMode" value="HTML5" />
    <property name="characterEncoding" value="UTF-8" />
</bean> ──────────────────────────────────────────────────

<bean id="templateEngine" class="org.thymeleaf.spring4.SpringTemplateEngine"> ── ❸
    <property name="templateResolver" ref="templateResolver" />
</bean> ──────────────────────────────────────────────────
```

```
<bean class="org.thymeleaf.spring4.view.ThymeleafViewResolver">            ❹
    <property name="templateEngine" ref="templateEngine" />
    <property name="characterEncoding" value="UTF-8" />
    <property name="order" value="1" />
</bean>
```

**메모**

타임리프 템플릿은 XHTML을 준수해야 한다. 예를 들어, ⟨br⟩ 요소는 사용하지 말고 ⟨br /⟩을 사용해야 한다. XHTML이 아닌 HTML5를 허용하고 싶은 경우에는 템플릿 모드를 LEGACYHTML5(Legacy HTML5)로 지정한다. Legacy HTML5 모드에는 닫지 않은 태그, 값이 없는 속성, 인용 부호로 둘러싸지 않은 속성을 사용할 수 있다. 또한 XHTML이 아닌 HTML5를 기반으로 하려면 NekoHTML이라는 라이브러리가 필요하기 때문에 다음과 같은 의존성을 추가한다.

▶ pom.xml 설정

```
<dependency>
    <groupId>net.sourceforge.nekohtml</groupId>
    <artifactId>nekohtml</artifactId>
</dependency>
```

## 12.3. 타임리프를 이용한 뷰 구현

### 12.3.1. 첫 번째 타임리프

여기서는 첫 번째 스프링 MVC에서 작성한 웹 애플리케이션을 타임리프로 변경해서 타임리프의 기본적인 사용법을 소개하겠다. 필요한 작업은 타임리프 템플릿 파일을 작성하는 것밖에 없다. 스프링 MVC의 뷰를 JSP에서 타임리프 템플릿 파일로 변경할 뿐이고 컨트롤러나 폼 클래스 및 비즈니스 로직 등의 뷰 이외의 소스는 그대로 이용할 수 있다.

■ **타임리프를 이용한 뷰로 변경**

타임리프를 이용한 뷰로 변경하려면 각 JSP 파일에 대응하는 타임리프 템플릿 파일을 작성한다. 파일명은 JSP 파일과 같고 확장자를 .html로 지정해 HTML5를 준수하는 템플릿 파일을 작성한다. 4.2절 '첫 번째 스프링 MVC'에서는 WEB-INF 디렉터리가 JSP 파일을 저장하는 기점이 됐지만 이번에는 WEB-INF/templates 디렉터리를 템플릿 파일을 저장하는 기점으로 한다(표 12.1). 이 설정은 앞에서 설명한 ServletContextTemplateResolver.setPrefix 메서드에서 변경할 수 있다.

표 12.1 JSP 파일과 템플릿 파일의 대응

| 원래 JSP 파일 | 해당하는 타임리프 템플릿 파일(이번에 작성) |
|---|---|
| src/main/webapp/WEB-INF/index.jsp | src/main/webapp/WEB-INF/templates/index.html |
| src/main/webapp/WEB-INF/echo/input.jsp | src/main/webapp/WEB-INF/templates/echo/input.html |
| src/main/webapp/WEB-INF/echo/output.jsp | src/main/webapp/WEB-INF/templates/echo/output.html |

### ■ 템플릿 구현

이번 절에서는 타임리프의 뷰를 구현하는 방법을 이해하기 위해 템플릿 문법이나 사양 설명은 건너뛰고 우선 템플릿을 구현한 코드를 살펴보려 한다. 템플릿 파일의 자세한 작성 방법에 대해서는 12.3.3절에서 설명한다.

▶ src/main/webapp/WEB-INF/templates/index.html

```
<!DOCTYPE html>
<html xmlns="http://www.w3.org/1999/xhtml" ─────────────────── ❶
      xmlns:th="http://www.thymeleaf.org">
<body>
<h2>Hello World!</h2>
<ul>
    <li><a href="./echo/input.html" th:href="@{/echo}" >에코 애플리케이션으로 이동</a></li> ── ❷
</ul>
</body>
</html>
```

❶ 네임스페이스로 `<html xmlns="http://www.w3.org/1999/xhtml" xmlns:th="http://www.thymeleaf.org">`를 부여한다. HTML5 표준 템플릿을 기술하는 경우에는 필수가 아니지만 XHTML 표준으로 기술하는 경우에 필요하므로 호환성을 의식하고 정의하는 습관을 들이면 좋다. 타임리프 마크업에는 th 속성이라고 하는 th:로 시작하는 속성을 사용한다. XHTML에서는 이 th: 부분을 XML의 네임스페이스로 취급하기 때문에 이 정의가 필요하다.

❷ 정적인 HTML에서 `<a>` 요소로 링크를 작성하는 경우에는 HTML 파일을 링크 대상에 설정하는 것이 일반적이다. 그러나 타임리프를 뷰로 사용한 웹 애플리케이션에서는 링크 대상을 HTML 파일 경로가 아닌 애플리케이션의 요청 대상의 URL(스프링 MVC의 경우에는 컨트롤러의 @RequestMapping에 지정된 경로)을 지정해야 한다. 그래서 타임리프는 href 속성을 애플리케이션을 실행할 때 변경하도록 돼 있다. href 속성에는 일반적인 HTML로 링크 가능한 리소스를 지정하고 타임리프 기능인 th:href 속성에는 실행할 때 링크시키고 싶은 리소스를 지정한다. 실행할 때만 href 속성의 경로가 th:href 속성의 값으로 치환되기 때문에 디자인할 때나 실행할 때 모두 링크가 제대로 동작하게 된다. 이 예제에서는 th:href 속성에 @{...} 같은 식을 기술하고 있는데, 이 식의 의미에 대해서는 나중에 설명한다.

▶ src/main/webapp/WEB-INF/templates/echo/input.html

```html
<!DOCTYPE html>
<html xmlns="http://www.w3.org/1999/xhtml" xmlns:th="http://www.thymeleaf.org">
<body>
    <h2>입력 화면</h2>
    <form action="./output.html" th:action="@{/echo}"                              ❸
        th:object="${echoForm}" method="POST">
        <div>텍스트를 입력하세요.</div>
        <div>
            <input type="text" name="text" th:field="*{text}" /> <br />            ❹
            <span th:if="${#fields.hasErrors('text')}"                             ❺
                th:errors="*{text}">text의 에러 메시지</span>
        </div>
        <div>
            <button type="submit">전송</button>
        </div>
    </form>
</body>
</html>
```

❸ 타임리프에서 입력 폼을 구현하는 경우 〈form〉 요소에서 일반적인 HTML과 마찬가지로 폼을 정의할 수 있다. 이 경우 action 속성은 href 속성과 같은 이유로 th:action 속성을 이용한다. 일반적으로 스프링 MVC에서 입력 폼을 구현하는 경우 폼 클래스를 구현하고 뷰에 폼 객체를 연결하기 위한 정보를 기술하는 것은 이미 소개했다. 타임리프에서도 폼 클래스를 연결하려면 th:object 속성에 폼 객체의 프로퍼티명을 기술한다. 이것은 JSP에서 〈form:form〉 요소의 modelAttribute 속성에 해당한다.

❹ 입력 폼의 각 항목을 구현하는 경우 일반적인 HTML과 마찬가지로 정의할 수 있다. ❸의 폼 객체 연결과 마찬가지로 폼의 각 항목과 대응하는 폼 클래스의 각 프로퍼티를 연결하려면 th:field 속성을 이용한다. 이것은 JSP에서 〈form:input〉 요소의 path 속성에 해당한다.

❺ 입력값 검사 메시지를 표시할 영역을 〈span〉 요소로 정의한다. 프로그램을 실행할 때는 입력 오류 메시지가 입력 오류가 발생할 때만 표시되게 해야 한다. 이 경우에 편리한 기능으로 th:if 속성은 이 속성에 지정된 값이 참일 경우에만 해당 요소(이 예에서는 〈span〉 요소)가 렌더링된다. 다음에 실행할 때는 애플리케이션이 생성한 오류 메시지의 내용을 〈span〉 요소에 출력할 필요가 있는데 이 경우에는 th:errors 속성에 폼 객체의 필드명을 지정함으로써 대상 필드에 대한 입력 오류 메시지를 출력할 수 있다. 이것은 JSP에서 〈form:errors〉 요소에 해당한다. 이 예제의 속성 값에는 ${...}이나 *{...}와 같은 식을 기술하고 있는데, 이 식의 의미에 대해서는 나중에 설명한다.

▶ src/main/webapp/WEB-INF/templates/echo/output.html

```html
<!DOCTYPE html>
<html xmlns="http://www.w3.org/1999/xhtml" xmlns:th="http://www.thymeleaf.org">
<body>
    <h2>출력 화면</h2>
```

```
   <div>입력한 텍스트는</div>
   <div>
      '<span th:text="*{echoForm.text}"> 여기에 입력한 값이 표시됩니다.</span>' ────── ❻
   </div>
   <div>입니다.</div>
   <br />
   <div>
      <a href="../index.html" th:href="@{/}">첫 화면으로 이동</a>
   </div>
</body>
</html>
```

❻ 스프링 MVC의 모델에 저장된 값을 HTML에 출력하는 경우 임의의 HTML 요소에 대해 타임리프의 th:text 속성을 이용
한다. 프로그램을 실행할 때는 해당 요소의 text 속성이 th:text 속성에 지정된 모델의 값으로 치환된다. 이것은 JSP에서
의 <c:out> 요소 역할과 비슷하다.

이렇게 만든 것을 애플리케이션 서버에 배포한 후, URL로 접속해보면 입력 폼에 입력한 값을 서버로
전송하거나, 템플릿에 적힌 내용이 동적으로 바뀌는 등, 타임리프를 적용하기 전과 똑같이 동작하는 것
을 알 수 있을 것이다(그림 12.1). 그리고 앞에서 설명한 것처럼 타임리프는 템플릿을 HTML 파일로 만
들 수 있어서 JSP처럼 애플리케이션 서버에 굳이 배포하고 실행하지 않아도 템플릿을 브라우저에서 바
로 확인할 수 있다. 다만 이때는 th 속성에 지정한 값은 브라우저에 표시되지 않는다.

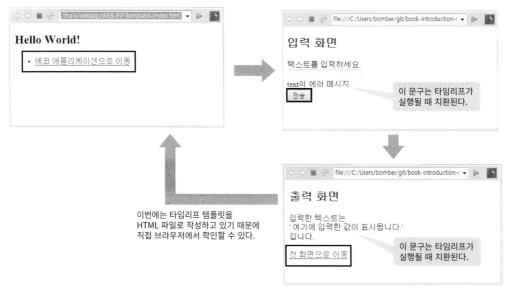

그림 12.1 템플릿 파일을 브라우저에서 직접 표시할 때의 동작 방식

## 12.3.2. 텍스트 입력

앞 절에서 잠깐 설명했지만 스프링 MVC의 모델에 저장된 값이나 프로퍼티 파일에서 취득한 메시지를 텍스트로 출력하는 경우에는 th:text 속성이나 th:utext 속성을 사용한다.

- **th:text**: 속성 값으로 지정한 값에 포함된 HTML 특수 문자를 무효화(escape, sanitize)해서 출력한다. 이후 이러한 처리 과정을 '이스케이프한다'라고 표현한다.[4]
- **th:utext**: 속성 값으로 지정한 값을 이스케이프하지 않고 출력한다.

사용자의 입력값을 출력할 때는 th:text 속성을 사용해 이스케이프한 값을 출력하는 것이 일반적이다. 반면 프로퍼티 파일에 정의한 메시지를 HTML 요소를 사용해 의도적으로 HTML 태그가 적용된 형태로 표시하고 싶을 때는 th:utext 속성을 사용해 이스케이프되지 않은 값을 출력할 필요가 있다.[5]

▶ th:utext 속성의 사용 예

```
guidance.agreeToTerms=이 시스템을 이용하기 위해서는 우선 <b>이용약관에 동의 </b>해 주세요.
<span th:utext="#{guidance.agreeToTerms}"><b>이용약관에 동의</b>가 필요합니다. </span>
```

▶ th:utext 사용할 때의 메시지 출력 예

```
이 시스템을 이용하기 위해서는 우선 <b>이용약관에 동의</b>해주세요.
```

th:utext 속성을 사용하면 HTML 특수 문자가 이스케이프되지 않아 '<'나 '>' 등의 문자가 그대로 표시되기 때문에 '이용약관에 동의' 부분을 강조해서 표시할 수 있다.

## 12.3.3. 표현식

여기서는 앞 절에서 설명하지 않은 타임리프의 기본적인 문법을 소개한다. 지금까지 살펴본 것처럼 타임리프 템플릿은 HTML 요소의 th 속성 값에 동적인 값을 설정할 수 있는 표현식을 기재하는 방식으로 구성돼 있다. 먼저 표현식 구문에 초점을 맞춰 템플릿에서 어떤 객체에 접근할 수 있고, 어떤 처리를 할 수 있는지 살펴보자.

---

4    (옮긴이) 보안 관점에서 악의적인 스크립트 코드가 동작하지 않도록 HTML의 일부 특수 문자를 본래 목적으로 동작하지 않고 화면으로만 표시되게 하는 방법을 escape 또는 sanitize한다고 한다.
      https://www.owasp.org/index.php/XSS_(Cross_Site_Scripting)_Prevention_Cheat_Sheet
5    (옮긴이) 이렇게 하는 이유는 사용자 입력값의 경우 개발자가 입력하는 프로퍼티 파일과 달리 악의적인 코드가 유입될 가능성이 더 많기 때문이다.

■ 기본적인 표현식

타임리프의 가장 기본적인 표현식은 다음과 같다(표 12.2). 이 표현식은 스프링 MVC의 모델에 저장된
데이터 등에 접근하는 데 사용한다.

표 12.2 타임리프의 기본적인 표현식

| 명칭 | 예시 | 의미 |
|---|---|---|
| 변수식 | ${user.firstName} | 타임리프에서는 변수식에 OGNL이라는 자바와 비슷한 언어를 기술해서 HTTP 세션(#httpSession)과 HTTP 요청(#httpServletRequest)을 비롯한 각종 타임리프가 관리하는 변수에 접근하거나 메서드를 실행할 수 있다. 또한 타임리프가 묵시적으로 준비하고 있는 유틸리티 객체(날짜/시간을 취급하는 #dates나 문자열을 취급하는 #strings)에 접근할 수 있다. 스프링 MVC와 연동하는 경우에는 스프링이 관리하는 객체에 접근할 수 있도록 확장되며, ${@cart.getSize()}와 같이 SpEL을 이용해 빈에 접근하는 코드를 기술하거나 왼쪽 예처럼 프로퍼티명을 지정해 폼 객체 등의 모델에 저장된 정보에 접근할 수 있다. |
| 선택 변수식 | *{name} | 변수식에서는 OGNL이나 SpEL 등에 접근할 수 있지만 ${user.name}, ${user.address}, ${user.tel}처럼 특정 객체의 프로퍼티에 연속으로 접근하고 싶을 때가 자주 있다. 이러한 경우에는 th:object 속성과 선택 변수식을 조합해서 사용하면 변수식보다 간단하게 기술할 수 있다. 예를 들어, 어떤 HTML 요소에 th:object="${user}"를 정의해 두면 *{name}, *{address}, *{tel}과 같이 user.를 생략한 형태로 기술할 수 있다. |
| 메시지식 | #{status.reserved.message} | 타임리프에는 메시지를 키-값으로 관리한다. 메시지의 키 값(이 예에서는 status.reserved.message)으로 메시지 본문을 가져오고 싶을 때 메시지 식을 사용한다. 또한 java.text.MessageFormat의 사양을 따르고 있기 때문에 메시지 본문에 매개변수를 삽입하는 것도 가능하다. 메시지에 삽입하는 매개변수는 #{home.welcome(${session.user.name})}과 같이 키 값의 뒷부분에 괄호를 붙이고 그 안에 매개변수 값을 나열하며 된다. 예를 들어, 메시지 포맷이 '반갑습니다. {0}님.'에서 ${session.user.name}이 '이순신'인 경우에는 '반갑습니다. 이순신님.'과 같은 메시지가 출력된다. 스프링 MVC와 연동하는 경우 스프링 프레임워크에서 관리하는 메시지에 이 같은 방식으로 접근하는 것이 가능하다. |
| 링크 URL식 | @{/echo} | 웹 애플리케이션에서는 링크 URL을 컨텍스트 경로에서 시작하는 절대 경로로 출력하는 경우가 많다. 예를 들어, JSP에서는 ${pageContext.request.contextPath} 등을 사용해 컨텍스트 경로를 취득해서 URL 시작 부분에 추가하고 URL을 지정하는 것이 일반적이다. 타임리프에서는 링크 URL을 이용해 지정한 URL(이 예에서는 /echo)이 시작되는 부분에 컨텍스트 경로를 추가할 수 있다. 예를 들어, 컨텍스트 경로가 app이라면 app/echo가 된다. |

■ 리터럴

타임리프에서는 다음과 같이 5가지 리터럴을 이용할 수 있다. 특징은 문자열을 표현하기 위한 텍스트 리터럴을 작은따옴표로 둘러싼다는 점이다. 또한 값으로 포함된 작은따옴표는 '\'로 이스케이프해야 한다.

- **텍스트 리터럴**: 'Spring Framework', 'I\'m a Thymeleaf user.'
- **수치 리터럴**: 0, 1.5, 2017
- **불린값 리터럴**: true, false
- **Null 리터럴**: null
- **리터럴 토큰(이용 가능한 문자를 제한한 텍스트 리터럴)**: error-class

메모    리터럴 토큰에는 영문자(A–Z, a–z), 숫자(0–9), 대괄호([, ]) 기호(. , – ,_의 3종류)만 사용할 수 있다. 리터럴 토큰을 이용함으로써 따옴표로 묶는 수고를 덜 수 있다. th:class 속성에 단독 클래스명을 설정하는 경우 등 제한된 문자열만 사용하는 경우에 활용함으로써 템플릿 가독성을 개선할 수 있다.

■ 기본적인 연산자

타임리프에서는 다른 프로그래밍 언어와 마찬가지로 산술 연산, 비교 연산 등의 기본적인 연산자를 지원한다.

- **산술 연산**: th:text="${price} * ${num}"
- **논리 연산**: th:if="${not todo.finished}"
- **마이너스 부호**: th:text="-10"
- **비교 연산**: th:if="${items.count} gt 1"

타임리프 템플릿은 〈 등의 문자를 사용하는 마크업 언어이기 때문에 〈 등의 비교 연산자를 식 안에 사용하는 경우 &lt; 등으로 이스케이프해야 한다. 다만 이스케이프할 경우 가독성이 떨어지기 때문에 각 연산자에는 gt(〉), lt(〈), ge(〉=), le(〈=), not(!), eq(==), neq/ne(!=) 같은 문자열 별칭이 준비돼 있다.

■ 텍스트 연산자

산술 연산이나 비교 연산 등만 아니라 텍스트 추가나 리터럴 치환 구조도 지원한다.

- 텍스트 추가: th:text="'My name is ' + ${username}."
- 텍스트 치환: th:text="|My name is ${username}.|"

리터럴 치환을 사용하면 텍스트 리터럴 안에 치환 변수(${변수명})를 설정할 수 있고 텍스트 추가 구조보다 템플릿 파일의 가독성을 유지하기 쉽다는 특징이 있다.

리터럴 치환을 사용하는 경우 리터럴 치환하고 싶은 범위를 수직 막대(|)로 감싸자.

### ■ 조건 연산자

조건 분기를 간결하게 기술할 수 있는 삼항 연산자나 삼항 연산자를 단순화한 엘비스 연산자도 이용할 수 있다.

- **삼항 연산자**: th:class="${row.even}? 'even' : 'odd'"
- **엘비스 연산자**: th:text="${username}?: 'Sam Smith'"

## 12.3.4. th 속성에 의한 속성 값 설정

타임리프 템플릿 엔진의 기능은 th 속성에 지정된 식을 해석하고 HTML의 각 요소의 속성 값을 설정 또는 덮어쓰는 것이다. th 속성에 설정 가능한 식에 대해서는 앞 절에서 소개했다. 이번 절에서는 타임리프가 어떤 th 속성을 제공하는지 살펴보겠다. th 속성을 이용해 속성 값을 설정하는 방법은 다음과 같이 5가지 방법으로 분류할 수 있다(표 12.3).

표 12.3 th 속성을 이용한 속성 값의 설정 방법

| 설정 처리 | 설명 |
| --- | --- |
| 특정 속성에 값을 설정하는 방법 | 특정 속성에 값을 설정한다. HTML의 각 속성에 대한 전용 th 속성이 제공되며, 가독성이 높고 알기 쉽기 때문에 가장 자주 사용된다. |
| 현재 속성 값의 전후에 값을 추가하는 방법 | class 속성처럼 여러 개의 값을 설정할 수 있는 속성에서 현재 값 전후에 지정한 값을 추가한다. 동적으로 변화하는 속성의 일부를 템플릿화할 때 사용한다. |
| 존재 여부가 중요한 속성의 출력을 제어하는 방법 | checked 속성이나 readonly 속성 등 속성으로 값을 갖는 것이 아니라 속성의 존재 여부가 중요한 속성에 대해 해당 속성 자체의 출력 여부를 제어한다. |

| 설정 처리 | 설명 |
|---|---|
| 여러 속성에 같은 값을 설정하는 방법 | '특정 속성의 값을 설정하는 방법'의 특수한 형태로서 여러 속성에 같은 값을 동시에 설정한다. alt 속성과 title 속성처럼 같은 값을 설정하는 것이 일반적인 속성에 대해 전용 설정 방법을 제공한다. |
| 임의의 속성에 값을 설정하는 방법 | 범용적인 th 속성인 th:attr 속성을 사용해 임의의 속성에 값을 설정한다. 범용적이지만 특히 가독성이 떨어지기 때문에 일반적으로 거의 사용되지 않는다. |

각 설정 방법별로 th 속성의 사용법을 살펴보겠다.

## ■ 특정 속성에 값을 설정하는 방법

타임리프에서는 HTML5 및 XHTML에서 이용하는 일반적인 속성에 대해 전용 속성을 제공한다. 타임리프에서 제공하지 않는 속성이나 HTML5에서 지원되는 독자적인 데이터 속성 등에 동적인 값을 삽입하고 싶은 경우에는 다음에 설명하는 th:attr을 이용한다.

### 전용 th 속성

- th:href 속성, th:action 속성, th:value 속성, th:form 속성, th:action 속성, th:formmethod 속성, th:id 속성, th:name 속성, th:class 속성, th:src 속성

설정 대상이 되는 속성명 앞에 th가 붙는 것이 많기 때문에 이름을 추측하기가 어렵지 않다. 예를 들어, <a> 요소의 href 속성의 값을 변경하고 싶은 경우, 다시 말해 URL 링크의 이동 대상을 변경하고 싶은 경우에는 th:href 속성을 이용한다. 마찬가지로 폼의 전송 대상을 변경하고 싶은 경우에는 th:action 속성을 이용해 <form> 요소의 action 속성을 변경한다.

▶ 템플릿 구현 예

```
<a href="./echo/input.html" th:href="@{/echo}" >에코 애플리케이션으로 이동</a> ─────── ❶
```

❶ href 속성에 값을 설정하기 위해 th:href 속성을 이용한다. th:href 속성의 값으로 위에서 설명한 것처럼 링크 URL식을 사용해 @{/echo}를 지정한다.

## ■ 현재 속성 값 전후에 값을 추가하는 방법

class 속성처럼 여러 값을 설정할 수 있는 경우 현재 설정된 값의 앞 또는 뒤에 값을 추가하고 싶은 경우가 있다. 이러한 경우 앞에서 설명한 '특정 속성에 설정하는 방법'에서 설명한 속성이 아니라

th:classappend 속성처럼 속성 값을 추가하는 전용 th 속성을 이용할 수 있다. 또한 이용 횟수는 적지만 임의의 속성에 속성 값을 추가하는 경우 th:attrprepend 속성과 th:attrappend 속성을 이용한다.

### 속성 값을 추가하는 전용 th 속성

- th:classappend 속성: class 속성 전용이며, 현재 설정 값 다음에 값을 추가한다.

- th:styleappend 속성: style 속성 전용이며, 현재의 설정 값 다음에 값을 추가한다.

▶ 템플릿 구현 예

```
<input type="button" value="등록" class="btn" th:classappend="${cssStyle}" /> ─────── ❶
```

❶ class 속성의 현재 값 다음에 값을 추가하는 경우 th:classappend 속성을 이용한다. th:classappend 속성의 경우 class명 구분자인 공백은 불필요하다.


## ■ 존재 여부가 중요한 속성의 출력을 제어하는 방법

selected 속성이나 readonly 등의 속성 값 자체는 명확하지만 속성의 존재 여부가 의미 있는 속성은 속성 값을 동적으로 변화시키는 것이 아니라 속성의 유무를 동적으로 변화시킬 필요가 있다. 타임리프에서는 속성 자체의 출력을 동적으로 제어할 수 있는 th 속성을 대상이 될 수 있는 속성별로 제공된다.

- th:checked 속성, th:action 속성, th:value 속성, th:id 속성 등

▶ 템플릿 구현 예

```
<input type="checkbox" name="understand" th:checked="${info.understand}" /> ─────── ❶
```

▶ 타임리프 처리 후의 HTML 파일

```
<!-- 참인 경우 --> ──────────────────────────────────────── ❷
<input type="checkbox" name="understand" checked="checked" />
<!-- 거짓인 경우 -->
<input type="checkbox" name="understand" />
```

❶ 템플릿에 checked 속성을 기술하는 경우 th:checked 속성을 이용한다. 속성 값에는 출력 여부를 제어하기 위한 판단 식을 기술한다.

❷ 판단 결과가 참인 경우 속성으로 checked="checked"가 부여된다. 판단 결과가 거짓인 경우 checked 속성 자체가 부여되지 않는다.

### ■ 여러 속성에 같은 값을 설정하는 방법

alt 속성과 title 속성 등에서는 같은 값을 설정하는 것이 일반적이다. 지금까지 소개한 th 속성은 하나의 속성에 하나의 값을 설정하는 방법이기 때문에 두 개의 속성에 대해 같은 값을 설정하는 경우도 각각 값을 설정해야 했다. 특히 설정하고 싶은 값의 식이 복잡한 경우에는 그 식을 반복적으로 기술해서 코드의 유지보수가 나빠진다. 그래서 타임리프에서는 같은 값을 설정해야 하는 모든 속성에 같은 값을 설정하기 위한 th 속성을 제공한다.

- th:alt-title 속성: th:alt 속성과 th:title 속성을 동시에 적용한다.
- th:lang-xmllang 속성: th:lang 속성과 th:xmllang 속성을 동시에 적용한다.

▶ 템플릿 구현 예

```
<img src="../images/sample.jpg" th:src="@{/images/sample.jpg}" th:alt-title="#{info}" /> ── ❶
```

❶ th:alt 속성과 th:title 속성에 같은 값을 설정하고 싶은 경우 th:alt-title 속성을 이용한다.

### ■ 임의의 속성에 값을 설정하는 방법

임의의 속성에 값을 설정하는 경우에는 th:attr 속성을 이용한다. th:attr 속성에는 '속성명=설정 값'과 같은 설정 대상의 속성과 값의 쌍을 기술한다. 여러 속성을 설정할 수 있으며, 이 경우 '속성명1=설정 값1, 속성명2=설정 값2, …'와 같이 쉼표로 속성과 값의 쌍을 기술한다. 여기서는 HTML5에서 지원하는 독자적인 데이터 속성(data-*)에 값을 설정하는 예를 보여준다.

▶ 템플릿 구현 예

```
<button th:attr="data-product-id=${product.id}">삭제</button>
```

▶ 타임리프 처리 후의 HTML 파일

```
<button data-product-id="P000001">삭제</button>
```

## 12.3.5. HTML 요소의 출력 제어

지금까지 th 속성을 이용해 HTML 요소의 속성 값을 동적으로 설정하는 방법을 살펴봤지만 동적으로 HTML 요소의 출력을 제어해야 하는 경우가 있다. 예를 들어, 특정 조건에서만 메시지를 표시하거나 데이터의 건수만 행을 추가해서 출력해야 하는 경우가 있다. JSP에서는 이 예에 해당하는 전용 태그 라이브러리가 제공되지만 타임리프에서도 해당하는 기능이 th 속성으로 제공된다.

## ■ 조건에 따른 출력 여부 제어

식의 평가 결과가 참인 경우에만 대상이 되는 HTML 요소를 출력하는 것처럼 출력 여부를 제어할 수 있는 th 속성이 제공된다.

- **th**:if 속성: 속성 값이 참인 경우에만 대상이 되는 HTML 요소를 출력한다.
- **th**:unless 속성: 속성 값이 거짓인 경우에만 대상이 되는 HTML 요소를 출력한다.
- **th**:switch 속성: 자식 요소에 기술된 th:case 속성의 값과 비교 평가를 하기 위한 값을 설정한다.
- **th**:case 속성: 부모 요소의 th:switch 속성 값의 경우에만 대상이 되는 HTML 요소를 출력한다.

또한 속성에 지정한 식에 의해 평가된 값이 boolean 형 이외의 경우에는 다음과 같이 참, 거짓을 판단한다.

- null인 경우는 거짓
- 숫자 타입에서 0이 아닌 값이면 참, 그 밖에는 거짓
- 문자열 타입에서 false, off, no이면 거짓, 그 밖에는 참
- boolean 타입, 숫자 타입, 문자열 타입 이외의 경우에는 참

▶ 조건에 따른 출력 여부 제어의 구현 예

```
<h2>조건 (if)</h2>
<div th:if="${not #strings.isEmpty(room.remark)}">─────────────────────────❶
    <label>비고</label>
    <span th:text="*{room.remark}">비고가 입력되어 있으면 표시</span>
</div>


<h2>조건 (switch)</h2>
<div th:switch="*{room.size}">─────────────────────────────────❷
    <label>방 크기</label>
    <span th:case="'L'">대</span>
    <span th:case="'M'">중</span>
    <span th:case="'S'">소</span>
    <span th:case="*">불명</span>
</div>
```

❶ room.remark가 입력된 경우에 <div>를 출력하기 위해 th:if 속성을 이용한다. 속성 값에는 조건이 되는 평가식을 지정한다. 또한 #strings.isEmpty()는 타임리프가 제공하는 문자열을 위한 유틸리티이며, 문자열이 공백 또는 null인 경우에 참을 반환한다.

❷ switch 문처럼 속성 값이 일치하는 〈span〉만 출력하는 경우에는 th:switch 속성과 th:case 속성을 이용한다. 어느 th:case 속성에도 일치하지 않을 때 표시하고 싶은 요소가 있다면 th:case="*"를 지정한다.

### ■ 반복 출력 제어

지정한 배열 값의 수만큼 HTML 요소를 반복 출력하는 것처럼 출력 반복을 제어할 수 있는 th:each를 제공한다. th:each에는 다음과 같은 배열에 해당하는 타입을 지정해야 한다.

- java.util.List 구현 클래스
- java.util.Iterable 구현 클래스
- java.util.Map 구현 클래스
- 배열

반복 인덱스 값이나 총 반복 횟수 등의 반복 처리 중에 이용되는 메타 정보가 각 반복 항목을 출력할 때 필요한 경우가 있다. 이러한 메타 정보를 타임리프가 생성하는 변수에 접근함으로써 취득할 수 있다. 취득 가능한 메타 정보는 다음과 같다(표 12.4).

표 12.4 메타 정보 종류

| 프로퍼티 | 설명 |
| --- | --- |
| index | 현재 반복 인덱스(0부터 시작) |
| count | 현재 반복 인텍스(1부터 시작) |
| size | 반복 대상의 총 건수 |
| current | 현재 반복 처리에서 취급하는 요소 값 |
| odd | 현재 반복 처리에서 홀수 여부를 나타내는 논리 값 |
| even | 현재 반복 처리에서 짝수 여부를 나타내는 논리 값 |
| first | 현재 반복 처리에서 첫 번째 여부를 나타내는 논리 값 |
| last | 현재 반복 처리에서 마지막 여부를 나타내는 논리 값 |

그럼 상품 목록을 표시하는 화면을 예로 들어 반복 처리를 구현하는 방법을 설명한다. 먼저 컨트롤러에서 상품 리스트를 모델에 등록한다.

▶ 반복 데이터 등록

```
List<Product> products = new ArrayList<>();
roducts.add(new Product("lemon", 1000, 10));
products.add(new Product("apple", 5000, 20));
products.add(new Product("potato", 2000, 0));
products.add(new Product("orange", 7770, 30));
products.add(new Product("berry", 3980, 0));
model.addAttribute("products", products); ─────────────────── ❶
```

❶ 상품 리스트를 products라는 키로 모델에 등록한다.

th 속성을 이용해 화면에 상품 리스트를 테이블 형식으로 표시한다. 인덱스를 표시하기 위한 반복 메타
정보에도 접근한다.

▶ 반복 출력의 구현 예

```
<h2>반복</h2>
<table>
    <tr>
        <th>No</th><th>이름</th><th>가격</th><th>재고</th>
    </tr>
    <tr th:each="prod : ${products}"> ──────────────────────── ❷
        <td th:text="${prodStat.count}">1</td> ─────────────── ❸
        <td th:text="${prod.name}">Tomato</td> ─────────────── ❹
        <td th:text="${prod.price}">4980</td>
        <td th:text="${prod.stock == 0 ? '품절' : prod.stock}">10</td>
    </tr>
</table>
```

❷ 반복 HTML 요소를 출력하려면 th:each 속성을 이용한다. 속성 값에는 '반복 대상의 현재 값을 저장하는 변수명:반복 대상
의 배열 값' 형식으로 지정한다. 여기서는 ❶에서 등록한 products 리스트를 대상으로 현재 값을 저장하는 변수명을 prod
로 정의하고 있다.

❸ 반복에 대한 메타 정보에 접근하려면 타임리프가 묵시적으로 생성한 변수를 이용한다. 묵시적으로 준비한 변수는 ❷에서
지정한 변수명에 접미사 Stat을 부여한 것이다. 여기서는 prodStat이 된다.

❹ 현재 반복 요소를 참조해서 프로퍼티 값의 표시 등의 반복 처리를 구현한다.

## 12.3.6. 인라인 표기법

여기서는 타임리프의 th 속성을 사용하지 않는 인라인 표기법에 대해 설명한다. 인라인 표기법에서는
다음 예와 같이 [[...]]와 같은 형태로 표기한다.

```
<p>Hello, [[${user.name}]]!</p>
```

th:text 속성을 사용할 때는 HTML 요소 자체가 동적으로 치환되는 방식을 사용한다. 즉, 위의 예는 다음과 같이 span 요소로 구성된 부분이 치환되는 것과 같다.

```
<p>Hello, <span th:text="${user.name}">이순신</span>!</p>
```

이렇게 대체할 부분을 결정하기 위해 HTML 요소를 필요로 하므로 span 요소가 일부러 추가된 것을 알 수 있다. 그럼 원래 span 요소로 기술하는 텍스트에 동적으로 텍스트를 추가하고 싶다면 어떻게 해야 할까? span 요소 안에 또 다시 span 요소를 넣을 수는 없으므로 th:text 속성으로는 처리할 수 없다. 결국 이런 경우에 인라인 표기법이 활용된다.

인라인 표기법은 기본적으로 비활성화돼 있다. 따라서 인라인 표기법을 이용하려면 th:inline 속성을 인라인 표기법을 이용하는 요소 또는 부모 요소에 부여해야 한다.

▶ 인라인 표기법을 활성화하는 경우
```
<p th:inline="text">Hello, [[${user.name}]]!</p>
```

▶ body 요소 안에 모든 인라인 표기법을 활성화하는 경우
```
<body th:inline="text">
    <p>Hello, [[${user.name}]]!</p>
</body>
```

기술하는 코드가 줄어들기 때문에 인라인 표기법을 많이 사용하고 싶겠지만 인라인 표기법에도 단점이 있다. 인라인 표기법의 단점은 템플릿 파일을 브라우저에서 직접 표시할 때 인라인 표기법을 적용한 텍스트가 그대로 표시된다는 점이다. th:text 속성처럼 샘플 데이터를 표시할 수 없기 때문에 디자이너와 협업할 때 불편할 수 있다.

메모

인라인 표기법은 자바스크립트 등의 스크립트 안에서도 이용할 수 있다. 이를 이용하면 템플릿을 브라우저에서 정적으로 표시한 경우나 애플리케이션 서버에 배포하고 동적으로 표시한 경우 모두에 대해 스크립트를 동작시킬 수 있다. 자세한 내용은 타임리프 공식 사이트의 12.2절 'Script inlining(JavaScript and Dart)'[6]를 참조하자.

---

6  http://www.thymeleaf.org/doc/tutorials/2.1/usingthymeleaf.html#script-inlining-javascript-and-dart

## 12.3.7. 주석

여기서는 주석에 대해 설명한다. 타임리프에서는 주석을 작성하는 여러 가지 방법이 있다.

▶ 템플릿 파일

```
<!--
    이 블록은 타임리프 처리 후에도 템플릿에 남아 있는다. ──────────────❶
-->
<span>주석 기술 방법 </span>
<!--/* ──────────────────────────────────────❷
    <div>
        이 블록은 타임리프 처리할 때 삭제된다.
    </div>
*/--> ──────────────────────────────────────❸
<div>
    <button type="submit">전송</button>
</div>
```

▶ 타임리프 처리 후의 HTML 파일

```
<!--
    이 블록은 타임리프 처리 후에도 템플릿에 남아 있는다. ──────────────❶
-->
<span>주석 기술 방법</span>

<div>
    <button type="submit">전송</button>
</div>
```

❶ 일반적인 HTML과 마찬가지로 <!--와 --> 사이는 주석으로 처리한다. HTML 주석 때문에 타임리프 처리 후에도 주석으로
   남아 있다.

❷ <!--/*은 타임리프에서 주석이 시작된다는 것을 의미한다. 이 주석은 타임리프 처리 후에 삭제되며, HTML에는 남지 않
   는다.

❸ */-->은 타임리프에서 주석이 종료된다는 것을 의미한다. 이 주석은 타임리프 처리 후에 삭제되며 HTML에는 남지 않는다.

## 12.3.8. 스프링과의 연계

지금까지는 타임리프에서 제공하는 기능에 대해 주로 설명했지만 이번 절에서는 thymeleaf-spring이
제공하는 스프링과의 연계 기능에 초점을 맞춰 설명하겠다.

또한 이 책에서 설명하지 않는 기능도 몇 가지 있기 때문에 그것에 대해서는 타임리프가 제공하는 튜토리얼 기반 문서[7]를 참조하자.

## ■ 폼 객체의 바인딩

'12.3.1 첫 번째 타임리프'에서 설명했듯이 HTML 폼과 폼 객체의 연결은 th:object 속성과 th:field 속성을 사용한다.

- th:object 속성: HTML 폼에 연결되는 폼 객체를 지정하기 위한 속성
- th:field 속성: 입력 항목에 연결되는 폼 객체의 프로퍼티를 지정하기 위한 속성

▶ HTML 폼과 폼 객체를 연결할 때의 구현 예

```
<form th:action="@{/sample}" method="POST" th:object="${echoForm}"> ─────────── ❶
    <div>텍스트를 입력해 주세요. :</div>
    <div>
        <input type="text" name="text" th:field="*{text}"/> ─────────── ❷
    </div>
</form>
```

❶ th:object 속성에 연결하고 싶은 폼 객체를 변수 식을 사용해 지정한다. 변수식에는 모델에 저장한 폼 객체의 속성명을 지정한다.

❷ th:field 속성에 연결하고 싶은 폼 객체의 프로퍼티를 선택 변수식을 사용해 지정한다. 선택 변수식은 폼 객체의 프로퍼티명을 지정한다. 중첩된 프로퍼티를 지정하는 경우에는 '.'로 프로퍼티명을 연결하면 된다.

th:field 속성은 <input> 요소만이 아니라 <select> 요소나 <textarea> 요소에서도 이용할 수 있다.[8]

## ■ 입력 오류 표시

12.3.1절 '첫 번째 타임리프'에서 설명했듯이 스프링 MVC의 입력값 검사 기능에서 발생한 오류 표시에는 th:errors 속성, th:errorclass 속성, #fields 객체를 사용한다.

- th:errors 속성: 오류 메시지의 출력 대상을 지정하기 위한 속성
- th:errorclass 속성: 오류 발생 시 적용하는 CSS 클래스를 지정하기 위한 속성
- #fields 객체: 오류 정보에 접근하기 위한 편리한 메서드를 제공하는 객체

---

**7**　http://www.thymeleaf.org/doc/tutorials/2.1/thymeleafspring.html

**8**　th:field 속성의 구체적인 사용법은 다음 페이지를 참조하자.
　　http://www.thymeleaf.org/doc/tutorials/2.1/thymeleafspring.html#creating-a-form

▶ 입력 오류를 표시할 때의 구현 예

```
<input type="text" name="text" th:field="*{text}" th:errorclass="fieldError"/> ──────── ❶
<span th:errors="*{text}">text 오류 메시지</span> ──────────────────────── ❷
```

❶ th:errorclass 속성에 오류가 발생할 때 적용하는 CSS 클래스의 이름을 지정한다.

❷ th:errors 속성에 폼 객체의 프로퍼티를 선택 변수식을 사용해 지정한다. 지정한 프로퍼티에 대한 오류 메시지만이 표시된다. 또한 오류 메시지가 여러 개인 경우 메시지 분할 문자열은 <br />이다.

▶ 타임리프 처리 후의 HTML

```
<input type="text" name="text" id="text" value="" class="fieldError" />
<span>may not be empty</span>
```

th:errors 속성과 th:errorclass 속성을 이용할 때 오류 메시지의 표시 요구 조건을 충족하지 않는 경우 #fields 객체를 이용하면 요구 조건이 충족할 것이다.[9]

## ■ SpEL 이용

타임리프는 변수 식을 OGNL로 해석하지만 thymeleaf-spring을 이용하면 변수 식이 SpEL(Spring Expression Language)[10]로 해석된다. 변수 식이 SpEL로 해석됨으로써 템플릿에서 DI 컨테이너에 등록된 빈에 접근할 수 있게 된다.

▶ SpEL을 활용해 빈에 접근할 때의 구현 예

```
@Component
public class AppSettings implements Serializable {
    @Value("${passwordValidDays:90}")
    private int passwordValidDays;
    // 생략
}
```

▶ 템플릿 파일의 구현 예

```
<span th:text="${@appSettings.passwordValidDays}">60</span>일 ─────────────── ❶
```

❶ DI 컨테이너에 등록된 빈에 접근하는 경우에는 '@+빈의 이름'을 지정한다.

---

9    #fields 객체를 이용한 구현의 자세한 내용에 대해서는 다음 페이지를 참조하자.
     http://www.thymeleaf.org/doc/tutorials/2.1/thymeleafspring.html#validation-and-error-messages
10   SpEL에 대한 자세한 내용은 2.5절 '스프링 표현 언어'를 참조하자.

▶ 타임리프 처리 후의 HTML

```
<span>90</span> 일 ─────────────────────────────────────── ❷
```

❷ 빈에서 취득한 값이 출력된다.

## ■ ConversionService와의 연계

thymeleaf-spring을 이용하면 스프링 MVC에 적용된 ConversionService[11]와 연계해서 값을 형변환 (포맷)할 수 있다. ConversionService와의 연계는 다음 4가지 방법으로 이용할 수 있다.

- 변수식: '${{...}}' 형식으로 지정하면 적용된다.
- 선택 변수식: '*{{...}}' 형식으로 지정하면 적용된다.
- th:field: 식의 지정 형식과 관계없이 항상 적용된다.
- #conversions 객체: 형변환용 메서드를 제공하는 객체. 형변환을 수행할 때 호출한다.[12]

▶ ConversionService와 연계한 형변환의 구현 예

```
@Component
public class AppSettings implements Serializable {
    @Value("${basicPostage:1250}")
    @NumberFormat(style = NumberFormat.Style.NUMBER) ──────────────── ❶
    private int basicOneDayCost;
    // 생략
}
```

▶ 템플릿 파일의 구현 예

```
<span th:text="${@appSettings.basicOneDayCost}">1300</span>원
<span th:text="${{@appSettings.basicOneDayCost}}">1,300</span>원 ─────── ❷
```

❶ 숫자 형식을 지정한다.

❷ {{...}} 형식으로 식을 지정해 ConversionService와 연계한 형변환(포맷)을 적용한다.

▶ 타임리프 처리 후 HTML

```
<span>1250</span>원
<span>1,250</span>원 ────────────────────────────────────── ❸
```

❸ 프로퍼티에 지정한 포맷(@NumberFormat에 지정된 포맷)으로 출력된다.

---

11 기본적으로 org.springframework.format.support.DefaultFormattingConversionService가 사용된다.

12 #conversions 객체를 이용한 구현 방법은 다음 페이지를 참조하자.
  http://www.thymeleaf.org/doc/tutorials/2.1/thymeleafspring.html#the-conversion-service

## 12.3.9. 공통 템플릿 재사용

여기서는 반복적으로 사용되는 템플릿을 공통으로 만들어 재사용하는 방법을 설명한다. 공통 템플릿이라고 해도 사람마다 생각하는 내용이 다를 수 있다. 여기서는 다음과 같은 두 가지를 공통 템플릿으로 재사용하는 것을 전제한다.

- **템플릿 프래그먼트**

  여러 템플릿을 작성할 때 여러 템플릿에서 같은 내용이 사용되는 경우가 많다. 이러한 경우에는 그러한 공통적인 내용을 별도 파일로 추출하고 싶은 분들이 많을 것이다. 타임리프에서는 템블릿 프래그먼트(Fragment)라는 기능으로 이를 구현할 수 있다.

- **템플릿 레이아웃**

  여러 템플릿에서 같은 디자인 레이아웃을 적용하는 경우에는 일반적으로 공통적인 레이아웃을 정의하고 공유하게 된다. 이 럴 때 유효한 라이브러리로 타임리프 레이아웃 다이얼렉트(Thymeleaf Layout Dialect)[13]가 있다.

### ■ 템플릿 프래그먼트

타임리프에서는 템플릿 프래그먼트 기능을 이용해 템플릿의 일부를 분할해서 별도 파일로 꺼낼 수 있다. 헤더, 푸터, 메뉴가 프래그먼트가 자주 이용되지만 특정 UI 컴포넌트를 프래그먼트로 꺼내는 것도 가능하다.

프래그먼트를 이용하려면 프래그먼트 정의와 참조라는 두 가지 작업이 필요하다. 프래그먼트 정의에는 두 가지 방법이 있다.

- 타임리프의 **th**:fragment 속성을 이용한 프래그먼트 정의
- CSS 셀렉터와 마찬가지로 id 속성을 이용한 프래그먼트 정의

▶ 프래그먼트 정의(footer.html)

```
<!DOCTYPE html>
<html xmlns="http://www.w3.org/1999/xhtml"
  xmlns:th="http://www.thymeleaf.org">
<body>
    <footer th:fragment="footerA">                                    ❶
        &copy; 푸터 예 A
    </footer>
```

---

```
    <footer id="footerB">                                              ❷
        &copy; 푸터 예 B
    </footer>
</body>
</html>
```

❶ 프래그먼트로 정의하는 요소에 th:fragment 속성을 부여하고 속성 값으로 프래그먼트명을 지정한다. 여기서는 <footer> 요소를 이용해 'footerA'라는 프래그먼트를 정의하고 있다.

❷ id 속성을 이용해 프래그먼트를 정의하는 경우 일반적으로 id 속성을 이용한다. 이때 지정한 속성 값이 프래그먼트명이 된다. 여기서는 <footer> 요소를 이용해 'footerB'라는 프래그먼트를 정의하고 있다.

## 정의한 프래그먼트를 참조해서 템플릿에 읽어 들이는 방법으로 다음과 같은 두 가지 방법이 있다.

- 타임리프의 th:include 속성을 이용한 프래그먼트의 인클루드
- 타임리프의 th:replace 속성을 이용한 프래그먼트의 대체

▶ th:include 속성을 이용한 프래그먼트 참조

```
<h2>템플릿 프래그먼트 A(th:include + frag)</h2>
<div th:include="footer :: footerA"></div>                           ❸

<h2>템플릿 프래그먼트 B(th:include + id)</h2>
<div th:include="footer :: #footerB"></div>                          ❹
```

▶ th:include 속성을 이용한 프래그먼트 참조

```
<h2>템플릿 프래그먼트 A (th:include + frag)</h2>
<div>                                                                ❺
    &copy; 푸터 예 A
</div>

<h2>템플릿 프래그먼트 B (th:include + id)</h2>
<div>                                                                ❺
    &copy; 푸터 예 B
</div>
```

❸ 프래그먼트를 참조해서 인클루드하는 경우 th:include 속성을 이용한다. th:fragment 속성에서 정의한 프래그먼트를 참조하는 경우 속성 값에 참조하는 프래그먼트를 '템플릿명::프래그먼트명' 형식으로 지정한다.

❹ 프래그먼트을 참조해서 인클루드하는 경우 th:include 속성을 이용한다. id 속성에서 정의한 프래그먼트를 참조하는 경우 속성 값에 참조하는 프래그먼트를 '템플릿명::#프래그먼트명' 형식으로 지정한다.

❺ th:include 속성을 이용한 경우 th:include 속성을 부여한 요소는 그대로 내부가 프래그먼트의 내용이 된다.

▶ th:include 속성과 th:replace의 차이를 보여주는 예

```
<h2>th:include와 th:replace의 차이</h2>
<div th:include="footer :: footerA"></div>
<div th:replace="footer :: footerA"></div> ─────────────────────────── ❻
```

▶ 위 코드로부터 생성된 출력 예

```
<h2> th:include와 th:replace의 차이</h2>
<div>
    &copy; 푸터 예 A
</div>
<footer> ───────────────────────────────────────────────── ❼
    &copy; 푸터 예 A
</footer>>
```

❻ 프래그먼트를 참조해서 대체하는 경우 th:replace 속성을 이용한다. 속성 값을 지정하는 방법은 th:include 속성과 같다.

❼ th:replace 속성을 이용한 경우 th:include 속성을 부여한 요소에서 프래그먼트의 내용으로 대체된다. 그래서 여기서는 <div> 요소에서 <footer> 요소로 대체되고 있다.

## ■ 템플릿의 레이아웃

여기서는 타임리프 레이아웃 다이얼렉트를 이용한 템플릿의 레이아웃에 대해 설명한다.

### 타임리프 레이아웃 다이얼렉트 설정

타임리프 레이아웃 다이얼렉트 라이브러리(jar 파일)를 개발 중인 메이븐 프로젝트에 적용한다.

▶ pom.xml 설정

```
<dependency> ─────────────────────────────────────────────────── ❶
    <groupId>nz.net.ultraq.thymeleaf</groupId>
    <artifactId>thymeleaf-layout-dialect</artifactId>
</dependency> ──────────────────────────────────────────────────
```

❶ thymeleaf-layout-dialect 라이브러리를 지정한다.

▶ 설정 클래스 구현

```
@Bean
public SpringTemplateEngine templateEngine() {
    SpringTemplateEngine engine = new SpringTemplateEngine(); ──────────── ❶
    engine.addDialect(new LayoutDialect()); ──────────────────────── ❷
    engine.setTemplateResolver(templateResolver());
    return engine;
}
```

❶ 템플릿 엔진으로 SpringTemplateEngine 인스턴스를 생성한다.

❷ ❶에서 정의한 템플릿 엔진에 addDialect 메서드에서 nz.net.ultraq.thymeleaf.LayoutDialect의 인스턴스를 설정한다. 이로써 타임리프 레이아웃 다이얼렉트가 활성화됐다.

## 타임리프 레이아웃 다이얼렉트에 의한 뷰 구현

타임리프 레이아웃 다이얼렉트는 공통 레이아웃이 되는 템플릿을 'Decorator'라고 하며, 공통 레이아웃을 적용하는 측의 개별 템플릿을 'Fragment'라 한다.

▶ 공통 레이아웃이 되는 Decorator 정의(Layout.html)

```
<!DOCTYPE html>
<html xmlns="http://www.w3.org/1999/xhtml"
    xmlns:th="http://www.thymeleaf.org"
    xmlns:layout="http://www.ultraq.net.nz/thymeleaf/layout">  ─────────── ❶
<head>
    <title>개별 값으로 대체</title>  ─────────────────────────── ❷
    <script src="your-common-script.js"></script>  ───────────── ❸
</head>
<body>
    <section layout:fragment="content">  ─────────────────────── ❹
        <p>개별 부분에서 정의하는 내용</p>
    </section>  ───────────────────────────────────────────────
</body>
</html>
```

❶ 타임리프 레이아웃 다이얼렉트를 이용하기 위해 XML 네임스페이스로 xmlns:layout="http://www.ultraq.net.nz/thymeleaf/layout을 추가한다.

❷ 레이아웃 페이지에 <title>을 설정한다. 여기서 설정한 값은 Fragment의 템플릿에서 정의한 <title>의 값으로 대체된다.

❸ 공통으로 이용하는 CSS 파일이나 자바스크립트 파일 등의 리소스를 설정한다.

❹ Fragment에서 정의하는 내용에 대체하고 싶은 요소에 layout:fragment 속성을 부여한다. 여기서는 section 요소에 'content'라는 Fragment를 정의하고 있다.

▶ 개별 부분이 되는 Fragment 정의

```
<!DOCTYPE html>
<html xmlns="http://www.w3.org/1999/xhtml"
    xmlns:th="http://www.thymeleaf.org"
    xmlns:layout="http://www.ultraq.net.nz/thymeleaf/layout"  ─────── ❶
    layout:decorator="Layout"  ───────────────────────────────────
```

```
<head>
    <title>개별 제목 </title> ─────────────────────────── ❷
    <script src="content-script.js"></script> ───────── ❸
</head>
<body>
    <section layout:fragment="content"> ────────────────┐ ❹
        <p>개별 내용</p>                                    │
    </section> ─────────────────────────────────────────┘
</body>
</html>
```

❶ 타임리프 레이아웃 다이얼렉트를 이용하기 위해 XML 네임스페이스 기반으로 `xmlns:layout="http://www.ultraq. net.nz/thymeleaf/layout"`을 추가한다. `layout:decorator` 속성에서 공통적인 템플릿으로 이용하는 Decorator 뷰 이름을 지정한다.

❷ Decorator의 `<title>`을 대체하기 위한 Fragment 템플릿에서 `<title>`을 정의한다. 타임리프에서 정의한 결과, 최종적으로 '개별 제목'이 된다.

❸ 개별적으로 필요한 CSS 파일이나 자바스크립트 파일 등의 리소스를 설정한다. Fragment 템플릿의 `<head>` 요소에 기술한 요소는 Decorator 템플릿의 `<head>` 요소에 추가된다. 타임리프에서 처리한 결과, 최종적으로 `<script src="your-common-script.js"></script>`와 `<script src="content-script.js"></script>`가 HTML에 설정된다.

❹ Decorator에서 `layout:fragment` 속성을 부여한 요소를 대체되기 때문에 그 내용이 되는 요소에 `layout:fragment` 속성을 부여한다. 타임리프에서 처리한 결과, Fragment의 `<sectionlayout:fragment="content">`의 내용이 HTML에 설정된다.

타임리프 레이아웃 다이얼렉트를 사용하면 화면 레이아웃을 전용 템플릿 파일 형태로 정의할 수 있어 일관된 형태로 관리할 수 있다. 다만 다이얼렉트 템플릿이 분할되어 관리되기 때문에 화면 전체를 확인하려면 타임리프의 변환 처리를 거쳐야 한다는 단점이 있다.


## 12.3.10. 스프링 시큐리티와의 연계

스프링 시큐리티[14]가 제공하는 화면 표시 기능을 타임리프에서 이용하는 경우, 스프링 시큐리티 다이얼렉트(Spring Security Dialect)를 이용한다. 스프링 시큐리티 다이얼렉트를 이용하면 스프링 시큐리티에서 제공하는 JSP 태그 라이브러리와 같은 기능을 타임리프에 포함할 수 있다. 또한 스프링 시큐리티

---

14    (옮긴이) 스프링 시큐리티에 대해서는 9장에서 이미 한번 다뤘으나 이번 장을 보면서 기억이 나지 않는다면 9장을 다시 한번 살펴보길 권한다.

에 대해서는 이미 설명했기 때문에 여기서는 다시 설명하지 않는다. 여기서는 스프링 시큐리티 다이얼 렉트의 사용법을 설명한다. 스프링 시큐리티 다이얼렉트가 제공하는 주요 기능은 다음과 같다.

- 인증 정보에 접근하는 기능을 가진 sec:authentication 속성을 제공한다.

- 스프링 시큐리티 표현식(Spring Security Expression)을 이용한 인가 처리와 같은 기능을 가진 sec:authorize 속성을 제공한다.

- URL 기반의 인증 처리를 수행하는 sec:authorize-url 속성을 제공한다.

- ACL(Access Control List)을 이용한 인가 처리를 수행하는 sec:authorize-acl 속성을 제공한다.

- CSRF[15] 토큰에 접근하는 기능을 제공한다.

## ■ 스프링 시큐리티 다이얼렉트 설정

스프링 시큐리티 다이얼렉트 라이브러리(jar 파일)을 개발 중인 메이븐 프로젝트에 적용한다.

▶ pom.xml 설정

```
<dependency>                                                              ❶
    <groupId>org.thymeleaf.extras</groupId>
    <artifactId>thymeleaf-extras-springsecurity4</artifactId>
</dependency>
```

❶ 스프링 시큐리티 다이얼렉트 라이브러리를 지정한다.

▶ 설정 클래스 구현

```
@Bean
public SpringTemplateEngine templateEngine() {
    SpringTemplateEngine engine = new SpringTemplateEngine();          ❶
    engine.addDialect(new SpringSecurityDialect());                   ❷
    engine.setTemplateResolver(templateResolver());
    return engine
}
```

❶ 템플릿 엔진으로 SpringTemplateEngine 인스턴스를 생성한다.

❷ ❶에서 정의한 템플릿 엔진에 addDialect 메서드로 org.thymeleaf.extras.springsecurity4.dialect.Spring SecurityDialect 인스턴스를 설정한다. 이로써 스프링 시큐리티 다이얼렉트가 활성화된다.

---

**15** (옮긴이) CSRF에 관해서는 9장 6절 'CSRF 방지'에서 다뤘다.

### ■ 인증 정보에 접근

템플릿에서 인증 정보에 접근하는 경우 스프링 시큐리티 다이얼렉트의 sec:authentication 속성을 이용한다.

▶ sec:authentication 속성의 이용

```
<html xmlns="http://www.w3.org/1999/xhtml"
    xmlns:th="http://www.thymeleaf.org"
    xmlns:sec="http://www.thymeleaf.org/extras/spring-security">  ──────── ❶
<body>
    <h3>반갑습니다. <span sec:authentication="principal.username">이순신</span>님</h3> ── ❷
</body>
</html>
```

❶ XML 네임스페이스로 xmlns:sec="http://www.thymeleaf.org/extras/spring-security"를 부여한다.

❷ 인증 정보를 표시하는 요소에 sec:authentication 속성을 부여하고 속성 값에 접근하는 프로퍼티를 지정한다. 중첩된 프로퍼티에 접근하는 경우에는 '.'으로 프로퍼티명을 연결하면 된다.

### ■ 화면 항목에 대한 인가 처리

스프링 시큐리티에서는 JSP 태그 라이브러리를 사용해 JSP의 화면 항목에 대한 인가 처리를 적용할 수 있었다. 스프링 시큐리티 다이얼렉트는 sec:authorize나 sec:authorize-url 등의 sec: 속성을 이용해 HTML 템플릿의 화면 항목에 대해 인가 처리를 적용할 수 있다.

- **적용하는 화면 항목과 접근 정책 지정**

  접근 정책을 적용하는 화면 항목의 요소에 sec:authorize 속성을 부여한다. 다음으로 적용할 접근 정책을 속성 값으로 설정한다. 속성 값으로 설정된 표현식 결과가 True이면 적용한 요소가 HTML로 표시된다.

  ▶ sec:authorize 속성의 사용 예

  ```
  <html xmlns="http://www.w3.org/1999/xhtml"
      xmlns:th="http://www.thymeleaf.org"
      xmlns:sec="http://www.thymeleaf.org/extras/spring-security"  ──────── ❶

  <div sec:authorize="hasRole('ADMIN')">  ──────────────────── ❷
      <h2>관리자 메뉴</h2>
      <!-- 생략 -->
  </div>
  ```

  ❶ XML 네임스페이스로 xmlns:sec="http://www.thymeleaf.org/extras/spring-security"를 부여한다.

❷ 적용하는 화면 항목의 요소에 sec:authorize 속성을 부여한다. sec:authorize 속성의 속성 값으로 접근 정책을 설정한다. 여기서 Admin 롤을 보유하고 있는 것을 조건으로 사용한다.

- **웹 리소스에 지정한 접근 정책과의 연동**

  JSP와 마찬가지로 웹 리소스에 지정한 접근 정책과 연동할 수 있다. 웹 리소스에 지정한 접근 정책과 연동하는 경우 sec:authorize-url 속성을 이용한다. 속성 값으로 설정된 웹 리소스에 접근할 수 있는 경우에만 적용한 요소가 HTML로 표시된다.

▶ sec:authorize-url 속성의 이용 예

```
<ul>
    <li sec:authorize-url="/admin/accounts"> ─────────────────────────── ❶
        <a href="./admin/accounts.html" th:action="@{/admin/accounts}">계정 관리</a>
    </li> ───────────────────────────
</ul>
```

❶ 적용하는 화면 항목의 요소에 sec:authorize-url 속성을 부여한다. sec:authorize-url 속성의 속성 값으로 연동할 웹 리소스를 설정한다. 여기서는 /admin/accounts에 접근할 수 있는 권한을 가지고 있는 것을 조건으로 사용하고 있다.

## ■ CSRF 토큰에 접근

스프링 시큐리티의 CSRF 기능을 활성화한 상태에서 폼이나 Ajax 통신을 사용해 데이터를 POST하는 경우에는 CSRF 토큰 값을 요청 파라미터나 요청 헤더에 설정해야 한다. 폼의 경우 스프링 시큐리티 다이얼렉트를 적용하는 것만으로 자동으로 CSRF 토큰 값이 hidden 항목으로 HTML에 포함된다.

▶ POST 전송을 수행하는 폼

```
<form th:action="@{/login}" method="POST">
    <!-- 생략 -->
</form>
```

▶ HTML 출력 예

```
<form method="POST" action="/login">
    <!-- 생략 -->
<input type="hidden" name="_csrf" value="310927d8-73c0-4bed-96fb-6abb2a76a0b5" /></form>
```

폼을 이용하는 경우 CSRF 토큰을 의식할 필요는 없지만 Ajax를 이용하는 경우에는 프로그래머가 직접 구현해야 한다. 여기서는 스프링 시큐리티의 공식 레퍼런스에서 소개하는 HTML의 <meta> 요소에 CSRF 토큰을 포함하는 방법을 타임리프에서 어떻게 구현하는지 소개한다.

스프링 시큐리티 다이얼렉트를 적용하면 CSRF 토큰 정보(토큰 값, 요청 파라미터명, 요청 헤더명)를 가지고 있는 객체(_csrf)를 통해 템플릿에서 접근할 수 있게 된다.

▶ CSRF 토큰을 〈meta〉 요소에 포함

```
<head>
    <meta name="_csrf" th:content="${_csrf.token}"/> ──────────────── ❶
    <meta name="_csrf_header" th:content="${_csrf.headerName}"/> ──────── ❷
</head>
```

❶ CSRF 토큰 정보에서 토큰 값을 취득하고 〈meta〉 요소에 출력한다.

❷ CSRF 토큰 정보에서 요청 헤더명을 취득하고 〈meta〉 요소에 출력한다.

▶ HTML 출력 예

```
<head>
    <meta name="_csrf" content="310927d8-73c0-4bed-96fb-6abb2a76a0b5" />
    <meta name="_csrf_header" content="X-CSRF-TOKEN" />
</head>
```

자바스크립트 측에서 Ajax 통신을 수행할 때 〈meta〉 요소에서 토큰 값과 요청 헤더명을 취득하고 Ajax 통신의 HTTP 헤더에 CSRF 토큰 값을 설정한다. 자바스크립트 구현 예제는 9장 9.6.2절 'CSRF 방지 기능의 적용'을 참조하자.

## 12.3.11. JSR 310: Date and Time API 이용

타임리프는 템플릿에서 JSR 310: Date and Time API의 객체를 조작하기 위한 기능을 표준으로 지원하지 않으며, 타임리프가 제공하는 확장 라이브러리가 필요하다.

### ■ 의존 라이브러리 추가

템플릿에서 Date and Time API 클래스를 사용하는 경우에는 타임리프에서 제공하는 thymeleaf-extras-java8time을 이용하자. 또한 thymeleaf-extras-java8time은 스프링 IO 플랫폼에서 관리되지 않기 때문에 버전을 지정해야 한다.

▶ pom.xml 설정

```
<dependency>
    <groupId>org.thymeleaf.extras</groupId>
    <artifactId>thymeleaf-extras-java8time</artifactId>
    <version>2.1.0.RELEASE</version>
</dependency>
```

## ■ 빈 정의 추가

Java8TimeDialect를 템플릿 엔진에 적용해 템플릿에서 Date and Time API용 유틸리티 객체 (temporals)를 이용할 수 있게 한다.

▶ 자바 기반 설정 방식을 이용한 빈 정의

```
@Bean
public SpringTemplateEngine templateEngine() {
    SpringTemplateEngine engine = new SpringTemplateEngine(); ─────────── ❶
    engine.addDialect(new Java8TimeDialect()); ─────────────── ❷
    engine.setTemplateResolver(templateResolver());
    return engine;
}
```

❶ 템플릿 엔진으로 SpringTemplateEngine 인스턴스를 생성한다.

❷ ❶에서 정의한 템플릿 엔진에 org.thymeleaf.extras.java8time.dialect.Java8TimeDialect 인스턴스를 설정한다.

## ■ 유틸리티 객체(temporals)를 이용

Date and Time API의 객체를 조작할 때는 묵시적 객체인 temporals 메서드를 이용한다. 제공되는 메서드에 대해서는 thymeleaf-extras-java8time의 깃허브 페이지를 참조하자[16].

▶ temporals 객체의 사용 예

```
<head>
    <meta charset="UTF-8"/>
    <title th:text="|${#temporals.format(date, 'yyyy/M/d')} 회의실 |">2017/5/10 회의실 </title>
</head>
```

---

**16** https://github.com/thymeleaf/thymeleaf-extras-java8time/

2장에서 12장까지 각종 스프링 프로젝트와 스프링 관련 라이브러리를 활용해 애플리케이션을 어떻게 개발하는지 살펴봤다. 스프링 프로젝트에는 다양한 기능이 미리 만들어져서 제공되거나 조금만 확장하면 원하는 형태로 만들 수 있기 때문에 이러한 기능을 잘 조합하기만 하면 애플리케이션을 큰 어려움 없이 만들 수 있다. 이처럼 스프링이 여러 유용한 기능을 제공하고 있지만 스프링 개발자들은 스프링을 사용하기에 다소 어려움이 있을 수 있는데 그것은 바로 너무 많은 기능이 제공되어 어떻게 이러한 기능을 조합해야 할지 판단하기가 쉽지 않다는 점이다. 간단한 웹 애플리케이션을 만들 때조차 어떤 기능을 조합할지, 수많은 설정 사항을 어떻게 지정하면 좋을지 고민이 될 수 있고, 웹 애플리케이션 서버를 구성하고 웹 애플리케이션을 디플로이하는 과정은 많은 웹 개발자들이 부담스러워하는 부분이다.

이번 장에서 소개하는 스프링 부트는 이러한 어려움을 해결해주는 좋은 해법이 될 수 있다. 간단한 애플리케이션을 스프링 부트를 활용해서 만들어보면서 스프링 부트의 구조와 유용한 기능을 하나씩 살펴보자.

## 13.1. 스프링 부트란?

스프링 부트는 2013년에 처음 개발됐고[1] 2014년 4월에 1.0 버전이 릴리스됐다. 이 책을 집필하는 시점인 2016년 6월에는 1.3.5가, 번역 시점인 2017년 2월 현재 1.5.1 버전이 안정 버전이고 2.0.0 스냅샷 버전이 나와 있다.

스프링 부트를 이용하면 특별한 설정 작업 없이 기본 설정만으로도 다양한 기능을 구현할 수 있다. 우선 앞에서 살펴본 것 같은 XML이나 자바 기반 설정 방식을 이용한 빈 정의나 로그 설정, 서블릿 설정 등이 필요없어진다. 심지어 웹 애플리케이션 서버에 배포할 필요도 없어져 자바의 메인(main) 메서드를 실행하면 애플리케이션을 기동하는 것도 할 수 있다. 이렇게 스프링 부트를 활용하면 대부분의 애플리케이션을 기본 설정을 조금 수정하는 수준으로 손쉽게 만들고 동작시킬 수 있을 것이다.

이 책을 집필하는 시점에는 스프링 부트가 상당한 인기가 있어서 한 달 동안 무려 400만 번의 다운로드 횟수를 기록하고 있다.[2] 스프링 부트는 버전이 올라가면서 점점 더 편리한 기능이 추가되어 2017년 4월에는 스프링 5에 맞춰 스프링 부트 2.0이 안정 버전으로 릴리스될 예정이다.

---

1   https://jira.spring.io/browse/SPR-9888
2   https://twitter.com/PieterHumphrey/status/740966127992328192

스프링 부트에서는 애플리케이션 설정이 자동으로 이뤄지긴 하지만 그렇다고 스프링 부트가 코드 자동 생성 툴의 역할을 하는 것은 아니며, 초심자를 위한 제품도 아니다. 이러한 선입견과는 달리 스프링 부트는 운영 환경에서 사용 가능한 애플리케이션을 만들기에 충분한 기능을 이미 갖추고 있다. 스프링 부트의 강력함을 알기 위해서는 무엇보다 직접 애플리케이션을 개발해보는 것이 가장 빠르다. 이제부터 간단한 Hello World 애플리케이션을 스프링 부트로 만들어 직접 체험도 해보고 스프링 부트에 대한 기본적인 구조나 기능도 살펴보기로 하자.

메모

이 책은 집필 시점 기준으로 스프링 부트 1.3 버전에 맞춰 집필됐다. 번역 시점에는 1.5가 안정 버전인데, 많은 부분이 변경되어 1.5 기준으로 소스코드를 재작성했다. 1.3 버전 이후의 1.4, 1.5 버전에서 변경된 내용에 대해서는 릴리스 노트를 참고하자.[3]

## 13.1.1. 스프링 부트를 이용한 Hello World 애플리케이션 제작

스프링 이니셜라이저(Spring Initializr)는 스프링 부트 기반의 애플리케이션을 쉽게 개발할 수 있도록 애플리케이션의 기본 골격을 만들어 주는 웹 서비스다. 지금부터 이 서비스를 활용해 스트링 부트 기반의 Hello World 프로젝트를 만들어보자.[4]

우선 웹 브라우저를 실행한 다음, 'https://start.spring.io'에 접속해보자. 'Dependencies'의 'Search for dependencies'에 'Web'을 입력하고 엔터 키를 누른다(그림 13.1). 이렇게 하면 웹 애플리케이션을 개발하기 위한 최소한의 기능이 준비되고 이어서 'Generate Project' 버튼을 클릭하면 demo.zip 파일이 다운로드된다.

---

**3**  https://github.com/spring-projects/spring-boot/wiki/Spring-Boot-1.4-Release-Notes
    https://github.com/spring-projects/spring-boot/wiki/Spring-Boot-1.5-Release-Notes
**4**  프로젝트의 기본 골격을 만들어주는 기능은 STS나 IntelliJ IDEA 같은 IDE에서도 제공된다. IDE를 활용해 기본 골격을 만드는 주제는 14장에서 다루겠다.

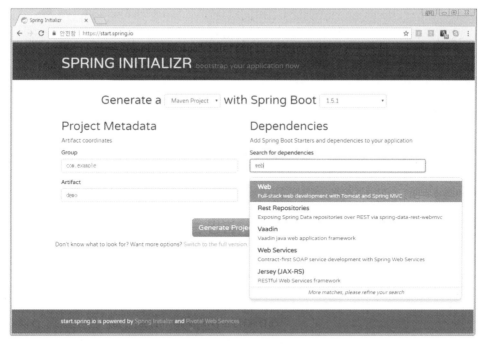

그림 13.1 웹 브라우저에서 스프링 이니셜라이저에 접속

demo.zip 파일의 압축을 풀어보면 다음과 같이 메이븐 프로젝트 형태로 만들어져 있다는 것을 알 수 있다(그림 13.2).

스프링 툴 스위트(STS: Spring Tool Suite)[5]를 실행한 후, [File] 메뉴에서 [Import] → [Existing Maven Projects]를 선택하고 [Next] 버튼을 클릭한다. 이후 표시되는 [Import Maven Projects] 대화창에서 [Root Directory]의 [Browse] 버튼을 눌러 demo.zip의 압축이 풀린 디렉터리를 선택하고 [Finish] 버튼을 클릭한다(그림 13.3).

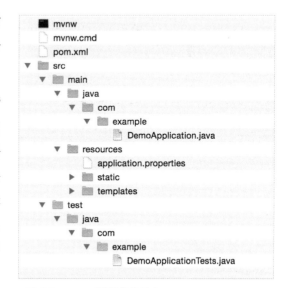

그림 13.2 demo.zip의 압축을 푼 형태

5　STS를 처음 사용한다면 부록의 16.1.1절 'IDE 설치 및 설정'을 참고해서 설치 및 환경 설정을 하자.

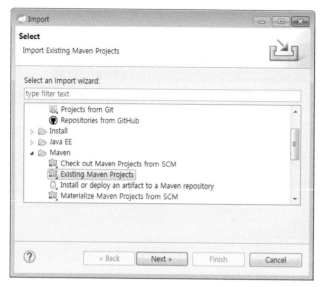

그림 13.3 STS에서 임포트하기

STS의 패키지 익스플로러(Package Explorer)로 확인해보면 다음과 같은 형태의 프로젝트가 만들어진 것을 알 수 있다(그림 13.4).

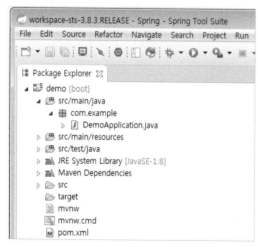

그림 13.4 패키지 익스플로러에서 프로젝트 형태 확인하기

임포트 직후의 DemoApplication.java의 내용을 확인하면 다음과 같다.

▶ DemoApplication.java

```java
package com.example;

import org.springframework.boot.SpringApplication;
import org.springframework.boot.autoconfigure.SpringBootApplication;

@SpringBootApplication
public class DemoApplication {:

    public static void main(String[] args) {
        SpringApplication.run(DemoApplication.class, args);
    }
}
```

패키지 익스플로러에서 [DemoApplication.java]를 선택한 다음, 마우스 오른쪽 버튼을 클릭해 컨텍스트 메뉴가 표시되면 [Run As] → [Java Application]을 선택해보자. main 메서드가 실행되고 8080번 포트로 요청을 받는 톰캣이 구동될 것이다.

아직은 컨트롤러가 만들어져 있지 않기 때문에 웹 애플리케이션의 기능은 하지 못한다. 그래서 Demo Application에 @RestController 애너테이션을 붙이고 메서드를 정의한 다음, 이 메서드에 @RequestMapping 애너테이션을 부여해보자.

▶ DemoApplication.java를 컨트롤러로 만들기

```java
package com.example;

import org.springframework.boot.SpringApplication;
import org.springframework.boot.autoconfigure.SpringBootApplication;
import org.springframework.web.bind.annotation.RequestMapping;
import org.springframework.web.bind.annotation.RestController;

@SpringBootApplication
@RestController
public class DemoApplication {

    @RequestMapping("/")
        String hello() {
        return "Hello World!";
    }

    public static void main(String[] args) {
```

```
        SpringApplication.run(DemoApplication.class, args);
    }
}
```

main 메서드를 재실행한 후, 웹 브라우저에서 'http://localhost:8080'으로 접근하면 'Hello, World!'
가 표시된다. 지금까지 살펴본 웹 애플리케이션에서 사용해왔던 web.xml이나 스프링의 빈 정의 파일,
로그 설정과 같은 내용을 여기서는 찾아볼 수가 없다. 그러한 사항은 스프링 부트 내부에서 자동으로
처리하도록 돼 있으며, 이렇게 간단한 Hello World 애플리케이션 안에서 하고 있는 처리 내용은 다음
과 같다.

- 스프링 MVC 설정

- 톰캣 설정

- 각종 필터(CharacterEncodingFilter 등) 설정

- 로거(Logback) 설정

- 빈 검증(Hibernate Validator) 설정

스프링 이니셜라이저로 생성된 프로젝트에는 다음과 같은 테스트 코드도 포함돼 있다.

▶ DemoApplicationTests.java

```
package com.example;

import org.junit.Test;
import org.junit.runner.RunWith;
import org.springframework.boot.test.context.SpringBootTest;
import org.springframework.test.context.junit4.SpringRunner;

@RunWith(SpringRunner.class)
@SpringBootTest
public class DemoApplicationTests {

    @Test
    public void contextLoads() {
    }

}
```

이 테스트 코드를 실행하면 JUnit에서 스프링 부트 애플리케이션을 구동시키는데, 이때 톰캣도 함께 구
동되기 때문에 종단간(End-to-End) 테스트를 JUnit을 이용해 간단해 해볼 수 있다.

앞서 만든 Hello World 애플리케이션은 다음과 같이 테스트해볼 수 있다.

▶ Hello World 애플리케이션의 테스트 케이스 만들기(스프링 부트 1.3 기준)

```
package com.example;

import static org.hamcrest.CoreMatchers.is;
import static org.junit.Assert.assertThat;

import org.junit.Test;
import org.junit.runner.RunWith;
import org.springframework.beans.factory.annotation.Value;
import org.springframework.boot.test.SpringApplicationConfiguration;
import org.springframework.boot.test.TestRestTemplate;
import org.springframework.boot.test.WebIntegrationTest;
import org.springframework.test.context.junit4.SpringJUnit4ClassRunner;
import org.springframework.web.client.RestTemplate;

@RunWith(SpringJUnit4ClassRunner.class)
@SpringApplicationConfiguration(classes = DemoApplication.class)
@WebIntegrationTest(randomPort = true) ─────────────────────────── ❶
public class DemoApplicationTests {

    RestTemplate restTemplate = new TestRestTemplate(); ─────────── ❷

    @Value("${local.server.port}") ──────────────────────────────── ❶
    int port;

    @Test
    public void testHello() {
        assertThat(restTemplate.getForObject("http://localhost:" + ─┐
            port, String.class), is("Hello World!")); ──────────────┴ ❸
    }
}
```

❶ @WebIntegrationTest 애너테이션을 사용해 JUnit 웹 애플리케이션 서버를 기동한다. randomPort를 true로 지정하면 사용하지 않는 포트를 사용하게 되고 포트 번호는 local.server.port 프로퍼티를 통해 참조할 수 있다.

❷ 테스트용 RestTemplate 구현 클래스를 사용한다. 이 클래스는 오류가 발생하더라도 예외를 던지지 않는다.

❸ JUnit으로 기동된 웹 애플리케이션을 RestTemplate을 통해 접근한 다음, 응답 결과를 확인한다.

이렇게 해서 스프링 부트를 이용하면 별다른 설정 없이도 애플리케이션을 개발할 수 있다는 사실을 알 수 있다. 이후부터는 이런 기능들이 어떤 방식으로 처리되는지 살펴보자.

메 모

스프링 부트 1.4 버전부터 테스트와 관련된 애너테이션과 클래스의 많은 부분이 변경됐다. 앞서 살펴본 테스트 케이스는 1.3 기준이므로 1.4 이후 버전을 사용한다면 다음 소스코드를 참고하길 바란다.

▶ Hello World 애플리케이션의 테스트 케이스 만들기(스프링 부트 1.4 이후 기준)

```java
package com.example;

import static org.hamcrest.CoreMatchers.is;
import static org.junit.Assert.assertThat;

import org.junit.Test;
import org.junit.runner.RunWith;
import org.springframework.boot.context.embedded.LocalServerPort;
import org.springframework.boot.test.context.SpringBootTest;
import org.springframework.boot.test.context.SpringBootTest.WebEnvironment;
import org.springframework.boot.test.web.client.TestRestTemplate;
import org.springframework.test.context.junit4.SpringRunner;

@RunWith(SpringRunner.class)
@SpringBootTest(webEnvironment = WebEnvironment.RANDOM_PORT) ─────────── ❶ ❷
public class DemoApplicationTests {

    TestRestTemplate restTemplate = new TestRestTemplate(); ─────────── ❸

    @LocalServerPort ─────────────────────────────────────────────── ❹
    int port;

    @Test
    public void testHello() {
        assertThat(restTemplate.getForObject("http://localhost:"+
                port, String.class), is("Hello, World!"));
    }
}
```

❶ @SpringApplicationConfiguration 애너테이션은 더 이상 사용하지 않도록 폐기 예정(deprecated)됐다. 대신 @SpringBootTest를 사용한다.

❷ @WebIntegrationTest 애너테이션은 더 이상 사용하지 않도록 폐기 예정됐다. 대신 @SpringBootTest의 webEnvironment 속성을 사용한다.

❸ TestRestTemplate 클래스는 패키지가 바뀌었고 RestTemplate과의 상속 관계가 끊어졌다.

❹ '@Value("${local.server.port}")'는 @LocalServerPort로 간결하게 표현할 수 있게 됐다.

## 13.1.2. AutoConfigure를 이용한 설정 자동화

스프링 부트를 이용하면 기존에 설정하던 여러 항목을 자동으로 처리해주기 때문에 일일이 설정해줄 필요가 없다. 그래서 지금까지 살펴본 애플리케이션도 최소한의 설정만으로 손쉽게 개발할 수 있다. 이처럼 스프링 부트가 해주는 자동 설정을 'Spring Boot AutoConfigure'라고 하고, 자동 설정의 핵심은 @org.springframework.context.annotation.Conditional 애너테이션이다. 이 애너테이션은 특정 조건에서만 빈이 사용되도록 만들 수 있는데 스프링 4.0 버전부터 사용할 수 있고 이때 사용되는 조건은 org.springframework.context.annotation.Condition 인터페이스로 표현된다.

스프링 부트는 다양한 조건에 맞춰 빈을 정의할 수 있도록 다양한 형태의 Condition 구현 클래스를 제공하며, 이를 활용하기 위한 애너테이션을 갖추고 있다(표 13.1).

표 13.1 조건 설정용 애너테이션

| 애너테이션명 | 설명 |
| --- | --- |
| @ConditionalOnClass | 지정한 클래스가 클래스패스에 존재하는 경우 유효하다. |
| @ConditionalOnMissingClass | 지정한 클래스가 클래스패스에 존재하지 않는 경우 유효하다. |
| @ConditionalOnBean | 지정한 타입이나 이름의 빈이 DI 컨테이너에 존재하는 경우 유효하다. |
| @ConditionalOnMissingBean | 지정한 타입이나 이름의 빈이 DI 컨테이너에 존재하지 않는 경우 유효하다. |
| @ConditionalOnExpression | 지정한 SpEL을 평가한 결과가 true이면 유효하다. |
| @ConditionalOnWebApplication | 웹 애플리케이션이라면 유효하다. |
| @ConditionalOnNotWebApplication | 웹 애플리케이션이 아니라면 유효하다. |

spring-boot-autoconfigure 프로젝트[6]에는 자동 설정과 관련된 클래스가 제공되며, 이러한 클래스는 이름이 'AutoConfiguration'으로 끝난다. 이 클래스로 빈을 정의할 때는 @Conditional 애너테이션이 붙어있어서 특정 조건이 만족되는 경우에 해당 빈이 사용되는 방식으로 동작한다.

조건에 따른 자동 설정을 이해하기 위해 스프링 부트의 소스코드 중에서 org.springframework.boot.autoconfigure.jdbc.DataSourceAutoConfiguration 클래스 안에 포함된 JdbcTemplateConfiguration 클래스를 살펴보자. 이 클래스는 JdbcTemplate용 AutoConfigure에 해당한다.

---

**6** https://github.com/spring-projects/spring-boot/tree/master/spring-boot-autoconfigure

▶ JdbcTemplate용 AutoConfigure 클래스

```
@Configuration
@Conditional(DataSourceAutoConfiguration.DataSourceAvailableCondition.class) ──────── ❶
protected static class JdbcTemplateConfiguration {

    @Autowired(required = false)
    private DataSource dataSource;

    @Bean
    @ConditionalOnMissingBean(JdbcOperations.class ──────────────────────── ❷
    public JdbcTemplate jdbcTemplate() {
        return new JdbcTemplate(this.dataSource);
    }

    @Bean
    @ConditionalOnMissingBean(NamedParameterJdbcOperations.class) ──────── ❸
    public NamedParameterJdbcTemplate namedParameterJdbcTemplate() {
        return new NamedParameterJdbcTemplate(this.dataSource);
    }
}
```

❶ DataSourceAvailableCondition의 조건에 따라 데이터 소스가 가용한 상태라면 자바 기반 설정 방식으로 설정된 JdbcTemplateConfiguration이 동작한다.

❷ JdbcOperations 타입은 JdbcTemplate이 구현하는 인터페이스로서 만약 이 인터페이스를 구현한 빈이 DI 컨테이너에 등록돼 있지 않다면 JdbcTemplate 빈을 생성한다.

❸ ❷와 유사한 방법으로 조건에 따라 NamedParameterJdbcTemplate 빈을 생성한다.

예를 들어, @ConditionalOnMissingBean(JdbcOperations.class) 애너테이션이 있는 경우, 애플리케이션에서 명시적으로 JdbcTemplate을 정의해서 쓰고 있다면 자동 설정은 동작하지 않고 무시된다.

이처럼 자동 설정 기능 자체를 활성화하려면 org.springframework.boot.autoconfigure.EnableAutoConfiguration 애너테이션을 사용하면 된다. 다음 코드는 진입점이 되는 클래스에 @EnableAutoConfiguration 애너테이션을 부여한 다음, main 메서드 안에서 org.springframework.boot.SpringApplication#run 메서드의 인수로 해당 클래스를 지정한 예다.

▶ @EnableAutoConfiguration의 사용 예

```
@EnableAutoConfiguration
public class DemoApplication {
```

```
    public static void main(String[] args) {
        SpringApplication.run(DemoApplication.class, args);
    }
}
```

스프링 부트 1.2 버전부터는 @org.springframework.boot.autoconfigure.SpringBootApplication
이라는 애너테이션이 추가됐는데, 그 내부는 다음과 같은 형태로 돼 있다. 자세히 보면 @Configuration
과 @EnableAutoConfiguration, @ComponentScan 등의 여러 애너테이션을 포함하고 있다는 사실을
알 수 있다.

▶ SpringBootApplication 애너테이션

```
@Target(ElementType.TYPE)
@Retention(RetentionPolicy.RUNTIME)
@Documented
@Inherited
@Configuration
@EnableAutoConfiguration
@ComponentScan
public @interface SpringBootApplication {
    // 생략
}
```

즉, 앞서 살펴본 @EnableAutoConfiguration 대신 @SpringBootApplication을 클래스에 부여하면 해
당 클래스가 설정 클래스가 되고 @Bean 애너테이션으로 빈을 정의할 수 있으며, 그 클래스를 포함한 하
위 패키지에 대해 컴포넌트 탐색을 수행한다는 사실을 알 수 있다. 참고로 이 책에서는 스프링 부트를
활용한 애플리케이션에서 @SpringBootApplication을 사용한다고 가정한다.

스프링 부트 1.3 버전[7]에서는 다음과 같은 다양한 AutoConfigure가 제공되며, 만약 자동 설정
에 관해 더 자세히 알고 싶다면 spring-boot-autoconfigure 프로젝트의 소스코드를 받아 이름이
'AutoConfiguration'으로 끝나는 클래스를 살펴보길 권한다.[8]

---

7   (옮긴이) 번역 시점에는 1.5.1 버전이 안정 버전이며, AutoConfiguration과 관련된 클래스의 전체 목록은 다음 문서에서 확인할 수 있다.
    http://docs.spring.io/spring-boot/docs/1.5.1.RELEASE/reference/htmlsingle/#auto-configuration-classes

8   (옮긴이) 소스코드를 내려받으려면 깃허브에서 spring-boot 프로젝트를 깃을 이용해 클론(clone)하거나 내려받으면 된다.
    https://github.com/spring-projects/spring-boot

| | | |
|---|---|---|
| · Spring MVC | · jOOQ | · Flyway |
| · Spring Data JPA | · Cassandra | · Liquibase |
| · Spring Security | · Elasticsearch | · Thymeleaf |
| · Spring Batch | · Solr | · FreeMarker |
| · WebSocket | · MongoDB | · Velocity |
| · Logging | · Redis | · Tomcat |
| · Cache | · RabbitMQ | · Jetty |
| · Email | · ActiveMQ | · Undertow |
| · JMX | · HornetQ | |

대부분의 `AutoConfigure`는 해당 기능을 제공하는 클래스가 클래스패스 안에서 발견되는 경우에(@ `ConditionalOnClass`) 동작하도록 돼 있다. 쓰고 싶은 기능의 라이브러리[9]를 의존 라이브러리에 추가하기만 하면 관련 빈을 사용할 수 있다는 의미이기도 하다. 이처럼 `AutoConfigure`를 이용하면 지금까지 스프링을 활용해 애플리케이션을 개발할 때 겪어왔던 다음과 같은 어려움을 해결할 수 있다.

- 어떤 설정을 어떻게 해야 할지 모르겠다.
- 초기 설정을 하는 것이 상당히 어렵다.

## 13.1.3. Starter를 이용한 의존 라이브러리 관리

스프링 부트에서는 Starter라는 상당히 유용한 기능을 제공하는데, Starter는 만들고 싶은 기능이나 특정 주제별로 관련 라이브러리를 모아서 관리하는 기능을 제공한다. 즉, 이전에는 필요한 라이브러리를 하나하나 찾아서 써야 했다면 으레 특정 기능을 만들 때는 통상적으로 특정 라이브러리가 반복적으로 사용된다는 점에 착안해 일종의 기능이나 주제별로 라이브러리를 그룹화한 것이라 생각하면 된다.

Starter의 이름은 'spring-boot-starter-기능명'과 같은 형식이며, 앞서 예로 든 Hello World 애플리케이션의 pom.xml에는 다음과 같은 형태로 의존 라이브러리가 정의돼 있다.

▶ pom.xml 설정

```
<dependency>
    <groupId>org.springframework.boot</groupId>
    <artifactId>spring-boot-starter-web</artifactId>
</dependency>
```

---

**9**    (옮긴이) 메이븐 용어로 표현하면 아티팩트(artifact)에 해당한다.

spring-boot-starter-web을 사용하면 웹 애플리케이션을 개발할 때 필요한 각종 라이브러리가 의존 라이브러리로 사용할 수 있게 되며, 그 안에는 다음과 같은 라이브러리가 포함돼 있다.

- Spring Boot
- Spring MVC
- Tomcat
- Bean Validation(Hibernate Validator)
- Jackson
- SLF4J + Logback

이처럼 Starter를 사용하는 경우에는 pom.xml에 <version>을 명시할 필요가 없는데 실제로 포함되는 의존 라이브러리의 버전 정보는 부모 pom인 spring-boot-starter-parent에 정의돼 있다. 그래서 스프링 부트를 활용해서 애플리케이션을 개발할 때는 이 부모 pom 파일을 상속받아서 사용한다.

▶ pom.xml 설정

```
<parent>
    <groupId>org.springframework.boot</groupId>
    <artifactId>spring-boot-starter-parent</artifactId>
    <version>1.5.1.RELEASE</version>
    <relativePath/> <!-- lookup parent from repository -->
</parent>
```

spring-boot-starter-parent에 지정하는 버전은 해당 애플리케이션에서 사용하는 스프링 부트의 버전이다. 이 예에서는 이 책을 번역하는 시점의 안정 버전인 1.5.1.RELEASE에 맞춰 표기했다. Starter도 AutoConfigure와 마찬가지로 다양한 형태로 제공되고 있어서[10] 지금까지 스프링을 활용한 애플리케이션을 개발할 때 겪어왔던 다음과 같은 어려움을 해결할 수 있다.

- 특정 라이브러리의 어떤 버전을 사용해야 하는지 모르겠다.
- 어떤 라이브러리들을 서로 오동작 없이 조합해서 쓸 수 있는지 모르겠다.

결국 필요한 기능에 맞춰 Starter를 추가하면 그와 관련된 각종 라이브러리가 추가되고 이에 따라 AutoConfigure의 @ConditionalOnClass가 동작하게 되므로 복잡한 설정 없이도 애플리케이션을 개발할 수 있다.

---

**10** https://github.com/spring-projects/spring-boot/tree/master/spring-boot-starters

## 13.1.4. 실행 가능한 jar 만들기

스프링 부트에는 실행 가능한 jar(executable jar)를 만드는 기능이 있다. 스프링 부트를 이용하면 이전에 웹 애플리케이션을 개발할 때와 달리 더는 war 파일 형태로 아카이빙(archiving)한 후, 웹 애플리케이션 서버에 배포하지 않아도 된다. 스프링 부트는 웹 애플리케이션 서버를 내장하고 있고 아카이빙하는 패키지 형태도 war 파일이 아닌 jar 파일 형태로 만든다. 바로 이 jar 파일이 커맨드 라인에서 바로 실행이 가능한 형태로 만들어지는데, 이 파일을 특정 디렉터리에 복사하고 실행하면 내장된 웹 애플리케이션 서버가 기동하고 웹 애플리케이션을 띄워 그 즉시 서비스를 제공할 수 있게 된다.

메이븐으로 실행 가능한 jar 파일을 만드는 방법은 상당히 간단한데 일반적인 패키징 방법과 비슷하게 다음과 같은 명령을 실행하기만 하면 된다.

▶ 실행 가능한 jar를 만들기 위한 메이븐 명령

```
mvnw clean package
```

이 명령을 실행하면 target 디렉터리에 다음과 같은 두 개의 파일이 만들어진다.

- demo-0.0.1-SNAPSHOT.jar
- demo-0.0.1-SNAPSHOT.jar.original

'.original'이라는 이름으로 끝나는 파일이 일반적인 jar 파일이고, 이 이름으로 끝나지 않는 파일이 실행 가능한 jar 파일이다. 실행 가능한 jar 파일 안에는 이 애플리케이션이 정상적으로 실행되는 데 필요한 다양한 의존 라이브러리가 포함돼 있다.

메모    스프링 부트는 메이븐 외에도 그레이들이나 앤트를 활용한 빌드도 가능하다. 참고로 이 책에서는 메이븐을 이용한 빌드 방식으로 설명을 진행한다.

이렇게 만들어진 jar 파일을 실행하는 방법 또한 간단한데 일반적인 jar 파일을 실행하는 방법과 똑같이 실행하면 된다.

▶ 실행 가능한 jar 파일 실행

```
java -jar target/demo-0.0.1-SNAPSHOT.jar
```

실행 가능한 jar 파일은 애플리케이션이 필요로 하는 각종 설정 값을 패키징과 배포가 끝난 이후, 실행하는 시점에도 지정할 수 있도록 만들어져 있다. 그래서 다른 환경에 설치해서 실행할 수 있을 정도로 이식성이 상당히 높다. 예를 들어, 웹 애플리케이션 서버의 포트가 기본적으로 8080번으로 설정된 상태로 jar 파일이 만들어졌다고 하더라도 jar를 실행할 때 인수로 -server.port 옵션을 이용하면 기존의 기본 포트 번호를 덮어쓸 수 있다.

▶ 웹 애플리케이션 서버의 포트 번호 변경

```
java -jar target/demo-0.0.1-SNAPSHOT.jar --server.port=8888
```

위와 같이 실행하면 포트는 8888번으로 변경되어 실행되며, 이 밖에도 다양한 프로퍼티를 이와 같은 방법으로 재설정할 수 있다. 로그 레벨을 변경하고 싶다면 logging.level.<패키지명>=<로그레벨>과 같이 옵션을 지정할 수 있는데, 예를 들어 level.org.springframework의 로그 레벨을 DEBUG로 바꾸고 싶다면 다음과 같이 실행하면 된다.

▶ 특정 로거의 출력 레벨 변경

```
java -jar target/demo-0.0.1-SANPSHOT.jar --logging.level.org.springframework=DEBUG
```

그 밖의 다른 프로퍼티를 더 확인하고 싶다면 스프링 부트의 레퍼런스 가이드를 참고하자.[11] 실행 가능한 jar 파일을 만드는 것은 spring-boot-maven-plugin이 처리하기 때문에 메이븐의 빌드용 플러그인이 필요하다. 이 플러그인을 사용하려면 pom.xml에 다음과 같이 설정하면 된다.

▶ pom.xml 설정

```
<build>
    <plugins>
        <plugin>
            <groupId>org.springframework.boot</groupId>
            <artifactId>spring-boot-maven-plugin</artifactId>
        </plugin>
    </plugins>
</build>
```

참고로 스프링 이니셜라이저를 이용해서 프로젝트를 생성했다면 위와 같은 내용은 이미 설정돼 있다.

---

11  http://docs.spring.io/spring-boot/docs/current/reference/html/common-application-properties.html

**메모**

스프링 부트 1.3 버전부터는 실행 가능한 jar를 리눅스 계열 운영체제에서 Systemd 스크립트를 통해 실행할 수 있게 됐다. 이를 위해서는 spring-boot-maven-plugin 설정에 `<executable>true</executable>`을 추가하기만 하면 된다.

▶ pom.xml 설정

```
<plugin>
    <groupId>org.springframework.boot</groupId>
    <artifactId>spring-boot-maven-plugin</artifactId>
    <configuration>
        <executable>true</executable>
    </configuration>
</plugin>
```

`/etc/system/system/demo.service` 파일을 만들고 다음과 같이 기술한다.

▶ 서비스 유닛 설정

```
[Unit]
Description=demo
After=syslog.target

[Service]
ExecStart=/opt/demo/demo-0.0.1-SNAPSHOT.jar --server.port=8888

[Install]
WantedBy=multi-user.target
```

Systemd를 이용해 스프링 부트 애플리케이션을 서비스로 등록하고 실행하고 종료하려면 다음과 같은 명령을 수행하면 된다.

▶ 스프링 부트 애플리케이션의 서비스 등록 및 실행과 종료

```
sudo systemctl daemon-reload
sudo systemctl enable demo.service
sudo systemctl start demo.service
sudo systemctl stop demo.service
sudo systemctl disable demo.service
```

앞서 스프링 부트 애플리케이션에서 사용하는 프로퍼티를 실행 인수로 전달하는 방법을 설명했는데, 그 밖에도 시스템 프로퍼티나 환경 변수를 통해서도 필요한 정보를 전달받을 수 있다.

▶ 스프링 부트 애플리케이션의 프로퍼티 값을 시스템 프로퍼티에서 읽어오기

```
java -jar -Dserver.port=8888 target/demo-0.0.1-SNAPSHOT.jar
```

한편 스프링 부트에는 'Relaxed binding'[12]이라는 기능이 있어서 프로퍼티명에 사용되는 '.'나 '_', '-', 낙타 표기법(camel case)[13], 대소문자 구분 등을 상당히 유연하게 처리할 수 있다. 예를 들어, 아래의 네 가지 설정은 모두 동일한 프로퍼티 설정으로 간주된다.

- `person.firstName`: 낙타 표기법(camel case syntax)
- `person.first-name`: 대시 표기법(dashed notation), 프로퍼티 설정에 적합
- `person.first_name`: 언더스코어 표기법(underscore notation), 프로퍼티 설정에 적합
- `PERSON_FIRST_NAME`: 대문자 표기법(Upper case format), 환경 변수에 적합

따라서 앞서 살펴본 실행 명령은 다음과 같은 형태로도 사용할 수 있다.

▶ 스프링 부트 애플리케이션의 프로퍼티 값을 환경 변수에서 읽어오기

```
export SERVER_PORT=8888
java - jar target/demo-0.0.1-SNAPSHOT.jar
```

메모

스프링 부트가 반드시 실행 가능한 jar를 만들어야 하는 것은 아니다. 스프링 부트를 사용하기 전과 같이 war 파일도 만들 수 있으며 자세한 내용은 스프링 부트 레퍼런스 문서를 참고하면 된다.[14] 다만 이왕 스프링 부트를 사용한다면 굳이 이전 방식을 사용하는 것보다 새롭게 추가되고 개선된 기능을 충분히 활용해보기를 권장한다.

이번 절에서는 Hello World 애플리케이션을 통해 자동 설정과 프로퍼티 지정 방법, 애플리케이션 기동 방법과 같은 스프링 부트의 기본적인 기능을 살펴봤다. 다음 절에서는 간단한 애플리케이션을 만들어보면서 이 책에서 설명한 기능을 스프링 부트에서는 어떻게 적용하면 되는지 살펴보겠다.

## 13.2. 스프링 부트와 스프링 MVC

먼저 스프링 부트를 사용한 웹 애플리케이션에 대해 알아보자. 이 책의 4장에서 7장까지 스프링 MVC 를 설명했는데, 읽어보면서 스프링 MVC를 사용해 웹 애플리케이션을 개발하려면 수많은 설정을 해야 해서 다소 복잡하다는 인상을 받았을지도 모른다. 스프링 부트에서는 `AutoConfigure`를 통해 이러한

---

12 http://docs.spring.io/spring-boot/docs/current/reference/html/boot-features-external-config.html#boot-features-external-config-relaxed-binding
13 https://en.wikipedia.org/wiki/Camel_case
14 http://docs.spring.io/spring-boot/docs/current/reference/html/howto-traditional-deployment.html

설정 작업이 상당 부분 자동화되기 때문에 대부분의 경우 개발자는 별다른 설정 없이 애플리케이션 개발에 집중할 수 있게 된다.

앞서 Hello World 애플리케이션을 살펴보면서도 다뤘지만 스프링 부트에서 스프링 MVC로 개발할 때는 아래와 같이 의존 라이브러리를 선언하면 된다.

▶ pom.xml 설정

```xml
<dependency>
    <groupId>org.springframework.boot</groupId>
    <artifactId>spring-boot-starter-web</artifactId>
</dependency>
```

## 13.2.1. RESTful 웹 서비스 만들기

의존 라이브러리를 선언했다면 이제 본격적으로 애플리케이션을 만들어보자. 여기서는 간단한 메시지를 등록할 수 있는 REST 애플리케이션을 만들어 보겠다. 앞서 다뤘던 demo 프로젝트에 다음과 같은 클래스를 추가하자.

▶ 메시지 정보를 담는 클래스 구현

```java
package com.example;

import java.io.Serializable;

public class Message implements Serializable {
    private String text;

    public String getText() {
        return text;
    }

    public void setText(String text) {
        this.text = text;
    }
}
```

이어 컨트롤러 클래스도 구현한다.

▶ 컨트롤러 구현

```
package com.example; ──────────────────────────────────────────── ❶


import java.util.List;
import java.util.concurrent.CopyOnWriteArrayList;


import org.springframework.web.bind.annotation.RequestBody;
import org.springframework.web.bind.annotation.RequestMapping;
import org.springframework.web.bind.annotation.RequestMethod;
import org.springframework.web.bind.annotation.RestController;


@RestController
@RequestMapping("messages")
public class MessageController {
    final List<Message> messages = new CopyOnWriteArrayList<>(); ────────── ❷

    @RequestMapping(method = RequestMethod.GET)
    public List<Message> getMessages() {
        return messages;
    }

    @RequestMapping(method = RequestMethod.POST)
    public Message postMessages(@RequestBody Message message) {
        messages.add(message);
        return message;
    }

}
```

❶ 기본적으로 @SpringBootApplication 애너테이션이 부여된 클래스의 패키지부터 컴포넌트 스캔이 이뤄지기 때문에 이 예에서는 DemoApplication과 같은 패키지에 클래스를 만든다.

❷ 간단하게 구현하기 위해 데이터베이스 대신 CopyOnWriteArrayList를 사용해 메모리 상에 메시지 객체를 저장한다.

앞에서 다룬 DemoApplication의 main 메서드를 실행하면 Message를 다루는 간단한 RESTful 웹 서비스를 기동할 수 있다. 이 애플리케이션을 만들기까지 만든 파일은 단 세 개뿐이며, 다음 그림과 같다(그림 13.5).

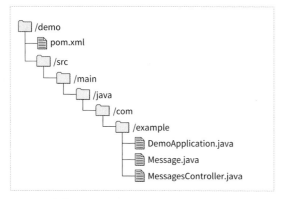

그림 13.5 간단한 REST 애플리케이션을 구현하는 데 사용된 파일

## 13.2.2. 화면 이동형 웹 애플리케이션 만들기

다음으로 스프링 부트를 이용해 화면 이동형 웹 애플리케이션을 만들어 보자. 스프링 부트에서는
Starter 프로젝트나 AutoConfigure 기능 등이 템플릿 엔진과 연동돼 있어서 다음과 같은 작업을 자동
으로 처리할 수 있다.

- @EnableWebMvc를 이용한 설정

- 정적 콘텐츠 파일의 배포 위치를 클래스패스 아래의 /statkc, public, resources, /META-INF/resources로 설정

- 템플릿 엔진이 사용하는 템플릿 파일의 배포 위치를 클래스패스 아래의 /templates로 설정

- 오류 화면을 표시하는 오류 핸들러를 /error에 매핑하는 설정

- 각종 필터 설정

  org.springframework.web.filter.CharacterEncodingFilter

  org.springframework.web.filter.HiddenHttpMethodFilter

  org.springframework.web.filter.HttpPutFormContentFilter

  org.springframework.web.filter.RequestContextFilter

지원하는 템플릿 엔진은 다음과 같고, 이것들을 위한 Starter 프로젝트도 함께 제공된다.

- Thymeleaf: spring-boot-starter-thymeleaf

- FreeMarker: spring-boot-starter-freemarker

- Groovy templates: spring-boot-starter-groovy-emplates

- Velocity: spring-boot-starter-velocity

- Mustache: spring-boot-starter-mustache

이러한 Starter 프로젝트를 pom.xml에서 의존 관계로 추가하면 ViewResolver 같은 라이브러리도 자동으로 설정되어 사용할 수 있게 된다.

JSP는 다양한 제약으로 다루기가 좋지 않아 이번 절에서는 JSP를 다루지 않는다.

### ■ 타임리프 활용

이 책에서는 템플릿 엔진으로 타임리프를 사용한다. 타임리프를 사용할 때는 다음과 같이 의존 관계를 추가해야 한다.

▶ pom.xml 설정

```
<dependency>
    <groupId>org.springframework.boot</groupId>
    <artifactId>spring-boot-starter-thymeleaf</artifactId>
</dependency>
```

이렇게 의존 관계를 추가하면 다음과 같은 라이브러리가 추가되고 이를 위한 자동 설정 등도 작동한다.

- 타임리프 본체 라이브러리

- Thymeleaf-Spring 연계 라이브러리: thymeleaf-spring4

- 레이아웃 다이얼렉트: thymeleaf-layout-dialect

스프링 이니셜라이저를 이용해 프로젝트를 만들 때는 [Dependencies]에서 [Tymeleaf]를 선택하면 된다.

이제 컨트롤러를 만들어 보자.

▶ 컨트롤러 만들기

```
package com.example;

import org.springframework.stereotype.Controller;
import org.springframework.ui.Model;
import org.springframework.web.bind.annotation.RequestMapping;


@Controller
```

```
public class HelloController {
    @RequestMapping("/hello")
    public String hello(Model model) {
        model.addAttribute("hello", "Hello, World!");
        return "hello";
    }
}
```

hello 메서드에서 'hello' 뷰를 반환하고 있다. 스프링 부트의 자동 설정 기능에서는 Template Resolver가 뷰명의 앞 뒤에 접두어와 접미어를 붙이는데 앞에 붙이는 것이 'classpath:/templates/'이고 뒤에 붙이는 것은 '.html'이다.[15] 그래서 실제로 표시하게 되는 뷰는 'src/main/resources/templates/hello.html'이 된다. 이 파일의 내용은 다음과 같다.

▶ 템플릿 파일 구현

```
<!DOCTYPE html>
<html xmlns:th="http://www.thymeleaf.org">
    <head>
        <meta charset="UTF-8" />
        <title></title>
    </head>
    <body>
        <span th:text="${hello}">Hello!</span>
    </body>
</html>
```

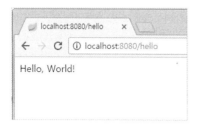

그림 13.6 타임리프를 이용한 HTML 파일 표시

여기까지 만드는 데 필요한 파일은 다음과 같다(그림 13.7). 이 정도의 파일만 가지고도 화면 이동형 웹 애플리케이션을 쉽게 만들 수 있다는 사실을 알 수 있다.

---

**15**  접두어와 접미어는 각각 spring.view.prefix와 spring.view.suffix 프로퍼티를 통해 재설정할 수 있다.

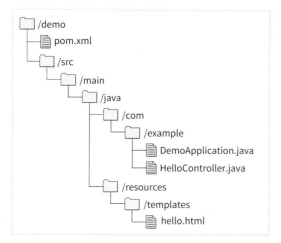

그림 13.7 간단한 화면 이동형 웹 애플리케이션을 구현하는 데 사용된 파일

## ■ 정적 파일

자바스크립트나 CSS파일, 혹은 서버 측에서 동적 처리를 하지 않는 HTML 파일과 같은 정적 자원은 src/main/resources/static 디렉터리 아래에 배치한다. 이 위치는 URL 호출 시 컨텍스트 패스(context path) 아래의 경로로 접근할 수 있도록 매핑돼 있다(그림 13.8).

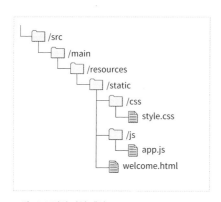

그림 13.8 정적 파일 배치

그림 13.8과 같은 형태로 파일이 배포돼 있는 경우, 각 파일은 다음과 같은 경로로 접근할 수 있다.

- welcome.html: http://localhost:8080/welcome.html

- style.css: http://localhost:8080/css/style.css

- app.js: http://localhost:8080/js/app.js

이 같은 정적 파일의 캐시(cache) 기능은 기본적으로 비활성화돼 있는 상태이고 단지 파일의 갱신 시간이 HTTP 응답 헤더 중 'Last-modified'에 설정될 뿐이다. 만약 캐시 시간을 설정하고 싶다면 spring.resources.cache-period 프로퍼티로 설정할 수 있고 이때 설정하는 시간 단위는 초 단위다. 이 설정 내용은 HTTP 응답 헤더 중 'Cache-Control'에 최장 생존 기간으로 사용된다. 다음은 src/main/resources/application.properties에 캐시를 설정한 예다.

▶ application.properties에 캐시 설정

```
spring.resources.cache-period=86400 # 24시간 동안 캐시한다.(24 * 60 * 60)
```

웹 브라우저가 캐시하지 못하게 하려면 이 값을 0으로 설정하면 된다.

### ■ 메시지를 외부에서 참조하기

스프링 부트를 사용하면 org.springframework.context.support.ResoruceBundleMessageSource도 자동으로 설정된다. 화면에 표시되는 메시지는 클래스패스 아래의 messages.properties 안에 두는 것이 관례. 다음은 src/main/resources/messages.properties에 메시지를 설정한 예다.

▶ messages.properties에 메시지 정의

```
app.title=Hello Boot
```

이제 앞서 만든 HelloController에서 MessageSource를 통해 메시지를 꺼내서 화면에 전달해보자.

▶ 컨트롤러에서 메시지 가져오기

```
package com.example;

import java.util.Locale;

import org.springframework.beans.factory.annotation.Autowired;
import org.springframework.context.MessageSource;
import org.springframework.stereotype.Controller;
import org.springframework.ui.Model;
import org.springframework.web.bind.annotation.RequestMapping;

@Controller
public class HelloController {
    @Autowired
    MessageSource messageSource;

    @RequestMapping("/hello")
```

```
    public String hello(Model model, Locale locale) {
        model.addAttribute("title", messageSource.getMessage("app.title", null, locale));
        model.addAttribute("hello", "Hello, World!");
        return "hello";
    }
}
```

이전의 hello.html의 ⟨title⟩ 부분을 수정해서 메시지로 설정한 제목을 표시해보자.

▶ 템플릿에서 메시지 표시

```
⟨title th:text="${title}"⟩⟨/title⟩
```

messages.properties는 다국어 기능도 지원하는데 src/main/resources/messages_ko.propertes 파일을 만들어서 다음과 같이 한글 메시지를 설정해두면 한국어 로캘을 사용하는 요청에 대해서는 한글 메시지를 표시하게 만들 수 있다.

▶ 메시지 국제화

```
app.title = \uC548\uB155\uD558\uC138\uC694 Boot
```

참고로 메시지 파일을 편집할 때 이클립스에 내장된 Properties Editor나 STS Properties Editor를 사용하면 한글 입력 시 자동으로 유니코드 형태로 변환되어 입력되므로 native2ascii 명령을 따로 사용할 필요가 없다.[16]

한편 타임리프의 기능을 활용하면 굳이 컨트롤러에서 메시지를 가져와서 모델을 통해 메시지를 뷰에 전달하지 않아도 된다.

▶ 템플릿에서 타임리프 기능을 이용한 메시지 표시

```
⟨title th:text="#{app.title}"⟩⟨/title⟩ ⟨!-- ${변수명} 대신 #{메시지키}를 사용 --⟩
```

그 밖에도 스프링 MVC의 설정을 더 세밀하게 하고 싶다면 컴포넌트 스캔이 되는 패키지 안에 org.springframework.web.servlet.config.annotation.WebMvcConfigurerAdapter를 상속한 설정 클래스를 만들고 필요한 설정을 더 추가하면 된다.

---

16 (옮긴이) 일반 텍스트 편집기를 사용하면 한글을 표시할 때 운영체제의 기본 인코딩 방식을 따라가게 되는데, 윈도우 환경의 경우 MS949 등으로 설정될 수 있다. 이 경우 자바에서 인식 가능하도록 ASCII 코드로 변환해야 하며, 이때 native2ascii 명령을 사용한다. 단, 여기서는 STS의 에디터를 사용하므로 이 작업을 생략할 수 있다. native2ascii에 대한 자세한 내용은 다음 문서를 참고한다.

http://docs.oracle.com/javase/8/docs/technotes/tools/windows/native2ascii.html

추가로 국제화를 지원할 국가가 많다면 Resource Bundle Editor 플러그인을 추가하길 권장한다. 국가별로 메시지를 한눈에 확인할 수 있고 번역이 누락된 메시지도 경고로 알려준다.

https://marketplace.eclipse.org/content/resourcebundle-editor

▶ WebMvcConfigurerAdapter 확장[17]

```
package com.example;

import org.springframework.context.annotation.Configuration;
import org.springframework.web.servlet.config.annotation.ViewControllerRegistry;
import org.springframework.web.servlet.config.annotation.WebMvcConfigurerAdapter;

@Configuration
public class WebMvcConfig extends WebMvcConfigurerAdapter {
    public void addViewControllers(ViewControllerRegistry registry) {
        registry.addViewController("/login").setViewName("login");
    }
}
```

## 13.3. 스프링 부트와 데이터 접근

데이터베이스를 통한 데이터 접근과 관련해서는 이미 3장, 10장, 11장에 걸쳐 JDBC, JPA, 마이바티스를 스프링 프레임워크에서 사용하는 방법을 살펴봤다. 스프링 부트에서는 JdbcTemplate과 스프링 데이터 JPA의 두 가지 AutoConfigure가 제공되고 마이바티스에 대한 AutoConfigure는 제공되지 않는다. 그 대신 마이바티스 커뮤니티에서 스프링 부트 연계 프로젝트를 운영하고 있으며, 관련 기능을 제공하고 있다.[18]

앞서 데이터베이스 접근과 관련된 장을 이미 살펴봤다면 데이터 접근을 위해 다음과 같은 작업이 필요하다는 것을 알고 있을 것이다.

- 데이터 소스(datasource) 정의(URL, 계정, 비밀번호 등)

- 트랜잭션 관리자(PlatformTransactionManager) 정의

- JDBC를 사용하는 경우 JdbcTemplate 정의

- JPA를 사용하는 경우 EntityManagerFactory 정의

- JPA를 사용하는 경우 엔터티 스캔 설정

- 마이바티스를 사용하는 경우 SqlSessionFactory 정의

- 마이바티스를 사용하는 경우 Mapper 인터페이스의 스캔 설정

---

17 (옮긴이) 이 예는 추가 설정을 어떻게 한다는 것을 보여주기 위한 것이다. 실제 'login' 뷰가 아직 만들어지지 않은 상태이므로 실제로 'http://localhost:8080/login'을 호출할 때 오류가 발생하는 것이 정상이다.

18 http://www.mybatis.org/spring-boot-starter/mybatis-spring-boot-autoconfigure/

스프링 부트에는 이러한 내용에 대해 AutoConfigure가 준비돼 있어서 일부 프로퍼티만 제외하고는 대부분의 설정을 생략하고 자동으로 처리할 수 있다.

스프링 부트 1.3부터는 jOOQ(Java Object Oriented Querying)[19]라고 하는 데이터 접근 라이브러리의 AutoConfigurer가 제공된다. jOOQ는 기존 테이블을 토대로 자바 소스코드를 자동으로 생성할 수 있으며, 메서드를 흐르듯이 이어서 쓰는 플루언트 API(Fluent API)[20]를 사용해 타입 안전성을 고려한 SQL을 다룰 수 있다.

## 13.3.1. 스프링 JDBC

우선 스프링 JDBC를 스프링 부트에서 사용하는 방법을 살펴보자. 3장에서 살펴볼 때는 데이터 소스, 트랜잭션 매니저, JdbcTemplate의 정의가 필요했다. 하지만 스프링 부트를 이용하면 이런 정의를 AutoConfigurer에서 처리해주기 때문에 라이브러리의 의존 관계를 추가하는 외에는 다른 작업이 필요없다.

▶ pom.xml 설정

```
<dependency>
    <groupId>org.springframework.boot</groupId>
    <artifactId>spring-boot-starter-jdbc</artifactId>
</dependency>
<dependency>
    <groupId>com.h2database</groupId>
    <artifactId>h2</artifactId>
    <scope>runtime</scope>
</dependency>
```

스프링 이니셜라이저로 프로젝트를 만든다면 [Dependencies]를 지정할 때 [Web]과 [JDBC]와 [H2]를 선택한다.

---

19  https://www.jooq.org/
20  https://en.wikipedia.org/wiki/Fluent_interface

이와 같이 Starter를 지정하면 JdbcTemplate과 NamedParameterJdbcTemplate이 빈으로 등록된다. 여기까지 되면 앞에서 만든 MessageController에서 JdbcTemplate을 사용해보자.[21]

▶ 컨트롤러에서 JdbcTemplate 사용

```java
package com.example;

import java.util.List;

import org.springframework.beans.factory.annotation.Autowired;
import org.springframework.jdbc.core.JdbcTemplate;
import org.springframework.web.bind.annotation.RequestBody;
import org.springframework.web.bind.annotation.RequestMapping;
import org.springframework.web.bind.annotation.RequestMethod;
import org.springframework.web.bind.annotation.RestController;

@RestController
@RequestMapping("messages")
public class MessageController {
    @Autowired
    JdbcTemplate jdbcTemplate;

    @RequestMapping(method = RequestMethod.GET)
    public List<Message> getMessages() {
        return jdbcTemplate.query("SELECT text FROM messages ORDER BY id", (rs, i) -> {
                    Message m = new Message();
                    m.setText(rs.getString("text"));
                    return m;
                });
    }

    @RequestMapping(method = RequestMethod.POST)
    public Message postMessages(@RequestBody Message message) {
        jdbcTemplate.update("INSERT INTO messages(text) VALUES (?)", message.getText());
        return message;
    }

}
```

---

**21** (옮긴이) 웹 애플리케이션을 설계할 때 계층형 아키텍처(layered architecture)로 만든다면 대부분의 경우 데이터베이스에 접근하는 JdbcTemplate은 컨트롤러에서 사용하지 않는다. 계층을 프레젠테이션 계층, 비즈니스 계층, 퍼시스턴스 계층으로 나눈다고 가정할 때 컨트롤러는 프레젠테이션 계층에 위치하고 JdbcTemplate과 같이 데이터에 접근하는 코드는 퍼시스턴스 계층에 두는 것이 일반적이다. 이 예에서 사용된 형태는 스프링 부트를 활용한다는 목적에 초점을 맞춰 기존의 메모리로 관리하던 메시지를 데이터베이스에서 가져오는 형태로 대체하면서 편의상 기존의 컨트롤러 코드를 활용하는 것으로 이해하자.

스프링 부트에서는 기본적으로 클래스패스 상에 schema.sql 파일이 있다면 기동 시 그 파일 안에 있는 SQL 문을 자동으로 실행하도록 만들어져 있다. 메시지를 데이터베이스로 관리하기 위해 src/main/resources에 다음과 같이 테이블 생성 SQL 문을 작성하자.

▶ schema.sql에 테이블 생성 SQL 문 작성

```
CREATE TABLE messages (
    id  INT PRIMARY KEY AUTO_INCREMENT,
    text  VARCHAR(255)
);
```

여기까지 되면 DemoApplication의 main 메서드를 다시 실행해보자. 이전에는 메모리에서 가져온 메시지를 데이터베이스에서 읽어오는 간단한 RESTful 웹 서비스가 완성됐다.

다음으로 H2 같은 내장형 데이터베이스가 아닌 실제 운영 환경에서도 사용 가능한 데이터베이스로 교체해보자. 이 예에서는 PostgreSQL를 사용하기로 한다.

우선, PostgreSQL을 사용하기 위한 JDBC 드라이버를 의존 라이브러리로 추가한다.

▶ pom.xml 설정

```
<dependency>
    <groupId>org.postgresql</groupId>
    <artifactId>postgresql</artifactId>
    <scope>runtime</scope>
</dependency>
```

한편 이제까지 사용한 H2 데이터베이스의 의존 관계는 삭제해도 상관없다. 대신 내장형 데이터베이스가 아닌 PostgreSQL을 사용하기 위해서는 JDBC 관련 정보를 다음과 같이 설정해야 한다. src/main/resources/application.properties에 다음 내용을 기재하자.

▶ application.properties 설정

```
spring.datasource.username=spring
spring.datasource.password=spring
spring.datasource.url=jdbc:postgresql://localhost:5432/spring
```

schema.sql도 H2용으로 만든 것을 PostgreSQL용으로 수정하자.[22]

---

22   (옮긴이) 여기까지 진행했다면 PostgreSQL의 사용자와 데이터베이스를 생성하고 테스트해보자. 데이터베이스 사용자 등록에 관해서는 16.2.4절 'PostgreSQL 사용자 등록'을, 데이터베이스 생성에 관해서는 16.2.5절 'PostgreSQL 데이터베이스 생성'을 참고하고 REST 테스트에 관해서는 16.3.4절 'Advanced Rest Client 테스트'를 참고하자.

▶ schema.sql에 테이블 생성 SQL 문 작성

```
CREATE TABLE IF NOT EXISTS messages (
    id  SERIAL PRIMARY KEY,
    text  VARCHAR(255)
);
```

## 13.2.2. 스프링 데이터 JPA

다음으로 스프링 부트에서 스프링 데이터 JPA를 사용하는 방법을 살펴보자. 필요한 의존 라이브러리를 가져오기 위해 pom.xml에 다음 내용을 추가한다.

▶ pom.xml 설정

```
<dependency>
    <groupId>org.springframework.boot</groupId>
    <artifactId>spring-boot-starter-data-jpa</artifactId>
</dependency>
```

 스프링 이니셜라이저로 프로젝트를 만든다면 [Dependencies]를 지정할 때 [Web]과 [JPA]를 선택한다.

메모

이와 같이 의존 라이브러리에 spring-boot-starter-jpa를 추가하면 스프링 데이터나 하이버네이트 같은 라이브러리가 추가되고 이에 반응해서 AutoConfigure가 동작한다. 그 결과 JpaTransaction Manager나 EntityManagerFactory, JpaRepository가 빈으로 등록되는 것은 물론 엔터티에 대한 스캔도 자동으로 이뤄진다.

참고로 엔터티 스캔 범위는 @SpringBootApplication 애너테이션이 부여된 클래스가 위치한 패키지를 포함해서 그 하위 패키지를 포함한다.

이제 앞서 JDBC 방식으로 만든 프로그램을 스프링 데이터 JPA를 사용하는 방식으로 고쳐보자. 엔터티와 Repository는 다음과 같이 구현한다. 참고로 엔터티는 기존의 Message 클래스를 수정해서 만들면 된다.

▶ 엔터티 생성

```
package com.example;

import java.io.Serializable;
```

```java
import javax.persistence.Entity;
import javax.persistence.GeneratedValue;
import javax.persistence.GenerationType;
import javax.persistence.Id;
import javax.persistence.Table;

@Table(name = "messages")
@Entity
public class Message implements Serializable {
    @Id
    @GeneratedValue(strategy = GenerationType.IDENTITY)
    private Integer id;

    private String text;

    // 생략
}
```

▶ Repository 인터페이스 생성

```java
package com.example;

import org.springframework.data.jpa.repository.JpaRepository;

public interface MessageRepository extends JpaRepository<Message, Integer> {
}
```

이렇게 만든 Repository를 컨트롤러에서 사용할 수 있게 만든다.[23] 기존에 JdbcTemplate을 사용하던 컨트롤러를 다음과 같이 수정한다.

▶ 컨트롤러에서 Repository 사용

```java
package com.example;

import java.util.List;

import org.springframework.beans.factory.annotation.Autowired;
import org.springframework.web.bind.annotation.RequestBody;
import org.springframework.web.bind.annotation.RequestMapping;
import org.springframework.web.bind.annotation.RequestMethod;
```

---

**23** (옮긴이) 앞서 JdbcTemplate을 사용할 때도 언급한 적이 있지만 일반적인 계층형 아키텍처에서는 Repository는 퍼시스턴스 계층에 속하므로 프레젠테이션 계층에 속하는 컨트롤러에 두지 않는다. 다만, 이 책에서는 각 장별 주제에 좀 더 집중하기 위해 편의상 컨트롤러에서 Repository를 사용하는 것이라고 이해하자.

```
import org.springframework.web.bind.annotation.RestController;

@RestController
@RequestMapping("messages")
public class MessageController {
    @Autowired
    MessageRepository messageRepository;

    @RequestMapping(method = RequestMethod.GET)
    public List<Message> getMessages() {
        return messageRepository.findAll();
    }

    @RequestMapping(method = RequestMethod.POST)
    public Message postMessages(@RequestBody Message message) {
        return messageRepository.save(message);
    }
}
```

만약 데이터베이스로 내장형 데이터베이스인 H2, HSQLDB, Derby를 사용한다면 JPA와 관련된 설정을 별도로 해줄 필요는 없다. 또한 이전에는 데이터베이스 스키마를 만들기 위해 schema.sql 파일을 클래스패스 상에 뒀는데 하이버네이트의 DDL 실행 기능으로 대체할 수 있다. application.properties의 spring.jpa.hibernate.ddl-auto 프로퍼티에서 스키마 생성 방법을 지정할 수 있으며, 선택 가능한 방법은 다음과 같다(표 13.2).

표 13.2 spring.jpa.hibernate.ddl-auto 설정에서 선택 가능한 값

| 프로퍼티 값 | 설명 |
| --- | --- |
| create-drop | 애플리케이션이 기동할 때 엔터티 정보를 토대로 자동으로 생성된 DDL을 실행하고 테이블이 만들어진다. 이미 테이블이 존재하면 삭제하고 다시 만든다. 애플리케이션이 종료될 때 테이블이 삭제된다. |
| create | 애플리케이션이 기동할 때 엔터티 정보를 토대로 자동으로 생성된 DDL을 실행하고 테이블이 만들어진다. 이미 테이블이 존재하면 삭제하고 다시 만든다. |
| update | 애플리케이션이 기동할 때 생성하려는 테이블 정보와 이미 생성된 테이블을 비교한다. 비교 결과, 만약 차이가 있다면 기존 스키마를 ALTER로 변경한다. |
| validate | 애플리케이션이 기동할 때 생성하려는 테이블 정보와 이미 생성된 테이블을 비교한다. 비교 결과, 만약 차이가 있다면 예외를 발생시킨다. |
| none | 아무것도 하지 않는다. |

내장형 데이터베이스를 사용할 때는 create-drop이 기본 설정이고 그 밖의 데이터베이스를 사용할 때는 none이 기본 설정이다. 그래서 내장형 데이터베이스를 사용하는데, 마침 schema.sql 파일도 있다면 스키마를 두 번 생성하는 셈이 된다. 이러한 경우 schema.sql이 실행되는 것을 막고 싶을 수 있는데 application.properties에서 spring.database.initialize 프로퍼티를 false로 설정하면 된다.

반면, PostgreSQL이나 MySQL과 같은 데이터베이스를 사용하는 경우에는 schema.sql을 활용하거나 spring.jpa.hibernate.ddl-auto 프로퍼티에 create-drop이나 create, 혹은 update 중 하나를 지정하면 된다.[24]

여기까지 진행했다면 스프링 데이터 JPA를 사용한 애플리케이션이 모두 완성된 셈이다. 애플리케이션을 기동하려면 @SpringBootApplication 애너테이션이 부여된 클래스의 main 메서드를 실행하면 되며, 이 예에서는 DemoApplication.java를 재실행하면 된다.[25]

### 13.3.3. 마이바티스

다음으로 스프링 부트에서 마이바티스를 사용하는 방법을 살펴보자. 필요한 의존 라이브러리를 가져오기 위해 pom.xml에 다음 내용을 추가한다.

▶ pom.xml 설정

```
<dependency>
    <groupId>org.mybatis.spring.boot</groupId>
    <artifactId>mybatis-spring-boot-starter</artifactId>
    <version>1.1.1</version>
</dependency>
```

이처럼 의존 라이브러리에 mybatis-spring-boot-starter를 추가하면 SqlSessionFactory, SqlSessionTemplate과 같은 빈이 등록되고 매퍼 인터페이스에 대한 스캔도 자동으로 이뤄진다.[26]

참고로 매퍼 인터페이스 스캔 범위는 @SpringBootApplication 애너테이션이 부여된 클래스가 위치한 패키지를 포함해 그 하위 패키지를 포함하고 그 안에서 @org.apache.ibatis.annotations.Mapper 애너테이션이 부여된 것을 매퍼 인터페이스로 간주한다.

---

**24** 플라이웨이(Flyway)나 리퀴베이스(Liquibase) 같은 데이터베이스 마이그레이션 툴을 사용해도 된다. 자세한 내용은 다음 문서를 참고하자.
http://docs.spring.io/spring-boot/docs/current/reference/htmlsingle/#howto-use-a-higher-level-database-migration-tool

**25** (옮긴이) 앞서 데이터베이스 관련 설정은 이미 마쳤으니 16.3.4절 'Advanced Rest Client 테스트'를 참고해서 정상적으로 동작하는지 여부를 확인하자.

**26** (옮긴이) 앞서 스프링 JDBC, 스프링 데이터 JPA의 예를 거치면서 관련 Starter의 의존 관계를 제거하지 않았기 때문에 로그 상에 JPA가 초기화되는 과정이 보일 수 있다. 만약 이 시점에서 스프링 데이터 JPA의 의존 관계를 삭제한다면 javax.persistence 패키지 아래의 라이브러리도 함께 삭제되기 때문에 컴파일 오류가 발생할 수 있다. 이 경우, 기존의 Message.java에서 관련 애너테이션을 제거하고 MessageRepository.java 파일을 삭제하면 된다.

이제 앞서 스프링 데이터 JPA 방식으로 만든 프로그램을 마이바티스를 사용하는 방식으로 고쳐보자.

▶ 매퍼 인터페이스 만들기

```java
package com.example;

import java.util.List;

import org.apache.ibatis.annotations.Insert;
import org.apache.ibatis.annotations.Mapper;
import org.apache.ibatis.annotations.Select;

@Mapper
public interface MessageMapper {
    @Select("SELECT text FROM messages ORDER BY id")
    List<Message> findAll();

    @Insert("INSERT INTO messages(text) VALUES(#{text})")
    int create(Message message);
}
```

여기까지 진행했다면 앞서 만들어둔 MessageController에서 MessageMapper를 사용해보자.[27]

▶ 컨트롤러에서 매퍼 사용

```java
package com.example;

import java.util.List;

import org.springframework.beans.factory.annotation.Autowired;
import org.springframework.web.bind.annotation.RequestBody;
import org.springframework.web.bind.annotation.RequestMapping;
import org.springframework.web.bind.annotation.RequestMethod;
import org.springframework.web.bind.annotation.RestController;

@RestController
@RequestMapping("messages")
public class MessageController {
    @Autowired
    MessageMapper messageMapper;
```

---

**27** (옮긴이) 앞서 스프링 JDBC, 스프링 데이터 JPA에서 언급한 바와 같이 일반적인 계층형 아키텍처에서는 매퍼를 컨트롤러 안에 두지 않으니 다른 빈에서 어떻게 매퍼를 불러서 쓰는지에 대해서만 참고하기 바란다.

```
    @RequestMapping(method = RequestMethod.GET)
    public List<Message> getMessages() {
        return messageMapper.findAll();
    }


    @RequestMapping(method = RequestMethod.POST)
    public Message postMessages(@RequestBody Message message) {
        messageMapper.create(message);
        return message;
    }
}
```

여기까지 진행했다면 마이바티스를 사용한 애플리케이션이 모두 완성된 것이다. 이제 `DemoApplication.java`를 재실행하고 정상적으로 동작하는지 테스트해보기 바란다.[28]

## 13.3.4. 커넥션 풀 라이브러리 변경

스프링 부트에서는 별도의 DataSource를 정의하지 않아도 자동으로 설정된다. 커넥션 풀(connection pool) 역시 자동으로 설정되는데 이때 사용되는 구현 라이브러리는 클래스패스에 있는 것을 사용한다. 만약 커넥션 풀과 관련된 라이브러리가 여러 개 있는 경우에는 다음과 같은 우선순위에 따라 사용할 라이브러리가 선택된다.

- Tomcat JDBC
- HikariCP[29]
- Commons DBCP[30]
- Commons DBCP2[31]

`spring-boot-jdbc-starter`나 `spring-boot-starter-data-jpa`를 `pom.xml`에 의존 라이브러리로 등록하면 `tomcat-jdbc` 라이브러리도 자동으로 추가된다. 그래서 Tomcat JDBC는 언제나 사용 가능한 상태이고 앞서 살펴본 예 모두 실제로 Tomcat JDBC를 사용해왔다.

---

**28** (옮긴이) 앞서 데이터베이스 관련 설정은 이미 마쳤으니 16.3.4절 'Advanced Rest Client 테스트'를 참고해서 정상적으로 동작하는지 여부를 확인하자.

**29** https://github.com/brettwooldridge/HikariCP

**30** https://commons.apache.org/proper/commons-dbcp/

**31** https://commons.apache.org/proper/commons-dbcp/

만약 Tomcat JDBC를 사용하지 않고 HikariCP를 사용하고 싶다면 다음과 같이 spring-boot-jdbc-starter나 spring-boot-starter-data-jpa에서 tomcat-jdbc의 의존 관계를 exclude로 배제한 후, HikariCP의 의존 관계를 추가하면 된다.

▶ pom.xml 설정

```xml
<dependency>
    <groupId>org.springframework.boot</groupId>
    <artifactId>spring-boot-starter-jdbc</artifactId>
    <exclusions>
        <exclusion>
            <groupId>org.apache.tomcat</groupId>
            <artifactId>tomcat-jdbc</artifactId>
        </exclusion>
    </exclusions>
</dependency>
<dependency>
    <groupId>com.zaxxer</groupId>
    <artifactId>HikariCP</artifactId>
</dependency>
```

다음은 커넥션 풀을 설정할 차례다. application.properties 파일에 다음과 같은 방식으로 설정을 추가하자.

▶ application.properties 설정(1.3 버전 기준)

```
spring.datasource.max-active=100
spring.datasource.max-idle=8
spring.datasource.min-idle=8
spring.datasource.initial-size=10
spring.datasource.test-on-borrow=true
spring.datasource.validation-query=SELECT 1
```

스프링 부트 1.4 버전 이후부터는 각 커넥션 풀 라이브러리별로 프로퍼티 키의 이름을 다르게 쓰기 때문에 버전에 맞춰 키 값을 바꿔야 할 수 있다. 다음은 스프링 부트 1.4 이후 버전에서 HikariCP를 사용할 때의 프로퍼티 설정 예다.[32]

---

[32] (옮긴이) 스프링 부트에서 사용 가능한 HikariCP의 프로퍼티 키는 HikariCP 공식 문서의 설정 항목 이름과 비슷한 이름으로 명명된다. 만약 프로퍼티 항목의 의미를 잘 모르겠다면 공식 문서를 참고하자.
https://github.com/brettwooldridge/HikariCP#configuration-knobs-baby

▶ application.properties 설정(1.4 버전 이후)

```
spring.datasource.hikari.maximum-pool-size=100
spring.datasource.hikari.minimum-idle=8
spring.datasource.hikari.connection-test-query=SELECT 1
```

다른 커넥션 풀 라이브러리를 사용하는 경우에도 프로퍼티의 키 값은 동일하다.[33] 프로퍼티의 기본값은
사용하는 라이브러리에 따라 달라질 수 있으므로 라이브러리를 교체할 때는 그에 해당하는 프로퍼티
값도 함께 바꿀 필요가 있다.

여기까지 진행했다면 기존 애플리케이션에서 사용하던 커넥션 풀이 교체된 것이다. 이상 없이 잘 교체
됐는지 확인하고 싶다면 DemoApplication.java를 다시 실행해서 앞서 해본 테스트를 다시 한번 실행
해보자[34]

## 13.4. 스프링 부트와 스프링 시큐리티

스프링 부트는 스프링 시큐리티를 위한 Starter도 제공한다.

▶ pom.xml 설정

```
<dependency>
    <groupId>org.springframework.boot</groupId>
    <artifactId>spring-boot-starter-security</artifactId>
</dependency>
```

메모    스프링 이니셜라이저로 프로젝트를 만든다면 [Dependencies]를 지정할 때 [Web]과 [Security]를 선택한다.

이와 같이 의존 라이브러리에 spring-boot-starter-security를 추가하면 스프링 시큐리티의 Auto
Configure가 활성화되고 다음과 같은 내용이 자동으로 설정된다.

- 메모리에 AuthenticationManager가 만들어지고 user라는 이름의 사용자가 만들어진다.

- /css/**, /js/**, /images/**, **/favicon.ico에 대한 요청에 대해서는 접근 제어를 하지 않는다.

---

33   스프링 부트 1.4부터는 라이브러리별로 프로퍼티 키가 구분되도록 확장됐다. 예를 들어, Tomcat JDBC는 spring.datasource.tomcat, HikariCP는 spring.
datasource.datasource.hikari, Commons DBCP는 spring.datasource.jdbc, Commons DBCP2는 spring.datasource.jdbc2가 프로퍼티의 접두어로 사용된다.

34   (옮긴이) 앞서 데이터베이스 관련 설정은 이미 마쳤으니 16.3.4절 'Advanced Rest Client 테스트'를 참고해서 정상적으로 동작하는지 여부를 확인하자.

- 위 접속 경로를 제외한 모든 요청에 대해서는 기본(Basic) 인증을 수행한다.
- 스프링 시큐리티가 제공하는 HSTS, XSS, CSRF, 캐시 금지와 같은 보안 기능이 활성화된다.[35]

## 13.4.1. 기본 인증

앞서 언급한 것처럼 spring-boot-starter-security를 의존 관계에 포함시키기만 해도 기본 인증이 적용된다(그림 13.9).

그림 13.9 기본 인증 적용

기본 사용자의 이름은 'user'이고 비밀번호는 애플리케이션을 기동할 때마다 무작위로 생성된다. 기본 인증을 테스트하려면 다음과 같이 기동 시 표시되는 로그에서 비밀번호를 확인해서 입력하면 된다. 예를 들어, 다음과 같이 로그가 표시됐다면 비밀번호는 'd170e079-fb2c-4de5-b7e4-8a72926c6690'가 된다.

▶ 스프링 부트 기동 로그에서 user의 비밀번호 확인

```
... 생략 ...
2017-02-28 19:47:37.700  INFO 16240 --- [          main] b.a.s.AuthenticationManagerConfiguration :

Using default security password: d170e079-fb2c-4de5-b7e4-8a72926c6690
```

---

[35] 기본 설정 항목을 변경하려면 security로 시작하는 프로퍼티 키를 찾고 설정 값을 변경하면 된다. 자세한 내용은 다음과 같다.
http://docs.spring.io/spring-boot/docs/current/reference/html/common-application-properties.html

```
2017-02-28 19:47:37.772  INFO 16240 --- [        main] o.s.s.web.DefaultSecurityFilterChain    :
Creating filter chain: OrRequestMatcher [requestMatchers=[Ant [pattern='/css/**'], Ant [pat-
tern='/js/**'], Ant [pattern='/images/**'], Ant [pattern='/webjars/**'], Ant [pattern='/**/fa-
vicon.ico'], Ant [pattern='/error']]], []
 ... 생략 ...
```

만약 기본 사용자 이름과 무작위로 할당되는 비밀번호를 변경하고 싶다면 application.properties에 서 security.user.name 프로퍼티와 security.user.password 프로퍼티로 설정할 수 있다.

▶ application.properties 설정(사용자 이름, 비밀번호)

```
security.user.name=user
security.user.password=changeme
```

그리고 인증된 사용자의 역할(role)을 정할 때는 security.user.role 프로퍼티를 사용한다.

▶ application.properties 설정(역할)

```
security.user.role=USER,ADMIN
```

만약 기본 인증을 비활성화하고 싶다면 security.basic.enabled 프로퍼티를 false로 설정하면 된다.

▶ application.properties 설정(기본 인증 비활성화)

```
security.basic.enabled=false
```

## 13.4.2. 인증, 인가 커스터마이징

스프링 시큐리티의 인증과 인가에 관한 설정은 org.springframework.security.config.annota tion.web.configuration.WebSecurityConfigurerAdapter에서 할 수 있는데, 설정할 수 있는 내용 은 9장 '스프링 시큐리티'에서 다룬 내용과 같다.

편의상 메모리 상에 사용자 정보를 관리하고 폼(form) 인증을 사용하는 애플리케이션을 만들어보자.

▶ 폼 인증을 위한 빈 설정

```
package com.example;

// 생략

@Configuration
@Order(SecurityProperties.ACCESS_OVERRIDE_ORDER) ───────────────────────────── ❶
public class WebSecurityConfig extends WebSecurityConfigurerAdapter {
```

```
@Override
protected void configure(AuthenticationManagerBuilder auth)
        throws Exception {
        auth.inMemoryAuthentication() ─────────────────────────── ❷
            .withUser("admin").password("admin").roles("ADMIN", "USER")
            .and()
            .withUser("user").password("user").roles("USER");
    }


@Override
protected void configure(HttpSecurity http) throws Exception {
    http.authorizeRequests()
        .anyRequest()
            .authenticated()
        .and()
        .formLogin()
            .loginPage("/login")
            .permitAll()
        .and()
        .logout()
            .permitAll();
    }
}
```

❶ AutoConfigure 설정보다 우선하기 위해 @Order 애너테이션으로 우선순위를 명시했다. 여기서 사용된 값은 SecurityProperties#ACCESS_OVERRIDE_ORDER다.

❷ 메모리 기반의 AuthenticationManager를 만든 다음 admin 사용자와 user 사용자를 등록한다.

다음으로 UserDetails와 UserDetailsService를 만들어 보자. 자세한 내용은 9.4.5절 '데이터베이스 인증'을 참고하자.

▶ UserDetailsService 구현[36]

```
@Configuration
@Order(SecurityProperties.ACCESS_OVERRIDE_ORDER)
public class WebSecurityConfig extends WebSecurityConfigurerAdapter {
    @Autowired
```

---

**36** 스프링 부트 1.4에서 사용하는 스프링 시큐리티 4.1부터는 UserDetailsService와 PasswordEncoder가 자동으로 추가되므로 명시적으로 빈 정의에 포함할 필요가 없다.

```
    UserDetailsService userDetailsService;

    @Autowired
    PasswordEncoder passwordEncoder;

    // 생략

    protected void configure(AuthenticationManagerBuilder auth)
            throws Exception {
        auth.userDetailsService(userDetailsService)
                .passwordEncoder(passwordEncoder);
    }
}
```

## 13.5. 스프링 부트로 프로퍼티의 타입 안정성 확보

application.properties 파일에 설정한 프로퍼티 값은 @org.springframework.beans.factory.
annotation.Value 애너테이션을 사용해 변수에 주입할 수 있다. 스프링 부트에서는 프로퍼티를 만들
어두고 그 값을 외부에서 변경할 수 있게 만들거나 프로파일(profile)에 따라 다른 값으로 설정되도록
만들기도 한다. 예를 들어, 다음과 같은 프로퍼티가 있다고 하자.

▶ application.properties 정의

```
target.host=api.example.com
target.port=8080
```

target.host는 String 타입이고 target.port는 int 타입이라고 가정하면 보통 다음과 같은 방식으
로 변수에 프로퍼티 값을 주입할 수 있다.

▶ 프로퍼티 삽입

```
@Component
public class HelloService {
    @Value("${target.host}")
    String host;

    @Value("${target.port}")
    int port;

    public String hello() {
```

```
        String target = "http://" + host + ":" + port;
    }
}
```

이 같은 주입 방식이 틀린 것은 아니지만 프로퍼티를 사용하는 입장에서 보면 프로퍼티 값을 주입할 때
마다 다음과 같은 것을 신경 써야 한다.

- 프로퍼티 이름을 문자열로 지정한다.
- 프로퍼티 타입을 지정해야 한다.

경우에 따라서는 프로퍼티를 정의할 때와는 다른 타입으로 사용될 가능성도 있다.

## 13.5.1. @ConfigurationProperties를 이용한 프로퍼티 설정

스프링 부트는 프로퍼티를 사용하는 의존도가 상당히 높은 편이라서 프로퍼티를 안전하게 다루기 위해
@org.springframework.boot.context.properties.ConfigurationProperties라는 애너테이션을
제공한다. 다음과 같이 프로퍼티 파일의 프로퍼티와 매핑되는 자바 빈을 DI 컨테이너에 등록한 다음
@ConfigurationProperties 애너테이션을 붙이면 자바 빈의 각 필드에 프로퍼티 파일의 프로퍼티 값
이 주입된다. 만약 프로퍼티 파일의 프로퍼티 키 값에 접두어가 사용되고 있다면 prefix 속성에 접두
어를 지정하고 자바 빈의 필드에는 접두어가 없는 이름으로 매핑할 수 있다. 다음 예제에서는 프로퍼티
파일의 target.host와 target.port를 자바 빈 형태로 처리한다.

▶ @ConfigurationProperties 애너테이션을 클래스에 할당

```
import org.springframework.boot.context.properties.ConfigurationProperties;

@Component
@ConfigurationProperties(prefix = "target")
public class TargetProperties {
    private String host;
    private int port;

    // 생략
}
```

이렇게 만들어진 프로퍼티를 사용할 때는 필요한 곳에서 TargetProperties 클래스를 주입받고 접근
자 메서드를 사용해 프로퍼티 값을 참조할 수 있다.

▶ TargetProperties 사용

```java
@Component
public class HelloService {
    @Autowired
    TargetProperties targetProperties;
    // 생략

    public String hello() {
        String target = "http://" + targetProperties.getHost() + ":"
                + targetProperties.getPort();
        // 생략
    }
}
```

이런 방식을 사용하면 앞서 언급했던 프로퍼티 값의 타입 안전성을 소스코드 수준에서 보장할 수 있다.

메모

@ConfigurationProperties에 대해 좀 더 정확하게 설명하자면 앞서 언급한 바와 같이 프로퍼티 파일의 내용을 자바 빈 형태로 만드는 애너테이션이라기보다는 DI 컨테이너에 등록된 임의의 빈의 필드에 프로퍼티 값을 주입하기 위한 애너테이션이라고 보는 것이 맞다. 앞서 살펴본 예제를 풀어서 설명하자면 @Component 애너테이션을 사용해 DI 컨테이너에 등록된 targetProperties라는 빈이 있고 그 빈의 host 필드에 프로퍼티 파일의 target.host 값을 설정하고, 같은 방식으로 그 빈의 port 필드에 프로퍼티 파일의 target.port 값을 설정한다. 결국 이러한 동작 방식이 가능하려면 프로퍼티 값을 주입받는 빈에 접근자 메서드와 설정자 메서드가 있어야 한다.

한편으로 @ConfigurationProperties는 프로퍼티를 주입받을 클래스뿐만 아니라 다음과 같이 JavaConfig의 @Bean 메서드와 같이 사용할 수도 있다. 이 방법은 서드파티 라이브러리에서 제공하는 클래스를 마치 프로퍼티 클래스처럼 사용하고 싶을 때 활용할 수 있다.

▶ @ConfigurationProperties, @Bean 애너테이션을 메서드에 할당

```java
@Bean
@ConfigurationProperties(prefix = "target")
public TargetProperties targetProperties() {
    return new TargetProperties();
}
```

## 13.5.2. Bean Validation을 이용한 프로퍼티 값 검증

프로퍼티에 Bean Validation을 위한 애너테이션을 부여하면 주입되는 프로퍼티 값에 대한 입력값 검증도 할 수 있다.

▶ 빈 검증을 위한 애너테이션 할당

```
@Component
@ConfigurationProperties(prefix = "target")
public class TargetProperties {
    @NotEmpty
    private String host;
    @Min(1)
    @Max(65535)
    private int port;
    // Getter/Setter는 생략
}
```

기동 시 입력값 검증을 수행하고 만약 검증에 실패하는 경우에는 org.springframework.validation. BindException 예외가 발생한다.


## 13.5.3. IDE에서의 프로퍼티 지원 기능

IDE[37]에서는 @ConfigurationProperties를 사용한 프로퍼티를 쉽게 다룰 수 있는 기능을 지원한다. 단, 그러기 위해서는 프로퍼티에 대한 메타 정보가 만들어져야 하는데 만약 메타 정보가 없다면 다음과 같은 경고가 표시된다(그림 13.10).

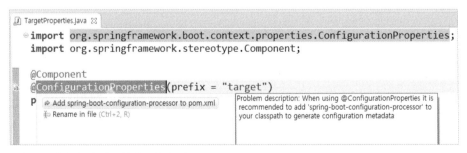

그림 13.10 메타 정보가 없는 경우에 표시되는 경고

---

**37** STS(Spring Tool Suite)와 IntelliJ IDEA에서 사용 가능하며, 이 책에서는 STS를 기준으로 설명하고 있다.

경고와 함께 표시된 'Add spring boot-configuration-processor to pom.xml'을 마우스로 클릭하면 경고에 대한 응급 조치(quick fix)를 할 수 있으며, pom.xml에 다음과 같은 의존 관계가 추가되는 것을 알 수 있다.

▶ pom.xml에 추가된 내용

```xml
<dependency>
    <groupId>org.springframework.boot</groupId>
    <artifactId>spring-boot-configuration-processor</artifactId>
    <optional>true</optional>
</dependency>
```

메모

spring-boot-configuration-processor는 Pluggable Annotation Processing API(JSR 2669)를 구현하고 있어서 @ConfigurationProperties 애너테이션이 있는 자바 소스코드에서 메타 정보를 추출해서 JSON 형태로 만들 수 있다. 이 소스코드가 IDE에서 자동으로 빌드되거나 메이븐에서 빌드되고 나면 'target/classes/META-INF/spring-configuration-metadata.json'[38]이라는 파일이 생성되는 것을 알 수 있는데 이는 @ConfigurationProperties로 설정된 프로퍼티의 메타 정보가 JSON 형태로 표현된 것이다.

▶ spring-configuration-metadata.json에 생성된 프로퍼티 메타 정보

```json
{
    "hints": [],
    "groups": [
        {
            "sourceType": "com.example.TargetProperties",
            "name": "target",
            "type": "com.example.TargetProperties"
        }
    ],
    "properties": [
        {
            "sourceType": "com.example.TargetProperties",
            "name": "target.host",
            "type": "java.lang.String"
        },
        {
            "sourceType": "com.example.TargetProperties",
```

---

**38** (옮긴이) 만약 STS에서 'Project Exeplorer'나 'Package Explorer'와 같은 뷰로 프로젝트 구조를 보고 있다면 'target' 아래의 내용을 볼 수 없다. 이때는 STS의 메뉴에서 [Window] → [Show View] → [Other…]를 선택한 후 표시되는 대화창에서 [General] → [Navigator]를 선택해서 'Navigator' 뷰를 이용하면 'target' 아래의 숨겨진 내용을 볼 수 있다.

```
            "name": "target.port",
            "type": "java.lang.Integer"
        }
    ]
}
```

참고로 명령행에서 'mvn compile'과 같이 메이븐을 실행하더라도 'spring-configuration-metadata.json'은 만들어진다.

이처럼 프로퍼티에 대한 메타 정보가 생성되고 나면 applicaton.properties를 편집할 때 키보드로 'Ctrl + Space'를 누르면 다음과 같은 지원 기능을 쓸 수 있게 된다(그림 13.11).

```
*application.properties
 target.
            target.host : String
            target.port : int
```

그림 13.11 @ConfigurationProperties를 사용한 프로퍼티에 대한 IDE 지원 기능

스프링 부트를 사용하면서 프로퍼티 값을 외부 참조 방식으로 만들 때는 이와 같이 @Configuration Properties를 적극적으로 활용할 것을 권한다.

## 13.6. 스프링 부트 액추에이터를 이용한 운영 기능 강화

보통 스프링 부트는 개발 단계에서 도움을 주는 기능만 제공한다고 생각할 수 있는데 운영 단계까지 고려한 기능도 있다. 그런 기능을 제공하는 것이 바로 스프링 부트 액추에이터(Spring Boot Actuator)이며, 이 기능을 사용하기 위해서는 메이븐에서 다음과 같은 의존 관계를 추가해야 한다.

▶ pom.xml 설정

```xml
<dependency>
    <groupId>org.springframework.boot</groupId>
    <artifactId>spring-boot-starter-actuator</artifactId>
</dependency>
```

메모

스프링 이니셜라이저를 사용해 프로젝트를 만들 때는 [Dependencies]에서 [Web]과 [Actuator]를 선택하면 된다.

이렇게 설정하기만 하면 애플리케이션의 상태를 확인할 수 있는 엔드포인트(HTTP, JMX, SSH[39])가 추가되고 상태 점검 기능이나 메트릭 정보 수집 기능을 사용할 수 있다.

## 13.6.1. HTTP 엔드포인트 추가

spring-boot-starter-actuator를 추가한 후 사용할 수 있는 HTTP 엔드포인트는 다음과 같다(표 13.3)

표 13.3 HTTP 엔드포인트

| 엔드포인트 | 설명 |
| --- | --- |
| GET /autoconfig | AutoConfigure에서 활성화 및 비활성화된 내용을 표시한다. |
| GET /beans | DI 컨테이너에서 관리되고 있는 빈의 목록을 표시한다. |
| GET /env | 환경 변수와 시스템 프로퍼티의 목록을 표시한다. |
| GET /configprops | @ConfigurationProperties로 설정된 프로퍼티의 목록을 표시한다. |
| GET /dump | 스레드 덤프를 표시한다. |
| GET /health | 헬스 체크 결과를 표시한다. |
| GET /info | info.로 시작하는 프로퍼티 값의 목록과 같은 애플리케이션 정보를 표시한다. |
| GET /logfile | 로그 파일을 표시한다.<br>(logging.file이나 logging.path 프로퍼티가 설정돼 있어야 함 ) |
| GET /metrics | 메트릭을 표시한다. |
| GET /mappings | 스프링 MVC의 요청 매핑 정보를 표시한다. |
| POST /shutdown | 진행 중인 처리가 끝난 후에 애플리케이션을 정지(graceful shutdown)시킨다. |
| GET /trace | HTTP 요청의 로그를 표시한다. |
| GET /flyway | 플라이웨이를 이용한 데이터베이스 마이그레이션 정보를 표시한다.<br>(플라이웨이 의존 관계를 추가해야 함) |
| GET /liquibase | 리퀴베이스를 이용한 데이터베이스 마이그레이션 정보를 표시한다.<br>(리퀴베이스 의존 관계를 추가해야 함) |

엔드포인트에 접근할 때 사용하는 컨텍스트 패스(context path)나 포트 번호는 application.properties 파일의 프로퍼티로 설정한다.

---

**39** SSH 엔드포인트를 사용하기 위해서는 spring-boot-remote-shell을 의존 관계에 추가해야 한다.

▶ application.properties의 설정 예

```
management.context-path=/manage # 엔드포인트의 컨텍스트 패스
management.port=8081 # 포트 번호
management.address=127.0.0.1 # localhost에서만 접근을 허용
```

각 엔드포인트를 개별적으로 활성화 및 비활성화할 때는 다음과 같이 설정한다.

▶ 개별 엔드포인트의 활성화 여부를 설정한 예

```
endpoints.shutdown.enabled=true
endpoints.mappings.enabled=false
endpoints.trace.enabled=false
```

엔드포인트 전체를 비활성화하고 꼭 필요한 엔드포인트만 활성화할 수도 있다.

▶ 꼭 필요한 엔드포인트만 활성화한 예

```
endpoints.enalbed=false
endpoints.info.enabled=true
```

한편 엔드포인트는 HTTP 뿐만 아니라 JMX에서도 사용할 수 있다.

▶ 엔드포인트를 비활성화한 예

```
management.port=-1 # HTTP 엔드포인트를 비활성화한다.
endpoints.jmx.enabled=false # JMX 엔드포인트를 비활성화한다.
```

## 13.6.2. 헬스 체크

스프링 부트 액추에이터에는 헬스 체크를 할 수 있는 기능이 있어서 사용하려는 애플리케이션의 상태를 HTTP나 JMX를 통해 확인할 수 있다. 이때 확인 가능한 상태의 종류로는 UP(정상), DOWN(비정상), UKNOWN(확인 불가), OUT_OF_SERVICE(이용 불가)가 있다.

헬스 체크 기능은 org.springframework.boot.actuate.health.HealthIndicator 인터페이스를 사용하며 다양한 종류의 구현체가 HealthIndicator라는 이름으로 내장돼 있다(표 13.4).

표 13.4 HealthIndicator 구현 클래스

| 클래스명 | 점검 내용 |
| --- | --- |
| CassandraHealthIndicator | 카산드라(Cassandra)와의 접속 상태를 표시한다. 접속하지 못했다면 DOWN 상태로 표시된다. |
| DiskSpaceHealthIndicator | 디스크의 잔량을 표시한다. 기본적으로 잔량이 10MB 미만이라면 DOWN 상태로 표시된다. |

| 클래스명 | 점검 내용 |
|---|---|
| DataSourceHealthIndicator | 데이터 소스와의 접속 상태를 표시한다. 접속하지 못했다면 DOWN 상태로 표시된다. |
| ElasticsearchHealthIndicator | 엘라스틱서치(Elasticsearch)의 클러스터 상태를 표시한다. 클러스터가 오동작 중이라면 DOWN 상태로 표시된다. |
| JmsHealthIndicator | JMS 브로커와의 접속 상태를 표시한다. 접속하지 못했다면 DOWN 상태로 표시된다. |
| MailHealthIndicator | SMTP 서버와의 접속 상태를 표시한다. 접속하지 못했다면 DOWN 상태로 표시된다. |
| MongoHealthIndicator | MongoDB와의 접속 상태를 표시한다. 접속하지 못했다면 DOWN 상태로 표시된다. |
| RabbitHealthIndicator | RabbitMQ와의 접속 상태를 표시한다. 접속하지 못했다면 DOWN 상태로 표시된다. |
| RedisHealthIndicator | 레디스(Redis)와의 접속 상태를 표시한다. 접속하지 못했다면 DOWN 상태로 표시된다. |
| SolrHealthIndicator | 솔라(Solr)와의 접속 상태를 표시한다. 접속하지 못했다면 DOWN 상태로 표시된다. |

앞서 살펴본 것처럼 애플리케이션에서 /health 경로에 접근하면 그 결과를 JSON으로 받아볼 수 있다

다음 예는 DiskSpaceHealthIndicator와 DataSourceHealthIndicator가 보여주는 점검 결과다. 참고로 JSON의 루트 status 프로퍼티에는 각 헬스 체크의 요약 정보가 표시된다.

▶ 헬스 체크 결과의 출력 예

```
{
    status: "UP",
    diskSpace: {
        status: "UP",
        total: 498954403840,
        free: 381612171264,
        threshold: 10485760
    },
    db: {
        status: "UP",
        database: "PostgreSQL",
        hello: 1
    }
}
```

HeathIndicator 인터페이스를 구현해서 사용자 정의 헬스 체크 기능을 만들 수도 있는데, 다음은 무작위로 UP 또는 DOWN을 표시하는 예다.

▶ 사용자 정의 헬스 체크 기능의 구현 예

```
package com.example;


import java.util.Random;
```

```java
import org.springframework.boot.actuate.health.Health;
import org.springframework.boot.actuate.health.HealthIndicator;

public class RandomHealthIndicator implements HealthIndicator {
    @Override
    public Health health() {
        if (new Random().nextBoolean()) {
            return Health.up().build();
        } else {
            return Health.down().withDetail("error_code", 100).build();
        }
    }
}
```

HealthIndicator 구현 클래스를 빈으로 정의한 후, 엔드포인트를 호출하면 그 결과와 함께 헬스 체크 결과도 가져올 수 있다.

## 13.6.3. 메트릭

스프링 부트 액추에이터는 애플리케이션의 각종 지표 성격인 메트릭 정보를 제공하는 기능도 있는데 크게 다음과 같은 두 가지 정보를 확인할 수 있다.

- 게이지(gauge): (절대) 값을 기록한다.
- 카운터(counter): 차이 값을 기록한다.

앞서 살펴본 바와 같이 /metrics로 접근하면 메트릭 정보를 JSON 형식으로 볼 수 있다.

```
/metrics 접근 시의 응답 예
{
    "mem": 381099,
    "mem.free": 125744,
    "processors": 8,
    "instance.uptime": 170837,
    "uptime": 180634,
    "systemload.average": -1.0,
    "heap.committed": 303104,
    "heap.init": 131072,
    "heap.used": 177359,
    "heap": 1846272,
    "nonheap.committed": 80192,
    "nonheap.init": 2496,
```

```
    "nonheap.used": 77996,
    "nonheap": 0,
    "threads.peak": 37,
    "threads.daemon": 25,
    "threads.totalStarted": 44,
    "threads": 28,
    "classes": 10600,
    "classes.loaded": 10600,
    "classes.unloaded": 0,
    "gc.ps_scavenge.count": 10,
    "gc.ps_scavenge.time": 326,
    "gc.ps_marksweep.count": 2,
    "gc.ps_marksweep.time": 139,
    "httpsessions.max": -1,
    "httpsessions.active": 0,
    "datasource.primary.active": 0,
    "datasource.primary.usage": 0.0
}
```

그럼 이러한 메트릭 정보는 어떻게 수집되고 공개되는 것일까? 스프링 부트에서는 메트릭 관련 기능을 '수집', '공개', '외부 익스포트'와 같이 크게 세 개의 컴포넌트군으로 분류한 후, 각종 메트릭 정보를 다루도록 만들어져 있다. 다음은 이러한 메트릭 기능을 구성하는 컴포넌트를 도식화한 것이다(그림 13.12).

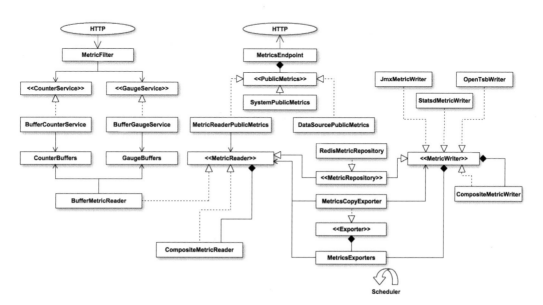

그림 13.12 메트릭 기능과 관련된 클래스

얼핏 보면 상당히 복잡해 보일 수 있으나 자세히 살펴보면 '수집'은 MetricsFilter 클래스를 중심으로, '공개'는 MetricsEndpoint 클래스를 중심으로, '외부 익스포트'는 MetricsExporters 클래스를 중심으로 전개된다는 것을 알 수 있다.

그리고 /metrics 엔드포인트를 통해 공개되는 메트릭 정보는 org.springframework.boot.actuate. endpoint.PublicMetrics 인터페이스를 구현한 여러 클래스에서 제공한다.

### ■ 메트릭 정보의 수집

게이지나 카운터 정보를 수집하는 것은 GaugeService, CounterService다. counter.status.〈응답상 태코드〉.〈요청경로〉나 gauge.response.〈요청경로〉 같은 정보는 서블릿 필터로 구현된 MetricFilter가 HTTP 요청이 올 때마다 GaugeService, CounterService를 통해 수집한다.

GaugeService와 CounterService의 구현 클래스로는 BufferGaugeService와 BufferCounter Service가 있고 이것들은 수집한 메트릭 정보를 각각 GaugeBuffers와 CounterBuffers에 저장한다. MetricReader의 구현 클래스인 BufferMetricReader는 GaugeBuffers, CounterBuffers를 공유하고 있어서 MetricReaderPublicMetirics를 통해 메트릭 정보를 엔드포인트로 공개할 수 있다.

### ■ 메트릭 정보의 공개

'gauge.'나 'counter.'로 시작하는 값은 MetricReaderPublicMetrics가 수집한 메트릭이다. counter. status.〈응답상태코드〉.〈요청경로〉는 요청 경로에 대한 응답 상태 코드의 횟수를 표현한 것으로 예를 들어, 'counter.status.200.metrics': 3은 /metrics로 요청을 했을 때 응답 상태 코드가 200인 것이 세 번 있었다는 뜻이다. 만약 요청 경로 부분에 'root'라고 돼 있다면 '/'를 의미하고 'start-start'라고 돼 있다면 '**'를 의미한다. 그리고 gauge.response.〈요청경로〉는 요청 경로에 대한 응답 시간의 평균 값(ms)이다. MetricReaderPublicMetrics는 공개할 메트릭 정보를 뒤에서 설명할 org. springframework.boot.actuate.metrics.reader.MetricReader 인터페이스를 통해 수집한다.

메트릭 정보로 공개할 수 있는 내용에는 게이지, 카운터 외에도 힙(heap) 크기, 메모리 크기, CPU 코어 개수, 스레드 개수 등의 시스템 정보도 있는데, 이것은 SystemPublicMetrics가 담당한다. 그 밖에 도 데이터 소스 이용 현황은 DataSourcePublicMetrics가, 톰캣의 액티브 세션(active session) 수는 TomcatPublicMetrics가 제공한다.

## ■ 메트릭메트릭 정보의 외부 익스포트

수집된 메트릭 정보는 org.springframework.boot.actuate.metrics.export.Exporter 인터페이스를 통해 외부에 익스포트할 수 있다. 예를 들어, Exporter 구현 클래스인 MetricCopyExporter는 MetricReader에서 읽어들인 메트릭 정보를 org.springframework.boot.actuate.metrics.writer. MetricWriter 인터페이스를 구현한 다양한 클래스에 익스포트할 수 있다(표 13.5).

표 13.5 MetricWriter의 구현 클래스

| 클래스명 | 설명 |
|---|---|
| JmxMetricWriter | JMX를 통해 메트릭 정보를 출력한다. |
| OpenTsdbMetricWriter | OpenTSDB[40]를 통해 메트릭 정보를 출력한다. |
| StatsdMetricWriter | Statsd[41]를 통해 메트릭 정보를 출력한다. |
| RedisMetricWriter | Redis를 통해 메트릭 정보를 출력한다. |

출력 대상을 더 늘리고 싶다면 MetricWriter를 구현한 후 빈으로 정의하면 AutoConfigure에 의해 자동으로 등록되어 사용할 수 있다. 한편 Exporter를 통한 익스포트 작업은 org.springframework. boot.actuate.metrics.export.MetricExporters를 통해 정기적으로 스케줄링되어 실행할 수 있다.

## ■ 사용자 정의 메트릭 정보의 공개

기본적으로 제공되는 메트릭 정보 외의 사용자 정의 메트릭 정보를 사용하고 싶다면 PublicMetrics 인터페이스를 구현한 후 빈으로 정의하면 AutoConfigure가 자동으로 등록한다. 그리고 직접 개발한 애플리케이션 안에서 게이지나 카운터 정보를 쓰고 싶다면 GaugeService와 CounterService의 의존성을 주입해서 사용하면 된다.

▶ CounterService를 사용하는 예

```
package com.example;

import org.springframework.beans.factory.annotation.Autowired;
import org.springframework.boot.actuate.metrics.CounterService;
import org.springframework.stereotype.Service;
```

---

**40** http://opentsdb.net/
**41** https://github.com/etsy/statsd

```
@Service
public class HelloService {

    @Autowired
    CounterService counterService;

    public void hello() {
        this.counterService.increment("hello.invoked");
    }

}
```

위와 같이 카운터를 증가하게 하면 향후 메트릭 정보를 조회할 때 counter.hello.invoked 프로퍼티 값으로 hello 메서드의 실행 횟수를 확인할 수 있다.

## 13.6.4. 보안 기능 활성화

spring-boot-starter-security를 추가하면 스프링 부트 액추에이터에서 사용하는 엔드포인트에 대해 접근 제어를 할 수 있다. 다만 다음 예처럼 기본적으로 적용된 Basic 인증을 비활성화하더라도 액추에이터가 제공하는 엔드포인트에 대한 접근 제어는 여전히 활성화돼 있다는 점에 주의해야 한다.

▶ application.properties의 정의 예

```
security.basic.enabled=false
```

만약 액추에이터의 엔드포인트에 대한 접근 제어까지 비활성화하려면 다음과 같이 설정해야 한다.

▶ application.properties의 설정 예

```
management.security.enabled=false
```

비활성화하지 않은 경우에는 ADMIN 역할을 가진 사용자만 액추에이터가 제공하는 엔드포인트에 접근할 수 있으며, 이 역할을 변경하고 싶다면 management.security.role 프로퍼티를 변경하면 된다.

14장

실습

이제 그동안 배운 스프링의 기능을 활용해 '회의실 예약 시스템'을 만들어 보자. 이번 장은 스프링 프로젝트와 스프링 관련 라이브러리를 활용해 웹 애플리케이션의 형태로 만드는 과정을 자습서 형식으로 구성했다. 2장부터 순서대로 착실하게 읽은 독자라면 그간 배운 것을 재확인하는 데 도움될 것이고, 각 기능에 대한 설명은 둘째치고 우선은 스프링이 어떤 것인지 체험부터 해보고 싶은 독자라면 이번 장만이라도 차근차근 따라해보면 스프링을 활용한 개발이 어떤 것인지 체험할 수 있다. 이 실습 과정을 우선 완료한 후, 각 장을 다시 읽어보고 마지막으로 한번 더 이 실습 과정을 다시 살펴보면 스프링에 대한 이해가 더 깊어질 것이다.

준비가 됐다면 실습으로 개발할 회의실 예약 시스템에 대해 알아보자.

## 14.1. 애플리케이션의 개요

회의실 예약 시스템의 화면 흐름은 다음과 같다(그림 14.1).

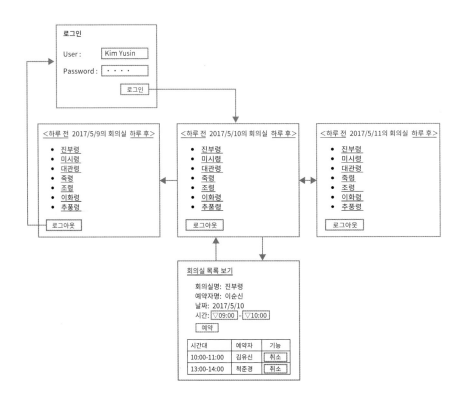

그림 14.1 회의실 예약 시스템의 화면 흐름도

회의실 예약 시스템에서 구현할 기능은 크게 세 가지다.

- 회의실 목록 표시 기능
- 회의실 예약 기능 및 예약 취소 기능
- 로그인 기능 및 로그아웃 기능

이 시스템의 사용자는 관리자와 일반 사용자의 두 종류가 있다. 관리자는 모든 예약에 대한 취소나 변경을 할 수 있지만 일반 사용자는 자신이 예약한 내용에 대해서만 취소하거나 변경할 수 있다.

참고로 이 예제에서는 사용자와 회의실에 대한 등록, 수정, 삭제와 같은 기능은 다루지 않는다. 그래서 사용자나 회의실과 같은 데이터는 SQL을 사용해서 미리 데이터베이스에 넣어뒀다고 가정한다.

## 14.1.1. ER 다이어그램

회의실 예약 시스템을 구축하는 데 필요한 ER 다이어그램은 다음과 같다(그림 14.2).[1]

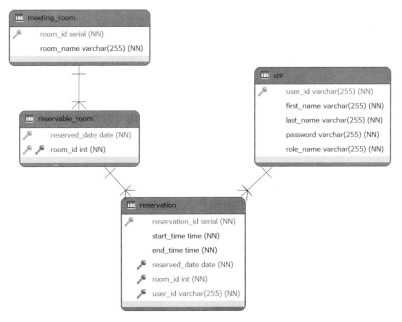

그림 14.2 회의실 예약 시스템의 ER 다이어그램

---

1  (옮긴이) ERD를 표시하려면 ERMaster라는 이클립스 플러그인이 추가로 필요하다.
http://ermaster.sourceforge.net/

회의실 예약 시스템에서 사용할 테이블은 다음과 같다(표 14.1).

표 14.1 회의실 예약 시스템의 테이블

| 테이블명 | 설명 |
| --- | --- |
| usr | 회의실 예약 시스템의 사용자 정보를 저장하는 테이블이다. |
| meeting_room | 회의실 정보를 저장하는 테이블이다. |
| reservable_room | 특정 날짜에 예약 가능한 회의실 정보를 저장하는 테이블이다. 일자(reserved_date)와 회의실 ID(room_id)의 복합키가 이 테이블의 기본키가 된다. 회의실 ID는 meeting_room 테이블과 연관된 외부키가 되며, reservable_room과 meeting_room은 다대일 관계가 된다. |
| reservation | 예약 정보를 저장하는 테이블이다. 일자(reserved_date)와 회의실 ID(room_id)의 복합키가 reservable_room 테이블과 연관된 외부키가 되며, 사용자 ID(user_id)는 usr 테이블과 연관된 외부키가 된다. reservation과 reservable_room은 다대일 관계이며, reservation과 url도 다대일 관계가 된다. |

## 14.1.2. 회의실 목록 표시 기능의 화면 사양

회의실 목록 표시 기능의 화면은 다음과 같다(그림 14.3).

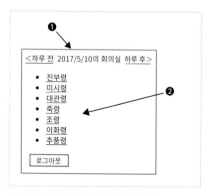

그림 14.3 회의실 목록 표시 기능의 화면

❶ 기본적으로 현재 날짜의 예약 가능한 회의실 목록을 표시한다. 하루 전이나 하루 후로 이동할 수 있다.

❷ reservable_room 테이블에서 해당 날짜에 선택할 수 있는 회의실 정보를 가져온 다음 회의실 이름을 목록 형태로 표시한다.

### 14.1.3. 예약 기능의 화면 사양

예약 기능의 화면은 다음과 같다(그림 14.4).

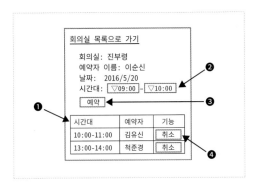

그림 14.4 예약 기능의 화면

❶ reservation 테이블에서 해당 날짜의 예약 정보를 가져와서 표시한다.

❷ 00:00 ~ 23:30까지 30분 단위로 선택할 수 있으며, 회의 시작 시간은 회의 종료 시간보다 앞선 시간이 되도록 입력값을 검증해야 한다.

❸ 입력된 시간으로 회의실을 예약한다. 이때 이미 예약됐는지 중복 검사를 한다. 중복 검사에 대한 자세한 내용은 뒤에 다시 설명한다.

❹ 예약을 취소하는 사용자의 역할이 USER인 경우에는 예약자와 로그인 사용자가 동일한 경우에만 취소가 허용된다. 역할이 ADMIN인 경우에는 모든 예약 건에 대해 취소가 허용된다. 그 밖의 경우에는 예외가 발생한다.

### 14.1.4. 로그인 기능의 화면 사양

로그인 기능의 화면은 다음과 같다(그림 14.5).

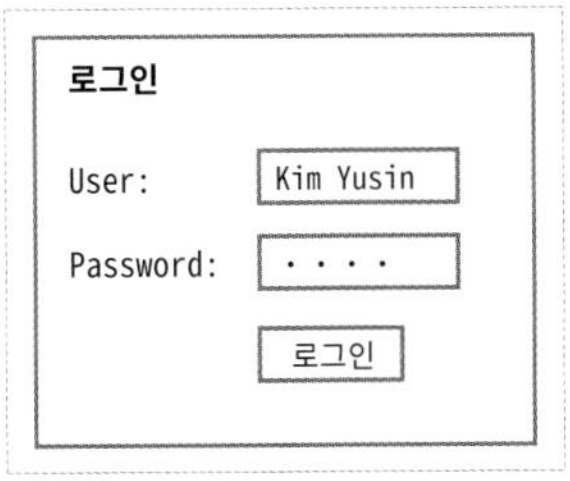

그림 14.5 로그인 기능

로그인 시 입력된 사용자명과 패스워드로 usr 테이블에 해당 사용자가 등록돼 있는지 확인한다. 입력된 패스워드는 BCrypt 알고리즘을 적용해 해시값으로 변환되는데 usr 테이블의 패스워드가 이 값과 일치하면 인증이 성공한 것으로 간주한다. 인증에 성공하면 회의실 목록을 표시하는 화면으로 이동하고 인증에 실패하면 다시 로그인 화면이 표시된다.

## 14.2. 애플리케이션 개발

이 실습에서는 다음과 같은 기술을 활용한다.[2]

- 스프링 부트
- 스프링 MVC
- 스프링 시큐리티
- 톰캣
- 스프링 DI x AOP
- 스프링 데이터 JPA + 하이버네이트
- 타임리프
- PostgreSQL

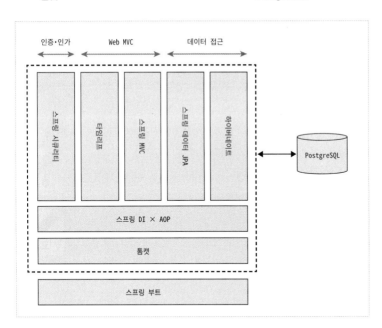

그림 14.6 회의실 예약 시스템에서 활용하는 기술

---

2　(옮긴이) 실행 가능한 소스코드를 깃허브에 올려뒀으니 참고하자.
https://github.com/wikibook/introducing-spring-framework/tree/master/kr/14-tutorial/mrs

## 14.2.1. 프로젝트의 기본 골격 구성

STS(Spring Tool Suite)[3]를 사용해 기본적인 프로젝트의 골격을 만든다. STS의 [File] 메뉴에서 [New]
→ [Spring Starter Project]를 선택한다(그림 14.7).

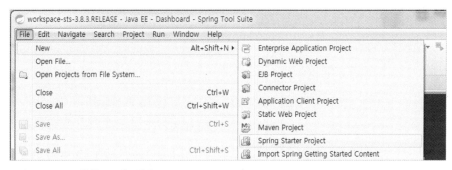

그림 14.7 STS를 이용한 프로젝트 생성

[Name], [Group], [Artifact], [Package]에는 각각 'mrs'를 입력하고 [Next]를 클릭한다(그림 14.8).[4]

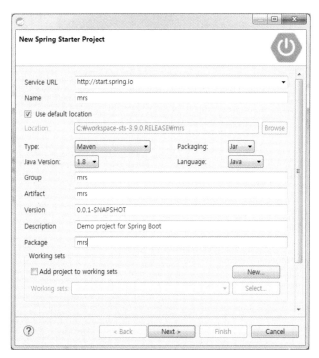

그림 14.8 스프링 부트 프로젝트 생성

3　(옮긴이) STS를 처음 사용한다면 부록의 A.1.1절 'IDE 설치 및 설정'을 참고해서 설치하자.
4　(옮긴이) MRS는 Meeting room Reservation System을 의미한다.

다음 화면에서는 이 실습에서 활용할 기능을 선택한다. 선택할 기능은 다음 표와 같다(표 14.2).

표 14.2 실습에 활용할 기능

| 분류 | 기능명 |
| --- | --- |
| SQL | JPA, PostgreSQL |
| 템플릿 엔진 | Thymeleaf |
| 웹 | Web |

스프링 부트의 버전은 '1.5.1'을 선택한다.[5] [Core]에서 [DevTools]를 선택하면 개발할 때 템플릿의 캐시 기능이 비활성화되고 라이브러리의 리로딩이 지원되므로 필요에 따라 선택적으로 설정해서 쓰면 된다(그림 14.9). 그리고 [Core]의 [Security]는 나중에 추가할 예정이기 때문에 이 단계에서는 아직 선택하지 않아도 된다.

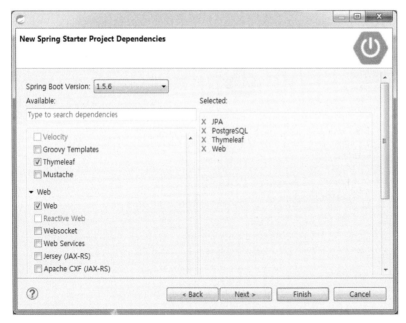

그림 14.9 활용할 기술 선택

[Finish]를 클릭하면 프로젝트의 기본 골격이 다운로드되고 [Package Explorer]에서는 다음과 같은 형태의 프로젝트가 생성된 것을 확인할 수 있다(그림 14.10).

---

5    (옮긴이) 번역 시점에서의 최신 안정 버전은 '1.5.1'이다.

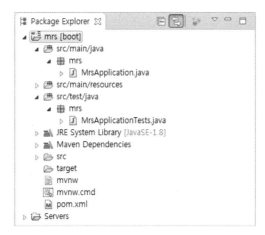

그림 14.10 프로젝트 구성 형태

이제 이 프로젝트에 필요한 라이브러리와 파일을 추가해서 애플리케이션을 완성해보자.

## 14.2.2. 프로젝트 소스의 패키지 구조 구성

이 실습에서는 계층형 아키텍처[6]에 따라 패키지를 구성한다. 주요 계층의 구분은 다음과 같다(그림 14.11).

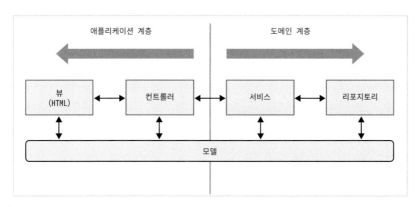

그림 14.11 애플리케이션을 계층별로 분할

---

6   (옮긴이) 계층형 아키텍처는 사용되는 기술 구조나 플랫폼에 따라 계층 구분이나 용어를 조금씩 다르게 쓰기도 한다. 용어나 경계는 조금씩 다를 수 있지만 각 계층별로 맡은 역할에 따라 구분하고 인접한 계층과의 인터페이스만 허용하는 기본적인 사상은 같다.
다음 문서는 조금씩 다른 방법으로 계층을 구분하고 있으니 관심이 있는 독자는 참고하길 바란다. 참고로 이 책은 마지막 참고 자료의 구분 방법에 가깝다.

· 코어 J2EE 패턴: http://www.corej2eepatterns.com/index.htm
· 오라일리: https://www.oreilly.com/ideas/software-architecture-patterns/page/2/layered-architecture
· 마이크로소프트: https://msdn.microsoft.com/en-us/library/ee658109.aspx
· 테라솔루나: http://terasolunaorg.github.io/guideline/5,0,0,RELEASE/ja/Overview/ApplicationLayering.html

도메인 계층에는 애플리케이션에서 사용하는 모델이나 업무 로직이 아닌 데이터 자체나 그 데이터를 관리하는 성격의 컴포넌트를 배치한다. 이 계층은 화면이나 사용자 인터페이스와 같은 프런트엔드에 의존하지 않는다. 그래서 사용자 관점에서 어떤 형태로 데이터가 입출력되는지에 대해서는 전혀 의식할 필요가 없다.

애플리케이션 계층에서는 프런트엔드에서 업무 로직 실행 직전까지의 컴포넌트를 배치한다. 이 실습 과정에서는 화면 이동 방식의 웹 애플리케이션을 만드는 것을 가정하고 있는데 만약 RESTful 웹 서비스나 데스크톱 애플리케이션의 형태로 개발해야 하는 경우에는 애플리케이션 계층만 교체하고 도메인 계층은 그대로 재사용할 수 있다. 각 계층에서 사용하는 컴포넌트는 표 14.3과 같다.

표 14.3 각 계층에서 사용되는 컴포넌트

| 계층명 | 컴포넌트명 | 역할 |
|---|---|---|
| 도메인 계층 | 모델 | 애플리케이션에서 다루는 데이터를 표현한다. |
| | 리포지토리 | 모델의 CRUD 기능을 수행한다. |
| | 서비스 | 업무 로직을 처리한다. 트랜잭션이 관리되는 경계 지점이다. |
| 애플리케이션 계층 | 컨트롤러 | 화면 이동이나 데이터의 입출력 형식을 제어한다. |
| | 뷰(HTML) | 사용자 인터페이스를 제공한다. |

이와 같은 계층에 맞춰 소스코드 패키지를 다음과 같이 구성한다(그림 14.12).

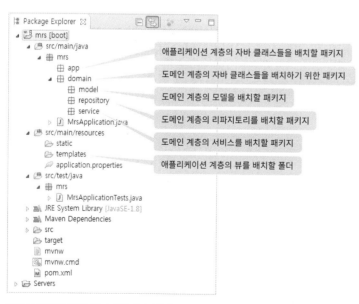

그림 14.12 계층, 컴포넌트 순으로 패키지 구성

이어서 각 계층에 기능별로 패키지를 생성하면 다음과 같은 구성이 된다(그림 14.13).

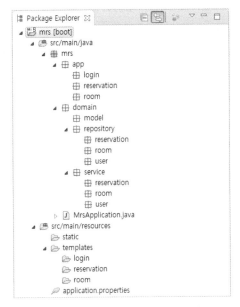

그림 14.13 계층, 컴포넌트, 기능 순으로 패키지 구성

패키지가 복잡해지면 STS의 [Package Presentation]을 [Hierarchical]로 설정하는 것이 보기가 편하다(그림 14.14). 실제 윈도우 탐색기와 유사한 형태로 패키지 구조를 볼 수 있다.

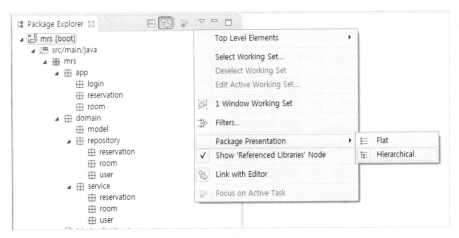

그림 14.14 STS의 [Package Presentation]을 [Hierarchical]로 설정

**메모**

위와 다른 기준으로 패키지를 구성할 수도 있다. 예를 들어, 다음과 같이 domain 패키지 아래에 기능별 패키지를 만들고, 그 기능별 패키지 안에 모델(model), 리포지토리(repository), 서비스(service)를 배치해도 무방하다(그림 14.15).

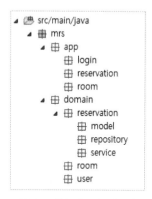

그림 14.15 계층, 기능, 컴포넌트 순으로 패키지 구성

이 방법과 비교해서 앞서 실습에서 사용한 패키지 구성 방법은 스프링이 빈을 스캔할 때 서비스 패키지나 리포지토리 패키지 단위와 같이 스캔 대상을 효과적으로 선택할 수 있다는 장점이 있다.

## 14.2.3. PostgreSQL 설정

PostgreSQL을 설치하고 실습 애플리케이션에서 사용할 사용자와 데이터베이스를 생성한다(표 14.4).

표 14.4 PostgreSQL 데이터베이스의 설정 값

| 설정 항목명 | 설정 값 |
| --- | --- |
| 사용자명 | mrs |
| 패스워드 | mrs |
| 데이터베이스명 | mrs |

PostsreSQL을 공식 사이트에서 내려받아 설치해보자. 다운로드 페이지[7]에서 자신에게 맞는 용도와 버전, 운영체제를 선택한다. 만약 enterprisedb.com 사이트에 가입돼 있지 않다면 사용자 등록을 해야 할 수도 있다.

---

**7**    (옮긴이) 다운로드 받을 때 에디션을 물어보는데 따로 라이선스가 없다면 'EDB Postgres Developer – Standard'를 사용하면 된다.
https://www.enterprisedb.com/software-downloads-postgres

PostgreSQL의 설치가 끝났다면 사용자를 등록하자. 이 책에서는 PostgreSQL을 제어하기 위해 CLI 기반으로 psql이라는 명령을 사용한다. psql 명령은 PostgreSQL을 설치한 디렉터리를 기준으로 하위의 bin 디렉터리 안에 들어 있다. psql을 실행하는 방법은 사용하는 운영체제에 따라 조금 차이가 있다.

윈도우 환경에서는 윈도우의 [시작] 메뉴에서 [PostgreSQL 9.6] → [SQL Shell (psql)]을 클릭해 psql을 사용할 수 있는 SQL Shell 창을 실행한다[8].

▶ psql을 사용해 데이터베이스에 로그인

```
Server [localhost]:
Database [postgres]:
Port [5432]:
Username [postgres]:
postgres 사용자의 암호:
psql (9.6.5)
도움말을 보려면 "help"를 입력하십시오.
postgres=#
```

다음과 같은 방법으로 데이터베이스 사용자를 생성하되 패스워드는 자신이 원하는 것으로 바꿔 넣는다.

▶ psql을 사용해 데이터베이스 사용자 생성

```
postgres=# CREATE ROLE mrs LOGIN
postgres-# ENCRYPTED PASSWORD 'mrs'
postgres-# NOSUPERUSER INHERIT NOCREATEDB NOCREATEROLE NOREPLICATION;
CREATE ROLE
```

이제 데이터베이스를 생성한다.

▶ psql을 사용해 데이터베이스 생성

```
postgres=# CREATE DATABASE mrs
postgres-# WITH OWNER = mrs
postgres-# ENCODING = 'UTF8'
postgres-# TABLESPACE = pg_default
postgres-# LC_COLLATE = 'C'
```

---

8  (옮긴이) SQL Shell 실행 화면에서 대괄호로 표시된 내용은 아무것도 입력하지 않고 엔터 키를 쳤을 때 기본적으로 적용되는 값이다. 설치 시 별다른 설정을 바꾸지 않았다면 비밀번호를 제외한 모든 내용에서 엔터 키를 쳐서 기본 설정 값이 적용되게 하면 된다.

```
postgres-# LC_CTYPE = 'C'
postgres-# TEMPLATE = 'template0'
postgres-# CONNECTION LIMIT = -1;
CREATE DATABASE
```

▶ psql 종료

```
postgres=# \q
계속하려면 아무 키나 누르십시오 . . .
```

여기까지 진행했다면 PostgreSQL의 준비는 끝난 셈이다.


## 14.2.4. 프로퍼티 파일 설정

스프링 부트에 관한 각종 설정은 application.properties에 모여 있다. 자동 생성된 프로젝트에서는
빈 파일로 돼 있기 때문에 이 애플리케이션에서 사용할 각종 설정 내용을 다음과 같이 설정한다.

▶ application.properties 설정 예

```
spring.jpa.database=POSTGRESQL ─────────────────────────────❶
spring.datasource.url=jdbc:postgresql://localhost:5432/mrs
spring.datasource.username=mrs
spring.datasource.password=mrs ─────────────────────────────
spring.jpa.hibernate.ddl-auto=validate ─────────────────────❷
spring.jpa.properties.hibernate.format_sql=true ────────────❸
spring.datasource.sql-script-encoding=UTF-8 ────────────────❹
logging.level.org.hibernate.SQL=DEBUG ──────────────────────❺
logging.level.org.hibernate.type.descriptor.sql.BasicBinder=TRACE
```

❶ JPA를 통해 접속할 데이터베이스 정보를 설정한다. 환경에 따라 변경해야 할 수 있다.

❷ 하이버네이트의 기능으로 엔터티 클래스로부터 DDL을 생성하고 자동으로 실행할 것인지 여부를 결정한다. 예제에서는
   DDL은 실행하지 않는 대신 엔터티 설계와 실제 칼럼 간에 모순이 있는지 검증만 한다.

❸ 하이버네이트의 기능으로 SQL을 표시할 때 읽기 좋은 형태로 포매팅해서 출력한다.

❹ 읽어 들일 DDL 스크립트의 인코딩 방식을 결정한다.

❺ 하이버네이트의 기능으로 SQL이 실행될 때 SQL 문과 바인딩되는 파라미터를 출력하는 로그 수준을 결정한다.


참고로 STS나 IntelliJ IDEA에서는 application.properies에 프로퍼티 값을 입력할 때 자동 완성 기
능(autocompletion)이 지원된다. 프로퍼티 키를 입력하면서 키보드에서 Ctrl + Space 키를 누르면
선택 가능한 프로퍼티 키 목록이 표시되니 적절히 활용해보자(그림 14.16).

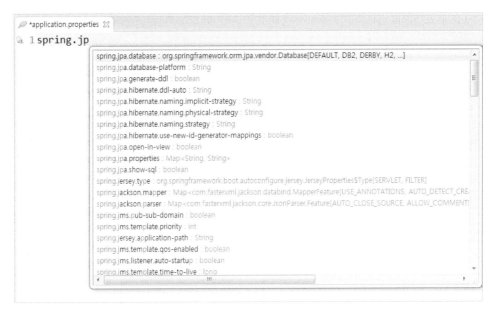

그림 14.16 STS의 자동 완성 기능

## 14.2.5. 라이브러리 추가

이 실습에서는 JSR 310을 지원하는 'Date and Time API'[9]가 사용된다. 뷰에서 사용되는 타임리프에서는 JSR 310 관련 API를 활용하기 위해 thymeleaf-extras-java8time 라이브러리를 별도로 추가해야 한다.[10]

▶ pom.xml 설정

```
<dependency>
    <groupId>org.thymeleaf.extras</groupId>
    <artifactId>thymeleaf-extras-java8time</artifactId>
</dependency>
```

템플릿 파일에서 'Date and Time API'를 사용하기 위한 유틸리티 객체(#temporals)를 사용하기 위해 src/main/java/mrs에 ThymeleafConfig 클래스를 만들고 Java8TimeDialect를 빈으로 정의하자.

---

9  (옮긴이) http://www.oracle.com/technetwork/articles/java/jf14-date-time-2125367.html

10  (옮긴이) 이 책의 원서를 집필하던 시점에서는 Spring IO Platform에서 thymeleaf-extras-java8time을 관리하지 않아 버전을 명시해야 했으나, 번역 시점에서는 자동으로 지원되어 별도로 명시하지 않을 경우 2.1.0-RELEASE 버전이 사용된다. 참고로 번역 시점 기준으로 메이븐 센트럴(maven central)에는 3.0.0-RELEASE가 공개돼 있다.

▶ Java8TimeDialect를 빈으로 정의

```java
package mrs;

import org.springframework.context.annotation.Bean;
import org.springframework.context.annotation.Configuration;
import org.thymeleaf.extras.java8time.dialect.Java8TimeDialect;

@Configuration
public class ThymeleafConfig {
    @Bean
    public Java8TimeDialect java8TimeDialect() {
        return new Java8TimeDialect();
    }
}
```

메모    스프링 부트 1.4 버전부터는 Java8TimeDialect가 AutoConfigure 대상이기 때문에 thymeleaf-extras-
javaj8time을 메이븐 의존 관계로 추가하면 빈 정의를 따로 할 필요가 없다.[11]

## 14.2.6. JPA 엔터티 생성

다음 ER 다이어그램을 참고해서 JPA의 엔터티를 만들어보자(그림 14.17).

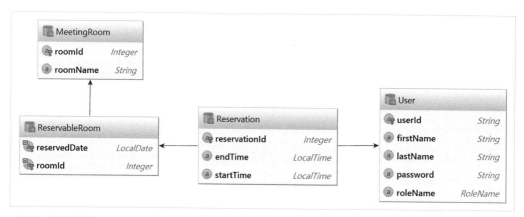

그림 14.17 엔터티 만들기

---

11    https://github.com/spring-projects/spring-boot/issues/4576

이 실습에서는 JPA의 엔터티를 도메인 계층의 모델로 그대로 사용한다. 각 엔터티를 src/main/java/mrs/domains/model 아래에 만든다.

### ■ User

User 엔터티는 다음과 같다.[12]

▶ User.java

```java
package mrs.domain.model;

import javax.persistence.*;

@Entity
@Table(name = "usr") ──────────────────────────────────────────── ❶
public class User implements Serializable {
    @Id
    private String userId;

    private String password;

    private String firstName;

    private String lastName;

    @Enumerated(EnumType.STRING) ──────────────────────────────── ❷
    private RoleName roleName;

    // 접근자 및 설정자 메서드는 생략
}
```

❶ @Table 애너테이션을 붙여서 매핑할 테이블명을 지정한다.

❷ @Enumerated 애너테이션을 붙여서 사용자 역할을 열거형 문자열로 매핑할 수 있게 한다.

RoleName은 다음과 같이 열거형으로 만든다.

▶ RoleName.java

```java
package mrs.domain.model;

public enum RoleName {
```

---

**12** (옮긴이) 이 실습의 소스코드에는 지면 관계상 접근자/설정자 메서드는 생략하고 있는데 STS에서는 이를 자동으로 생성할 수 있다. 소스코드를 선택하고 마우스 오른쪽 버튼을 클릭한 다음, 컨텍스트 메뉴에서 [Source] → [Generate Getters and Setters..]를 선택하면 된다.

```
    ADMIN, USER
}
```

■ MeetingRoom

MeetingRoom 엔터티는 다음과 같다.

▶ MeetingRoom.java

```
package mrs.domain.model;

import java.io.Serializable;
import javax.persistence.*;

@Entity
public class MeetingRoom implements Serializable {
    @Id
    @GeneratedValue(strategy = GenerationType.IDENTITY)
    private Integer roomId;

    private String roomName;

    // 생략
}
```

■ ReservableRoom

ReservableRoom 엔터티는 다음과 같다.[13]

▶ ReservableRoom.java

```
package mrs.domain.model;

import java.io.Serializable;
import javax.persistence.*;

@Entity
public class ReservableRoom implements Serializable {
```

---

13 (옮긴이) 이 예에서는 필드를 사용한 생성자와 기본 생성자가 있는데 STS에서는 이를 자동으로 생성할 수 있다. 필드까지 입력이 완료된 상태에서 소스코드를 선택하고 마우스 오른쪽 버튼을 클릭한 다음 컨텍스트 메뉴에서 [Source] → [Generate Constructors using Fields…]와 [Generate Constructors from Superclass…]를 각각 선택하되, 이후 나오는 대화창에서 [Omit call to default constructor super()] 항목을 활성화하면 이 예와 같은 형태로 만들 수 있다.

```
    @EmbeddedId                                                          ❶
    private ReservableRoomId reservableRoomId;

    @ManyToOne                                                           ❷
    @JoinColumn(name = "room_id", insertable = false, updatable = false)
    @MapsId("roomId")                                                    ❸
    private MeetingRoom meetingRoom;

    public ReservableRoom(ReservableRoomId reservableRoomId) {
        this.reservableRoomId = reservableRoomId;
    }

    public ReservableRoom() {
    }

    // 생략
}
```

참고로 여기서 ReservableRoomId는 roomId와 reservedDate를 필드로 가지는 복합키 클래스다.

❶ 복합키 클래스를 가지기 위해 @EmbeddedId 애너테이션을 사용한다. 이때 복합키 클래스로 사용하는 것은 Reservable RoomId다.

❷ ResevableRoom 엔터티와 MeetingRoom 엔터티와의 관계는 단방향으로 다대일 관계다. 이때 외부 키로는 room_id를 사용한다. 이 필드는 관계를 표현하는 용도로만 사용되며, 실제 room_id에 대응하는 필드는 ReservableRoomId 클래스 안에 있다. 그래서 이 필드의 값의 변경은 실제 데이터베이스에 반영되지 말아야 하는데, 그런 이유로 insertable 속성과 updatable 속성이 false로 설정된다.

❸ @MapsId에는 복합키 클래스 안에서 외부 키로 사용할 필드명을 지정한다.

## ▪ ReservableRoomId

ReservableRoomId 엔터티는 다음과 같다.[14]

▶ ReservableRoomId.java

```
package mrs.domain.model;
```

---

14  (옮긴이) ReservableRoomId는 복합키를 표현하는 클래스로 JPA 사양에 따라 equals나 hashCode와 같은 메서드를 반드시 구현해야 한다. 자세한 내용은 다음 문서를 참고하자.
    http://download.oracle.com/otn-pub/jcp/persistence-2_1-fr-eval-spec/JavaPersistence.pdf

```java
import java.io.Serializable;
import java.time.LocalDate;
import javax.persistence.Embeddable;

@Embeddable ───────────────────────────────────────────── ❶
public class ReservableRoomId implements Serializable {
    private Integer roomId;
    private LocalDate reservedDate;

    public ReservableRoomId(Integer roomId, LocalDate reservedDate) {
        this.roomId = roomId;
        this.reservedDate = reservedDate;
    }

    public ReservableRoomId() {
    }

    @Override
    public int hashCode() {
        final int prime = 31;
        int result = 1;
        result = prime * result + ((reservedDate == null) ? 0 : reservedDate.hashCode());
        result = prime * result + ((roomId == null) ? 0 : roomId.hashCode());
        return result;
    }

    @Override
    public boolean equals(Object obj) {
        if (this == obj)
            return true;
        if (obj == null)
            return false;
        if (getClass() != obj.getClass())
            return false;
        ReservableRoomId other = (ReservableRoomId) obj;
        if (reservedDate == null) {
            if (other.reservedDate != null)
                return false;
        } else if (!reservedDate.equals(other.reservedDate))
            return false;
        if (roomId == null) {
            if (other.roomId != null)
                return false;
```

```
        } else if (!roomId.equals(other.roomId))
            return false;
        return true;
    }

    // 생략
}
```

❶ 복합키 클래스로 사용되어 다른 엔터티 내에 포함된다는 것을 알리기 위해 @Embeddable 애너테이션을 사용한다.

### ■ Reservation

Reservation 엔터티는 다음과 같다.

▶ Reservation.java

```
package mrs.domain.model;

import java.io.Serializable;
import java.time.LocalTime;
import java.util.Objects;

import javax.persistence.*;

@Entity
public class Reservation implements Serializable {
    @Id
    @GeneratedValue(strategy = GenerationType.IDENTITY) ──────────────── ❶
    private Integer reservationId;

    private LocalTime startTime;

    private LocalTime endTime;
    @ManyToOne ──────────────────────────────────────────────── ❷
    @JoinColumns({ @JoinColumn(name = "reserved_date"),
            @JoinColumn(name = "room_id") }) ──────────────────
    private ReservableRoom reservableRoom;

    @ManyToOne ──────────────────────────────────────────────── ❸
    @JoinColumn(name = "user_id") ─────────────────────────────
    private User user;
    // 생략

}
```

❶ 기본키에 JPA의 자동 채번 기능을 적용한다. PostgreSQL을 사용하는 경우에는 해당 칼럼의 유형이 serial 타입이 된다.

❷ Resevation 엔터티와 ReservableRoom 엔터티와의 관계는 단방향으로 다대일 관계다. 이때 외부 키로는 reserved_ data와 room_id의 복합키를 사용한다.

❸ Resevation 엔터티와 User 엔터티와의 관계는 단방향으로 다대일 관계다. 이때 외부 키로는 user_id의 복합키를 사용한다.

참고로 JPA 2.1에서는 엔터티에 사용할 필드의 유형으로 java.time.LocalDate, java.time.Local Time, java.time.LocalDateTime을 지원하지 않는다. 이 경우에는 다음과 같은 AttributeConverter 를 만들어야 한다.

▶ LocalDateConverter.java

```java
package mrs.domain.model.converter;

import java.sql.Date;
import java.time.LocalDate;
import javax.persistence.AttributeConverter;
import javax.persistence.Converter;

@Converter(autoApply = true) ─────────────────────────────────────❶
public class LocalDateConverter implements AttributeConverter<LocalDate, Date> { ─┘
    @Override
    public Date convertToDatabaseColumn(LocalDate date) {
        return date == null ? null : Date.valueOf(date); ─────────────❷
    }

    @Override
    public LocalDate convertToEntityAttribute(Date value) {
        return value == null ? null : value.toLocalDate(); ───────────❸
    }
}
```

❶ 엔터티의 필드가 LocalData 타입인 경우, 이 AttributeConverter가 자동으로 적용되도록 autoApply 속성을 true로 설정한다.

❷ java.time.LocalDate 타입인 객체를 java.sql.Date 타입으로 변환한다.

❸ java.sql.Date 타입인 객체를 java.time.LocalDate 타입으로 변환한다.

LocalTimeConverter와 LocalDateTimeConverter도 비슷하게 처리한다.

▶ LocalTimeConverter.java

```java
package mrs.domain.model.converter;

import java.sql.Time;
import java.time.LocalTime;
import javax.persistence.AttributeConverter;
import javax.persistence.Converter;

@Converter(autoApply = true)
public class LocalTimeConverter implements AttributeConverter<LocalTime, Time> {
    @Override
    public Time convertToDatabaseColumn(LocalTime time) {
        return time == null ? null : Time.valueOf(time);
    }

    @Override
    public LocalTime convertToEntityAttribute(Time value) {
        return value == null ? null : value.toLocalTime();
    }
}
```

▶ LocalDateTimeConverter.java

```java
package mrs.domain.model.converter;

import java.sql.Timestamp;
import java.time.LocalDateTime;
import javax.persistence.AttributeConverter;
import javax.persistence.Converter;

@Converter(autoApply = true)
public class LocalDateTimeConverter
        implements AttributeConverter<LocalDateTime, Timestamp> {
    @Override
    public Timestamp convertToDatabaseColumn(LocalDateTime dateTime) {
        return dateTime == null ? null : Timestamp.valueOf(dateTime);
    }

    @Override
    public LocalDateTime convertToEntityAttribute(Timestamp value) {
        return value == null ? null : value.toLocalDateTime();
    }
}
```

엔터티 클래스를 모두 구현했다면 다음으로 데이터베이스 테이블을 생성한다. DDL 실행은 하이버네이트의 기능으로 자동 생성할 수 있지만 이 실습에서는 유연성과 범용성을 고려해서 SQL을 직접 실행한다. 스프링 부트는 실행될 때 클래스패스 상의 schema.sql을 실행하도록 만들어져 있다. src/main/resources/schema.sql에 다음과 같은 DDL 스크립트를 작성한다.[15]

▶ schema.sql

```
DROP TABLE IF EXISTS meeting_room CASCADE;
DROP TABLE IF EXISTS reservable_room CASCADE;
DROP TABLE IF EXISTS reservation CASCADE;
DROP TABLE IF EXISTS usr CASCADE;

CREATE TABLE IF NOT EXISTS meeting_room (
    room_id SERIAL NOT NULL,
    room_name VARCHAR(255) NOT NULL,
    PRIMARY KEY (room_id)
);

CREATE TABLE IF NOT EXISTS reservable_room (
    reserved_date DATE NOT NULL,
    room_id INT4 NOT NULL,
    PRIMARY KEY (reserved_date, room_id)
);

CREATE TABLE IF NOT EXISTS reservation (
    reservation_id SERIAL NOT NULL,
    end_time TIME NOT NULL,
    start_time TIME NOT NULL,
    reserved_date DATE NOT NULL,
    room_id INT4 NOT NULL,
    user_id VARCHAR(255) NOT NULL,
    PRIMARY KEY (reservation_id)
);

CREATE TABLE IF NOT EXISTS usr (
    user_id VARCHAR(255) NOT NULL,
```

---

**15** (옮긴이) STS를 사용하는 경우, 확장자가 'sql'로 끝나는 SQL 파일을 위한 전용 편집기가 포함돼 있지 않다. STS의 메뉴에서 [Help] → [Eclipse Marketplace…]를 클릭한 다음, [Eclipse Marketplace] 대화창의 [Find: ] 필드에서 sql을 검색해보자. 사용 가능한 각종 플러그인이 검색되는데 그중 [SQL Development Tools 1.13]을 선택하고 [Install] 버튼을 클릭하면 SQL을 사용하는 개발 툴이 설치된다. 이후 STS의 [Data management] 기능을 사용하려면 PostgreSQL의 JDBC 드라이버가 필요할 수 있는데 다음 경로에서 내려받으면 된다.
https://jdbc.postgresql.org/download.html

```
    first_name VARCHAR(255) NOT NULL,
    last_name VARCHAR(255) NOT NULL,
    password VARCHAR(255) NOT NULL,
    role_name VARCHAR(255) NOT NULL,
    PRIMARY KEY (user_id)
);

ALTER TABLE reservable_room DROP CONSTRAINT IF EXISTS FK_ROOM_ID;
ALTER TABLE reservation DROP CONSTRAINT IF EXISTS FK_RESERVED_DATE_ROOM_ID;
ALTER TABLE reservation DROP CONSTRAINT IF EXISTS FK_USER_ID;

ALTER TABLE reservable_room ADD CONSTRAINT FK_ROOM_ID FOREIGN KEY (room_id) REFERENCES meeting_
room;
ALTER TABLE reservation ADD CONSTRAINT FK_RESERVED_DATE_ROOM_ID FOREIGN KEY (reserved_date,
room_id) REFERENCES reservable_room;
ALTER TABLE reservation ADD CONSTRAINT FK_USER_ID FOREIGN KEY (user_id) REFERENCES usr;
```

메모

하이버네이트의 기능을 사용해 DDL을 자동으로 실행하고 싶다면 application.properties 파일의 spring.
jpa.hibernate.ddl-auto 프로퍼티의 값을 create-drop, create, update 중에서 용도에 맞는 것을 골라서
쓰면 된다. 이때 schema.sql은 사용되지 않는다.

## 14.2.7. 회의실 목록 표시 기능 구현

다음으로 회의실 목록 표시 기능을 구현해보자(표 14.5).

표 14.5 회의실 목록 표시 기능의 인터페이스 사양

| HTTP 메서드 | 요청 경로 | 설명 | 핸들러 메서드 | 뷰 이름 |
|---|---|---|---|---|
| GET | /rooms | 오늘 예약 가능한 회의실 목록 | RoomController#listRooms() | room/listRooms |
| GET | /rooms/{date} | 특정일에 예약 가능한 회의실 목록 (date 형식은 yyyy-MM-dd) | RoomController#listRooms( LocalDate) | room/listRooms |

### ■ 리포지토리 인터페이스 작성

▶ ReservableRoomRepository.java

```
package mrs.domain.repository.room;

import java.time.LocalDate;
```

```
import java.util.List;

import javax.persistence.LockModeType;

import mrs.domain.model.ReservableRoom;
import mrs.domain.model.ReservableRoomId;
import org.springframework.data.jpa.repository.JpaRepository;

public interface ReservableRoomRepository
        extends JpaRepository<ReservableRoom, ReservableRoomId> { ──────────────── ❶
    List<ReservableRoom> findByReservableRoomId_reservedDateOrderByReservableRoomId_roomIdAsc
(LocalDate reservedDate); ──────────────────────────────────────────────── ❷
}
```

❶ ReservableRoom 엔터티를 위한 리포지토리 인터페이스는 JpaRepository 인터페이스를 상속한다. 이때 타입 파라미터로는 ReservableRoom 클래스와 기본키 클래스가 되는 ReservableRoomId 클래스를 지정한다.

❷ 지정한 날짜에 예약 가능한 회의실 목록을 가져오는 메서드를 정의한다. reservable_room 테이블에서 조회하며 room_id 기준으로 오름차순으로 정렬된다. 이때 사용되는 메서드의 명명 규칙은 스프링 데이터 JPA의 명명 규칙을 따르는데 중첩된 클래스의 필드를 지정할 때 언더스코어인 '_'를 사용한다.[16] 결과적으로 'findBy' + 'ReservableRoomId_ResevedDate' + 'OrderBy' + 'ReservableRoomId_RoomId' + 'Asc' 같은 형태로 메서드명이 결정된다. 이때 사용된 'ReservableRoomId_ReservedDate'는 reservableRoomId.reservedDate에 해당하고 'ReservableRoomId_RoomId'는 reservableRoomId.roomId에 해당한다.

실제로 이 메서드를 호출하면 다음과 같은 SQL이 실행된다.

▶ findByReservableRoomId_ReservedDateOrderByReservableRoomId_RoomIdAsc 메서드의 실행 결과

```
2017-09-03 00:58:24.936 DEBUG 12380 --- [nio-8080-exec-2] org.hibernate.SQL          :
    select
        reservable0_.reserved_date as reserved1_1_,
        reservable0_.room_id as room_id2_1_
    from
        reservable_room reservable0_
    where
        reservable0_.reserved_date=?
    order by
        reservable0_.room_id asc
2017-09-03 00:58:24.951 TRACE 12380 --- [nio-8080-exec-2] o.h.type.descriptor.sql.BasicBinder
: binding parameter [1] as [DATE] - [2017-09-03]
```

## ▪ 서비스 클래스 구현

▶ RoomService.java

```java
package mrs.domain.service.room;

import java.time.LocalDate;
import java.util.List;

import mrs.domain.model.ReservableRoom;
import mrs.domain.repository.room.ReservableRoomRepository;
import org.springframework.beans.factory.annotation.Autowired;
import org.springframework.stereotype.Service;
import org.springframework.transaction.annotation.Transactional;

@Service                                                              ❶
@Transactional
public class RoomService {

    @Autowired                                                       ❷
    ReservableRoomRepository reservableRoomRepository;

    public List<ReservableRoom> findReservableRooms(LocalDate date) {
        return reservableRoomRepository.findByReservableRoomId_reserved  ❸
DateOrderByReservableRoomId_roomIdAsc(date);
    }

}
```

❶ 서비스 클래스라는 것을 알리기 위해 @Service 애너테이션을 사용한다. 또한 이 클래스의 메서드를 호출할 때 트랜잭션 관리가 되도록 @Transactional 애너테이션을 사용한다.

❷ ReservableRoomRepository를 주입한다.

❸ ReservableRoomRepository의 메서드를 호출한다.

## ▪ 컨트롤러 클래스와 HTML 구현

RoomService를 호출하는 컨트롤러를 구현하고 회의실 목록을 표시하는 화면을 만든다. 우선 mrs.app. room.RoomsController를 만든 다음, 오늘 날짜로 예약 가능한 회의실 목록을 표시하는 핸들러 메서드를 추가한다.

▶ RoomsController.java

```java
package mrs.app.room;

import java.time.LocalDate;
import java.util.List;
import mrs.domain.model.ReservableRoom;
import mrs.domain.service.room.RoomService;
import org.springframework.beans.factory.annotation.Autowired;
import org.springframework.stereotype.Controller;
import org.springframework.ui.Model;
import org.springframework.web.bind.annotation.RequestMapping;
import org.springframework.web.bind.annotation.RequestMethod;

@Controller
@RequestMapping("rooms")
public class RoomsController {
    @Autowired
    RoomService roomService;

    @RequestMapping(method = RequestMethod.GET)
    String listRooms(Model model) {
        LocalDate today = LocalDate.now(); ─────────────────────────── ❶
        List<ReservableRoom> rooms = roomService.findReservableRooms(today); ─── ❷
        model.addAttribute("date", today); ───────────────────────── ❸
        model.addAttribute("rooms", rooms);
        return "room/listRooms";
    }
}
```

❶ 오늘 날짜 정보를 가져온다.

❷ 해당 일자로 예약 가능한 회의실 목록을 가져온다.

❸ 화면에 전달할 정보를 모델 객체에 설정한다.

뷰 이름인 'room/listRooms'에 해당하는 뷰를 HTML 파일로 만든다. 스프링 부트에서는 뷰를 찾을 때 '클래스패스 아래의 templates/' + '뷰명' + '.html'과 같은 관례에 따라 찾는다. 이 관례에 따라 src/main/resources/templates/room/listRooms.html을 만든다.[17]

---

**17** (옮긴이) STS를 사용하는 경우 HTML 파일을 만들고 싶은 디렉터리에서 마우스 오른쪽 버튼을 클릭한 후, 컨텍스트 메뉴에서 [New] → [Other…]를 클릭하면 [New] 대화 창이 표시된다. 대화창 안에서 [Web] → [HTML File]을 선택하고 [Next]를 누르면 파일명을 입력할 수 있는 입력란이 나온다. 파일명을 입력한 후, [Next]를 누르면 HTML 템플릿을 선택할 수 있는 대화창이 표시되고 그중에서 [New HTML File (5)]를 선택하면 이 예와 같은 HTML5 형식으로 파일을 만들 수 있다. 단, 생성된 HTML 파일에는 <meta charset="UTF-8">과 같이 태그가 닫히지 않은 경우가 나중에 SAX 파서가 오류를 발생시킬 수 있다. 실제로 런타임에서 HTML 파일이 표시될 때 로그에서 '요소 유형 "meta"은(는) 짝이 맞는 종료 태그 "</meta>"(으)로 종료되어야 합니다.' 같은 오류가 보이면 <meta charset="UTF-8"/>와 같이 태그를 닫아야 한다.

▶ listRooms.html

```html
<!DOCTYPE html>
<html xmlns:th="http://www.thymeleaf.org">
<head>
<meta charset="UTF-8" />
<title th:text="|${#temporals.format(date, 'yyyy/M/d')}의 회의실|">2017/5/10의
    회의실</title>
</head>
<body>
    <h3>회의실 목록</h3>
    <a th:href="@{'/rooms/' + ${date.minusDays(1)}}">&lt; 하루 전</a> ───────────── ❶
    <span th:text="|${#temporals.format(date, 'yyyy/M/d')}의 회의실|">2017/5/10의
        회의실</span>
    <a th:href="@{'/rooms/' + ${date.plusDays(1)}}">하루 후 &gt;</a> ───────────── ❷
    <ul>
        <li th:each="room: ${rooms}"><a
            th:href="@{'/reservations/' + ${date} + '/' + ${room.meetingRoom.roomId}}"
            th:text="${room.meetingRoom.roomName}"></a></li>
    </ul>
</body>
</html>
```

❶ 전날의 날짜를 가져오기 위해 LocalDate 클래스의 minusDays 메서드를 사용한다.

❷ 다음날의 날짜를 가져오기 위해 LocalDate 클래스의 plusDays 메서드를 사용한다.

특정일에 예약 가능한 회의실 목록을 표시하기 위해 핸들러 메서드를 추가한다. 참고로 뷰는 같은 것을
사용한다.

▶ RoomsController.java

```java
package mrs.app.room;

import org.springframework.format.annotation.DateTimeFormat;
import org.springframework.web.bind.annotation.PathVariable;
// 기타 import 문은 생략

@Controller
@RequestMapping("rooms")
public class RoomsController {
    @Autowired
    RoomService roomService;
```

```
    @RequestMapping(value = "{date}", method = RequestMethod.GET)
    String listRooms(
            @DateTimeFormat(iso = DateTimeFormat.ISO.DATE) @PathVariable("date") ──────── ❶
LocalDate date,Model model) { ──────────────────────────────────────────────
        List<ReservableRoom> rooms = roomService.findReservableRooms(date);
        model.addAttribute("rooms", rooms);
        return "room/listRooms";
    }

    // 앞서 다룬 내용은 생략
}
```

❶ 앞서 다룬 내용에서는 조회할 날짜를 LocalDate#now를 통해 가져왔으나 이번에는 URL 경로에서 가져온다. 날짜 포맷을
지정하기 위해 @DateTimeFormat 애너테이션을 사용했다.

메모

이 실습에서 사용된 listRooms 메서드 두 개는 사실상 날짜를 가져오는 방법만 다르고 그 밖의 내용은 거의 똑
같다. 이러한 경우에는 다음과 같이 한쪽 메서드에 실제 구현을 두고 나머지 메서드에서 구현된 메서드를 호출
하는 형태로 만들면 중복 코드를 제거하고 공통화할 수 있다.

▶ listRooms 메서드를 공통화

```
    @RequestMapping(value = "{date}", method = RequestMethod.GET)
    String listRooms(@DateTimeFormat(
            iso = DateTimeFormat.ISO.DATE) @PathVariable("date") LocalDate date,
            Model model) {
        List<ReservableRoom> rooms = roomService.findReservableRooms(date);
        model.addAttribute("rooms", rooms);
        return "room/listRooms";
    }

    @RequestMapping(method = RequestMethod.GET)
    String listRooms(Model model) {
        LocalDate today = LocalDate.now();
        model.addAttribute("date", today);
        return listRooms(today, model);
    }
```

단, 메서드를 실행할 때 인수가 되는 모델 객체의 상태가 바뀌게 되는데 다른 메서드를 호출할 때는 필요 이상
으로 인수의 상태가 바뀌지 않도록 주의할 필요가 있다.

이 단계에서는 데이터가 아직 아무것도 없기 때문에 다음과 같은 초기 데이터를 데이터베이스에 적재할 필요가 있다. 스프링 부트에서는 클래스패스 상에 data.sql 파일이 있는 경우, 기동 시 자동으로 실행하게끔 돼 있다. src/main/resources/data.sql의 내용은 다음과 같다. 이때 패스워드 값은 Bcrypt 알고리즘이 적용된 것으로 인코딩 이전의 값은 모두 '1234qwer'이다.[18]

▶ data.sql

```sql
-- 회의실
-- 회의실
INSERT INTO meeting_room (room_name) VALUES ('진부령');
INSERT INTO meeting_room (room_name) VALUES ('미시령');
INSERT INTO meeting_room (room_name) VALUES ('대관령');
INSERT INTO meeting_room (room_name) VALUES ('죽령');
INSERT INTO meeting_room (room_name) VALUES ('조령');
INSERT INTO meeting_room (room_name) VALUES ('이화령');
INSERT INTO meeting_room (room_name) VALUES ('추풍령');
INSERT INTO meeting_room (room_name) VALUES ('육십령');
INSERT INTO meeting_room (room_name) VALUES ('팔량치');
INSERT INTO meeting_room (room_name) VALUES ('차령');
INSERT INTO meeting_room (room_name) VALUES ('노령');


-- 사용자 (비밀번호: demo)
INSERT INTO usr (user_id, first_name, last_name, role_name, password)
VALUES ('Go Damdeok', '담덕', '고', 'USER', '$2a$10$oxSJl.keBwxmsMLkcT9lPeAIxfNTPNQxpeywMrF7A3k
VszwUTqfTK');
INSERT INTO usr (user_id, first_name, last_name, role_name, password)
VALUES ('Kim Yusin', '유신', '김', 'USER', '$2a$10$oxSJl.keBwxmsMLkcT9lPeAIxfNTPNQxpeywMrF7A3kV
szwUTqfTK');
INSERT INTO usr (user_id, first_name, last_name, role_name, password)
VALUES ('Heukchi Sangji', '상지', '흑치', 'USER', '$2a$10$oxSJl.keBwxmsMLkcT9lPeAIxfNTPNQxpeywM
rF7A3kVszwUTqfTK');
INSERT INTO usr (user_id, first_name, last_name, role_name, password)
VALUES ('Cheok Junkyung', '준경', '척', 'ADMIN', '$2a$10$oxSJl.keBwxmsMLkcT9lPeAIxfNTPNQxpeywMr
F7A3kVszwUTqfTK');
INSERT INTO usr (user_id, first_name, last_name, role_name, password)
```

---

18  (옮긴이) Bcrypt로 인코딩된 값이 궁금한 경우 스프링의 Bcrypt Encoder의 테스트 코드를 만들어서 확인해도 되지만 웹 브라우저를 통해 온라인으로 바로 확인하는 방법
    도 있다. 검색 엔진에서 Bcrypt Encoder를 검색하면 다양한 온라인 변환 서비스를 찾을 수 있으니 그중에서 사용하기 편한 것을 이용하면 된다.
    https://www.dailycred.com/article/bcrypt-calculator

```
VALUES ('Lee Soonsin', '순신', '이', 'ADMIN', '$2a$10$oxSJl.keBwxmsMLkcT9lPeAIxfNTPNQxpeywMrF7A
3kVszwUTqfTK');
INSERT INTO usr (user_id, first_name, last_name, role_name, password)
VALUES ('Kim Jwajin', '좌진', '김', 'ADMIN', '$2a$10$oxSJl.keBwxmsMLkcT9lPeAIxfNTPNQxpeywMrF7A3
kVszwUTqfTK');

-- 회의실 예약 가능일 (room_id 1, 7만 등록함)
-- room_id = 1의 예약 가능 날짜
INSERT INTO reservable_room (reserved_date, room_id) VALUES (CURRENT_DATE, 1);
INSERT INTO reservable_room (reserved_date, room_id) VALUES (CURRENT_DATE + 1, 1);
INSERT INTO reservable_room (reserved_date, room_id) VALUES (CURRENT_DATE - 1, 1);

-- room_id = 1의 예약 가능 날짜
INSERT INTO reservable_room (reserved_date, room_id) VALUES (CURRENT_DATE, 7);
INSERT INTO reservable_room (reserved_date, room_id) VALUES (CURRENT_DATE + 1, 7);
INSERT INTO reservable_room (reserved_date, room_id) VALUES (CURRENT_DATE - 1, 7);
```

**메모**

테스트를 위해 많은 데이터를 적재하고 싶다면 저장 프로시저(stored procedure) 혹은 저장 함수(stored function)를 사용하면 되는데 다음과 같이 PL/pgSQL로 데이터를 입력할 수 있다.

▶ data.sql

```
-- 회의실
INSERT INTO meeting_room (room_name) VALUES ('진부령')/;
INSERT INTO meeting_room (room_name) VALUES ('미시령')/;
INSERT INTO meeting_room (room_name) VALUES ('대관령')/;
INSERT INTO meeting_room (room_name) VALUES ('죽령')/;
INSERT INTO meeting_room (room_name) VALUES ('조령')/;
INSERT INTO meeting_room (room_name) VALUES ('이화령')/;
INSERT INTO meeting_room (room_name) VALUES ('추풍령')/;
INSERT INTO meeting_room (room_name) VALUES ('육십령')/;
INSERT INTO meeting_room (room_name) VALUES ('팔량치')/;
INSERT INTO meeting_room (room_name) VALUES ('차령')/;
INSERT INTO meeting_room (room_name) VALUES ('노령')/;

-- 사용자 (비밀번호: demo)
INSERT INTO usr (user_id, first_name, last_name, role_name, password)
VALUES ('Go Damdeok', '담덕', '고', 'USER', '$2a$10$oxSJl.keBwxmsMLkcT9lPeAIxfNTPN
QxpeywMrF7A3kVszwUTqfTK')/;
INSERT INTO usr (user_id, first_name, last_name, role_name, password)
VALUES ('Kim Yusin', '유신', '김', 'USER', '$2a$10$oxSJl.keBwxmsMLkcT9lPeAIxfNTPNQ
xpeywMrF7A3kVszwUTqfTK')/;
```

```
INSERT INTO usr (user_id, first_name, last_name, role_name, password)
VALUES ('Heukchi Sangji', '상지', '흑치', 'USER', '$2a$10$oxSJl.keBwxmsMLkcT9lPeAI
xfNTPNQxpeywMrF7A3kVszwUTqfTK')/;
INSERT INTO usr (user_id, first_name, last_name, role_name, password)
VALUES ('Cheok Junkyung', '준경', '척', 'ADMIN', '$2a$10$oxSJl.keBwxmsMLkcT9lPeAIx
fNTPNQxpeywMrF7A3kVszwUTqfTK')/;
INSERT INTO usr (user_id, first_name, last_name, role_name, password)
VALUES ('Lee Soonsin', '순신', '이', 'ADMIN', '$2a$10$oxSJl.keBwxmsMLkcT9lPeAIxfNT
PNQxpeywMrF7A3kVszwUTqfTK')/;
INSERT INTO usr (user_id, first_name, last_name, role_name, password)
VALUES ('Kim Jwajin', '좌진', '김', 'ADMIN', '$2a$10$oxSJl.keBwxmsMLkcT9lPeAIxfNTP
NQxpeywMrF7A3kVszwUTqfTK')/;


-- 회의실 예약 가능일 (Stored Procedure)
DROP FUNCTION IF EXISTS REGISTER_RESERVABLE_ROOMS()/;
CREATE OR REPLACE FUNCTION REGISTER_RESERVABLE_ROOMS()
  RETURNS
    INT AS $$
DECLARE
  total INT;
  i INT4;
  id INT4;
BEGIN
  total := 0;
  FOR id IN SELECT room_id
            FROM meeting_room LOOP
    i := 0;
    FOR i IN 0..77 LOOP
      INSERT INTO reservable_room (reserved_date, room_id)
      VALUES (CURRENT_DATE + i - 7, id);
    END LOOP;
    total := total + i;
  END LOOP;
  RETURN total;
END;
$$ LANGUAGE plpgsql
/;
SELECT REGISTER_RESERVABLE_ROOMS() /;
COMMIT /;
```

이때 주의할 것은 SQL의 기본 행 구분자인 ';'가 PL/pgSQL의 문법과 충돌할 수 있다는 점이다. 그래서 실습 예제에서는 행 구분자를 '/;'로 바꿔서 사용하고 있는데 스프링 부트가 이를 인식할 수 있도록 application. properties에는 다음과 같이 설정해서 SQL의 행 구분자를 재정의한다.

▶ application.properties
```
spring.datasource.separator=/;
```

그리고 앞서 작성한 schema.sql 파일의 행 구분자도 ';'에서 '/;'로 변경한다.

이제 MrsApplication을 실행해 웹 애플리케이션이 정상적으로 동작하는지 확인해보자.[19] 웹 브라우저에서 'http://localhost:8080/rooms'로 접근하면 오늘 날짜 기준으로 예약 가능한 회의실 목록이 표시되는 것을 확인할 수 있다. 참고로 그림 14.18은 앞서 살펴본 저장 프로시저를 사용하지 않은 테스트 데이터를 사용한 결과 화면이다.

그림 14.18 오늘 예약 가능한 회의실 목록

'하루 전'과 '하루 후'를 클릭하면 각각 전날과 다음날의 예약 가능한 회의실 목록을 확인할 수 있다.[20]

## 14.2.8. 회의실 예약 기능 구현

다음으로 회의실 예약 기능을 구현해보자(표14.6).

---

**19** (옮긴이) STS에서 실행하려면 [Package Explorer]에서 프로젝트 최상단을 선택하고 마우스 오른쪽 버튼을 클릭한 후, 컨텍스트 메뉴에서 [Run As] → [Spring Boot App]을 선택하거나 'src/main/java/mrs/MrsApplication.java'를 선택하고 마우스 오른쪽 버튼을 클릭한 후 컨텍스트 메뉴에서 [Run As] → [Java Application]을 선택하면 된다. 참고로 Spring Boot App을 선택하는 방식이 콘솔 로그에 색깔이 입혀지므로 가독성이 높다.

**20** (옮긴이) 엄밀히 말하자면 오늘 날짜 이전의 회의실은 예약할 수 없어야 하나 예를 간단히 들기 위해 엄격한 비즈니스 규칙 처리는 구현하지 않았다.

표 14.6 회의실 예약 기능의 인터페이스 사양

| HTTP 메서드 | 요청 경로 | 설명 | 핸들러 메서드 | 뷰명 |
| --- | --- | --- | --- | --- |
| GET | /reservations/{date}/{roomId} | 지정한 회의실의 예약 화면 표시 | ReservationsController#reserveForm | reservation/reserveForm |
| POST | /reservations/{date}/{roomId} | 지정한 회의실의 예약 처리 | ReservationsController#reserve | /reservations/{date}/{roomId}으로 리다이렉트 |
| POST | /reservations/{date}/{roomId}?cancel | 지정한 회의실의 예약 취소 | ReservationsController#candel | /reservations/{date}/{roomId}으로 리다이렉트 |

## ■ 리포지토리 인터페이스 작성

▶ ReservationRepository.java

```java
package mrs.domain.repository.reservation;

import java.util.List;
import mrs.domain.model.ReservableRoomId;
import mrs.domain.model.Reservation;
import org.springframework.data.jpa.repository.JpaRepository;

public interface ReservationRepository
        extends JpaRepository<Reservation, Integer> {  ──────────────── ❶
    List<Reservation> findByReservableRoom_ReservableRoomIdOrderByStartTimeAsc(
            ReservableRoomId reservableRoomId);  ──────────────── ❷
}
```

❶ Reservation 엔터티에 대한 리포지토리 인터페이스는 JpaRepository 인터페이스를 상속한다. 이때 타입 파라미터로는 Reservation 클래스와 기본키 클래스가 되는 Integer 클래스를 지정한다.

❷ 지정한 회의실의 예약 목록을 가져오는 메서드를 정의한다. reservation 테이블과 reservable_room 테이블에서 복합키 클래스인 ReservableRoomId로 조회하며 start_time 기준으로 오름차순으로 정렬된다. 이때 사용되는 메서드의 명명 규칙은 스프링 데이터 JPA의 명명 규칙을 따르는데 중첩된 클래스의 필드를 지정할 때 언더스코어인 '_'를 사용한다. 결과적으로 'findBy' + 'ReservableRoom_ReservableRoomId' + 'OrderBy' + 'StartTime' + 'Asc' 같은 형태로 메서드명이 결정된다. 이때 사용된 'ReservableRoom_ReservableId'는 reservableRoom.reservableId에 해당한다.

▶ MeetingRoomRepository.java

```java
package mrs.domain.repository.room;

import org.springframework.data.jpa.repository.JpaRepository;
import mrs.domain.model.MeetingRoom;
```

```
public interface MeetingRoomRepository
        extends JpaRepository<MeetingRoom, Integer> { ─────────────────── ❶
}
```

❶ MeetingRoom 엔터티에 대한 리포지토리 인터페이스는 JpaRepository 인터페이스를 상속한다. 이때 타입 파라미터로는
MeetingRoom 클래스와 기본키 클래스가 되는 Integer 클래스를 지정한다.

## ■ 서비스 클래스 구현

지정한 날짜에 대한 예약 목록을 표시해보자. mrs.domain.service.reservation.ReservationSer
vice를 만든 후, findReservations 메서드에 reservableRoomId(예약 날짜와 회의실 ID의 복합키)를
지정해 Reservation의 목록을 가져오도록 만들어야 한다.

이 서비스는 ReservableRoomRepository#findByReservableRoomId_ReservedDateOrderByReserv
ableRoomId_RoomIdAsc 메서드를 호출하기만 하고 다른 특별한 내용은 없다.

▶ ReservationService.java

```
package mrs.domain.service.reservation;

import java.util.List;

import org.springframework.beans.factory.annotation.Autowired;
import org.springframework.stereotype.Service;
import org.springframework.transaction.annotation.Transactional;

import mrs.domain.model.ReservableRoomId;
import mrs.domain.model.Reservation;
import mrs.domain.repository.reservation.ReservationRepository;

@Service
@Transactional
public class ReservationService {
    @Autowired
    ReservationRepository reservationRepository;

    public List<Reservation> findReservations(ReservableRoomId reservableRoomId) {
        return reservationRepository
                .findByReservableRoom_ReservableRoomIdOrderByStartTimeAsc(reservableRoomId);
    }
}
```

다음으로 예약 처리 기능을 구현한다. 앞서 만든 ReservationService에 reserve 메서드를 추가한다.

▶ ReservationService.java

```
package mrs.domain.service.reservation;

import java.util.List;

import org.springframework.beans.factory.annotation.Autowired;
import org.springframework.stereotype.Service;
import org.springframework.transaction.annotation.Transactional;

import mrs.domain.model.ReservableRoom;
import mrs.domain.model.ReservableRoomId;
import mrs.domain.model.Reservation;
import mrs.domain.repository.reservation.ReservationRepository;
import mrs.domain.repository.room.ReservableRoomRepository;

@Service
@Transactional
public class ReservationService {
    @Autowired
    ReservationRepository reservationRepository;

    @Autowired
    ReservableRoomRepository reservableRoomRepository;

    public List<Reservation> findReservations(ReservableRoomId reservableRoomId) {
        return reservationRepository
                .findByReservableRoom_ReservableRoomIdOrderByStartTimeAsc(reservableRoomId);
    }

    // 이전 내용은 생략

    public Reservation reserve(Reservation reservation) {
        ReservableRoomId reservableRoomId = reservation.getReservableRoom().getReservableRoomId();
        // 해당 회의실이 예약 가능한지 확인한다.
        ReservableRoom reservable = reservableRoomRepository.findOne(reservableRoomId);
        if (reservable == null) {
            // 예외를 발생시킨다. ─────────────────────────── ❶
        }
        // 중복 확인
```

```
        boolean overlap = reservationRepository.findByReservableRoom_ ──────────── ❷
ReservableRoomIdOrderByStartTimeAsc(reservableRoomId)
            .stream()
            .anyMatch(x -> x.overlap(reservation)); ───────────────── ❸
    if (overlap) { ──────────────────────────────────────
        // 예외를 발생시킨다. ───────────────────────────────── ❹
    }
    // 예약 정보 등록
    reservationRepository.save(reservation); ───────────────────── ❺
    return reservation;
    }
}
```

❶ ReservableRoom을 찾을 수 없다는 말은 입력받은 날짜에 입력받은 회의실을 예약할 수 없다는 의미다. 이런 상황을 예외를 던져서 알려야 하는데 던질 예외에 대해서는 좀 더 뒤에서 다루기로 하자.

❷ 해당 날짜와 회의실에 대한 예약 정보를 reservable_room 테이블에서 가져온 후, 중복 검사를 한다.

❸ ReservationRepository#findByReservableRoom_ReservableRoomIdOrderByStartTimeAsc의 결과에 대해 Reservation#overlap 메서드를 실행한 후, 한 건이라도 겹치는 것이 있으면 중복이 발생했다는 것을 알려준다. overlap 메서드는 뒤에서 더 자세히 설명한다.

❹ 중복이 있다는 말은 입력한 시간대로는 예약이 불가능하다는 것을 의미한다. 이런 상황을 예외를 던져서 알려야 하는데 던질 예외에 대해서는 좀 더 뒤에서 다루기로 하자.

❺ ReservationRepository#save 메서드를 실행해 예약 정보를 데이터베이스에 기록한다.

예약 시간이 겹쳐지는지 중복 검사하는 기능은 Reservation 클래스의 overlap 메서드가 제공한다. 중복 검사는 다음과 같은 방법으로 이뤄진다.

1. 두 예약의 날짜와 회의실이 겹치지 않는다면 중복이 아니다.
2. 두 예약의 시작 시간과 종료 시간이 같다면 중복으로 간주한다.
3. 두 예약의 시작 시간과 종료 시간이 교차되거나 포함된다면 중복으로 간주한다.

▶ Reservation.java

```
package mrs.domain.model;

import java.util.Objects;

@Entity
public class Reservation implements Serializable {
```

```
// 이전 내용은 생략

public boolean overlap(Reservation target) {
    if (!Objects.equals(reservableRoom.getReservableRoomId(),                    ❶
            target.reservableRoom.getReservableRoomId())) {
        return false;
    }

    if (startTime.equals(target.startTime) && endTime.equals(target.endTime)) {  ❷
        return true;
    }

    return target.endTime.isAfter(startTime) && endTime.isAfter(target.startTime);  ❸
  }
}
```

❶ 두 예약의 날짜와 회의실이 겹치지 않는다면 중복이 아니므로 false를 리턴한다.

❷ 두 예약의 시작 시간과 종료 시간이 같다면 중복으로 간주하므로 true를 리턴한다.

❸ 두 예약의 시작 시간과 종료 시간이 교차되거나 포함된다면 중복으로 간주하므로 true를 리턴한다.

두 예약의 시간에 따라 중복이 발생하는 경우와 발생하지 않는 경우에 대한 대표적인 패턴은 다음과 같다(그림 14.19).

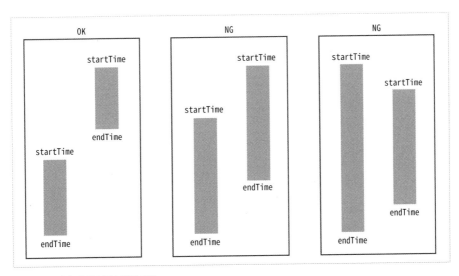

그림 14.19 예약 시간의 중복 여부 패턴

이제 앞서 미뤄뒀던 예외 처리를 하기 위해 UnavailableReservationException과 AlreadyReserved
Exception을 만들어 보자. UnavailaleReservationException은 입력된 날짜와 회의실 ID로는 예약
할 수 없다는 것을 의미하고 AlreadyReservedException은 입력된 날짜와 회의실 ID로 이미 예약돼
있다는 것을 의미한다. 각 예외는 둘 다 RuntimeException을 상속받는 형태로 돼 있다.

▶ UnavailableReservationException.java

```java
package mrs.domain.service.reservation;

public class UnavailableReservationException extends RuntimeException {

    public UnavailableReservationException(String message) {
        super(message);
    }
}
```

▶ AlreadyReservedException.java

```java
package mrs.domain.service.reservation;

public class AlreadyReservedException extends RuntimeException {

    public AlreadyReservedException(String message) {
        super(message);
    }
}
```

이제 이렇게 만든 예외를 던질 수 있도록 reserve 메서드를 보완한다.

▶ ReservationService.java

```java
    public Reservation reserve(Reservation reservation) {

        // 생략

        if (reservable == null) {
            throw new UnavailableReservationException(
                    "선택한 날짜와 회의실로 예약할 수 없습니다.");
        }}

        // 생략

        if (overlap) {
            throw new AlreadyReservedException("입력한 시간대에 이미 예약된 건이 있습니다.");
        }
```

```
        // 생략

    }
```

여기까지 진행했다면 예약 처리는 완성된 것이다. 이제 예약 취소를 구현해보자. `mrs.domain.serv`
`ice.reservation.ReservationService`에 cancel 메서드를 만든다.

▶ ReservationService.java

```
    public void cancel(Integer reservationId, User requestUser) {
        Reservation reservation = reservationRepository.findOne(reservationId);
        if (RoleName.ADMIN != requestUser.getRoleName()
            && !Objects.equals(reservation.getUser().getUserId(), requestUser.getUserId())) {
            throw new IllegalStateException("예약을 취소할 수 없습니다.");
        }
        reservationRepository.delete(reservation);
    }
```

❶ 예약을 취소할 수 있는지 권한을 확인한다. USER 역할이라면 예약자가 자기 자신인 경우에만 취소할 수 있고, ADMIN 역할
이라면 어떤 예약이라도 취소할 수 있다.

❷ 만약 취소할 권한이 없다면 `java.lang.IllegalStateException`을 던진다. 나중에 스프링 시큐리티를 도입한 이후에는
이를 `org.springframework.security.access.AccessDeniedException`을 던지도록 개선할 것이다.

이제 회의실 정보를 가져오는 기능을 구현해보자.

▶ RoomService.java

```
import mrs.domain.model.MeetingRoom;
import mrs.domain.repository.room.MeetingRoomRepository;

@Service
@Transactional
public class RoomService {

    // 생략

    @Autowired
    MeetingRoomRepository meetingRoomRepository;

    // 생략

    public MeetingRoom findMeetingRoom(Integer roomId) {
      return meetingRoomRepository.findOne(roomId);
    }
}
```

■ 컨트롤러 클래스와 HTML 구현

ReservationService를 호출하는 컨트롤러와 회의실 예약 화면도 만들어보자. mrs.app.reservation.ReservationsController를 만들고 우선 입력 폼과 기존 예약을 표시하는 기능부터 구현한다.

▶ ReservationsController.java

```java
package mrs.app.reservation;

import java.time.LocalDate;
import java.time.LocalTime;
import java.util.List;
import java.util.stream.Collectors;
import java.util.stream.Stream;

import mrs.domain.model.*;
import mrs.domain.service.reservation.*;
import mrs.domain.service.room.RoomService;

import org.springframework.beans.factory.annotation.Autowired;
import org.springframework.format.annotation.DateTimeFormat;
import org.springframework.stereotype.Controller;
import org.springframework.ui.Model;
import org.springframework.validation.BindingResult;
import org.springframework.validation.annotation.Validated;
import org.springframework.web.bind.annotation.*;

@Controller
@RequestMapping("reservations/{date}/{roomId}")  ──────────────────── ❶
public class ReservationsController {
    @Autowired
    RoomService roomService;
    @Autowired
    ReservationService reservationService;

    @ModelAttribute  ──────────────────────────────────────────── ❷
    ReservationForm setUpForm() {
        ReservationForm form = new ReservationForm();
        // 기본값
        form.setStartTime(LocalTime.of(9, 0));
        form.setEndTime(LocalTime.of(10, 0));
        return form;
    }
```

```
    @RequestMapping(method = RequestMethod.GET)
    String reserveForm(@DateTimeFormat(iso = DateTimeFormat.ISO.DATE) ─────────── ❸
            @PathVariable("date") LocalDate date, ───────────────────
            @PathVariable("roomId") Integer roomId, Model model) {
        ReservableRoomId reservableRoomId = new ReservableRoomId(roomId, date);
        List<Reservation> reservations = reservationService
                .findReservations(reservableRoomId);

        List<LocalTime> timeList = Stream ─────────────────────────────── ❹
                .iterate(LocalTime.of(0, 0), t -> t.plusMinutes(30))
                .limit(24 * 2).collect(Collectors.toList()); ──────────

        model.addAttribute("room", roomService.findMeetingRoom(roomId));
        model.addAttribute("reservations", reservations);
        model.addAttribute("timeList", timeList);
        model.addAttribute("user", dummyUser()); ──────────────────────── ❺
        return "reservation/reserveForm";
    }

    private User dummyUser() {
        User user = new User();
        user.setUserId("Go Damdeok");
        user.setFirstName("담덕");
        user.setLastName("고");
        user.setRoleName(RoleName.USER);
        return user;
    }
}
```

❶ 요청 경로에서 date와 roomId 정보를 가져온다.

❷ @ModelAttribute 애너테이션을 사용해 요청 시 Model에 담을 객체를 만든다. 이 실습에서는 폼 객체를 만들고 있는데 시
   작 시간과 종료 시간으로 09:00와 10:00를 값으로 가지고 있다. 폼 객체에 대해서는 뒤에서 더 자세히 다루겠다.

❸ @PathVariable 애너테이션을 사용해 요청 경로 상의 {date}에 해당하는 부분을 LocalDate 객체 형태로 받아낸다. 또한
   @DatetimeFormat 애너테이션을 사용해 날짜 포맷으로 ISO 8601의 표현 방식을 지정한다.

❹ 00:00에서 23:30까지 30분 간격으로 LocalDate 객체를 만들고 이를 리스트에 담는다. Stream.itrator(LocalTime.
   of(0, 0), t->t.plusMinutes(30))으로 30분 간격으로 무한 스트림을 만들되 limit(24*2)를 사용해 48개까지만 생
   성한다.

❺ 예약 사용자로 쓸 더미(dummy) 사용자를 생성한다. 나중에 스프링 시큐리티를 활용해 인증된 사용자로 대체한다.

다음은 예약 등록 입력 폼으로 `mrs.app.reservation.ReservationForm`을 만들어 보자.

▶ ReservationForm.java

```java
package mrs.app.reservation;

import java.io.Serializable;
import java.time.LocalTime;

import javax.validation.constraints.NotNull;

import org.springframework.format.annotation.DateTimeFormat;

public class ReservationForm implements Serializable {
    @NotNull(message = "필수 입력 항목입니다.")  ──────────────── ❶
    @DateTimeFormat(pattern = "HH:mm")
    private LocalTime startTime;

    @NotNull(message = "필수 입력 항목입니다.")  ──────────────── ❶
    @DateTimeFormat(pattern = "HH:mm")
    private LocalTime endTime;

    // Getter, Setter는 생략
}
```

❶ @NotNull 애너테이션을 사용해 `startTime` 및 `endTime`을 필수 입력 항목으로 지정한다. message 속성에 입력값 검증에 실패할 때 표시할 메시지를 지정한다.

일반적으로 이 정도의 입력값 검증만으로는 많이 부족하지만 우선은 설명을 쉽게 하기 위해 @NotNull 만 적용했다.

이제 예약 입력 폼 화면과 예약된 회의실 목록 표시 화면을 구현할 차례다. `src/main/resources/temp lates/reservation/reserveForm.html`은 다음과 같다.

▶ reserveForm.html

```html
<!DOCTYPE html>
<html xmlns:th="http://www.thymeleaf.org">
<head>
<meta charset="UTF-8" />
<title th:text="|${#temporals.format(date, 'yyyy/M/d')}의 ${room.roomName}|">2017/5/10의 회의실
```

```html
</title>
</head>
<body>
    <div>
        <a th:href="@{'/rooms/' + ${date}}">회의실 목록으로 가기</a>
    </div>
    <p
        style="color: red"
        th:if="${error != null}"
        th:text="${error}"></p>
    <form
        th:object="${reservationForm}"
        th:action="@{'/reservations/' + ${date} + '/' + ${roomId}}" method="post">
        회의실: <span th:text="${room.roomName}"> 회의실</span> <br /> 예약자 이름: <span
            th:text="${user.lastName + ' ' + user.firstName}">이 순신</span> <br />
        날짜: <span th:text="${#temporals.format(date, 'yyyy/M/d')}">2017/5/10</span>
        <br /> 시간대: <select th:field="*{startTime}">
            <option
                th:each="time : ${timeList}"
                th:text="${time}"
                th:value="${time}">09:00</option>
        </select> <span
            th:if="${#fields.hasErrors('startTime')}"
            th:errors="*{startTime}"
            style="color: red">error!</span> - <select th:field="*{endTime}">
            <option
                th:each="time : ${timeList}"
                th:text="${time}"
                th:value="${time}">10:00</option>
        </select> <span
            th:if="${#fields.hasErrors('endTime')}"
            th:errors="*{endTime}"
            style="color: red">error!</span> <br />
        <button>예약</button>
    </form>
    <table>
        <tr>
            <th>시간대</th>
            <th>예약자</th>
            <th>기능</th>
        </tr>
```

```
<tr th:each="reservation : ${reservations}">
    <td><span th:text="${reservation.startTime}" /> - <span
        th:text="${reservation.endTime}" /></td>
    <td><span th:text="${reservation.user.lastName}" /> <span
        th:text="${reservation.user.firstName}" /></td>
    <td>
        <form
            th:action="@{'/reservations/' + ${date} + '/' + ${roomId}}" method="post"
            th:if="${user.userId == reservation.user.userId}">
            <input type="hidden" name="reservationId"
                th:value="${reservation.reservationId}" />
            <input type="submit" name="cancel" value="취소" />
        </form>
    </td>
</tr>
    </table>
</body>
</html>
```

템플릿 파일에서 사용되는 여러 표기 방법에 대해서는 12장을 참고한다. 이제 MrsApplication을 실행해보자. 첫 화면에서 오늘 예약 가능한 회의실이 표시되고 그중 한 회의실을 선택하면 예약 화면이 표시된다(그림 14.20).

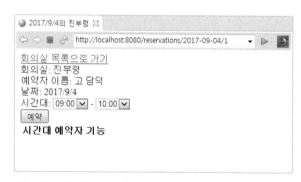

그림 14.20 예약 목록 화면 표시

다음으로 예약 기능을 구현한다. ReservationsController에 reserve 메서드를 추가하자.

▶ ReservationsController.java

```
@RequestMapping(method = RequestMethod.POST)
String reserve(@Validated ReservationForm form, BindingResult bindingResult, ──────── ❶
        @DateTimeFormat(iso = DateTimeFormat.ISO.DATE) @PathVariable("date") LocalDate date,
```

```
            @PathVariable("roomId") Integer roomId, Model model) {
        if (bindingResult.hasErrors()) { ─────────────────────────── ❷
            return reserveForm(date, roomId, model);
        }
        ReservableRoom reservableRoom = new ReservableRoom(
                new ReservableRoomId(roomId, date));
        Reservation reservation = new Reservation();
        reservation.setStartTime(form.getStartTime());
        reservation.setEndTime(form.getEndTime());
        reservation.setReservableRoom(reservableRoom);
        reservation.setUser(dummyUser());
        try {
            reservationService.reserve(reservation);
        } catch (UnavailableReservationException | AlreadyReservedException e) {
            model.addAttribute("error", e.getMessage()); ──────────── ❸
            return reserveForm(date, roomId, model);
        }
        return "redirect:/reservations/{date}/{roomId}"; ──────────── ❹
}
```

❶ reserve 메서드의 ReserveForm에 @Validated 애너테이션을 지정해 입력값 검증을 한다.

❷ bindingResult.hasErrors 메서드로 입력값 검증 결과, 오류가 있었는지 확인한다. 오류가 있었다면 입력 폼 화면으로 다시 되돌아간다.

❸ 예약이 실패하는 경우 예외 메시지를 화면에 표시하기 위해 모델에 메시지를 담아보낸다.

❹ 예약이 성공하는 경우 예약 목록 화면을 표시한다. 화면을 전환(redirect)할 URL 정보는 @RequestMapping에 사용된 경로의 변수를 활용한다.

다음으로 예약 취소 기능을 구현하기 위해 ReservationsController에 cancel 메서드를 추가한다.

▶ ReservationsController.java

```
// 생략
@RequestMapping(method = RequestMethod.POST, params = "cancel")
String cancel(@RequestParam("reservationId") Integer reservationId,
        @PathVariable("roomId") Integer roomId,
        @DateTimeFormat(iso = DateTimeFormat.ISO.DATE) @PathVariable("date") LocalDate date,
        Model model) {
    User user = dummyUser(); ──────────────────────────────────── ❶
    try {
        reservationService.cancel(reservationId, user);
    } catch (IllegalStateException e)
```

```
        model.addAttribute("error", e.getMessage());
        return reserveForm(date, roomId, model);
    }
    return "redirect:/reservations/{date}/{roomId}";
}
// 생략
```

❶ 스프링 시큐리티를 적용하기 전까지는 임시 사용자를 사용한다.

오류 메시지를 화면에 표시하기 위해 reserveForm.html에 다음과 같은 내용을 추가한다.

▶ reserveForm.html

```
<div>
    <a th:href="@{'/rooms/' + ${date}}">회의실 목록으로 가기</a>
</div>
<p style="color: red" th:if="${error != null}" th:text="${error}"></p> ———————————— ❶
<form th:object="${reservationForm}"
    th:action="@{'/reservations/' + ${date} + '/' + ${roomId}}" method="post">
    // 생략
</form>
```

❶ error 속성이 설정돼 있는 경우에는 오류 내용을 표시한다.

이제 MrsApplication을 실행해보자. 첫 화면에서 오늘 예약 가능한 회의실이 표시되고 그중 한 회의실을 선택하면 예약 화면이 표시된다. 해당 회의실을 예약할 시간을 선택한 다음, '예약' 버튼을 누르면 예약 결과가 목록으로 표시되는 것을 확인할 수 있다(그림 14.21).

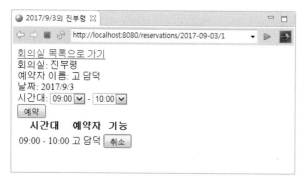

그림 14.21 예약 목록 표시

한편 같은 시간대로 회의실을 예약하려고 하면 다음과 같이 오류가 표시된다(그림 14.22).

그림 14.22 중복 예약이 발생할 경우의 오류 표시

## ■ 입력값 검증 구현

예약 화면의 입력 폼에는 시작 시간과 종료 시간을 선택할 때 다음과 같은 제약이 있다.

- 00:00부터 23:30까지 30분 간격으로 선택 가능하다.

- 시작 시간은 종료 시간보다 빨라야 한다.

이러한 제약 사항을 준수하기 위해 Bean Validation 기능을 활용하고 다음과 같이 구현한다.

- LocalTime이 30분 간격으로 설정되도록 @ThirtyMinutesUnit을 만든다.

- ReservationForm의 endTime이 startTime보다 늦은 시간이 되도록 @EndTimeMustBeAfterStartTime을 만든다.

우선 @ThirtyMinutesUnit부터 구현한다.

▶ ThirtyMinutesUnit.java

```java
package mrs.app.reservation;

import static java.lang.annotation.ElementType.*;
import static java.lang.annotation.RetentionPolicy.RUNTIME;
import java.lang.annotation.*;
import javax.validation.*;

@Documented
@Constraint(validatedBy = { ThirtyMinutesUnitValidator.class }) ————————————❶
@Target({ METHOD, FIELD, ANNOTATION_TYPE, CONSTRUCTOR, PARAMETER })
```

```
@Retention(RUNTIME)
public @interface ThirtyMinutesUnit {
    String message() default "{mrs.app.reservation.ThirtyMinutesUnit.message}"; ——————— ❷


    Class<?>[] groups() default {};


    Class<? extends Payload>[] payload() default {};


    @Target({ METHOD, FIELD, ANNOTATION_TYPE, CONSTRUCTOR, PARAMETER })
    @Retention(RUNTIME)
    @Documented
    public @interface List {
        ThirtyMinutesUnit[] value();
    }
}
```

❶ 검증 로직은 `mrs.app.reservation.ThirtyMinutesUnitValidator` 클래스에 위임한다.

❷ 기본 오류 메시지를 설정한다. '{메시지 키}' 같은 형태로 표기하면 프로퍼티 파일에서 해당되는 메시지 값을 읽어올 수 있는데 클래스패스 상에 있는 `ValidationMessages.properties` 파일이나 `messages.properties`[21] 파일의 내용을 읽어 오게 된다.

▶ ThirtyMinutesUnitValidator.java

```
package mrs.app.reservation;

import java.time.LocalTime;
import javax.validation.ConstraintValidator;
import javax.validation.ConstraintValidatorContext;

public class ThirtyMinutesUnitValidator
        implements ConstraintValidator<ThirtyMinutesUnit, LocalTime> {
    @Override
    public void initialize(ThirtyMinutesUnit constraintAnnotation) {
    }


    @Override
    public boolean isValid(LocalTime value, ConstraintValidatorContext context) {
        if (value == null) { ——————————————————————————————— ❶
```

---

**21** 스프링 부트가 사용하는 메시지 프로퍼티 파일명이다.

```
                return true;
            }
            return value.getMinute() % 30 == 0; ──────────────── ❷
        }
    }
```

❶ 입력값이 null이라면 이 Validator는 검증을 하지 않고 다음 검증 규칙(예를 들어, @NotNull)이 점검되도록 위임한다.

❷ 입력값이 30분 단위인지 확인하기 위해 30으로 나누어 떨어지는지 확인한다.

다음으로 @EndTimeMustBeAfterStartTime을 구현한다.

▶ EndTimeMustBeAfterStartTime.java

```java
package mrs.app.reservation;

import static java.lang.annotation.ElementType.*;
import static java.lang.annotation.RetentionPolicy.RUNTIME;
import java.lang.annotation.*;
import javax.validation.*;


@Documented
@Constraint(validatedBy = { EndTimeMustBeAfterStartTimeValidator.class })
@Target({ TYPE, ANNOTATION_TYPE }) ──────────────────────────── ❶
@Retention(RUNTIME)
public @interface EndTimeMustBeAfterStartTime {
    String message() default "{mrs.app.reservation.EndTimeMustBeAfterStartTime.message}";

    Class<?>[] groups() default {};

    Class<? extends Payload>[] payload() default {};

    @Target({ METHOD, FIELD, ANNOTATION_TYPE, CONSTRUCTOR, PARAMETER })
    @Retention(RUNTIME)
    @Documented
    public @interface List {
        EndTimeMustBeAfterStartTime[] value();
    }
}
```

❶ 여러 필드에 걸쳐 검증하기 때문에 클래스 수준에서 애너테이션을 설정한다. @Target에 TYPE을 추가한다.

@EndTimeMustBeAfterStartTime 애너테이션에서 처리할 검증 로직을 위해 EndTimeMustBeAfter
StartTimeValidator를 구현한다.

▶ EndTimeMustBeAfterStartTimeValidator.java

```java
package mrs.app.reservation;

import javax.validation.ConstraintValidator;
import javax.validation.ConstraintValidatorContext;

public class EndTimeMustBeAfterStartTimeValidator implements
        ConstraintValidator<EndTimeMustBeAfterStartTime, ReservationForm> {
    private String message;

    @Override
    public void initialize(EndTimeMustBeAfterStartTime constraintAnnotation) {
        message = constraintAnnotation.message();
    }

    @Override
    public boolean isValid(ReservationForm value, ConstraintValidatorContext context) {
        if (value.getStartTime() == null || value.getEndTime() == null) {
            return true;
        }
        boolean isEndTimeMustBeAfterStartTime = value.getEndTime()
                .isAfter(value.getStartTime());                                    ──── ❶
        if (!isEndTimeMustBeAfterStartTime) {
            context.disableDefaultConstraintViolation();                           ──── ❷
            context.buildConstraintViolationWithTemplate(message)
                    .addPropertyNode("endTime").addConstraintViolation();
        }
        return isEndTimeMustBeAfterStartTime;
    }
}
```

❶ LocalDate#isAfter 메서드를 사용해 endTime이 startTime보다 뒤에 있는지 확인한다.

❷ 기본 메시지를 사용하지 않도록 비활성화한 후, endTime 프로퍼티를 위한 오류 메시지를 설정한다. 굳이 이렇게 처리하는
이유는 화면에 오류 메시지를 표시할 때 필드 옆에 표시하기 위해서다.

이제 이렇게 만들어진 애너테이션을 ReservationForm에 적용해보자.

▶ ReservationForm.java

```java
@EndTimeMustBeAfterStartTime(message = "종료 시간은 시작 시간보다 빠를 수 없습니다.") ─────────── ❶
public class ReservationForm implements Serializable {
    @NotNull(message = "필수 입력 항목입니다.")
    @ThirtyMinutesUnit(message = "30분 단위로 입력해 주세요.") ─────────── ❷
    @DateTimeFormat(pattern = "HH:mm")
    private LocalTime startTime;

    @NotNull(message = "필수 입력 항목입니다.")
    @ThirtyMinutesUnit(message = "30분 단위로 입력해 주세요.") ─────────── ❷
    @DateTimeFormat(pattern = "HH:mm")
    private LocalTime endTime;

    // 생략
}
```

❶ @EndTimeMustBeAfterStartTime 애너테이션을 클래스에 부여한다.

❷ @ThirtyMinutesUnit 애너테이션을 프로퍼티에 부여한다.

## ■ 비관적 잠금 처리 구현

지금까지 구현한 실습 코드에는 사실 치명적인 문제점이 있다. 바로 동시성 문제인데 동시에 다른 사용자가 같은 회의실을 같은 시간대에 예약하면 둘 다 예약이 되는 오류가 발생할 수 있다. 한 사용자가 중복 검사를 하는 시점에 이전에 접속한 사용자의 예약 처리가 미처 완료되지 않은 상태인 경우 중복이 아니라고 판단될 수 있기 때문이다.

이 문제를 해결하기 위해 비관적인 잠금 처리를 해줄 필요가 있는데 예약 시간대에 대한 중복에 대해 잠금 처리를 하는 것은 다소 어려울 수 있기 때문에 예약 가능한 회의실(reservable_room 테이블의 레코드)에 대해 잠금 처리를 하는 방식을 사용해보기로 하자.

스프링 데이터 JPA에서 잠금 기능을 사용하려면 리포지토리 메서드에 @org.springframework.data.jpa.repository.Lock 애너테이션을 부여하면 된다.

▶ ReservaleRoomRepository.java

```java
package mrs.domain.repository.room;

import javax.persistence.LockModeType;
```

```
// 생략

import org.springframework.data.jpa.repository.Lock;

public interface ReservableRoomRepository
        extends JpaRepository<ReservableRoom, ReservableRoomId> {
    @Lock(LockModeType.PESSIMISTIC_WRITE) ─────────────────────────── ❶
    ReservableRoom findOneForUpdateByReservableRoomId(
            ReservableRoomId reservableRoomId); ──────────

    // 생략
}
```

❶ 예약할 회의실을 잠그기 위한 메서드를 만든다. 이 메서드의 역할은 예약 가능한 회의실 ID를 지정하고 reservable_room 테이블의 데이터를 잠근 다음, 그 값을 읽어오는 것이다. 참고로 메서드명은 'find...' + 'ReservableRoomId' 같은 형식으로 명명한다. @Lock 애너테이션을 부여할 때 LockModeType.PERSSIMISTIC_WRITE를 지정하면 이 메서드를 통해 실행되는 SQL에서 비관적 잠금을 하게 된다.

이제 ReservationService#reserve 메서드를 수정해서 ReservableRoomRepository#findOneForUpdateByReservableRoomId를 호출하도록 만들어보자.

▶ ReservationService.java

```
public Reservation reserve(Reservation reservation) {
    ReservableRoomId reservableRoomId = reservation.getReservableRoom().getReservableRoomId();

    // 비관적 락
    ReservableRoom reservable = reservableRoomRepository
            .findOneForUpdateByReservableRoomId(reservableRoomId);
    if (reservable == null) {
        throw new UnavailableReservationException(
                "선택한 날짜와 회의실로 예약할 수 없습니다.");
    }

    // 생략

    return reservation;
}

// 생략
```

이렇게 해두면 한 사용자가 중복 검사를 하는 시점에 이전 사용자의 예약 트랜잭션이 아직 끝나지 않았다면 중복 검사 트랜잭션은 이전 트랜잭션이 끝날 때까지 대기하게 된다.

## 14.2.9. 로그인 기능 구현

앞서 살펴본 실습 코드에서는 사용자 계정을 임시로 만들어서 사용했다. 이제 스프링 시큐리티를 활용해 사용자 인증을 적용하고 인증에 성공한 사용자가 회의실을 예약할 수 있도록 기능을 확장해보자.

표 14.7 로그인 기능의 인터페이스 사양

| HTTP 메서드 | 요청 경로 | 설명 | 핸들러 메서드 | 뷰명 |
|---|---|---|---|---|
| GET | /loginForm | 로그인 입력 폼 표시 | LogoinController#loginForm() | login/loginForm |
| GET | /login | 로그인 처리 | 스프링 시큐리티에 위임 | – |

### ■ 스프링 시큐리티의 의존 관계 추가

스프링 부트에서 스프링 시큐리티를 사용하려면 pom.xml에 다음과 같이 의존 라이브러리를 추가한다.

▶ pom.xml 설정

```xml
<dependency>
    <groupId>org.springframework.boot</groupId>
    <artifactId>spring-boot-starter-security</artifactId>
</dependency>
<dependency>
    <groupId>org.thymeleaf.extras</groupId>
    <artifactId>thymeleaf-extras-springsecurity4</artifactId>
</dependency>
```

### ■ 사용자 인증 구현

스프링 시큐리티에서 사용할 사용자를 정의한다. 이 실습 코드에서는 스프링 시큐리티의 UserDetails 인터페이스를 구현한 mrs.domain.service.user.ReservationUserDetails 클래스를 사용하는데, 이 안에 실제로 사용자 정보를 담고 있는 mrs.domain.model.User가 들어있다.

▶ ReservationUserDetails.java

```java
package mrs.domain.service.user;

import java.util.Collection;
```

```
import org.springframework.security.core.GrantedAuthority;
import org.springframework.security.core.authority.AuthorityUtils;
import org.springframework.security.core.userdetails.UserDetails;

import mrs.domain.model.User;

public class ReservationUserDetails implements UserDetails {
  private final User user; ─────────────────────────────────────────── ❶

  public ReservationUserDetails(User user) {
    this.user = user;
  }

  public User getUser() {
    return user;
  }

  @Override
  public Collection<? extends GrantedAuthority> getAuthorities() {
    return AuthorityUtils.createAuthorityList("ROLE_"+this.user.getRoleName().name()); ── ❷
  }

  @Override
  public String getPassword() {
    return this.user.getPassword();
  }

  @Override
  public String getUsername() {
    return this.user.getUserId();
  }

  @Override ─────────────────────────────────────────────────────── ❸
  public boolean isAccountNonExpired() {
    return true;
  }

  @Override ─────────────────────────────────────────────────────── ❸
  public boolean isAccountNonLocked() {
    return true;
  }
```

```
    @Override ─────────────────────────────────────────────────────────── ❸
    public boolean isCredentialsNonExpired() {
      return true;
    } ───────────────────────────────────────────────

    @Override ─────────────────────────────────────────────────────────── ❸
    public boolean isEnabled() {
      return true;
    } ───────────────────────────────────────────────

}
```

❶ mrs.domain.model.User를 클래스 내부에 포함하고 있다. 기본적인 사용자 정보는 User 클래스에 담겨 있다.

❷ enum 형태로 만들어진 RoleName을 스프링 시큐리티가 인식할 수 있도록 GrantedAuthority 형태로 변환한다. 이때 역할의 접두어로 'ROLE_' 문자열이 추가되는 것에 유의하자.

❸ 실습 코드에서는 계정의 사용 기간 만료나 계정 잠금, 비밀번호 유효 기간 만료나 계정 비활성화 같은 속성은 사용하지 않는다. 무조건 true를 반환한다.

다음으로 UserDetailsService 인터페이스를 구현한 mrs.domain.service.user.ReservationUser DetailsService 클래스와 UserRepository 인터페이스를 작성해보자.

▶ UserRepository.java

```
package mrs.domain.repository.user;

import org.springframework.data.jpa.repository.JpaRepository;

import mrs.domain.model.User;

public interface UserRepository extends JpaRepository<User, String> { ─────── ❶
}
```

❶ User 엔터티를 위한 리포지토리 인터페이스는 JpaRepository 인터페이스를 상속한다. 이때 타입 파라미터로는 User 클래스와 기본키 클래스가 되는 String 클래스를 지정한다.

▶ ReservationUserDetailsService.java

```
package mrs.domain.service.user;

import mrs.domain.model.User;
import mrs.domain.repository.user.UserRepository;
```

```
import org.springframework.beans.factory.annotation.Autowired;
import org.springframework.security.core.userdetails.UserDetails;
import org.springframework.security.core.userdetails.UserDetailsService;
import org.springframework.security.core.userdetails.UsernameNotFoundException;
import org.springframework.stereotype.Service;

@Service
public class ReservationUserDetailsService implements UserDetailsService {
    @Autowired
    UserRepository userRepository;

    @Override
    public UserDetails loadUserByUsername(String username)
            throws UsernameNotFoundException {
        User user = userRepository.findOne(username); ───────────────── ❶
        if (user == null) {
            throw new UsernameNotFoundException(username + " is not found.");
        }
        return new ReservationUserDetails(user);
    }
}
```

❶ 사용자 정보를 가져오는 것은 UserRepository에 위임한다.

ReservationUserDetailsService를 사용해 인증할 때 필요한 설정은 좀 더 뒤에서 다루겠다.

### ■ 로그인 화면 생성

이제 로그인 화면을 만들어보자. 우선 웹 브라우저에서 /loginForm으로 접근하면 /main/resources/
template/login/loginForm.html을 표시하는 컨트롤러를 만든다.

▶ LoginController.java

```
package mrs.app.login;

import org.springframework.stereotype.Controller;
import org.springframework.web.bind.annotation.RequestMapping;

@Controller
public class LoginController {
    @RequestMapping("loginForm")
    String loginForm() {
```

```
        return "login/loginForm";
    }
}
```

뷰 이름만 반환하는 기능이라면 굳이 컨트롤러를 만들지 않고 설정만으로도 같은 기능을 하도록 만들 수 있다. 설정할 내용은 다음과 같다.

▶ WebMvcConfig.java

```
@Configuration
public class WebMvcConfig extends WebMvcConfigurerAdapter {
    @Override
    public void addViewControllers(ViewControllerRegistry registry) {
        registry.addViewController("loginForm").setViewName("login/loginForm");
    }
}
```

다음으로 로그인 입력 폼을 위한 HTML 파일을 만든다. 실습 코드에서는 데모를 할 때의 편의를 위해 사용자 'Kim Yusin'을 초깃값으로 설정해 둔다.

▶ loginForm.html

```
<!DOCTYPE html>
<html xmlns:th="http://www.thymeleaf.org">
<head>
<meta charset="UTF-8" />
<title></title>
</head>
<body>
    <h3>로그인</h3>
    <p th:if="${param.error}">Error!</p> ─────────────────────────── ❶
    <form th:action="@{/login}" method="POST">
        <table>
            <tr>
                <td><label for="username">User:</label></td>
                <td><input type="text" id="username" name="username"
                    value="Kim Yusin" /></td>
            </tr>
            <tr>
                <td><label for="password">Password:</label></td>
                <td><input type="password" id="password" name="password"
                    value="demo" /></td>
```

```
            </tr>
            <tr>
                <td> </td>
                <td><button type="submit">로그인</button></td>
            </tr>
        </table>
    </form>
</body>
</html>
```

❶ 요청 파라미터에 error가 포함돼 있는 경우 오류 메시지를 표시한다.


## ■ 로그아웃 버튼 추가

회의실 목록 화면에 로그아웃 버튼을 추가한다.

▶ listRooms.html

```
<!-- 생략 -->
<ul>
    <li th:each="room: ${rooms}"><a
        th:href="@{'/reservations/' + ${date} + '/' + ${room.meetingRoom.roomId}}"
        th:text="${room.meetingRoom.roomName}"></a></li>
</ul>
<form th:action="@{/logout}" method="post"> ─────────────────────────── ❶
    <button>로그아웃</button>
</form>
<!-- 생략 -->
```

❶ '/logout' 경로에 POST 방식으로 요청을 보내면 스프링 시큐리티가 로그아웃을 처리한다.


## ■ 스프링 시큐리티 설정

여기까지 진행했다면 이제 ReservationUserDetailService와 로그인 화면을 사용해 실제로 사용자 인증을 해 볼 차례다. 이를 위해서는 스프링 시큐리티의 설정이 필요하고 실습 코드에서는 자바 기반 설정 방식으로 설정하므로 mrs.WebSecurityConfig를 아래와 같이 만들어보자.

▶ WebSecurityConfig.java

```
package mrs;

import mrs.domain.service.user.ReservationUserDetailsService;
```

```java
import org.springframework.beans.factory.annotation.Autowired;
import org.springframework.context.annotation.Bean;
import org.springframework.context.annotation.Configuration;
import org.springframework.security.config.annotation.authentication.builders.
AuthenticationManagerBuilder;
import org.springframework.security.config.annotation.web.builders.HttpSecurity;
import org.springframework.security.config.annotation.web.configuration.EnableWebSecurity;
import org.springframework.security.config.annotation.web.configuration.
WebSecurityConfigurerAdapter;
import org.springframework.security.crypto.bcrypt.BCryptPasswordEncoder;
import org.springframework.security.crypto.password.PasswordEncoder;


@Configuration
@EnableWebSecurity ─────────────────────────────────────────────── ❶
public class WebSecurityConfig extends WebSecurityConfigurerAdapter {
    @Autowired
    ReservationUserDetailsService userDetailsService;

    @Bean
    PasswordEncoder passwordEncoder() {
        return new BCryptPasswordEncoder(); ───────────────────── ❷
    }


    @Override
    protected void configure(HttpSecurity http) throws Exception {
        http.authorizeRequests().antMatchers("/js/**", "/css/**").permitAll() ────── ❸
                .antMatchers("/**").authenticated() ──────────────── ❹
                .and()
                .formLogin() ───────────────────────────────── ❺
                .loginPage("/loginForm").loginProcessingUrl("/login")
                .usernameParameter("username").passwordParameter("password")
                .defaultSuccessUrl("/rooms", true)
                .failureUrl("/loginForm?error=true") ──────────────
                .permitAll(); ───────────────────────────────── ❻
    }


    @Override
    protected void configure(AuthenticationManagerBuilder auth) throws Exception {
        auth.userDetailsService(userDetailsService).passwordEncoder(passwordEncoder()); ── ❼
    }
}
```

❶ @EnableWebSecurity 애너테이션을 사용해 스프링 시큐리티의 웹 연계 기능[22]을 활성화한다.

❷ 패스워드를 인코딩할 때 BCrypt 알고리즘을 사용하도록 BCryptPasswordEncoder를 설정한다.

❸ /js와 /css 이하의 경로에 접근할 경우 모두 허용해서 접근 제어를 하지 않는다.

❹ 그 밖의 경로에 접근할 경우 인증을 요구해서 접근 제어를 한다.

❺ 폼(form) 인증을 한다. 로그인 화면, 인증 URL, ID와 패스워드에 사용할 파라미터명, 인증 성공과 실패 시 이동할 URL 경로를 설정한다. defaultSuccessUrl의 두 번째 인수를 true로 설정한 것은 인증에 성공했을 때 요청된 페이지로 이동하지 말고 미리 지정해둔 경로로 이동하라는 의미다.

❻ 로그인 화면, 인증 URL, 인증 실패 시의 이동 URL에 대해서는 모두 허용해서 접근 제어를 적용하지 않는다.

❼ 지정된 UserDetailsService와 PasswordEncoder를 사용해 인증을 처리한다.

여기까지 진행했다면 스프링 시큐리티를 활용한 인증과 인가 처리를 할 수 있다. 실습한 웹 애플리케이션을 재구동한 다음, 웹 브라우저에서 http://localhost:8080/rooms에 접근해보면 로그인 화면으로 전환되는 것을 알 수 있다(그림 14.23).

그림 14.23 로그인 화면으로 전환

그림 14.24 회의실 목록 보기

---

**22** CSRF 방지 같은 기능

만약 이 과정에서 비밀번호가 다르다면 다음과 같이 오류 메시지가 표시된다.

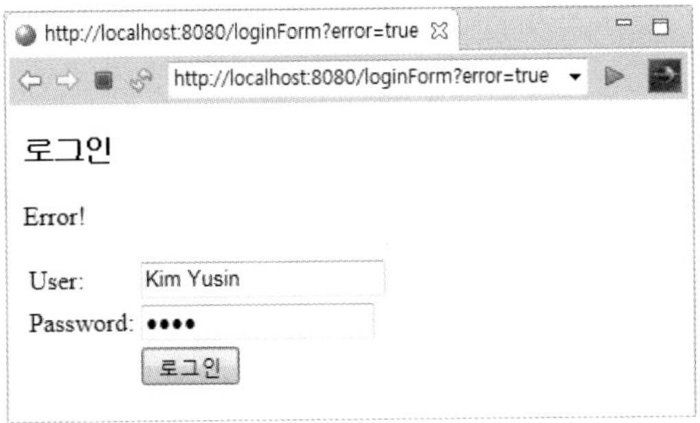

그림 14.25 인증 실패 메시지 확인

## ■ 예약 정보 수정

이제 스프링 시큐리티로 사용자 인증을 할 수 있게 됐으니 예약 기능에서 임시로 사용자 계정을 만들었던 부분을 로그인해서 인증된 사용자 계정 정보로 교체하자.

▶ ReservationsController.java

```java
package mrs.app.reservation;

// 생략

import org.springframework.security.access.AccessDeniedException;
import org.springframework.security.core.annotation.AuthenticationPrincipal;

// 생략
import mrs.domain.service.user.ReservationUserDetails;

@Controller
@RequestMapping("reservations/{date}/{roomId}")
public class ReservationsController {
    @Autowired
    RoomService roomService;

    @Autowired
    ReservationService reservationService;

    @ModelAttribute
    ReservationForm setUpForm() {
        ReservationForm form = new ReservationForm();
```

```
    // 기본값
    form.setStartTime(LocalTime.of(9, 0));
    form.setEndTime(LocalTime.of(10, 0));
    return form;
}


@RequestMapping(method = RequestMethod.GET)
String reserveForm(@DateTimeFormat(
        iso = DateTimeFormat.ISO.DATE) @PathVariable("date") LocalDate date,
        @PathVariable("roomId") Integer roomId, Model model) {
    ReservableRoomId reservableRoomId = new ReservableRoomId(roomId, date);
    List<Reservation> reservations = reservationService
            .findReservations(reservableRoomId);
    List<LocalTime> timeList = Stream
            .iterate(LocalTime.of(0, 0), t -> t.plusMinutes(30))
            .limit(24 * 2).collect(Collectors.toList());
    model.addAttribute("room", roomService.findMeetingRoom(roomId));
    model.addAttribute("reservations", reservations);
    model.addAttribute("timeList", timeList);
    // model.addAttribute("user", dummyUser());  ─────────────────────── ❶
    return "reservation/reserveForm";
}


@RequestMapping(method = RequestMethod.POST)
String reserve(@Validated ReservationForm form, BindingResult bindingResult,
        @AuthenticationPrincipal ReservationUserDetails userDetails, ───── ❷
        @DateTimeFormat(
                iso = DateTimeFormat.ISO.DATE) @PathVariable("date") LocalDate date,
        @PathVariable("roomId") Integer roomId, Model model) {
    if (bindingResult.hasErrors()) {
        return reserveForm(date, roomId, model);
    }
    ReservableRoom reservableRoom = new ReservableRoom(new ReservableRoomId(roomId, date));
    Reservation reservation = new Reservation();
    reservation.setStartTime(form.getStartTime());
    reservation.setEndTime(form.getEndTime());
    reservation.setReservableRoom(reservableRoom);
    reservation.setUser(userDetails.getUser());  ─────────────────────── ❸
    try {
        reservationService.reserve(reservation);
    } catch (UnavailableReservationException | AlreadyReservedException e) {
        model.addAttribute("error", e.getMessage());
        return reserveForm(date, roomId, model);
```

```
        }
        return "redirect:/reservations/{date}/{roomId}";
    }


    @RequestMapping(method = RequestMethod.POST, params = "cancel")
    String cancel(@AuthenticationPrincipal ReservationUserDetails userDetails, ──────── ❷
            @RequestParam("reservationId") Integer reservationId,
            @PathVariable("roomId") Integer roomId,
            @DateTimeFormat(
                    iso = DateTimeFormat.ISO.DATE) @PathVariable("date") LocalDate date,
            Model model) {
        User user = userDetails.getUser(); ───────────────────────────── ❸

        try {
            reservationService.cancel(reservationId, user);
        } catch (AccessDeniedException e) { ───────────────────────── ❹
            model.addAttribute("error", e.getMessage());
            return reserveForm(date, roomId, model);
        }
        return "redirect:/reservations/{date}/{roomId}";
    }
}
```

❶ 테스트 편의상 임시로 모델에 설정해둔 사용자 정보를 제거한다.

❷ 핸들러 메서드의 인수에 @AuthenticationPrincipal 애너테이션을 부여해서 인증이 끝난 UserDetails 객체를 가져온다.

❸ ReservationUserDetails 객체에서 인증이 끝난 User 객체를 꺼내와 예약을 처리할 때 활용한다.

❹ 예외를 좀 더 구체적인 org.springframewor.security.access.AccessDeniedException으로 교체한다.

ReservationService#cancel 메서드가 던지는 예외도 변경해보자.

▶ ReservationService.java
```
public void cancel(Integer reservationId, User requestUser) {
    Reservation reservation = reservationRepository.findOne(reservationId);
    if (RoleName.ADMIN != requestUser.getRoleName()
            && !Objects.equals(reservation.getUser().getUserId(), requestUser.getUserId())) {
        throw new AccessDeniedException("예약을 취소할 수 없습니다.");
    }
    reservationRepository.delete(reservation);
}
```

❶ AccessDeniedException을 던지도록 수정한다.

다음으로 타임리프에서 제공하는 스프링 시큐리티용 다이얼렉트를 사용해 화면 단에서의 권한 제어를 해보자.

▶ reserveForm.html

```html
<!DOCTYPE html>
<html
    xmlns:th="http://www.thymeleaf.org"
    xmlns:sec="http://www.thymeleaf.org/extras/spring-security">  ——————————— ❶
<head>
<meta charset="UTF-8" />
<title th:text="|${#temporals.format(date, 'yyyy/M/d')}의 ${room.roomName}|">2017/5/10의
    회의실</title>
</head>
<body th:with="user=${#authentication.principal.user}">  ——————————— ❷
    <div>
        <a th:href="@{'/rooms/' + ${date}}">회의실 목록으로 가기</a>
    </div>
    <p
        style="color: red"
        th:if="${error != null}"
        th:text="${error}"></p>
    <form
        th:object="${reservationForm}"
        th:action="@{'/reservations/' + ${date} + '/' + ${roomId}}"
        method="post">
        회의실: <span th:text="${room.roomName}"> 회의실</span> <br /> 예약자 이름: <span
            th:text="${user.lastName + ' ' + user.firstName}">이 순신</span> <br />
        날짜: <span th:text="${#temporals.format(date, 'yyyy/M/d')}">2017/5/10</span>
        <br /> 시간대: <select th:field="*{startTime}">
            <option
                th:each="time : ${timeList}"
                th:text="${time}"
                th:value="${time}">09:00</option>
        </select> <span
            th:if="${#fields.hasErrors('startTime')}"
            th:errors="*{startTime}"
            style="color: red">error!</span> - <select th:field="*{endTime}">
            <option
                th:each="time : ${timeList}"
                th:text="${time}"
                th:value="${time}">10:00</option>
        </select> <span
```

```
            th:if="${#fields.hasErrors('endTime')}"
            th:errors="*{endTime}"
            style="color: red">error!</span> <br />
        <button>예약</button>
    </form>
    <table>
        <tr>
            <th>시간대</th>
            <th>예약자</th>
            <th>기능</th>
        </tr>
        <tr th:each="reservation : ${reservations}">
            <td><span th:text="${reservation.startTime}" /> - <span
                th:text="${reservation.endTime}" /></td>
            <td><span th:text="${reservation.user.lastName}" /> <span
                th:text="${reservation.user.firstName}" /></td>
            <td>
                <form
                    th:action="@{'/reservations/' + ${date} + '/' + ${roomId}}"
                    method="post"
                    sec:authorize="${hasRole('ADMIN') or #vars.user.userId == #vars.reserva
tion.user.userId}"> ────────────────────────────────────────── ❸
                    <input
                        type="hidden"
                        name="reservationId"
                        th:value="${reservation.reservationId}" /> <input
                        type="submit"
                        name="cancel"
                        value="취소" />
                </form>
            </td>
        </tr>
    </table>
</body>
</html>
```

❶ 타임리프에서 제공하는 스프링 시큐리티용 다이어렉트를 사용한다.

❷ th:with="user=${...}"의 변수명 user에 값을 할당한다. 할당할 값은 ReservationUserDetails#getUser에 해당하는 User 객체인데 SpEL 표현식을 사용해 #authentication.principal.user 같은 형태로 참조할 수 있다.

❸ sec:authorize를 사용해 권한에 따라 HTML 요소를 표시할지 여부를 결정할 수 있다. 이 예에서는 역할(role)이 ADMIN이거나 로그인 사용자가 예약자와 같은 경우 취소할 수 있게 만들어져 있다.

사용자 계정을 'Kim Yusin'으로 로그인한 다음 회의실 '진부령'을 선택하고, 시간대를 '09:00 10:00'으로 예약해보면 다음과 같이 표시된다(그림 14.26).

그림 14.26 사용자 'Kim Yusin'으로 회의실을 예약

다음으로 사용자 계정을 'Heukchi Sangji'로 로그인한 다음, 같은 회의실에 시간대를 '10:00 ~ 11:00'로 예약해보자. 예약 결과를 보면 자신이 예약한 내용을 취소할 수 있도록 '취소' 버튼이 표시되는 것을 알 수 있다. 반면 'Heukchi Sangji' 사용자는 역할이 ADMIN이 아니고 '09:00 ~ 10:00' 시간대의 예약자도 아니므로 'Kim Yusin'이 예약한 시간대의 예약은 취소하지 못하는 것을 알 수 있다.

그림 14.27 사용자 'Heukchi Sangji'로 회의실을 예약

한편 역할이 ADMIN인 'Lee Soonsin' 계정으로 로그인해보면 'Kim Yusin'과 'Heukchi Sangji'가 예약한 것을 모두 취소할 수 있다는 사실을 알 수 있다(그림 14.28).

그림 14.28 사용자 'Lee Soonsin'으로 로그인

이렇게 해서 전체적인 애플리케이션의 기능이 일단 완성됐다.

이 웹 애플리케이션에서는 큰 문제가 되지 않지만 이 소스코드 중에는 일부 성능상의 문제를 일으킬 수 있는 부분이 있다. 다음과 같은 루프(loop)에서는 예약 가능한 회의실에 대한 정보(reservable_room) 1행을 가져올 때마다 회의실 테이블(meeting_room)에 접근하고 있다(Lazy 페치 방식).

▶ listRooms.html

```
// 생략
<ul>
    <li th:each="room: ${rooms}"><a
        th:href="@{'/reservations/' + ${date} + '/' + ${room.meetingRoom.roomId}}"
        th:text="${room.meetingRoom.roomName}"></a></li>
</ul>
// 생략
```

이 상태로도 기능 자체에는 별 문제가 되지 않지만 성능을 좀 더 향상시키고 싶다면 ReservableRoomRepository#findByReservableRoomId_ReservedDateOrderReservableRoomId_RoomIdAsc 메서드에 JOIN FETCH를 사용한 JPQL를 사용하길 권한다. 그러면 위와 같은 복합 데이터를 가져올 때 SQL을 두 번 실행시키지 않고 한번의 실행으로 같은 기능을 처리할 수 있다. 참고로 SQL이 몇 번 실행되는지는 로그에서 확인할 수 있다.

▶ ReservableRoomRepository.java

```
public interface ReservableRoomRepository
        extends JpaRepository<ReservableRoom, ReservableRoomId> {
    @Query("SELECT DISTINCT x FROM ReservableRoom x "
            + "LEFT JOIN FETCH x.meetingRoom "
            + "WHERE x.reservableRoomId.reservedDate = :date "
```

```
                    + "ORDER BY x.reservableRoomId.roomId ASC")
        List<ReservableRoom> findByReservableRoomId_reservedDateOrderByReservableRoom
    Id_roomIdAsc(@Param("date") LocalDate reservedDate);


        @Lock(LockModeType.PESSIMISTIC_WRITE)
        ReservableRoom findOneForUpdateByReservableRoomId(
                ReservableRoomId reservableRoomId);
    }
```

## ■ @PreAuthorize를 이용한 권한 제어

지금까지는 로그인한 사용자가 기존 예약을 취소할 수 있는지 여부를 cancel 메서드 안에서 확인했다.
이번에는 @org.springframework.security.access.prepost.PreAuthorize 애너테이션을 사용해 메
서드 안에서 하던 권한 제어를 AOP 형태로 만들어 메서드 밖으로 꺼내보자.

▶ ReservationService.java

```
package mrs.domain.service.reservation;

import org.springframework.security.access.method.P;
import org.springframework.security.access.prepost.PreAuthorize;

// 생략

@Service
@Transactional
public class ReservationService {

    @Autowired
    ReservationRepository reservationRepository;

    @PreAuthorize("hasRole('ADMIN')"                                          ─❶
            + " or #reservation.user.userId == principal.user.userId")
    public void cancel(@P("reservation") Reservation reservation) {           ─❷
        reservationRepository.delete(reservation);
    }

    public Reservation findOne(Integer reservationId) {                       ─❸
        return reservationRepository.findOne(reservationId);
    }
}
```

❶ @PreAuthorize 애너테이션을 사용해 메서드를 실행하기 전에 권한을 확인하는데 이때 권한 제어를 위한 조건은 EL로 표현한다. Reservation 객체는 메서드의 인수(#reservation)에서 가져올 수 있고 로그인 사용자의 정보를 참조하기 위한 UserDetails 객체는 principal을 통해 가져올 수 있다. 권한 제어를 메서드 밖에서 할 수 있게 됨에 따라 이전에 reservationId와 user를 인수로 받았던 것을 Reservation 객체만 인수로 받도록 수정했다. 이렇게 권한 제어를 애너테이션 방식으로 바꾸면 메서드 내부의 로직이 상대적으로 간결해진다는 것을 알 수 있다.

❷ @org.springframework.security.access.method.P를 사용해 메서드 인수를 EL에서 참조할 수 있게 만든다.

❸ ❶의 메서드 인수를 변경함에 따라 reservationId 값을 주고 Reservation 객체를 가져오는 메서드가 추가로 필요하다.

위와 같이 cancel 메서드의 인수가 바뀌었기 때문에 이를 호출하는 ReservationsController의 cancel 메서드도 변경해야 한다.

▶ ReservationsController.java

```java
@RequestMapping(method = RequestMethod.POST, params = "cancel")
String cancel(@AuthenticationPrincipal ReservationUserDetails userDetails,
    @RequestParam("reservationId") Integer reservationId,
    @PathVariable("roomId") Integer roomId,
    @DateTimeFormat(iso = DateTimeFormat.ISO.DATE)
            @PathVariable("date") LocalDate date, Model model) {

    try {
        Reservation reservation = reservationService.findOne(reservationId);
        reservationService.cancel(reservation);
    } catch (AccessDeniedException e) {
        model.addAttribute("error", e.getMessage());
        return reserveForm(date, roomId, model);
    }
    return "redirect:/reservations/{date}/{roomId}";
}
```

마지막으로 @PreAuthentication을 이용한 권한 제어를 위해 @EnableGlobalMethodSecurity 애너테이션을 설정에 추가하자.

▶ WebSecurityConfig.java

```java
package mrs;

import org.springframework.security.config.annotation.method.configuration.EnableGlobalMethod-
Security;

// 생략
```

```
@Configuration
@EnableWebSecurity
@EnableGlobalMethodSecurity(prePostEnabled = true) ─────────────────────────── ❶
public class WebSecurityConfig extends WebSecurityConfigurerAdapter {
    // 생략
}
```

❶ @PreAuthorize 및 @PostAuthorize를 활성화하기 위해 prePostEnabled 속성을 true로 설정한다.

이렇게 해서 메서드 안에 있던 권한 제어를 AOP를 사용해 간결하게 만들 수 있었다. 이 예 자체에서는 그 효과를 실감하기 어려울 수 있지만 웹 애플리케이션의 규모가 커서 메서드 행 수가 많다거나 비슷한 처리가 소스코드 여러 곳에서 반복적으로 나타나는 경우에는 이런 처리 방식이 상당히 효과적일 수 있다.

## 14.2.10. 실행 가능한 JAR 생성

지금까지 개발한 웹 애플리케이션을 배포할 수 있도록 패키징해보자. 프로젝트의 루트 디렉터리에서 다음과 같은 명령을 수행한다.

```
mvn package
```

스프링 이니셜라이저로 만들어진 프로젝트에는 메이븐 래퍼라고 하는 스크립트가 포함돼 있다. 메이븐 래퍼를 처음 실행하면 메이븐 설치부터 시작하기 때문에 애플리케이션을 패키징할 때 이 스크립트로 실행해주면 별도의 메이븐 환경 구성을 할 필요가 없다. 운영체제별로 스크립트를 실행하는 방법은 다음과 같다.

▶ 맥 OS X이나 리눅스 환경인 경우

```
mvnw package
```

▶ 윈도우 환경인 경우

```
mvnw.cmd package
```

참고로 STS에서 프로젝트를 생성할 때 [File] 메뉴에서 [New] → [Spring Starter Project]를 선택할 때도 스프링 이니셜라이저를 사용한다.

이와 같은 명령을 수행하고 나면 target/mrs-0.1.0-SNAPSHOT.jar 같은 파일이 만들어진다. 이 jar 파일은 실행 가능하기 때문에 다음과 같은 명령으로 웹 애플리케이션을 실행할 수 있다.

```
$ java - jar target/mrs-0.0.1-SNAPSHOT.jar
```

실행이 완료된 후에 웹 브라우저에서 http://localhost:8080으로 접근하면 로그인 화면이 표시된다. 이 jar는 이식성을 갖추고 있기 때문에 실행하고 싶은 서버에 복사하기만 하면 바로 실행해서 사용할 수 있다.

만약 웹 브라우저가 접속할 포트나 PostgreSQL과 관련된 정보를 변경하고 싶다면 다음과 같이 명령줄 인수를 통해 원하는 값으로 바꿔서 실행할 수 있다.

다음 예는 웹 브라우저가 접근할 포트를 8888로, PostgreSQL 서버의 접속 정보를 db.example.com으로, 비밀번호를 password로 변경한 예시다.

```
$ java - jar target/mrs-0.0.1-SNAPSHOT.jar - server.port=8888 - spring.datasource.
url=jdbc:postgresql://db.example.com:5432/mrs - spring.datasource.username=postgres - spring.
datasource.password=password
```

한편 이 예제의 경우 웹 애플리케이션을 실행할 때마다 schema.sql과 data.sql도 매번 실행된다. 만약 기존 데이터를 사용하기 위해 데이터베이스 초기화 과정을 생략하고 싶다면 다음과 같이 spring.datasource.initialize 프로퍼티의 값을 false로 바꿔서 실행하면 된다.

```
$ java - jar target/mrs-0.0.1-SNAPSHOT.jar - spring.datasource.initialize=false
```

이처럼 명령줄 인수로 필요한 값을 전달하는 방식은 그 내용이 많아지면 매번 명령으로 입력하기가 어려워질 수 있다. 이때는 프로파일을 만들어서 프로퍼티를 달리 지정하는 방법을 검토해볼 수 있다. 스프링 부트에서는 프로파일을 별도로 지정하면 'application-프로파일명.properties'를 읽어들여 기본 프로퍼티의 값을 덮어쓸 수 있다.

예를 들어, 웹 애플리케이션이 실행될 운영 환경에 대한 프로파일의 이름을 'prod'라고 하자. src/main/resources/application-prod.properties를 만든 다음, 다음과 같이 덮어 쓸 프로퍼티 값을 기재해보자.[23]

▶ application-prod.properties

```
server.port=8888
spring.datasource.url=jdbc:postgresql://db.example:5432/mrs
```

---

23 (옮긴이) 실제 운영 데이터베이스 서버를 실습에 활용하지 못하는 독자는 설정 내용을 참고만 해서 실습할 때는 웹 브라우저로 접근할 포트 번호와 로그 레벨 정도만 변경하고 데이터베이스 정보는 기존의 로컬 정보로 그대로 유지한 채 실습해볼 것을 권한다.

```
spring.datasource.username=postgres
spring.datasource.password=password
spring.datasource.initialize=false
logging.level.org.hibernate.SQL=WARN
logging.level.org.hibernate.type.descriptor.sql.BasicBinder=WARN
```

여기까지 진행했다면 mvn package 명령으로 jar를 다시 생성한 다음, 'spring.profiles.active=프로파일명'을 명령줄 인수로 전달해보자.

```
$ java - jar target/mrs-0.0.1-SNAPSHOT.jar - spring.profiles.active=prod
```

참고로 'application-프로파일명.properties' 파일은 반드시 jar 파일 안에 포함될 필요는 없다. 위와 같이 굳이 jar를 다시 패키징할 필요 없이 jar를 실행할 디렉터리에 해당하는 이름의 파일이 있다면 그 파일을 읽어들이는 것도 가능하다.

## 14.3. 마무리

이번 장에서는 실습 코드로 웹 애플리케이션을 직접 만들어보면서 다음과 같은 내용을 익혀볼 수 있었다.

- 스프링 부트를 활용한 기본적인 프로젝트 구성
- 스프링 MVC와 타임리프를 활용한 웹 애플리케이션 개발
- 스프링 데이터 JPA를 활용한 데이터 접근
- 스프링 시큐리티를 활용한 인증, 인가 기능 구현

그리고 마지막으로 실행 가능한 jar를 만들고 실행 환경에 따라 다른 설정을 부여할 수 있는 프로파일 기법에 대해서도 살펴봤다. 여기서 주의할 것은 실습 코드에서는 운영 환경을 예로 들어 프로파일 기법을 사용했지만 실제 운영 환경은 1개 이상의 인스턴스에서 실행된다는 것이다. 만약 웹 애플리케이션의 사용자가 적거나 굳이 가용성을 갖춰야 하는 시스템이 아니라면 이 정도 수준의 애플리케이션이라도 상관없지만 대부분의 운영 환경이라면 여러 개의 인스턴스로 실행해 스케일 아웃(scale out)하거나 로드 밸런서(load balancer)를 사용해 부하를 분산할 수 있도록 구성한다. 또한 인스턴스 개수가 늘어날수록 모니터링이나 로그, 각종 데이터 수집과 같이 추가로 고려해야 할 사항도 많아진다.

이처럼 운영 환경에서 고려해야 할 각종 조건에 효과적으로 대응하는 데는 클라우드 환경을 이용하는 것이 좋은데, 클라우드 환경에서도 특히 PaaS(Platform as a Service)를 활용하는 것이 유리할 수 있다. PaaS는 보통 앞서 언급한 각종 조건을 플랫폼 차원에서 이미 충족하고 있기 때문에 애플리케이션 개발자는 애플리케이션의 기능 개발에 좀 더 집중할 수 있다.

스프링 부트와 궁합이 잘 맞는 PaaS로는 클라우드 파운더리(Cloud Foundry)[24]가 있으며, 스프링 부트의 실행 가능한 jar 파일을 'cf push'라는 명령만으로 손쉽게 클라우드 상에 배포하는 것이 가능하다. 클라우드 파운더리는 오픈소스 PaaS로서 피보탈이나 NTT 커뮤니케이션즈 같은 회사에서 클라우드 파운더리 기반의 공용 클라우드 서비스를 제공하고 있으므로 별도의 설치 과정 없이 바로 사용해볼 수 있다.

이 실습 코드를 만드는 데 성공했다면 다음 단계로 클라우드 파운더리에도 한번 도전해보길 바란다.[25]

---

**24** https://cloudfoundry.org
**25** 클라우드 파운더리를 익히고 싶다면 다음 자료를 참고한다.
https://pivotal.io/platform/pcf-tutorials/getting-started-with-pivotal-cloud-foundry

# 15장

# 스프링 배치

우리가 흔히 엔터프라이즈 시스템이라고 말하는 애플리케이션 환경에는 지금까지 살펴본 사용자와 상호작용하는 웹 애플리케이션뿐만 아니라 사용자와 무관하게 일정 주기마다 실행돼야 하는 배치(batch) 애플리케이션도 필요하다.

스프링 배치는 배치 애플리케이션을 개발할 때 활용할 수 있는 프레임워크다. 이번 장에서는 스프링 배치의 기본적인 개념과 사용법을 설명한다.

## 15.1. 스프링 배치란?

지금까지 웹 애플리케이션을 개발하는 방법을 설명했다. 이번 장에서는 배치 애플리케이션을 개발하는 방법을 다룰 텐데, 이때 스프링을 어떻게 활용할 수 있는지 살펴보겠다.

우선 일반적인 엔터프라이즈 시스템에서 필요로 하는 배치 처리에 대한 특징이나 충족해야 할 요구사항에 대해 알아보고, 스프링 배치의 기본 지식을 설명하겠다. 이후 간단한 배치 애플리케이션을 만들어보면서 스프링 배치에 대한 기본 지식을 익힌 다음, 배치 애플리케이션의 아키텍처를 살펴보면서 스프링 배치에 대한 이해도를 한층 더 높일 것이다.

### 15.1.1. 배치 처리란?

스프링 배치에 들어가기에 앞서 우선 배치 처리의 특징을 알아보자.

지금까지 살펴본 웹 애플리케이션처럼 사용자의 요청을 받고 필요한 처리를 수행한 다음, 실시간으로 응답을 되돌려주는 방식을 '온라인 처리'라고 한다. 온라인 처리는 요청한 즉시 필요한 답을 얻을 수 있다는 것이 가장 큰 특징인데, 이렇게 함으로써 사용자는 언제든지 최신 정보를 얻을 수 있고, 서로 다른 사용자의 요청에 대해서도 비교적 짧은 시간에 처리하고 응답할 수 있다는 장점이 있다.

이러한 온라인 처리와는 다른 처리 방식으로 '배치 처리'라는 것이 있는데 다음과 같은 특징이 있다.

- 일정량의 데이터를 모아서 한 번에 처리한다.
- 일정한 순서에 따라 처리가 이뤄진다.

배치 처리는 온라인 처리와는 달리 응답성보다 시간당 처리량을 우선시하는 처리 방식이다. '배치 처리'라는 명칭을 보면 수천 건에 달하는 대량의 데이터를 단시간에 처리하는 모습을 연상케 하는데, 실제로 엔터프라이즈 환경에서는 업무 특성상 온라인 처리보다는 배치 처리가 더 적합한 일들이 많다.

다음은 배치 처리를 사용하기에 적합한 상황을 몇 가지 정리한 것이다.

- **시간당 처리량을 향상시켜야 하는 경우**

  데이터를 모아서 한 번에 처리하는 방식은 시간당 처리량을 향상시키는 효과를 낼 수 있다. 특히 파일이나 데이터베이스 입출력인 경우 한 건씩 처리하는 것보다 일정량을 모아서 한번에 처리하는 것이 입출력을 대기하는 오버헤드를 극적으로 줄이는 효과가 있다. 실제로 한 건씩 처리할 때 발생하는 입출력 대기 시간 자체는 길지 않지만 대량의 데이터를 하나하나 처리하다 보면 그 짧은 시간이 누적되어 무시할 수 없을 정도의 지연을 발생시킨다. 이런 경우에 배치 처리를 적용하면 불필요한 처리 지연을 피할 수 있다.

- **온라인 처리의 응답 성능을 개선해야 하는 경우**

  온라인 처리의 응답 성능을 개선하기 위해 반드시 온라인으로 처리하지 않아도 되는 부분을 배치 처리 방식으로 전환하기도 한다. 예를 들어, 현재는 온라인 처리를 하고 있지만 실제로는 꼭 바로 응답해줄 필요가 없는 업무 로직이 있을 수 있다. 이러한 경우에는 접수 처리와 같은 입력은 온라인으로 대응하더라도 내부적으로는 배치로 처리하는 방식으로 시스템을 재구성할 수 있다.

- **비즈니스 업무 특성과 시스템 상의 처리 방식을 일치시켜야 할 경우**

  엔터프라이즈 시스템에서는 종종 일정 시간에 걸쳐서 처리해야 하는 업무가 있을 수 있다. 이런 업무는 배치로 처리하는 것이 적합한데, 예를 들어 업무 특성상 한 달 동안 누적된 데이터를 집계해야 한다거나 운영 정책에 따라 매주 일요일 오후 2시에 업무 데이터를 백업하는 등의 처리가 이에 해당한다.[1]

- **외부 시스템과 연계해야 하는 경우**

  외부 시스템과의 상호작용할 때도 배치 처리 방식을 활용할 수 있다. 보통 외부 시스템과의 연계로 데이터를 주고받을 때는 실시간 성격의 데이터도 있겠지만 굳이 실시간 처리가 필요없는 경우라면 일정 기간 동안 모인 데이터를 파일 형태로 만들어 상대 시스템과 교환하는 경우가 많다. 이렇게 파일 단위로 처리할 때는 온라인 처리보다 배치 처리가 더 적합할 수 있다.

## 15.1.2. 배치 처리가 충족시켜야 할 요건

온라인 처리 방식은 웹 애플리케이션과 같이 비교적 구성 형태가 안정적인 반면 배치 처리 방식은 다양한 기술을 다양한 형태로 조합해서 사용하는 경우가 많다. 일정 규모 이상의 엔터프라이즈 시스템이라면 반드시 필요한 요소 기술이 몇 가지 있는데, 앞서 살펴본 배치 처리가 적합한 경우에 해당한다면 다음과 같은 요소 기술을 조합해서 구현할 필요가 있다.

---

[1] (옮긴이) 시스템 관점에서의 백업은 별도의 백업 시스템을 스케줄링해서 사용하는 것이 일반적이고 이 책에서는 업무상의 데이터를 백업하는 것으로 의미를 국한해서 보면 된다.

- **잡 스케줄러**

  배치 처리에서는 하나의 실행 단위를 잡(Job)이라고 한다. 엔터프라이즈 시스템에서는 보통 수백에서 수천 개의 잡이 관리되는데, 이러한 잡이 원활하게 실행되기 위해서는 잡 간의 연관 관계를 정의하거나 실행할 스케줄을 관리하는 기능이 필요하다. 잡 스케줄러는 바로 이 같은 기능을 제공하는 일종의 미들웨어 역할을 한다.

- **셸 스크립트**

  셸 스크립트로 하나의 잡을 처리할 수도 있다. 이때는 OS나 미들웨어 등에 구현된 각종 명령을 조합해서 필요한 처리를 수행하도록 만드는데, 파일 복사나 백업, 테이블 초기화 같은 비교적 간단한 처리에는 적합하되 비즈니스 로직을 처리할 만큼의 복잡한 잡은 만들기 어렵다. 셸 스크립트는 프로그래밍 언어로 개발된 애플리케이션을 실행하는 방법으로 잡을 수행할 수도 있는데, 이때는 해당 애플리케이션을 실행하기 전의 각종 설정이나 실행 후의 처리 등을 기술할 때 사용된다.

- **자바와 같은 프로그래밍 언어**

  프로그래밍 언어로 별도의 애플리케이션을 개발해서 잡을 처리할 수도 있다. 셸 스크립트보다 복잡한 처리를 할 수 있고 개발 생산성이나 유지보수성, 개발된 잡 코드에 대한 품질을 일정 수준 유지해야 하는 경우에 적합하다. 비교적 복잡한 비즈니스 로직을 처리한다거나 파일이나 데이터베이스 데이터의 가공 처리 등에 많이 활용된다.

그렇다면 배치 처리 방식이 반드시 충족해야 할 요건은 무엇일까? 그리고 어떤 경우에 그러한 요건을 만족시킬 수 있을까? 물론 시스템에 따라 상황은 달라지겠지만 보통 다음과 같은 것이 대표적인 요건이라 볼 수 있다.

- **대량의 데이터를 제한된 리소스로 효율적으로 처리할 수 있어야 한다.**

  앞서 언급한 시간당 처리량과도 관련이 있는 내용이지만 대량의 데이터를 한번에 모아서 처리하면 처리 시간을 줄이는 효과가 있다. 이때 중요한 것은 '제한된 리소스로 처리할 수 있어야 한다'인데, 백만 건을 다루든 일억 건을 다루든 일정량으로 정해진 CPU와 메모리를 활용해 처리해야 한다. 그래서 처리할 건수가 늘어날수록 처리하는 시간도 선형적으로 늘어나는 형태가 된다면 나름 이상적으로 처리하고 있는 셈이다.

  일정량의 처리 내용을 모아서 처리할 때는 트랜잭션 처리 역시 일정량 단위로 시작 및 종료할 수 있어야 하고, 입출력 자체도 줄임과 동시에 사용하는 리소스의 양을 일정하게 유지할 필요가 있다. 그럼에도 다 처리하지 못하는 데이터가 있다면 하드웨어 수준에서 최대한의 성능이 나오도록 처리하는 것이 필요할 수도 있다. 예를 들면, 처리해야 할 데이터를 일정 단위의 건수나 그룹으로 분할한 다음, 멀티 프로세스, 멀티 스레드 방식으로 다중 처리를 할 수 있게 하거나 입출력 자체를 최대한 줄일 수 있는 하드웨어로 교체할 것을 검토해볼 수도 있다.

- **가능한 한 중단된 작업을 다시 계속할 수 있어야 한다.**

  대량의 데이터를 처리할 때는 입력 데이터에 오류가 있거나 시스템 자체에 이상이 발생할 때를 대비한 방어 대책도 생각해 둬야 한다. 대량의 데이터는 당연하게도 처리가 완료되기까지 많은 시간이 걸리는데, 만약 오류가 발생해서 처리를 중단하고 다시 복구가 완료되기까지는 얼마나 많은 시간이 필요할지 누구도 알 수 없다. 예를 들어, 백만 건의 데이터를 처리하려는데 99만 번째 처리에서 오류가 발생해서 다시 처음부터 처리해야 한다면 시스템을 운영하는 스케줄상으로도 문제를 일으킬 수 있다. 이 같은 부작용을 줄이기 위해 일부 기업에서는 이후 작업을 이어서 처리하 수 있게 만들거나 처리 자체를 다시 처음부터 재처리할 수 있게 만들 필요가 있다. 하나의 잡을 정말 간단하게 만들어 본 후, 재실행을 쉽게 할 수 있게 만드는 것도 중요하다.

- **다양한 실행 조건을 지원해야 한다.**
  시간을 실행 조건으로 걸어두거나 온라인이나 외부 시스템과의 연계에 실행 조건을 걸어 두는 등, 배치 처리를 시작하기 위한 다양한 실행 조건을 지원해야 한다. 예를 들어, 특정 시간이 되면 잡 스케줄러가 배치 처리를 위한 프로세스를 기동하고, 처리가 완료되는 프로세스를 종료시킨다거나, 아니면 프로세스는 상주시켜 놓은 상태에서 수시로 배치 처리를 기동하는 등의 다양한 실행 방식을 수용할 수 있는 구조여야 한다.

- **다양한 입출력 인터페이스를 다룰 수 있어야 한다.**
  다른 온라인 애플리케이션이나 외부 시스템과 연계할 때는 데이터베이스는 물론 CSV나 XML과 같은 다양한 파일 형식도 지원할 수 있어야 한다. 이렇게 다양한 입출력 형식을 다룰 수 있는 구조를 띠고 있다면 배치 처리를 구현하기가 더욱 쉬워지고 또 다른 형식의 포맷이 나오더라도 신속하게 대응해서 연계할 수 있다.

일반적으로 배치 처리를 위해 실행되는 애플리케이션을 배치 애플리케이션이라고 하는데, 앞서 살펴본 스크립트나 프로그래밍 언어로 구현한 처리 형태도 여기에 해당한다. 스프링 배치는 자바로 배치 애플리케이션을 개발할 때 활용할 수 있는 프레임워크로서 앞서 살펴본 배치 처리에 요구되는 각종 요건을 이미 갖추고 있다.

## COLUMN

### 배치 처리인데 프로세스를 상주시킨다고?

앞서 배치 처리에서 프로세스를 상주시키는 형태에 대해 언급했다. 경우에 따라서는 '배치 처리인데 프로세스를 상주시킨다는 것이 무슨 말이냐?'라고 의아해할 수도 있어서 좀 더 자세히 살펴보기로 하자.

이 같은 형태의 처리 방식은 온라인 애플리케이션과 연계돼 있어서 상당히 잦은 빈도로 배치 처리를 해야 하는 경우에 많이 활용된다. 가령 온라인 애플리케이션의 웹 화면에서 특정 업무의 상세 보고서를 출력해야 하는 상황이라면 온라인 처리에서는 사용자의 보고서 출력 요청만 접수하고 실제 보고서를 생성하기 위한 내부 동작은 배치 처리에 위임해서 처리하게 된다. 이런 조합은 응답 속도면에서나 처리 성능면까지 두 마리 토끼를 잡을 수 있는 처리 방식으로서, 만약 이렇게 처리하기 위해 프로세스를 상주시키지 않았다면 매번 요청이 들어올 때마다 프로세스를 기동시켜야 해서 그만큼의 리소스와 처리 시간을 낭비하게 된다.

그래서 이러한 처리 방식을 배치 처리의 한 유형으로 보고 지연된 배치(delayed batch), 온라인 배치(on-line batch)라고 부르기도 한다.

## 15.1.3. 스프링 배치란?

스프링 배치는 이름에서 알 수 있듯이 배치 애플리케이션 프레임워크다. 스프링이 가지고 있던 DI 컨테이너나 AOP, 트랜잭션 관리 기능은 기본으로 가지고 있고 다음과 같은 배치 처리를 위한 특징을 갖추고 있다.

- **처리 흐름을 정형화한다.**

  - **단순한 형태의 태스크릿(Tasklet) 방식**

    SQL을 한번 실행하거나, 명령을 실행하는 수준의 단순한 처리를 할 때 적합하다.

  - **대량의 데이터를 처리하는 청크(Chunk) 방식**

    데이터의 수집, 가공, 출력과 같은 처리 흐름을 정형화해서 꼭 필요한 부분만 직접 구현한다. 일정 건수가 됐을 때 처리하는 트랜잭션은 스프링 배치가 처리한다.

- **다양한 실행 방법을 제공한다.**

  명령행에서 실행하거나, 서블릿에서 실행하는 등 다양한 형태의 실행 방법을 제공한다.

- **다양한 데이터 형식으로 입출력할 수 있다.**

  파일, 데이터베이스, 메시지 큐 같은 다양한 데이터 소스의 입출력을 비교적 간단히 처리할 수 있다.

- **배치 처리를 효율적으로 수행할 수 있다.**

  다중 실행, 병렬 실행, 조건 분기 등의 처리 방식을 설정으로 정의할 수 있어서 상황에 맞는 가장 효율적인 처리 방법을 선택할 수 있다.

- **잡을 관리할 수 있다.**

  잡이 실행되던 상황을 저장하거나, 재시작할 수 있다.

COLUMN

### 스프링 배치와 JSR 352와의 차이점

JSR 352는 스프링 배치와 아키텍처 측면에서 상당히 유사한데 일부 차이가 있는 내용을 표 15.1에 정리했다. 기능면에서는 먼저 개발된 스프링 배치 쪽이 더 우수하고 스프링 배치 3.0.0 버전부터는 JSR 352를 지원하기 때문에 스프링 배치를 JSR 352의 구현체로 사용할 수도 있다.[2]

---

2  http://docs.spring.io/spring-batch/reference/html/jsr-352.html

표 15.1 스프링 배치와 JSR 352의 비교

| 차이점 | 스프링 배치 | JSR 352 |
|---|---|---|
| 패키지명 | org.springframework.batch | javax.batch |
| 클래스명 | Tasklet, JobExecutionListener 등 | Batchlet, JobListener 등 |
| 설정 파일 | XML 기반 설정 방식<br>혹은 자바 기반 설정 방식 | 잡 XML 파일 |
| ItemReader, ItemWriter,<br>ItemProcessor의 제네릭 지원 여부 | 지원 | 지원하지 않음 |
| ItemReader, ItemWriter,<br>ItemProcessor의 기본 구현체 제공 여부 | 제공 | 제공하지 않음 |

## 15.1.4. 스프링 배치의 기본 구조

스프링 배치를 활용한 애플리케이션을 만들기 전에 우선 스프링 배치의 기본적인 구조를 살펴보자. 스프링 배치는 배치 처리에 필요한 구조를 정의하고 있으며, 이 구조를 이해하면 배치 처리를 이해하기가 한결 쉬워진다(그림 15.1, 표 15.2).

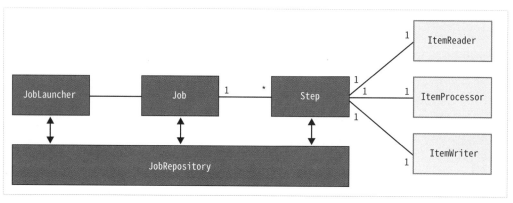

그림 15.1 스프링 배치의 주요 구성 요소

표 15.2 스프링 배치의 주요 구성 요소(애플리케이션 실행)

| 구성 요소 | 역할 |
| --- | --- |
| JobLauncher | 배치 애플리케이션을 기동하기 위한 인터페이스다. 모든 배치 애플리케이션은 이 클래스를 통해 실행된다. 배치 애플리케이션에 인수를 전달하는 것도 여기서 처리한다. JobLauncher를 사용자가 직접 사용할 수도 있지만 자바 명령으로 CommandLineJobRunner를 실행해 배치 처리를 할 수도 있다. CommandLine JobRunner는 JobLauncher를 실행하기 위한 각종 처리를 대신해 준다. |
| Job | 배치 애플리케이션에서 일련의 처리 과정을 하나의 단위로 만든 실행 단위다. |
| Step | 잡(Job)을 구성하는 세부 처리 단위다. 하나의 잡은 N개의 스텝(step)으로 구성될 수 있다. 하나의 잡 처리를 여러 개의 스텝으로 분할하면 세부 처리를 재사용하거나 병렬 처리를 적용할 수 있고 조건 분기에 따른 제어도 할 수 있게 된다. 스텝은 청크 방식이나 태스크릿 방식 중 한 가지 형태로 실행된다. 스프링 배치에서 정의하는 청크 방식은 일정량의 데이터를 한번에 몰아서 입력, 가공, 출력하는 방식을 말한다. 반면 태스크릿 방식은 처리 방법을 자유롭게 기술할 수 있는 방식을 말한다. |
| ItemReader ItemProcessor ItemWriter | 스텝을 데이터의 입력, 가공, 출력의 세 가지 패턴 처리로 분할하기 위한 인터페이스다. 배치 애플리케이션의 대부분이 이 세 가지 패턴으로 구성된다는 점에 착안해서 스프링 배치에서는 청크 방식을 구현할 때 이 세 가지 패턴을 활용한다. 개발자는 이 패턴에 맞춰 비즈니스 로직을 분할해서 구현하면 된다. 데이터를 입출력하는 ItemReader와 ItemWriter는 데이터베이스나 파일을 자바 객체로 변환한다거나 그 반대의 처리를 하게 되는데, 스프링 배치에는 이러한 처리를 위한 기본 구현체가 제공된다. 데이터베이스나 파일에서 데이터를 입출력하는 일반적인 배치 애플리케이션이라면 기본 구현체만으로도 대부분의 요구사항을 충족할 수 있다. |
| JobRepository | 잡이나 스텝의 상태를 관리한다. 이러한 정보는 스프링 배치가 정의한 테이블 스키마 형태로 데이터베이스에 저장된다. |

**비동기 처리의 지원**

메모

JobLauncher의 기본 구현 클래스인 SimpleJobLauncher는 기본적으로 동기 방식으로 동작한다. 다만 설정을 조금만 변경하면 비동기로 처리하도록 만들 수 있다. 배치 작업을 처리하는 클래스는 TaskExecutor[3] 인터페이스를 구현하도록 약속돼 있는데, 이 인터페이스의 구현 클래스가 동기 처리로 만들어져 있느냐 아니냐에 따라 동작 방식이 달라진다. 즉, SimpleJobLauncher에 설정자 메서드로 설정되는 TaskExecutor를 SyncTaskExecutor로 설정하면 동기 방식으로 동작하고, SimpleAsyncTaskExecutor로 설정하면 비동기 방식으로 동작한다.

---

3  (옮긴이) TaskExecutor 인터페이스와 구현체는 스프링 배치가 아닌 스프링 코어에 포함돼 있다.
   http://docs.spring.io/spring/docs/current/javadoc-api/org/springframework/core/task/TaskExecutor.html

## 15.2. 간단한 배치 애플리케이션 개발

이제 앞에서 설명한 내용이 소스코드에 어떤 식으로 녹아 있는지 확인해보기 위해 간단한 스프링 배치 애플리케이션을 살펴보자.

### 15.2.1. 작성할 배치 애플리케이션의 요구사항

이 애플리케이션은 CSV 파일에 기록된 Room 객체 정보를 한 줄 씩 읽어와서 데이터베이스에 저장한다. 읽어올 CVS 파일은 명령행 인수에서 설정하고, 배치 처리에는 데이터를 읽어오기 전에 데이터베이스의 테이블을 비우는 작업도 포함된다. 빈을 정의하는 방식으로는 자바 기반 설정 방식을 사용한다.

**배치 애플리케이션에서 사용할 CSV 파일의 형식**

```
roomId, roomName, capacity
1,room A,20
2,room B,10
3,room C,30
...
```

CSV 파일이 훼손되어 데이터를 읽어 들일 수 없는 경우에는 오류 처리를 한다. 파일을 복원한 후에 다시 배치 애플리케이션을 실행할 수 있어야 하며, 재실행할 때는 처음부터 다시 처리하는 것이 아니라 오류가 발생해서 중단된 지점부터 다시 데이터를 읽어 들여야 한다.

### 15.2.2. 설계

이 애플리케이션에서 배치 처리할 내용은 크게 다음과 같은 두 가지로 구분할 수 있다.

- room 테이블의 레코드 정보를 삭제한다.
- CSV 파일에서 데이터를 읽어 들인 후, room 테이블에 입력한다.

스프링 배치를 사용할 때는 배치 작업을 얼마나 잘 분할하느냐가 중요한 관건이 되는데, 이때 필요한 것이 주요 데이터가 무엇인지 식별하는 것이다. 주요 데이터가 무엇인지 확인되면 이 데이터를 처리하는 단위로 배치 처리 작업을 분할하다 보면 스프링 배치가 정의한 처리 흐름에 비교적 잘 맞아 들어갈 것이다.

한편 주요 데이터가 없는 경우도 있는데, 예를 들어 테이블의 모든 레코드를 삭제하기 위해 'TRUNCATE' 같은 명령을 쓰는 경우라면 특별히 무엇이 주요 데이터인지 식별할 필요가 없다. 다만 이같은 경우에는 데이터의 상태 변화에 맞춰 처리를 분할하면 된다.

이렇게 분할된 단위는 스텝에 해당하며, 이 예에서는 두 개의 스텝을 하나의 잡으로 만들어 truncateStep → importFileStep 순서로 처리한다(그림 15.2, 표 15.3).

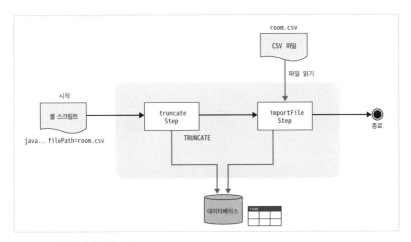

그림 15.2 배치 처리의 전체 그림

표 15.3 처리의 분할 단위

| 처리 순서 | 스텝명 | 처리 내용 |
|---|---|---|
| 1 | truncateStep | room 테이블에서 모든 레코드 정보를 삭제한다. |
| 2 | importFileStep | CSV 파일에서 데이터를 읽어들여 room 테이블에 저장한다. |

## 15.2.3. pom.xml 설정

스프링 배치 애플리케이션에 필요한 필수 라이브러리를 정의하고 명령행에서 실행할 수 있도록 Exec Maven Plugin을 설정한다.

▶ pom.xml 설정

```
<dependencies>
    <dependency>
        <groupId>org.springframework.batch</groupId>
```

```
            <artifactId>spring-batch-core</artifactId>
        </dependency>
        <dependency>
            <groupId>org.springframework.batch</groupId>
            <artifactId>spring-batch-test</artifactId>
            <scope>test</scope>
        </dependency>
        <!-- 생략: 기타 데이터베이스 접근을 위한 필수 라이브러리 등을 설정한다. -->
    </dependencies>
```

스프링 배치를 사용하는 애플리케이션은 기본적으로 <dependency>에 spring-batch-core를 추가해야한다. 만약 스프링 배치가 제공하는 테스트 기능도 사용한다면 여기에 spring-batch-test도 추가할수 있다. 그 밖의 의존 관계는 지면 관계상 생략했다.

배치 애플리케이션을 명령행에서 실행하면서 정상적으로 동작하는지 확인하려면 Exec Maven Plugin을 사용하면 된다. CommandLineJobRunner 클래스의 main 메서드가 호출되도록 명령행에서 명령을 실행하면 되는데, 명령행 인수는 <argument>에 미리 지정해둘 수 있다. 명령행 인수에 대한 자세한 설명은 뒤에서 설명하므로 여기서는 어떤 순서로 어떤 정보가 들어가는지만 확인하자. 두 번째 인수에는 실행할 잡의 이름을 넣고, 세 번째 인수에는 filePath라는 인수명에 파일 경로를, 네 번째 인수에는 executedTime이라는 인수명에 실행할 시간을 설정하면 된다.

▶ pom.xml 설정

```
<build>
    <plugins>
        <plugin>
            <groupId>org.codehaus.mojo</groupId>
            <artifactId>exec-maven-plugin</artifactId>
            <version>1.4.0</version>
            <executions>
                <execution>
                    <goals>
                        <goal>java</goal>
                    </goals>
                </execution>
            </executions>
            <configuration>
                <mainClass>org.springframework.batch.core.launch.support.CommandLineJobRunner</mainClass>
                <arguments>
```

```xml
                    <argument>com.example.app.importfile.ImportFileConfig</argument>
                    <argument>importFileJob</argument>
                    <argument>filePath=file:/tmp/rooms.csv</argument>
                    <argument>executedTime=201511161000</argument>
                </arguments>
                <systemProperties>
                    <systemProperty>
                        <key>spring.profiles.active</key>
                        <value>prod</value>
                    </systemProperty>
                </systemProperties>
            </configuration>
        </plugin>
    </plugins>
</build>
```

## 15.2.4. 잡 구현

이번에 소개할 잡은 importFileJob이다. 우선 빌더(Builder) 패턴[4]을 적용한 JobBuilderFactory가 잡을 생성하고, 이어 이 잡을 구성하는 스텝을 지정한다. 이 애플리케이션은 명령행 인수를 사용하기 때문에 올바른 값이 들어왔는지 검증하는 기능도 추가돼 있다.

▶ 잡 정의

```java
@Configuration
@EnableBatchProcessing ————————————————————————————————————— ❶
@Import({ InfrastructureConfig.class, JpaInfrastructureConfig.class })
public class ImportFileConfig {
    public static final String JOB_NAME = "importFileJob";
    @Autowired
    JobBuilderFactory jobBuilderFactory; ————————————————————————— ❷

    @Bean
    public JobParametersValidator jobParametersValidator() {
        String[] requiredKeys = new String[] { "filePath" }; ——————————┐
        String[] optionalKeys = new String[] { "executedTime" };       ├ ❸
        return new DefaultJobParametersValidator(requiredKeys, optionalKeys); ┘
```

---

4  (옮긴이) 빌더 패턴은 디자인 패턴의 일종으로 복합 객체의 표현 방법과 생성 방법을 분리해서 같은 생성 방식을 사용하더라도 서로 다른 표현 방식의 객체를 생성할 수 있게 만든 패턴이다.

```
    }

    @Bean
    public Job importFileJob() throws Exception {
        return jobBuilderFactory.get(JOB_NAME) ─────────────────────── ❹
            .validator(jobParametersValidator()) ──────────────────── ❺
            .start(truncateStep()) ────────────────────────────────── ❻
            .next(importFileStep()).build(); ──────────────────────── ❼
    }
}
```

❶ 스프링 배치의 기능을 활용하기 위해 @EnableBatchProcessing을 자바 컨피큐레이션 클래스에 추가한다.

❷ @EnableBatchProcessing을 통해 사용 가능해진 jobBuilderFactory를 주입한다.

❸ 명령행 인수를 검증하기 위한 기능으로 필수 입력값과 선택 입력값이 제대로 들어왔는지 확인하기 위해 DefaultJobParametersValidator를 사용한다. 이 예에서는 filePath를 필수 입력으로 받고 executedTime을 선택 입력값으로 지정했다. 스프링 배치는 인수의 값에 따라 잡의 실행 단위를 구분해서 관리하기 때문에 executedTime을 실행할 때마다 다르게 주면 서로 다른 잡으로 취급해서 실행할 수 있다.

❹ 잡을 설정한다. 단, 잡명은 고유한 이름이어야 한다.

❺ 입력값 검증 기능을 사용한다.

❻ 첫 번째 스텝에 truncateStep을 지정한다.

❼ 두 번째 스텝에 importFileStep을 지정한 후, 잡 인스턴스를 생성한다.

## 15.2.5. truncateStep 구현

스텝을 만들 때는 StepBuilderFactory를 사용하고, 스텝의 실제 처리 기능을 위해 태스크릿 방식의 구현 클래스를 지정한다.

▶ truncateStep 구현

```
@Configuration
@EnableBatchProcessing
@Import({ InfrastructureConfig.class, JpaInfrastructureConfig.class })
public class ImportFileConfig {
    @Autowired
    StepBuilderFactory stepBuilderFactory; ─────────────────────────── ❶

    // 생략
```

```
    @Bean
    public Step truncateStep() {
        return stepBuilderFactory.get("truncateStep") ─────────────────── ❷
                .tasklet(truncateTasklet()).build(); ─────────────────

    }


    @Bean
    public MethodInvokingTaskletAdapter truncateTasklet() {
        MethodInvokingTaskletAdapter adapter = new MethodInvokingTaskletAdapter(); ──── ❸
        adapter.setTargetObject(truncateService()); ──────────────────── ❹
        adapter.setTargetMethod("execute");  ───────────────────────
        return adapter;
    }


    @Bean
    public TruncateService truncateService() {
        return new TruncateServiceImpl(); ──────────────────────────── ❹
    }
}

public interface TruncateService {
    ExitStatus execute(); ──────────────────────────────────────── ❺
}

public class TruncateServiceImpl implements TruncateService {
    @Autowired
    JdbcTemplate jdbcTemplate;

    public ExitStatus execute() { ──────────────────────────────── ❺
        jdbcTemplate.execute("TRUNCATE TABLE room");
        return ExitStatus.COMPLETED;
    }
}
```

❶ @EnableBatchProcessing을 통해 사용 가능해진 StepBuilderFactory를 주입한다.

❷ 스텝의 이름을 설정한다. 단, 이때 스텝의 이름은 고유해야 한다. 태스크릿 구현 클래스를 지정한 다음 스텝을 생성한다.

❸ 주요 데이터가 없는 경우에는 태스크릿 방식으로 스텝을 만든다. 태스크릿 방식을 처리하려면 Tasklet 인터페이스의 구현 클래스를 빈으로 설정해야 한다. 이 구현 클래스에는 POJO 클래스의 메서드를 호출할 수 있는 MethodInvokingTaskletAdapter를 사용한다.

❹ 배치 작업이 실행될 때 호출할 메서드는 TruncateService 인터페이스를 구현한 POJO 클래스인 TruncateServiceImpl의 execute 메서드로 설정한다.

❺ 배치에서 호출되는 메서드를 구현한다. 여기서는 room 테이블을 truncate하면 된다. `MethodInvokingTasklet Adapter`에서 호출하는 메서드의 반환값으로는 어떤 것을 사용해도 무방하나 스프링 배치에서 제공하는 `ExitStatus` 클래스의 필드 값을 사용하면 이후에 종료 코드로 활용할 수 있다.

## 15.2.6. importFileStep 구현

`truncateStep`과 비슷하게 `importFileStep`을 생성할 때도 `StepBuilderFactory`를 사용한다. `importFileStep`과 같이 주요 데이터를 다뤄야 하는 스텝은 청크 방식으로 처리하는 것이 일반적이다. 여기서는 태스크릿의 구현 클래스로 `ChunkOrientedTasklet`을 사용하고, 데이터 입출력은 `ItemReader`와 `ItemWriter` 인터페이스의 구현 클래스로 처리한다.

▶ importFileStep 구현

```java
@Configuration
@EnableBatchProcessing
@Import({ InfrastructureConfig.class, JpaInfrastructureConfig.class })
public class ImportFileConfig {
    @PersistenceUnit
    EntityManagerFactory entityManagerFactory;

    // 생략

    @Bean
    public Step importFileStep() {
        return stepBuilderFactory.get("importFileStep").<Room, Room>chunk(100)     ❶
                .reader(fileItemReader(null))                                       ❷
                .writer(dbItemWriter()).build();                                    ❸
    }

    @Bean
    @StepScope                                                                      ❹
    @Value("#{jobParameters['filePath']}")                                          ❺
    public FlatFileItemReader<Room> fileItemReader(String filePath) {
        FlatFileItemReader<Room> fileItemReader = new FlatFileItemReader<>();       ❻
        ResourceLoader loader = new DefaultResourceLoader();
        fileItemReader.setResource(loader.getResource(filePath));

        DefaultLineMapper<Room> lineMapper = new DefaultLineMapper<>();             ❼

        DelimitedLineTokenizer lineTokenizer = new DelimitedLineTokenizer();        ❽
        lineTokenizer.setNames(new String[] { "roomId", "roomName", "capacity" });
        lineMapper.setLineTokenizer(lineTokenizer);
```

```
        BeanWrapperFieldSetMapper<Room> fieldSetMapper =                    ❾
            new BeanWrapperFieldSetMapper<>();
        fieldSetMapper.setTargetType(Room.class);
        lineMapper.setFieldSetMapper(fieldSetMapper);

        fileItemReader.setLineMapper(lineMapper);                          ❿
        fileItemReader.setLinesToSkip(1);
        return fileItemReader;                                            
    }


    @Bean
    @StepScope                                                            ❹
    public ItemWriter<Room> dbItemWriter() {
        JpaItemWriter<Room> jpaItemWriter = new JpaItemWriter<>();        ⓫
        jpaItemWriter.setEntityManagerFactory(entityManagerFactory);
        return jpaItemWriter;
    }
}
```

❶ 스텝명에 고유한 값을 지정한 후, 청크 방식으로 실행하되, 100건마다 트랜잭션을 처리하게 만든다. 이런 형태로 구문을 표기하면 ChunkOrientedTasklet을 사용한 것과 똑같은 효과가 난다. 입출력할 데이터로는 Room 클래스를 사용한다.

❷ ItemReader의 구현 클래스로 fileItemReader를 지정한다. 이때 fileItemReader 메서드의 매개변수인 filePath에 null을 값으로 전달하고 있는데, 이것은 나중에 명령행 인수로 받은 값으로 대체된다.

❸ ItemWriter의 구현 클래스로 dbItemReader를 지정한다.

❹ ItemReader나 ItemWriter는 상태를 가지기 때문에 여러 개의 스텝에서 사용되면 의도치 않은 오동작이 발생할 수 있다. 이런 상황을 피하기 위해 @StepScope를 사용하는데 이 애너테이션을 사용하면 빈의 스코프(scope)를 하나의 스텝이 실행되는 동안 유효하게 만들 수 있다.

❺ 메서드의 매개변수인 filePath를 명령행 인수를 통해 받아내도록 설정한다. 예를 들어, 잡을 실행할 때 명령행 인수로 'filePath=xxx'와 같이 지정했다면 'xxx'가 filePath 값으로 설정된다.

❻ CSV 파일에서 데이터를 읽어들이기 위해 ItemReader에 일반적인 텍스트 파일을 읽을 수 있는 FlatFileItemReader를 지정한다. 읽을 파일은 앞서 지정한 파일 경로를 참조한다.

❼ 파일의 한 행을 객체로 매핑한다. DefaultLineMapper는 뒤에 설명할 LineTokenizer와 FieldSetMapper를 필요로 한다.

❽ LineTokenizer는 파일의 한 행을 읽어 어떤 형태의 데이터로 해석할지 정의한다. DelimitedLineTokenizer는 한 행을 쉼표 단위로 구분해서 'roomId', 'roomName', 'capacity'라는 이름의 필드에 각 데이터를 매핑시킨다.

❾ 파일의 한 행에 해당하는 데이터를 해석한 후, 이 정보를 객체에 어떻게 담아낼지 결정한다. 이 예에서는 Room 클래스의 형태로 매핑하도록 설정한다.

❿ ItemReader에게 앞서 준비된 lineMapper를 설정하고 CSV 파일에서 헤더 역할을 하는 첫 번째 행을 건너뛰기 위해 setLinesToSkip(1)을 사용한다.

⓫ 데이터베이스의 테이블에 데이터를 저장하기 위해 JpaItemWriter를 사용한다. 저장할 때는 Room 클래스의 객체 형태로 테이블에 들어간다.

## 15.2.7. 테스트

스프링 배치 애플리케이션을 JUnit으로 테스트할 때는 JobLauncherTestUtils.launchJob()을 사용하는 것이 편리하다. 명령행 인수를 전달하는 대신 JobParameters를 사용해 필요한 인수를 설정한다.

▶ 테스트 구현

```
@RunWith(SpringJUnit4ClassRunner.class)
@ContextConfiguration(classes = { ImportFileConfig.class }) ────────────────── ❶
@ActiveProfiles("dev") ────────────
public class JobTest {
    @Autowired
    Job job; ──────────────────────────────────────────────────────────── ❷

    @Autowired
    JobLauncher launcher; ───────────────────────────────────────────────── ❷

    @Autowired
    JobRepository jobRepository; ────────────────────────────────────────── ❷

    @Bean ───────────────────────────────────────────────────────────────── ❸
    public JobLauncherTestUtils jobLauncherTestUtils() {
        JobLauncherTestUtils utils = new JobLauncherTestUtils();
        utils.setJob(job);
        utils.setJobLauncher(launcher);
        utils.setJobRepository(jobRepository);
        return utils;
    }

    @Test
    public void testJob() throws Exception {
        Map<String, JobParameter> map = new HashMap<>(); ──────────────────── ❹
        map.put("filePath", new JobParameter("rooms.csv"));
        map.put("executedTime", new JobParameter("201511161000"));
        JobParameters params = new JobParameters(map);
```

```
        BatchStatus status = jobLauncherTestUtils().launchJob(params).getStatus(); ┌─ ❺
        assertThat(status.name(), is("COMPLETED")); ───────────────────────────────┘
    }
}
```

❶ 테스트할 자바 컨피규레이션(Java Configuration) 클래스를 지정하고 테스트용 Profiles를 지정한다.

❷ 테스트에 필요한 인스턴스를 주입한다. 이 예에서는 잡이 하나밖에 없어 잡의 인스턴스명을 'job'으로 지정했는데, 만약 여러 개의 잡을 테스트할 때는 잡 인스턴스의 이름을 고유하게 지정해야 한다.

❸ 테스트용 잡 기동 클래스인 JobLauncherTestUtils를 생성한다.

❹ 명령행 인수를 대신 전달해주는 JobParameters 클래스를 사용한다.

❺ 잡을 기동시킨 후, 실행 결과가 정상인지 확인한다.

앞서 설명한 것처럼 스프링 배치는 잡의 실행 상태를 관리하기 위해 데이터베이스를 사용한다. 테스트를 하는 경우에는 편의상 H2 같은 내장형 데이터베이스를 사용하기도 한다. 내장형 데이터베이스를 생성할 때 스프링 배치가 사용할 테이블을 함께 만들어 줄 수 있으며, 테이블을 정의할 SQL 스크립트는 스프링 배치를 설치할 때 제공된 jar 파일 안에 이미 포함돼 있다. 이 예에서는 스프링 배치가 사용하는 테이블 외에도 room 테이블도 만들어야 하며, 이 작업을 JPA가 처리해준다.

▶ 테스트용 데이터 소스 정의

```
@Configuration
public class InfrastructureConfig {

    // 생략

    @Bean
    @Profile("dev")
    public DataSource jobRepositoryEmbeddedDataSource() {
        return new EmbeddedDatabaseBuilder().setType(EmbeddedDatabaseType.H2)
                .addScript("classpath:org/springframework/batch/core/schema-h2.sql")
                .build();
    }
}
```

이 예에서는 JPA를 사용해 데이터베이스에 접근하고 있으므로 스프링 프레임워크에서 JPA를 사용하기 위한 빈 정의가 필요하나, 편의상 생략했다. JPA에 관한 자세한 내용은 10장 '스프링 데이터 JPA'를 참고하자.

여기까지 진행했다면 실제로 테스트 케이스를 실행해본다. 만약 정상적으로 동작했다면 JUnit 테스트 케이스 한 건이 성공했다는 것을 확인할 수 있을 것이다.

## 15.2.8. 배치 실행(정상 종료)

테스트 결과가 정상이라는 것이 확인되면 이번에는 실제로 명령행에서 배치 애플리케이션을 실행해보자. 이번에는 테스트와 달리, 배치 애플리케이션을 실행할 때 내장형 데이터베이스 대신 실제로 운영할 데이터베이스를 사용해야 한다. 그리고 배치 애플리케이션이 실행될 때마다 테이블 내용이 초기화되면 안 되기 때문에 SQL 스크립트는 수작업으로 따로 실행해야 한다. spring-batch-core의 jar 파일을 압축 해제해서 org.springframework.batch.core 패키지 안에 들어 있는 SQL 스크립트 파일을 꺼낸 다음, SQL을 실행할 수 있는 클라이언트 툴을 사용하면 된다. 예를 들어, PostgreSQL을 운영 데이터베이스로 사용한다면 schema-postgresql.sql 파일을 psql과 같은 툴로 실행하면 된다.

테이블 생성이 끝나면 mvn package 명령으로 애플리케이션을 빌드한 후 배치 애플리케이션을 실행해보자. 실행이 끝난 후에는 echo 명령으로 JVM 프로세스의 종료 코드를 확인할 수 있는데 0이 나오면 정상적으로 종료됐다는 뜻이다.

▶ 배치 애플리케이션 빌드 후 실행[5]

```
$ mvn clean package
$ mvn exec:java
$ echo $?
0
```

이후 room 테이블의 내용을 살펴보면 CSV 파일의 데이터가 저장된 것을 확인할 수 있다.

표 15.4 배치 애플리케이션이 정상적으로 종료된 후의 room 테이블

| room_id [PK] | capacity | room_name |
|---|---|---|
| 1 | 20 | room A |
| 2 | 10 | room B |
| 3 | 30 | room C |
| 4 | 21 | room A |
| 5 | 11 | room B |
| ... | ... | ... |

---

**5** (옮긴이) 윈도우에서는 'echo $?' 대신 'echo %ERRORLEVEL%'을 사용하면 된다.

데이터베이스에는 스프링 배치가 잡의 실행을 관리하기 위한 메타데이터도 함께 저장돼 있다(표 15.5). batch_step_execution 테이블을 살펴보면 스텝의 실행 결과를 알 수 있는데, 모든 스텝이 정상적으로 종료해서 'COMPLETE'로 기록된 것을 알 수 있다.

표 15.5 배치 애플리케이션이 정상적으로 종료된 후의 batch_step_execution 테이블

| step _exe cution _id [PK] | step_name | job _exe cution _id [FK] | status | commit _count | read _count | write _count | rollback _count | exit _code | exit _message |
|---|---|---|---|---|---|---|---|---|---|
| 1 | truncateStep | 1 | COMPLETED | 1 | 0 | 0 | 0 | COMPLETED | |
| 2 | importFileStep | 1 | COMPLETED | 6 | 500 | 500 | 0 | COMPLETED | |

한편 일단 정상적으로 종료된 배치 처리는 다시 실행할 수가 없다. 스프링 배치에서는 명령행 인수의 내용을 보고 배치 처리가 동일한 것인지 식별하기 때문에 만약 같은 명령행 인수를 사용해서 다시 한번 실행하려고 하면 JobInstanceAlreadyCompleteException 예외가 발생한다. 그럼에도 같은 CSV 파일의 데이터로 다시 한번 배치 처리를 하고 싶다면 executeTime의 값을 바꿔서 실행하면 된다.

## 15.2.9. 배치 실행(비정상 종료)

다음은 손상된 CSV 파일을 사용해 배치 처리 도중에 오류가 나게 만든 다음, 파일을 복원한 후에 다시 실행하면 재처리가 성공하는지 확인해보자.

정상적인 CSV 파일을 훼손하기 위해 다음과 같이 128행의 데이터에서 마지막 칼럼을 삭제한다.

▶ 에러를 발생시키기 위한 CSV 파일 훼손

```
roomId, roomName, capacity
...
127,room A,62
128,room B
129,room C,72
...
```

앞서 실행한 배치 처리와 구분하기 위해 executedTime을 증가시킨 다음 배치 애플리케이션을 실행한다. 그러면 위와 같이 손상된CSV 파일을 읽어들이면서 FlatFileParseException이 발생하고, 그 결과 JVM 프로세스의 종료 코드로 1이 나온다.

▶ 배치 애플리케이션 실행

```
$ mvn exec:java
$ echo $?
1
```

이 시점에서 room 테이블의 상태를 보면 오류 데이터가 포함되기 전의 청크 데이터까지만 테이블에 들어 있다는 것을 확인할 수 있는데 이 예에서는 청크의 단위로 100건마다 처리하도록 돼 있다. 그래서 처음 100건은 문제없이 처리됐고 이후 100건을 처리하는 과정에서 오류가 128행에서 발생했기 때문에 101행에서 127행까지 처리한 데이터가 데이터베이스에 들어가지 않았다는 것을 알 수 있다.

표 15.6 배치 애플리케이션이 비정상적으로 종료된 후의 room 테이블

| room_id [PK] | capacity | room_name |
| --- | --- | --- |
| ... | ... | ... |
| 93 | 60 | room C |
| 94 | 51 | room A |
| 95 | 41 | room B |
| 96 | 61 | room C |
| 97 | 52 | room A |
| 98 | 42 | room B |
| 99 | 62 | room C |
| 100 | 53 | room A |

batch_step_execution 테이블을 살펴보면 truncStep은 정상적으로 종료한 반면 importFileStep은 비정상적으로 종료해서 'FAILED'로 기록된 것을 확인할 수 있다(표 15.7). 그 밖에도 에러가 발생하기 전까지 몇 건의 데이터를 읽었고, 몇 건까지 정상적으로 데이터를 기록했는지에 대한 정보도 이 테이블을 보면 알 수 있다.

표 15.7 배치 애플리케이션이 비정상적으로 종료된 후의 batch_step_execution 테이블

| step_exe cution _id [PK] | step_name | job_exe cution _id [FK] | status | commit _count | read _count | write _count | rollback _count | exit _code | exit _message |
| --- | --- | --- | --- | --- | --- | --- | --- | --- | --- |
| 1 | truncateStep | 1 | COMPLETED | 1 | 0 | 0 | 0 | COMPLETED | |
| 2 | importFileStep | 1 | COMPLETED | 6 | 500 | 500 | 0 | COMPLETED | |
| 3 | truncateStep | 2 | COMPLETED | 1 | 0 | 0 | 0 | COMPLETED | |

| step_execution_id [PK] | step_name | job_execution_id [FK] | status | commit_count | read_count | write_count | rollback_count | exit_code | exit_message |
|---|---|---|---|---|---|---|---|---|---|
| 4 | importFileStep | 2 | FAILED | 1 | 127 | 100 | 1 | FAILED | FlatFileParseException ... (스택 트레이스 생략) |

여기까지 진행했다면 이제 CSV 파일의 오류를 수정한 후, 배치 애플리케이션을 다시 실행해서 재처리 해보자. 재처리할 때는 반드시 앞서 실행한 배치 처리와 명령행 인수를 똑같이 지정해야 한다. 그래서 executedTime 값으로는 이전과 동일한 값을 주고 배치를 실행한 후, 종료 코드를 확인해보면 JVM 프로세스가 정상적으로 종료됐음을 알 수 있다.

▶ 배치 애플리케이션 실행

```
$ mvn exec:java
$ echo $?
0
```

이 시점에서 room 테이블을 확인해보면 모든 데이터가 정상적으로 입력된 것을 확인할 수 있다. 한편 batch_step_execution 테이블을 확인해보면 이전 배치 처리에서 정상적으로 동작했던 truncateStep은 이번 배치 처리에서는 실행되지 않았고, 오류가 발생했던 importFileStep만 실행된 것을 알 수 있다(표 15.8). 그리고 읽은 데이터와 쓴 데이터의 건수가 전체 처리 건수에서 이전 배치 처리의 정상 처리 건수를 뺀 수와 일치하며, 이 건수가 재처리한 건수라는 것을 확인할 수 있다.

표 15.8 애플리케이션이 정상적으로 종료된 후의 batch_step_execution 테이블(오류 데이터를 복원함)

| step_execution_id [PK] | step_name | job_execution_id [FK] | status | commit_count | read_count | write_count | rollback_count | exit_code | exit_message |
|---|---|---|---|---|---|---|---|---|---|
| 1 | truncateStep | 1 | COMPLETED | 1 | 0 | 0 | 0 | COMPLETED | |
| 2 | importFileStep | 1 | COMPLETED | 6 | 500 | 500 | 0 | COMPLETED | |
| 3 | truncateStep | 2 | COMPLETED | 1 | 0 | 0 | 0 | COMPLETED | |
| 4 | importFileStep | 2 | FAILED | 1 | 127 | 100 | 1 | FAILED | FlatFileParseException ... (스택 트레이스 생략) |
| 5 | importFileStep | 3 | COMPLETED | 5 | 400 | 400 | 0 | COMPLETED | |

이처럼 비즈니스 로직을 구현하는 입장에서는 오류가 발생하는 경우를 대비한 재처리 방법에 대해 크게 고민하지 않아도 되는데, 스프링 배치를 활용함으로써 스텝의 단위나 청크의 크기 단위로 재처리를 손쉽게 구현할 수 있다.

## 15.3. 스프링 배치의 아키텍처

앞 절에서는 간단한 배치 애플리케이션을 만들어 보면서 스프링 배치를 어떻게 활용할 수 있는지 알아봤다. 이번 절에서는 스프링 배치가 가지는 다양한 기능을 하나하나 살펴보겠다.

### 15.3.1. 구성 요소

앞 절에서 스프링 배치의 기본 구조와 전체적인 처리의 흐름에 대해 설명했다. 이번 절에서는 앞 절의 내용에서 조금 더 깊이 들어가 잡의 실행 상태와 같은 메타데이터가 어떻게 관리되는지 살펴보겠다(그림 15.3).

이른바 엔터프라이즈 환경이라고 하는 기업 시스템에서는 다수의 잡을 실행할 때 잡 간의 선행/후행 관계를 정의하면서 하나의 유스케이스를 만드는 것이 일반적이다. 이때 배치 처리의 실행을 관리해주는 것이 잡 스케줄러이며, 다음과 같은 기능들을 제공한다.

- **잡 플로우**
  선행 잡의 처리 결과를 보고 후행 잡의 실행 여부를 결정한다거나 여러 개의 잡을 병행 처리하는 등의 유연한 처리 흐름을 정의할 수 있다.

- **스케줄링**
  잡의 실행 시간이나 실행 주기를 정의할 수 있다.

- **실행 관리**
  정상적으로 종료한 잡의 실행 이력을 확인하거나 비정상적으로 종료한 잡을 재처리할 수 있다.

잡 스케줄러가 잡을 실행할 때는 매번 잡을 실행할 때마다 자바 프로세스를 기동하고, 처리가 완료되면 그 프로세스를 종료하는 방식으로 동작한다.

스프링 배치에서의 스텝과 일반적인 잡 스케줄러의 잡을 비교해보면 스프링 배치가 잡 스케줄러의 역할을 하고 스프링 배치의 스텝이 잡 스케줄러의 잡과 비슷한 기능을 한다는 것을 알 수 있다. 이것은 스프링 배치가 스텝의 흐름 제어(flow control)를 하거나 스텝 단위로 실행 관리를 하고 있어서 마치 잡 스케줄러의 기능을 대신하는 것으로 볼 수 있기 때문이다. 이러한 기능이 프레임워크 차원에서 제공된 다는 것이 개발자 입장에서는 참으로 다행스러운 일인 반면, 그만큼 스프링 배치 안에서는 배치 처리에 대한 잡의 상태나 결과에 대한 메타데이터를 정확하게 관리해야 할 필요가 있음을 의미하기도 한다. 이 제 이러한 정보를 스프링 배치가 어떻게 관리하고 있는지 확인해보자(표 15.9).

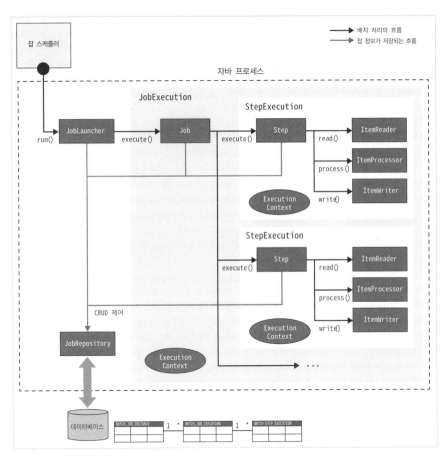

그림 15.3 스프링 배치의 주요 구성 요소와 배치 처리의 흐름

표 15.9 스프링 배치의 주요 구성 요소(애플리케이션 내의 메타데이터 관리)

| 구성 요소 | 역할 |
| --- | --- |
| JobInstance | JobInstance는 잡을 논리적인 실행 형태로 본 개념이다. 예를 들어, 하나의 잡을 실행한 후, 다시 같은 잡을 실행하면 앞에 실행한 잡과 뒤에 실행한 잡은 서로 다른 JobInstance라고 본다. 한편 하나의 잡을 실행하던 중에 오류가 발생해서 처리가 중단됐고, 이후 같은 잡을 다시 한번 재처리하게 되는 경우에는 앞에 실행한 잡과 뒤에 실행한 잡을 똑같은 JobInstance라고 본다. |

| 구성 요소 | 역할 |
|---|---|
| JobExecution<br>ExecutionContext | JobExecution은 잡을 물리적인 실행 형태로 본 개념이다. JobInstance와의 차이점은 같은 잡을 다시 한번 재처리하는 경우 첫 번째 JobInstance와 두 번째 JobInstance는 같지만 첫 번째 JobExecution은 두 번째 JobExecution과 서로 다르다는 점이다. 결국 JobInstance와 JobExecution은 일대다 관계를 맺는다. ExecutionContext는 같은 JobExecution 안에서 배치 처리의 진척 상태 같은 메타데이터를 공유할 때 사용하는 영역으로, 주로 스프링 배치 프레임워크가 상태를 기록할 때 사용하고 애플리케이션에서도 이 영역을 활용할 수 있다. |
| StepExecution<br>ExecutionContext | StepExecution은 스텝을 물리적인 실행 형태로 본 개념이다. JobExecution과 StepExecution은 일대다 관계를 맺는다. JobExecution과 마찬가지로 StepExecution에서도 ExecutionContext는 같은 StepExecution 안에서 데이터를 공유하기 위한 영역이 있다. 데이터의 성격상 굳이 JobExecution 안에서 공유할 내용이 아닌 경우에는 StepExecution에서 공유하도록 Step 내의 ExecutionContext에 저장할 수 있는데 이렇게 국소적인 공간을 활용하는 것이 불필요한 데이터의 접근 범위를 최소한으로 줄인다는 관점에서 더 유리할 수 있다. |
| JobRepository | JobExecution이나 StepExecution의 배치 처리 결과나 상태를 관리하고 저장하는 기능을 제공한다. 일반적인 배치 애플리케이션은 자바 프로세스가 실행되면서 처리가 시작되고 처리가 끝나면 자바 프로세스도 종료되는 것이 일반적인 동작 방식이다. 이 같은 동작 방식 때문에 데이터는 자바 프로세스와 상관없이 영속성을 유지해야 하므로 휘발성이 있는 메모리 뿐만 아니라 데이터베이스에도 저장돼야 한다. 데이터베이스에 저장하기 위해서는 JobExecution과 StepExecution을 담을 수 있는 테이블이나 시퀀스 등의 데이터베이스 오브젝트를 필요로 한다. 그래서 스프링 배치가 제공하는 스키마 정보를 참고해서 데이터베이스 오브젝트들을 사전에 만들어 둬야 한다. |

스프링 배치가 이렇게까지 메타데이터 정보를 관리하는 이유는 다음 절에서 소개할 재처리를 가능하게 만들기 위해서다. 배치 작업을 재처리하기 위해서는 이전에 실행한 상태에 대한 스냅샷(snapshot)을 남겨둘 필요가 있으며, 메타데이터와 JobRepository는 그러한 정보를 남기기 위해 기반이 되는 메커니즘을 제공하는 셈이다.

## 15.3.2. 잡 기동

이제 배치 애플리케이션의 시작점이 되는 잡의 기동에 대해 살펴보자. 앞서 언급한 것처럼 자바 프로세스가 실행된 직후에 배치 처리는 시작되고, 배치 처리가 끝나면 자바 프로세스는 종료한다. 이렇게 자바 프로세스를 실행하면서 스프링 배치의 잡을 처리하는 방식으로는 셸 스크립트를 만들고 그 안에서 자바를 실행하게 만드는 것이 일반적인 방식일 것이다(그림 15.4).

특히 스프링 배치가 제공하는 CommandLineJobRunner를 사용하면 사용자가 정의한 스프링 배치의 잡을 어렵지 않게 기동할 수 있다.

▶ 자바 기반 설정 방식을 사용해 빈을 정의한 경우의 배치 애플리케이션 기동 명령

```
$ java - cp ${CLASSPATH} org.springframework.batch.core.launch.support.CommandLineJobRunner
<Config 클래스의 FQCN> <잡 이름> <잡 인수명1>=<값1> <잡 인수명2>=<값2>
```

▶ XML을 사용해 빈을 정의한 경우의 배치 애플리케이션 기동 명령

```
$ java - cp ${CLASSPATH} org.springframework.batch.core.launch.support.CommandLineJobRunner
<XML 파일의 경로> <잡 이름> <잡 인수명1>=<값1> <잡 인수명2>=<값2> ...
```

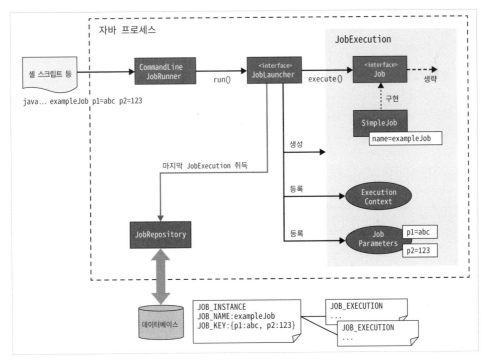

그림 15.4 셸 스크립트를 이용한 잡 기동

이 예에서는 잡을 실행할 때 잡 이름을 지정하고 있는데, 이 이름은 DI 컨테이너에 등록된 빈의 이름과 같아야 하고 Job 인터페이스를 구현한 클래스여야 한다. Job 인터페이스의 구현체로는 특별히 다른 요 구사항이 없는 경우 SimpleJob을 많이 사용한다. 만약 DI 컨테이너에 여러 개의 잡이 있다면 잡의 이 름, 즉 빈의 이름으로 구분하면 된다.

CommandLineJobRunner는 실행할 잡의 이름 뿐만 아니라 인수 값도 입력받는데 <잡 인수명>=<값>과 같은 형태로 기재하면 된다. 모든 인수는 CommandLineJobRunner나 JobLauncher가 해석하고 입력값 검증을 마친 후에 JobExecution에 JobParameters로 변환되어 들어간다. 애플리케이션에서 필요로

하는 값을 명령행의 인수를 통해 전달받는 방법은 배치 애플리케이션에서는 흔히 사용되는 방식이므로 앞으로 배치 애플리케이션을 개발할 때 많이 활용하게 될 것이다.

**인수의 선언형**

메모

잡에서 사용되는 인수의 타입은 기본적으로 문자열로 처리된다. 그런데 인수 이름 뒤에 해당 인수의 타입을 명시하면 애플리케이션이 그 인수를 읽어들일 때 해당 타입으로 변환하게 만들 수 있다. 사용할 수 있는 타입으로 다음과 같은 것이 있다.

- `(string)`
- `(date)`
- `(long)`
- `(double)`

사용 예: operation.date(date)=2015/12/31

스프링 배치는 잡의 인수에 특별한 의미를 부여하고 있는데, 그것은 바로 인수 값이 같으면 같은 잡 인스턴스라고 간주한다는 것이다. 그리고 앞 절에서 언급한 것처럼 스프링 배치는 배치 처리에 대한 실행 관리를 하는 것은 물론, `JobInstance`나 `JobExecution`과 같은 메타데이터가 영속성을 보장하도록 관리하기도 한다.

스프링 배치는 `JobInstance`를 논리적인 실행 단위라고 간주한다. 그리고 잡의 이름과 인수가 같다면 똑같은 잡 인스턴스로 식별한다. 이전에 실행한 잡과 같은 잡 이름과 같은 인수 값으로 새 잡을 실행한 경우 스프링 배치는 이전 잡의 처리가 계속되는 것으로 인지한다. 만약 이전 잡이 실행 도중에 실패했고, 재처리를 지원한다면 스프링 배치는 오류가 발생해서 중단됐던 그 잡을 다시 실행해 재처리를 시도한다.

만약 재처리를 지원하지 않거나 이전에 실행된 잡이 정상적으로 종료된 상태라면 뒤에 실행한 잡에서는 예외가 발생하고 자바 프로세스는 종료한다. 예를 들어, 같은 잡 이름에 같은 인수를 가진 잡이 이전에 실행된 적이 있고, 정상적으로 종료한 상태에서 뒤에 앞의 잡과 같은 잡 이름과 같은 인수 값으로 잡이 실행되면 `JobInstanceAlreadyCompleteException`이 발생한다. 그림 15.9를 보면 `JobLauncher`가 `JobRepository`로부터 잡 이름과 인수 값을 사용해 `JobInstance`를 꺼내오는 것을 알 수 있다. 만약 해당하는 `JobInstance`가 데이터베이스에 존재한다면 함께 물려 있는 `JobExecution`도 함께 복원할 수 있다.

이러한 이유로 매일 반복해서 실행해야 하는 배치 작업에서는 스프링 배치가 각 잡을 고유한 잡으로 인식할 수 있도록 고유한 인수를 부여하는 기법이 필요한데, 예를 들어 시스템 시간이나 난수를 활용해 인수를 생성하는 것도 간단하지만 좋은 예가 될 수 있다.[6]

### 같은 잡의 반복 실행을 손쉽게 하는 방법

재처리 대상을 식별할 때 잡 이름과 인수가 같은지 확인하는 이 같은 메커니즘이 오히려 같은 작업을 반복해야 할 때는 방해가 될 수 있다. 다행히 이런 제약을 피하는 방법이 있는데, 그것은 바로 CommandLineJobRunner의 -next 옵션을 활용하는 것이다. -next 옵션을 사용하면 명령행으로 전달한 인수가 같다고 하더라도 CommandLineJobRunner 내부에서 일련번호를 생성해서 인수를 변형시키기 때문에 스프링 배치는 이 잡들을 모두 새로운 JobInstance로 식별하게 된다. 단, -next 옵션을 사용하는 경우에는 특정 JobInstance를 지정하는 것이 까다로워질 수 있어서 재처리가 필요할 때 시간이 더 걸릴 수 있다. 이 같은 단점을 극복하는 방법으로는 인수에 실행 날짜 및 시간을 사용하거나 CommandLineJobRunner가 내부적으로 사용하는 JobParametersConverter의 구현 클래스로 JsrJobParametersConverter[6]를 사용하는 방법 등이 있다.

## 15.3.3. 비즈니스 로직 정의

스프링 배치에서는 스텝이라는 실행 단위가 있어서 비즈니스 로직을 더 작은 단위로 쪼개는 것이 가능하다. 잡이 기동하면 그 안에 포함된 스텝도 함께 기동하고, 결과적으로 StepExecution이 만들어진다. 스텝은 어디까지나 작업의 크기를 분할하기 위한 목적으로 만들어졌기 때문에 실제 비즈니스 로직의 구현 내용은 스텝이 호출하는 Tasklet에 담겨진다. 그림 15.5는 스텝에서 태스크릿까지의 처리 흐름을 표현한 것이다.

---

6  (옮긴이) 스프링 배치에서 더 이상 사용하지 않도록 권고하는 기능은 다음 문서에서 확인할 수 있다.
http://docs.spring.io/spring-batch/apidocs/deprecated-list.html

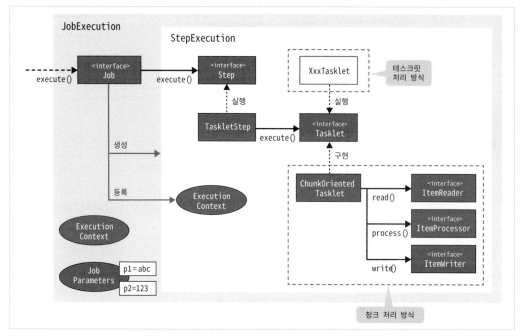

그림 15.5 스텝과 태스크릿

이처럼 태스크릿을 사용하는 방식에는 '청크 방식'과 '태스크릿 방식'의 두 가지가 있다. 각 방식에 대한
설명은 이미 앞에서 언급했으니 이제 각 방식의 구조를 살펴보자.

### ■ 청크 방식

앞서 설명한 바와 같이 청크 방식은 데이터를 한 건씩 처리하는 것이 아니라 일정 개수 단위(청크)로 처
리하는 방식을 말한다. ChunkOrientedTasklet이 청크 처리를 하기 위한 Tasklet 인터페이스의 구현
클래스로 제공되고 commit-interval이라는 설정 값에 따라 청크로 처리할 최대 데이터 건수를 지정
한다. ItemReader, ItemProcessor, ItemWriter는 청크 방식으로 처리할 때 필요한 인터페이스인데,
ChunkOrientedTasklet이 이것들을 어떻게 조합해서 사용하고 있는지 살펴보면 배치 처리가 어떻게
이뤄지는지 이해할 수 있다. 다음 그림은 ChunkOrientedTasklet이 청크 처리를 할 때의 과정을 시퀀
스 다이어그램으로 표현한 것이다.

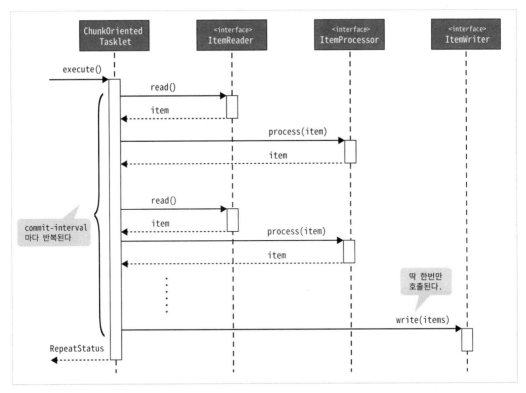

그림 15.6 하나의 청크를 처리하는 과정

ChunkOrientedTasklet은 청크의 최대 데이터 건수(commit-interval)만큼 데이터를 읽는 ItemReader와 데이터를 가공하는 ItemProcessor를 반복해서 실행한다. 이후, 모든 데이터가 다 읽혀지고 나면 데이터를 저장하는 ItemWriter가 딱 한 번 실행될 때 이제까지 읽혀서 가공된 모든 데이터가 쓰여진다. 데이터 갱신을 하나의 청크에서 단 한 번만 처리하는 이유는 JDBC의 addBatch나 executeBatch 같이 데이터의 입출력을 한 번에 처리해서 작업 효율을 높이기 위해서다.

경우에 따라서는 청크를 처리하던 중에 데이터에 문제가 있어 오류가 발생할 때 배치 처리 전체를 중단하는 대신 오류가 발생한 부분만 빼고 나머지를 처리하고 싶을 수도 있다. 이러한 처리 유형도 스프링 배치에서는 어렵지 않게 구현할 수가 있는데, 발생한 예외의 유형에 따라 건너뛸지, 스텝을 중단시킬지 결정할 수 있기 때문이다. 다음은 청크를 처리할 때의 스텝 정의 형식을 예로 든 것이다.

▶ XML을 사용해 빈을 정의한 예

```
<batch:job id="job">
    <batch:step id="step1">
        <batch:tasklet>
            <!-- ItemReader, ItemProcessor, ItemWriter의 빈을 지정 -->
```

```
            <batch:chunk
                reader="myItemReader"
                processor="myItemProcessor"
                writer="myItemWriter"
                commit-interval="100">
                <batch:skippable-exception-classes>
                    <!-- 오류가 발생해도 스텝을 중단하는 일 없이 건너뛰게 하고 싶은 예외 유형 -->
                    <batch:include class="java.lang.IllegalStateException" />
                    <batch:include class="java.lang.NumberFormatException" />
                </batch:skippable-exception-classes>
            </batch:chunk>
        </batch:tasklet>
    </batch:step>
</batch:job>
```

## ■ 주요 인터페이스의 구현 클래스

이제 청크 처리를 실제로 해줄 ItemReader, ItemProcessor, ItemWriter의 구현 클래스를 알아보자. 각 인터페이스에 대해 개발자가 직접 구현 클래스를 개발해도 되지만 대부분의 경우 스프링 배치가 기본으로 제공하는 범용 구현 클래스를 사용하는 것만으로도 원하는 동작을 할 수 있다. 스프링 배치가 기본적으로 제공하는 구현 클래스를 표 15.10에 정리했다.

ItemProcessor는 대부분의 경우, 비즈니스 로직이 들어가는 곳이기 때문에 스프링 배치가 기본적으로 제공하는 구현 클래스는 많지 않다. 대신 개발자가 직접 IntemProcessor를 구현해서 개발하는 경우가 더 많다. 그래서 ItemProcessor는 타입에 안전하게 개발될 수 있도록 입출력할 객체의 타입을 제네릭으로 지정할 수 있게 돼 있다.

▶ ItemProcessor를 구현한 예

```
public class MyItemProcessor
        implements ItemProcessor<MyInputObject, MyOutputObject> {
    @Override
    public MyOutputObject process(MyInputObject item) throws Exception {
        // 입력 데이터인 item을 활용해 비즈니스 로직을 구현한다.
        return processedObject; // 비즈니스 로직에서 처리한 결과를 돌려준다.
    }
}
```

스프링 배치에서는 ItemReader나 ItemWriter를 구현한 다양한 구현 클래스를 제공하는데, 만약 일반적이지 않은 특수한 형식의 파일을 입출력해야 한다면 개발자가 직접 ItemReader와 ItemWriter를 구현해야 한다. 이때 파일을 입출력하는 과정에서 open이나 close와 같이 초기화를 하거나 자원을 반납하는 처리가 필요한데 ItemStream 인터페이스를 구현하거나 ItemStreamReader, ItemStreamWriter를 구현하면 된다. ItemStream 인터페이스에는 초기화나 자원 반납을 해주기 위해 open과 close와 같은 메서드가 준비돼 있고, 스프링 배치가 스텝을 시작하고 종료할 때 호출하게 된다.

표 15.10 ItemReader, ItemProcessor, ItemWriter의 주요 구현 클래스

| 인터페이스 | 구현 클래스 | 설명 |
| --- | --- | --- |
| ItemReader | FlatFileItemReader | CSV 파일과 같은 비정형 파일을 읽을 때 사용한다. Resource 객체를 입력으로 사용하고, 객체와의 매핑 규칙이나 데이터 구분자를 커스터마이징할 수 있다. |
| | StaxEventItemReader | StAX를 기반으로 한 XML 파일을 읽을 때 사용한다. |
| | JdbcPagingItemReader JdbcCursorItemReader | JDBC를 통해 SQL을 실행해 데이터베이스의 레코드 정보를 읽는다. 데이터베이스에서 많은 양의 데이터를 조회할 때는 모든 데이터를 메모리에 읽어오지 않고 필요한 만큼 데이터를 분할해서 가져오고 버리는 과정을 반복하게 된다. JdbcPagingItemReader는 JdbcTemplate을 사용하기 때문에 SQL을 페이지마다 실행하는 방식으로 데이터를 가져온다. JdbcCursorItemReader는 JDBC의 커서를 사용하기 때문에 SQL을 한 번만 실행하는 방식으로 데이터를 가져온다. |
| | JpaPagingItemReader HibernatePagingItemReader HibernateCursorItemReader | JPA 구현체나 하이버네이트를 연계해서 데이터베이스의 레코드 정보를 읽는다. iBATIS(현 마이바티스)와 연계된 구현 클래스도 있었으나 현재는 iBATIS 연계 기능 사용을 더 이상 권장하지 않는다(deprecated). 대신 마이바티스가 제공하는 스프링 연계 라이브러리인 MyBatis-Spring에 org.mybatis.spring.batch.MyBatisPagingItemReader가 제공된다. |
| | JmsItemReader AmqpItemReader | JMS나 AMQP에서 메시지를 수신한 후, 그 안에 담긴 데이터를 읽는다. |
| ItemProcessor | PassThroughItemProcessor | 아무것도 하지 않는다. 입력 데이터의 가공이 필요하지 않을 때 사용한다. |
| | ValidatingItemProcessor | 입력값 검증을 한다. 스프링 배치에서 제공하는 org.springframework.batch.item.validator.Validator를 구현하면 되나 스프링에서 범용으로 제공하는 org.springframework.validation.Validator의 어댑터인 SpringValidator를 사용해도 된다. 이 어댑터를 사용하면 org.springframework.validation.Validator의 검증 규칙을 사용할 수 있다. |
| | CompositeItemProcessor | 같은 입력 데이터를 사용해 여러 개의 ItemProcessor를 순차적으로 실행한다. 예를 들어, ValidatingItemProcessor를 이용한 입력값 검증 후에 비즈니스 로직을 실행할 때 사용할 수 있다. |

| 인터페이스 | 구현 클래스 | 설명 |
| --- | --- | --- |
| ItemWriter | FlatFileItemWriter | 배치 처리가 끝난 자바 객체를 CSV 파일과 같은 비정형 파일에 기록한다. 객체를 파일로 기록하기 위한 규칙이나 데이터의 구분자 등을 커스터마이징할 수 있다. |
| | StaxEventItemWriter | 배치 처리가 끝난 자바 객체를 XML 파일에 기록한다. |
| | JdbcBatchItemWriter | JDBC를 통해 SQL을 실행해 배치 처리가 끝난 자바 객체를 데이터베이스에 기록한다. 내부적으로는 JdbcTemplate을 사용한다. |
| | JpaPagingItemWriter HibernatePagingItemWriter HibernateCursorItemWriter | JPA 구현체나 하이버네이트를 연계해서 배치 처리가 끝난 자바 객체를 데이터베이스에 기록한다. |
| | JmsItemWriter AmqpItemWriter | 배치 처리가 끝난 자바 객체를 JMS나 AMQP 메시지 형태로 송신한다. |

한편 ItemStream에는 StepExecution의 ExecutionContext에 접근할 수 있는 메서드가 제공되어 앞서 실행된 배치 처리에서 마지막 데이터의 위치를 알 수 있다. 결과적으로 이 정보를 활용하면 마지막에 사용된 데이터까지는 작업을 생략하는 재처리 기능을 구현할 수 있다. 참고로 ExecutionContext는 open, close 외에도 하나의 청크 처리가 완료될 때마다 호출되는 update 메서드 안에서도 사용할 수 있다.

▶ ItemStreamReader를 구현한 예

```
public class MyItemStreamReader implements ItemStreamReader<MyInputObject> {
    @Override
    public void open(ExecutionContext executionContext) throws ItemStreamException {
        // 스텝 처리를 시작하기 전에 호출된다.
        // 자원의 초기화 작업 등을 여기서 한다.
    }

    @Override
    public void update(ExecutionContext executionContext)
            throws ItemStreamException {
        // 하나의 청크 처리가 끝날 때마다 호출된다.
        // executionContext의 갱신 등을 여기서 한다.
    }

    @Override
    public void close() throws ItemStreamException {
        // 스텝 처리가 종료될 때 종료 시에 호출된다.
        // 자원의 반환 작업 등을 여기서 한다.
```

```
    }

    @Override
    public MyInputObject read() throws Exception, UnexpectedInputException,
            ParseException, NonTransientResourceException {
        // 데이터 읽기 처리를 여기서 한다.
        return readObject; // 읽은 데이터를 반환한다.
    }
}
```

■ 태스크릿 방식

앞서 설명한 청크 방식은 여러 건의 입력 데이터를 하나씩 읽어 일련의 비즈니스 로직을 처리하도록 돼 있어 배치 애플리케이션의 구조로 적합하다. 다만 경우에 따라서는 청크 방식의 처리가 잘 맞지 않는 경우도 있는데, 예를 들어 시스템 명령을 실행한다거나 테이블 레코드를 한 건만 변경하는 것과 같은 경우에는 청크 방식이 가져다주는 성능적인 장점은 얻지 못하고 오히려 복잡한 설계로 인한 단점이 더 커질 수 있다. 이러한 경우에는 청크 방식이 아닌 태스크릿 방식을 쓰는 것이 합리적이다.

태스크릿 방식을 사용할 때는 시스템 명령을 실행하기 위한 SystemCommandTasklet이나 POJO 클래 스의 특정 메서드를 실행하는 MethodInvokingTaskletAdapter 같이 스프링 배치가 제공하는 태스크 릿 구현 클래스를 활용한다. 스프링 배치가 제공하는 Tasklet 인터페이스를 개발자가 직접 구현할 수 도 있는데 만약 업무 로직을 구현할 때 스프링 배치에 대한 의존성을 최소한으로 제한하고 싶다면 직접 구현하기보다는 이미 제공되는 구현 클래스를 활용하는 편이 더 유리할 수 있다(표 15.11).

표 15.11 태스크릿의 주요 구현 클래스

| 클래스명 | 설명 |
| --- | --- |
| SystemCommandTasklet | 비동기 방식으로 시스템 명령을 실행하기 위한 태스크릿이다. command 프로퍼티에 실행하고 싶은 명령을 지정하면 된다. 시스템 명령은 배치가 실행된 스레드와 독립된 별도의 스레드에서 실행되기 때문에 타임아웃을 설정하거나 처리 중인 시스템 명령의 스레드를 취소할 수도 있다. |
| MethodInvokingTaskletAdapter | POJO 클래스의 특정 메서드를 실행하기 위한 태스크릿이다. targetMethod 프로퍼티에 실행하고 싶은 메서드명을 지정하면 된다. POJO 클래스는 배치 처리에 대한 종료 상태를 메서드의 반환값으로 반환할 수 있는데, 이때 뒤에 설명할 ExitStatus를 반환값으로 지정해야 한다. 다른 유형의 반환값을 돌려주는 경우에는 상태와 상관없이 무조건 정상적으로 종료(ExitStatus.COMPLETE)한 것으로 간주된다. |

**COLUMN**

### 스프링 배치 고유의 빈 스코프

스프링 배치에는 스프링 배치만의 고유한 빈 스코프가 있는데, 바로 step 스코프와 job 스코프다. 각각 스텝과 잡으로 생명주기가 제한되는 싱글턴 빈으로 돼 있다. 예를 들어, ItemReader, ItemProcessor, ItemWriter의 구현체는 읽거나 쓰고 있는 파일과 같은 자원 상태를 유지하고 있기 때문에 같은 빈을 여러 스텝에서 공유할 경우 의도치 않은 오동작을 유발할 수 있다. 그래서 step 스코프로 빈을 정의하면 서로 다른 스텝에서는 각각 새로운 빈으로 만들어지기 때문에 서로 간섭 없이 안전하게 상태를 유지하는 빈을 다룰 수 있게 된다. 자바 기반 설정 방식으로 설정할 때는 @StepScope나 @JobScope를 사용하면 된다.

한편 이러한 스코프를 활용하면 잡이나 스텝의 속성 정보를 바인딩하는 시점을 지연(delay)시킬 수 있다. 이를 지연된 바인딩(late binding)이라고 하는데, SpEL을 사용해 빈의 프로퍼티 값을 런타임에 정할 수 있게 된다. 예를 들면, JobParameter에 포함된 파일 경로를 FlatFileItemReader의 빈 정의 프로퍼티에 지정하는 것이 가능하다.

▶ step 스코프인 빈에 지연된 바인딩을 사용한 예

```
<bean id="flatFileItemReader" scope="step"
    class="org.springframework.batch.item.file.FlatFileItemReader">
    <property name="resource" value="#{jobParameters['input.file.name']}" />
</bean>
```

지연된 바인딩에 대한 자세한 내용은 다음을 참고하자.

· https://docs.spring.io/spring-batch/reference/html/configureStep.html#late-binding

## 15.3.4. 트랜잭션 관리

스프링에서 트랜잭션을 관리하는 기능으로 PlatformTransactionManager나 Transaction Template을 사용했는데 스프링 배치에서 트랜잭션 관리를 할 때도 이 기능을 활용한다(그림 15.7). 다만 스프링 배치 자체적으로 트랜잭션 관리를 하기 때문에 온라인 애플리케이션과 같이 기능 구현을 한 애플리케이션 측에서 트랜잭션을 선언하거나 제어할 필요는 없다. 특히 청크 방식으로 처리하는 경우에는 하나의 청크에 대한 일련의 처리 작업이 하나의 트랜잭션에 묶이기 때문에 청크 처리 메커니즘을 제공하는 스프링 배치가 트랜잭션 관리를 책임지게 된다.

스프링 배치에서는 기본적으로 Tasklet이나 ItemReader, ItemProcessor, ItemWriter의 구현 클래스에서 임의의 예외가 발생할 경우 트랜잭션을 롤백하게 돼 있다. 물론 앞서 살펴본 것처럼 예외가 발생하더라도 건너뛰도록 설정했다면 롤백은 되지 않는다.

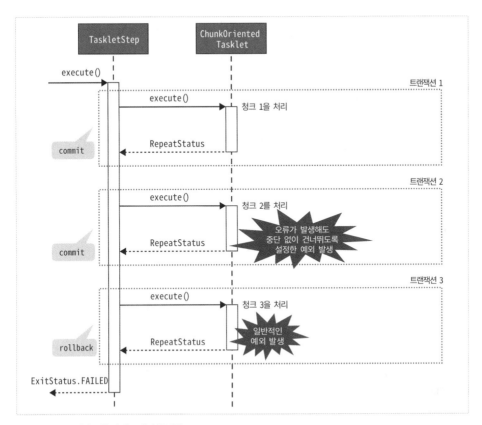

그림 15.7 청크 처리를 할 때의 트랜잭션 범위

## 15.3.5. 배치 처리 결과 출력

배치 애플리케이션은 웹 애플리케이션과 달리 처리 결과를 화면에 표시할 수 없다. 그래서 로그나 자바 프로세스의 종료 코드를 통해 실행 결과의 성공 여부를 판단해야 한다. 스프링 배치에서는 애플리케이션 안에서 발생한 예외나 비즈니스 로직이 리턴한 처리 결과를 JobExecution이나 StepExecution에 등록해서 최종적으로 반환할 실행 결과를 결정할 때 사용한다. 구체적으로 살펴보면 배치의 처리 결과와 예외에 대한 스택 트레이스 정보가 ExitStatus에 등록되고, 이것이 JobExecution이나 StepExecution 안에서 관리되는 형태가 된다.

### ■ 애플리케이션 안에서 발생한 예외를 이용한 실행 결과 결정

Step의 구현 클래스에서는 애플리케이션 안에서 발생한 예외를 감지해야 한다. 만약 예외가 발생하지 않았다면 정상 종료를 의미하는 COMPLETED를, 예외가 발생했다면 비정상 종료를 의미하는 FAILED와 예외에 대한 스택 트레이스 정보를 StepExecution의 ExitStatus에 넣는다. 이때 ExitStatus에 담긴 스택 트레이스 정보는 스프링 배치에서 확인할 수 있는데, 영속성이 유지되는 JobExecution이나 StepExecution의 ExitStatus 안에서도 확인할 수 있다.

▶ 청크 방식을 사용할 때의 ItemProcessor에서 실행 결과를 처리한 예

```java
public class MyItemProcessor
        implements ItemProcessor<MyInputObject, MyOutputObject> {
    @Override
    public MyOutputObject process(MyInputObject item) throws Exception {
        // 생략

        // 데이터 상태가 기대한 것과 다를 경우
        throw new IllegalStateException("data is incorrect: " + item);

        // 생략
    }
}
```

## ■ 비즈니스 로직의 반환값을 이용한 실행 결과 결정

태스크릿 방식에서는 비즈니스 로직의 반환값으로 처리 결과의 성공 여부를 결정할 수 있다. 예를 들어, 정상적으로 종료된 경우에는 COMPLETED를, 비정상적으로 종료한 경우에는 FAILED를 ExitStatus에 담는다. 이렇게 설정된 ExitStatus를 반환하면 그 내용이 StepExcecution 안에 있는 ExitStatus에 반영된다.

▶ 태스크릿 방식을 사용할 때의 비즈니스 로직에서 실행 결과를 처리한 예

```java
public class MyService {
    public ExitStatus execute() {
        // 생략

        // 비정상적으로 종료시킬 경우
        return ExitStatus.FAILED;

        // 정상적으로 종료시킬 경우
        return ExitStatus.COMPLETED;
    }
}
```

CommandLineJobRunner를 사용해 배치 처리를 명령어를 통해 실행하고 있는 경우, ExitStatus는 자바 프로세스의 종료 코드로 변환된다. 종료 코드로 변환하는 기본 규칙은 SimpleJvmExitCodeMapper

에 정의돼 있는데(표 15.12) 만약 독자적인 종료 코드를 사용하고 싶다면 ExitCodeMapper 인터페이스를 직접 구현하면 된다.

표 15.12 ExitStatus와 종료 코드 간의 기본 변환 규칙

| ExitStatus명 | 변환 후의 종료 코드 | 의미 |
| --- | --- | --- |
| COMPLETED | 0 | 정상 종료 |
| FAILED | 1 | 비정상 종료 |
| JOB_NOT_PROVIDED<br>NO_SUCH_JOB | 2 | 비정상 종료 |
| 그 밖의 이름 | 1 | 비정상 종료 |

ExitStatus에는 미리 정의된 ExitStatus.COMPLETED나 ExitStatus.FAILED 외에도 임의의 이름으로 ExitStatus를 반환해도 된다. 임의의 이름에 맞게 종료 코드를 변환하게 해두면 나중에 후속 처리를 위한 선택 기준으로 활용하거나 작업을 계속할지 또는 중단할지 결정하는 것처럼 더욱 유연하게 제어하도록 만들 수 있다.

## 15.3.6. 여러 개의 스텝에서 흐름 제어하기

잡 안에서는 여러 개의 스텝을 실행할 수 있고 스텝 간의 실행 순서나 조건을 조정할 수 있다. 배치 처리를 여러 개의 스텝으로 분할해서 구현하면 복잡한 비즈니스 로직을 단순화해서 유지보수를 쉽게 할 수 있다거나 재사용성을 높이는 데 도움되기도 한다. 만약 잡 스케줄러를 사용하고 있다면 잡 스케줄러 측의 관리를 더욱 용이하게 할 수 있을뿐더러 자바 프로세스의 구동을 줄여주기 때문에 리소스 사용량도 줄어드는 효과가 있다.

여러 스텝의 실행 순서를 정의하는 것은 잡 설정에서 할 수 있는데 스프링 배치에서는 다음과 같은 기능을 제공한다.

- **순차적 실행**
  여러 개의 스텝을 지정한 순서대로 실행한다. 순서상 앞에 있는 스텝의 처리가 정상적으로 처리되어 종료되면 뒤의 스텝이 실행되는 방식이다. 만약 스텝이 비정상적으로 종료되는 경우, 뒤의 스텝은 실행되지 않고 잡이 종료된다.

- **조건부 실행**
  스텝의 ExitStatus를 보고 조건에 따라 다음에 실행할 스텝을 선택하는 것과 같이 조건 분기 방식으로 처리할 수 있다.

- **잡의 종료**

    잡이 종료됐음을 명시적으로 지정할 수 있다. 만약 잡이 종료한 것을 명시적으로 지정하지 않더라도 더는 실행할 스텝이 없
    는 경우에는 잡이 종료된다.

그림 15.8과 이후의 설정 내용은 여러 스텝을 연속해서 실행하는 것을 예로 든 것이다.

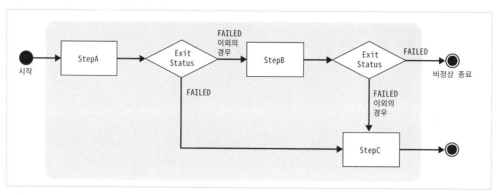

그림 15.8 스텝의 실행 흐름을 ExitStatus를 사용해 조건 분기한 예

▶ XML 기반 설정 방식으로 빈을 정의한 예

```
<batch:job id="job">
    <batch:step id="stepA" parent="s1">
        <batch:next on="*" to="stepB" />
        <batch:next on="FAILED" to="stepC" />
    </batch:step>
    <batch:step id="stepB" parent="s2">
        <batch:next on="*" to="stepC" />
        <batch:fail on="FAILED" /> <!-- 비정상적으로 종료할 것을 명시적으로 정의 -->
    </batch:step>
    <batch:step id="stepC" parent="s3" />
</batch:job>
```

## 15.3.7. 병렬 처리

일반적으로 대량의 데이터에 대한 배치 처리를 할 때는 시간당 처리량을 향상시키기 위해 처리 대상이
되는 데이터를 분할한 다음, 멀티 프로세스 혹은 멀티 스레드 방식으로 병렬 처리를 한다. 스프링 배치
에서는 스텝을 멀티 스레드 방식으로 병렬 처리하기 위한 기능을 제공하며, 스플릿(split) 방식과 파티
션(partition) 방식의 두 가지 방법 중에서 선택할 수 있다(그림 15.9).

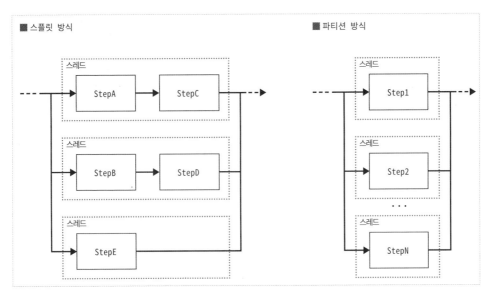

그림 15.9 스플릿 방식과 파티션 방식

## ■ 스플릿 방식

스플릿 방식은 병렬 처리를 할 스텝을 하나하나 세부적으로 설정해야 할 때 사용한다. 예를 들어, 그림 15.14의 StepA-StepC, StepB-StepD, StepE와 같이 병렬 처리할 각 스레드마다 서로 다른 스텝을 지정하거나, 하나의 스레드 안에서 여러 개의 스텝을 연속으로 실행하도록 만들 수 있다. 이처럼 병렬 처리할 스텝을 세부적으로 지정할 수 있는 장점이 있는 반면, 병렬 처리할 개수가 많아지거나 가변적으로 변경되는 정도가 심할 경우 스레드 개수를 조정하거나 비정상적으로 종료될 때의 처리가 어려워지는 단점도 있다. 그래서 어떤 처리를 하는 도중에 별도로 독립된 처리를 해야 하는 경우가 있다면 스플릿 방식이 적합하다. 한편 이 방식에서는 어느 한 스레드에서 비정상적인 종료가 발생하는 경우 다른 스레드에서 실행되는 스텝의 실행에는 영향을 주지 않는 반면, 병렬 처리가 끝난 이후의 스텝은 실행되지 않고 잡은 비정상적으로 종료하게 된다.

▶ XML 기반 설정 방식으로 빈을 정의한 예

```xml
<bean id="taskExecutor" class="org.springframework.core.task.SimpleAsyncTaskExecutor" />


<batch:job id="job">
    <batch:split id="split1" task-executor="taskExecutor" next="stepA">
        <batch:flow>
            <batch:step id="stepA" parent="s1" next="stepC" />
            <batch:step id="stepC" parent="s3" />
```

```
        </batch:flow>
        <batch:flow>
            <batch:step id="stepB" parent="s2" next="stepD" />
            <batch:step id="stepD" parent="s4" />
        </batch:flow>
        <batch:flow>
            <batch:step id="stepE" parent="s5" />
        </batch:flow>
    </batch:split>
</batch:job>
```

## ■ 파티션 방식

파티션 방식은 특정한 하나의 스텝을 병렬 처리할 때 사용한다. 스플릿 방식처럼 병렬 처리할 스텝을 스레드마다 따로따로 지정하지는 못하는 대신, 병렬 처리할 개수는 grid-size 속성으로 자유롭게 조정할 수 있다. 그래서 대량의 데이터를 분할해서 병렬 처리를 해야 하는 경우라면 파티션 방식이 적합하다. 스플릿 방식과 비슷하게 어느 한 스레드가 스텝에서 비정상적으로 종료되더라도 다른 스레드에서 실행되는 스텝에는 영향을 주지 않는다. 다만 병렬 처리가 끝난 후의 스텝은 실행되지 않고 잡은 비정상적으로 종료하게 된다.

▶ XML 기반 설정 방식으로 빈을 정의한 예

```
<bean id="taskExecutor" class="org.springframework.core.task.SimpleAsyncTaskExecutor" />
<bean id="partitioner"
    class="org.springframework.batch.core.partition.support.SimplePartitioner" />

<batch:job id="job">
    <batch:step id="step1.master">
        <batch:partition step="step1" partitioner="partitioner">
            <batch:handler grid-size="10" task-executor="taskExecutor" />
        </batch:partition>
    </batch:step>
</batch:job>
```

한편 병렬 처리할 스텝이 모두 같은 내용을 처리하게 되면 스텝끼리 같은 데이터를 처리하게 되기 때문에 의도하지 않은 오동작이 발생할 수 있다. 그래서 각 스텝에 대해 처리할 대상 데이터를 분할해줄 필요가 있는데 Partitioner 인터페이스를 사용하면 병렬 처리할 각 스텝에 실행 시 사용할 수 있는 고유한 이름을 할당할 수 있거나, StepExecution에 등록할 ExecutionContext를 스레드별로 따로 만드는 것이 가능하다. 예를 들면, 고유 번호를 채번해서 ExecutionContext에 설정하는 Partitioner 구현 클래스를 만든 다음, `ItemReader`에서 해당 고유 번호를 포함한 SQL을 실행하는 것처럼 각 스레드의 스텝에 대해 입력 데이터가 중복되지 않게 만들 수 있다.

▶ Partitioner 구현 예

```java
public class MyPartitioner implements Partitioner {
    public static final String PARTITION_NO_PROPERTY = "partitionNo";
    private static final String PARTITION_KEY = "partition";

    @Override
    public Map<String, ExecutionContext> partition(int gridSize) {
        Map<String, ExecutionContext> map = new HashMap<String, ExecutionContext>();
        for (int i = 0; i < gridSize; ++i) {
            ExecutionContext executionContext = new ExecutionContext();
            // ExecutionContext에 파티션 번호를 설정
            executionContext.putInt(PARTITION_NO_PROPERTY, i);
            map.put(PARTITION_KEY + i, executionContext);
        }
        return map;
    }
}
```

병렬 처리를 할 때는 둘 중 어떤 방식을 사용하느냐와 상관없이 주의할 점이 있다. 그것은 멀티 스레드 환경에서 같은 스텝이 병렬 처리될 경우 `ItemReader` 같은 스텝 안에 포함되는 구성 요소가 스레드에 안전한지, 스텝 스코프 안에 있는 빈인지 반드시 확인해야 한다는 점이다. 이런 점만 유의하면 배치 처리를 더욱 효과적이고 안전하게 수행할 수 있다.

# 로컬 개발 환경의 구성

부록에서는 로컬 개발 환경의 구성 방법을 설명한다. 애플리케이션 개발에 필요한 소프트웨어를 설치하고 각종 설정을 한 후, 간단한 웹 애플리케이션 하나를 실행해볼 것이다. 참고로 이 책에서는 로컬 개발 환경을 PC에 윈도우 운영체제를 사용한다고 가정한다. 맥 OS X 운영체제를 사용하는 경우에도 큰 차이는 없으니 본 내용을 참고하면 개발 환경을 구성하는 데 큰 어려움은 없을 것이다.[1]

## A.1 로컬 개발 환경을 위한 프로젝트 구성

로컬 PC에서 웹 애플리케이션을 개발하기 위한 프로젝트를 구성해보자. 여기서는 스프링이 제공하는 통합 개발 환경, 즉 IDE(Integrated Development Environment)인 STS(Spring Tool Suite)를 사용한다고 가정한다.

STS는 스프링을 사용한 웹 애플리케이션을 더욱 쉽게 개발할 수 있도록 각종 플러그인과 톰캣을 기반으로 한 tc 서버라는 애플리케이션 서버[2]를 내장하고 있다. 그래서 STS만 설치하면 그 즉시 스프링 기반의 웹 애플리케이션을 개발할 수 있다.

### A.1.1. IDE 설치 및 설정

이제 IDE로 사용할 STS를 설치 및 설정하는 방법을 알아보자. 로컬 PC에는 JDK 8 버전이 이미 설치돼 있다고 가정한다.

#### ▪ STS 다운로드

STS 다운로드 사이트[3]에서 최신 버전을 내려받는다. 참고로 이 책을 번역하는 시점의 최신 버전은 3.9.0.RELEASE다.

---

1   (옮긴이) 실행 가능한 소스코드를 깃허브에 올려뒀으니 참고하자.
    https://github.com/wikibook/introducing-spring-framework/tree/master/kr/15-appendix/a1
2   (옮긴이) 엄밀히 말하자면 톰캣은 JSP나 서블릿은 처리하되 EJB는 처리하지 않는다고 해서 웹 애플리케이션 서버(WAS: Web Application Server)라고 부르는 대신 JSP/
    서블릿 컨테이너라고 부르기도 했다. 다만 스프링이 기존의 EJB 역할을 상당 부분 대체함으로써 EJB의 처리 가능 여부는 큰 의미가 없어졌고, 그 결과 웹 애플리케이션 서
    버로 부르더라도 큰 무리가 없게 됐다.
3   https://spring.io/tools/sts/all

## ■ STS 설치

내려받은 파일은 압축 파일 형태로 돼 있어서 압축을 풀면 바로 실행 가능한 형태가 된다. 그래서 압축 파일을 푼 경로가 곧 설치 경로가 된다. 이후부터는 편의상 압축을 해제한 경로를 ${STS_INSTALL_DIR}이라고 표기한다.

압축을 해제한 경로가 너무 깊숙한 디렉터리 구조를 띠고 있으면 경로의 길이 제약으로 인해 압축이 제대로 풀리지 않을 수 있다. 만약 압축을 풀다가 실패했다면 디렉터리 구조가 깊지 않은 곳으로 위치를 옮겨야 한다.

## ■ STS 실행

${STS_INSTALL_DIR}\sts-bundle\sts-3.9.0.RELEASE\STS.exe를 실행한다. 잠시 후, 개발에 필요한 작업 공간인 워크스페이스(workspace)를 선택하는 대화창이 표시되는데 필요하다면 원하는 경로로 변경하고 별다른 이유가 없다면 기본값으로 유지한 상태에서 [OK] 버튼을 클릭한다.

워크스페이스 디렉터리를 변경하고 싶다면 앞서 표시된 대화창(Eclipse Launcher)에서 원하는 디렉터리를 지정하면 된다.[4] 기본 상태에서는 STS를 실행할 때마다 이 대화창이 표시되는데, 매번 재확인하는 것이 귀찮다면 대화창의 [Use this as the default and do not ask again] 옵션을 활성화해서 다시 묻지 않게 만들 수 있다.

다만 나중에 다시 이 대화창이 표시되게 하고 싶다면 STS를 실행한 후 [Window] 메뉴에서 [Preferences] → [General] → [Startup and Shutdown] → [Workspaces]를 선택하고 [Prompt for workspace on startup]을 활성화하면 다음에 실행할 때 [Eclipse Launcher] 대화창을 다시 볼 수 있다.

STS가 문제없이 실행되면 다음과 같은 창이 표시될 것이다(그림 A.1).

---

**4**    (옮긴이) STS 3.7 버전 이전까지는 'Workspace Launcher'라고 표시된다.

그림 A.1 STS가 실행된 모습

## ■ STS의 네트워크 관련 설정

인터넷에 연결할 때 프락시를 경유해야 하는 환경이라면 STS의 환경 설정에도 프락시 정보를 설정해야
한다. STS의 [Window] 메뉴에서 [Preferences] → [General] → [Network Connections]를 선택한
다음, [Active Provider], [Proxy entries], [Proxy bypass] 항목을 자신의 프락시 환경에 맞게 설정
한다.

## ■ 메이븐의 네트워크 관련 설정

역시 위와 같이 프락시를 경유해야 하는 환경이라면 메이븐의 환경 설정에도 프락시 정보를 설정해야
한다. 윈도우 운영체제의 사용자 홈 디렉터리 아래에 '.m2' 디렉터리를 만들고 그 안에 'settings.xml'
이라는 파일도 만든다. 파일의 내용은 다음 내용을 참고해서 설정하면 된다.[5]

---

**5**  (옮긴이) 윈도우의 탐색기에서는 사용자 디렉터리 아래에 '.m2' 디렉터리를 생성하지 못할 수 있다. 이 경우에는 윈도우의 [시작] → [모든 프로그램] → [보조 프로그램] →
[명령 프롬프트]를 실행한 후, 사용자 디렉터리 아래에서 'mkdir .m2' 명령어로 생성하면 된다. 한편 탐색기에서 [새로 만들기] → [텍스트 문서]로 settings.xml을 만들게
되면 실제로 파일명이 'settings.xml.txt'로 만들어질 수 있다. 이 경우에는 탐색기 메뉴 → [구성] → [폴더 및 검색 옵션] → [폴더 옵션] → [보기] → [알려진 파일 형식의
파일 확장명 숨기기]의 옵션을 비활성화해서 확장자가 보이도록 만든 다음 확장자가 '.xml'이 되도록 파일명을 수정해야 한다.

▶ settings.xml의 예

```
<settings>
    <proxies>
        <proxy>
            <active>true</active>
            <protocol>http</protocol> ———————————————————————❶
            <host>proxy.example.com</host> ————————————————❷
            <port>8080</port> ———————————————————————————❸
            <username>username</username> —————————————————❹
            <password>password</password> —————————————————❺
            <nonProxyHosts>*.example.com</nonProxyHosts> ——❻
        </proxy>
    </proxies>
</settings>
```

❶ 프락시 서버로 접속하기 위한 프로토콜을 지정한다.

❷ 프락시 서버의 호스트명이나 IP 주소를 지정한다.

❸ 프락시 서버의 포트 번호를 지정한다.

❹ 사용자 인증이 필요한 프락시 서버인 경우 사용자 ID를 지정한다.

❺ 사용자 인증이 필요한 프락시 서버인 경우 사용자 패스워드를 지정한다.

❻ 프락시를 사용하는 네트워크 환경이지만 프락시를 거치지 않고 예외 처리돼야 하는 호스트가 있다면 해당 호스트의 이름을 직접 열거하거나 호스트 이름의 패턴을 지정한다.

패스워드는 평문으로 넣어도 상관없지만 메이븐의 암호화 기법을 활용하길 권장한다. 자세한 내용은 다음 공식 문서를 참고하자.

https://maven.apache.org/guides/mini/guide-encryption.html

## ■ JRE 설정

STS의 [Window] 메뉴에서 [Preferences] → [Java] → [Installed JREs]를 선택한 다음, 기본 설정된 JRE가 Java SE 8로 돼 있는지 확인한다(그림 A.2).

JRE가 Java SE 8으로 설정돼 있지 않은 경우 우측의 [Search......] 버튼을 클릭한 다음, 표시되는 대화창에서 미리 설치해 둔 JDK 8의 설치 디렉터리를 선택한다.

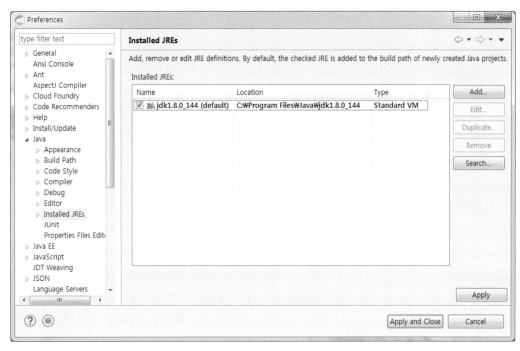

그림 A.2 JRE 설정

## ■ 워크스페이스의 파일 인코딩 방식 설정

STS의 [Window] 메뉴에서 [Preferences] → [General] → [Workspace]를 선택한 다음, [Text file encoding]에 기본 설정된 문자 코드가 자신이 의도한 문자 코드인지 확인한다. 만약 문자 코드를 바꾸고 싶다면 아래의 [Other] 라디오 버튼을 클릭한 다음, 표시되는 목록에서 원하는 문자 코드를 선택한다.

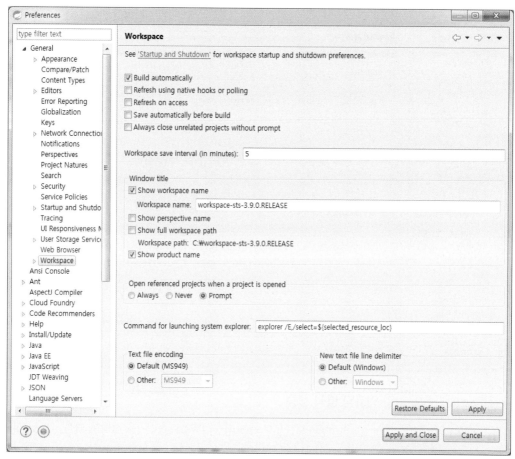

그림 A.3 워크스페이스의 파일 인코딩 방식 설정

## ■ 컨텐트(파일)별 인코딩 방식 설정

STS의 [Window] 메뉴에서 [Preferences] → [General] → [Content Types]를 선택한 다음, 각 파일에 대한 [Default encoding] 값이 자신이 의도한 문자 코드인지 확인한다. 만약 문자 코드를 바꾸고 싶다면 [Default encoding]란에 자신이 원하는 문자 코드를 입력한 다음, [Update] 버튼을 클릭한다(그림 A.4). 참고로 JSP는 기본 설정이 'ISO-8859-1'이기 때문에 한국 사용자를 위한 웹 애플리케이션을 개발한다면 한글을 지원하는 문자 코드로 변경해야 한다.[6]

---

**6** (옮긴이) 국내에 웹 애플리케이션이 개발되던 초창기에는 EUC-KR로 설정해서 쓰는 경우가 있었으나 기타 다른 소프트웨어의 UTF-8 지원이 확산됨에 따라 현재는 특별한 이유가 없는 한 대부분의 경우에 UTF-8을 사용한다. 수정한 후에는 반드시 우측의 [Update] 버튼을 누른 후, 설정 창을 닫아야 적용이 된다.

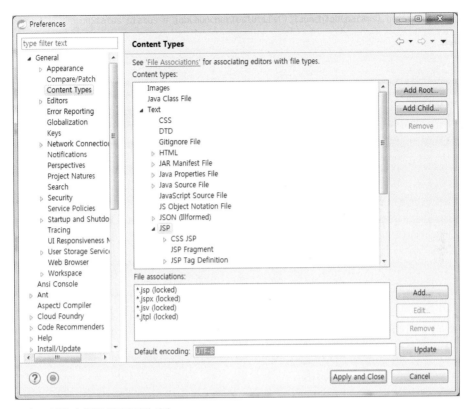

그림 A.4 컨텐트(파일)별 인코딩 방식 설정

## A.1.2. 프로젝트 생성

### ■ 메이븐 프로젝트 생성

STS의 [File] 메뉴에서 [New] → [Maven Project]를 선택해 [New Maven Project] 대화창을 표시한다(그림 A.5).

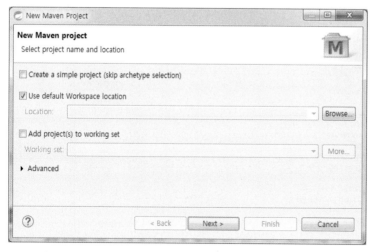

그림 A.5 [New Maven Project] 대화창(1/3)

다음으로 [Next] 버튼을 클릭해 [New Maven Project – Select an Archetype] 대화창을 연다(그림 A.6). 이후 아크타입(archetype)[7]을 선택해야 하는데, 그룹 ID(Group Id)로는 'org.apache.maven.archetypes'를, 아티팩트 ID(Artifact Id)[8]로는 'maven-archetype-webapp'을, 버전(Version)으로는 '1.0'을 선택한 다음 [Next] 버튼을 클릭한다.

---

7    (옮긴이) 아크타입은 일종의 애플리케이션을 개발하기 위한 기본 골격이나 일종의 템플릿과 같은 것으로서 애플리케이션의 유형에 따라 미리 만들어진 다양한 아크타입이 제공된다.

8    (옮긴이) 메이븐을 사용할 때 만들어지는 최종 산출물에 해당하며, 압축 파일과 같이 아카이빙되는 것이 일반적이다. 애플리케이션의 유형에 따라 다양한 형태로 만들 수 있는데, ear, war, jar 등 여러 아카이브 형식이 있으며, 오픈소스 프로젝트인 경우 jar 형태로 만들어져 메이븐 리포지토리를 통해 의존 라이브러리로 활용되기도 한다.

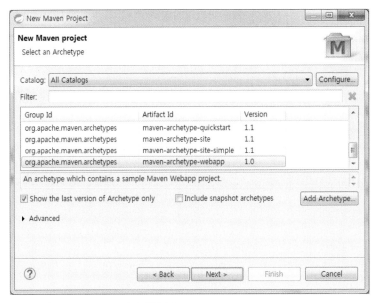

그림 A.6 [New Maven Project] 대화창(2/3)

이번에는 [New Maven Project – Specify Archetype parameters] 대화창이 표시되는데(그림 A.7) [Group Id], [Archetype Id], [Version], [Package] 각각에 애플리케이션 개발자의 소속, 최종 산출물에 대한 고유한 식별자, 버전, 개발할 애플리케이션이 사용할 네임스페이스를 자바 패키지 형태로 지정한다. 여기까지 진행했다면 [Finish] 버튼을 클릭한다.

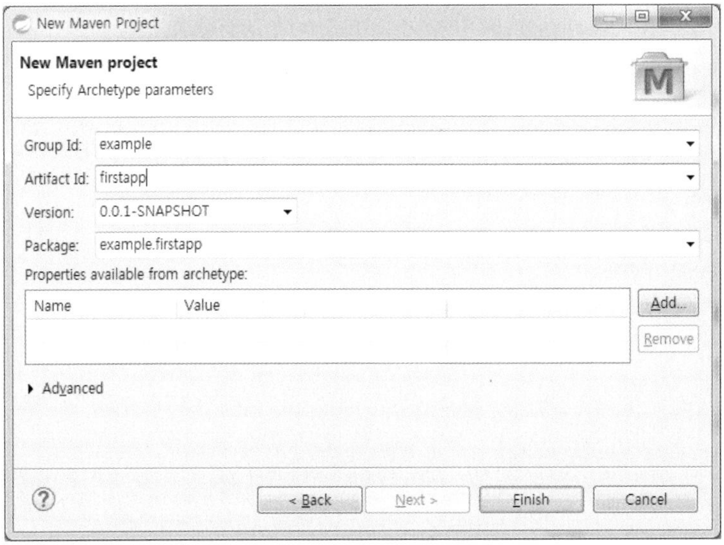

그림 A.7 [New Maven Project] 대화창(3/3)

지정한 아크타입 형태로 메이븐 프로젝트가 만들어지고 나면 STS의 패키지 익스플러러(Package Explorer)에서 다음과 같은 디렉터리 구조를 확인할 수 있다(그림 A.8). 이때 'src/main/webapp/index.jsp' 파일에 오류가 있다고 표시되는데 이것은 JSP가 필요로 하는 라이브러리가 없어서 나는 것으로서 잠시 후에 조치하겠다.

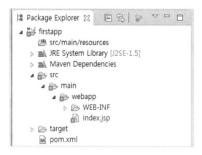

그림 A.8 메이븐 프로젝트가 구성된 형태

### ■ pom.xml 수정

이 애플리케이션이 사용할 각종 의존 라이브러리의 버전을 스프링 IO 플랫폼(Spring IO Platform)을 사용해서 관리해보자. 메이븐 프로젝트가 구성될 때 만들어진 pom.xml 파일을 다음과 같이 편집한다.[9]

▶ pom.xml 설정

```
<project xmlns="http://maven.apache.org/POM/4.0.0" xmlns:xsi="http://www.w3.org/2001/XMLSchema-instance"
    xsi:schemaLocation="http://maven.apache.org/POM/4.0.0 http://maven.apache.org/maven-v4_0_0.xsd">
    <modelVersion>4.0.0</modelVersion>
    <groupId>example</groupId>
    <artifactId>firstapp</artifactId>
    <packaging>war</packaging>
    <version>0.0.1-SNAPSHOT</version>
    <name>firstapp Maven Webapp</name>
    <url>http://maven.apache.org</url>
```

---

9  (옮긴이) STS에서 pom.xml을 더블클릭하면 이 예와 같이 pom.xml의 내용이 편집기 형태로 보이지 않고 설정 화면처럼 보일 수 있다. 이것은 pom.xml 파일을 열기 위해 자동으로 'Maven POM Editor'가 동작해서 [Overview] 탭이 표시됐기 때문이다. 설정 우측 끝에 [pom.xml]이라는 탭이 있는데 이를 클릭하면 pom.xml 파일의 전체 내용을 보고 편집할 수 있다. 한편 실제로 실습해보면 dependency에 junit이 기본적으로 추가돼 있는데 이 예에서는 테스트 케이스를 쓰고 있지 않기 때문에 지면 관계상 삭제했다.

```xml
<dependencyManagement>                                              ❶
    <dependencies>
        <dependency>
            <groupId>io.spring.platform</groupId>
            <artifactId>platform-bom</artifactId>
            <version>2.0.8.RELEASE</version>
            <type>pom</type>
            <scope>import</scope>
        </dependency>
    </dependencies>
</dependencyManagement>

<dependencies>
    <dependency>                                                    ❷
        <groupId>javax.servlet</groupId>
        <artifactId>javax.servlet-api</artifactId>
        <scope>provided</scope>
    </dependency>
    <dependency>                                                    ❸
        <groupId>org.apache.taglibs</groupId>
        <artifactId>taglibs-standard-jstlel</artifactId>
    </dependency>
</dependencies>

<build>
    <finalName>firstapp</finalName>
    <pluginManagement>
        <plugins>
            <plugin>                                                ❹
                <artifactId>maven-compiler-plugin</artifactId>
                <configuration>
                    <source>1.8</source>
                    <target>1.8</target>
                </configuration>
            </plugin>
        </plugins>
    </pluginManagement>
</build>

</project>
```

❶ 스프링 IO 플랫폼의 〈dependencyManagement〉 정의를 임포트한다.

❷ 서블릿 API를 위한 jar 파일을 의존 라이브러리로 지정한다. 이 라이브러리를 추가하고 나면 앞에서 본 'src/main/webapp/
index.jsp'의 오류가 사라진다. 참고로 이 라이브러리의 버전은 스프링 IO 플랫폼이 관리하는 버전으로 적용된다.

❸ JSP 표준 태그 라이브러리(JSTL: JSP Standard Tag Library)의 jar 파일을 의존 라이브러리로 지정한다. 이 라이브러리
를 추가하면 JSP 페이지 개발에 필요한 각종 태그를 사용할 수 있게 된다. 역시 이 라이브러리의 버전도 스프링 IO 플랫폼
이 관리하는 버전으로 맞춰진다.

❹ 컴파일할 소스 파일의 자바 버전과 컴파일 후의 클래스 파일의 자바 버전을 정의한다. 이 책에서는 소스 파일과 클래스 파
일의 버전을 모두 자바 8로 통일했다.

이제 pom.xml에서 수정한 내용을 STS 프로젝트가 인식하도록 만들어야 한다. 그러기 위해서는 프로
젝트를 선택한 다음, 마우스 오른쪽 버튼을 클릭하고❶, 메뉴에서 [Maven]을 선택한 다음❷, [Update
Project]를 선택한다❸(그림 A.9).

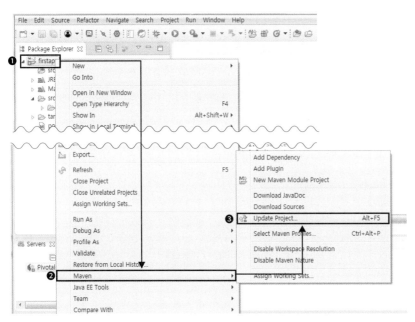

그림 A.9 메이븐 프로젝트 업데이트

[Update Maven Project] 대화창이 표시되면 [OK] 버튼을 클릭한다. 메이븐 프로젝트의 업데이트가
완료되면 다음과 같은 상태가 되는데, 'src/main/webap/index.jsp'의 오류가 사라지고 [JRE System
Library]가 [J2SE-1.5]에서 [JavaSE-1.8]로 바뀐 것을 알 수 있다(그림 A.10).

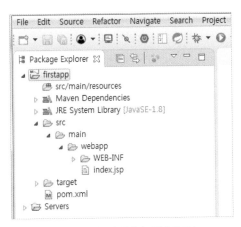

그림 A.10 메이븐 프로젝트가 업데이트된 후의 모습

## ■ web.xml 수정

앞서 선택한 maven-archetype-webapp 아크타입을 사용하면 기본적으로 서블릿 스펙(Spec)이 2.3 버전에 맞춰져 있다. 이 예에서는 서블릿 스펙 3.1을 지원하는 서블릿 컨테이너를 사용할 예정이기 때문에 'src/main/webapp/WEB-INF/web.xml' 파일을 다음과 같이 편집해야 한다.[10]

▶ web.xml의 수정 예[11]

```xml
<?xml version="1.0" encoding="UTF-8"?>
<web-app
    xmlns="http://xmlns.jcp.org/xml/ns/javaee"
    xmlns:xsi="http://www.w3.org/2001/XMLSchema-instance"
    xsi:schemaLocation="http://xmlns.jcp.org/xml/ns/javaee
        http://xmlns.jcp.org/xml/ns/javaee/web-app_3_1.xsd"
    version="3.1">
    <jsp-config>
        <jsp-property-group>
            <url-pattern>*.jsp</url-pattern>
            <page-encoding>UTF-8</page-encoding> ─────────────────── ❶
            <include-prelude>/WEB-INF/include.jsp</include-prelude> ──── ❷
        </jsp-property-group>
```

---

10  (옮긴이) 번역 시점의 STS에 포함된 tc 서버(Pivotal tc Server Developer Edition)는 3.2.0 버전이고 다이내믹 웹 프로젝트(Dynamic Web Project)를 생성할 때 선택 가능한 웹 모듈의 버전은 서블릿 스펙 3.1까지 지원했다. 원서에서는 3.0을 기준으로 삼고 있으나 번역서에서는 최신 버전에 맞춰 3.1로 상향 조정했다.

11  (옮긴이) web.xml 파일은 직접 입력하기보다는 STS에서 메이븐 프로젝트를 만든 것처럼 [Dynamic Web Project]를 원하는 서블릿 스펙 버전으로 생성한 다음, 그 안에 만들어진 web.xml을 복사해서 용도에 맞게 고쳐 쓰길 권한다. 단, 서블릿 3.0 이상부터는 web.xml 생성을 생략할 수 있어서 기본 설정은 web.xml을 생성하지 않도록 돼 있으므로 프로젝트 생성 대화창에서 web.xml 생성 여부를 물어보는 [Generate web.xml deployment descriptor] 항목을 반드시 설정하길 바란다.

```
    </jsp-config>
  </web-app>
```

❶ JSP 파일의 문자 코드를 지정한다.

❷ 모든 JSP 파일 앞에 포함시킬 공통 JSP 파일을 지정한다.

메모

web.xml의 〈jsp-property-group〉을 활용하면 JSP와 관련된 공통적인 설정을 일관되게 적용할 수 있다.

그리고 〈include-prelude〉에 지정할 JSP 파일은 다음과 같은 내용으로 만든다.

▶ /WEB-INF/include.jsp의 작성 예[12]

```
<%@ taglib prefix="c" uri="http://java.sun.com/jsp/jstl/core"%>  ───────┐
<%@ taglib prefix="fmt" uri="http://java.sun.com/jsp/jstl/fmt"%>        ├─❶
<%@ taglib prefix="fn" uri="http://java.sun.com/jsp/jstl/functions"%>  ─┘
```

❶ JSP 표준 태그 라이브러리인 taglib을 지정한다. 이렇게 설정해 두면 모든 JSP 파일에서 taglib을 사용할 수 있게 된다. 이 예에서는 사용 빈도가 높은 core, fmt, function 태그 라이브러리를 사용하도록 설정돼 있다.

## A.1.3. 애플리케이션의 동작 확인

마지막으로 지금까지 만든 웹 애플리케이션을 웹 애플리케이션 서버에 배포한 다음 정상적으로 동작하는지 확인해보자.

### ■ 애플리케이션 배포

maven-archetype-webapp 아크타입으로 생성한 프로젝트의 웹 애플리케이션을 웹 애플리케이션 서버에 배포해보자. 이때 사용할 웹 애플리케이션 서버는 STS에 내장된 tc 서버를 사용한다.

STS의 하단에 보이는 [Servers] 뷰를 펼친 다음, 그 안에 있는 [Pivotal tc Server Developer Edition v3.2]를 선택한다. 마우스 오른쪽 버튼을 클릭하면❶ 컨텍스트 메뉴가 표시되고, 그중에서 [Add and Remove...]를 선택한다❷.

---

**12** (옮긴이) 앞서 JSP 파일에 대한 문자 코드를 파일별로 지정하는 방법을 안내했으나 STS에서 디렉터리를 선택한 후 [New] → [JSP File]과 같은 방식으로 JSP 파일을 생성하면 파일별로 지정한 문자 코드가 적용되지 않는다. 이때는 STS의 [Window] 메뉴에서 [Preferences] → [Web] → [JSP Files]를 선택한 다음, [Encoding] 항목에서 선택 가능한 목록을 펼쳐 원하는 문자 코드를 선택하면 된다. 대부분의 경우 [ISO 10646/Unicode(UTF-8)]을 선택하면 된다.

[Add and Remove] 대화창에서 좌측의 [Available:]란에 보이는 [firstapp]을 선택한 다음❸, 가운데의 [Add] 버튼을 누르면❹ 이 웹 애플리케이션이 [Configured:]란으로 이동한다. 이 상태에서 하단의 [Finish] 버튼을 클릭하면❺ [firstapp] 웹 애플리케이션이 웹 애플리케이션 서버에 배포된다(그림 A.11).

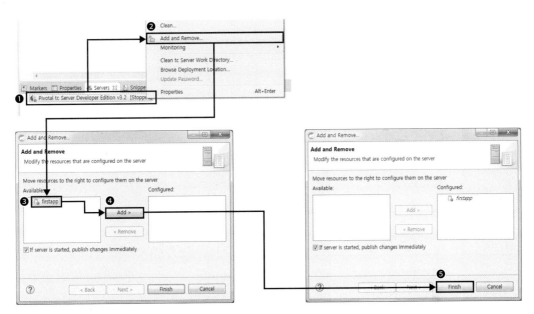

그림 A.11 웹 애플리케이션 배포

### ■ 애플리케이션 서버 기동

웹 애플리케이션의 배포가 끝나면 이제 웹 애플리케이셔 서버를 기동한다. STS 하단의 [Servers] 뷰를 펼친 다음 [Pivotal tc Server Developer Edition v3.2]를 선택하고 마우스 오른쪽 버튼을 클릭했을 때 나오는 컨텍스트 메뉴에서 [Start] 메뉴 혹은 우측에 보이는 화살표가 그려진 초록색 버튼을 클릭한다(그림 A.12).[13]

---

13 (옮긴이) 서버 구동 시 윈도우 운영체제의 방화벽 설정에 따라 STS의 일부 기능이 차단됐다는 내용이 나올 수 있다. 현재 사용 중인 네트워크 환경에서 방화벽과 관련된 설정 허용을 물어보게 되는데, 이때는 [액세스 허용]을 선택하면 된다.

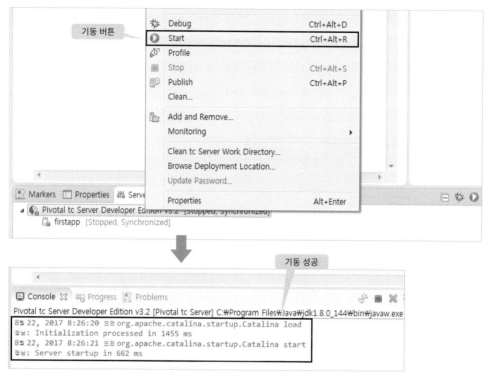

그림 A.12 웹 애플리케이션 서버 기동

메모

웹 애플리케이션 서버를 정지시킬 때는 [Servers] 뷰의 [Pivotal tc Server Developer Edition v3.2]를 선택한 다음, 마우스 오른쪽 버튼을 클릭할 때 나오는 컨텍스트 메뉴에서 [Stop]을 선택하거나 오른쪽 빨간 사각형 버튼을 클릭하면 된다.

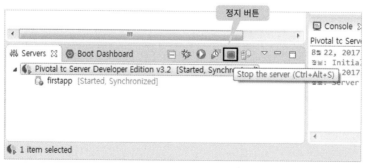

그림 A.13 웹 애플리케이션 정지

## ■ 첫 페이지 표시

웹 애플리케이션 서버가 정상적으로 기동한 것을 확인했다면 이제 첫 페이지를 표시해보자. STS 하단의 [Servers] 뷰를 펼친 다음 [Pivotal ts Server Developer Edition v3.2]를 선택한다. 선택된 웹 애플리케이션 서버를 다시 한번 펼치면 그 안에 배포된 웹 애플리케이션을 확인할 수 있다. 이제 이 웹 애플리케이션을 선택하고 마우스 오른쪽 버튼을 클릭하면 컨텍스트 메뉴가 나오는데, 여기서 [Open Home Page]를 선택한다.

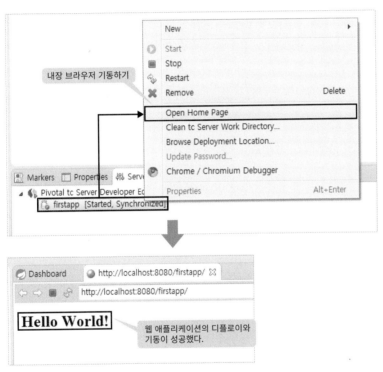

그림 A.14 첫 페이지 표시

## A

## K

## L

## M